技术经纪人培训教程

主　　编　刘　晖
副 主 编　施辉阳　邓　丽　刘　军
执行主编　刘海波

兵器工业出版社

内容简介

本教程以《国家技术转移专业人员能力等级培训大纲》为依据，以提高技术经纪人综合素质和实践能力为目标，根据北京市技术转移专业人员培养和技术经纪工作的实际需要组织编写。内容共七编二十八章，将技术转移的体系建设、理论探索与技术经纪从业过程中所涉及的基础知识、法律法规、操作流程、服务能力、职业规范进行系统介绍与深入剖析。本教程的延伸阅读部分，将概念由来与演变、知识的传承与发展、实践的开拓与创新进行整理与归纳，帮助学员全面链接、深入理解相关内容。

本教程是国家技术转移人才培养基地(北京)教材，适用于全国各地开展技术转移专业人员从业培训使用，可作为技术转移相关专业人才培养的辅助教材和技术转移、科技成果转化从业者的参考用书。

图书在版编目（CIP）数据

技术经纪人培训教程 / 刘晖主编 ; 施辉阳等编. -- 北京 : 兵器工业出版社, 2021.1

ISBN 978-7-5181-0692-9

Ⅰ. ①技… Ⅱ. ①刘… ②施… Ⅲ. ①技术贸易－经纪人－技术培训－教材 Ⅳ. ①F713.584

中国版本图书馆CIP数据核字(2021)第018385号

出版发行：兵器工业出版社
发行电话：010-68962596，68962591
邮　　编：100089
社　　址：北京市海淀区车道沟10号
经　　销：各地新华书店
印　　刷：北京银祥印刷有限公司
版　　次：2021年1月第1版第1次印刷
印　　数：1—1050

责任编辑：孟会芳
封面设计：正红旗下
责任校对：郭　芳
责任印制：王京华
开　　本：880×1230　1/16
印　　张：29.5
字　　数：767千字
定　　价：190.00元

《技术经纪人培训教程》编写委员会

主　　编　刘　晖

副 主 编　施辉阳　邓　丽　刘　军

参　　编　（按姓氏笔画排序）

王　磊　王永杰　王素英　田　悦　丛　巍

冯　玥　毕　娟　李志男　李志杰　李京瑞

李建强　宋　研　杨伟光　肖　冰　何丽敏

张　平　张　星　张亚峰　张若然　陈　靖

陈　锴　范　宏　金勤献　赵国强　姚卫浩

郭书贵　谭鸿鑫

执行主编　刘海波

名誉顾问　刘敏华

序（一）

当前，我国正在深入实施创新驱动发展战略，积极推进创新型国家和科技强国建设。技术转移作为连接科技资源和市场经济的必然路径、促进研发成果转向产业化应用的硬核手段、实现“科技创新、实体经济和现代金融间的良性循环”的有效机制，日益受到重视。2015年8月，全国人大常委会通过了对《中华人民共和国促进科技成果转化法》的修正，夯实了我国技术转移的法制基础。2017年9月，国务院发布《国家技术转移体系建设方案》，描绘了我国技术转移体系建设的蓝图。2020年2月，中央深改委审议通过了《赋予科研人员职务科技成果所有权或长期使用权试点实施方案》，教育部、国家知识产权局、科技部印发了《关于提升高等学校专利质量促进转化运用的若干意见》，一系列新政把我国技术转移推向一个发展新阶段。

技术转移，人才为本；人才培养，教育为先。在技术转移链接创新链和产业链的过程中，我国迫切需要一批素质高、能力强、业务优的专业化技术转移人才队伍，打通技术转移的中间环节，串联技术转移的关键要素，架起从实验室到生产线、从生产线到客户端的桥梁，加速科技成果转化为现实生产力。但在我国技术转移学历教育严重缺位的现实情况下，专业化的技术转移人才培训，就成为技术转移人才队伍培育的关键性工作。

北京一直走在全国技术转移工作的前列。首都科技资源富集，科技成果丰硕。推动技术转移、实现创新驱动高质量发展，是北京建设具有全球影响力的全国科技创新中心的重要内容。2020年1月1日起实施的《北京市促进科技成果转化条例》已经从地方立法层面对技术转移工作进行了规范。技术转移的另一大瓶颈在专业人才。为此，2018年，北京市委制定实施了《新时代推动首都高质量发展人才支撑行动计划（2018—2022年）》，在全国率先提出建设一支国际化、复合型科技成果转移转化骨干人才队伍。2019年，按照五年行动计划，北京市已经把技术转移从业人员纳入工程技术职称评价体系，支持申报技术经纪人专业职称，支撑专业技术人才的职业发展。

这其中，技术经纪人培训是北京技术转移工作的突出亮点。北京技术市场管理办公室自1990年成立以来，不断建立完善北京地区技术市场管理体系，多年来依托北京技术市场协会持续开展技术经纪人培训培养工作，为社会输送了大量相关人才，解决了技术转移人才短缺的燃眉之急。随着我国技术转移工作的深化和国外经济技术环境的变化，技术经纪人的培训工作亟需更具体系性、更具指导性、更具操作性的培训教材。北京技术市场管理办公室和北京技术市场协会在旧版《技术经纪人培训教程》的基础上，深入开展理论研究、经验总结和需求提炼，重新组织力量编写了新版本。

新版《技术经纪人培训教程》有以下四个特点：

一是体系完整。教材从知识结构、能力培养、从业规范等现代专业培训的体系架构出发，分为基础知识、法律法规、体系建设、理论探索、业务流程、操作能力、职业规范等七编组织培训内容，逻辑清晰，思路连贯。此外，还增加了延伸阅读，把相关重要文献列于章节之后，帮助读者全面链接、深入理解相关内容，也更加便于自学。

二是内容全面。教材在全面介绍技术经纪、技术转移基本概念、重点知识的同时，还注重概念的由来与演变、知识的传承与发展、实践的开拓与创新，特别是把有关发达国家动态和新近研究成果纳入其中，使教材更加体现开放包容、与时俱进。

三是特色鲜明。北京技术市场是全国的领头羊，交易额占全国的三成，在测算技术交易占地区国内生产总值（Gross Domestic Product，GDP）比例、利用交易数据识别产业创新动态等方面积累了丰富成熟的经验做法，具有很强的说服力和决策影响力。教程重点选用了北京案例，突出实践特点、首都特色。

四是注重实效。教材给出了在大量案例中提炼出的六个模型，这些模型在技术转移培训中多次使用、反复推演，在系统性知识培养的同时加强体系性能力训练，更加注重实操实战，反响良好。

当今世界正处在新一轮科技革命和产业变革的前夕，唯创新者进、唯创新者强、唯创新者胜。创新既要原始、也要转化，实现创新、产业、人才的深度融合、闭环链接、可持续发展。《技术经纪人培训教程》既承载着对转移人才培养的技术使命，也体现着对创新体系建设的责任担当。希望本书能够在服务北京建设全国科创中心、国家建设技术转化体系、市场培育科技成果转移转化人才方面发挥出至关重要的独特作用。

刘敏华

2020 年 12 月

序（二）

2017 年 7 月，中央全面深化改革领导小组第三十七次会议审议通过了《国家技术转移体系建设方案》。会议强调，建立和完善国家技术转移体系，要聚焦影响长远发展的战略必争领域，遵循技术转移规律，发挥市场机制作用，加强技术供需对接，打通科技转化通道，强化联动协同，加快推动重大科技成果转化应用，更好发挥技术转移对提升科技创新能力、促进经济社会发展的重要作用。

技术转移人才培养是技术转移体系建设的重要组成部分。2017 年 9 月 15 日，国务院印发《国家技术转移体系建设方案》（〔2017〕44 号），提出“壮大专业化技术转移人才队伍”“加强技术转移管理人员、技术经纪人、技术经理人等人才队伍建设，畅通职业发展和职称晋升通道”。2018 年 5 月 28 日，科技部印发《关于技术市场发展的若干意见》（国科发创〔2018〕48 号），提出培养 1 万名技术经理人、技术经纪人的目标。

作为世界上科技创新资源最富集的城市之一，北京市在建设有全球影响力的科技创新中心的过程中，高度重视技术转移人才培养工作。早在 2002 年，北京市工商局、北京市科委就制定《北京市技术经纪人管理暂行办法》，启动了技术经纪人培训、认定和管理工作。随着改革的不断深入，在北京市科委的领导下，在北京技术市场管理办公室（以下简称“市场办”）的大力支持下，北京技术市场协会（以下简称“协会”）逐步承担起北京地区技术经纪人培养的工作。从 2014 年到 2020 年，协会为全社会培养了技术转移人才 1.5 万名，有 3200 多人取得了北京地区技术经纪人培训证书。2019 年 9 月 30 日，北京市人力资源和社会保障局、北京市科学技术委员会联合发布《北京市工程技术系列（技术经纪）专业技术资格评价试行办法》，在全国率先打开了技术转移人才评定从初级到正高级专业技术职称的大门，为技术经纪人的职业化和市场化奠定了基础。

为了推动技术转移人才培训体系深入完善，市场办大力支持协会开展培训教材开发、建设工作，先后组织了《技术经纪人培训教程》第一版和第二版的编写。本教材作为前两版的进阶版，在充分参考借鉴前两版教材的基础上，根据国内外相关领域的最新进展，结合《国家技术转移专业人员能力等级培训大纲》的要求，在结构的系统化、内容的全面化、知识的时代化等方面做出了一些尝试，内容注重国内与国际结合、广度与深度结合，囊括技术转移服务中必备的知识和实操要点，培养技术转移特有思维，培养学员的综合能力。由于编者水平有限，不足之处在所难免，恳请各方专家批评指正、不吝赐教。

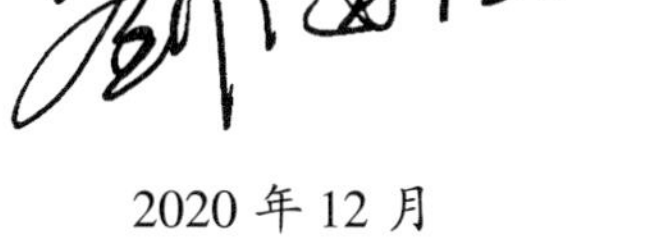

2020 年 12 月

前　言

《技术经纪人培训教程》（以下简称《教程》）多年来在京津冀、辽宁、山东、山西、宁夏、湖北等全国多地的技术经纪人培训中广泛使用，深受欢迎。为不断适应新时期技术转移人才培养需要，2014 年至今三次改版升级。此次修订以《全国技术转移专业人才培训大纲》为依据，以提高技术经纪人综合素质和实践能力为目标，引入了技术转移发生形态、技术转移基本规律、技术经营、专利运营等当前技术转移政策决策者、理论研究者和业务实践者关心的高创新性内容。与此同时，还系统介绍了国际技术转移实践模式、技术经纪服务操作流程、技术经纪业务训练模型、技术经纪人服务能力等有实际操作指导意义的高价值内容。

《教程》的编撰工作在北京市科委的领导下、在北京技术市场管理办公室的支持和指导下，由北京技术市场协会牵头组织、中国科学院科技战略咨询研究院等单位的专家执笔完成。

《教程》编撰过程中，科技部火炬中心技术市场管理处、北京市人才工作局相关领导对《教程》的架构完整以及知识的丰富性、准确性提出了重要指导意见。

《教程》编撰过程中得到了北京大学、清华大学、中国技术交易所有限公司、科威国际技术转移有限公司、北京市科学技术情报研究所、北京市社会科学院、北京经纪人协会和国知全联（北京）科技有限公司的大力支持，以上单位相关专家撰写了教材的部分篇章，并为《教程》结构提出了很多建设性意见，对《教程》编撰和出版发行起到了至关重要的作用。

《教程》吸收了众多领导、专家们富有远见的思想和知识，保证了《教程》内容的与时俱进。在此，对本书的编撰和出版工作给予热心关怀和指导的领导、付出辛勤工作的专家深表感谢。

由于研究和编写时间较为紧张，难免有疏漏和不足之处，恳请批评指正。

《技术经纪人培训教程》编写委员会
2020 年 12 月

目　录

第一编　基础知识

第二编　法律法规

第三编　体系建设

第四编　理论探索

第五编　操作流程

第六编　服务能力

第七编　职业规范

第一编

基础知识

第一章　经纪人

经纪人是在生产经营活动中从事业务介绍、对接，促进业务成功，并从中获取佣金的中间商人。在经济发展中，经纪人作为中介组织的重要组成部分，其经营活动遍布于消费品、生产资料、科技、房地产、文化、体育、金融、保险、人才等各领域，对于加速信息传播和交流、促进市场经济流通、降低社会生产成本，发挥着十分重要的桥梁作用。

第一节　经纪人的概念和分类

一、概念

2004 年原国家工商行政总局发布实施的《经纪人管理办法》(2016 年废止)对经纪人及其业务行为等的规定在我国有广泛的影响，其中对经纪人的认识可以说是我国的经典认识。

《经纪人管理办法》对经纪人的界定是“指在经济活动中，以收取佣金为目的，为促成他人交易而从事居间、行纪或者代理等经纪业务的自然人、法人和其他经济组织”。这个界定表明经纪人有三个特点：一是经纪人参与经济活动的目的是收取佣金；二是经纪人参与经济活动的形式(也称经纪业务)是居间、行纪和代理；三是经纪人可以是自然人、法人和其他经济组织。

2016 年 4 月，原国家工商行政总局关于废止《经纪人管理办法》，提出三点说明：一是该办法中关于经纪执业人员备案的有关规定，增加了经营者义务，与当前国务院“简政放权”改革思路不符；二是由于没有设立罚则，各地难以落实，可能会引发执法风险；三是该办法中关于经纪人以及经纪执业人员行为的禁止性规定，与其他相关法律法规存在重复的情况。这三点说明中，没有提及对经纪人及其业务认识的改变，这在相当大程度上也表明《经纪人管理办法》中的认识还被广泛接受。实际上，当前很多经纪人培训教材还在使用这个办法中的很多表述。

二、分类

(一)形式分类

经纪人的种类可以按经纪的商品划分为一般商品经纪人、产权经纪人、证券经纪人、保险经纪人、期货经纪人、技术经纪人、劳动力经纪人、文化经纪人、体育经纪人和交通运输经纪人等。在每一类经纪人中，又可分为不同的细类。如文化经纪人中就分为演出经纪人、版权经纪人、艺术品经纪人等。经纪人的知识结构和对相关市场的了解程度，是决定其行业划分的根本因素。

经纪人的种类还可以按组织形式划分为个体经纪人、合伙经纪人、经纪公司。这三种不同的组织形式，由于承担的法律责任不同，内部的章程不同，相对于不同的情况各有利弊。法规规定个体经纪人和由个人合伙成立的经纪人事务所，应以个人或家庭的财产担保承担无限责任，这就要求他们在经营中必须小心谨慎，诚实守信。这类企业适合于从事小型多样的经纪活动，在数量上应占经纪组织中的绝大多数。而经纪公司由于人多、信息灵、实力强，依靠其规模优势，可以承接一些大型复杂的经纪活动。在有些特殊行业，经纪公司占垄断地位。

（二）业务分类

基于对传统经纪业务的分析，可以对居间、行纪和代理这三种基本经纪业务之间的关系做出以下总结。

居间是指经纪人为交易双方提供信息、条件及媒介撮合双方交易成功的商业行为。这是经纪行为中广泛采用的一种初级形式。其特点是服务对象广泛，但服务程度较浅，经纪人与委托人之间缺乏长期固定的合作关系。

行纪是指经纪人受委托人的委托，以自己的名义与第三方进行交易，并承担规定的法律责任的商业行为。在形式上行纪与自营很相似，但是经纪人并未取得交易商品的所有权，他是为委托方的利益而进行活动，作为经纪人仅仅是得到委托人给他的佣金。行纪活动的服务内容较深，经纪人拥有的权利和承担的责任也较重。在通常情况下，经纪人与委托人之间有长期固定的合作关系。

代理是指经纪人在受托权限内，以委托人名义与第三方进行交易，并由委托人直接承担相应的法律责任的商业行为。经纪活动中的代理，属于一种狭义的商事代理活动。其特点是经纪人与委托人之间有较长期稳定的合作关系，经纪人只能以委托人的名义开展活动，活动中产生的权利和责任归委托人，经纪人只收取委托人的佣金。

第二节　经纪人的作用与特点

一、作用

经纪是一种中介服务活动，在经济运行中其功能作用主要表现为以下三方面：

1. 加快市场信息的传播与交流

经纪人凭借自身的专业优势，通过对某类信息的收集和加工，使一些分散、模糊不为人们所明白的信息变为对委托人有价值的完整准确的信息，满足了客户对信息的需求，推动了信息在市场中的有效传播。

2. 有利于商品的合理流通

市场经济的健康发展依赖于各种社会资源的合理配置，而信息的及时沟通是实现资源合理配置的一个重要条件。经纪活动不仅可以通过传播商品信息引导社会资源向合理的方向流动，而且由于经纪人熟悉各专业市场的交易特点和交易规则，可以使“多数人的附带工作，变为少数人的专门工作”，帮助委托人通过正确的途径实现交易，解决供需双方交易经验和交易技巧不足的矛盾。尤其是一些价值高、专业性强、交易难度大的商品，恰当的经纪活动可以兼顾各种因素，以理想的价格、最短的时间实现交易。

3. 促进市场的规范和发展

在各种市场中，由于供需双方人数的不断扩大和交易行为的日趋复杂，使每一项新业务的谈判都必须经过多次反复地进行，才能取得较满意的成果。这不仅会使交易成本急剧增加，而且使交易风险变得难以控制。经纪人的参与，可以减少市场信息的不对称性，使市场行为更为公开和透明，有效地预防各种欺诈行为。经纪活动的存在与发展，是实现市场交易行为公开、公平、公正的重要方式与手段。

二、特点

(一)业务特点

经纪作为一种专业服务有如下特点：

1. 活动范围的广泛性

市场上有多少种商品就会有多少种经纪活动，包括有形商品和无形商品，社会需求的千差万别为经纪活动提供了广泛的空间。

2. 活动内容的服务性

在大多数经纪活动中，经纪主体只提供服务，不直接从事经营。经纪人对商品没有所有权、抵押权和使用权，不存在买卖行为。经纪公司的自营买卖不属经纪行为。

3. 活动目的的报酬性

经纪活动中经纪人所提供的服务是一种商品，因为其有一定的使用价值，因此提供服务的经纪人应当向享受服务的委托人收取合理的佣金。佣金是经纪人应得的劳务收入。

4. 活动的隐蔽性和非连续性

在经纪活动进行的过程中，经纪人事先往往不把他的委托人告诉对方，直到合同正式签订时才明确委托人是谁。这些活动往往是针对某一特定业务进行的，大多数经纪人与委托人之间无长期固定的合作关系。因此，使经纪行为趋于规范化、法制化尤为重要。

5. 活动责任的明确性

经纪人与委托人之间往往通过签订经纪合同，明确各自的权利和义务，不同的经纪方式承担不同的法律责任和义务。在经纪活动中，明确的法律关系，是双方诚实守信的基础。

(二)收入特点

佣金是经纪人业务收入的唯一来源，其性质是劳动收入、经营收入和风险收入的综合体。它是对经纪人开展经纪活动时付出的劳动、花费的资金和承担的风险的总的回报。国家保护经纪人从事合法经纪活动并取得佣金的权利。

1. 佣金的种类

佣金可分为法定佣金和自由佣金。法定佣金是指经纪人从事特定经纪业务时按照国家对特定经纪业务规定的佣金标准获得的佣金。法定佣金具有强制效力，当事人各方都必须接受，不得高于或低于法定佣金。自由佣金是指经纪人与委托人协商确定的佣金，自由佣金一经确定并写人合同后也具有同样的法律效力，违约者必须承担违约责任。

2. 佣金的支付

除法律法规另有规定外，佣金的支付时间由经纪人与委托人自行约定，可以经纪成功后支付，也可提前支付。经纪人在签订经纪合同时，应将佣金的数量、支付方式、支付期限及中介不成功时的中介费用的负担等明确写入合同。经纪人收取佣金时应当开具发票，并依法缴纳税收和行政管理费。经纪人为了防止佣金被“甩”，可以在签订合同时预收部分佣金或费用，也可与委托人签订“专有经纪合同”。

3. 佣金和回扣

佣金与回扣有很多相似之处，它们都是商品经济发展的产物，都能起到促进商品流通，加剧市场竞争的作用，给经纪人付佣金和给对方采购员一定的回扣都是企业的促销手段，但两者之间有本质的差别。佣金是经纪人开展经纪业务所得到的合理合法收入，它是由经营收入、劳动收入和风险收入构成的综合体。而回扣既不是风险收入，也不是劳动收入和经营收入，而是由卖方转让给买方的一部分让利。暗中收受回扣属于违法犯罪行为。

4. 佣金与信息费

在多数情况下，佣金和信息费都是用户为获取某种信息而支付的费用，是收集、加工信息所耗费的人力、物力的补偿，也是提供信息的一方扩大再生产必要的资金积累，但两者有明显的区别。首先，是两者的性质不同。信息费是出卖信息商品的销售收入，无论信息以何种介质为载体，也无论信息有何用途，只要将信息售出，即可收取，它从属于信息咨询业。而佣金则是一种劳务收入，这种劳务是经纪人为了满足委托人的某种商业需要而付出的，经纪人与委托人之间是一种雇与佣的关系，提供信息往往只是经纪活动中的部分内容，它从属于各种经纪业。此外是两者作用的效果也不同。支付信息费满足了买方的信息需求，卖方只要保证信息准确及时，即可达到加速信息有效传播的效果。而支付佣金则是为了实现买方的某一具体目的，只有当目的实现了，一项经纪业务才算最终完成，它作用的效果是有利于各种资源的合理配置，而不是仅仅提供信息。

延伸阅读一 《中华人民共和国民法典》关于代理、委托合同、行纪合同和中介合同的规定

第一编 第七章 代理

第一节 一般规定

第一百六十一条 民事主体可以通过代理人实施民事法律行为。

依照法律规定、当事人约定或者民事法律行为的性质，应当由本人亲自实施的民事法律行为，不得代理。

第一百六十二条 代理人在代理权限内，以被代理人名义实施的民事法律行为，对被代理人发生效力。

第一百六十三条 代理包括委托代理和法定代理。

委托代理人按照被代理人的委托行使代理权。法定代理人依照法律的规定行使代理权。

第一百六十四条 代理人不履行或者不完全履行职责，造成被代理人损害的，应当承担民事责任。

代理人和相对人恶意串通，损害被代理人合法权益的，代理人和相对人应当承担连带责任。

第二节　委托代理

第一百六十五条　委托代理授权采用书面形式的，授权委托书应当载明代理人的姓名或者名称、代理事项、权限和期限，并由被代理人签名或者盖章。

第一百六十六条　数人为同一代理事项的代理人的，应当共同行使代理权，但是当事人另有约定的除外。

第一百六十七条　代理人知道或者应当知道代理事项违法仍然实施代理行为，或者被代理人知道或者应当知道代理人的代理行为违法未作反对表示的，被代理人和代理人应当承担连带责任。

第一百六十八条　代理人不得以被代理人的名义与自己实施民事法律行为，但是被代理人同意或者追认的除外。

代理人不得以被代理人的名义与自己同时代理的其他人实施民事法律行为，但是被代理的双方同意或者追认的除外。

第一百六十九条　代理人需要转委托第三人代理的，应当取得被代理人的同意或者追认。

转委托代理经被代理人同意或者追认的，被代理人可以就代理事务直接指示转委托的第三人，代理人仅就第三人的选任以及对第三人的指示承担责任。

转委托代理未经被代理人同意或者追认的，代理人应当对转委托的第三人的行为承担责任；但是，在紧急情况下代理人为了维护被代理人的利益需要转委托第三人代理的除外。

第一百七十条　执行法人或者非法人组织工作任务的人员，就其职权范围内的事项，以法人或者非法人组织的名义实施的民事法律行为，对法人或者非法人组织发生效力。

法人或者非法人组织对执行其工作任务的人员职权范围的限制，不得对抗善意相对人。

第一百七十一条　行为人没有代理权、超越代理权或者代理权终止后，仍然实施代理行为，未经被代理人追认的，对被代理人不发生效力。

相对人可以催告被代理人自收到通知之日起三十日内予以追认。被代理人未作表示的，视为拒绝追认。行为人实施的行为被追认前，善意相对人有撤销的权利。撤销应当以通知的方式作出。

行为人实施的行为未被追认的，善意相对人有权请求行为人履行债务或者就其受到的损害请求行为人赔偿。但是，赔偿的范围不得超过被代理人追认时相对人所能获得的利益。

相对人知道或者应当知道行为人无权代理的，相对人和行为人按照各自的过错承担责任。

第一百七十二条　行为人没有代理权、超越代理权或者代理权终止后，仍然实施代理行为，相对人有理由相信行为人有代理权的，代理行为有效。

第三节　代理终止

第一百七十三条　有下列情形之一的，委托代理终止：

（一）代理期限届满或者代理事务完成；

（二）被代理人取消委托或者代理人辞去委托；

（三）代理人丧失民事行为能力；

（四）代理人或者被代理人死亡；

（五）作为代理人或者被代理人的法人、非法人组织终止。

第一百七十四条　被代理人死亡后，有下列情形之一的，委托代理人实施的代理行为有效：

（一）代理人不知道且不应当知道被代理人死亡；

（二）被代理人的继承人予以承认；

（三）授权中明确代理权在代理事务完成时终止；

（四）被代理人死亡前已经实施，为了被代理人的继承人的利益继续代理。

作为被代理人的法人、非法人组织终止的，参照适用前款规定。

第一百七十五条　有下列情形之一的，法定代理终止：

（一）被代理人取得或者恢复完全民事行为能力；

（二）代理人丧失民事行为能力；

（三）代理人或者被代理人死亡；

（四）法律规定的其他情形。

第二编　第二十三章　委托合同

第九百一十九条　委托合同是委托人和受托人约定，由受托人处理委托人事务的合同。

第九百二十条　委托人可以特别委托受托人处理一项或者数项事务，也可以概括委托受托人处理一切事务。

第九百二十一条　委托人应当预付处理委托事务的费用。受托人为处理委托事务垫付的必要费用，委托人应当偿还该费用并支付利息。

第九百二十二条　受托人应当按照委托人的指示处理委托事务。需要变更委托人指示的，应当经委托人同意；因情况紧急，难以和委托人取得联系的，受托人应当妥善处理委托事务，但是事后应当将该情况及时报告委托人。

第九百二十三条　受托人应当亲自处理委托事务。经委托人同意，受托人可以转委托。转委托经同意或者追认的，委托人可以就委托事务直接指示转委托的第三人，受托人仅就第三人的选任及其对第三人的指示承担责任。转委托未经同意或者追认的，受托人应当对转委托的第三人的行为承担责任；但是，在紧急情况下受托人为了维护委托人的利益需要转委托第三人的除外。

第九百二十四条　受托人应当按照委托人的要求，报告委托事务的处理情况。委托合同终止时，受托人应当报告委托事务的结果。

第九百二十五条　受托人以自己的名义，在委托人的授权范围内与第三人订立的合同，第三人在订立合同时知道受托人与委托人之间的代理关系的，该合同直接约束委托人和第三人；但是，有确切证据证明该合同只约束受托人和第三人的除外。

第九百二十六条　受托人以自己的名义与第三人订立合同时，第三人不知道受托人与委托人之间的代理关系的，受托人因第三人的原因对委托人不履行义务，受托人应当向委托人披露第三人，委托人因此可以行使受托人对第三人的权利。但是，第三人与受托人订立合同时如果知道该委托人就不会订立合同的除外。

受托人因委托人的原因对第三人不履行义务，受托人应当向第三人披露委托人，第三人因此可以选择受托人或者委托人作为相对人主张其权利，但是第三人不得变更选定的相对人。

委托人行使受托人对第三人的权利的，第三人可以向委托人主张其对受托人的抗辩。第三人选定委托人作为其相对人的，委托人可以向第三人主张其对受托人的抗辩以及受托人对第三人的抗辩。

第九百二十七条 受托人处理委托事务取得的财产，应当转交给委托人。

第九百二十八条 受托人完成委托事务的，委托人应当按照约定向其支付报酬。

因不可归责于受托人的事由，委托合同解除或者委托事务不能完成的，委托人应当向受托人支付相应的报酬。当事人另有约定的，按照其约定。

第九百二十九条 有偿的委托合同，因受托人的过错造成委托人损失的，委托人可以请求赔偿损失。无偿的委托合同，因受托人的故意或者重大过失造成委托人损失的，委托人可以请求赔偿损失。

受托人超越权限造成委托人损失的，应当赔偿损失。

第九百三十条 受托人处理委托事务时，因不可归责于自己的事由受到损失的，可以向委托人请求赔偿损失。

第九百三十一条 委托人经受托人同意，可以在受托人之外委托第三人处理委托事务。因此造成受托人损失的，受托人可以向委托人请求赔偿损失。

第九百三十二条 两个以上的受托人共同处理委托事务的，对委托人承担连带责任。

第九百三十三条 委托人或者受托人可以随时解除委托合同。因解除合同造成对方损失的，除不可归责于该当事人的事由外，无偿委托合同的解除方应当赔偿因解除时间不当造成的直接损失，有偿委托合同的解除方应当赔偿对方的直接损失和合同履行后可以获得的利益。

第九百三十四条 委托人死亡、终止或者受托人死亡、丧失民事行为能力、终止的，委托合同终止；但是，当事人另有约定或者根据委托事务的性质不宜终止的除外。

第九百三十五条 因委托人死亡或者被宣告破产、解散，致使委托合同终止将损害委托人利益的，在委托人的继承人、遗产管理人或者清算人承受委托事务之前，受托人应当继续处理委托事务。

第九百三十六条 因受托人死亡、丧失民事行为能力或者被宣告破产、解散，致使委托合同终止的，受托人的继承人、遗产管理人、法定代理人或者清算人应当及时通知委托人。因委托合同终止将损害委托人利益的，在委托人作出善后处理之前，受托人的继承人、遗产管理人、法定代理人或者清算人应当采取必要措施。

第二编 第二十五章 行纪合同

第九百五十一条 行纪合同是行纪人以自己的名义为委托人从事贸易活动，委托人支付报酬的合同。

第九百五十二条 行纪人处理委托事务支出的费用，由行纪人负担，但是当事人另有约定的除外。

第九百五十三条 行纪人占有委托物的，应当妥善保管委托物。

第九百五十四条 委托物交付给行纪人时有瑕疵或者容易腐烂、变质的，经委托人同意，行纪人可以处分该物；不能与委托人及时取得联系的，行纪人可以合理处分。

第九百五十五条　行纪人低于委托人指定的价格卖出或者高于委托人指定的价格买入的，应当经委托人同意；未经委托人同意，行纪人补偿其差额的，该买卖对委托人发生效力。

行纪人高于委托人指定的价格卖出或者低于委托人指定的价格买入的，可以按照约定增加报酬；没有约定或者约定不明确，依据本法第五百一十条的规定仍不能确定的，该利益属于委托人。

委托人对价格有特别指示的，行纪人不得违背该指示卖出或者买入。

第九百五十六条　行纪人卖出或者买入具有市场定价的商品，除委托人有相反的意思表示外，行纪人自己可以作为买受人或者出卖人。

行纪人有前款规定情形的，仍然可以请求委托人支付报酬。

第九百五十七条　行纪人按照约定买入委托物，委托人应当及时受领。经行纪人催告，委托人无正当理由拒绝受领的，行纪人依法可以提存委托物。

委托物不能卖出或者委托人撤回出卖，经行纪人催告，委托人不取回或者不处分该物的，行纪人依法可以提存委托物。

第九百五十八条　行纪人与第三人订立合同的，行纪人对该合同直接享有权利、承担义务。

第三人不履行义务致使委托人受到损害的，行纪人应当承担赔偿责任，但是行纪人与委托人另有约定的除外。

第九百五十九条　行纪人完成或者部分完成委托事务的，委托人应当向其支付相应的报酬。委托人逾期不支付报酬的，行纪人对委托物享有留置权，但是当事人另有约定的除外。

第九百六十条　本章没有规定的，参照适用委托合同的有关规定。

第二编　第二十六章　中介合同

第九百六十一条　中介合同是中介人向委托人报告订立合同的机会或者提供订立合同的媒介服务，委托人支付报酬的合同。

第九百六十二条　中介人应当就有关订立合同的事项向委托人如实报告。

中介人故意隐瞒与订立合同有关的重要事实或者提供虚假情况，损害委托人利益的，不得请求支付报酬并应当承担赔偿责任。

第九百六十三条　中介人促成合同成立的，委托人应当按照约定支付报酬。对中介人的报酬没有约定或者约定不明确，依据本法第五百一十条的规定仍不能确定的，根据中介人的劳务合理确定。因中介人提供订立合同的媒介服务而促成合同成立的，由该合同的当事人平均负担中介人的报酬。

中介人促成合同成立的，中介活动的费用，由中介人负担。

第九百六十四条　中介人未促成合同成立的，不得请求支付报酬；但是，可以按照约定请求委托人支付从事中介活动支出的必要费用。

第九百六十五条　委托人在接受中介人的服务后，利用中介人提供的交易机会或者媒介服务，绕开中介人直接订立合同的，应当向中介人支付报酬。

第九百六十六条　本章没有规定的，参照适用委托合同的有关规定。

延伸阅读二　我国经纪人的历史沿革

早在西周时期，中国的商业就有了较大的发展。管理商贾和市场的官吏中就有类似经纪人的身份。我国历史上最早的经纪人，应是两汉时期的“驵侩”。驵，书面语意为骏马、壮马，引申为贩卖马匹的经纪人的意思。侩，撮合买卖双方的交易，其经纪人的性质是十分明显的。我国古代的“牙人”“牙郎”“牙行”“牙婆”也有经纪业务的影子。

鸦片战争以后，我国经纪人无论在表现形式上，还是在中介对象上都发生了巨大变化。外商为达到交易的目的，利用、依赖一批绝对忠实可靠的特殊中介人，使得大批具备一定的语言能力且熟悉市场行情的交易中介人在通商口岸迅速发展了起来，产生了近代历史上的经纪人“买办”。

一、民国时期的经纪人

随着中国从封建社会向半封建半殖民地社会过渡，经纪人作为商品经济中的重要阶层有了迅速发展，尤其从近代资本市场国家传入的股票交易，更使经纪人成为旧中国经济舞台上的重要角色。民国政府颁布的《六法全书》《民法总则施行法》等专门规定了有关经纪人的各种法律，承认他们的经纪活动合法。

在民国时期，伴随着商贸活动的发展，出现了许多股票交易所、现货期货交易经纪人。在上海，期货交易和期货市场已开始出现，北洋政府还颁布了《物品交易条例》，对当时的商品期货交易做出了法律规定。当时，上海的期货交易所主要有：上海物品证券交易所、上海华商棉纱交易所、上海金业交易所、中国机制面粉上海交易所等。由于政府对经纪人的合法地位予以确认，他们仍活跃在交易所及洋行中，继续在经济领域中发挥着作用。

当时，在上海、广州、天津这些为数不多的大城市，外商兴办的银行、轮船公司和保险公司等企业，其中的买办已被外商改称“华经理”，以消除中国人的仇外情绪。而买办的工作性质没有变，除自身经营商业外，仍为外商的高级雇员，为洋行进出口业务当中介，并且进一步争取到独立的身份，出现了买办与外商之间的经销、合伙关系。其中一些买办还兴办民族工业，与外商联合组织交易所，或独立组织经纪行、货栈等机构。当时，在上海有专为外国企业推销债券、买卖股票的从业公所，以及为控制外汇交易而组成的外汇经纪人公会。以上这些机构，特别是证券交易所，也招揽中国商人作为经纪人，称为“华籍会员”，亦按交易金额抽取佣金。

二、新中国成立初期的经纪人

新中国成立后，由于理论上和思想认识上的原因，经纪人和经纪业被作为资本主义社会特有的经济现象，逐渐地被取缔。国家只允许少数的特定法人从事居间业务，如生产资料服务公司、物资委托行等。

1950年11月14日，中央人民政府贸易部发布《关于取缔投机商业的几项指示》，规定了下列行为是扰乱市场的投机商业，应严格加以取缔：①超出人民政府批准之业务经营范围，从事其他物资之经营者；②不在各当地人民政府规定之交易场内交易者；③囤积拒售有关人民生产或生活必需物资，以图窃取暴利，以招致物价波动，影响各地当时的人民生产或生活者；④买空卖空，投机倒把企图暴利者；⑤故意抬高价格抢购物资，或出售物资及散布谣言刺激人心，致引起物价波动者；⑥一切从事投机活动者。

由于当时对官僚资本采取了没收政策，证券和物品交易所被关闭，因而丧失了合法的交易场所的股票、期货经纪人当然就属于“投机商业”之列而被取缔。此后，全国各省市遵照上述政策精神对居间商和经纪人分别采取了利用、改造、取缔等办法进行管理，有的还制定了一些地方性的规定。

随着社会主义工商业改造的深入和高度集中的计划经济体制的建立，从第一个五年计划时期开始，关系国计民生的重要生产资料都由国家计划调拨，不再通过市场交换，生活资料也由国家商业部门统一经营。这样一来，从事居间活动的机构和经纪人就成为多余，导致了在我国城乡普遍取消了个人的商品中介活动。原来的经纪人一部分被吸收到国营商业和供销社中充任职工，一部分被视为非法经营为政府部门所取缔。从此经纪人这一阶层在我国社会上长期消失了。

三、改革开放以来的经纪人

自1978年实行改革开放以来，我国商贸活动有了较大发展。伴随商贸活动的发展，经纪人又活跃起来，经纪活动深入到各个领域。但当时国家对这一职业还是以限制为主，其活动一般都在地下进行，时称“黑市经纪”。1981年，国务院颁布的《关于加强市场管理，打击投机倒把和走私活动的指示》及《批转关于工业品生产资料市场管理规定的通知》都将“黑市经纪”认定为是投机倒把行为。1985年，国务院颁布的《关于坚决制止就地转手倒卖活动的通知》中进一步明确规定：不准经纪人牵线搭桥从中渔利。1987年颁布的《投机倒把行政处罚条例》，使经纪人及其活动面临严厉制裁。这些法规都制约着经纪人的发展。1989年后的治理整顿时期，全国大规模地清理整顿公司，大量曾从事流通领域经营活动的“皮包公司”被查处撤销，经纪人活动又陷入低谷。

但是，由于整个经济体制向市场经济方向逐渐转化，经纪业的发展给社会经济发展带来的影响越来越大，因而在商品经济比较发达的地区，仍出现了大量为商品交换牵线搭桥的经纪人。据沈阳工商行政管理局调查，1987年全市已核准登记给予监督管理的经纪企业78家，其所聘用的经纪人已达480余人，而分散在各行业中的经纪人多达1300余人。这些经纪人主要从事商品、技术、金融、劳务、房产、农副产品等中介服务。

1992年以来，随着我国改革开放步伐的加快，市场经济运行机制的形成和逐步健全，尤其是邓小平同志南方谈话和党的十四大提出建立社会主义市场经济体制以后，经纪人又活跃在社会经济活动中，并在促成买卖双方交易、搞活商品流通、推动科技成果转化为生产力方面发挥着日益重要的作用。

1993年3月17日，《经济日报》头版头条刊登了文章《经纪人，你听到掌声了吗?》，标志着中国市场经济发展的道路上，经纪人终于堂堂正正地开始活跃在中国经济舞台上。1993年3月，上海成立了第一家中介市场——上海外滩经纪人市场，经纪人可以在场内以中介、代理、咨询等方式从事生活资料、生产资料、科技成果、知识产权、房地产、储运、租赁、外商投资项目引进、人才交流、宣传广告、文化艺术、体育、旅游等领域的经纪活动。浙江省在1993年春天出台《浙江省经纪人登记管理试行办法》，充分肯定了经纪人的合法地位，并引导更多的人投身到经纪业中来。

原国家工商行政管理局1993年4月28日颁布的《期货经纪公司登记管理暂行办法》，是由国家主管部门正式发布的第一个有关经纪人的法规。由国家税务局、文化部联合制定，在1993年春天发布的《演出市场个人收入调节税征收管理办法》，是国家正式对演出经纪人在税收方面的具体法规。1995 年 10 月 26 日，原国家工商行政管理局发布《经纪人管理办法》。这一切都表明，经纪人已经成为我国经济生活中的重要组成部分，各种个体的、民办的、官办的经纪人和经纪人群体的触角已经深入到金融、科技、物资、交通、文化、体育、房地产、社会服务等诸多方面。

延伸阅读三 中间人

经纪人因其中间商的业务特点，有时也被称为“中间人”。美国财经作家玛丽娜·克拉科夫斯基(Marina Krakovsky)2015 年出版的《The Middleman Economy》是近年来少见的系统而有深度地研究当代经纪业务的著作。

一、概念

正如这本书的书名所示，Brokers、Agents、Dealers、Everyday Matchmakers 等都是中间人的一种，但各有侧重。Broker 是经纪人，Agent 是委托意义上的代理，Dealer 是销售代表，Matchmaker 是介绍人。其他类似的词还有 Liasion(联络人)，Go-between(媒介者)，Intermediary(中介)，以及 Manager(经理)。可见，在英语国家、特别是美国，经纪也是一个百态纷呈的业务。不过，这些业务有一个共同特点，克拉科夫斯基在书中引用美国劳工统计局的界定：中间人是“连接着买方和卖方的专业人士”。并进一步解释道：这些“数百万的销售代表、地产经纪人、财务顾问、猎头、保险或者贷款经纪人。另外，在我们复杂的经济中，许多工作都含有隐藏的中间人成分，如婚礼策划人、律师、家庭医生、记者等。”

作者转述了美国犹他州共和党参议员 Mike Lee 在 2014 年听完奥巴马总统国会演说后发表的评论，“总统允诺发展中产阶级经济，实际上发展的却是中间人经济”。因为美国的中间人经济占 GDP 的比重，从 1999 年的 25%上升到了 2010 年 34%。

1999~2010 年，正是互联网经济战胜泡沫破灭、走向决定性成功的历史时期。比尔·盖茨曾在 20 世纪 90 年代中期预言“信息高速公路(就是现在的互联网)将带来无摩擦的资本主义”，“届时交易中涉及的人只有真正的买方和卖方”。但是，历史的发展和比尔.盖茨的预言恰恰相反，在互联网时代的交易中，中间人不但没有消失，反而规模大大增加了。

玛丽娜·克拉科夫斯基在书中解释说：主要原因在于对新人的需求。中间人与买卖双方沟通的频率，远远高于买卖双方直接沟通的频率，中间人更容易与买卖双方建立信任。互联网为中间人创造价值提供了新机会：eBay 上大量交易、高信用值的中间人；LinkedIn(领英)上的招聘专家；地产网站上的地产经纪人；Youtube 上寻找网红的明星经纪人；Airbnb(爱彼迎)、Uber(优步)和 ZocDoc(在线医生预约平台)这样的共享经济平台。互联网时代中间人的工作本质是：在网络中连接节点，减少某种摩擦或者降低交易成本，为买卖双方提供价值，从而提升网络的价值。互联网试点中间人在社会经济中所占据的比例比以往任何时候都高。

二、分类

克拉科夫斯基根据上述的热度和能力的组合模型，把中间人分为合作者、寄生虫、捕食者和宠物四种类型：合作者，既温暖又有能力，令人尊重。相反地，寄生虫，令人轻视和厌恶。捕食者和宠物会引发矛盾情绪：冷酷但能力强大的捕食者令人生畏，温暖但没什么能力的宠物令人生怜。冷漠(只关心自己的利益)且能力不足(成本比价值高)的中间人总是会令人心生轻蔑。对他们来说，寄生虫这个标签有些残酷，却极为恰当。总的来说，从无防备或者信息不足的人身上获利的中间人，都可以被归为捕食者。拥有高技能但是道德沦丧，他们也属于捕食者。与捕食者相对的是我所说的“宠物”——中间人里的一小部分，他们富有热情，但是缺乏提供优质服务的技巧。合作者：这种中间人既有能力做好分内工作，又很温暖。

毫无疑问，经济活动中最需要的是合作者。

三、角色与作用

克拉科夫斯基认为，作为合作者的中间人，在经济活动中扮演着六种角色：搭桥者、认证者、强制者、风险承担者、礼宾者和隔离者。

1. 搭桥者

搭桥者通过缩短物理空间、社交或者时间上的距离促成交易。优秀的搭桥者总是在毫无联系的个人和组织之间寻找机会。由于在空间、人际关系和时间上存在差异，所以中间人在这之中起到了很大的作用，他们通过自己的能力和资源，缩短这些差异的距离，穿针引线，努力促成资源的合理配置，并从中创造自己的价值，赚取自己的利润，所以真正的搭桥者，做的都是双边市场的生意，而作为中间人，通常会向乙方提供免费服务，而通过向另一方收费获利，以交叉补贴模式谋求持续的增长和利润。但不管是通过什么样的方式去赚钱，中间人都必须做好自己的本职工作，只有能为大部分人解决专业的问题，才能吸引到双边市场的资源向你招手！

2. 认证者

认证者通过搜寻和筛选买方所需产品，对买卖的产品质量做担保，为买卖双方提供价值。认证者要致力于沙里淘金和建立长久信誉，如此才能获利。认证者恐怕是中间人扮演的角色中最普遍、最有用的一种了，这份工作可以归纳为三个步骤：搜寻、甄选、举荐。搜寻就像大海捞针，四处寻找有潜力的产品；甄选就是凭经验去假存真；举荐则意味着以自己的信誉保证最终呈现在买方面前的产品质量。

3. 强制者

强制者确保买卖双方全力以赴、互相合作以及保持诚信。在双边市场中，当一方的行为对另一方有积极或者消极的影响时，强制者知道设计和提出规则对于建立有价值的关系的重要性。因此，他们监督合作者的交易，增强他们的联系，建立良好的共同行为准则。强制者看上去更像是认证者的升级版或者是认证者的后续监督者。特别是在服务行业，因为没有实物作为交易，更容易出现被欺骗或者无处追责的局面，而这些问题都会在买家签好合同后产生，因此认证者并不能保护买家，这种问题种类繁多，被统称为道德风险、签约后机会主义或者隐蔽行为，特别是在买卖双方没有持续往来关系的时候，这时候就需要强制者出现，来可靠公平地强制合同的执行。

4. 风险承担者

风险承担者是比合作伙伴的风向承担能力更强的中间人，而要成为杰出的风险承担者，其关键因素在于：能通过外部风险识别内部风险，在承受风险的同时避免风险。而作为风险承担者，必须要避免的即是“正面我赢，反面你输”的情况，因为这样，风险承担者并没有承担任何风险！优秀的风险承担者和他们的合作者一荣俱荣，一损俱损。他们控制风险，不依赖运气，并且能够辨识哪些是他们应该承担的风险。那为什么中间人应该承担风险？一方面，他们比交易伙伴更有能力去分散风险，通过分散风险以求收入能够弥补损失；另一方面，最能承担风险的一方如果承担了风险，那么交易双方都会受益，越想规避风险的一方，越不会介意支付风险溢价来降低风险，所以中间人来承受风险，就可以通过收取风险溢价从而获利。一个好的风险承担者，要学会区分内部风险和外部风险，风险承担者应当避免内部风险，这种风险既会给他们自身也会给合作伙伴带来损失，而外部风险才是风险承担者应当接受的，他们可以通过分散投资来减少不确定性。

5. 礼宾者

礼宾者能够真正了解消费者的需求，并且能按照消费者的不同选择来制定相应的价格，从而为消费者创造价值。在选项众多的庞大复杂的领域里，消费者冒着很大的风险做决定，这使礼宾者模式可以很好地发挥作用。互联网的发展并没有替代礼宾者的工作，反而使他们更好地利用信息：迅速查找信息，吸引世界各地的顾客并和他们更迅速地沟通。但科技还是在不断发展的，作为礼宾者如果不能做得更多，就毫无价值。

6. 隔离者

隔离者不是使人们互相联系，而是使已经相互熟悉或者以后将比较熟悉的人员隔离开来的角色。有时候，人们代表自己的利益直接沟通会显得过于贪婪、自我推销和挑衅，这时候就需要隔离者了。优秀的隔离者能够在这样的情形下承受责难，也能够把客户看似自私自利的行为转化成隔离者利他无私的行为。

第二章　技术经纪人

科学技术要转化为现实生产力，科技成果要商品化、产业化和国际化，离不开市场，离不开中介，离不开技术经纪人。技术经纪人懂技术、熟悉业务、掌握信息，因而能为技术商品买卖双方穿针引线、居间周旋、专业策划、撮合价格等，使科技成果迅速地转化为物质财富，有力促进经济发展和科技进步。技术经纪是一类特殊的经纪业务，这类业务的发展与科学技术的发展水平和经济社会对科学技术的需求程度有密切关系。

第一节　技术经纪人的界定

一、界定

技术经纪人是指在技术市场中以促进成果转化为目的，为促成他人技术交易而从事中介居间、行纪或代理等，并取得合理佣金的经纪业务的公民、法人和其他经济组织。具体来说，技术经纪人是专门为技术商品买卖的双方提供订立合同机会、条件，或代理技术交易当事人进行技术交易活动的中介人。技术经纪人的概念有广义和狭义之分。广义的技术经纪人，是指从事为技术交易提供专业服务的个人和组织机构(如技术经纪机构、技术信息咨询机构、技术市场等)；狭义的技术经纪人，则是指专门从事为技术交易提供中介服务的个人。

技术经纪活动不同于一般商品经纪活动，技术经纪人也具有自身的特征。

1. 技术性

与一般经纪人不同，技术经纪人所经纪的对象是技术商品，即是以技术为内核，具有一定价值和使用价值，同时又能满足用户需求的知识形态的无形产品，如新工艺、新配方、专利、专有技术等。因此，技术经纪人必须具备一定的科学技术知识。

2. 商业性

技术经纪人的职业性质是一种专门从事技术商品买卖或服务于供需双方之间交易的经营活动。如委托洽谈商务、代理签订合同或以市场主体的身份，分别同委托人和第三人签订技术交易合同等。

3. 中介性

技术经纪人在技术商品的买卖双方当事人之间处于中介地位，掌握着来自科技和经济两大领域的信息，并能充分利用这些信息源，为技术商品的供需双方穿针引线、牵线搭桥，促进交易。

4. 职业性

技术经纪人是一项专门的社会职业，在成功地为技术商品交易提供各种中介服务的过程中，获取相应的佣金，有相对独立的社会职业地位和功能。随着市场经济的发展，技术经纪人的职业特征将更为明显。

5. 服务性

技术经纪人为技术交易主体（科研单位、企业）提供技术商品供求信息、市场调查、技术评估、组织谈判、资金融通、人员培训等中介服务，促进了科技成果向现实生产力的转化。

二、能力要求

技术经纪人在促成科技商品交易、促进科技转化为生产力等方面，有着重要的地位和作用。有人称技术经纪人是科技成果进入市场的催化剂，是促进科技现代化进程的推进器。

技术经纪人在技术交易活动中居于特殊重要的地位。由于技术交易的特殊性，决定了技术商品的出售与购买，以及出售方和购买方二者技术经济效益的最终实现，是一项涉及诸多因素并且极其复杂、烦琐的技术贸易事务，如洞察市场信息、寻找出售或购买对象、洽谈业务、订立合同、组织实施等。因此，客观上需要社会上有一种专门为技术交易活动提供各种中介服务的职业。

1. 组织能力

技术商品交易一般是一个较长过程，从了解市场需求、洽谈业务、签订合同到实施的全过程，都需要经纪人去组织、联系。技术经纪人既要为单项技术转让服务，又要为多种技术综合配套服务。这就需要技术经纪人有较强的组织能力，善于捕捉信息，掌握市场行情，能对各种复杂因素进行分析、综合、评价、判断，从而做出最佳决策，提高技术经纪的服务效能。

2. 协调能力

在技术交易中，有三个方面的利益需要互相协调，即技术供方、技术需要和技术中介方。它们的利益只要一方不满足，科技成果的转让就不能顺利进行，甚至无法进行。此时，技术经纪人就可以大显身手，充分发挥其协调作用，融洽双方的关系，切实把科技成果供需双方联结起来，提高科技成果转化成交率。

3. 经营能力

技术转移往往伴随着很多风险和不确定性，尤其是技术需方对科技成果是否能顺利投产和新产品能否成功占领市场往往很担心。况且，技术引进方常常由于自身条件（如技术条件、人才条件、资金条件、市场拓展等）的不足，影响引进技术的成功实施。对此，用户不仅需要牵线搭桥，更要求技术经纪人、技术供方与其共担风险。技术经纪人应积极参与到技术评估、资金融通、新产品鉴定、产品促销、技术人员培训、经营发展计划的制定乃至公共关系的拓展等工作中去，降低技术转化的风险和不确定性，消除技术引进方的后顾之忧。只有这样，技术经纪活动才能真正有市场。

4. 解决问题的综合能力

技术经纪人在实际工作中，不仅要有广泛的知识，而且还要把这些知识灵活运用，要具有综合分析和解决问题的能力。技术经纪工作涉及信息沟通、技术评估、市场评价、组织谈判、筹集资金、人员招募、产品鉴定、促销、人员培训等一系列问题，对此技术经纪人需要有驾驭复杂局面和解决复杂问题的综合能力。

第二节　技术经纪人的业务

一、概念

技术经纪人的业务，即技术经纪，也称为“技术中介”，是指中介方以知识、技术、经验和信息为另一方与第三方订立技术合同进行联系、介绍、组织工业化开发，并为履行合同提供服务的活动。

技术经纪是为技术创新提供各类专业服务的服务业，为了更好地服务技术创新，技术经纪越来越多地采用了现代技术手段(客户关系管理系统、大数据、人工智能等等)，技术经纪是现代服务业。

技术经纪，无论其服务对象是新技术的研发者、利用新技术生产新产品的生产者还是利用新技术解决生产经营难题的企业方，都是以研发、生产、经营为主要服务对象，技术经纪是生产者服务业。

在当代信息技术的直接作用和广泛影响下，现代社会的经济体系越来越精细、越来越精致、越来越精益，也越来越需要精准的、高效的、跨行业跨领域对接。技术经纪人承担的就是这样的使命，要完成的就是这样的任务。

(一)技术经纪与其他经纪的区别

(1)经纪的对象不同。技术经纪的对象是技术和与技术有关的活动，而其他经纪的对象主要不是技术。如：房地产经纪的对象是房地产和与房地产有关的活动；机动车经纪的对象是电动车、汽车。

(2)技术经纪提供全程服务，即贯穿洽谈、签约、履约的全过程，技术经纪的内容复杂、周期长、风险大。是一种“多角化”的服务。

(3)技术经纪在一定范围涉及国家国防安全，涉及商业秘密级别更高。

(4)技术经纪是为特定的目的进行，不仅指中介方为技术供需双方订立和履行技术合同进行的服务。

(5)技术经纪是以技术知识为基础提供的服务，它在本质上属于技术服务。

(6)技术经纪对从业人员综合素质要求高。

(二)技术经纪与其他经纪的联系

(1)经纪方式相同。技术经纪与其他经纪同属于中介行业，活动方式都是居间、行纪、代理这三种方式。

(2)经纪目的相同。技术经纪与其他经纪活动的目的都是促成他人交易而收取佣金。

(3)经纪的地位、作用相同。技术经纪与其他经纪在经济活动都处于中间位置，一手托着供需双方，其作用是在供需之间牵线搭桥，撮合其交易成功。

(4)技术经纪与其他经纪的联系。技术经纪与其他经纪在业务活动中有很多交叉内容。如：农业经纪人在进行农业经纪活动时会涉及农业技术经纪问题；文化经纪人在进行影视制作、大型演出经纪活动时涉及灯光、音响、制作设备的技术经纪问题；体育经纪人在对大型赛事开展经纪活动时也会涉及技术经纪业务。从市场发展情况看，各类经纪都会涉及技术经纪业务。各类经纪都在积极探索立足自己掌握的本类经纪信息开展延伸服务，跨界服务。技术经纪与其他各类经纪紧密联系，加强合作是业务发展和市场发展的必然。社会生活各领域的发展，离不开技术领域的创新发展，必须依靠技术进步为支撑。

二、分类

(一) 按照业务类型分类

1. 一般中介

一般的技术中介是指居间中介，又称“简单中介”。技术经纪人居于委托人和第三者之间，介绍他们进行技术交易活动。对于当事人是否订立技术合同，是否履行技术合同，以及是否发生争议纠纷，不承担责任。技术经纪人仅起到牵线搭桥、居间介绍的作用，以“信息费”或“介绍费”的形式取得报酬。

2. 全程中介

全程中介，又称“深入中介”。技术经纪人参与技术交易的洽谈签约活动，督促协调交易主体履行技术合同，调解履行合同过程中发生的矛盾纠纷，甚至组织方方面面的力量促进技术项目的实施。

3. 代理中介

技术经纪人受技术卖方或技术持有人的委托，在技术市场里销售技术商品，寻求或选择技术买方，代表技术卖方从事技术交易活动。具体来说，技术经纪人受技术需求方的委托，收集技术商品信息，寻求技术项目，选择技术卖方，进行技术交易洽谈，也可以代表技术需求方签订技术交易合同。

4. 其他业务

技术经纪人参与技术开发、技术服务、技术培训活动。技术经纪人组织技术交易、交流活动，从事商品市场调查、可行性研究论证、法律咨询、技术咨询等业务。技术经纪人在技术成果转移转化和技术服务等过程的具体步骤中，以及与此相关的要素组合的各个环节上发挥相应的作用。

(二) 按所经纪的技术商品分类

1. 专利技术的经纪

专利技术的经纪是将受国家法律保护的技术公开向社会拍卖的经纪。因而技术经纪人必须对该项专利的技术前景、市场潜力，以及对可供选择的技术受让方进行调查研究，有针对性地进行有效宣传和联系工作。

2. 非专利技术的经纪

国际上一般把非专利技术称为“专有技术”，它一般是某种技术秘密。它的财产价值只具有使用权和转让权，而没有法律意义上的“所有权”属性。为此，技术经纪人在营销这类技术时，既要使受让方了解其技术和市场的前景，又要有为委托人保守技术秘密的手段。

3. 技术开发项目的经纪

技术开发是一种获取新技术的创新工作，具有较大的技术风险。技术经纪人应把重点放在项目咨询和可行性论证方面，并根据委托开发或合作开发的法律特征以及买卖双方的交易动机，评估成果的权限和效益分配问题。

4. 技术招标与投标中的经纪

技术招、投标是促进技术买卖的一种竞争形式。在竞争中，技术买卖方除了技术实力的较量外，策略的运用十分重要。技术经纪人主要是通过各种合法的手段，获取相关信息，为投标方或招标方策划招、投标策略。

5. 技术服务的经纪

技术服务具有量大、面广的特点，技术经纪人主要是在拓宽服务领域、论证技术可行性基础上，做好买方和卖方的介绍与协调工作。

6. 国际技术合作的经纪

国际技术合作通常要面对不同发达程度、不同民族文化的国家和地区，技术经纪人要在熟悉通用国际商法及惯例的同时，注意相关技术的新的技术标准内涵，为委托者特别是国内的委托者把好先进性、无污染和高效益这一关，克服盲目性和重复引进。

7. 技术人才的经纪

作为技术载体的科技人才，也是市场的“抢手货”。因此，技术经纪人在经纪技术商品的同时，也进行技术商品有关的科技人才的经纪。

(三)按技术经纪人组织形式

按技术经纪人组织形式可以将技术经纪人划分为个体技术经纪人、技术经纪公司和其他兼营技术经纪业务的经济组织。

1. 个体技术经纪人

个体技术经纪人即个人充当技术经纪人，从事技术经纪业务。他们具有一技之长又有技术转让业务渠道，经营灵活、活动范围大、应变能力强。但受个人知识水平、活动能力、信息渠道、资信状况等条件限制，其经纪业务难以向深度和广度拓展。

2. 技术经纪公司

技术经纪公司是指从事科技经纪业务的具备法人资格的组织或机构，是经纪人的联合体。这是一种智力互补、知识结构比较完整的组织，可以克服单个人从事经纪业务的局限性，更能适应科技成果转让的复杂性、风险性的要求。科研院、所，高校分化出来的技术经纪人组织等属于这类。

3. 兼营技术经纪业务组织

兼营技术经纪业务组织是指既从事其他经营活动又从事技术经纪活动的各类组织。如专利事务所、信息机构兼营技术经纪业务，科技性社会团体设立从事的技术经纪活动的机构等。

三、作用

从宏观上讲，技术经纪的作用包括：促进产学研的深入合作，提高企业的自主创新能力；有效地提升科技型中小企业的成长质量；通过高级的科技服务经纪活动，强化企业的资本动力；引进和培育高素质人才，建设企业的人才高地等。

从微观上讲，技术经纪的作用是促进科技成果转化和技术转移，具体可以归纳为下列几个方面：

1. 沟通作用

沟通买卖双方。沟通是指技术经纪人在技术买卖双方之间传递信息，以期取得相应的效果。沟通是双方的行为，技术经纪人一方面受买方委托，在众多的专利和科技成果中，为买方介绍、选择适合其需要的科技成果，做买方的忠实顾问；另一方面，受卖方的委托，向客户推荐专利和其他科技成果，宣传介绍这些科技成果的性能特征，使它们能在技术市场上迅速出售。此外，技术经纪人还要收集技术成果供给和需求信息，并通过各种渠道进行发布。

2. 调节作用

缓解科研、生产双方的信息不对称。由于技术经纪人掌握信息快，了解市场需求情况，通过对国内外技术市场的预测，很快地将技术商品供求信息传递给供需双方。科研部门根据市场需求及时调整科研方向，使科技成果为社会所需；生产部门也可以选购市场急需的技术和生产市场急需的产品。技术经纪人对技术商品的供求平衡起到了调节作用。

3. 评估作用

对科技成果进行评估。技术成果的转让往往伴随着许多风险和不确定性。技术经纪人要对所转让的科技成果进行综合评价，包括科技成果的可靠性、成熟性、先进性、配套性、市场容量、生命周期等。评估的最终目的是给科技成果定价，为交易双方谈判提供一个合理的参考价格。只有对科技成果做出准确科学的评估，才能使科技成果顺利地完成转让。

4. 组织策划作用

对科技成果转让的全过程进行组织。组织功能贯穿科技成果转移的全过程。技术经纪人以熟练的业务能力和丰富的市场经验，为科技成果转让工作从谈判、签约到合同实施的全过程提供中介服务。如技术转让合同通过前，举办各种技术交易会、技术招标会等；技术合同通过时，组织双方谈判；技术合同通过后，帮助用户培训职员、参与项目规划与筹建工作等。这一作用克服了技术经纪有头无尾服务方式的弊端，提高了科技成果转让的成功率。

5. 协调作用

对技术成果的买卖双方进行协调。技术经纪机构不仅把技术市场供需双方的信息传递给对方，而且还积极主动地参与到其中，在交易双方谈判过程中，疏通障碍，调解分歧，融洽关系，切实把科技成果供需双方联结起来，以合作的态度解决问题，使买卖双方由原来的不协调变为协调，由原来的对立或对抗转变为合作。

6. 经营作用

在科研单位经费不足，或生产企业技术开发资本投入短缺时，技术经纪机构通过风险投资，对技术成果进行二次开发、集成配套等。把技术经纪和技术经营结合起来，促进技术成果的成熟和完善，增强科技产品的竞争力，消除技术引进方的后顾之忧，既能推动科学研究的进步，又促进生产力的提高。

根据需方需求，组织专业的技术诊断和引进对口的技术、进行技术组合也是目前企业技术升级改造和转型期间，由中介机构或经纪人组织所从事的十分重要的工作。

总之，在技术市场上，技术经纪人以对技术交易规律的掌握以及广泛的人际网络、灵敏的市场嗅觉和准确的心理判断，为技术成果买卖双方穿针引线，居间周旋，沟通信息，撮合价格，使买卖双方达成共识，使科技成果有条件的转让为物质财富，而经纪人自身的价值也因此得到体现并取得利益上的回报。因此，建立技术经纪人制度，发展经纪人业务，是培育和发展社会主义市场经济的重要环节和必然趋势。

第三节 我国技术经纪人的发展与展望

一、发展历程

技术经纪人的人员构成发展主要经历了三个阶段。

第一阶段是党的十一届三中全会到党的十三届四中全会前。这一阶段技术经纪人的来源主要是从政府部门(主要是科技管理部门)下海经商的科技管理人员、国有企业、高校离职的科研人员以及离退休科技人员，此外还有一些投机科技工作的社会人员等。这一阶段的技术经纪人大多为兼职，且从业人员年龄偏大，技术经纪人还未成为一种专门职业，技术经纪人从事技术经纪工作的目的主要是服务社会与补贴家用。

第二阶段是党的十三届四中全会到党的十八大前。这一阶段技术经纪人的来源更为广泛，其年龄结构更为合理。其人员构成扩大为：政府科技管理部门在职公务员、高校在职管理人员、科研人员、科研院所科研人员、大学毕业生、企业人员、科技中介。甚至在校大学生中(以知识产权相关专业学生为主)，有不少人在从事技术经纪工作。这个阶段，技术经纪人才真正开始成为一种为人们所知的职业，但这个职业大多为上述人员的第二职业或者是兼职，这一阶段的技术经纪人进行技术经纪工作的主要目的是获取科技成果转化的佣金。

第三阶段是党的十八大及其以后，这个阶段是我国科技创新与科技成果转化工作的跨越式阶段，这个阶段的技术经纪人的结构发生了根本性的变化，从业人员主要由科技中介机构人员、高校、科研院所、企业专职技术经纪人组成。值得注意的是，这一阶段的技术经纪人由兼职向专职转化，从业人员的年龄结构持续下降，学历水平不断上升，技术经纪人已经成为社会公认的一个职业。

从国家层面来看，1997 年，原国家科委颁布了《技术经纪资格认定暂行办法》和《全国技术经纪人培训大纲》，开始探索我国的技术经纪人管理制度。此后，为适应蓬勃发展的技术经纪工作需要，提高技术经纪从业人员的业务素质与法律法规水平，推进技术经纪人个人的发展成为国家政策关注的重点。《全国技术经纪人培训大纲》对如何成为技术经纪人、技术经纪人如何提升自身能力、技术经纪人如何取得法定的技术经纪从业资格等问题进行了细致的规定。从地方政府层面看，地方政府积极响应国家号召，在本地区探索制定了地方性的技术经纪人扶持鼓励与管理办法，极大地推动了当地技术经纪工作的发展。如北京、上海、内蒙古、海南、广东等地，是我国较早制定技术经纪人管理条例的省市，在技术经纪工作中取得了先发优势。

二、职业前景

近年来，在政府部门和行业组织共同培育、加强监管下，从业经纪人队伍得到了快速健康的发展。据统计，目前，在北京注册的技术、文化、体育、产权、房地产等八类经纪人约 13 万人。在这八类经纪人中技术经纪人面对的市场更伟大、更复杂，其素质要求更高。

首先，党的十八大以来，伴随着党和国家事业的历史性变革，我国科技实力实现历史性跨越，创新成为当代中国最让人激动、最让人向往、最让人憧憬的词汇之一。今天的中国科技人，拥有比以往任何时候都更加充足的创新底气和更加强大的创新自信。这源于我们党对创新发展的极端重视，源于中国科技的巨大成就和坚实根基，源于当今中国人对创新前所未有的渴望和追求。以习近平同志为核心的党中央，以深邃的历史眼光和宽广的全球视野，把创新作为五大发展理念之首、摆在国家发展全局的核心位置，进行创新驱动发展顶层设计，推动实施创新驱动发展战略，吹响“三步走”建设世界科技强国的嘹亮号角。习近平总书记关于科技创新的一系列新理念、新思想、新战略，深刻阐述了创新驱动是什么、创新驱动为什么、创新驱动抓什么等重大理论和实践问题，为我们实施创新驱动发展战略、建设创新型国家和世界科技强国提供了强有力的思想武器和行动指南。技术本身专业性强，其品质的判断需要具备相应的专业知识。在技术交易过程中存在的比较复杂的技术、法律、知识产权、财务等方面的问题，交易过程复杂，需要具备专业知识、谈判能力的专业人士促进技术交易的进行。因此，技术经纪人对从业人员的综合能力要求很高，属于高端复合型人才。

由于技术经纪人在技术转移活动中的重要作用，促进技术经纪人的发展成为我国技术转移相关政策中的一个重要部分。例如，2017 年 9 月 15 日，国务院印发《国家技术转移体系建设方案》(〔2017〕44 号)，提出“壮大专业化技术转移人才队伍”，“加强技术转移管理人员、技术经纪人、技术经理人等人才队伍建设，畅通职业发展和职称晋升通道”；2018 年 5 月 28 日，科技部印发《关于技术市场发展的若干意见》(国科发创〔2018〕48 号)，提出培养 1 万名技术经理人、技术经纪人的目标。《新时代推动首都高质量发展人才支撑行动计划(2018—2022 年)》把技术转移转化人才列为北京急需的五大核心高端人才之一。

2020 年 3 月 30 日，中共中央、国务院发布《关于构建更加完善的要素市场化配置体制机制的意见》。这个重要政策文件的第五部分是“加快发展技术要素市场”，从“健全职务科技成果产权制度，完善科技创新资源配置方式，培育发展技术转移机构和技术经理人，促进技术要素与资本要素融合发展、积极探索通过天使投资、创业投资、知识产权证券化、科技保险等方式推动科技成果资本化，鼓励商业银行采用知识产权质押、预期收益质押等融资方式，为促进技术转移转化提供更多金融产品服务，支持国际科技创新合作”等五个方面、明确了加快发展技术要素市场的工作方向。

文件提到了土地要素、劳动力要素、资本要素、技术要素、数据要素五大要素，既有传统的土地、劳动力、资本，也有比较新的技术要素，还有最新的数据要素。从这样的表述可以看出，在中国特色社会主义市场经济建设和发展过程中，技术和数据的已经成为不可或缺的基本构成要素。文件强调：“全面贯彻落实以增加知识价值为导向的收入分配政策，充分尊重科研、技术、管理人才，充分体现技术、知识、管理、数据等要素的价值。”可见，随着经济发展的主导范式从工业经济演进为知识经济、数字经济，技术要素的作用会越来越大、技术市场的作用也会越来越大。在国家高度重视创新，技术市场供需两旺的大环境下，技术经纪人的职业前景十分光明，技术经纪人应努力提高自身素质，为国家的科技成果转移转化做出不懈的努力。

第四节　技术经纪人与技术经理人

我国实践中对从事技术转移服务的人有两种称谓，一种是本书到目前为止一直在使用和讨论的技术经纪人，另一种是技术经理人（也叫作“技术转移经理”）。

产生这种情况的原因多种多样，归纳起来主要有以下几点。一是进入21世纪以来，我国的技术转移和科技成果转化工作越来越与国际接轨，特别是在国际上有很大影响力的美国大学技术经理人协会多次参与我国境内举办的技术转移大会和培训活动，使得技术经理人这个称呼为更多人所熟知和认可。二是2005年前后开始的职业资格管理放给行业组织之后，国内技术经纪人的知识培训、资格管理等一度松懈，出现了“网破、线断、人散”的局面，技术转移、成果转化从业人员的专业归属感、社会认同感大大下降，技术经纪人的称呼也随之淡化。三是和技术经理人称呼一同进入我国的是发达国家技术转移的知识和经验，这些知识和经验的进入，开阔了我国技术转移、成果转化从业人员的眼界，对推动我国技术转移、成果转化工作发挥了较大作用。特别是从经理这个现代生产经营活动岗位角度为重新认识经纪人这个颇具历史的职业提供了新鲜的视角和框架，也丰富了经纪人的职业内涵。

针对当前在技术转移、成果转化领域时有发生的关于“技术经纪人”和“技术经理人”的讨论，本教材持以下观点：第一，从概念上看，技术经纪人强调工作性质，更具有中国传统性，技术经纪人的社会分工意义更明显；技术经理人强调工作内容，在国际化过程中得到广泛引用，技术经理人的组织内部职位更清晰。第二，尽管从概念上可以对技术经纪人和技术经理人进行一定的区分，但是在实践中两者存在明显的交叉使用，而且这种交叉使用越来越广泛地被社会各界所采纳，两个概念呈现出越来越明显的同化趋势。对概念进行过分的深究在指导技术转移实践中并不具备很大的意义，本教材普遍适用于技术转移服务人员，教材中在一般情况下使用“技术经纪人”，但不排除在特定情况下使用“技术经理人”，有的时候也可能平行使用“技术经纪人”和“技术经理人”。

延伸阅读四
《中共中央　国务院关于构建更加完善的要素市场化配置体制机制的意见》

（2020年3月30日）

完善要素市场化配置是建设统一开放、竞争有序市场体系的内在要求，是坚持和完善社会主义基本经济制度、加快完善社会主义市场经济体制的重要内容。为深化要素市场化配置改革，促进要素自主有序流动，提高要素配置效率，进一步激发全社会创造力和市场活力，推动经济发展质量变革、效率变革、动力变革，现就构建更加完善的要素市场化配置体制机制提出如下意见。

一、总体要求

（一）指导思想

以习近平新时代中国特色社会主义思想为指导，全面贯彻党的十九大和十九届二中、三中、四中全会精神，坚持稳中求进工作总基调，坚持以供给侧结构性改革为主线，坚持新发展理念，坚持深化市场化改革、扩大高水平开放，破除阻碍要素自由流动的体制机制障碍，扩大要素市场化配置范围，健全要素市场体系，推进要素市场制度建设，实现要素价格市场决定、流动自主有序、配置高效公平，为建设高标准市场体系、推动高质量发展、建设现代化经济体系打下坚实制度基础。

（二）基本原则

一是市场决定，有序流动。充分发挥市场配置资源的决定性作用，畅通要素流动渠道，保障不同市场主体平等获取生产要素，推动要素配置依据市场规则、市场价格、市场竞争实现效益最大化和效率最优化。二是健全制度，创新监管。更好发挥政府作用，健全要素市场运行机制，完善政府调节与监管，做到放活与管好有机结合，提升监管和服务能力，引导各类要素协同向先进生产力集聚。三是问题导向，分类施策。针对市场决定要素配置范围有限、要素流动存在体制机制障碍等问题，根据不同要素属性、市场化程度差异和经济社会发展需要，分类完善要素市场化配置体制机制。四是稳中求进，循序渐进。坚持安全可控，从实际出发，尊重客观规律，培育发展新型要素形态，逐步提高要素质量，因地制宜稳步推进要素市场化配置改革。

二、推进土地要素市场化配置

（三）建立健全城乡统一的建设用地市场

加快修改完善土地管理法实施条例，完善相关配套制度，制定出台农村集体经营性建设用地入市指导意见。全面推开农村土地征收制度改革，扩大国有土地有偿使用范围。建立公平合理的集体经营性建设用地入市增值收益分配制度。建立公共利益征地的相关制度规定。

（四）深化产业用地市场化配置改革

健全长期租赁、先租后让、弹性年期供应、作价出资（入股）等工业用地市场供应体系。在符合国土空间规划和用途管制要求前提下，调整完善产业用地政策，创新使用方式，推动不同产业用地类型合理转换，探索增加混合产业用地供给。

（五）鼓励盘活存量建设用地

充分运用市场机制盘活存量土地和低效用地，研究完善促进盘活存量建设用地的税费制度。以多种方式推进国有企业存量用地盘活利用。深化农村宅基地制度改革试点，深入推进建设用地整理，完善城乡建设用地增减挂钩政策，为乡村振兴和城乡融合发展提供土地要素保障。

（六）完善土地管理体制

完善土地利用计划管理，实施年度建设用地总量调控制度，增强土地管理灵活性，推动土地计划指标更加合理化，城乡建设用地指标使用应更多由省级政府负责。在国土空间规划编制、农村房地一体不动产登记基本完成的前提下，建立健全城乡建设用地供应三年滚动计划。探索建立全国性的建设用地、补充耕地指标跨区域交易机制。加强土地供应利用统计监测。实施城乡土地统一调查、统一规划、统一整治、统一登记。推动制定不动产登记法。

三、引导劳动力要素合理畅通有序流动

(七)深化户籍制度改革

推动超大、特大城市调整完善积分落户政策，探索推动在长三角、珠三角等城市群率先实现户籍准入年限同城化累计互认。放开放宽除个别超大城市外的城市落户限制，试行以经常居住地登记户口制度。建立城镇教育、就业创业、医疗卫生等基本公共服务与常住人口挂钩机制，推动公共资源按常住人口规模配置。

(八)畅通劳动力和人才社会性流动渠道

健全统一规范的人力资源市场体系，加快建立协调衔接的劳动力、人才流动政策体系和交流合作机制。营造公平就业环境，依法纠正身份、性别等就业歧视现象，保障城乡劳动者享有平等就业权利。进一步畅通企业、社会组织人员进入党政机关、国有企事业单位渠道。优化国有企事业单位面向社会选人用人机制，深入推行国有企业分级分类公开招聘。加强就业援助，实施优先扶持和重点帮助。完善人事档案管理服务，加快提升人事档案信息化水平。

(九)完善技术技能评价制度

创新评价标准，以职业能力为核心制定职业标准，进一步打破户籍、地域、身份、档案、人事关系等制约，畅通非公有制经济组织、社会组织、自由职业专业技术人员职称申报渠道。加快建立劳动者终身职业技能培训制度。推进社会化职称评审。完善技术工人评价选拔制度。探索实现职业技能等级证书和学历证书互通衔接。加强公共卫生队伍建设，健全执业人员培养、准入、使用、待遇保障、考核评价和激励机制。

(十)加大人才引进力度

畅通海外科学家来华工作通道。在职业资格认定认可、子女教育、商业医疗保险以及在中国境内停留、居留等方面，为外籍高层次人才来华创新创业提供便利。

四、推进资本要素市场化配置

(十一)完善股票市场基础制度

制定出台完善股票市场基础制度的意见。坚持市场化、法治化改革方向，改革完善股票市场发行、交易、退市等制度。鼓励和引导上市公司现金分红。完善投资者保护制度，推动完善具有中国特色的证券民事诉讼制度。完善主板、科创板、中小企业板、创业板和全国中小企业股份转让系统(新三板)市场建设。

(十二)加快发展债券市场

稳步扩大债券市场规模，丰富债券市场品种，推进债券市场互联互通。统一公司信用类债券信息披露标准，完善债券违约处置机制。探索对公司信用类债券实行发行注册管理制。加强债券市场评级机构统一准入管理，规范信用评级行业发展。

（十三）增加有效金融服务供给

健全多层次资本市场体系。构建多层次、广覆盖、有差异、大中小合理分工的银行机构体系，优化金融资源配置，放宽金融服务业市场准入，推动信用信息深度开发利用，增加服务小微企业和民营企业的金融服务供给。建立县域银行业金融机构服务“三农”的激励约束机制。推进绿色金融创新。完善金融机构市场化法治化退出机制。

（十四）主动有序扩大金融业对外开放

稳步推进人民币国际化和人民币资本项目可兑换。逐步推进证券、基金行业对内对外双向开放，有序推进期货市场对外开放。逐步放宽外资金融机构准入条件，推进境内金融机构参与国际金融市场交易。

五、加快发展技术要素市场

（十五）健全职务科技成果产权制度

深化科技成果使用权、处置权和收益权改革，开展赋予科研人员职务科技成果所有权或长期使用权试点。强化知识产权保护和运用，支持重大技术装备、重点新材料等领域的自主知识产权市场化运营。

（十六）完善科技创新资源配置方式

改革科研项目立项和组织实施方式，坚持目标引领，强化成果导向，建立健全多元化支持机制。完善专业机构管理项目机制。加强科技成果转化中试基地建设。支持有条件的企业承担国家重大科技项目。建立市场化社会化的科研成果评价制度，修订技术合同认定规则及科技成果登记管理办法。建立健全科技成果常态化路演和科技创新咨询制度。

（十七）培育发展技术转移机构和技术经理人

加强国家技术转移区域中心建设。支持科技企业与高校、科研机构合作建立技术研发中心、产业研究院、中试基地等新型研发机构。积极推进科研院所分类改革，加快推进应用技术类科研院所市场化、企业化发展。支持高校、科研机构和科技企业设立技术转移部门。建立国家技术转移人才培养体系，提高技术转移专业服务能力。

（十八）促进技术要素与资本要素融合发展

积极探索通过天使投资、创业投资、知识产权证券化、科技保险等方式推动科技成果资本化。鼓励商业银行采用知识产权质押、预期收益质押等融资方式，为促进技术转移转化提供更多金融产品服务。

（十九）支持国际科技创新合作

深化基础研究国际合作，组织实施国际科技创新合作重点专项，探索国际科技创新合作新模式，扩大科技领域对外开放。加大抗病毒药物及疫苗研发国际合作力度。开展创新要素跨境便利流动试点，发展离岸创新创业，探索推动外籍科学家领衔承担政府支持科技项目。发展技术贸易，促进技术进口来源多元化，扩大技术出口。

六、加快培育数据要素市场

（二十）推进政府数据开放共享

优化经济治理基础数据库，加快推动各地区各部门间数据共享交换，制定出台新一批数据共享责任清单。研究建立促进企业登记、交通运输、气象等公共数据开放和数据资源有效流动的制度规范。

（二十一）提升社会数据资源价值

培育数字经济新产业、新业态和新模式，支持构建农业、工业、交通、教育、安防、城市管理、公共资源交易等领域规范化数据开发利用的场景。发挥行业协会商会作用，推动人工智能、可穿戴设备、车联网、物联网等领域数据采集标准化。

（二十二）加强数据资源整合和安全保护

探索建立统一规范的数据管理制度，提高数据质量和规范性，丰富数据产品。研究根据数据性质完善产权性质。制定数据隐私保护制度和安全审查制度。推动完善适用于大数据环境下的数据分类分级安全保护制度，加强对政务数据、企业商业秘密和个人数据的保护。

七、加快要素价格市场化改革

（二十三）完善主要由市场决定要素价格机制

完善城乡基准地价、标定地价的制定与发布制度，逐步形成与市场价格挂钩动态调整机制。健全最低工资标准调整、工资集体协商和企业薪酬调查制度。深化国有企业工资决定机制改革，完善事业单位岗位绩效工资制度。建立公务员和企业相当人员工资水平调查比较制度，落实并完善工资正常调整机制。稳妥推进存贷款基准利率与市场利率并轨，提高债券市场定价效率，健全反映市场供求关系的国债收益率曲线，更好发挥国债收益率曲线定价基准作用。增强人民币汇率弹性，保持人民币汇率在合理均衡水平上的基本稳定。

（二十四）加强要素价格管理和监督

引导市场主体依法合理行使要素定价自主权，推动政府定价机制由制定具体价格水平向制定定价规则转变。构建要素价格公示和动态监测预警体系，逐步建立要素价格调查和信息发布制度。完善要素市场价格异常波动调节机制。加强要素领域价格反垄断工作，维护要素市场价格秩序。

（二十五）健全生产要素由市场评价贡献、按贡献决定报酬的机制

着重保护劳动所得，增加劳动者特别是一线劳动者劳动报酬，提高劳动报酬在初次分配中的比重。全面贯彻落实以增加知识价值为导向的收入分配政策，充分尊重科研、技术、管理人才，充分体现技术、知识、管理、数据等要素的价值。

八、健全要素市场运行机制

（二十六）健全要素市场化交易平台

拓展公共资源交易平台功能。健全科技成果交易平台，完善技术成果转化公开交易与监管体

系。引导培育大数据交易市场，依法合规开展数据交易。支持各类所有制企业参与要素交易平台建设，规范要素交易平台治理，健全要素交易信息披露制度。

（二十七）完善要素交易规则和服务

研究制定土地、技术市场交易管理制度。建立健全数据产权交易和行业自律机制。推进全流程电子化交易。推进实物资产证券化。鼓励要素交易平台与各类金融机构、中介机构合作，形成涵盖产权界定、价格评估、流转交易、担保、保险等业务的综合服务体系。

（二十八）提升要素交易监管水平

打破地方保护，加强反垄断和反不正当竞争执法，规范交易行为，健全投诉举报查处机制，防止发生损害国家安全及公共利益的行为。加强信用体系建设，完善失信行为认定、失信联合惩戒、信用修复等机制。健全交易风险防范处置机制。

（二十九）增强要素应急配置能力

把要素的应急管理和配置作为国家应急管理体系建设的重要内容，适应应急物资生产调配和应急管理需要，建立对相关生产要素的紧急调拨、采购等制度，提高应急状态下的要素高效协同配置能力。鼓励运用大数据、人工智能、云计算等数字技术，在应急管理、疫情防控、资源调配、社会管理等方面更好发挥作用。

九、组织保障

（三十）加强组织领导

各地区各部门要充分认识完善要素市场化配置的重要性，切实把思想和行动统一到党中央、国务院决策部署上来，明确职责分工，完善工作机制，落实工作责任，研究制定出台配套政策措施，确保本意见确定的各项重点任务落到实处。

（三十一）营造良好改革环境

深化“放管服”改革，强化竞争政策基础地位，打破行政性垄断、防止市场垄断，清理废除妨碍统一市场和公平竞争的各种规定和做法，进一步减少政府对要素的直接配置。深化国有企业和国有金融机构改革，完善法人治理结构，确保各类所有制企业平等获取要素。

（三十二）推动改革稳步实施

在维护全国统一大市场的前提下，开展要素市场化配置改革试点示范。及时总结经验，认真研究改革中出现的新情况新问题，对不符合要素市场化配置改革的相关法律法规，要按程序抓紧推动调整完善。

第三章　技术转移

技术转移和科技成果转化是我国科技工作、政策和法律中经常出现的两个词汇，两者经常共同使用。经常出现的表述还有“科技成果转移转化”，相当于“技术转移”和“科技成果转化”的合称。

第一节　技术交易、技术转移与科技成果转化

一、技术交易的特点

技术转移与科技成果转化的核心都是技术商品的交易。技术商品的交易不同于一般商品的买卖。技术商品通常以知识形态存在，它可以是一项发明，一项新的工艺，新的配方或者技术诀窍等。技术商品的特殊性决定了技术交易具有不同于一般商品交易的特征。

1. 垄断性

技术交易的垄断性，既表现在技术商品的卖方，又表现在技术商品的买方。对技术商品的卖方而言，技术交易的垄断性是由其自然垄断性和法定的垄断性决定的。一般来说，技术商品是唯一的，即同一种技术在市场上通常是独一无二的，没有竞争者；即使有时存在少数几个强有力的对手，但他们之间的竞争往往是买方垄断竞争，这就决定了技术交易的自然垄断性。从技术交易的过程看，大部分的技术商品是以专利形式进入市场的。专利权实质上是一种垄断权，这就决定了技术交易的法定垄断性。

对于技术商品的买方而言，也同样存在垄断性。一般商品，往往都有大量的消费者或用户，并有重复消费和消耗量大的特点。而技术商品的需求方往往只有少数几家，甚至最合适的买主只有一家，这就形成了买方的垄断性。

2. 渗透性

技术交易与合作具有相互渗透性。技术交易不是一手交钱一手交货、在短时间内便结束的纯粹买卖关系，而是一种长期合作的过程。技术的买方为了尽快掌握技术，充分发挥技术商品的功能，尽早实现其使用价值，还需要卖方在整个交易过程中提供技术咨询、技术培训和其他技术服务。作为技术卖方，在技术买卖双方签订合同后，交易并不算完成，卖方要帮助买方实施应用该技术，直到该项技术价值在买方得到实现，达到合同规定的要求才算完成交易。技术交易合同短则 3.5 年，长则 10 年或更长的时间。有些技术交易还规定在相当长的时间内，任何一方对该技术有所改进，双方应有偿或无偿地进行交换。所以，技术交易双方是一种长期的经济技术合作关系，往往是交易中渗透着合作，合作中又渗透着交易。

3. 共享性

技术商品使用权具有共享性。在实物商品交易中，一件商品只能有一个买主，即商品的所有权

和使用权同时转移。而技术商品的交易(很多情况下)只是技术使用权的转移，技术商品的所有权始终由技术持有人独占。一种技术商品的使用权可以同时有多个买主，这就出现了同一技术商品的共享性。

技术交易的特殊性，决定了技术商品的出售与购买，以及出售方和购买方两者技术经济效益的最终实现，是一项涉及诸多复杂、烦琐问题的技术贸易事务。因此，客观上需要社会上有一种专门为技术交易活动提供各种中介服务的职业。由此，技术经纪业应运而生。

二、技术转移与科技成果转化的概念

(一)技术转移

“技术转移”一词是从英文 Technology Transfer 翻译而来，是国际上理论研究、政策制定和商务实践中常用的词汇。

1964 年，在第一届联合国贸易发展会议上，技术转移作为解决南北问题的重要战略被提出。会议上把国家之间的技术输入与输出统称为技术转移。1985 年 6 月 5 日，联合国制定《国际技术转移行动守则(草案)》中则把技术转移定义为关于制造一项产品，应用一项工艺或提供一项服务的系统知识的转让，但不包括只涉及货物出售或只涉及出租的交易。随后，随着技术转移研究和实践工作的不断发展，技术转移一词的概念和内涵不断发展变化，不同的学者对这一概念有着不同的界定和阐述，技术转移成为国际上比较通用的词汇。

在我国的政策文件中，技术转移一词的具体含义有一个短暂的发展演化的过程。2007 年 9 月 10 日，科技部印发《国家技术转移示范机构管理办法》(国科发火字〔2007〕565 号)，其中对技术转移的概念定义为：本办法所指的技术转移是指制造某种产品、应用某种工艺或提供某种服务的系统知识，通过各种途径从技术供给方向技术需求方转移的过程。2017 年 9 月，国家质检总局、国家标准委批准发布了我国首个技术转移服务推荐性国家标准《技术转移服务规范》(GB/T 34670—2017)，采用了《国家技术转移示范机构管理办法》对技术转移的定义并加以扩充，同时给出了“技术开发”“技术转让”的术语和定义，具体如下：

(1)技术转移(Technology Transfer)，是指制造某种产品、应用某种工艺或提供某种服务的系统知识，通过各种途径从技术供给方向技术需求方转移的过程。技术转移的内容包括科学知识、技术成果、科技信息和科技能力等；

(2)技术开发(Technology Development)，是指针对新技术、新产品、新工艺、新材料、新品种及其系统进行研究开发的行为；

(3)技术转让(Technology Assignment)，是指将技术成果的相关权利让与他人或许可他人实施使用的行为。

从上述内容来看，《技术转移服务规范》对技术转移概念的界定与联合国《国际技术转移行动守则(草案)》对技术转移的概念界定基本一致。这也是国际上常用的技术转移的概念。

(二)科技成果转化

“科技成果转化”有时简称为“成果转化”，在我国的科技政策、法律中多次出现，是一个具有中国特色的词汇。例如，1996 年我国制定《促进科技成果转化法》时便采用了这一概念。作为我国科技成果转移转化领域的“根本大法”，《中华人民共和国促进科技成果转化法》中明确了科技成果、科技成果转化的基本概念。

(1)科技成果，是指通过科学研究与技术开发所产生的具有实用价值的成果。职务科技成果，是指执行研究开发机构、高等院校和企业等单位的工作任务，或者主要是利用上述单位的物质技术条件所完成的科技成果；

(2)科技成果转化，是指为提高生产力水平而对科技成果所进行的后续试验、开发、应用、推广直至形成新技术、新工艺、新材料、新产品，发展新产业等活动。

三、技术转移与科技成果转化的联系与区别

从技术转移和科技成果转化两者的概念内涵分析，两者联系紧密，同时也有着一定的区别。

(一)技术转移与科技成果转化的联系

技术转移、科技成果转化这两个概念虽然有着不同的内涵、起源，但是两者联系紧密。

1. 两者的最终目的相同

技术转移、科技成果转化两者都和科技成果产业化紧密相关，两者的最终目的都是实现科技成果的产业化，从事实现科技成果的经济价值和社会价值，促进经济和社会的发展。

2. 两者都是以科技成果为工作的起点

技术转移中的技术，与科技成果转化中的科技成果，实际上所指的内容是相同的，其来源都是高校、科研院所这类具有丰富的科研资源和较强的科研能力、不直接参与市场经济活动的组织。

3. 两者产生的原因都是科技与经济的“两张皮”问题

高校、科研院所这类机构所具有的科研资源和科研能力，以及市场上的企业对于技术的需求，两者之间存在的“两张皮”问题，都是技术转移和科技成果转化这两者目的之所在。

(二)技术转移与科技成果转化的区别

对比技术转移和成果转化所产生的社会和文化背景、概念内涵，可以看出两者有以下不同。

1. 产生的社会文化背景不同

技术转移的概念虽然借联合国的影响力得以确立，但是和美国等西方发达国家的科技管理体制、社会文化关系密切。

美国诸多著名大学为私立学校，来自校友等各方的捐赠基金在其运营资金中占有重要比例，甚至很多美国顶级名校都是靠捐赠创建的。以“常春藤联盟”为代表的顶尖高校将捐赠变成了一个历史传统。与之相对应的是，西方国家有完善的有关捐赠的法律体系。在这种社会文化中，大学具有明显的社会公益属性，大学创办企业从社会谋取经济利益与其社会文化、大学的社会公益属性相冲突，将会极大地影响人们对于捐赠该校的积极性。所以，美国的高校没有设立“校办企业”的历史和文化，而是通过专利授权、转让等方式，将科技成果转让给市场上的企业(一般情况下，这些企业和大学并没有股权关系)，由企业完成科技成果的产业化生产、销售等产业化运营，从而实现科技成果促进社会和经济发展的过程。美国的《拜杜法案》是技术转移中的经典法案。该法案使得私人部门(美国私立大学斯坦福大学、哈佛大学等属于私立部门)可以从联邦政府资助的科研成果中获益，

激励了高校等科研机构进行技术转移的积极性，深刻地促进了美国技术转移的发展，对美国社会和经济的发展影响深远，成为技术转移领域发展的历史性标杆法律。

和“技术转移”相比，“科技成果转化”一词来源于我国的科技政策、法律和管理实践。在我国，高校、科研院所基本是由国家设立。在科研院所分类改革之前的相当长的一段时期内，这些大学、科研院所的经费来源主要是政府拨款、纵向课题。改革开放前，在计划经济体制下，我国科研部门和生产部门之间严重割裂。科研与生产“两张皮”成为制约我国科技成果转化的难题。

改革开放后，为了发展生产力，促进社会和经济发展，我国政府基本上不限制高校、科研院所创办企业①。高校、科研院所创办企业是大学补偿其运营经费、实现科技成果产业化的重要途径，是大学科技成果实现自身价值的重要方式。后来，随着我国社会和经济的不断发展，我国的生产力已经发展到一定的水平。此时，一方面，我国有相当数量的高校、科研院所在承担国家科技项目中积累了丰富的研发经验、科技成果和科研人才，有从事科技成果产业化生产经营运作所需要的技术、人才和资金，能够进行一定水平的科技成果产业化经营活动；另一方面，我国绝大多数的民营企业成立于改革开放后，发展时间较短，企业经营水平和技术水平有限，吸收先进技术的能力有限，能够对高校和科研院所的高科技成果进行产业化经营的企业少。除此之外，我国技术市场发展时间短、不够成熟，产学研合作不密切。在这种情况下，我国很多高校、科研院所成立企业，对其所研发的科技成果进行产业化，涌现出一批知名的“校办企业”“院办企业”“所办企业”，例如王选院士激光照排技术，由北京大学投资成立北大方正公司进行产业化；发源于中国科学院计算机研究所的寒武纪公司，是全球智能芯片领域的先行者，等等。可以说，科技成果转化一词同时也体现了在我国生产力不足的困难时期，国家和社会对发展生产力的迫切愿望。

2. 侧重点不同

技术转移的概念强调技术本身及其权益在不同主体之间的转移过程。参与技术转移的主体可以分为技术输出方、技术输入方。技术转移的过程中，技术一般是从高校、科研院所转移到企业。高校、科研院所主要负责科学研究、技术研发，研发成功后，由产业界中的企业完成后续的中试、产业化生产、销售等经营活动。

科技成果转化的概念侧重于科技成果实现商品化、产业化的全过程，即科技成果不断成熟和完善，使之达到商品化的程度，从而能够走向市场，产生良好的社会和经济效益，其本质是科技成果由知识性商品、成果转化为供市场销售的物质性商品、服务的全过程，是一种带有科技性质的经济行为，其过程一般包括小试、中试、产业化生产和销售几个阶段。

四、融合的现实与趋势

2017 年 7 月 19 日，中央全面深化改革领导小组第三十七次会议审议通过《国家技术转移体系建

---

① 作为我国技术转移体系中的重要组成部分，“校办企业”“所办企业”在发展中曾经暴露出管理不规范等诸多问题。为了促进高校科技产业健康、持续发展，2001 年 11 月，教育部出台《关于北京大学、清华大学规范校办企业管理体制试点指导意见》，对北大、清华两校进行改革试点。在总结北京大学、清华大学校办企业管理体制改革试点经验的基础上，并广泛征求意见，2005 年，教育部印发了《关于积极发展、规范管理高校科技产业的指导意见》（教技发〔2005〕2 号），其中规定：高校除对高校资产公司进行投资外，不得再以事业单位法人的身份对外进行投资。此规定构建了作为事业单位的高校和作为市场主体的“校办企业”中间的“防火墙”。

设方案》。强调要建立和完善国家技术转移体系，要聚焦影响长远发展的战略必争领域，遵循技术转移规律，发挥市场机制作用，加强技术供需对接，打通科技转化通道，强化联动协同，加快推动重大科技成果转化应用，更好发挥技术转移对提升科技创新能力、促进经济社会发展的重要作用。

近年来，人们越来越多地意识到核心技术对一个产业乃至一个国家和民族发展的重要性。新中国成立后，我国充分发挥社会主义制度优势，集中力量办大事，建成了世界上最全的产业体系，完成从农业国向工业国的转变。我国在一些关键产业核心技术领域出现了“跟跑、并跑、领跑”三跑并存的局面；大飞机、液晶面板、移动通信、高速列车等一大批面向国民经济主战场的产业关键技术迅速发展成熟，得以推广应用，为我国在世界经济舞台上赢得了竞争的优势，为中华民族的伟大复兴奠定了扎实的基础。在我国经济和社会进入发展的新时代，我国需要更加深入地实施创新驱动发展战略，进一步推动技术转移，实现高效率的技术转移和科技成果的产业化，为我国经济和社会发展注入新动能。

历史上看，科技成果转化和技术转移两者产生差异的根本原因是因为我国和西方国家的社会、文化、制度的根本差异，同时也和经济、社会的发展阶段不同也密切相关。

在长期的发展过程中，西方发达国家的大学形成了很强的公益属性。这也是这些大学能够获取大量社会捐赠的一个重要原因。因此，这些大学创办企业，参与市场经济，谋求经济利益，与其公益属性直接冲突。大学的这种公益属性，同时成为西方发达国家的社会文化、制度的一部分。相比之下，我国绝大多数的大学成立时间短，且大部分高校和科研院所为国家设立。在我国近现代的社会发展和变革中，我国社会并没有形成捐赠大学的社会文化，捐赠在大学的经费支出中占比很小，大学受国家行政机关管理。

西方发达国家的社会经济发展时间长，企业具有相当的技术实力，能够很好地承接高校、科研院所的科技成果，实现产业化。相比之下，我国市场经济发展的时间短，绝大部分企业成立的时间都较短，企业的研发能力较弱，很难消化吸收高校、科研院所的先进科技成果。另外，在长期的市场经济发展中，西方发达国家形成了较为完善的社会制度、市场经济制度。相比之下，我国发展的时间较短，社会和市场经济发展速度快、时间短，社会诚信体系尚在不断发展完善当中。这导致很多高校、科研院所在科技成果转化过程中，和市场上的企业难以建立紧密的合作关系，而是更倾向于自己成立企业，自主从事科技成果的产业化。

总之，我国和西方发达国家的社会、文化、制度、经济和社会发展阶段多方面的不同，形成了科技成果转化、技术转移两个概念。在实际中，技术转移和科技成果转化这两个词经常一起出现。通过对两者的研究分析，可以看出：两者有着紧密的联系，两者的最终目标都是实现科技成果的产业化生产应用，产生良好的社会和经济效益；两者在一起使用时并不会引起明显的歧义，在我国技术转移实践中，两个经常同时使用。

第二节　技术转移的形式

《中华人民共和国促进科技成果转化法》第十六条规定，科技成果持有者可以采用下列方式进行科技成果转化：①自行投资实施转化；②向他人转让该科技成果；③许可他人使用该科技成果；④以该科技成果作为合作条件，与他人共同实施转化；⑤以该科技成果作价投资，折算股份或者出资比例；⑥其他协商确定的方式。

在现实经济生活中，技术转移的形式更加丰富多彩。往往随着资金、资本、资源、人才、知识、信息、管理、市场等要素的转移而转移，或者在技术转移的过程中，也往往伴随着资金、资本、资源、人才、知识、信息、知识产权、管理、市场等要素的转移而转移。

一、常见的技术转移形式

(1)技术+资本或资金，包括直接投资、合资、并购等。直接投资是指投资者向被投资企业注入资金、资源等以取得该企业的有效控制权，包括该企业的技术及相关知识产权，如专利权、商标权、品牌、商业秘密权，以及在组织、管理、营销等方面所积累的经验与技巧等。虽然这些技术及相关知识产权仍属于被投资的企业，但投资者获得了被投资企业的有效控制权，进而获得了对该部分技术及相关知识产权的控制权。合资是指两个或两个以上的投资者共同投入资本，并按照各自投资占总投资的比例或者约定分摊风险及收益，共同对合资企业进行控制与决策。典型模式是投资者以科技成果或技术作价投资与其他投资者共同成立新的公司，或者投入到现有企业。技术并购是以获取目标方技术资源为目标的并购活动，技术并购后收购方获得了目标方的控制权，可以根据企业发展战略对目标方的技术资源重新整合，是技术转移的最彻底形式，通过技术并购，将组织外部的技术资源转化为组织内部的技术资源。

(2)技术+知识产权，即将技术的部分或全部权利授予他人。技术的权利转让，即技术权利的所有者将技术的所有权利转移给受让人，由受让人取得技术权利或实施该技术权利，并取得收益。技术授权是指许可人允许被许可人在特定的期限和特定的形式下使用该技术。

(3)技术+市场，即通过特许经营的方式，迅速拓展市场，实现技术的市场价值。特许是指特许者允许被特许者使用商标或品牌的权利，并提供技术上的协助、训练及管理等方面的服务，以获取特许的报酬。特许经营往往伴随着技术转移，即特许者向被特许者输出技术。

(4)技术+人才，即通过人才流动实现技术转移。人才是技术的重要载体，人才流动必定带动技术的转移。高等院校、科研院所的科技人员通过聘用、挂职、兼职、离岗创业等多种形式向企业流动，这些人才所掌握的技术知识必然会转移到企业。人才流动是技术转移的重要途径。

(5)技术+管理，即通过管理咨询、管理输出等方式实现管理技术的转移。例如，华为公司接受IBM 公司 IPD 技术的咨询，大大提高其管理水平和研发能力。

(6)技术+知识或信息，即通过专业展览、专业培训、专家咨询、专业会议等多种形式交流知识，实现技术转移。专业书籍的出版、专业杂志，以及各种媒体等，都是传播新知识，进而实现技术转移。

(7)技术+仪器设备，即通过购买机器设备、科研仪器等硬件实现技术转移。一般来说，机器设备等生产工具、科研仪器等，都是物化了的技术，购置先进的生产设备、科研仪器等能够大大提高技术水平。

(8)技术+服务，即委托方接受受托方提供的技术服务，包括受托方提供特定的技术服务，如维护或修理机器设备、建议作业程序、解决特定的问题，以及品质管制、服务提供的时间程序等，在服务的过程中进行了技术转移。

(9)技术+工程，包括工程项目的设计与施工，即工程发包方向工程设计方、工程施工方提出工程设计要求与工程项目建设要求，分别由工程设计方进行工程设计，提供完整的设计图纸，由施工方按照工程设计图纸进行施工，并交付发包方使用。无论是设计还是施工，通常包含了已获得专利授 权或尚未获得专利授权的相关技术，向业主交付完整的工厂与设备、土木建筑工程、工厂和设备的建筑物、操作程序的初始训练，以及某些运转后的问题解决等，确保工厂、设施设备、土木工程、建筑物等可以启动运转。比较典型的是交钥匙工程，这其中包含了大量技术的转移和知识的传授。

(10)产学研协同。产学研协同的过程，就是技术知识从高等院校、科研机构向企业转移的过程，即技术转移过程。这是技术转移最常见也是最主要的形式。

(11)军民互转，即军用技术向民用转移，民用技术也可向军用转移。

上述各种方式都是技术从供给方向需求方转移的渠道或形式，既有单纯的技术买卖，也有技术随着其他要素的转移而转移，即技术从一个主体向另一个主体转移，而转移的过程就是实现技术价值的过程。

二、科技成果作价入股案例

科技成果作价入股是指公司股东以科技成果作为出资方式。科技成果作为一种出资方式，对于科研能力较强的大学、科研院所有着重要的意义。由于其特殊的财产属性，我国科技成果作价入股的展开，一直和相关法律法规政策紧紧连在一起。

2013 年 12 月，我国修改《中华人民共和国公司法》，取消了“全体股东的货币出资金额不得低于有限责任公司注册资本的百分之三十”的规定，意味着股东在注册公司时可以全部以无形资产成立公司，为科技成果作价入股实现转移转化创造了通道。2015 年 3 月，中共中央、国务院印发《关于深化体制机制改革　加快实施创新驱动发展战略的若干意见》，关于科技成果作价入股做出了进一步明确的规定，把利用作价入股进行技术转移的工作推进到了一个新阶段。

2015 年以来我国关于科技成果作价入股的法律法规政策，表现出以下特点：①政策和法律上不断放权，将科技成果转化的处置权、收益权等权力下放给科技成果持有、完成单位；②以科技成果作价投资，其定价方式主要有协议定价、在技术交易市场挂牌交易、拍卖等方式；③强调流程规范和内部风险控制，严格防范串通作弊、暗箱操作等低价处置国有资产的行为。

随着我国政策和法律的制定和完善(具体法律法规政策的演变和内容，参见本章延伸阅读)，科技成果作价入股受到广泛欢迎和大量使用，下面介绍两个案例。

1. 北京化工大学作价入股案例

北京化工大学先进弹性体材料研究中心基于多年的基础研究，经过长期的探索，在制备纳米二氧化硅技术方面取得突破性进展，自主原创了喷雾碳化法制备纳米二氧化硅成套工艺技术及相关装备。先后历经小试、中试后，在安徽阜阳建立了单条 3000t/年示范生产线。该技术可以用废固秸秆灰为原料，同时采用废气二氧化碳代替硫酸作为沉淀反应剂，可生产比表面积 150~500m^2/g 的纳米二氧化硅，整个生产工艺节水减排、节能环保，同传统技术相比，具有很强创新性。超高比表面积的产品更是传统硫酸法技术所不能获得的。

2018 年 9 月，根据《北京化工大学科技成果作价入股管理办法》(北化大校科发〔2018〕8 号)要求，经科研团队申请，科学技术发展研究院、北化大投资公司审查，北京化工大学促进科技成果转化工作领导小组审议，校党委常委会批准，北京化工大学以白炭黑制备相关发明专利技术作价 1080 万元，联合资本方设立了安徽进化硅纳米材料科技有限公司，公司注册资本 6000 万元，其中技术股的 70%奖励给科研团队成员个人并进行工商登记，其余 30%技术股由北京化工大学资产经营公司——北京北化大投资有限公司持有和管理。该案例是该校首例科技成果作价入股实施股权奖励项目①。

2. 南开大学作价入股案例

2019 年 4 月，南开大学拟转化无形资产为“一种面向服务机器人的人机交互系统”“一种基于双频 Wi-Fi 信号的室内定位方法”“一种基于等距正视摄影测量约束的无人机视觉快速三维重建方法”“一种具有遮挡感知机制的实时视觉目标跟踪方法”4 项发明专利形成的专利资产组合，按照有关规定进行公示。4 项专利相互配合，共同作用，为实现基于人工智能的生态环境智能化监测项目的实施提供了完整的技术支撑。上述知识产权经过了评估和评估备案，评估基准日为 2018 年 12 月 31 日，评估价格为 147.36 万元。南开大学上述知识产权拟以 147.36 万元作价入股。无形资产形成的股权中，80%奖励给完成人（王鸿鹏占其中的 50%，刘景泰占其中的 50%）。20%由天津南开大学资产经营有限责任公司持有②。

2019 年 9 月，陕西师范大学拟对包括 3 项发明专利的科技成果作价入股进行转化，根据《中华人民共和国促进科技成果转化法》及学校规定，将有关事项进行公示。3 项发明专利相关内容如表 3-1 所示。

表 3-1　陕西师范大学拟作价入股的 3 项发明专利

序号	发明专利名称	专利号	专利权人	发明人
1	档案、文物收藏装具防火防虫改性液及其应用	ZL201310548945.2	陕西师范大学	李玉虎；周小玲
2	一种具有防灾功能的纸质装具生产方法	ZL201410093422.8	陕西师范大学	李玉虎；冯普；王文军；周小玲；陈亚芍；豆静杰
3	一种直接利用环氧乙烷对整卷档案和整本图书脱酸的方法	ZL201510665048.9	陕西师范大学	李玉虎；赵光涛；罗雨佳；周亚军；祁赟鹏；张娟；霍一娇；王文军

注：经资产评估公司评估，3 项科技成果评估价人民币 499.77 万元（肆佰玖拾玖万柒仟柒佰元整），拟作价人民币 500 万元（伍佰万元整）入股转化。合作企业为江苏东南文化遗产保护有限公司。

第三节　技术转移服务机构

技术转移服务机构就是以技术转移为主要职能的机构。《国家技术转移示范机构管理办法》第一章第二条规定，技术转移机构，是指为实现和加速上述过程提供各类服务的机构，包括技术经纪、技术集成与经营和技术投融资服务机构等，但单纯提供信息、法律、咨询、金融等服务的除外。这一规定比较宽泛，将各种从事技术转移、提供有关技术转移服务的机构都纳入支持范围，在技术转

① 北化大投资公司，我校首例科技成果作价入股实施股权奖励项目成功落地［EB/OL］．［2018-09-27］［2020-04-22］https：//news.buct.edu.cn/2018/0927/c2108a113134/page.htm.

② 南开大学学校办公室．关于科技成果作价投资入股企业的公示［EB/OL］．［2019-04-03］［2020-04-22］.http：//xxgk.nankai.edu.cn/2019/0403/c2780a124296/page.htm.

移服务还不发达的起步阶段这是必要的。同时，第二条还规定，技术转移机构可以是独立的法人机构、法人的内设机构。从上述定义来看，该办法界定的技术转移机构包括以下三种情形：一是专门从事技术转移的机构，包括由高等院校、科研院所和企业设立的从事技术转移工作的部门，即履行技术转移职能的机构，笔者称之为技术转移机构。二是为高等院校、科研院所和企业等法人机构从事技术转移服务的机构，即专门从事技术转移服务的公司和社会组织，是专业服务机构，笔者称之为技术转移服务机构。三是科技中介服务机构，即第三方机构，包括技术经纪机构，笔者称之为技术转移中介服务机构。

该办法第五条规定，技术转移机构的主要功能是促进知识流动和技术转移，其业务范围为：(一)对技术信息的搜集、筛选、分析、加工；(二)技术转让与技术代理；(三)技术集成与二次开发；(四)提供中试、工程化等设计服务、技术标准、测试分析服务等；(五)技术咨询、技术评估、技术培训、技术产权交易、技术招标代理、技术投融资等服务；(六)提供技术交易信息服务平台、网络等；(七)其他有关促进技术转移的活动。这些业务大致可分为四种类型：一是技术信息服务，如上述(一)的业务，这是技术转移的基础，也是技术转移机构的主要职能；二是委托代理服务，即接受技术供给方或需求方的委托，以委托方的意思或代表委托方开展活动，如技术代理、技术招标代理，是技术转移中介服务机构的主要内容；三是专业服务，即技术转移机构以自己的专业知识、能力等为创新主体提供专业知识服务，如上述(五)所列除技术招标代理的各项服务，业务(六)是为开展专业服务的条件与平台，是技术转移服务机构的主要职能；四是科技成果转化服务，如上述(三)和(四)所列的服务。这也说明，将技术的二次开发、中试、工程化等科技成果转化活动纳入了技术转移的范畴，似乎超出了该办法对技术转移界定的范围。在上述列出的业务中，虽然没有具体列出技术经纪活动，但应当包含了技术经纪，技术产权交易比较接近技术经纪服务，而技术交易信息服务平台、网络是为第三方机构服务的。

从《国家技术转移体系建设方案》第七条规定来看，技术转移机构主要有两种类型：

1. 高等院校、科研院所技术转移机构，提供科技成果的市场开拓、营销推广、售后服务等，包括受理本单位的发明披露、分析科技成果应用价值、管理知识产权、指导科技人员开展科技成果转化、制订科技成果转化方案等。

2. 社会化技术转移机构，为技术转移提供知识产权、法律咨询、资产评估、技术评价等专业服务。社会化技术转移机构既可以为高等院校、科研院所等技术供方提供技术信息加工整理、知识产权管理、技术推介、技术评估等专业服务，也可以为企业等技术需求方获得或输出技术提供专业服务；既可以为高等院校、科研院所、企业等创新主体提供专业的技术转移服务，也可以为技术供需双方提供经纪服务。一般来讲，技术转移服务机构和技术转移中介机构均属于社会化技术转移机构。

当然还有一种类型，就是企业办的技术转移机构，作为企业的职能部门，为负责获取外部技术、向企业外部输出不适宜由企业转化的技术成果。一些大企业实行开放式创新，设立专门的机构或平台，从社会获取所需的技术，向企业外部输出技术等。

一个机构是专门从事技术转移服务还是兼营技术转移服务？或者说，技术转移服务所取得的营业收入占该机构总营业收入的比例有否要求呢？上述两个文件对此均没有作出规定。从目前来讲，以技术转移为主业的机构还不多，还难以通过技术转移服务求得生存与发展，但这一局面很快会改变，相信在不久的将来，会涌现出一批专业的技术转移服务机构。

延伸阅读五 我国科技成果作价入股政策的发展

2015年3月13日，中共中央、国务院印发《关于深化体制机制改革 加快实施创新驱动发展战略的若干意见》。其中关于科技成果作价入股的相关内容如下：

(十五)加大科研人员股权激励力度

鼓励各类企业通过股权、期权、分红等激励方式，调动科研人员创新积极性。

对高等学校和科研院所等事业单位以科技成果作价入股的企业，放宽股权奖励、股权出售对企业设立年限和盈利水平的限制。

2015年8月29日，我国修订了《促进科技成果转化法》，关于科技成果作价入股的主要内容如下：

第十六条 科技成果持有者可以采用下列方式进行科技成果转化：

(一)自行投资实施转化；

(二)向他人转让该科技成果；

(三)许可他人使用该科技成果；

(四)以该科技成果作为合作条件，与他人共同实施转化；

(五)以该科技成果作价投资，折算股份或者出资比例；

(六)其他协商确定的方式。

第十七条 国家鼓励研究开发机构、高等院校采取转让、许可或者作价投资等方式，向企业或者其他组织转移科技成果。

国家设立的研究开发机构、高等院校应当加强对科技成果转化的管理、组织和协调，促进科技成果转化队伍建设，优化科技成果转化流程，通过本单位负责技术转移工作的机构或者委托独立的科技成果转化服务机构开展技术转移。

第十八条 国家设立的研究开发机构、高等院校对其持有的科技成果，可以自主决定转让、许可或者作价投资，但应当通过协议定价、在技术交易市场挂牌交易、拍卖等方式确定价格。通过协议定价的，应当在本单位公示科技成果名称和拟交易价格。

2015年9月24日，中共中央办公厅、国务院办公厅印发《深化科技体制改革实施方案》。其中关于科技成果作价入股的相关内容如下：

46. 制定在全国加快推行股权和分红激励政策的办法，对高等学校和科研院所等事业单位以科技成果作价入股的企业，放宽股权奖励、股权出售对企业设立年限和盈利水平的限制。建立促进国有企业创新的激励制度，对在创新中作出重要贡献的技术人员实施股权和分红激励政策。

49. 加强高等学校和科研院所的知识产权管理，完善技术转移工作体系，制定具体措施，推动建立专业化的机构和职业化的人才队伍，强化知识产权申请、运营权责。逐步实现高等学校和科研院所与下属公司剥离，原则上高等学校、科研院所不再新办企业，强化科技成果以许可方式对外扩散，鼓励以转让、作价入股等方式加强技术转移。

2016年2月26日，财政部、科技部、国资委印发《国有科技型企业股权和分红激励暂行办法》

(财资〔2016〕4号)。其中关于科技成果作价入股的相关内容如下:

第二十三条　企业实施项目收益分红,应当依据《中华人民共和国促进科技成果转化法》,在职务科技成果完成、转化后,按照企业规定或者与重要技术人员约定的方式、数额和时限执行。企业制定相关规定,应当充分听取本企业技术人员的意见,并在本企业公开相关规定。

企业未规定、也未与重要技术人员约定的,按照下列标准执行:

(一)将该项职务科技成果转让、许可给他人实施的,从该项科技成果转让净收入或者许可净收入中提取不低于50%的比例;

(二)利用该项职务科技成果作价投资的,从该项科技成果形成的股份或者出资比例中提取不低于50%的比例。

2016年2月26日,国务院关于印发《实施〈中华人民共和国促进科技成果转化法〉若干规定》的通知(国发〔2016〕16号)。其中关于科技成果作价入股的相关内容如下:

一、促进研究开发机构、高等院校技术转移

(一)国家鼓励研究开发机构、高等院校通过转让、许可或者作价投资等方式,向企业或者其他组织转移科技成果。国家设立的研究开发机构和高等院校应当采取措施,优先向中小微企业转移科技成果,为大众创业、万众创新提供技术供给。

国家设立的研究开发机构、高等院校对其持有的科技成果,可以自主决定转让、许可或者作价投资,除涉及国家秘密、国家安全外,不需审批或者备案。

国家设立的研究开发机构、高等院校有权依法以持有的科技成果作价入股确认股权和出资比例,并通过发起人协议、投资协议或者公司章程等形式对科技成果的权属、作价、折股数量或者出资比例等事项明确约定,明晰产权。

(四)国家鼓励以科技成果作价入股方式投资的中小企业充分利用资本市场做大做强,国务院财政、科技行政主管部门要研究制定国家设立的研究开发机构、高等院校以技术入股形成的国有股在企业上市时豁免向全国社会保障基金转持的有关政策。

二、激励科技人员创新创业

(六)国家设立的研究开发机构、高等院校制定转化科技成果收益分配制度时,要按照规定充分听取本单位科技人员的意见,并在本单位公开相关制度。依法对职务科技成果完成人和为成果转化作出重要贡献的其他人员给予奖励时,按照以下规定执行:

1. 以技术转让或者许可方式转化职务科技成果的,应当从技术转让或者许可所取得的净收入中提取不低于50%的比例用于奖励。

2. 以科技成果作价投资实施转化的,应当从作价投资取得的股份或者出资比例中提取不低于50%的比例用于奖励。

2016年4月21日,国务院办公厅印发《促进科技成果转移转化行动方案》(国办发〔2016〕28号)。其中关于科技成果作价入股的相关内容如下:

支持高校和科研院所开展科技成果转移转化。组织高校和科研院所梳理科技成果资源,发布科技成果目录,建立面向企业的技术服务站点网络,推动科技成果与产业、企业需求有效对接,通过

研发合作、技术转让、技术许可、作价投资等多种形式，实现科技成果市场价值。

2016年7月28日，国务院印发《“十三五”国家科技创新规划》(国发〔2016〕43号)。其中关于科技成果作价入股的相关内容如下：

落实高等学校、科研院所对其持有的科技成果可以自主决定转让、许可或者作价投资的权利，除涉及国家秘密、国家安全外，不需审批或者备案。高等学校、科研院所有权依法以持有的科技成果作价入股确认股权和出资比例，并通过发起人协议、投资协议或者公司章程等形式对科技成果的权属、作价、折股数量或者出资比例等事项明确约定，明晰产权。科技成果转化所获得的收入全部留归单位，扣除对完成和转化职务科技成果作出重要贡献人员的奖励和报酬后，应当主要用于科学技术研发与成果转化等相关工作，并对技术转移机构的运行和发展给予保障。进一步探索推进科技成果归属权益改革。建立健全科技成果向境外转移管理制度。

2016年8月5日，教育部、科技部印发《关于加强高等学校科技成果转移转化工作的若干意见》(教技〔2016〕3号)。其中关于科技成果作价入股的相关内容如下：

二、简政放权鼓励科技成果转移转化。高校对其持有的科技成果，可以自主决定转让、许可或者作价投资，除涉及国家秘密、国家安全外，不需要审批或备案。高校有权依法以持有的科技成果作价入股确认股权和出资比例，通过发起人协议、投资协议或者公司章程等形式对科技成果的权属、作价、折股数量或出资比例等事项明确约定、明晰产权，并指定所属专业部门统一管理技术成果作价入股所形成的企业股份或出资比例。高校职务科技成果完成人和参加人在不变更职务科技成果权属的前提下，可以按照学校规定与学校签订协议，进行该项科技成果的转化，并享有相应权益。高校科技成果转移转化收益全部留归学校，纳入单位预算，不上缴国库；在对完成、转化科技成果做出重要贡献的人员给予奖励和报酬后，主要用于科学技术研究与成果转化等相关工作。

……

五、健全以增加知识价值为导向的收益分配政策。高校要根据国家规定和学校实际，制定科技成果转移转化奖励和收益分配办法，并在校内公开。在制定科技成果转移转化奖励和收益分配办法时，要充分听取学校科技人员的意见，兼顾学校、院系、成果完成人和专业技术转移转化机构等参与科技成果转化的各方利益。

高校依法对职务科技成果完成人和为成果转化作出重要贡献的其他人员给予奖励时，按照以下规定执行：以技术转让或者许可方式转化职务科技成果的，应当从技术转让或者许可所取得的净收入中提取不低于50%的比例用于奖励；以科技成果作价投资实施转化的，应当从作价投资取得的股份或者出资比例中提取不低于50%的比例用于奖励；在研究开发和科技成果转化中作出主要贡献的人员，获得奖励的份额不低于总额的50%。成果转移转化收益扣除对上述人员的奖励和报酬后，应当主要用于科学技术研发与成果转移转化等相关工作，并支持技术转移机构的运行和发展。

2016年8月10日，农业部、科技部、财政部、教育部、人力资源和社会保障部印发《关于扩大种业人才发展和科研成果权益改革试点的指导意见》。其中关于科技成果作价入股的相关内容如下：

(十一)推进成果转移转化和公开交易。鼓励采用转让、许可、作价入股等方式开展转移转化。应当通过协议定价、在技术交易市场挂牌交易、拍卖等市场化方式确定科研成果价格；协议定价的，应在本单位公示成果名称和拟交易价格，公示期不少于15日。国家种业科研成果公开交易平台要完善成果展示、价值评估、产权交易、咨询服务等功能，为成果持有人提供便捷、高效和优质服务。鼓励各省(区、市)建立种业科研成果转移转化服务机构，促进成果转化。

2016 年 11 月 7 日，中共中央办公厅、国务院办公厅印发《关于实行以增加知识价值为导向分配政策的若干意见》。其中关于科技成果作价入股的相关内容如下：

五、加强科技成果产权对科研人员的长期激励

(一)强化科研机构、高校履行科技成果转化长期激励的法人责任。坚持长期产权激励与现金奖励并举，探索对科研人员实施股权、期权和分红激励，加大在专利权、著作权、植物新品种权、集成电路布图设计专有权等知识产权及科技成果转化形成的股权、岗位分红权等方面的激励力度。科研机构、高校应建立健全科技成果转化内部管理与奖励制度，自主决定科技成果转化收益分配和奖励方案，单位负责人和相关责任人按照《中华人民共和国促进科技成果转化法》及《实施〈中华人民共和国促进科技成果转化法〉若干规定》予以免责，构建对科技人员的股权激励等中长期激励机制。以科技成果作价入股作为对科技人员的奖励涉及股权注册登记及变更的，无需报科研机构、高校的主管部门审批。加快出台科研机构、高校以科技成果作价入股方式投资未上市中小企业形成的国有股，在企业上市时豁免向全国社会保障基金转持的政策。

2016 年 11 月 18 日，教育部印发《高等学校"十三五"科学和技术发展规划》(教技〔2016〕5 号)。其中关于科技成果作价入股的相关内容如下：

推进高校科技成果转化和投入方式改革。逐步实现高校与下属公司剥离，原则上不再新办企业。推动科技成果以许可方式对外扩散，鼓励以转让、作价入股等方式加强技术转移。提高科研人员成果转化收益比例。

2019 年 3 月 29 日，财政部印发《关于修改〈事业单位国有资产管理暂行办法〉的决定》(中华人民共和国财政部令第 100 号)。其中涉及科技成果作价入股的主要内容有：

第三十九条　事业单位有下列情形之一的，可以不进行资产评估：

(一)经批准事业单位整体或者部分资产无偿划转；

(二)行政、事业单位下属的事业单位之间的合并、资产划转、置换和转让；

(三)国家设立的研究开发机构、高等院校将其持有的科技成果转让、许可或者作价投资给国有全资企业的；

(四)发生其他不影响国有资产权益的特殊产权变动行为，报经同级财政部门确认可以不进行资产评估的。

……

第四十条　国家设立的研究开发机构、高等院校将其持有的科技成果转让、许可或者作价投资给非国有全资企业的，由单位自主决定是否进行资产评估。

……

第五十六条　国家设立的研究开发机构、高等院校对其持有的科技成果，可以自主决定转让、许可或者作价投资，不需报主管部门、财政部门审批或者备案，并通过协议定价、在技术交易市场挂牌交易、拍卖等方式确定价格。通过协议定价的，应当在本单位公示科技成果名称和拟交易价格。

国家设立的研究开发机构、高等院校转化科技成果所获得的收入全部留归本单位。

2019 年 9 月 23 日，财政部印发《关于进一步加大授权力度　促进科技成果转化的通知》(财资〔2019〕57 号)。其中关于科技成果作价入股的相关内容如下：

(一)中央级研究开发机构、高等院校对持有的科技成果，可以自主决定转让、许可或者作价投资，除涉及国家秘密、国家安全及关键核心技术外，不需报主管部门和财政部审批或者备案。涉及国家秘密、国家安全及关键核心技术的科技成果转让、许可或者作价投资，授权中央级研究开发机构、高等院校的主管部门按照国家有关保密制度的规定进行审批，并于批复之日起 15 个工作日内将批复文件报财政部备案。

(二)授权中央级研究开发机构、高等院校的主管部门办理科技成果作价投资形成国有股权的转让、无偿划转或者对外投资等管理事项，不需报财政部审批或者备案。纳入国有资本投资运营公司集中统一监管的，公司要按照科技成果转化授权要求，简化科技成果作价投资形成的国有股权管理决策程序，积极支持科技成果转化和科技创新。(注释：财政部不再管理科技成果作价投资形成的国有股权事项)

(三)授权中央级研究开发机构、高等院校的主管部门办理科技成果作价投资成立企业的国有资产产权登记事项，不需报财政部办理登记。(注释：财政部不再管理科技成果作价投资形成的国有股权登记事项)

(四)中央级研究开发机构、高等院校将科技成果转让、许可或者作价投资，由单位自主决定是否进行资产评估；通过协议定价的，应当在本单位公示科技成果名称和拟交易价格。

(六)中央级研究开发机构、高等院校要遵循科技成果转移转化规律，完善科技成果转化机制，加强科技成果管理，规范科技成果转化程序，建立健全科技成果转化重大事项领导班子集体决策制度，提高科技成果转化成效。对在科技成果转化工作过程中，通过串通作弊、暗箱操作等低价处置国有资产的，要依据国家有关规定进行处理。

(七)中央级研究开发机构、高等院校的主管部门要承担科技成果转化有关国有资产管理的主体责任，加强对科技成果作价投资形成国有股权的管理，健全完善管理制度，建立内控和风险防控机制，加强监管约束。同时，要加强对中央级研究开发机构、高等院校自主转化科技成果的监督，落实监管职责。

(八)财政部门加强对科技成果转化有关国有资产管理的监督，督促改进发现的问题，做到放管结合，实现有效监管。

2020 年 2 月 3 日，教育部、国家知识产权局、科技部印发《关于提升高等学校专利质量　促进转化运用的若干意见》其中关于科技成果作价入股的相关内容如下：

实行备案监测。每年 3 月底前高校通过国家知识产权局系统对以许可、转让、作价入股或与企业共有所有权等形式进行转化实施的专利进行备案。

第四章　市场经济与技术市场

1985 年，中共中央《关于科学技术体制改革的决定》明确提出“开放技术市场，实行科技成果商品化”，技术市场由此诞生，作为科技体制改革的突破口，开启了市场化的科技成果转移转化的伟大进程。30 多年来，我国技术市场经历了初创、突破、创新的发展历程，已成为国家创新体系的重要支撑，与人才市场、土地市场、资本市场共同成为我国社会主义要素市场的重要组成部分。

第一节　市场经济

市场经济(Market Economy)是一种经济体系，在这种体系下产品和服务的生产及销售完全由自由市场的自由价格机制所引导。市场经济一经产生，便成为最具效率和活力的经济运行载体。迄今为止，全世界绝大多数国家都纷纷走上了市场经济的道路。这种经济体制的趋同，一方面表明市场经济具有极强的吸纳能力和兼容能力，另一方面也意味着市场经济模式的多样性和丰富性。

一、主要模式

1991 年，世界经济合作与发展组织在《转换到市场经济》的研究报告中提出了成功的市场经济的三种主要模式：美国的自由主义市场经济模式，德国和北欧一些国家的社会市场经济模式，法国、日本的行政管理导向型市场经济模式。

(一)美国市场经济模式

美国模式，即“企业自主型”市场经济模式，又称“自由主义的市场经济”。它十分强调保障企业作为微观经济活动主体的权利，政府“这只看得见的手”一般较少直接触碰企业，而是指向市场。其体制与运行特征主要有：

(1)企业享有比较充分的自主权。美国市场经济体制的基石，是自由企业制度。

(2)市场是经济运行的中心环节，政府宏观调控活动集中在市场上。

(3)政府宏观调控手段偏重于财政政策与货币政策。

(4)体制关系的透明度较高。美国模式中政府、市场和企业的相互关系以及各自地位，一般都有明确的法律作出规定。

(二)德国市场经济模式

德国模式，即所谓社会市场经济模式。德国认为它实行的是宏观控制的社会市场经济，既反对经济上的自由放任，也反对把经济统紧管死，而是将个人自由创造和社会进步的原则结合起来，通过国家的有限干预实现“社会公正”。

(1)政府的首要职责是保证自由竞争，限制垄断。市场竞争是推进经济发展的最强大动力，也是社会最主要的支柱。垄断和“不道德竞争”是市场机制有效性的最大威胁。

(2)宏观调控的核心目标是实现稳定与均衡。市场机制的有效性取决于经济环境的有序和经济运行的稳定，其中主要是指价格稳定、货币稳定、增长稳定以及收入稳定。

(3) 有比较发达的社会保障制度。德国市场经济力争经济高效率又兼顾社会公平。为维护社会公平，德国通过立法推行监督、影响之下的雇主与职工“共向决定”制度。

(4) 体制关系的透明度很高。在德国社会市场经济体制中，法律保障占有相当重要的地位，通过各种立法建立和维护有序的、合理的和公平的竞争秩序。体制关系中透明度很高。

(三)日本市场经济模式

日本模式，即所谓政府指导型，又称“社团市场经济”。第二次世界大战后日本经济除近年有所停滞外，曾历经几十年的持续高速增长，在1950~1990年的40年间，年均增长率高达7.7%。

日本非常强调政府在经济发展中的作用，政府既调控市场，也直接引导企业，并且将重点放在后者之上。日本市场经济体制与运行的特点有：

(1)比较突出地强调政企合作。日本“政府指导型”市场经济，并不是指企业的自主发展必须充分考虑来自政府的各种信号，而主要是寻求政府与企业之间的协调一致。

(2)在社会资源的配置中把计划与市场有机结合起来。日本的市场经济模式在发挥市场调节的同时，重视政府宏观调控对社会资源配置的作用。

(3)有一套官民结合的严密而有效的经济管理的组织体系。日本的“政府主导型”还表现在它的经济组织制度上。

(4)政府宏观调控的手段侧重于经济计划和产业政策。从战后日本经济的发展来看，政府对经济活动的干预尤以经济计划和产业政策为佳。

(5)体制关系的透明度较低。日本市场经济模式强调政企合作，既有政府对企业大量的随机监督与指导，又存在着企业经常寻求政府指导和扶持的现象。

二、发展趋势

世界各国市场经济的丰富实践，使得市场经济的模式在多样化的基础上日益走向互相整合。现代市场经济存在着以下共同特点：

(1)资源配置的市场化。资源配置是指为使经济行为达到最优和最适度的状态而对资源在社会经济的各个方面进行分配的手段和方法的总称。

(2)经济行为主体的权、责、利界定分明。市场经济中的行为主体如家庭、企业和政府的经济行为，均受市场竞争法则制约和相关法律保障，赋予相应的权、责、利，成为具有明确收益与风险意识的不同利益主体。

(3)经济运行的基础是市场竞争。从市场经济的理念上普遍强调竞争的有效性和公平性。为达到公平竞争的目的，政府从法律上创造出适宜的外部环境，为企业提供平等竞争的机会。

(4)实行必要的、有效的宏观调控。在自由竞争市场经济时期，国家的经济职能主要是保护经济发展的秩序，不直接干预经济运行。

(5)经济关系的国际化。现代市场经济是一种开放经济，它使各国经济本着互惠互利、扬长避短的原则进入国际大循环。

第二节 中国特色社会主义市场经济

改革开放以来，中国特色社会主义市场经济取得的伟大成就，打破了各方面在社会主义和市场经济的关系认识上的思想束缚，为人们科学认识社会主义和市场经济的关系提供了坚实的实践基础。

1992 年，党的十四大报告正式提出，我国经济体制改革的目标是建立社会主义市场经济体制，就是要使市场在社会主义宏观调控下对资源配置起基础性作用，使经济活动遵循价值规律的要求，适应供求关系的变化。1993 年党的十四届三中全会，根据党的十四大确定的经济体制改革的核心目标和基本原则，作出了《关于建立社会主义市场经济体制若干问题的决定》。2003 年党的十六届三中全会通过的《关于完善社会主义市场经济体制若干问题的决定》，要求更大程度地发挥市场在资源配置中的基础性作用。

在社会主义市场经济运行中的主要关系，不再是计划和市场的关系而是政府和市场的关系。在政府和市场的关系中，需要进一步明确市场在资源配置中起决定性作用，但同时要更好发挥政府作用。这既是对改革中重大实践问题的回答，也是对市场经济一般规律认识新的深化。

政府和市场是现代经济发展中的两种基本力量。更好发挥政府作用和市场起决定性作用二者并不矛盾，市场起决定性作用并不意味着政府无所作为。处理好政府和市场的关系，必须尊重市场经济规律，尊重市场经济的主体既包括个人、企业，也包括政府本身。更好发挥政府作用是对政府的要求。无论是尊重市场规律，还是更好发挥政府作用，关键是政府对自己的功能和作用进行准确定位，政府不能夸大自己的作用，不能认为自己能够包揽一切。政府要把自身的功能和作用定位在有限的范围内，尊重市场规律。

尊重市场规律是因为市场在微观领域能够高效率优化资源配置，市场这一功能通过价值规律发挥作用。市场是各经济主体彼此发生关系并从中获得利益的载体，各经济主体在市场上聚集，相互之间就会发生竞争关系，各经济主体之间既相互排斥，同时相互联系并形成巨大的竞争压力，市场优胜劣汰的功能使在微观领域中能够存活下来的都是高效率的企业和经济主体。尊重市场规律就能够实现微观领域经济活动的高效率，市场起决定性作用的基本目标就是实现经济的高效率。

中国特色社会主义市场经济的基本特征主要表现在：

1. 在所有制结构上，以公有制为主体、多种所有制经济共同发展。在公有制为主体的前提下，公有制企业与其他企业在市场经济中平等竞争、共同发展，国有经济在国民经济中发挥主导作用。

2. 在分配制度上，以按劳分配为主体、多种分配方式并存。运用包括市场在内的各种调节手段，既鼓励先进，促进效率，合理拉开收入差距，又防止两极分化，注重社会公平，逐步实现共同富裕。

3. 政府与市场的关系上，以实现最广大劳动人民利益为出发点和归宿，社会主义国家能够把人民的当前利益与长远利益、局部利益与整体利益结合起来，使市场在社会主义国家宏观调控下对资源配置起基础性作用，更好地发挥计划和市场两种手段的长处，使社会主义的优势与市场经济的优势都能够得到充分发挥。

第三节　技术市场

一、技术市场的概念

国家科技部2018年印发的《关于技术市场发展的若干意见》指出，技术市场是重要的生产要素市场，是我国现代市场体系和国家创新体系的重要组成，是各类技术交易场所、服务机构和技术商品生产、交换、流通关系的总和。并进一步明确“改革开放以来，我国技术市场从无到有，功能逐步完善，制度环境不断优化，对健全技术创新市场导向机制、促进科技和经济融通发展、完善社会主义市场经济体系等发挥了重要作用”。文件中的论述，对我国技术市场的性质、地位和作用的精辟概括，是我们理解和认识技术市场的基本遵循。

另外，市场有广义和狭义之分，狭义市场是指商品交换的场所，即有形市场，其核心是“场所”；广义的市场是指商品的流通领域，是商品交换关系的总和，体现的是一组规则、一批组织以及相应的活动，其核心是“交换关系”。技术市场的概念也有广义和狭义之分。狭义的技术市场，是指技术商品交换的场所，有一定的时间和空间限制；广义的技术市场是指将技术成果作为商品进行交易，并使之变为直接生产力的交换关系的总和。一般情况下，普遍采用广义的技术市场概念。

从技术交易场所的形式来看，广义的技术市场还包括有形技术市场和无形技术市场。有形技术市场即为传统的拥有固定场所的技术市场，供需双方必须亲临市场，通过面对面的交流来获取技术信息、完成技术交易。无形技术市场则是一种没有固定交易场所和市场交易设施的市场形式，最为典型的是网上技术市场。网上技术市场是基于现代信息技术和互联网而形成一种市场形式，交易主体通过互联网实现信息收集、传递和交流，降低交易成本，加快完成技术商品交易活动，提高技术交易的效率。网上技术市场不仅具有传统有形技术市场的所有功能，而且在技术、组织和功能上都有所创新。

二、技术市场的组成要素

原则上讲，技术市场必须具备三个要素：技术市场的主体，即技术商品的供方、需方和中介方；要有可供交易的技术商品；要具备供需双方都能接受的价格和交易条件。三者相辅相成，缺一不可。

（一）技术市场的主体

技术市场的供方、需方和中介方是构成技术市场最基本的交易主体。技术市场上的供方或卖方，即是技术商品的生产者，也是技术商品的出让者，主要是各类科研机构、设计单位、高等院校以及持有技术商品的科技人员、发明人等。其基本作用是给技术市场提供技术商品。没有技术商品生产者为技术市场提供技术商品，技术市场就不复存在。技术商品生产者参与技术市场活动的目的，是为了按照合理的价格把自己生产的技术商品卖出去，实现技术商品的价值和使用价值，使科研劳动得到补偿，技术商品生产得以继续进行。

技术市场买方，即技术商品的需求方，也称技术商品的受让方，主要是生产企业。目前，大型企业尤其是跨国公司是技术需求方和主要参与者，但中小型企业对技术的需求也相当活跃。技术商品需求方的基本作用是购进技术商品并应用于生产，完成技术商品的流通，实现技术商品的生产目的。如果技术商品没有买方，就犹如物质商品没有消费者购买一样，生产就难以为继，市场交换亦将停滞。从这个意义上说，买方是决定技术商品的价值和使用价值能否实现的关键。

随着技术交易的成熟，出现了技术中介方，即技术中介服务机构和技术经纪人。他们为技术商品交易双方牵线搭桥，并对技术商品进行宣传、评估、鉴定，对技术交易过程进行组织、协调、监督。特别是技术经纪人在促成技术商品交易，促进科技成果转化为现实生产力中起着重要而特殊的作用。

(二)技术商品

技术商品是指通过交换以实现技术传播的技术成果和知识性劳务。其中技术成果是指利用科学技术知识、信息和经验作出的产品、工艺、材料及其改进等技术方案；知识性劳务是指利用所掌握的知识、技术、经验和信息所提供的服务。

技术商品是构成技术市场的基础，是技术市场的客体。在技术市场上转移、转让的技术，一般分为硬件形态的样机、样品、机器设备，软件形态的设计、配方、工艺以及劳动流动形态的技术服务和咨询等。从成果的转移、转让形式看，包括通过技术转让合同、技术开发合同、技术咨询合同和技术服务合同转移、转让的技术等。科研生产联合体中实行技术入股、合资经营、联合开发、合作生产等，也属于广义的技术商品供给。

(三)价格及交易条件

价格和其他交易条件是供需双方达成交易的主要依据。同时也构成了技术市场的重要内容。由于技术商品形态多样等各方面的原因，使得技术商品在转让后所产生的效用与需求方的接收能力和相关条件有着不可分割的联系，所以它的效用只是一个模糊的概念。在这种情况下，技术商品的价格也具有很大的不确定性，所以技术交易实行议价成交。为了减少这种不确定性，促使供求双方达成交易，技术商品应由专业机构进行技术评估，对技术商品的先进性、适用性和经济性做出科学合理的结论(技术评估并不是进行交易的必需条件)。另外，技术交易地点、时间、技术服务和培训以及交易所依据的有关法律等，也都是供需双方达成交易的必要条件。

三、技术市场的定位与作用

技术市场的诞生和发展是我国社会主义市场经济发展进程中一个重大的体制创新，是我国健全统一、开放、竞争、有序的现代市场体系的重要组成部分。通过开放技术市场，一方面，促进了社会观念的深刻变革，推动了科研开发市场化、技术成果商品化和高新技术产业化进程；另一方面，使得科技进步对国民经济发展的支撑作用和贡献得到了充分的发挥和体现。

一般而言，技术市场可以发挥如下作用与功能：信息过滤。即为买卖双方提供可选择的技术信息，使买卖双方了解相关技术信息，奠定了交易的前提；分散风险。即分散研究、开发、中试、生产等过程中的风险；降低交易成本。即技术商品在市场交易过程中减少了技术转移的成本，也减少了交易双方的交易成本；激励。即技术商品的交易产生了竞争，可以调动科研人员科研的积极性，促进技术商品的完善，推动技术研发；优化科技资源配置。通过技术交易，可以优化科技资源配置，整合社会的科技力量；规范功能。技术市场的发展能加强技术研发的社会规范，使技术研发目标明确、转移有序；价格发现功能。是指市场集约交易、比质比价，最终形成一个真实地反映社会供求的权威价格；服务功能。是指技术市场具有服务于技术交易主体、促成交易的基本功能；加强转化。技术市场的发展，把科研和生产部门较好地结合起来，加快了科技成果向现实生产力的转化。

四、技术市场的管理与服务

经过 30 多年的发展，我国技术市场走过制度设计、政策演进、模式创新的发展历程，经过不断完善和优化，目前已初步形成由法律、部门规章和地方性法规构成的技术市场制度体系，由科技行政部门主导、各部门协作构成的技术市场管理体系以及由广大社会力量参与、以促进技术转移和成果转化为核心的技术市场服务体系①。

技术市场管理主要是指政府各有关部门，依照国家有关政策和法律，规范和引导技术市场行为，保证技术商品交易顺利进行，促进技术市场健康发展。技术市场管理行为主要包括组织、监督、协调、控制、调节、指导等；其管理范畴包括从生产、流通到使用的整个过程；其管理对象是技术市场的组成要素及其活动，即技术商品，技术交易的买方、卖方和中介方，技术交易活动及行为。

技术市场服务体系主要包括以下几个方面的内容：一是专业化的技术转移和成果转化人才；二是专业化技术转移和成果转化机构；三是涵盖研究开发、检验检测、创业孵化、知识产权、科技金融等的专业化科技服务业态；四是《技术转移服务规范》等标准和技术交易规则，以及技术市场信用体系和技术市场统计调查和数据分析体系；五是能够加速技术、人才、资本等创新要素集聚与融合，畅通科技成果流通和共享渠道的技术市场服务网络。

第四节　北京技术市场的创新发展

北京技术市场是北京全国科技创新中心建设的重要组成部分，是科技成果转化的重要渠道。多年来，北京技术市场从无到有、从小到大经历了多个发展阶段，在全国技术市场中居于重要的战略地位。

一、孕育萌芽期（1978—1985 年）

1978 年，十一届三中全会和全国科学大会的召开，初步确立技术的商品属性并明确技术可以有偿转让，北京科技界不断解放思想、勇于突破，1980 年北京市科技局会同市财政局制定了《大型仪器协作共用测试券管理办法》，这是北京地区最早出现的有偿技术服务。1981 年 12 月举办了“第一届北京地区科技成果交流交易会”，为北京技术市场的兴起奏响了前进的序曲。1984 年，国务院做出了“加大技术成果商品化，开放技术市场”的决定，推动了北京技术市场的萌芽和兴起。

民营科技机构应运而生，成为当时北京技术市场的新生力量。北京等离子体学会先进技术发展服务部是“中关村电子一条街”中科技企业最早的雏形，科海新技术公司、京海计算机机房技术开发公司

① “十三五”技术市场发展专项规划. 中华人民共和国科学技术部. 2017. 5

等11家以科技服务、科技咨询、计算机工程设计为主要业务内容的民营科技企业得到了蓬勃发展。

二、起步成长期(1986—2001年)

1986年6月，经北京市政府批准，成立了“北京技术市场协调指导办公室”，市科委设立了“北京技术市场管理处”。1987年4月，北京市发布《关于技术交易合同登记的若干规定》，规定从1987年5月1日起，北京技术市场实行技术合同认定登记制度。一些区县成立了技术合同登记处，到1991年全市共设立32个技术合同登记处。1990年5月，成立“北京技术市场管理办公室”，负责北京技术市场的管理、交易活动信息发布、对口交流活动等管理工作。1990年北京市人民政府38号令发布《北京市技术合同认定登记管理办法》，明确了技术交易的形式、技术交易合同登记的程序以及优惠政策等。1991年3月，北京技术市场管理办公室与市工商人大、税务、财政、银行、物价、审计、市政府法制办等行政综合管理部门建立了“北京技术市场管理工作联席会议制度”，定期沟通情况，高效率地解决了技术市场发展过程中遇到的政策、审批、税务、资金等各方面的难题，促进了北京技术市场的健康发展。1994年10月20日北京市第十届人民代表大会常务委员会第十三次会议通过《北京市技术市场管理条例》，北京的技术交易活动从自发无序走向了规范化、法制化，对建立多元化技术交易体系、规范技术市场秩序、促进技术交易活动起到了较好保障作用。

到1992年，北京已逐步形成了以促进科技成果转化为宗旨的技术中介服务网络。技术合同成交额由1987年的2.36亿元，增长到2001年的191.01亿元，增长率连年攀升，突破了第一个百亿元，连续多年高居全国榜首，占全国技术交易总量的比重，由1994年的16.24%，增长到2001年的24.40%，约占全国的1/4。

三、平稳成熟期(2002—2009年)

2002年7月18日，北京市第十一届人民代表大会常务委员会第三十五次会议通过《北京市技术市场条例》(以下简称《条例》)修正案。北京市科委2002年10月发布《北京市技术合同认定登记管理办法》和《北京市技术合同登记机构管理办法》。2003年6月发布《北京市技术市场行政执法实施办法》。北京技术市场管理办公室2005年印发《关于加强“医药”类技术合同认定工作的若干意见》。2006年印发《关于对计算机软件合同进行认定登记的意见》。科技部2006年3月印发《关于加快发展技术市场的意见》，为技术市场平稳发展奠定基础。北京市形成了以《条例》为主体的可操作性强的技术市场法规政策体系，为规范市场秩序、培育和引导市场发展、维护市场主体利益提供了坚强的法制保障，为技术市场繁荣发展起到了积极促进作用。

技术合同成交额增长强劲，从2002年的221.14亿元，增到2009年1236.23亿元，突破第一个千亿元大关，约占全国的40%，北京成为全国最大的技术交易中心。中介机构和技术经纪人成为当时促进科技成果转移转化不可或缺的力量。

四、创新发展期(2010年至今)

2010年8月17日，北京市市科委、市统计局联合召开“北京技术市场发展形势通报会”，通报了北京技术交易对经济增长的直接贡献，市政府主管副市长、市人大教科文卫委员会主任出席会议。利用科学方法计算技术交易对经济增长的直接贡献，是北京技术市场的重要创新。发布这一研究成果，提高了技术市场的经济、社会影响力。

2011 年，北京市质监局、市科委发布技术转移全国首个地方标准《技术转移服务规范》，为技术转移服务从业人员提供了现实可用的工作指南。2012 年 5 月，北京市科委发布《北京市技术市场统计管理办法》，进一步推进了北京技术市场统计工作的法制化、规范化。同年，北京技术市场管理办公室顺应北京地区发展设计产业的需要，制定、印发《关于设计类技术合同认定登记的指导意见(试行)》。

2016 年 11 月 25 日、2019 年 11 月 27 日北京市人大常务委员会两次对《条例》部分条款进行修正以适应新形势新要求。2019 年 11 月 27 日，北京市第十五届人民代表大会常务委员会第十六次会议通过《北京市促进科技成果转化条例》。技术市场监管体系和法律、法规、政策体系进一步完善，北京技术市场继续创新发展。

从 2014 年起，北京地区积极开展适应新发展形势的技术经纪人培训。截至 2019 年，北京技术市场协会联合北京经纪人协会举办技术经纪人培训 23 期(含高级班、专业领域班、外省培训)，培训人数超 2200 人。

2019 年 9 月 30 日，市科委与市人力社保局联合发布《北京市工程技术系列(技术经纪)专业技术资格评价试行办法》，设置了正高级、副高级、中级、初级四个层级，是国内首个单独设置且对四个评价层级全覆盖的职称文件。这个文件的出台，在制度上解决了技术经纪人普遍关心的专业技术职称问题，提高了全社会对技术经纪人的专业认可度。

北京技术市场规模稳居全国龙头地位，技术合同成交额实现大跨度增长，首都经济社会发展贡献逐年增强，支撑国家创新战略、服务区域协同创新作用凸显。2019 年技术合同成交额突破 5000 亿元，对首都经济发展的直接贡献达 9.07%，技术流向全部省份 350 多个城市，实现了对全国内地地级以上城市的全覆盖，北京已经成为多数省市最大的技术卖方。对首都高质量发展和全国科技创新中心建设发挥了重要支撑作用。

北京是全国率先建立技术市场的省市之一，并始终处于我国技术市场探索与发展的最前沿，在全国技术市场体系的进一步完善、升级与发展过程中起到了示范和引领作用。

延伸阅读六　《关于技术市场发展的若干意见》

国科发创〔2018〕48 号

技术市场是重要的生产要素市场，是我国现代市场体系和国家创新体系的重要组成，是各类技术交易场所、服务机构和技术商品生产、交换、流通关系的总和。改革开放以来，我国技术市场从无到有，功能逐步完善，制度环境不断优化，对健全技术创新市场导向机制、促进科技和经济融通发展、完善社会主义市场经济体系等发挥了重要作用。与此同时，面对全球创新发展的新态势和我国全面深化改革的新要求，技术市场发展体制机制仍需完善、服务效能亟待提高、功能和作用有待进一步发挥，市场配置创新资源的决定性作用有待增强。为全面贯彻党的十九大和十九届二中、三中全会精神，深入落实《国家技术转移体系建设方案》，加快发展技术市场，健全技术转移机制，促进科技成果资本化和产业化，制定本意见。

一、明确技术市场发展的总体要求

以习近平新时代中国特色社会主义思想为指导，认真落实党中央、国务院决策部署，坚持深化改革、优化环境，坚持拓展功能、提升服务，坚持规范行为、加强监管，坚持引领发展、要素融通，着力构建技术交易网络，着力提升专业化服务功能，着力优化制度环境，着力加强监管服务，加快形成以专业化服务为支撑、资金为纽带、政策为保障的现代技术市场，推动科技成果转移转化，促进科技与经济社会融通发展。

到 2020 年，适应新时代发展要求的技术市场初步形成，服务体系进一步完善，市场规模持续扩大。培育 20 家具有示范带动作用的高水平专业化技术转移机构、600 家市场化社会化技术转移机构，发展 3 至 5 个枢纽型技术交易市场，培养 1 万名技术经理人、技术经纪人，全国技术合同成交金额达到 2 万亿元，技术交易的质量和效益明显提升。到 2025 年，统一开放、功能完善、体制健全的技术市场进一步发展壮大，技术创新市场导向机制更趋完善，市场配置创新资源的决定性作用充分显现，技术市场对现代化产业体系发展的促进作用显著增强，为国家创新能力提升和迈入创新型国家前列提供有力支撑。

二、优化技术市场分类布局

聚焦国家战略和区域、行业需求，发展各具特色、层次多元的技术交易市场。建设枢纽型技术交易市场，成为全国技术交易网络重要节点。完善区域性技术交易市场，推动科技成果服务地方经济社会发展。推进人工智能、生物医药等行业性技术交易市场发展，发挥专业化众创空间等创新创业服务载体的作用，提供专业化技术转移服务。充分整合利用现有资源，发展国家军民两用技术交易中心，推进军民两用技术、成果及知识产权的双向转化。围绕“一带一路”沿线等国家和地区建设国际化技术转移平台，推动我国技术交易市场成为国际技术转移网络重要节点。发挥国家技术转移区域中心作用，链接各类技术交易市场，形成互联互通的全国技术交易网络。

三、提升技术交易市场服务功能和发展水平

推动现有基础条件好、影响力大、辐射面广的技术交易市场进一步规范发展，聚集高等学校、科研院所、企业、投资人、技术市场服务机构等各类主体，为技术交易双方提供知识产权、法律咨询、技术评价、中试孵化、招标拍卖等综合配套服务，建成全国性枢纽型技术交易市场。完善技术类无形资产挂牌交易、公开拍卖与成交信息公示制度，推广科技成果市场化定价机制，健全科技成果评价体系，通过市场发现价值。探索技术资本化机制，推动技术市场与资本市场联动发展。

四、推动技术市场服务机构市场化专业化发展

大力发展一批社会化的技术市场服务机构，采取市场化运营机制，吸引集聚高端专业人才，提供专业化服务，促进高等学校、科研院所和企业之间技术交易和成果转化。对标国际一流技术转移机构运营模式，选择若干高等院校、科研院所开展高水平专业化技术转移机构示范，整合知识产权披露、保护、转让、许可、作价投资入股和无形资产管理等相关职能，建立专业化运营团队，形成市场化运营机制，在岗位管理、考核评价和职称评定等方面加强对技术转移机构人员的激励和保

障，形成全链条的科技成果转化管理和服务体系。建设一批军民科技协同创新平台，为先进尖端技术快速进入国防科技创新体系和国防科技成果向民用领域转移转化提供渠道和服务保障。

五、发展壮大技术市场人才队伍

加快培养一批技术经理人、技术经纪人，纳入国家、地方专业人才培养体系。依托国家技术转移区域中心建设国家技术转移人才培养基地，以市场化方式设立技术转移学院，开展技术市场管理和技术转移从业人员职业培训。鼓励高等学校设立技术转移相关专业，培养技术转移后备人才。联合国内外知名技术转移机构，推动成立技术经理人、技术经纪人行业组织，加强对从业人员的管理和服务，吸引社会资本设立相关奖项。

六、创新技术市场服务模式

发展线上线下相融合的新型技术交易市场和服务机构，应用大数据、云计算等先进技术，开展技术搜索、技术评估、技术定价、技术预测等服务，通过开展创新挑战赛等活动为企业需求提供精准对接。依法合规开展技术成果在线交易，推动技术市场服务机构为技术交易双方提供大额资金支付分批次担保等服务，强化技术交易信用和利益保障，营造公平公正、安全有序的网上技术交易环境。发展知识产权质押融资，完善知识产权质物处置机制，加强知识产权评估、登记、托管、流转服务能力建设。支持绿色技术转移转化平台建设，强化科技与金融结合，加快绿色科技成果转移转化和产业化。

七、完善技术市场法律法规和政策体系

全面贯彻落实促进技术转移的相关法律法规及配套政策，加强对政策落实的跟踪监测和效果评估。修订技术合同认定登记管理办法和技术合同认定规则，推动地方加强对大额合同的认定登记和规范化管理，优化服务流程，提升服务效率。推动地方开展技术市场立法工作，完善技术市场管理条例和配套政策，加大支持技术市场及其服务机构发展的政策力度。

八、规范技术市场服务和管理

宣传贯彻《技术转移服务规范》国家标准，完善技术交易规则，优化技术转移服务流程。加强技术市场服务机构规范化管理，开展监督评估和考核评价，依据评估结果加大激励引导力度。加强技术市场信用管理，依法加大对不诚信行为的打击力度，保障交易主体权益，营造公平竞争环境。深入开展技术市场统计调查和数据分析，建立健全技术转移服务业专项统计制度。加强技术市场信息化建设，整合现有科技成果信息资源，为技术市场发展提供信息支持。

九、加强技术市场组织保障

科技部充分发挥技术市场管理办公室职能和作用，加强对全国技术市场发展的组织协调，强化督促落实，加大对技术交易市场和技术市场服务机构的支持力度。各有关部门根据职能定位，加大政策支持和保障力度。各级地方科技管理部门要充分认识发展技术市场的重要性，加强组织领导，强化管理职能，加大投入力度，结合服务绩效对服务机构给予支持。

第五章　国际技术转移

国际技术转移是技术转移的重要组成部分。实际上，现在普遍引用的技术转移的概念就是联合国贸易与发展大会最早提出的，这意味着现代技术转移和国际贸易有着与生俱来的联系。

第一节　国际技术转移基础

一、概念

国际技术转移亦称国际技术贸易①，是指一个国家的经济组织或个人，按照一定的商业条件，把技术转让或许可另一个国家的经济组织或个人的行为。这里的“国际性”关键在于交易的标的是否跨越国境。

技术转移是否具有国际性，并不是以技术的供方和受方是否属于不同国籍的自然人或法人作为标准，而是要看技术的转移是否跨越国境。这是国际技术转移与国内技术转移的根本区别所在，把跨越国境的技术转移视为国际技术转移，是国际共识。至于供方和受方，可能是不同国籍的法人或自然人，也可能是同一国籍的法人或自然人，都不会影响国际技术转移的性质。

在我国，国际技术转移或国际技术贸易是指中华人民共和国境内的法人(包括中外合资、合作、独资企业)、自然人及其他组织通过贸易、投资或者经济技术合作的方式，从中华人民共和国境外的法人获得、输出技术的贸易行为。

二、通用方式

(一) 工业产权与非工业产权的转让与许可

工业产权与非工业产权的转让与许可是国际技术贸易的主要形式，包括：

工业产权的转让与许可。与工业产权相关的国际技术贸易主要对象是受法律保护的专利、商标(不包括单纯的商标转让与许可)和计算机软件著作权等的转让与许可；

非工业产权的转让与许可。与非工业产权相关的国际技术贸易的主要对象是专有技术的转让与许可。

无论是工业产权还是非工业产权的国际技术贸易通常都是进行使用权的许可，国际技术贸易实践中是通过所谓的许可贸易来实现的。当然，国际技术贸易也包括上述对象的所有权本身的转让。

---

① 把国际技术贸易和国际技术转移这两个概念等同使用的一个重要理由是技术转移概念最初是作为解决全球发展不平衡的北南问题的一个重要战略，于1964年第一届联合国贸易发展会议上提出并讨论的。会议把国家之间的技术输入与输出统称为技术转移，通常用来描述技术跨越国境的运动，可以设想贸发大会当初提出和讨论技术转移的初衷是把针对南半球发展中和欠发达国家把重视商业提交一般国际技术贸易缩限为重视开发援助的北半球发达国家对技术南半球国家的技术转移。

(二)技术咨询与服务

技术咨询则是指技术知识人接受委托为委托人提供技术决策。常见的技术咨询服务包括：有关技术运用的可行性论证、相关技术的调查、相关技术成果的分析和评估等。技术服务是指技术知识人接受委托为委托人解决特定的技术问题。比较常见的技术服务的内容包括：员工的培训、技术的指导和现场设备的安装和调试等。

(三)合作生产与合作设计

合作生产与合作设计就是通过双方的合作，利用各自拥有的技术共同完成有关的生产项目或共同开发有关的生产计划。发展中国家通过这种形式在引进外资的同时，也引进了经济发展所需的有关技术和技术设备。

(四)国际工程承包

国际工程承包通常通过国际间的招投标方式由中标人为招标人承建相关的工程项目。由于国际工程承包涉及咨询、勘探、评估、技术设备的提供、人员的培训、设备的调试、试生产等技术性服务，国际工程承包已经成为国际技术贸易的重要形式。

(五)国际直接投资

国际直接投资是投资方通过兼并、收购或建立新企业的方式，直接在东道国设厂生产。在当前国际经济全球化日趋深化的背景下，国际直接投资已经成为国际性跨国公司实现全球化经营的重要战略内容。国际直接投资的投资方通常以现金资本的方式作为主要形式，目前以技术和技术设备作价作为投资的方式日趋增多。

(六)与设备买卖相结合的国际技术贸易

技术的引进方除了运用许可贸易方式引进软件技术之外，还通过购买有关产品生产的成套设备、流水线等硬件技术提升企业的技术水平和生产能力，这种所谓的硬件技术的转让通常是发展中国家在经济发展初期较为常见的方式。我国在改革开放初期所引进的技术大量的就是以成套设备为主的硬件技术。

(七)补偿贸易

所谓补偿贸易就是技术引进方以融资的方式引进成套设备，通过生产的产品(或双方约定的其他产品)抵偿设备价款的方式。设备的引进方通过这种方式可以在设备提供方的帮助下获得相关的生产技术。有些学者将补偿贸易、加工贸易等方式合并在合作生产的技术贸易方式中。

三、基本特征

与一般的国际商品贸易相比，国际技术贸易或国际技术转移有以下基本特征。

(一)交易标的

一般商品贸易的对象是有形的产品，而技术贸易的对象可以是有形的，如一些先进的技术设备的买卖，也可以是无形的，如最常见的技术许可贸易。进入 20 世纪 80 年代以后，软件技术已经成为国际技术贸易的主要标的。

（二）所有权

在一般的商品贸易中，买方对买来的商品享有完全的所有权，对该商品具有占有、使用、收益、转售、出租和赠送等任何权力。但是，在国际技术贸易中最重要的技术许可贸易中技术的被许可方并不具有相关技术的所有权，而只发生在规定期限和地域范围内的技术使用权和相应的产品制造、销售的权利。

（三）买卖关系

在一般的商品贸易中，买方付款卖方交货，双方的合同义务即告完毕，持续的时间一般不会很长。然而，国际技术贸易通常不是简单的一项买卖，它需要双方在较长时间内的通力合作，在协议有效期内，双方要履行有关的保密、技术的反馈、技术的继续援助、技术使用的提成、技术保证等一系列的权利和义务。

（四）成本构成

对于卖方而言，每卖出一单位的商品，生产成本就要随之上升，即使生产达到了一定的规模，生产商品还是要花费一定的成本，然而这只是针对一般的有形商品而言。就国际技术贸易而言，同一技术可以多次转让，因此从理论上讲，技术作为一种特殊的商品其边际成本等于零。

（五）适用法律

技术贸易在适用的法律方面要比一般的商品贸易更复杂。一般商品贸易主要适用货物买卖的相关法律；而国际技术贸易除了要适用合同法外，还要遵守工业产权法和有关的技术转让方面的法律。同时，国际技术贸易在贸易政策、贸易条件、支付方式以及对双方当事人的权利和义务约定等方面都要比一般的商品贸易复杂得多。

（六）贸易保护措施

一般的商品贸易的保护措施往往是限制进口、鼓励出口，即所谓的“奖出限入”。而以技术尤其是高新技术作为国际技术贸易转让对象的贸易保护措施，则是控制出口、鼓励进口，旨在保持技术所有人的科技优势。

第二节　常见理论观点

国际学术界对国际技术贸易、国际技术转移相关问题的研究是从技术传播理论研究开始的。最先在1904年由法国社会学家塔尔德提出了“S扩散”模型；进入20世纪60年代，对发展中国家的传播研究十分活跃，研究视角也从社会学转向了经济学；第二次世界大战结束后，学者们逐渐把目光转向技术转移，逐渐形成了包括波纳西、哈弗鲍尔的技术转移差距理论，克鲁格曼的技术转移均衡理论，曼斯菲尔德、邓宁的技术转移选择理论、斋滕优的技术生命周期理论和技术转移需求资源关系理论，以及舒马赫的中间技术理论等一系列比较成熟的国际技术转移理论。

一、“S扩散”模型

“S扩散”模型是最早的技术扩散理论模型。这一模型的基本思想是技术“扩散”被看作是一种模仿过程，可以从信息的角度解释为扩散时间的长短。创新的信息通过人际交流(口头语言)和与“传染病扩散”类似的渠道传播。所以，早期的理论模型表现为“传染病式”的理论模型。

“S 扩散”模型的含义是：新技术被采用的可能性随着采用企业的增加而增加。用饱和度指标来表示这个现象：$Q=N_t/n$。其中，Q 为饱和度，N_t 为采用者数量，n 为人口数量。随着时间推移，技术扩散行为将存在两种相反的作用力。一个是，乐于“扩散”的力量(被“感染”的人数，即采用者数目增加)；另一个是，反对“扩散”的力量(仍未得病的人，即可能采用者数目减少)。

二、“中心—边缘”理论

技术差距理论由美国学者波纳西和哈弗鲍尔于20世纪60年代，提出。技术差距理论认为形成技术转移的原因在于国际间存在着技术差距。发达国家是技术的“中心”，发展中国家则处于技术的“边缘”，是技术的模仿者和接受者，在技术由“中心”向“边缘”转移的同时，“中心”控制或支配了“边缘”。

已经完成技术创新的国家，不仅取得了技术上的优势，而且凭借其技术上的优势，在一定时期内利用与其他国家间的技术差距，开展技术产品的国际贸易。随着技术产品国际贸易的扩大，为进一步追求特殊利润，技术创新国家会通过多种途径和方式进行技术转移。其他国家也会因技术在经济增长中的示范效应，或研究与开发同样的或类似的产品，或进行技术引进，最终掌握该项技术，从而导致技术差距的缩小。由于技术差距的缩小，该项技术产品国际间贸易下降，直到引进国能生产出满足其国内需求数量的产品，两国间该产品的国际贸易终止，技术差距最终消失。

技术差距理论是用技术进步因素，解释发达国家和发展中国家间的技术转移和贸易的理论。该理论通过实证研究得出结论认为，对新兴工业化国家、半工业化国家，技术转移对经济增长的贡献要比创新大，但随着与工业化国家差距的减小，创新变得越来越重要。日本、韩国的“后发国效应”证明了技术转移对相对落后国家发展的促进作用，但并非所有的引进国都收到这种效果。

20世纪80年代韩国学者金泳镐提出“技术双重差距”理论观点，认为世界各国间技术差距存在两种情况：一类是发达国家之间的技术差距，即“技术转移差距”；一类是发达国家与发展中国家之间的技术差距，即“技术积累差距”。“技术转移差距”表现为由“中心”转移的技术与“边缘”所需的技术不相适应；“技术积累差距”表现为在“边缘”由于技术工人、技术人员的质与量都不足，难以与“中心”转移的技术结合。技术转移绩效如何，不仅取决于技术引进国一方的基本条件，还取决于提供技术一方提供了什么样的技术，即技术转移的绩效是双方面决定的。

此后，随着该理论的研究深入，以美国学者克鲁格曼为代表提出了技术转移均衡理论。该理论提出了一般均衡条件下的商品周期贸易模式，成为保持技术差距的依据。该理论把技术转移、资源配置与世界收入分配三者统一起来考察，认为技术是由不断创新的发达国家(中心)转移到发展中国家(边缘)，发达国家为了维持其福利水平不下降，保持同发展中国家的差距和有利竞争地位，必然不断创新并且努力提高创新速度以推动技术转移。这样的技术转移处于一种均衡结构，在该均衡中，中心和边缘的相对工资不变，贸易形式不变，二者福利均有提高，经济稳定，且有利于全球性生产要素的合理配置。

三、“直接投资—技术转移”选择理论

美国学者曼斯菲尔德，最早从研究跨国公司技术转移的角度出发，提出了对外进行投资与技术

转移的选择理论。他认为企业在生产要素供给能够得到满足，出口又能获得最大利益的条件下，一般应倾向于选择直接投资。因为这种选择有利于控制技术专有权，在国际上保持技术优势和垄断。企业直接投资遇到障碍时，才会选择技术转让，比如国外市场容量太小，无法实现投资收益的最大化，或者对方缺乏直接投资的必要条件等。

邓宁则把国际直接投资(FDI)、国际贸易、技术转移三者有机地统一起来，通过建立国际生产选择模型来分析进而做出国际技术转移的选择。他主张在跨国公司问题的研究中，要引进区位理论，并与要素禀赋论、内部化优势论结合起来，创立了折中的方法与体系，构建了“三优势模式”理论(OLI Paradigm)，将三种优势称为所有权特定优势、内部化特定优势、和区位优势。该理论认为，企业只有同时在国外拥有区位特定优势，又能控制技术专有权(即所有权特定优势和内部化特定优势)在国外进行生产的条件下，一般会选择对外直接投资；企业在区位因素吸引力不大的情况下，倾向于选择出口贸易；企业在内部交易市场不具备一定规模，区位优势又不明显时，才选择技术转让。这显然是一种权宜选择。

凯夫斯在上述选择理论的基础上，总结了决定跨国公司在国际直接投资和技术转移之间进行选择的种种因素：其一，选择技术转移的因素。缺乏国际直接投资的基本条件，如知识存量不足，对国外市场不了解，投资成本高等；国际直接投资存在障碍，如市场容量小，缺乏规模经济等；技术创新周期太短；风险方面的考虑，技术转移不用在国外放置大量固定资产，从而避免政治风险。但是，当技术转移可能使技术泄漏给竞争对手时，又会妨碍技术转移；在互惠回授条件下，即供方把技术转移给受方后，双方将改进技术回授给对方。其二，不选择技术转移的因素。技术转移交易成本过高，如谈判时讨价还价、因商品质量影响声誉、可能泄密等；跨国公司内部的技术转移成本大大低于企业之间转移，一般不鼓励技术转移。

四、技术生命周期最大利益化理论

日本学者斋藤优从技术生命周期和谋取最大利益的角度，把跨国公司在国际生产经营中的战略归纳为三种形式：一是运用创新技术在本国生产产品并对外出口；二是国际直接投资，在国外运用该项技术进行生产并就地销售；三是直接进行技术转移。从表面上看，这三者时相互独立、互不相关的，但实质上却存在着内在联系，并按一定的规律周期循环。

该理论认为技术的优势、技术创新的成果最终都要体现在产品上，体现在产品的工业化生产上，体现在技术实施的经济效果上。占有新技术的企业总是先出口运用该技术生产的新产品，在出口过程中，该产品在当地的市场不断扩大，收益率由低而高；同时，该产品也逐渐适应了当地条件，运用当地生产要素也能生产出该产品来，于是收益率开始下降，企业开始把出口商品转为直接投资，以谋取收益率回升。其后，由于在当地产销，很快提高了当地该项技术的水平，且将仿制品推向市场。此时，企业直接投资的收益也由上升转为下降，企业即转而输出技术，不仅要维持原有收益率，而且能达到最高收益率。该理论不同于前两个理论之处在于，周期理论揭示了技术转移是一项新技术问世后的必然归宿，把技术的生命周期同企业谋利二者有机地结合起来，从而解释了形成技术转移的机制。

五、需求资源关系理论

需求资源(N-R)关系理论是日本学者斋藤优在资源禀赋论的基础上发展而来的，他在 1979 年出版的专著《技术转移论》中首次提出了需求资源关系理论，当时称为“NR”关系假说；此后在 1986 年出版的著作《技术转移的国际政治经济学》中，把这一假说作为一种理论加以应用。

需求资源关系理论认为，一国发展经济及对外经济活动不但受其国民的需求(N-needs)和其国内资源(R-resources)关系的制约，而且也受经济、技术交往国家的需求与资源的制约。该理论从需求与资源的关系方面阐述了国际技术转移发生的机制，认为不相适应的“NR”关系既是技术创新的动力，也是产生国际技术转移的原因，即一个国家如果资源不能满足需求，则会形成瓶颈现象，进而刺激技术转移的发生，所以国际技术转移产生于对技术这一特殊资源的需求。在国与国之间，有对技术资源的需求，才会有满足这种需求的技术资源的转移。

发达国家与发展中国家之间存在着不同的“NR”关系，通过技术转移不断地得到改善。发达国家与发展中国家之间不仅存在着平均收入水平上的明显差距，而且存在着技术上的明显差距。发达国家平均收入水平较高，其需求质量与需求数量与发展中国家相比较有明显差别。发达国家总体技术水平较高，但不一定拥有所需的其他资源，为了追求高额利润，获取其所需的各种资源，回收过时技术的研究与开发成本并获得高额的经济租金，积累新一轮技术创新的研究与开发资本，继续保持其技术优势，可能在输出产品、资本的同时，输出某些技术，以调整、改善本国的“NR”关系或者追求更高层次的“NR”关系。而发展中国家一般拥有较充裕的自然资源或者发达国家所需要的资源，但经济与技术都比较落后，缺少开发资源的技术，因而具有从发达国家引进技术的需求，以调整、改善本国“NR”关系不相适应的状况，使本国的资源与需求在较高层次上相互依存、相互适应。通过技术转移，不适应的“NR”关系得到调整，随着新的瓶颈不断出现，促进了又一轮技术革新与技术转移。

技术本身既是一种特殊的资源，又是促进资源的合理利用、改进资源结构和创造新资源的方法和手段。由于技术创新或者技术转移使原有的“NR”关系得到改善，而改善后的“NR”关系又会随着时间的推移和经济的发展出现新的不适应。国际间的技术创新和技术转移就在这一循环中发生，世界经济也在这一循环中得到发展。

六、中间技术理论

中间技术理论由英国经济学家舒马赫于 1973 年提出，该理论主要是从发展中国家的角度，针对发展中国家经济、技术落后，与发达国家间的经济、技术差距日益扩大的现状，提出的解决社会问题和经济问题的理论，是从发展中国家的观点看待国际技术转移的。

该理论认为，对于发展中国家来说，经济发展主要是一共完成更多工作的问题，是一个充分利用现有劳动力，使之充分就业的问题。做到这一点需要有四个基本条件，即动力、技术知识、资金、出路。作为发展中国家必须采取的一个最重要的决策就是做出技术选择。发展中国家英国优先选择劳动密集型工业，而非资本密集型工业，贫穷地区的经济发展只有立足于中间技术才能获得成果。中间技术终将是劳动密集型的，适合小企业采用，它比现有的本地技术生产率高得多，与现代工业资本高度密集的高级技术相比又便宜得多。

开发中间技术意味着真正向新的领域推进，在这个新领域内避免了因节省劳动力、取消工种而需要的巨大费用和复杂的生产方法，并且使技术适合于劳动力过剩的发展中国家。发展中间技术有三种途径：其一是从传统工业的现有技术开始，在保留现有设备、技术和工艺规程某些部分的前提下，利用先进技术知识对传统工业适当地加以改造；其二是从最先进技术一端开始，加以改革、调整以满足中间技术的要求；其三是进行实验和研究，直接效力于建立中间技术。就中间技术的适用性而言，中间技术虽不一定是普遍适用的，但还是有极其广阔的用途的。新技术固然好，但不一定适合发展中国家的具体情况与技术落后带来的限制条件。发展适用于发展中国家的中间适用技术，需要通过国际技术协作，而不仅仅是国际技术转移来实现。

第三节　实践模式

国际技术转移类型纷繁复杂，并在实践当中不断创新、发展与完善。例如按照主体原则，可以区分为企业与大学、科研院所之间的技术转移、企业与企业之间的技术转移、和大学、科研院所与大学、科研院所之间的技术转移。按照行为原则，可以划分为贸易方式、非贸易方式、超贸易方式和超非贸易方式。按照性质原则，可以划分为技术转让、委托开发、合作开发、共建实体以及衍生企业，并且随着人们在实践过程中不断地创新、发展和丰富，技术转移模式也在不断地增加。其中，以主体原则划分是比较通用和容易理解的，因此本节内容也使用此体系。

一、政府主导模式

一方面，针对一些对国家安全和对国家、地方科技—经济发展有重大意义的课题、项目，政府出面组织各方力量进行研究开发，如联合科技攻关、火炬计划等；另一方面，政府通过创造宏观体制和机制、法规、政策、金融、税收、市场竞争等宏观环境，来促进产学研合作，如工程研究中心、高新技术开发区、大学科技园等。

二、非政府主导模式

(一)跨国企业

在经济全球化的背景下，作为国际间技术转移主体的跨国公司无疑发挥着主力军的作用并日益成为影响世界经济发展和技术进步的重要力量。跨国公司在国际技术转移过程中有两种方式：其一是跨国公司在产权和控制权范围内对海外分支机构(子公司)的内部化技术转移；其二是向其他企业的外部化技术转移。

跨国企业内部化的国际技术转移主要是在其内部的海外分支机构之间进行。根据最新统计，美国跨国公司超过70%的国际技术转移收入(提成、许可和专利权)来自于它的国外分支机构；德国和日本的这一比例分别超过90%和50%。这是因为，内部化技术转移比外部化技术转移价格便宜，转移速度快。如果被转移的技术涉及面广、关联性强，跨国公司子公司比当地企业能够更有效率地转移相关技术资源。内部化技术转移方式使子公司能够获得跨国公司的广泛性技术，不仅包括静态知识，还包括组织和技能资产。由于分支机构容易从母公司获得技巧、信息、经验、静态知识和金融支持，所以子公司比当地企业在吸收和适应技术方面的成本低，从而使跨国公司分支机构比当地企业在技术学习过程面临较低的市场失败。

跨国企业的外部化国际技术转移主要包括以下五种模式：

1. 跨国并购

一个企业通过兼并其竞争对手的途径而成为巨型企业是现代经济史上一个突出现象。著名经济学家，诺贝尔奖获得者斯蒂格利茨曾说，没有一个美国大公司不是通过某种程度，某种方式的兼并而成长起来的。在近20年间，伴随着跨国公司的迅速扩张，企业并购已跨越国界，进而引发全球性的跨国并购浪潮，并对世界经济产生了不可估量的影响。这种现象在跨国企业的国际技术转移模式选择上也是非常普遍的。

2. 对外直接投资

技术优势成为跨国公司对外直接投资的前提，对外直接投资一般都与技术的转移相结合。因此，对外直接投资就成为技术转移的一种主要形式。专利使用费以及许可证使用费的收支可以作为衡量跨国公司技术国际流动的近似指标，根据跨国公司来自专利、提成费和技术许可费收入情况分析，跨国公司的技术转移正以两位数的比率增长。

3. 合作生产和合作开发研究

合作生产是指跨国公司与东道国企业根据协议，共同生产某一种产品，双方根据其生产经营优势形成合理分工，合作生产所采取的技术可以由跨国公司一方提供，也可以共同研究，共同设计，以这样方式进行的技术转移，可采取许多灵活的具体形式。以保证双方合理的利益。合作开发研究是指跨国公司为了利用东道国企业在某方面的优势一起从事设计和研究，完成某个项目的研制。在此期间，双方可以获得彼此有关的经验和技术。合作研究与发展成果为双方共同享用，专利权、版权均属双方共有。

4. 综合性技术服务

这是一种根据转移技术的复杂程度和技术需求方的技术接受能力形成的更加灵活使用的技术转移方式。这种方式可以克服转移技术引起的种种障碍，保证接受方更好地应用技术的使用权。技术援助通常的方式包括：人员培训、技术咨询服务、管理咨询服务和销售和商业服务。

5. 平台型国际技术转移服务

跨国公司的外部化国际技术转移还常常体现在各种出版物，举办技术讨论会、专题座谈会、举行会议、公布研究结果以及聘请国外专家咨询，人员交流，举办专门技术培训课程等。

(二)中小企业

在国际上，中小企业的创新活力是非常高的。由于没有跨国企业在组织结构、人力资本、市场渠道等多方面的压倒性优势，国外中小企业的支柱往往就是技术本身。因此，国外许多中小企业是国际技术转移的重要主体，其作用不可替代。不同于跨国企业，中小企业通常会选择四种国际技术转移模式。

1. 技术与企业出售(被并购)

中小企业往往是跨国公司并购的对象，在这其中当然包括其技术向购买方出售。跨国公司为了尽快占有市场，获取利润，往往会在价格上有所考虑，这对于中小企业来说是一个很好的出路，是对交易双方都有利可图的事情。

2. 许可交易

许可交易是国际技术转移的一种最常用、最主要方式，一般包括专利、专有技术和商品的许可，它是指出让方公司与接受方之间通过签订许可协议，在一定条件下允许接受方对其所拥有的技术享有使用权以及产品的制造权和销售权。事实上，在国际技术转移中，专利许可一般与专有技术转移相结合形成专利与专有技术的综合协议。

3. 技术与装备的成套转移

在出让技术时，配套所需的装备，设计与工程，这已经成为国际技术转移的重要方式之一。特别对具有一定技术能力和购买实力的国家与企业，由于成套转移是准确获得先进技术和装备的捷径，因此这种需求是很旺盛的。

4. 交钥匙项目

交钥匙项目是形象化地比喻以成套工程承包方式进行的国际技术转移。技术接受方委托技术供给方承包建设某项工程，如建设工厂或车间。技术供方承担项目的全部技术和管理工作，从工程设计到提供机器设备及设备安装调试，直到开车试验合格，最后把随时开工的工厂或车间交付技术引进方。因此，它实际是一种综合性的国际技术转移合作方式。

关于跨国企业选择的合作生产和合作开发研究，以及综合性技术服务，有实力和有客户需求的中小企业也可能会选择。

（三）高校与科研院所推动的国际技术转移

1. 直接转移及产业化延伸

这种转移模式是高校将本单位或相关单位已有技术直接转让给有需求的企业，或联合企业和专家对核心技术进行二次开发和工艺适应性工作，然后在落地企业实现产业化。该种方式也可以在国内进行相关产品或部件的加工研制，然后再销往国外，从而实现将核心技术的产业化延伸。

2. 按需转移和定向协作服务

这种模式类似于定制化服务，高校接到某一企业的技术需求，然后将该需求进行研讨论证，组织专家进行专业鉴别和判断，在可行的条件下与企业进行沟通，给出解决方案和措施，明确技术服务方向和服务点。整个过程需要充分发挥高校技术调研论证的特长，帮助客户从繁杂的信息中去伪存真，从源头上保障了客户利益，最大限度地降低国际合作的风险。

3. 联合研发

这种模式把企业和专家捆绑在一起，主要是针对技术较为成熟、行业内领先的共性技术，并持续进行后续技术跟踪和支持。并技术落地国家组建本土化的孵化、产业化基地过程中，协助开展适应性及综合性的评价等。

组建实体化联合机构。这种模式是高校与企业联合组建实体化机构，技术专家和高校相关负责部门在实体化机构中享有参与运营的权力，相应的技术产出收入归公司所有，然后按照约定进行收入分配。这种模式也符合企业的需求，可降低企业技术消化吸收及二次开发的风险。

通过其衍生企业开展国际技术转移。“衍生企业”一词在国外文献中的名称不尽相同，使用最多的还是 Spin-off Enterprise。根据《韦氏词典》，“Spin-off”在英文中有三种含义：第一，指企业把资产配置给股东，利用这些配置成立新的公司；第二，指产品和效用延伸出来；第三，从早期的工作、产品等模仿和派生出来新的事物。大学衍生企业中的“衍生”含义更接近于第三层含义。大学衍生企业在发展初期大多向大学内部的研究人员、毕业的学生以及技术转移办公室等工作人员学习，以获得企业发展最初的技术、管理知识和经验。不过，同质化的知识结构和文化环境会制约衍生企业的发展。随着企业的发展他们必须转向大学以外，特别是国际上学习与寻找潜在市场的机会。同时，由于衍生企业创始人通常来说都有较高的学历、较宏观的国际视野和较综合的文化背景，因此衍生企业日益成为高校和科研院所开展国际技术转移工作的优选模式与有力堡垒。

第四节 作用和影响

国际技术转移已成为世界范围内不同行业、不同规模企业、研究机构及政府都关注并参与的战略性选择。因此，技术创新与国际技术转移也对国家、区域经济发展，乃至国际经济关系和全球进步日益产生着巨大的影响。

一、对技术输出国的作用和影响

国际技术转移对技术输出国的积极影响主要体现在：

(1) 扩大出口。技术出口可带动设备、零部件、劳务的出口。

(2) 通过技术贸易，输出国企业走向国际，可以利用国际资源、市场，获取规模效益。

(3)通过技术转让、东道国资源开发，进口该国资源，满足国内经济发展之需。

(4) 技术贸易使出口增加，国外收益汇回本国，改善国际收支。

(5) 国际技术转移有利于扩大输出国的经济影响力，使本国处于国际分工的有利位置。

国际技术转移对技术输出国也产生一些消极的作用和影响，如：技术优势丧失、造成国内产业的竞争压力和国际贸易赤字、技术研发资源的流失等。

二、对技术输入国的作用和影响

(1)通过技术引进，输入国调整了产业结构，增强了产品品种、质量和档次，提高了自给和出口能力。

(2)进口技术优化了产业结构，加强了各部门、行业间的协调，提高专业化水平，有利于本国的人力、自然、信息资源的有效利用。

(3)促进科技文化的进步。输入国引进技术过程中，不仅提高科技和管理水平，而且开阔了视野，有助于更新观念及时吸收人类文明的新成果。

(4)输入国通过国际技术合作，提高本国与世界经济一体化程度，改善国际环境，提高本国的国际地位。

国际技术转移对技术输入国也产生一些消极的作用和影响，如：有可能使输入国处于国际分工的底层、造成输入国创新力减弱、技术引进适应性不强、引进成本过高和资源浪费，尤其是经济、科技实力较弱的国家，这些负面影响都是广泛存在的。

三、对区域发展的作用和影响

无论发达国家还是发展中国家，都不能脱离科技创新和技术提升来谋求经济的可持续发展。而国际技术转移作为科研和技术成果转化的途径，对区域经济发展的推动与促进作用呈现出越来越强劲的态势。根据国际技术转移呈现的新特征、新趋势，其对区域经济发展的促进作用主要体现在以下几个方面。

(1)促进了各国和区域的经济发展。随着微电子技术、生物工程技术、光电子技术、新材料和新能源技术的兴起和日益成熟，新科技革命已经摆脱了资源禀赋的制约，各国科技优势在国际分工中也在不断发生变化。随着技术在新的国际分工格局中转移，加速了科学技术的传播，国际技术转移迅速发展，有力地促进了各国和各地区经济的发展。无论是技术的提供方还是接受方都得到了巨大的经济效益，技术转移已成为推动经济发展的强大动力。

(2)加快了企业的技术进步。通过技术转移可以加快企业的技术进步。企业是技术进步、技术创新的主体，通过技术转移可使企业掌握并应用高技术，进而使企业建立起自主开发的技术与人才储备，从而增强企业技术进步的动力和能力，提高企业的核心竞争力。

(3)优化了区域产业结构。通过技术转移能够大大提高一个国家和一个地区产业的整体水平，推动产业的起飞与转换。通过对主导产业、优势产业进行优先技术转移，可以使主导产业真正发挥其在国民经济中的带头作用。特别是对于发展中国家的传统产业，通过技术转移实现改造，从而使传统产业焕发出新的活力。

(4)延长了技术在特定区域乃至全球的生命周期。实践证明，通过技术转移还可延长技术的生命周期。随着技术生命周期日益缩短，发达国家将在本国的已处于成熟期的技术转移到需要这些技术的国家和地区，继续发挥这些技术的作用，使供需双方都能从中得到益处，收回的成本还可继续投入新技术的研发，带动了区域乃至全球的技术进步和升级。

四、对全球化进程的作用和影响

国际技术转移使国际经济关系不断深化扩展。以技术贸易为例，1985 年贸易额为 500 亿美元，2000 年则激增至 5000 亿美元，平均 5 年翻一番。国际技术转移还深化了国际分工。20 世纪 60 年代起，劳动密集型产业转移，使国际分工转向产业内。进入 90 年代，信息技术的兴起使国际分工发展到全球范围产品内的分工。因此，国际技术转移加强了各国联系，促进了世界经济增长，加快了经济全球化。

经济全球化是全球财富再分配的过程，即在市场竞争机制作用下，国际竞争力较弱国家的财富必然会被国际竞争力较强的国家再分配。一国要想在全球化的进程中增加获利、减少损失，关键在于提高国际竞争力，成为再分配型的经济体，而不是被分配型的经济体。国际竞争力体现为经济竞争、综合国力的竞争，归根结底是一国科技能力的竞争。科技能力的竞争使得技术相对落后的国家和企业急需获得先进技术而不惜以“市场换技术”，提高其在全球市场上的核心竞争力。所有这些动机促使国际技术转移明显加快，形式不断推陈出新，如发达国家间的技术转移、跨国公司间的技术转移、战略联盟间的技术转移、外商直接投资的技术转移等。同时，通信、信息与网络技术的发展，也推动科学技术研究与开发活动的全球化。科技活动的全球化，加快了国际间的技术交流，更加快了国际间技术转移；推动世界经济真正实现全球化，使世界化零为整，成为一个统一的经济体。

经济全球化为企业国际技术转移提供了有利条件，国际技术转移借助全球化浪潮不同程度地促进世界各国产业结构不断升级，日益现代化，为经济全球化提供了强大的动力。二者相互作用有利于世界市场的进一步拓展，有利于自然资源、资金和劳动力在全球范围内的统一配置。

进入21世纪，中国经济持续快发展并日益融入全球竞争，企业对先进技术的需求愈加迫切。当前，中国已经成为国际技术转移的重要目标国家之一。特别是在金融危机之后，欧洲国家普遍缺少将新技术产业化的资金，而保持经济活力的中国恰好具有这方面优势。近年来，中国企业的国际化步伐已经显著加快，不仅是大型企业，一批具有特色创新型中小企业都在积极寻求通过国际技术转移来加快发展。国际技术转移给中国企业提供了一个与国际先进水平、先进理念、先进模式同步的机会，国际技术转移也给中国企业提供了更多商机。

延伸阅读七　《技术进出口管理条例》

第一章　总　则

第一条　为了规范技术进出口管理，维护技术进出口秩序，促进国民经济和社会发展，根据《中华人民共和国对外贸易法》(以下简称对外贸易法)及其他有关法律的有关规定，制定本条例。

第二条　本条例所称技术进出口，是指从中华人民共和国境外向中华人民共和国境内，或者从中华人民共和国境内向中华人民共和国境外，通过贸易、投资或者经济技术合作的方式转移技术的行为。

前款规定的行为包括专利权转让、专利申请权转让、专利实施许可、技术秘密转让、技术服务和其他方式的技术转移。

第三条　国家对技术进出口实行统一的管理制度，依法维护公平、自由的技术进出口秩序。

第四条　技术进出口应当符合国家的产业政策、科技政策和社会发展政策，有利于促进我国科技进步和对外经济技术合作的发展，有利于维护我国经济技术权益。

第五条　国家准许技术的自由进出口；但是，法律、行政法规另有规定的除外。

第六条　国务院对外经济贸易主管部门(以下简称国务院外经贸主管部门)依照对外贸易法和本条例的规定，负责全国的技术进出口管理工作。省、自治区、直辖市人民政府外经贸主管部门根据国务院外经贸主管部门的授权，负责本行政区域内的技术进出口管理工作。

国务院有关部门按照国务院的规定，履行技术进出口项目的有关管理职责。

第二章　技术进口管理

第七条　国家鼓励先进、适用的技术进口。

第八条　有对外贸易法第十六条规定情形之一的技术，禁止或者限制进口。

国务院外经贸主管部门会同国务院有关部门，制定、调整并公布禁止或者限制进口的技术目录。

第九条　属于禁止进口的技术，不得进口。

第十条　属于限制进口的技术，实行许可证管理；未经许可，不得进口。

第十一条　进口属于限制进口的技术，应当向国务院外经贸主管部门提出技术进口申请并附有关文件。

技术进口项目需经有关部门批准的，还应当提交有关部门的批准文件。

第十二条　国务院外经贸主管部门收到技术进口申请后，应当会同国务院有关部门对申请进行审查，并自收到申请之日起30个工作日内作出批准或者不批准的决定。

第十三条　技术进口申请经批准的，由国务院外经贸主管部门发给技术进口许可意向书。

进口经营者取得技术进口许可意向书后，可以对外签订技术进口合同。

第十四条　进口经营者签订技术进口合同后，应当向国务院外经贸主管部门提交技术进口合同副本及有关文件，申请技术进口许可证。

国务院外经贸主管部门对技术进口合同的真实性进行审查，并自收到前款规定的文件之日起10个工作日内，对技术进口作出许可或者不许可的决定。

第十五条　申请人依照本条例第十一条的规定向国务院外经贸主管部门提出技术进口申请时，可以一并提交已经签订的技术进口合同副本。

国务院外经贸主管部门应当依照本条例第十二条和第十四条的规定对申请及其技术进口合同的真实性一并进行审查，并自收到前款规定的文件之日起40个工作日内，对技术进口作出许可或者不许可的决定。

第十六条　技术进口经许可的，由国务院外经贸主管部门颁发技术进口许可证。技术进口合同自技术进口许可证颁发之日起生效。

第十七条　对属于自由进口的技术，实行合同登记管理。

进口属于自由进口的技术，合同自依法成立时生效，不以登记为合同生效的条件。

第十八条　进口属于自由进口的技术，应当向国务院外经贸主管部门办理登记，并提交下列文件：

（一）技术进口合同登记申请书；

（二）技术进口合同副本；

（三）签约双方法律地位的证明文件。

第十九条　国务院外经贸主管部门应当自收到本条例第十八条规定的文件之日起3个工作日内，对技术进口合同进行登记，颁发技术进口合同登记证。

第二十条　申请人凭技术进口许可证或者技术进口合同登记证，办理外汇、银行、税务、海关等相关手续。

第二十一条　依照本条例的规定，经许可或者登记的技术进口合同，合同的主要内容发生变更的，应当重新办理许可或者登记手续。

经许可或者登记的技术进口合同终止的，应当及时向国务院外经贸主管部门备案。

第二十二条　设立外商投资企业，外方以技术作为投资的，该技术的进口，应当按照外商投资企业设立审批的程序进行审查或者办理登记。

第二十三条 国务院外经贸主管部门和有关部门及其工作人员在履行技术进口管理职责中，对所知悉的商业秘密负有保密义务。

第二十四条 技术进口合同的让与人应当保证自己是所提供技术的合法拥有者或者有权转让、许可者。

技术进口合同的受让人按照合同约定使用让与人提供的技术，被第三方指控侵权的，受让人应当立即通知让与人；让与人接到通知后，应当协助受让人排除妨碍。

第二十五条 技术进口合同的让与人应当保证所提供的技术完整、无误、有效，能够达到约定的技术目标。

第二十六条 技术进口合同的受让人、让与人应当在合同约定的保密范围和保密期限内，对让与人提供的技术中尚未公开的秘密部分承担保密义务。

在保密期限内，承担保密义务的一方在保密技术非因自己的原因被公开后，其承担的保密义务即予终止。

第二十七条 技术进口合同期满后，技术让与人和受让人可以依照公平合理的原则，就技术的继续使用进行协商。

第三章 技术出口管理

第二十八条 国家鼓励成熟的产业化技术出口。

第二十九条 有对外贸易法第十六条规定情形之一的技术，禁止或者限制出口。

国务院外经贸主管部门会同国务院有关部门，制定、调整并公布禁止或者限制出口的技术目录。

第三十条 属于禁止出口的技术，不得出口。

第三十一条 属于限制出口的技术，实行许可证管理；未经许可，不得出口。

第三十二条 出口属于限制出口的技术，应当向国务院外经贸主管部门提出申请。

第三十三条 国务院外经贸主管部门收到技术出口申请后，应当会同国务院科技管理部门对申请出口的技术进行审查，并自收到申请之日起30个工作日内作出批准或者不批准的决定。

限制出口的技术需经有关部门进行保密审查的，按照国家有关规定执行。

第三十四条 技术出口申请经批准的，由国务院外经贸主管部门发给技术出口许可意向书。

申请人取得技术出口许可意向书后，方可对外进行实质性谈判，签订技术出口合同。

第三十五条 申请人签订技术出口合同后，应当向国务院外经贸主管部门提交下列文件，申请技术出口许可证：

(一)技术出口许可意向书；

(二)技术出口合同副本；

(三)技术资料出口清单；

(四)签约双方法律地位的证明文件。

国务院外经贸主管部门对技术出口合同的真实性进行审查，并自收到前款规定的文件之日起15个工作日内，对技术出口作出许可或者不许可的决定。

第三十六条 技术出口经许可的，由国务院外经贸主管部门颁发技术出口许可证。技术出口合同自技术出口许可证颁发之日起生效。

第三十七条 对属于自由出口的技术，实行合同登记管理。

出口属于自由出口的技术，合同自依法成立时生效，不以登记为合同生效的条件。

第三十八条 出口属于自由出口的技术，应当向国务院外经贸主管部门办理登记，并提交下列文件：

(一)技术出口合同登记申请书；

(二)技术出口合同副本；

(三)签约双方法律地位的证明文件。

第三十九条 国务院外经贸主管部门应当自收到本条例第四十条规定的文件之日起3个工作日内，对技术出口合同进行登记，颁发技术出口合同登记证。

第四十条 申请人凭技术出口许可证或者技术出口合同登记证办理外汇、银行、税务、海关等相关手续。

第四十一条 依照本条例的规定，经许可或者登记的技术出口合同，合同的主要内容发生变更的，应当重新办理许可或者登记手续。

经许可或者登记的技术出口合同终止的，应当及时向国务院外经贸主管部门备案。

第四十二条 国务院外经贸主管部门和有关部门及其工作人员在履行技术出口管理职责中，对国家秘密和所知悉的商业秘密负有保密义务。

第四十三条 出口核技术、核两用品相关技术、监控化学品生产技术、军事技术等出口管制技术的，依照有关行政法规的规定办理。

第四章 法律责任

第四十四条 进口或者出口属于禁止进出口的技术的，或者未经许可擅自进口或者出口属于限制进出口的技术的，依照刑法关于走私罪、非法经营罪、泄露国家秘密罪或者其他罪的规定，依法追究刑事责任；尚不够刑事处罚的，区别不同情况，依照海关法的有关规定处罚，或者由国务院外经贸主管部门给予警告，没收违法所得，处违法所得1倍以上5倍以下的罚款；国务院外经贸主管部门并可以撤销其对外贸易经营许可。

第四十五条 擅自超出许可的范围进口或者出口属于限制进出口的技术的，依照刑法关于非法经营罪或者其他罪的规定，依法追究刑事责任；尚不够刑事处罚的，区别不同情况，依照海关法的有关规定处罚，或者由国务院外经贸主管部门给予警告，没收违法所得，处违法所得1倍以上3倍以下的罚款；国务院外经贸主管部门并可以暂停直至撤销其对外贸易经营许可。

第四十六条 伪造、变造或者买卖技术进出口许可证或者技术进出口合同登记证的，依照刑法关于非法经营罪或者伪造、变造、买卖国家机关公文、证件、印章罪的规定，依法追究刑事责任；尚不够刑事处罚的，依照海关法的有关规定处罚；国务院外经贸主管部门并可以撤销其对外贸易经营许可。

第四十七条 以欺骗或者其他不正当手段获取技术进出口许可的，由国务院外经贸主管部门吊销其技术进出口许可证，暂停直至撤销其对外贸易经营许可。

第四十八条 以欺骗或者其他不正当手段获取技术进出口合同登记的，由国务院外经贸主管部门吊销其技术进出口合同登记证，暂停直至撤销其对外贸易经营许可。

第四十九条 技术进出口管理工作人员违反本条例的规定，泄露国家秘密或者所知悉的商业秘密的，依照刑法关于泄露国家秘密罪或者侵犯商业秘密罪的规定，依法追究刑事责任；尚不够刑事处罚的，依法给予行政处分。

第五十条 技术进出口管理工作人员滥用职权、玩忽职守或者利用职务上的便利收受、索取他人财物的，依照刑法关于滥用职权罪、玩忽职守罪、受贿罪或者其他罪的规定，依法追究刑事责任；尚不够刑事处罚的，依法给予行政处分。

第五章 附 则

第五十一条 对国务院外经贸主管部门作出的有关技术进出口的批准、许可、登记或者行政处罚决定不服的，可以依法申请行政复议，也可以依法向人民法院提起诉讼。

第五十二条 本条例公布前国务院制定的有关技术进出口管理的规定与本条例的规定不一致的，以本条例为准。

第五十三条 本条例自2002年1月1日起施行。1985年5月24日国务院发布的《中华人民共和国技术引进合同管理条例》和1987年12月30日国务院批准、1988年1月20日对外经济贸易部发布的《中华人民共和国技术引进合同管理条例施行细则》同时废止。

延伸阅读八 国外知名技术转移机构

一、美国

（一）美国联邦实验室技术转移联盟

1. 美国联邦实验室技术转移联盟的历史沿革

美国联邦实验室技术转移联盟（Federal Laboratory Consortium for Technology Transfer, FLC）是一个由700多家联邦实验室及其上级部门所组成的全国性技术转移网络组织，成立于1974年，最初的主要目的是推动国防部系统研究向工业部门和地方的转移。1986年国会通过《联邦技术转让法》要求大部分联邦政府的研究机构也加入该联合体，并正式向FLC授予特许状。FLC依据1986年《联邦技术转移法》，定位为美国国家科学基金会的组织，是一个典型的技术转移管理组织。

2. 美国联邦实验室技术转移联盟的作用与职能

FLC的宗旨是要为缔造联邦实验室技术/特长与市场需求间的联系开发策略和制造机会。它的第一个作用是为联邦机构和实验室、州与地方政府、工商企业、大学等提供一个技术转让信息与经验的交流场所。第二个作用是为潜在合作伙伴提供信息咨询。私营公司也好，州政府与地方政府也好，大学也好，他们若想利用联邦实验室的技术成果，但不知道找哪一家实验室，都可以先找FLC。第三个作用是组织有关的人士就技术转移涉及的一些复杂的政策和法律问题进行研讨，以求不断创新和完善技术转移的过程。代表企业与所确认的联邦实验室建立初步联系，并帮助企业的代表与联邦实验室的代表建立个人关系；评估企业是否需要其他相关的企业服务以支持和辅助技术转移活动；协调当地的技术及商业资源，供企业结合联邦实验室的资源的一并利用；提供有关美国联邦实验室系统、它的资源和获取手段的信息。

FLC 的主要职能是：开发和施行与技术转移有关的技术、培训课程和材料，以增强联邦实验室雇员关于实验室技术和创新商业潜力的意识；应联邦机构和实验室的请求，为他们技术转移计划的应用提供咨询和帮助；提供一个技术情报交流中心，以处理在实验室一级收到来自州和地方政府的机构、企业、产业开发组织、非营利组织(包括大学)、联邦机构和实验室以及其他个人关于技术援助的请求；促进联邦实验室的研究部门与技术应用部门之间的交流和合作；利用国家科学基金会、商务部、国家航空航天局和其他联邦机构的专门知识和服务；推动实验室采用适当的技术转移机制，如人员交流和计算机系统；帮助实验室制订利用技术志愿者向与该实验室有关的社区提供技术帮助的方案；促进联邦实验室的研究部门和技术应用部门与地区性、州和地方的技术转移组织之间的交流与合作；帮助学院或大学、企业、非营利组织、州或地方政府，或地区性组织在诸如技术项目开发、课程设计、长期研究计划、人事需求规划和生产力评估等领域中制订促进研究和鼓励技术转移的方案；在联邦实验室联盟所辖的各地区向州和地方政府的代表、大小企业、大学和其他合适的人员征求有关方案有效性的意见等。

3. 美国联邦实验室技术转移联盟的运转

FLC 的会员包括 17 个联邦机构所属的 700 多个研究开发实验室及中心，包括东北、大西洋中部、中西、中南、中部、远西等六个区域，是一个联邦实验室全国性网络，其主要的目的是提供政府技术商业化发展策略与机会。FLC 现有 700 多名成员，几乎所有雇员在 10 人以上的联邦实验室/中心及他们所隶属的联邦部门和机构都是 FLC 的成员。FLC 注重促进各个联邦实验室研究与技术应用办公室之间，以及他们与地方技术转让机构之间的交流与协调，各实验室负责技术转移的专人同时就是 FLC 驻各单位的代表。FLC 在美国联邦实验室的技术转移体制中主要提供网络整合、咨询服务、顾问咨询以及中介服务功能等。FLC 的运转经费来自给联邦实验室的预算抽成，在每一财年的一开始，各实验室划拨其预算(包括管理费用)的 0.008%用于联合体的活动经费。

(二) 以斯坦福大学为代表的 OTL 模式

长期以来，斯坦福大学技术转移采用的是第三方模式。以这种方式转移技术，自 20 世纪 50 年代初以后 15 年的时间里，斯坦福大学获得的总收入不超过 5000 美元。1968 年，斯坦福大学资助项目办公室副主任 Niels Reimers 发现学校有许多发明极具商业价值，如果学校亲自管理专利事务，即出面申请这些发明的专利，再把专利许可给企业界，将会给学校带来可观的收入。因此，工程师兼合同经理出身、并在高技术企业工作过的 Reimers 在征得校方同意后，开始了为期 1 年的试点工作。试点非常成功，当年就创收 5.5 万美元！斯坦福大学遂于 1970 年 1 月 1 日正式成立技术许可办公室(Office of Technology Licensing，OTL)，Reimers 为首任主任。截至 2000 年，OTL 从刚成立时的 2 人，扩展到 26 人；OTL 累计受理 4359 项发明披露，累计申请 1050 件美国专利，累计创造专利许可收入 4.54 亿美元，累计给予 OTL 研究激励基金(OTL Research Incentive Fund)873.4 万美元。更为重要的是，硅谷的成功和斯坦福大学在硅谷所处的重要地位，使得 Reimers 和斯坦福大学首创的 OTL 模式，引来众多大学的仿效，麻省理工学院特意向斯坦福大学请求借调 Reimers1 年，指导其毫无起色的技术转移工作，而引入 OTL 模式之后，麻省理工学院的技术转移工作很快便有了起色。因此，到 20 世纪 90 年代初，多数大学都抛弃了技术转移的第三方模式，转而采用 OTL 模式。OTL 模式现已成为当代美国大学技术转移的标准模式。

1. OTL模式的主要创新

第一，将专利营销放在工作首位。第三方模式下，大学虽设有专利办公室，但只管专利保护，专利的申请和推销都交由校外专利管理公司。OTL模式则强调大学亲自管理专利事务，并把工作重心放在专利营销上，以专利营销促专利保护。第二，工作人员均为技术经理(Technology Manager)。第三方模式下，大学专利办公室的工作人员只懂法律，知识结构单一。OTL模式下，工作人员必须既有技术背景，又懂法律、经济和管理，还要擅长谈判，因此被称为“技术经理”。技术经理只管专利营销和专利许可谈判，在决定申请专利后，专利申请的具体事宜交由校外专利律师事务所办理。第三，发明人和发明人所在院系参与分享专利许可收入。允许发明人分享收入旨在激励教师不断披露发明，并配合随后的专利申请和许可工作；而允许发明人所在院系分享收入的做法，则提升了发明人在院系中的地位和声望。

2. OTL模式下技术转移的具体操作程序

OTL有一套成熟有效的工作程序，步骤为：第一步，发明人向OTL提交“发明和技术披露表”，OTL随即记录在案，并专门交由一技术经理负责此后的全过程。第二步，技术经理在与各方接触并掌握大量信息的基础上，独立决定学校是否要将此发明申请专利；由于美国专利申请的实际费用高达上万美元，因此通常的情况是先有企业愿意接受专利许可，学校才申请专利。第三步，对于专利，学校并不待价而沽，先来的企业只要具备使该项发明商业化所需的基本条件，技术经理就与之展开专利许可谈判，签订专利许可协议。第四步，OTL负责收取和分发专利许可收入。

其间，为避免利益冲突(Conflicts of Interest)，学校规定发明人不能参加OTL与企业之间的专利许可谈判，谈判由技术经理全权代表学校，这是因为发明人往往集多重身份(教师、专利许可收入的分享者、公司顾问和公司董事)于一身。如果发明人与谈判企业之间存在关联，OTL要交研究院长(Dean of Research)和发明人所在院院长复审；如果与发明人有关联的企业最终被确定为专利许可对象，则OTL还要起草备忘录，证明该企业是经过筛选的，并建议两院长予以批准。

3. 学校的专利政策

斯坦福大学的专利政策兼具原则性和灵活性。原则性体现为学校在发明所有权的归属问题上持毫不含糊的态度：依据Bayh-Dole法案，联邦政府资助的发明所有权归大学；企业和其他机构资助下的发明，依据Bayh-Dole法案的精神，通常也归大学拥有；严格区分企业资助的研究经费与企业须缴纳的专利许可费，前者不能用来抵作后者。灵活性则体现在以利益共享为原则的专利许可收入的分配上：首先，将专利申请费、OTL的办公费用从专利许可毛收入中予以扣除，即为专利许可净收入；其次，由发明人、发明人所在院、发明人所在系三方平分专利许可净收入。

(三)美国国家技术转移中心

1. 美国国家技术转移中心(National Technology Trunsfer Center，NTTC)概况

NTTC是1989年经美国国会批准成立的国家级非营利性技术转移服务机构，有全时工作人员110名，经费主要来自航空航天局(NASA)、能源部(DOE)、联邦小企业局(SBA)等，其主要任务是将联邦政府每年拨出700多亿美元资助的国家实验室、大学等的研究成果迅速推向工业界，使之尽快成为产品，增强美国工业的竞争力。主要服务内容是技术转移“入门服务”“商业黄金”网络信息服务、专业培训服务和发行技术转移出版物服务。

NTTC总部设在Wheeling Jesuit大学校园内，它依托NASA原有的全国技术推广网络建立了6个

地区技术转移中心(南部技术应用中心；中部技术转让中心(MCTTC)；东北部技术商品化中心；大西洋技术应用中心(MTAC)；中西部大湖工业技术中心；西部区域技术转移中心)。NTTC与这些区域中心不是领导与被领导的关系，而是松散的合作关系。NTTC网络可以与全国10万多名研究人员和700多家联邦实验室取得联系，可以向全社会各行业(包括大小公司及个人)提供技术成果转移一站式增值服务，包括提供联邦实验室技术信息数据库查询和中心编写的技术竞争情报报告，利用其专家网络为客户进行技术评估和商业化战略指导，代客户测试和制作技术样机，提供电子商务的解决方案、举办各种专题的技术商业化培训班等。多数的服务是要收取一定费用的，费用多少按照服务内容具体协商。

NTTC的最主要的一种服务方式称之为“全国通”(National Gateway)。技术寻求者可得到NTTC技术访问代理人(Technology Access Agents)为其提供的技术转移咨询服务。用户只要将想要了解的技术内容告知代理人，代理人就会查询有关的数据库，与从事该项研究的实验室联系，并经常介绍技术寻求者与实验室有关的专家直接接洽。但如果用户只想概略了解联邦实验室转移的技术成果，只需上网即可获得NTTC称之为“商业黄金”的免费的电子公告板信息。

原则上，NTTC不向外国企业提供有关美国联邦实验室技术的信息，除非它是与美国的合资企业，并且美方拥有至少51%的股份或者它在美国有突出的制造业务存在。NTTC近年来利用互联网强大的连接和搜索功能，将与技术转移有关的政府和科研机构、大学和有关基金的信息，搜索整理，使技术寻求者能够很方便地找到他所需要的资料。

2. NTTC运行机制

联邦国家实验室和部分大学的技术信息登记到NTTC，NTTC通过与6个地区技术转移中心的联系以及自己的网络，寻找到合适的企业，促使企业和研究机构就技术转移问题达成合作意向，在这一过程中，NTTC的专家网络会参与技术评估的工作。NTTC在整个技术转移过程中是一个信息交换的场所，并充当了“介绍人”和“担保人”的任务。

NTTC信息服务平台是航天航空信息中心。这个中心履行各种各样的任务，包括列出技术需求清单和发送技术支持软件TSPs(Technical Support Packages)。TSPs提供NASA科技简介中公开发行的70%的新技术的详细情况。航天航空信息中心也负责技术需求信息反馈，这种信息反馈涉及4万多封信的处理和其他咨询活动。它每年要发送3万多份文件。这个办公室也是一个信息服务中心，一个帮助NASA进行技术转移并商业化的组织，同时充当其他相关机构的技术信息搜寻员。另外，航天航空信息中心技术转移办公室还负责技术调查和分析 技术转移出版物的发行；技术信息的反馈和相关机构详细的技术需求；与媒体企业和贸易相关的公共关系。

NTTC联盟的信息服务平台的另一个要素是1996年引入的一种称为TechTracS特种客户/服务数据库，它能监控全国网络范围内的技术转移活动。TechTracS是一种编制并处理那些有潜在商业前景的技术项目的方法。另外，它拥有NASA专利局下面一个管理并操作发明创造的系统。这个数据库通过一个委托服务机构与NASA的10个中心联结在一起，这该委托服务机构通过因特网与NASA华盛顿总部主要数据库服务中心保持经常性的数据交流。

作为国家级的技术转移中心，NTTC还有一个非常重要的技术服务就是“全国通”服务。如前文所述，技术寻求者将想要了解的技术内容告知代理人，代理人就会查询有关的数据库，与从事该项研究的实验室联系，并介绍技术寻求者与实验室有关的专家直接接洽。

3. NTTC 网络中的 6 个地区技术转移中心

地区技术转移中心(Regional Technology Transfer Center，RTTC)一般向其客户提供相似的关于信息技术和产业化服务。但每个 RTTC 都提供与其他 RTTC 不一样的特定的服务，并且只和一个和一些特定的 NASA 保持紧密的联系。它们在技术转移过程中与联邦实验室和当地的一些官方机构都保持紧密联系。

二、欧盟、德国、英国

(一)欧盟创新驿站(EEN)

1. 欧盟创新驿站的发展

EEN 概念起源于欧盟创新驿站网络(Innovation Relay Centre，IRC)计划，由欧盟研发信息服务委员会于 1995 年根据“创新和中小企业计划”资助而建立，是促成欧盟各国中小企业技术合作和技术转移，促进经济发展的科技中介网络，目前已经包含 80 多家创新驿站。各国创新驿站间通过内部商业公告板系统(Business Bulletin System，BBS)实现技术供需信息的共享，这些信息通过 BBS 可以被传输到创新驿站网络中的任意一个站点，克服了以往中介机构只掌握本地区技术供需信息的限制，有助于促成跨地区、跨国家的技术转移。在 2002—2006 年第六个框架计划的支持下，71 家创新驿站紧密合作，促成了 12500 个技术转移协议，帮助了 55000 个客户获得了他们所需要的技术或将其研究成果付诸实际。创新驿站极大地促进了知识的跨区域流动，其在信息技术和专业技术经纪人支持下所体现出来的跨区域技术资源高效配置作用已得到欧洲许多国家的认可。

2008 年年初，为使中小企业更方便地获取各类信息和商业支持服务，欧洲创新驿站与欧洲信息中心(EIC)合并，成立了一个覆盖面更广、服务内容更全、服务质量更高的多功能综合性创新支持网络——欧洲企业服务网络(EEN)。EEN 网络拥有 600 多个技术转让与商业支持机构，覆盖全球 48 个国家，它整合和改进了 IRC 与 EIC 的服务，可为更多的中小企业提供“一站式”解决方案。企业想了解技术信息，寻找商业合作伙伴，获取技术创新方面的建议或申

请欧盟研究资金，都能享受到 EEN 网络所提供的高效服务。

2. EEN 主要服务内容

创新驿站在帮助欧洲企业将技术需求与技术供给进行匹配中起到重要的中介作用。创新驿站网络作为创新的推进者，已经成为欧洲最领先的推进技术合作和转移的网络，尤其是在技术型中小企业之间。创新驿站的使命是支持跨欧洲的技术转移和跨国技术合作，提供一系列专业的支持中小企业获取专门技术的服务。其服务任务包括：提供有关创新活动的信息；根据地方产业、经济和社会结构的需求促进跨国技术转移；促进欧盟研究成果的跨国传播和利用；通过建立跨国合作和伙伴关系的需求和能力增强企业采纳新技术的能力；提供其他有助于促进和推动创新与跨国技术转移的关键服务。

具体服务内容包括：在创新、技术转移和成果开发方面提供咨询；对当地的科技需求做出分析；根据公司的需求提供有关信息；通过中心网络帮助寻找合作伙伴；提供欧盟和当地驿站有关促进研究成果开发和技术转移的资金支持方面的信息；提供研究成果开发和技术转移的培训；向企业提供欧盟框架计划的有关信息、帮助设计项目申请书、提供知识产权方面的帮助等。

3. EEN 运行模式

创新驿站目的是提供有效的服务以推进跨国的技术合作，这将有利于区域需要，同时也与国家

和区域的支持结构相一致。创新驿站服务的重点是保持和增强在跨国技术转移中的高水平的服务能力，也就是说高质量的服务供给。单独的创新驿站将会大量利用创新驿站网络的资源来开展工作。

这些目标部分由中央服务机构——网络秘书处(Network Secretariat)来协调完成。网络秘书处将会将单独的创新驿站纳入整个网络中，鼓励创新驿站网络中的成员，激励他们提供企业家需要的、高质量的创新导向的服务。创新驿站网络将所有欧洲国家的企业家和研究者联系起来，并提供创新的技术和一定的技术支持。创新驿站网络主要是通过散布广泛的技术供给和需求的信息，或者是通过参与技术合作方的合作洽谈来提供服务。

创新驿站提供的服务内容包括：在创新合作、技术转移和成果开发方面提供咨询；对当地的科技需求做出分析；根据公司的需求提供有关信息；通过中心网络帮助寻找合作伙伴；提供欧盟各个国家之间有关促进研究成果开发和技术转移的资金支持方面的信息；提供研究成果开发和技术转移的培训；向企业提供欧盟框架计划的有关信息、帮助设计项目申请书、提供知识产权方面的帮助等。创新驿站同样也可以各自寻找其他的方法来推进和鼓励跨国技术装移，通过某种服务模式可以直接为主要的服务对象服务，或者支持那些提供跨国技术转移服务的中介。

创新驿站提供服务主要分五个步骤，分别是走访企业、识别技术需求或技术潜力、寻找欧洲合作者、提供进一步的支持和意见、帮助签订合同。创新驿站的服务的重要价值在于其跨国性，这依赖于网络成员之间的良好的沟通。例如，创新驿站工作人员之间经常的面对面的会议，日常的电话和邮件的联系都是很重要的。但是大规模的技术信息必须快速保密的传递，这依赖于专门开发的网络设施。IRC 网站依托于欧盟研发信息服务网(Community Research & Development Information Service，CORDIS)，借助网络，创新驿站为潜在的客户、政策制定者以及其他信息搜寻者提供了通过网络提供他们所需要的信息，另外，创新驿站网络也存在一个需要密码的私人区域，这个区域只对创新驿站网络的成员开放。创新驿站内部网提供了许多对于网络很关键的工具，以方便从冰岛到以色列，从葡萄牙到爱沙尼亚的扩展联系。创新驿站内部网提供了一个平台，在这个平台上创新驿站可以代表自己的客户进行业务联系，公布技术供给或技术需求信息，在数据库中寻找技术合作方，或者通过邮件将信息有选择的传播给某些成员。

(二)德国史太白技术转移中心

史太白技术转移中心成立于 1971 年，是德国最大的技术转移服务机构，是不依赖政府的民间机构史太白基金会的子公司。经过近 40 年的发展，史太白已由一个州立的技术转移机构发展成为国际化、全方位、综合性的技术转移网络。其定位于技术转移服务组织，担当政府、学术界与工业界的联系平台，从各类型顾客的需求出发，致力于技术创新全过程的各阶段，提供全方位的服务，以顾客利益为中心工作的首要目标，力求向顾客提供高效、灵活、非官僚主义的服务。史太白具有现代组织结构，总部由理事会、委员会和董事会组成，在 54 个国家设立了 739 个分中心(其中 2007 年新设立 83 个分中心)，各分中心独立核算、自由决策。史太白在全球共聘用 1340 名员工，项目人员 2907 名，各类专家教授 762 名，收入达 1.09 亿欧元。

1. 史太白的服务领域及特色

第一，国际技术转移：向各分中心顾客提供国内外技术项目信息，构建跨区域、国界的国际技术转移平台，目前史太白已在 54 个国家设立了 739 个分中心。史太白技术转移中心最重要的作用是向中小企业提供帮助，使它们能够成功地进入未来有增长前景的市场，如亚洲或美国。史太白中心既与金融上可靠的风险协作合伙人保持联系，也与前沿研究和商务机构的国际网络建立联系。

第二，咨询服务：史太白的咨询服务是以其强大而又完备的专家网络为基础，能够根据客户的具体需求迅捷而又弹性的做出反应，找到具体领域的专家予以咨询。

第三，研究开发：新产品、新工艺和新系统的样机开发、测试、专利申请到生产实施，还有现有工艺、程序和产品的工业技术进行优化改进等。史太白技术转移中心作为研究与企业界之间的中介，有一大批在各个领域具有真知灼见的专家，可以直接向企业提供第一手的高新技术，协助企业完成技术创新。有的情况下史太白也会针对客户的研发需求，安排客户与研究院所和工业合伙人的合作，这完成得益于史太白与高校、科研机构的紧密联系。

第四，人力培训：为企业提供前沿技术的专业知识和成功管理战略的培训，培训的方式主要有：举办技术或商务课题研讨会；举办信息对话，通报最新的关键技术；对企业人员进行在职培训，提升技术专家和管理人员的业务水平；课堂培训，1998 年成立了柏林史太白大学，宗旨是培养具有创新理念并有较强实战能力的工商管理人才。特色在于学术界与工业界之间技术工艺与科学知识的相互结合与转移。

2. 运行机制

史太白经济促进基金会负责统一宣传，负责制定统一的服务原则和统一的服务标准，并通过史太白技术转移有限公司落实到各专业技术转移中心，但不干涉各专业技术转移中心的具体工作，管理扁平化。史太白经济促进基金会对各专业技术转移中心的帮助是：通过基金会得到项目和任务；与外界的合作项目由基金会承担风险；利用基金会的信誉将各领域的教授吸收为基金会成员，使其服务易被社会接受。

史太白技术转移有限公司对各专业技术转移中心负管理责任。综合性的大型项目通常由史太白技术转移有限公司组织，选择一些专业技术转移中心开展分工合作。每个史太白专业技术转移中心都是独立对外的，均可直接与委托它工作的企业进行联系，贴近客户提供服务，有很大的灵活性。各史太白专业技术转移中心紧紧依靠大学开展工作，特别是吸收了许多应用科学大学的教授。在德国，应用科学大学中的教授不仅在业务上有专长，而且实际工作经验丰富，与企业、社会的联系很紧密。

3. 德国政府的作用

在史太白技术转移中心发展过程中，政府提供了三方面支持，起到了非常重要的作用。

第一，享受税收优惠：德国《税法通则》第 51~68 条规定了非营利组织享受税收优惠的条件。

第二，拨款资助：1999 年以前，巴登符腾堡州政府每年资助史太白经济促进基金会 50 万~200 万马克，直至其能自主运行。从 1999 年起，史太白经济促进基金会放弃了州政府的资助。

第三，政府采购服务：史太白技术转移中心代表巴登符腾堡州政府负责技术转移的执行官，对申请州政府资助的项目进行评估，提供技术、经济、人员及金融可行性评估报告。

(三)英国牛津大学 Isis 科技创新公司

Isis 科技创新创立于 1987 年，是由牛津大学全资所有的技术转移公司，也是英国大学中最早开始做专业技术转移的机构之一。Isis 有 80 名员工，其中 50%以上拥有博士，25%以上拥有 MBA 学位。Isis 每年签署超过 100 项技术授权合约，共建立了超过 70 家技术公司。自 2000 年以后，这些公司共吸引的投资超过 32 亿元人民币。Isis 下辖三个业务部门，分别是：

(1)技术转移部：为牛津大学本身研发的所有技术提供专利申请和管理、技术授权和管理、公司创立孵化、种子和风险投资引入直至上市等所有技术商业化步骤链提供全程专业服务。

(2)咨询管理部：它是牛津大学组织本校专家为校内或校外机构提供专业的咨询服务的管理机构。

(3)企业部：主要进行技术商业化和创新管理的咨询机构，服务对象为牛津大学以外的任何潜在需要技术转移咨询服务的组织，包括世界范围内的公司、政府、大学、技术转移机构和基金。其中，Isis企业部是英国最为独特的国际技术转移机构，围绕在技术转移整个过程中产生的核心经验，已形成一系列完整而专业化的服务产品，例如，创新管理、知识产权评估、创新生态圈建立、技术转移培训、技术资金管理、技术搜寻评估、技术转移外包服务等。

自2005年，Isis企业部已经为超过50个国家的100多家技术转移机构提供服务。Isis于2009年在香港设立代表处并与2010年成立香港分公司，特别关注亚洲和中国的市场，目前Isis企业部在中国(包括大陆、中国台湾和香港特别行政区)、印度、新加坡、马来西亚、韩国、日本等国家，都设置了相关人员进行技术转移培训、技术转移架构咨询、技术搜寻评估、知识产权审计等商业活动。

三、亚洲

(一)日本科学技术振兴机构(JST)和日本中小企业综合事业团(JASMEC)。

公共技术转移中介机构类型里最典型的是日本科学技术振兴机构(Japan Science and Technology Agency，JST)和日本中小企业综合事业团(JASMEC)。

1. JST基本情况与工作职能

日本科学技术振兴机构是根据《独立行政法人科学技术振兴机构法》而成立的独立行政法人单位，隶属于日本文部科学省。前身是日本科学技术振兴事业团。JST最早是1957年8月成立的日本科学技术情报中心，1996年10月，根据《科学技术振兴事业团法》，将日本科学技术情报中心与1961年成立的新技术事业团合并，成立日本科学技术振兴事业团，2003年，依据2002年颁布的《独立行政法人科学技术振兴机构法》，将其改组为独立行政法人，并更名为科学技术振兴机构。

JST的工作职能除了收集信息、从事科学试验以及促进研究交流之外，此前还有一个重要的职能，就是对一些应用非常困难的新技术，委托企业实施研究开发并将之普及。同时对一些新技术的开发实行“开发斡旋”。这就是我们所说的技术中介。JST现有职员455人，机构内设信息事业本部、战略创造事业本部和企业化开发事业本部三个部门。其中企业化开发事业本部内的技术育成课、成果活用课和新规事业创出室负责上述的相关业务工作。机构总资本为5483.5亿日元(2001年)，民间出资仅占1亿日元。年度预算也主要来自政府的各类专项费用。2001年度的费用为433.08亿日元。

2. JASMEC基本情况与工作职能

JASMEC是依据《日本中小企业事业团法》，于20世纪80年代初成立的，隶属于日本经济产业省中小企业厅，属于半官方机构，现有职员935人。主要的业务部门有企业高度化推进部、创造性中小企业支援部、公济推进部等。其职能主要是为应变能力较差的日本中小企业提供技术支持和融资担保等。其中“高度化、新事业开拓促进及指导研修事业”和“风险企业综合支援事业”是该机构两项非常重要的工作，每年从政府预算中列支上百亿日元的资金。如2001年度的“新事业助成金”36亿日元，“风险企业综合支援事业”经费为12.8亿日元。

3. JST 和 JASMEC 技术转移服务形式

JST 和 JASMEC 在技术转移服务方面，主要是通过举办信息发布会、学习会以及网页等形式征集技术和用户的。作为中介机构，通过"契约"来联系技术发明者(技术所有者)和技术使用者。一般来说，中介机构的服务是有偿的，即向技术所有者收取技术转让推介费，向技术使用者收取技术使用费，收取费用的比例根据介入的深度由双方协商确定。但对于支付困难者，可以通过由技术所有者申请"研究成果展开推进费"，或由技术使用者(一般为中小企业)申请"新事业助成金"等方式获得减免，或是由 JASMEC 提供"风险事业融资担保"。日本政府在经历了数年经济衰退，以及深感其国民创业意识日趋薄弱之后，从小渊政府开始就对"创业事业"(开办新厂新店铺等)的补助给予了充分的财政支持。遇特殊情况，如技术所有者和技术使用者均为国(或公)立机构的情形，根据国家或地方政府的事业计划，经审定免收技术推介费和技术使用费。所以，日本政府对国、公立机构开办"中介"业务的要求是"五年内理顺，争取五年后盈利"。

另外，JST 也开展"委托开发"和"开发斡旋"工作。委托开发主要是承担一些事关国计民生的重大战略性基础和一些商业化较困难的新技术，这种委托主要来自国家计划而非机构本身。此时，国立机构将新技术的开发采用"委托"的形式交给企业或企业群，提供开发所必需的费用(此费用由国家财政列支)。研究开发的成果归国家所有，参与的企业在获准时享有优先使用的权利。据了解，有开发能力的一些大企业对这些国家主导的研究开发项目非常感兴趣，不仅不介意没有利益分配，而且还愿意无偿提供人力、物力、财力予以促成。因为这样可以接触到国家战略、跟踪和掌握最新的战略性基础研究技术和关键的新技术。经这种"委托"开发出来的技术，在将来的商业化实施中(参与企业优先)，使用企业将根据使用技术的程度付给技术使用费。

开发斡旋则主要用于风险比较小、离实用比较近的一些技术。中介机构站在技术所有者和实施企业之间，通过"契约"调整彼此的关系。根据技术所有者和实施企业的意愿，采用合伙、技术入股和买断等几种形式，通过协商确定各自的份额。中介机构从技术所有者手中征集"技术"，并付给"技术使用费"。然后交给开发性企业实施"实用化"或"商业化"，从开发性企业完成"实用化"或"商业化"之后的销售收入(或利润)中只提取偿还金。在此过程中，技术所有者可对作为技术使用者的开发性企业进行技术指导。由于其转化风险较小，所以成功率较高。此方式一般适用于中小企业的开业和创新。据统计，日本科技振兴事业团实施的"技术斡旋"项目每年有五六百项，大部分为产业技术项目。

(二)以色列魏兹曼科学院耶达技术转移公司

以色列虽然是个小国，而且自然资源缺乏，但拥有雄厚的人才资本，科学工程师的比例世界最高，每万名职工中有 135 人。现在，技术转移是以色列整个社会关注的一件事情，把它看作是社会进步和经济发展，特别是发展出口型工业的强力支撑。以色列高校的科研经费绝大部分(约 80%)要靠基金会、政府和工业界的支持。因此，高校很早就开始与国家层面的研究计划相结合，并与企业建立紧密的合作，寻求更多的科研经费。为实现这个目的，1952 年诞生了以色列第一家技术转移公司。目前，以色列有 6 家大型的技术转移公司，全部都设在大学校园里，实际上是大学创办的专门机构，目的是将学术成果转换成工业界的产品和服务。在以色列，设在大学里的这些技术转移公司特别积极地从事专利申请。

特别是 20 世纪 90 年代以来，政府出台了一系列促进高科技产业发展的政策和激励措施，如颁布了促进产学研结合的磁石计划和小磁石计划；修订了《鼓励产业研究开发法》，进一步推动高技术成果的转化；鼓励企业开展长期的通用技术研发活动，主要支持研发投资规模大、比例高的企业，实施通用技术研发计划；为创业者提供最初的研发条件，让其能够把自己的创新构想转化成产品，并通过这一产品吸引投资者出资组织生产，进而建立起自己的企业，实施技术孵化器计划；启动了支持高技术产业发展的风险投资等，这些措施进一步完善了国家技术创新体系，使以色列成为世界上技术创新活动最活跃的地区之一。

1. 耶达公司基本情况

耶达技术转移公司成立于1959年。魏兹曼研究院主要从事基础领域研究，耶达公司则专门负责研究成果的应用开发和技术转移。耶达公司人员与魏兹曼的科研人员保持密切联系，并持续跟踪他们的研究成果。一旦发现有商业可能的成果后，会成立专门的评估小组对该项成果进行评估，通过评估后，耶达公司负责该项成果的专利写作、申请、授权及后续所有商业化运作。耶达主要通过专利许可的方式，寻找工业伙伴来商业化研究院的科技成果，获取专利授权费用，继而支持魏兹曼研究院的基础研究。在科技成果转化过程中，耶达公司负责从实验室到市场全过程的各个产业化步骤，成为魏兹曼科学院基础技术和商业应用的中间桥梁。

2. 耶达技术转移的两种模式

第一是通过耶达公司与其他企业共同投资；第二是通过独家或非独家的形式将技术授权或许可给某一公司，甚至是非营利性的机构。对于授权，可以有不同的协议，最常见的一种就是材料转移协议，它是指通过这个协议把本来属于研究单位的这样一些产权转移到企业和工业中。技术转让部门的责任和义务则是监督这个过程，以去掉中间的一些不良的环节或者是容易出现问题的环节。因此，新研发的技术可能会通过企业赞助而得到发展。在技术转让之后，研究者和企业仍然可获得一些资讯的服务。

3. 耶达公司的三种激励机制

耶达公司主要采取三种激励机制：第一是直接投资。通过耶达公司内部资金直接对魏兹曼的科学研究进行资助，确保科学研究的正常进行，并从最开始建立对知识产权的保护；第二是政府拨款。企业和魏兹曼研究院联合起来申请政府项目，政府会从中拨款赞助，赞助额度视具体项目从66%~90%不等，并且专利永远是属于研发机构的，只是使用权被转让给了公司；第三是联合投资。耶达公司和一些对项目感兴趣的大公司联合投入基金对项目进行赞助；第四是设立的奖励基金。如果魏兹曼有的实验室发布了前沿性的研究项目，耶达就会进行奖励。在以上激励机制基础上，耶达和投资者共同分享成果转移实现的收益，技术转移收入的40%归研究者个人所有，而不是给实验室。这样就形成了一个很好的激励机制，一旦项目被商业化，耶达从中可以获取利润，科学家也可以变得非常富有。当然，也可以有一部分收益到院系、实验室，一切都在项目开展前就事先约定。

四、俄罗斯

俄罗斯在基础研究领域拥有极强的实力。近年来，俄罗斯政府对技术转移工作日益关注，并采取有效措施加强这方面的工作。近两年来相继建成了一批技术转移中心。主要有国家科学中心光学研究所建立的西北技术转移中心(圣彼得堡市)、国立大学建立的伏尔加河沿岸技术转移中心(下诺夫哥罗德市)、国立大学建立的南方技术转移中心(克拉斯诺达尔斯克市)、俄罗斯科学院西伯利亚分院建立的西伯利亚技术转移中心(新西伯利亚市)、乌拉尔冶金研究所建立的乌拉尔技术转移中心(叶卡捷林堡市)和在俄罗斯科学院切尔诺戈罗夫卡科学中心建立的中央技术转移中心(切尔诺戈罗夫卡市)等。

2003 年在俄罗斯工业科技部的提议和指下，6 个联邦大区相继成立了首批 6 个技术转移中心。

(一) 中心的定位和宗旨

每一个技术转移中心作为国家技术转移体系的重要组成部分，是独立的法人单位。由于各技术转移中心都是由数个发起单位共同出资建立的，独立的法人单位可以保证中心工作的独立性。中心有两种存在形式：中心与每个发起单位之间保持非商业性伙伴关系，但其工作并只不局限在发起单位内部，它们可以同其他任何单位和组织进行合作；或者中心在商业活动中作为一个管理公司来运作，发现有潜力的创意、技术后将其商业化，并对该项目进行管理。

中心致力于在各行业研究机构、科学院研究所和高校获取的科研成果的基础上建立新型商务，并成为连接科学和商务的桥梁。每一个中心的宗旨虽然各有侧重，但归纳起来主要有：通过对中心创新项目的财务、技术、人力等资源进行整合实施对知识产权的有效管理；增设有效渠道将有潜力的创新项目转变为灵活应对市场需求的成熟产品；为实现智力成果商业化计划提供组织、法律、财经、信息咨询等方面的配套服务。

(二) 中心的战略目标和任务

1. 中心目标

通过提供透明的、可靠的商务信息服务来评估投资者和合作伙伴在项目上的商务风险，提高自由资金市场资本使用效率；克服科学研究结果数量与得到实际商务应用的智力成果项目数量之间脱节的现象，通 过成果的商业化打造出有优势的产品。

2. 中心任务

制定创新计划并推行其实施；靠提供服务和参与实施计划获利；制定具体的监督机制；建立创新管理人才培训中心；推动全社会对创新思想认识的深化。

3. 具体工作

选和评估有商业价值的项目；市场营销研究及建立数据库；为扩大创新产品的影响和壮大创新发展体系建立信息通道；保护不同类型的知识产权和技术秘密；寻找有兴趣参与具体项目的工业企业；对智力成果进行评估；制定商务计划；寻找投资者；拟定各类协议文本及法律文件；对中心参与的所有项目计划进行管理；当企业遇到侵权和非正当竞争时给予法律协助。

4. 项目运作机制

通常一个高技术创新项目的产业化过程需要足够的资金支持、周密的商务计划，以及高素质的执行管理人员等诸多因素。完成一个创新项目一般要经过以下阶段：第一阶段是项目挑选和制定商务计划。项目持有者提出申请后，项目被列入数据库，然后编制商务计划(如：市场前景和商业化可行性、人员、场地、设备、原材料及许可文件是否具备等)。第二阶段是对项目进行分析评估并做出裁决。递交项目交登记后，由中心组织专家对项目进行综合评估。评估时考虑的主要因素包括项目完成后的经济收益、对中心其他项目是否有影响及中心在新企业中参与的形式和退出方式等。综合性评估报告主要包括以下几部分：技术部分、法律部分、市场部分、对项目开发人员的评估部分、决策部分。对项目进行评估后即可进入下一阶段。第三阶段是参与项目各方签署法律文件。法律文件一般分为两个阶段：孵化阶段和项目完成后成立新的公司阶段。在不同的阶段各方所承担的责任亦不相同。第四阶段是孵化。协议签署之后，各方参加者组成临时机构即进入正式实施阶段。

5. 国家支持

俄罗斯政府成立技术转移中心的目标是促进科研成果的商务发展。俄促进中小企业发展基金会设立了“start”专项，为创新项目的最初发展阶段提供启动资金。另外俄罗斯政府已通过新的税法，将旧税法中关于对以智力成果作为资金投入部分进行征税的条款已经被删除。

第二编

法律法规

第六章　主要相关科学技术法律

目前我国施行的和技术转移最直接相关的科学技术法律有两部，分别是 1993 年制定、施行的《中华人民共和国科学技术进步法》(简称《科学技术进步法》) 和 1996 年制定、施行的《中华人民共和国促进科技成果转化法》(简称《促进科技成果转化法》)。

第一节　科学技术进步法

一、概述

(一) 立法背景

20 世纪 90 年代，我国正处在社会主义现代化建设承前启后、继往开来的关键时期。国际形势风云变幻，经济竞争日趋激烈，新科技革命迅猛发展。制定指导和推动科技进步的基本法律，不仅是我国科技事业发展的客观需要，而且也是当代世界各国科技立法的历史潮流。据不完全统计，当时已有 30 多个国家制定了指导科学技术发展的基本法律，赋予其巨大权威和效力。这些科技立法的目的，都是为建立有利于科技、经济发展的体制，并采取强有力的法律措施，保障科技与经济、社会协调发展，以达到增强综合国力，提高国际竞争能力的目标。这深刻反映了当代世界科技经济竞争的重要特征。

党的十一届三中全会以来，我国贯彻执行"经济建设必须依靠科学技术，科技工作必须面向经济建设"的基础方针，在改革经济体制的同时，科学技术体制改革进行了成功的实践。通过实行技术合同制，开放技术市场，初步建立起技术成果商品化的市场机制；通过改革科技拨款制度，转变了科研机构的运行机制，增强了科研机构面向经济的活力和自我发展的能力；通过鼓励和引导科技以多种形式进入经济、长入经济，推动了企业、农村和整个经济建设向依靠科学技术进步转轨。在改革的推动下，我国的科技工作形成了面向经济建设主战场、高技术研究及高新技术产业的发展、加强基础性研究这三个层次的战略布局，科学技术的整体水平进一步提高。因此，制定一部科学技术基本法，时机是成熟的，条件是具备的。

1993 年 7 月 2 日，中华人民共和国第八届全国人民代表大会常务委员会第二次会议通过《科学技术进步法》，自 1993 年 10 月 1 日起施行。

(二) 修改

1993 年 10 月施行的《科学技术进步法》，对促进我国科技进步发挥了重要作用。随着经济、社会发展，我国科技进步工作一些尚未解决的问题进一步凸显出来，同时又出现一些新问题，主要是：①企业科技投入积极性不够高，企业尚未真正成为技术创新的主体；②财政性科技投入需要进一步增加，科技资源未能有效整合，科技投入特别是财政性科技投入的效益有待进一步提高；③科技人员的自主性、积极性、创造性有待进一步发挥；④科技成果转化为现实生产力不够，产学研结合不够紧密。为了从制度上解决科技进步中存在的问题，从法律上进一步明确我国科技发展战略和政策，有必要对科技进步法予以修订。

2007年12月29日第十届人民代表大会常务委员会第三十一次会议修订通过，自2008年7月1日起施行。

修订后的《科学技术进步法》分为8章：总则、科学技术研究、技术开发与科学技术应用、企业技术进步、科学技术研究开发机构、科学技术人员、保障措施、法律责任和附则，共75条。其内容比修改前更加丰富和具体。

修订后的《科学技术进步法》主要针对制约我国科技进步的制度性问题，从6个方面进行了重大修订。

——将提高自主创新能力、建设创新型国家写入法律，进一步明确我国科技发展战略和基本方针、政策。

——提出国家要制定和实施知识产权战略，建立和完善知识产权制度，把科技成果尽快转化为现实生产力，鼓励已经取得的发明专利权等知识产权能够尽快得到实施，在推动经济和社会发展方面发挥重要作用。

——规定加大对科技的投入，通过财政政策、金融政策、税收政策等，包括建立基金，动员社会力量加大科技方面的投入，推动科技更快发展。

——规定要有效配置、整合科技资源，遵循统筹规划、优化配置原则，整合和设置国家科研实验基地，建立科技资源的共享使用制度，使科技资源发挥更大作用。

——设立企业技术进步专章。提出要建立以企业为主体、市场为导向、产学研相结合的技术创新体系，充分发挥企业在技术创新中的主体作用。法律规定了多项鼓励企业自主创新的优惠措施。

——强调要调动科技工作人员的自主性、积极性、创造性，建立一种能够激励自主创新的制度，营造一个能够自由探索的学术环境、使科技工作者能够勇于承担风险的学术氛围，使科技人员能够没有任何思想负担，承担探索性强、风险高的科技项目。

二、基本原则与制度

《科学技术进步法》是我国科技工作的基本准则和科技事业发展的法律保障，是20世纪90年代和下世纪制定科学技术发展的方针、政策和法律法规的基本依据。深刻认识《科学技术进步法》所确定的基本原则并切实付诸实施，对推动我国科学繁荣、技术进步和经济发展，对加速整个社会主义现代化进程，实行中华民族的高度文明和全面进步，具有十分重要的意义。

(一) 基本原则

《科学技术进步法》规定的基本原则主要有以下六个方面。

1. 确立了科学技术是第一生产力的伟大战略思想

1978年3月18日在全国科学大会上，邓小平同志提出了“科学技术是生产力”“科技人员是工人阶级的一部分”两个重要论断，为我国制定新时期改革开放和发展的方针政策奠定了思想理论基础。十年后，邓小平同志纵观世界科技发展历史和新科技革命的大潮，提出了“科学技术是生产力，而且是第一生产力”的伟大思想。这一论断的战略性，在于它指明了依靠科技进步是我国加速现代化建设的根本途径。而科学技术进步法第一条用法律形式明确科学技术优先发展的战略地位，这必将保障我国在20世纪90年代和21世纪实现现代化建设的第二步目标并进而向第三步目标迈进。

2. 确定了“自主创新、重点跨越、支撑发展、引领未来”的科技工作指导方针

1982年党中央国务院提出的科技面向经济，经济依靠科技的战略方针。30多年的事实证明，这一方针是正确的、富有成效的，并在实践中丰富了其深刻的内涵。修订后的科学技术进步法继续做了相应阐述：“经济建设和社会发展应当依靠科学技术，科学技术进步工作应当为经济建设和社会发展服务”。在新形势下，我国提出坚持科学发展观，实施科教兴国战略，构建国家创新体系，建设创新型国家的战略目标，为此确定了科技工作指导方针，将原来的战略方针进一步丰富和发展，更具针对性和可操作性。

3. 明确了“尊重劳动、尊重知识、尊重人才、尊重创造”的基本政策

我国科技人员政策、知识分子政策的核心，即尊重知识、尊重人才。这也是党指导现代化建设事业各项政策的基点之一。《科学技术进步法》把党和国家一贯倡导的“尊重劳动、尊重知识、尊重人才、尊重创造”是中国共产党治国理政一项重大方针，把改革开放以来执行的重要政策，上升为国家的法律，将使之成为全社会遵守的行为准则和新时代的文明风尚，带来广泛的社会影响。此举有利于调动科技人员的积极性，有利于保护科技人员的合法权益。

4. 明确了鼓励科学探索和技术创新的政策

《科学技术进步法》明确规定，国家保障科学研究的自由，鼓励科学探索和技术创新，使科学技术达到世界先进水平。科学技术进步法确定鼓励科学探索和技术创新的重大原则，将以国家意志保障科学研究的自由，保障科技人员和全体公民无所畏惧地追求科学真理，保障百家争鸣、学术方针的贯彻实施，推动科学技术的繁荣和发展，促进科学技术进入经济、长入经济、促进生产力发展中心、工程技术研究中心、行业和区域技术开发中心等多种技术创新组织的发展，加速科技成果商品化、产业化、国际化的进程。

5. 确定了对科技发展规划、重大政策和重大项目实行科学决策的原则

《科学技术进步法》总结我国软科学研究的成果，提出制定科学技术规划和重大政策，确定科学技术的重大项目，与科学技术密切相关的重大项目，应当充分听取科学技术工作者的意见，实行科学决策的原则。应当根据这一规定，把科学引入决策过程，充分利用先进科学技术知识和手段，使决策成为集思广益的、有科学根据的、有法制保障的行为。

6. 明确了国家知识产权战略

国家知识产权战略是对“尊重劳动、尊重知识、尊重人才、尊重创造”基本政策的进一步落实，也是我国坚持扩大开放、积极融入全球经济的重要保障性措施。《国家知识产权战略纲要》的制定和实施，将不断完善知识产权制度，促进世界范围内的知识产权资源的有效利用，增强全社会的知识产权意识，提高知识产权的创造、管理、保护和应用能力，有利于迅速提升国家综合国力和核心竞争力，加快创新型国家建设步伐，促进我国小康社会与和谐社会建设目标的实现。

（二）基本制度

科学技术进步法规定了哪些基本制度？归纳起来，有以下五个方面。

1. 激励自主创新

（1）将财政性科技项目创造的知识产权授予承担者的制度。

为激励财政性科技基金项目、科技计划项目承担者自主创新的积极性，科学技术进步法规定：政府科技基金项目或者科技计划项目所创造的知识产权，涉及国防和其他国家安全、重大社会公共利益的，由国家拥有；其他的，授予项目承担者，由项目承担者依法运用。单位和完成该项目的科技人员因运用该知识产权产生的利益关系依照有关法律、行政法规的规定执行或者由双方约定。同时规定：为了国家利益或者重大社会公共利益的需要，国家可以运用该知识产权；项目承担者在一定期限内不运用该知识产权的，国家保留拥有该知识产权的权利。

（2）激励自主创新的政府采购制度。

参考美国、欧盟等的做法，科学技术进步法规定：对境内公民、法人或者其他组织自主创新的产品、服务或者国家需要重点扶持的产品、服务，在性能、技术等指标相同或者相近的条件下，政府采购应当优先购买；首次投放市场的，政府采购应当率先购买。政府采购的产品尚待研究开发的，采购人应当运用招标方式确定科学技术研究开发机构或者高等学校进行研究开发，并予以订购。

（3）宽容失败的制度。

自主创新需要宽松的学术环境，使科技人员敢于大胆探索。为此，科学技术进步法规定：对于探索性强、失败风险高的科研项目，原始记录证明承担项目的科技人员已经履行了勤勉尽责义务仍不能完成的，不影响该项目结题。

（4）对引进技术实行审查技术消化、吸收和再创新方案的制度。

科技进步不排除引进技术、装备，关键是对引进的技术、装备要进行消化、吸收和再创新。据此，科学技术进步法规定：利用财政性资金和国有资本引进重大技术、装备的，应当制定技术消化、吸收、再创新方案；国务院有关主管部门审批引进重大技术、装备时，应当对技术消化、吸收、再创新方案一并进行审查。

2. 促进企业成为技术创新的主体

促进科技进步，必须强化企业在技术创新中的主体地位。为此，科学技术进步法规定：国家加大财政性资金投入，并制定产业、税收、金融、政府采购等政策，鼓励、引导社会资金投入，推动全社会研发经费持续稳定增长。同时还规定了以下三方面措施：

（1）对企业加大科技投入实行优惠政策。

科学技术进步法规定，从事高新技术产品研发、生产的企业，投资于中小型高新技术企业的创业投资企业，从事技术开发、技术转让、技术咨询、技术服务，可以享受税收优惠。同时规定：按照国家有关规定，企业研究开发费用可以税前列支并加计扣除，企业研发设备可以加速折旧。

（2）为企业技术创新获得资金提供制度保障。

为了促进企业科技进步，除规定人才、科技仪器设备、信息等方面的保障制度外，科学技术进步法还为企业获得资金建立了若干制度，规定：国务院设立基金，资助中小企业开展技术创新。同时规定：国家利用财政性资金设立基金，为企业自主创新与成果产业化贷款提供贴息、担保；政策性金融机构应当在其业务范围内对国家鼓励的企业自主创新项目给予重点支持；国家建立和发展促进自主创新的资本市场，支持符合条件的高新技术企业上市；鼓励设立创业投资引导基金，对社会资金流向创业投资企业、创业投资企业投资创业企业予以引导。

(3)将创新投入纳入国有企业负责人考核范围。

科学技术进步法规定：国有企业应当建立健全有利于技术创新的分配制度，完善激励约束机制。国有企业负责人对企业的技术进步负责。对国有企业负责人的业绩考核，应当将企业的创新投入、创新能力建设、创新成效等情况纳入考核的范围。国务院有关部门和省级人民政府应当通过制定产业、财政、能源、环境保护等政策，引导、促使企业淘汰技术落后的设备、工艺，停止生产技术落后的产品。

3. 整合科技资源

科技进步需要进一步增加财政性科技投入，更需要提高投入的效益，关键是整合科技资源。为此，科学技术进步法规定：国家逐步提高科学技术经费投入的总体水平；国家财政用于科学技术资金的增长幅度，应当高于国家财政经常性收入的增长幅度，并明确了财政性科技投入的重点。同时，对科技资源整合制定了三方面措施。

(1)建立配置、整合科技资源协调机制。

为了更有效地配置、整合科技资源，科学技术进步法规定：国家建立科学技术进步工作协调机制，就国家科技基金、国家科技计划项目的设立及相互衔接，军用与民用科技资源配置中的重大事项以及相关科技计划的衔接等重大事项进行协调。

(2)建立整合科研机构和实验室制度。

科研机构和实验室是科技资源的重要组成部分。科学技术进步法规定：利用财政性资金举办科学技术研究开发机构，应当优化配置，防止重复设置；对重复设置的研究开发机构应当予以整合。同时规定：国家根据经济建设、社会进步和国家安全的需要，遵循统筹规划、优化配置的原则，整合和设置国家实验室、国家工程技术研究中心、重大科学基础设施等国家科学技术研究基地。

(3)建立科技资源的共享使用制度。

为了促进科技基础条件资源的共享使用，科学技术进步法规定：国务院科学技术主管部门应当会同国务院有关主管部门，建立科学技术研究基地和科学技术文献、科学技术数据、科学技术自然资源、科学技术普及资源等科学技术资源的信息系统，在依法保密的前提下，及时向社会公布科学技术资源的分布、运用情况。科学技术资源的管理单位应当向社会公布所管理的科学技术资源的共享使用制度以及使用情况，并根据使用制度安排使用。同时，从有利于科技资源的使用出发，草案还规定了管理单位和使用者之间的其他权利义务关系。

4. 发挥引导科技人员的自主性、积极性、创造性

从制度上保障科技人员发挥自主性、积极性、创造性，是科技进步的关键。草案除对青年科技人员的培养和科技奖励等作出规定外，还从以下四个方面作了规定。

(1)保障科技人员合法权益。

科学技术进步法规定：科学技术人员享有开展学术争鸣、竞聘岗位和获得专业技术职务或者职称、获得工资和福利、接受继续教育、依法创办或者加入科学技术社会团体的权利。并规定，所在单位和县级以上人民政府人事、科技等主管部门应当保障其权利。

(2)解决回国科技人员的特殊困难。

科学技术进步法规定：在国外工作的杰出科学技术人员回国从事科学技术研究开发工作，不受户籍限制；到利用财政性资金举办的科学技术研究开发机构、高等学校从事科学技术研究开发工作的，不受用人单位编制和工资总额的限制。外国的杰出科学技术人员到中国从事科学技术研究开发工作的，按照国家有关规定，可以依法优先获得在华永久居留权。

(3)建立科研人员的学术诚信档案。

科学技术进步法规定：科技基金项目、科技计划项目的管理机构，应当对参与项目管理和实施的科技人员建立学术诚信档案，作为对科技人员聘任专业技术职务或者职称和审批科学技术人员申请科学技术研究开发项目等的依据。

(4)要求科技人员恪守职业道德不得弄虚作假。

科学技术进步法规定：科技人员应当弘扬科学精神，遵守学术规范，恪守职业道德，提高科学技术研究开发能力；不得在科学技术活动中弄虚作假，不得参加、支持迷信活动和伪科学活动。同时，科技人员应当对所从事的科学技术研究开发活动的后果进行评估，发现对国家安全、经济、社会或者生态有不利影响的，应当中止科学技术研究开发活动，并向科学技术主管部门或者其他有关部门报告。

(5)建立现代科研院所制度。

科研院所是科技人员发挥作用的重要平台。科学技术进步法规定：政府设立的研发机构应当实行院长或者所长负责制、科学技术委员会咨询制和职工代表大会监督制等制度，并依法吸收外部专家参与管理、接受社会监督；院长或者所长的聘用应当引入竞争机制。

5. 推动产学研相结合、促进高新技术产业化

产学研相结合和高新技术产业化是加速科技成果转化为现实生产力的重要途径。为此，科学技术进步法规定：技术创新体系建设应当以企业为主体，以市场为导向，实行企业同科学技术研究开发机构、高等学校相结合。同时规定：有关科技计划项目，鼓励由企业联合研发机构、高等学校共同实施。同时还规定：鼓励企业设立内部研发机构；鼓励企业同其他企业或者研发机构、高等学校联合建立研发机构，或者以委托等方式开展科学技术研究开发。

为促进高新技术产业化，科学技术进步法除专门规定了农业技术推广、技术服务体系和推动研发与标准制定、产品设计以及产品制造相结合外，为解决高新技术产业化的资金问题，还规定：国家鼓励金融机构开展知识产权质押业务，鼓励和引导金融机构在信贷等方面支持科学技术应用和高新技术产业发展，鼓励保险机构根据高新技术产业发展的需要开发保险品种。政策性金融机构应当在其业务范围内，为科学技术应用和高新技术产业发展优先提供金融服务。

三、科学技术进步法与技术转移

技术转移是科技成果实现商品化、产业化的重要环节、主要通道，在社会分工日益细化、市场经济日趋完善的今天，技术转移往往伴随着技术交易行为，因而产生了技术市场。科学技术进步法作为我国科技工作的基本准则和科技事业发展的法律保障，涉及了内容也覆盖了技术转移工作，主要包括以下方面：

（一）关于技术市场和技术交易服务体系

《科学技术进步法》第二十七条规定："国家培育和发展技术市场，鼓励创办从事技术评估、技术经纪等活动的中介服务机构，引导建立社会化、专业化和网络化的技术交易服务体系，推动科学技术成果的推广和应用。技术交易活动应当遵循自愿、平等、互利有偿和诚实信用的原则。"这一条目在修订前的内容是"国家建立和发展技术市场，推动科学技术成果的商品化。技术贸易活动应当遵循自愿平等、互利有偿和诚实信用的原则"。可以看到，根据形势发展的需要，条目内容在更具体的层面覆盖了技术转移的整个过程和重要任务，成为技术转移工作的重要法律保障。

1. 培育和发展技术市场

技术作为一种知识形态的特殊商品，通过市场进行有偿转让，是伴随着工业化和科技发展而兴起的。技术交易活动在西方发达国家已有300多年的发展历史，建立了一系列关于技术转移和国际技术贸易的规则，为加速科学技术向现实生产力的转化、推动经济社会发展发挥了重要作用。促进科技成果商品化和产业化，培育和发展技术市场，是我国科技体制改革的重大探索和突破。它对于引入市场的竞争机制和约束机制，促进科技成果迅速转化为现实生产力，以及推动我国市场经济完善发展具有重要意义。

2. 鼓励创办相关中介服务机构

发展技术市场，离不开中介服务机构。科学技术进步法特地点明了中介服务机构从事技术评估、技术经纪等活动，第一次在综合性法律层面提出了"技术经纪"的概念，为今后推进技术经纪人的职业化、专业化奠定了基础。在技术市场上，技术经纪人是联系科技成果持有单位与应用单位特别是企业，让科技和市场有机结合的桥梁和纽带。

《科学技术进步法》第三十七条规定："国家对公共研究开发平台和科学技术中介服务机构的建设给予支持。公共研究开发平台和科学技术中介服务机构应当为中小企业的技术创新提供服务。"为落实科学技术进步法，促进技术转移，增强自主创新能力，构建与创新型国家建设目标相适应的国家技术转移体系，2007年12月，科技部、教育部和中国科学院引发了《国家技术转移促进行动实施方案》，旨在通过选择不同类型、不同发展模式的技术转移机构进行试点，扶持其发展，创建一批国家技术转移示范机构，带动技术转移机构健康发展，提升整体服务能力。

3. 引导建立技术交易服务体系

技术交易需要平台，社会化、专业化和网络化的技术交易服务体系有利于进行技术交易，推动科技成果的推广和应用。由于技术市场是一个高度专业化和信息不对称的市场，这就要求有较完善的中介服务与之配合。中介服务机构的服务功能主要体现在两个方面：一方面是通过专业分工提高效率；另一方面是规范化和规模化的信息收集和传播降低市场信息不对称。技术中介通过在技术交易的沟通、评估、谈判、建设、经营等环节起辅助、支撑作用来实现促进市场交易效率提高的功能。

《科学技术进步法》提出"引导建立"，是强调发挥市场经济的主导作用，政府主要通过政策手段对技术交易体系建设创造优良的宏观发展环境。

4. 技术交易活动应当遵循市场经济原则

技术合同是技术交易活动的具体体现，是当事人就技术开发、转让、咨询以及服务订立的确立相互之间权利和义务的合同的总称。首先，技术合同是平等主体之间的协议，合同当事人的法律地位一律平等，任何一方没有超越法律规定和合同约定的特权；其次，技术合同是调整与科技成果和知识产权密切相关的民事权利和义务关系的协议，其内容突出表现在知识产权和技术权益由谁享有、如何使用和转让以及由此产生的权益如何分享等；最后，技术合同是当事人就技术开发、技术转让、技术咨询、技术服务所达成的民事法律关系的协议，包括技术开发合同、技术转让合同、技术咨询合同和技术服务合同。

技术交易活动应当遵循自愿、平等、互利、有偿和诚实信用的原则。自愿原则既表现在当事人之间，因一方欺诈、胁迫订立的合同无效或者可以撤销；也表现在合同当事人与其他人之间，任何单位和个人不得非法干预。诚实守信原则是指在合同的订立、履行过程中，缔约人应当遵守诺言、实践成约、正当竞争，而不能规避法律和曲解合同。该原则在合同法中最典型的体现是合同法中的规定："当事人应当遵循诚实守信的原则，根据合同的性质、目的和交易习惯履行通知、协助、保密等义务。"

(二)关于科技项目所形成的知识产权的处置

《科学技术进步法》第二十条规定："利用财政性资金设立的科学技术基金项目或者科学技术计划项目所形成的发明专利权、计算机软件著作权、集成电路布图设计专有权和植物新品种权，除涉及国家安全、国家利益和重大社会公共利益的外，授权项目承担者依法取得。项目承担者应当依法实施前款规定的知识产权，同时采取保护措施，并就实施和保护情况向项目管理机构提交年度报告；在合理期限内没有实施的，国家可以无偿实施，也可以许可他人有偿实施或者无偿实施。项目承担者依法取得的本条第一款规定的知识产权，国家为了国家安全、国家利益和重大社会公共利益的需要，可以无偿实施，也可以许可他人有偿实施或者无偿实施。项目承担者因实施本条第一款规定的知识产权所产生的利益分配，依照有关法律、行政法规的规定执行；法律、行政法规没有规定的，按照约定执行。"

此条涉及政府财政经费支持的科技项目所形成的知识产权的归属和使用问题，关系科技成果向现实生产力转化的关键性因素。一方面，明确了承担单位在争创、维护科技知识产权方面的责任，强调了承担单位和科技人员在获得知识产权之后实施应用的义务；另一方面，为了调动承担单位和科技人员的积极性，明确了可对知识产权进行有偿使用和权益分配的制度安排。

此条规定在制定过程中借鉴了美国的《拜杜法案》。1980 年 12 月，美国国会推出《拜杜法案》，旨在通过专利体制促进起源于联邦经费支持的研究或开发的发明的利用，提高发明专利的商业化程度和公共利用率。联邦政府对发明专利保留三项"介入权"，可以保证如果专利权所有单位未能通过专利许可方式使某项发明商业化，联邦政府将授权别的单位继续商业化。这项法案的出台改变了政府资助的研究成果的归属权问题，对中小企业、大学和科研机构的科技创新起到了巨大的推动作用。

此条规定为解决我国科技与经济"两张皮"问题开出了"药方"，为技术转移提供了巨大的需求和广阔的前景。

(三)关于税收优惠

《科学技术进步法》第十七条规定，从事技术开发、技术转让、技术咨询、技术服务等活动的，按照国家有关规定享受税收优惠。

技术开发，主要是指科学成果或已有的新技术、新知识应用于生产实践的创造性劳动，是科学技术的独立性和科学技术与社会经济相连性的应用成果；技术转让，主要是指让与人将其所有的专利权、专利申请权、专利实施权、非专利技术等现有技术的所有权或者使用权，有偿转让给受让方的行为；技术咨询，主要是指某方面专业知识的专家或者研究机构，运用自己所拥有的知识、技术、信息，为委托方完成咨询报告，解答技术咨询，提供决策建议的智力服务行为；技术服务，主要是指一方以科学技术知识解决特定技术问题，并由接受服务的一方支付约定价款或者报酬的行为。

目前，我国对于上述技术开发、技术转让、技术咨询、技术服务等活动给予的税收优惠政策有：允许企业对技术开发费用进行所得税税前抵扣，允许企业加速研究开发仪器设备折旧，对国家需要重点扶持的高新技术企业减按15%的税率收企业所得税，对经技术市场登记的技术开发、技术转让合同免征营业税(增值税)等。

第二节 促进科技成果转化法

一、概述

(一)立法背景

改革开放以来，我国科技体制改革进行了探索实践，原有封闭的科技计划管理体制已经打破，科学与经济脱节的状况有了一定的改观，科技成果的应用、推广取得了可喜成绩，促进了我国经济发展与社会进步。但是在20世纪90年代，我国在体制、机制以及思想观念等方面还存在许多阻碍科学技术与经济结合的不利因素，科技成果转化率和科技进步贡献率依然较低，已成为我国经济发展的重大瓶颈问题。因此，为了促进科技成果转化为现实生产力，加速科学技术进步，推动经济建设和社会发展，第八届全国人民代表大会常务委员会第十九次会议于1996年5月15日通过了《促进科技成果转化法》，自当年10月1日施行。

(二)修改

《促进科技成果转化法》的实施对科技成果转化为现实生产力、推动经济社会发展发挥了积极作用。由于实践与认识上的历史限制，法律并未产生预期的影响和作用。随着经济社会的发展，我国经济体制和科技体制都发生了很大变化，原有的促进科技成果转化法已经不能适应建设创新型国家的需求，主要表现在：一是科技成果供求双方信息交流不够通畅，企业对科研机构取得的科技成果信息缺乏充分了解，影响科技成果转化。二是科研机构和科技人员的考核评价体系以及科技成果处置、收益分配机制没有充分体现科技成果转化特点，对科研机构和科技人员的考核评价存在重理论成果、轻成果运用的现象，国家设立的科研机构处置科技成果所得收益需按规定上缴财政，且审批手续烦琐，影响科研机构和科技人员积极性发挥。三是科研的组织、实施与市场需求结合不够紧密，产学研合作落实得不够好，现有科技成果与企业需求有差距，企业在科技成果转化中的主导作用发挥不够。产学研合作各类创新主体的职责和权益界定不清，不利于调动和保护产学研各方的积极性；产学研合作的技术、市场、管理等风险分担缺乏相应法律约束，影响产学研合作的深入发展和可持续推进；产学研合作的知识产权归属及利益分配缺乏明确法律规范，产学研合作成果面临的流失或被侵权风险较大；产学研合作的科技成果转化的相关法律存在冲突，影响产学研合作相关激励政策落实到位；产学研合作形式缺乏明确的标准界定，新出现的各种产学研合作组织缺乏必要的法律法规保护。四是科技成果转化服务还比较薄弱，不便于科技成果转化的实施。产业技术创新服务平台的建设缺乏顶层设计，重复建设较为普遍；行业服务功能有待进一步加强，大部分平台只是为企业提供场地、物业管理和一般的咨询服务，缺少与科技信息、知识产权、创投资金和公共技术服务平台的有效融合；优质资源基本在本地或本区域发挥作用，跨地方的资源开放和共享服务程度低；创新资源分散，难以形成创新合力。

修改促进科技成果转化法，破除科技成果转移扩散的障碍，将成熟的行之有效的创新政策、实践经验上升为稳定的制度，为科技成果转化活动中的各主体提供法律保障，非常必要。促进科技成果转化法修订工作于2013年启动，2015年8月29日，第十二届全国人民代表大会常务委员会第十六次会议表决通过了《关于修改〈中华人民共和国促进科技成果转化法〉的决定》，修改后的法律自2015年10月1日起施行。

二、基本原则与制度

促进科技成果转化法是一部关于科技成果转化工作的专门法律，凸显了科技成果转化在科技工作中的重要战略意义。其根本的目的是促进科技成果转化为现实生产力，促进科技同经济的对接、科技人员创新劳动同其利益收入对接，为科技成果转化提供制度保障。

（一）基本原则

促进科技成果转化法对于科技成果转化活动需要遵守的原则作出了规定，包括以下三个方面：

1. 科技成果转化应当面向经济建设的原则

（1）科技成果转化活动应当有利于加快实施创新驱动发展战略，促进科技与经济的结合。

创新驱动经济社会发展的第一动力。面对全球新一轮科技革命与产业变革的重大机遇和挑战，面对经济发展新常态下的趋势变化和特点，面对“两个百年”奋斗目标的历史任务和要求，必须深化体制机制改革，加快实施创新驱动发展战略。2015年3月15日，中共中央、国务院出台了《关于深化体制机制改革加快实施创新驱动发展战略的若干意见》，本法中的许多规定体现了这一文件的精神，并将其中的许多内容，用法律形式固定下来。加快实施创新驱动发展战略，要使市场在资源配置中起决定性作用和更好发挥政府作用，破除一切制约创新的思想障碍和制度藩篱，激发全社会创新活力和创造潜能，提升劳动、信息、知识、技术、管理、资本的效率和效益。

科技成果转化是科技与经济紧密结合的关键环节。科技成果转化为现实生产力，主要是促进经济和社会发展。科技与经济结合，就是使科学技术成为经济增长的源泉和动力，提供新的技术、产品和工艺，改进现有技术、产品和工艺。科学技术只有与经济相结合，为经济服务，才能真正实现它的经济价值和使用价值。本条强调促进科技与经济的结合，就是要避免科技与经济相脱节，形成“两张皮”，互相不对接。因此，要强化科技同经济对接、创新成果同产业发展对接、创新项目同市场需求对接、研发人员创新劳动同其利益收入对接，提高科技进步对经济发展的贡献度，营造大众创业、万众创新的政策环境和制度环境。

(2)有利于提高经济效益、社会效益和保护环境、合理利用资源。

有利于提高经济效益，是科技与经济相结合的具体体现。经济效益，是以尽量少的劳动耗费取得尽量多的经营成果，或者以同等的劳动耗费取得更多的经营成果，即获得的利润回报。这是因为不是所有的科技成果和新技术，都能够提高经济效益、社会效益和保护环境与资源。如有的技术，应用成本太高，甚至对社会、对环境起危害作用，资源耗费太大，甚至起破坏作用，对这类科技成果的转化，就应当受到限制，即使转化成功，也不宜应用、推广。提高经济效益，就要求产生的科技成果要有使用价值，能够提高生产力，提高经济效益对于社会发展等具有十分重要的意义。社会效益，是指科技项目实施后为社会所作的贡献，一般是指产品和服务对社会所产生的积极的后果和影响，主要表现在公众反映和社会评价体系上。社会效益是相对于经济效益而言的。科技成果要能够保护环境，不能污染环境，并且能够合理地利用资源，解决可持续发展的问题。

(3)有利于促进经济建设、社会发展和维护国家安全。

经济和社会需要发展，国家更需要安全。根据我国国家安全法的有关规定，国家安全是国家的基本利益，是一个国家处于没有危险的客观状态，也就是国家没有外部的威胁和侵害也没有内部的混乱和疾患的客观状态。当代国家安全包括 10 个方面的基本内容，即国民安全、领土安全、主权安全、政治安全、军事安全、经济安全、文化安全、科技安全、生态安全、信息安全。习总书记指出，要坚持总体国家安全观，走中国特色国家安全道路。因此，在新的形势下，本法突出强调科技成果转化要有利于经济和社会发展，也要有利于维护国家安全。

2. 科技成果转化活动尊重市场经济规律的原则

(1)应当尊重市场规律，发挥企业的主体作用。

市场规律是在市场经济中发生作用的规律，包括供求规律、竞争规律、价值规律、货币流通规律等市场经济发展的一般规律。尊重市场规律，就要求要根据科学技术活动特点，把握好科学研究的探索发现规律，为科学家潜心研究、发明创造、技术突破创造良好条件和宽松环境；把握好技术创新的市场规律，让市场成为优化配置创新资源的主要手段。让企业成为技术创新的主体力量，让知识产权制度成为激励创新的基本保障；大力营造勇于探索、鼓励创新、宽容失败的文化和社会氛围。《促进科技成果转化法》2015 年修改，专门在总则强调要发挥企业在科技成果转化中的主体作用，同时在其他条文中还有许多具体的规定，都直接体现了企业的主体地位。如第二十四条规定，对利用财政资金设立的具有市场应用前景、产业目标明确的科技项目，政府有关部门、管理机构应当发挥企业在研究开发方向选择、项目实施和成果应用中的主导作用，鼓励企业、研究开发机构、高等院校及其他组织共同实施。

(2)遵循自愿、互利、公平、诚实信用的原则，依照法律法规规定和合同约定，享有权益，承担风险。

自愿原则，是民法的基本原则之一，它是指公民、法人等任何民事主体在市场交易和民事活动中都必须遵守自愿协商的原则，都有权按照自己的真实意愿独立自主地选择、决定交易对象和交易条件，建立和变更民事法律关系，并同时尊重对方的意愿和社会公共利益，不能将自己的意志强加给对方或任何第三方。只要进行交易或其他民事活动双方的交易等行为不违反法律规定，其他任何机关、团体、个人等第三方都不能干涉。以欺诈、强迫、威胁等违背交易主体意志的不正当竞争行为，都为法律所禁止。具体是指科技成果持有者可以自主决定将科技成果进行转化，以何种方式转化、什么时间转化、转化给谁，都由当事人自愿协商，除法律另有规定外，任何组织和个人不能强迫科技成果持有人将科技成果予以转化，也不能强迫当事人接受科技成果。互利原则，是指科技成果转化应使双方都获益，也就是不能以损害对方的利益来满足自己的要求，而要兼顾双方的利益。公平原则是民法的一项基本原则，它要求当事人在民事活动中应以社会正义、公平的观念指导自己的行为、平衡各方的利益，当事人应当遵循公平原则确定各方的权利和义务。公平原则强调在市场经济中，对任何经营者都只能以市场交易规则为准则，享受公平合理的对待，既不享有特权，也不履行不公平的义务，权利与义务相一致。公平与互利二者密切联系、不可分割。公平必然要求互利，只有互利才能达到真正的、实质上的公平。诚实信用原则，是合同法的基本原则之一，是指当事人在进行科技成果转化活动时，应诚实守信，以善意的方式履行其义务，不得滥用权利及规避法律或合同规定的义务。当事人在市场活动中应讲信用，恪守诺言，诚实不欺，在追求自己利益的同时不损害他人和社会利益。诚实信用原则应当贯穿于合同订立、履行、变更、解除以及在终止的各个阶段。享有权利和承担风险都要按照法律法规和合同的约定执行。

(3)科技成果转化活动中的知识产权受法律保护。

知识产权制度是国家以法定程序和条件授予智力成果完成人在一定期间内拥有一定的独占权，并以法律手段保障这一权利不受侵犯的法律制度。知识产权制度通过对智力成果完成人民事权利的保护，体现了国家发展科技、鼓励创新、促进产业发展、保持国家竞争力的政策意志和战略目标。随着当代科学技术日新月异，高新技术及其产业迅猛发展，世界范围内的经济竞争呈现信息化、知识化和全球化趋势，知识产权保护在国家经济、社会发展和科技进步中的战略地位进一步增强，成为国家技术创新体系的重要组成部分，发挥着激励创新、规范竞争、调整利益的重要作用。科技成果转化活动中的知识产权，主要包括发明专利权、计算机软件著作权、集成电路布图设计专有权和植物新品种等，既包括科技成果本身形成的知识产权，也包括科技成果在转化过程中新形成的知识产权。知识产权受法律保护，我国现有的法律中，科学技术进步法、专利法、著作权法、合同法等都对知识产权的保护作出了具体规定，对知识产权的保护以及权属问题，可依照相关的法律规定执行。依法保护科研机构、科技人员、发明创造者的合法权益不受侵犯，依法惩处各种形式的侵犯知识产权的违法行为。

3. 科技成果转化活动的守法原则

科技成果转化活动的守法原则包括以下几个方面：一是科技成果转化活动应当遵守法律法规。这是科技成果转化活动首先要遵守的，是基本准则。不仅要遵守法律，有关科技成果转化方面有大量的法规，包括行政法规和地方性法规，这些也必须要遵守。二是维护国家利益。国家利益是最高利益，不能为了本单位或者个人的利益，不顾国家利益。例如，按照本法规定，国家为了国家安全、国家利益和重大社会公共利益的需要，可以依法组织实施或者许可他人实施相关科技成果。有些情况下国家还可以无偿实施。这种情况下，就要服务国家的利益。三是不得损害社会公共利益和他人合法权益。所谓社会公共利益，是指社会上大多数成员的利益，而不是哪一个单位、部门或者集团的利益，更不是某个个人的利益。社会公共利益具有广泛性和群众性，对公共利益的维护有利于公众的生活、生产、学习和工作，对社会公共利益的破坏将影响到广大群众的生产、生活与学习，给公众带来不便，等等。

（二）基本制度

《促进科技成果转化法》的制订和修正，紧密结合了我国科技体制改革的形势发展需要。一方面总结、吸收改革实践的经验，将之上升为法律层面；另一方面为进一步改革作出了新的制度安排，推进一批相关政策措施的出台，为促进科技成果转化创造更好的宏观环境。归结起来，有以下基本制度：

1. 科技成果转化资金投入保障制度

科技成果转化是创新链、产业链与资金链的融合，必须有资金的支持和保障。在资金支持上，政府合理安排财政投入，引导社会投入，推动科技成果转化资金投入的多元化。

（1）合理安排财政投入。

好钢用在刀刃上，政府财政资金要实现目标的准确定位和效益的最大化。为此，《促进科技成果转化法》第十条明确规定："利用财政资金设立应用类科技项目和其他相关科技项目，有关行政部门、管理机构应当改进和完善科研组织管理方式，在制定相关科技规划、计划和编制项目指南时应当听取相关行业、企业的意见；在组织实施应用类科技项目时，应当明确项目承担者的科技成果转化义务，加强知识产权管理，并将科技成果转化和知识产权创造、运用作为立项和验收的重要内容和依据。"

对于科技成果转化项目，政府可采取政府采购、研究开发资助、示范推广等方式予以支持。在项目选择上，《促进科技成果转化法》第十二条规定了六种方向：第一，能够显著提高产业技术水平、经济效益或者能够形成促进社会经济健康发展的新产业的；第二，能够显著提高国家安全能力和公共安全水平的；第三，能够合理开发和利用资源、节约能源、降低消耗以及防治环境污染、保护生态、提高应对气候变化和防灾减灾能力的；第四，能够改善民生和提高公共健康水平的；第五，能够促进现代农业或者农村经济发展的；第六，能够加快民族地区、边远地区、贫困地区社会经济发展的。

在选择政府财政支持的科技项目承担单位时，为了确保公正、公开、公平性，《促进科技成果转化法》第十五条规定："各级人民政府组织实施的重点科技成果转化项目，可以由有关部门采取公开招标的方式实施转化。"

在财政投入的使用方式上，《促进科技成果转化法》第三十三条做出了明确规定："科技成果转化财政经费，主要用于科技成果转化的引导资金、贷款贴息、补助资金和风险投资以及其他促进科技成果转化的资金用途。"

（2）鼓励金融机构加大对科技成果转化的支持。

《促进科技成果转化法》第三十五条规定："国家鼓励银行业金融机构在组织形式、管理机制、金融产品和服务等方面进行创新，鼓励开展知识产权质押贷款、股权质押贷款等贷款业务，为科技成果转化提供金融支持。国家鼓励政策性金融机构采取措施，加大对科技成果转化的金融支持。"

《促进科技成果转化法》第三十六条规定："国家鼓励保险机构开发符合科技成果转化特点的保险品种，为科技成果转化提供保险服务。"

（3）多元化融资支持。

可以采取直接融资的方式。《促进科技成果转化法》第三十七条规定："国家完善多层次资本市场，支持企业通过股权交易、依法发行股票和债券等直接融资方式为科技成果转化项目进行融资。”

可以采取创业投资的方式。《促进科技成果转化法》第三十八条规定：“国家鼓励创业投资机构投资科技成果转化项目。国家设立的创业投资引导基金，应当引导和支持创业投资机构投资初创期科技型中小企业。”

可以采取设立科技成果转化基金或者风险基金的方式。《促进科技成果转化法》第三十九条规定“国家鼓励设立科技成果转化基金或者风险基金，其资金来源由国家、地方、企业、事业单位以及其他组织或者个人提供，用于支持高投入、高风险、高产出的科技成果的转化，加速重大科技成果的产业化。”此举对于建立适应科技成果转化资金需求的投资制度，支持高投入、高风险、高产出的科技成果转化，有重要意义。

2. 科技成果转化权益保障制度

科技成果转化涉及科技成果的产生、转让、生产应用、推广等过程，国家、成果持有单位、成果受让单位、成果应用单位以及科技人员等各方面利益交织在一起，通过合理的制度安排处理和平衡好各方面的关系，是关系科技成果转化成败、效果的关键。

（1）国家权益的保障。

《促进科技成果转化法》第六条规定：“国家鼓励科技成果首先在中国境内实施。中国单位或者个人向境外的组织、个人转让或者许可其实施科技成果的，应当遵守相关法律、行政法规以及国家有关规定。”在国内产生科技成果首先应让国家、人民受惠，国家创造各方面的便利条件鼓励科技成果在境内的实施。这是国家利益、人民利益高于一切的具体体现。

《促进科技成果转化法》第七条规定：“国家为了国家安全、国家利益和重大社会公共利益的需要，可以依法组织实施或者许可他人实施相关科技成果。”国家实施制度是为了防止科技成果发明人对其成果进行不适当的垄断，但是不表明国家都可以无偿取得成果。科技成果国家实施后只能用于非商业目的。

（2）国有单位的权益保障。

《促进科技成果转化法》第十八条规定：“国家设立的研究开发机构、高等院校对其持有的科技成果，可以自主决定转让、许可或者作价投资，但应当通过协议定价、在技术交易市场挂牌交易、拍卖等方式确定价格。通过协议定价的，应当在本单位公示科技成果名称和拟交易价格。”本条授予国家设立的研究开发机构和高等院校科技成果转化自主权，单位可以自主决定通过转让、许可或作价投资等方式进行转化，无需财政部门和主管部门审批和备案。同时规定，技术转移应采取市场化定价方式，如协议定价、在技术交易市场挂牌交易、拍卖等方式。科技成果处置权下放是促进科技成果转化试点改革的一项重要内容。

《促进科技成果转化法》第四十三条规定：“国家设立的研究开发机构、高等院校转化科技成果所获得的收入全部留归本单位，在对完成、转化职务科技成果做出重要贡献的人员给予奖励和报酬后，主要用于科学技术研究开发与成果转化等相关工作。”该条对科技成果收益管理进行重大改革，由以前的科技成果转化收入归国家所有、应当全部或部分上缴国库，修改为全部留归单位，调动实施科技成果转化的积极性、主动性。

（3）合作转化的权益保障。

《促进科技成果转化法》第四十条规定：“科技成果完成单位与其他单位合作进行科技成果转化

的，应当依法由合同约定该科技成果有关权益的归属。合同未作约定的，按照下列原则办理：第一，在合作转化中无新的发明创造的，该科技成果的权益，归该科技成果完成单位；第二，在合作转化中产生新的发明创造的，该新发明创造的权益归合作各方共有；第三，对合作转化中产生的科技成果，各方都有实施该项科技成果的权利，转让该科技成果应经合作各方同意。”

（4）科技人员的权益保障。

科技成果的获得以及应用，主要依靠参与科技人员的智力劳动。为此，调动和保护科技人员的积极性，是《促进科技成果转化法》的重要关注点。前述第四十三条已标明：“对完成、转化职务科技成果做出重要贡献的人员给予奖励和报酬。”在此基础上，又专门设立第四十四条，规定：“职务科技成果转化后，由科技成果完成单位对完成、转化该项科技成果做出重要贡献的人员给予奖励和报酬。”

专门设立第四十五条，规定：“科技成果完成单位未规定、也未与科技人员约定奖励和报酬的方式和数额的，按照下列标准对完成、转化职务科技成果做出重要贡献的人员给予奖励和报酬：第一，将该项职务科技成果转让、许可给他人实施的，从该项科技成果转让净收入或者许可净收入中提取不低于百分之五十的比例；第二，利用该项职务科技成果作价投资的，从该项科技成果形成的股份或者出资比例中提取不低于百分之五十的比例；第三，将该项职务科技成果自行实施或者与他人合作实施的，应当在实施转化成功投产后连续三至五年，每年从实施该项科技成果的营业利润中提取不低于百分之五的比例。国家设立的研究开发机构、高等院校规定或者与科技人员约定奖励和报酬的方式和数额应当符合前款第一项至第三项规定的标准。国有企业、事业单位依照本法规定对完成、转化职务科技成果做出重要贡献的人员给予奖励和报酬的支出计入当年本单位工资总额，但不受当年本单位工资总额限制、不纳入本单位工资总额基数。”

3. 科技成果转化相关管理制度

（1）科技成果信息发布制度。

《促进科技成果转化法》第十一条规定：“国家建立、完善科技报告制度和科技成果信息系统，向社会公布科技项目实施情况以及科技成果和相关知识产权信息，提供科技成果信息查询、筛选等公益服务。公布有关信息不得泄露国家秘密和商业秘密。对不予公布的信息，有关部门应当及时告知相关科技项目承担者。”加大信息公开力度，可以进一步增进社会公众对科技成果的了解，推进科技成果转化工作。

（2）科技成果标准化制度。

《促进科技成果转化法》第十四条规定：“国家加强标准制定工作，对新技术、新工艺、新材料、新产品依法及时制定国家标准、行业标准，积极参与国际标准的制定，推动先进适用技术推广和应用。国家建立有效的军民科技成果相互转化体系，完善国防科技协同创新体制机制。军品科研生产应当依法优先采用先进适用的民用标准，推动军用、民用技术相互转移、转化。”本条规定主要是考虑到科技创新需要技术标准支撑，制定和实施技术标准，本质上就是推进科技成果转化。

（3）科技成果转化绩效考核评价制度。

《促进科技成果转化法》第二十条规定：“研究开发机构、高等院校的主管部门以及财政、科学技术等相关行政部门应当建立有利于促进科技成果转化的绩效考核评价体系，将科技成果转化情况作为对相关单位及人员评价、科研资金支持的重要内容和依据之一，并对科技成果转化绩效突出的相关单位及人员加大科研资金支持。国家设立的研究开发机构、高等院校应当建立符合科技成果转化工作特点的职称评定、岗位管理和考核评价制度，完善收入分配激励约束机制。”

(4)科技成果转化年度报告制度。

《促进科技成果转化法》第二十一条规定：“国家设立的研究开发机构、高等院校应当向其主管部门提交科技成果转化情况年度报告，说明本单位依法取得的科技成果数量、实施转化情况以及相关收入分配情况，该主管部门应当按照规定将科技成果转化情况年度报告报送财政、科学技术等相关行政部门。”

(5)促进科技人员流动制度。

《促进科技成果转化法》第二十七条规定：“国家鼓励研究开发机构、高等院校与企业及其他组织开展科技人员交流，根据专业特点、行业领域技术发展需要，聘请企业及其他组织的科技人员兼职从事教学和科研工作，支持本单位的科技人员到企业及其他组织从事科技成果转化活动。”

(6)单位技术秘密保护制度。

《促进科技成果转化法》第四十二条规定：“ 企业、事业单位应当建立健全技术秘密保护制度，保护本单位的技术秘密。职工应当遵守本单位的技术秘密保护制度。”在工作中，企业、事业单位可以与有关人员签订保密协议。职务科技成果的使用权和转让权属于单位，职工个人无权处分，不得将职务科技成果擅自转让或者变相转让。

《促进科技成果转化法》第四十一条规定：“科技成果完成单位与其他单位合作进行科技成果转化的，合作各方应当就保守技术秘密达成协议；当事人不得违反协议或者违反权利人有关保守技术秘密的要求，披露、允许他人使用该技术。”

4. 建立产学研合作长效机制

《促进科技成果转化法》第二十六条规定：“国家鼓励企业与研究开发机构、高等院校及其他组织采取联合建立研究开发平台、技术转移机构或者技术创新联盟等产学研合作方式，共同开展研究开发、成果应用与推广、标准研究与制定等活动。”

《促进科技成果转化法》第二十八条规定：“国家支持企业与研究开发机构、高等院校、职业院校及培训机构联合建立学生实习实践培训基地和研究生科研实践工作机构，共同培养专业技术人才和高技能人才。”

5. 科技成果转化税收优惠制度

《促进科技成果转化法》第三十四条规定：“国家依照有关税收法律、行政法规规定对科技成果转化活动实行税收优惠。”

对科技成果转化实施税收优惠政策，是国家对征税对象在一定条件下给予鼓励和照顾的一种特殊政策，是培育新的经济增长点、涵养税源、增加财政收入的需要。科技成果转化为现实生产力乃至产生更大的经济效益需要有一个过程，在一定期限内给予税收优惠政策的扶持实为必要。我国对科技成果转化给予税收优惠，已经实施近 30 年。本条的规定，为今后税收优惠政策的继续实行，提供了法律依据。

目前，我国对科技成果转化的税收优惠政策基本上是按照创新链条的各个环节来实施的，从高校、科研机构技术转移，到孵化器技术熟化，再到创业投资的科技金融支持，最后到企业的应用和市场推广等，同时包括对科技成果转化人才的股权激励相关税收优惠政策。但有些政策规定时间较早，不适合新形势的发展；有些政策普惠性差，政策效力很难保证；也有些政策是临时性政策，目前已经到期，需要研究予以调整完善。

三、科技成果转化法与技术转移

技术转移是科技成果转化的一个重要途径，促进科技成果转化法中有许多内容与技术转移直接相关或密切相关。总的来看，直接相关的包含以下方面：

1. 国家培育和发展技术市场，鼓励创办科技中介服务机构

《促进科技成果转化法》第三十条规定："国家培育和发展技术市场，鼓励创办科技中介服务机构，为技术交易提供交易场所、信息平台以及信息检索、加工与分析、评估、经纪等服务。科技中介服务机构提供服务，应当遵循公正、客观的原则，不得提供虚假的信息和证明，对其在服务过程中知悉的国家秘密和当事人的商业秘密负有保密义务。"

随着社会主义市场经济体制的建立和完善，培育和发展技术市场对于发挥市场机制作用、促进科技成果转化具有重要意义，同时也面临着许多新的挑战。技术市场的政策设计上主要是鼓励技术输出放供给技术，而鼓励技术输入方采用新技术、新工艺的规定较少，相应的优惠和配套政策也不尽完备，难以调动用户的积极性；另外，对于技术转让的税收优惠政策需要进一步完善，技术转让所得税优惠的范围仍然较窄。

科技服务机构对于科技成果转化的成功，具有重要的支撑、保障作用。本条对科技中介服务机构的服务内容做了较详细的规定，同时明确了科技中介服务机构的义务。对为技术交易提供交易场所、信息平台以及信息检索、加工与分析、评估、经纪等服务等方面内容的概述，不仅提出了科技中介服务机构的重点任务，而且明确了专业化的发展方向。2014 年国务院发布《关于加快科技服务业发展的若干意见》提出，总体上我国科技服务业仍处于发展初期，存在着市场主体发育不健全、专业化程度不高、高端服务业态较少、缺乏知名品牌、复合型人才缺乏等问题，需要国家进一步加强引导，提高其专业化服务水平。

2. 鼓励研究开发机构、高等院校通过技术转移方式开展科技成果转化

《促进科技成果转化法》第十七条规定："国家鼓励研究开发机构、高等院校采取转让、许可或者作价投资等方式，向企业或者其他组织转移科技成果。国家设立的研究开发机构、高等院校应当加强对科技成果转化的管理、组织和协调，促进科技成果转化队伍建设，优化科技成果转化流程，通过本单位负责技术转移工作的机构或者委托独立的科技成果转化服务机构开展技术转移。"

《促进科技成果转化法》第十八条规定："国家设立的研究开发机构、高等院校对其持有的科技成果，可以自主决定转让、许可或者作价投资，但应当通过协议定价、在技术交易市场挂牌交易、拍卖等方式确定价格。通过协议定价的，应当在本单位公示科技成果名称和拟交易价格。"

我国大量的科技成果产生并沉淀于科研院所和高等院校，他们承担着科技成果转化的历史重任。因此，《促进科技成果转化法》特地授予国家设立的研究开发机构和高等院校科技成果转化自主权，单位可以自主决定转化方式，而无需财政部门和主管部门审批和备案。过去，在成果转让、作价出资过程中，审批程序过于烦琐，导致科研单位成果转化积极性降低。把科技成果的使用权、处置权充分赋予单位，可以使他们能够根据市场需求和单位情况，自主地开展科技成果转化活动。当

然，单位拥有科技成果的使用权、处置权，应采取市场化方式确定科技成果交易价格，相关的交易方式要做到公平、公正、公开。法律明确规定国有单位可以设立负责技术转移的机构，或者委托独立的科技成果转化服务机构开展技术转移，体现了对技术转移工作的重视，为技术市场构建了组织体系。

3. 鼓励企业利用科技中介服务机构开展科技成果转化

《促进科技成果转化法》第二十二条规定："企业为采用新技术、新工艺、新材料和生产新产品，可以自行发布信息或者委托科技中介服务机构征集其所需的科技成果，或者征寻科技成果转化的合作者。"

《促进科技成果转化法》第二十六条规定："国家鼓励企业与研究开发机构、高等院校及其他组织采取联合建立研究开发平台、技术转移机构或者技术创新联盟等产学研合作方式，共同开展研究开发、成果应用与推广、标准研究与制定等活动。"

科技中介服务机构是我国科技服务业发展的重要支撑力量，也是科技成果转化的桥梁和纽带。无论在信息收集、整理、技术咨询还是在技术交易服务等方面，他们因其专业性、系统性和综合性起到不可或缺的作用。

4. 推动军用、民用技术相互转移、转化

《促进科技成果转化法》第十四条规定："国家建立有效的军民科技成果相互转化体系，完善国防科技协同创新体制机制。军品科研生产应当依法优先采用先进适用的民用标准，推动军用、民用技术相互转移、转化。"

建立有效的军民科技成果相互转化体系势在必行。我国已经明确将军民融合发展上升为国家战略，这是我们长期探索经济建设和国防建设协调发展规律的重大成果，是从国家安全和发展战略全局出发作出的重大决策。促进军民科技成果相互转化，应加强军民结合的统筹和协调，改革军民分离的科技管理体制，建立军民结合的新的科技管理体制，完善国防科技协同创新体制机制。鼓励军口科研机构承担民用科技任务，国防研究开发工作向民口科研机构和企业开放，扩大军品采购向民口科研机构和企业采购的范围。保障非军工科研企事业单位平等参与军事装备科研和生产的竞争，建立军民有效互动的协作机制，实现军用产品与民用产品研制生产的协调，促进军民科技各环节的有机结合。在保证军事目标需要的情况下，重点是推动军品科研生产优先采用先进适用的民用标准。

延伸阅读九 《中华人民共和国科学技术进步法》

第一章 总则

第一条 为了促进科学技术进步，发挥科学技术第一生产力的作用，促进科学技术成果向现实生产力转化，推动科学技术为经济建设和社会发展服务，根据宪法，制定本法。

第二条 国家坚持科学发展观，实施科教兴国战略，实行自主创新、重点跨越、支撑发展、引领未来的科学技术工作指导方针，构建国家创新体系，建设创新型国家。

第三条 国家保障科学技术研究开发的自由，鼓励科学探索和技术创新，保护科学技术人员的合法权益。

全社会都应当尊重劳动、尊重知识、尊重人才、尊重创造。

学校及其他教育机构应当坚持理论联系实际，注重培养受教育者的独立思考能力、实践能力、创新能力，以及追求真理、崇尚创新、实事求是的科学精神。

第四条　经济建设和社会发展应当依靠科学技术，科学技术进步工作应当为经济建设和社会发展服务。

国家鼓励科学技术研究开发，推动应用科学技术改造传统产业、发展高新技术产业和社会事业。

第五条　国家发展科学技术普及事业，普及科学技术知识，提高全体公民的科学文化素质。

国家鼓励机关、企业事业组织、社会团体和公民参与和支持科学技术进步活动。

第六条　国家鼓励科学技术研究开发与高等教育、产业发展相结合，鼓励自然科学与人文社会科学交叉融合和相互促进。

国家加强跨地区、跨行业和跨领域的科学技术合作，扶持民族地区、边远地区、贫困地区的科学技术进步。

国家加强军用与民用科学技术计划的衔接与协调，促进军用与民用科学技术资源、技术开发需求的互通交流和技术双向转移，发展军民两用技术。

第七条　国家制定和实施知识产权战略，建立和完善知识产权制度，营造尊重知识产权的社会环境，依法保护知识产权，激励自主创新。

企业事业组织和科学技术人员应当增强知识产权意识，增强自主创新能力，提高运用、保护和管理知识产权的能力。

第八条　国家建立和完善有利于自主创新的科学技术评价制度。

科学技术评价制度应当根据不同科学技术活动的特点，按照公平、公正、公开的原则，实行分类评价。

第九条　国家加大财政性资金投入，并制定产业、税收、金融、政府采购等政策，鼓励、引导社会资金投入，推动全社会科学技术研究开发经费持续稳定增长。

第十条　国务院领导全国科学技术进步工作，制定科学技术发展规划，确定国家科学技术重大项目、与科学技术密切相关的重大项目，保障科学技术进步与经济建设和社会发展相协调。

地方各级人民政府应当采取有效措施，推进科学技术进步。

第十一条　国务院科学技术行政部门负责全国科学技术进步工作的宏观管理和统筹协调；国务院其他有关部门在各自的职责范围内，负责有关的科学技术进步工作。

县级以上地方人民政府科学技术行政部门负责本行政区域的科学技术进步工作；县级以上地方人民政府其他有关部门在各自的职责范围内，负责有关的科学技术进步工作。

第十二条　国家建立科学技术进步工作协调机制，研究科学技术进步工作中的重大问题，协调国家科学技术基金和国家科学技术计划项目的设立及相互衔接，协调军用与民用科学技术资源配置、科学技术研究开发机构的整合以及科学技术研究开发与高等教育、产业发展相结合等重大事项。

第十三条　国家完善科学技术决策的规则和程序，建立规范的咨询和决策机制，推进决策的科学化、民主化。

制定科学技术发展规划和重大政策，确定科学技术的重大项目、与科学技术密切相关的重大项目，应当充分听取科学技术人员的意见，实行科学决策。

第十四条　中华人民共和国政府发展同外国政府、国际组织之间的科学技术合作与交流，鼓励科学技术研究开发机构、高等学校、科学技术人员、科学技术社会团体和企业事业组织依法开展国际科学技术合作与交流。

第十五条　国家建立科学技术奖励制度，对在科学技术进步活动中做出重要贡献的组织和个人给予奖励。具体办法由国务院规定。

国家鼓励国内外的组织或者个人设立科学技术奖项，对科学技术进步给予奖励。

第二章　科学研究、技术开发与科学技术应用

第十六条　国家设立自然科学基金，资助基础研究和科学前沿探索，培养科学技术人才。

国家设立科技型中小企业创新基金，资助中小企业开展技术创新。

国家在必要时可以设立其他基金，资助科学技术进步活动。

第十七条　从事下列活动的，按照国家有关规定享受税收优惠：

(一)从事技术开发、技术转让、技术咨询、技术服务；

(二)进口国内不能生产或者性能不能满足需要的科学研究或者技术开发用品；

(三)为实施国家重大科学技术专项、国家科学技术计划重大项目，进口国内不能生产的关键设备、原材料或者零部件；

(四)法律、国家有关规定规定的其他科学研究、技术开发与科学技术应用活动。

第十八条　国家鼓励金融机构开展知识产权质押业务，鼓励和引导金融机构在信贷等方面支持科学技术应用和高新技术产业发展，鼓励保险机构根据高新技术产业发展的需要开发保险品种。

政策性金融机构应当在其业务范围内，为科学技术应用和高新技术产业发展优先提供金融服务。

第十九条　国家遵循科学技术活动服务国家目标与鼓励自由探索相结合的原则，超前部署和发展基础研究、前沿技术研究和社会公益性技术研究，支持基础研究、前沿技术研究和社会公益性技术研究持续、稳定发展。

科学技术研究开发机构、高等学校、企业事业组织和公民有权依法自主选择课题，从事基础研究、前沿技术研究和社会公益性技术研究。

第二十条　利用财政性资金设立的科学技术基金项目或者科学技术计划项目所形成的发明专利权、计算机软件著作权、集成电路布图设计专有权和植物新品种权，除涉及国家安全、国家利益和重大社会公共利益的外，授权项目承担者依法取得。

项目承担者应当依法实施前款规定的知识产权，同时采取保护措施，并就实施和保护情况向项目管理机构提交年度报告；在合理期限内没有实施的，国家可以无偿实施，也可以许可他人有偿实施或者无偿实施。

项目承担者依法取得的本条第一款规定的知识产权，国家为了国家安全、国家利益和重大社会公共利益的需要，可以无偿实施，也可以许可他人有偿实施或者无偿实施。

项目承担者因实施本条第一款规定的知识产权所产生的利益分配，依照有关法律、行政法规的规定执行；法律、行政法规没有规定的，按照约定执行。

第二十一条　国家鼓励利用财政性资金设立的科学技术基金项目或者科学技术计划项目所形成的知识产权首先在境内使用。

前款规定的知识产权向境外的组织或者个人转让或者许可境外的组织或者个人独占实施的，应当经项目管理机构批准；法律、行政法规对批准机构另有规定的，依照其规定。

第二十二条　国家鼓励根据国家的产业政策和技术政策引进国外先进技术、装备。

利用财政性资金和国有资本引进重大技术、装备的，应当进行技术消化、吸收和再创新。

第二十三条　国家鼓励和支持农业科学技术的基础研究和应用研究，传播和普及农业科学技术知识，加快农业科学技术成果转化和产业化，促进农业科学技术进步。

县级以上人民政府应当采取措施，支持公益性农业科学技术研究开发机构和农业技术推广机构进行农业新品种、新技术的研究开发和应用。

地方各级人民政府应当鼓励和引导农村群众性科学技术组织为种植业、林业、畜牧业、渔业等的发展提供科学技术服务，对农民进行科学技术培训。

第二十四条　国务院可以根据需要批准建立国家高新技术产业开发区，并对国家高新技术产业开发区的建设、发展给予引导和扶持，使其形成特色和优势，发挥集聚效应。

第二十五条　对境内公民、法人或者其他组织自主创新的产品、服务或者国家需要重点扶持的产品、服务，在性能、技术等指标能够满足政府采购需求的条件下，政府采购应当购买；首次投放市场的，政府采购应当率先购买。

政府采购的产品尚待研究开发的，采购人应当运用招标方式确定科学技术研究开发机构、高等学校或者企业进行研究开发，并予以订购。

第二十六条　国家推动科学技术研究开发与产品、服务标准制定相结合，科学技术研究开发与产品设计、制造相结合；引导科学技术研究开发机构、高等学校、企业共同推进国家重大技术创新产品、服务标准的研究、制定和依法采用。

第二十七条　国家培育和发展技术市场，鼓励创办从事技术评估、技术经纪等活动的中介服务机构，引导建立社会化、专业化和网络化的技术交易服务体系，推动科学技术成果的推广和应用。

技术交易活动应当遵循自愿、平等、互利有偿和诚实信用的原则。

第二十八条　国家实行科学技术保密制度，保护涉及国家安全和利益的科学技术秘密。

国家实行珍贵、稀有、濒危的生物种质资源、遗传资源等科学技术资源出境管理制度。

第二十九条　国家禁止危害国家安全、损害社会公共利益、危害人体健康、违反伦理道德的科学技术研究开发活动。

第三章　企业技术进步

第三十条　国家建立以企业为主体，以市场为导向，企业同科学技术研究开发机构、高等学校相结合的技术创新体系，引导和扶持企业技术创新活动，发挥企业在技术创新中的主体作用。

第三十一条　县级以上人民政府及其有关部门制定的与产业发展相关的科学技术计划，应当体现产业发展的需求。

县级以上人民政府及其有关部门确定科学技术计划项目，应当鼓励企业参与实施和平等竞争；对具有明确市场应用前景的项目，应当鼓励企业联合科学技术研究开发机构、高等学校共同实施。

第三十二条　国家鼓励企业开展下列活动：

（一）设立内部科学技术研究开发机构；

（二）同其他企业或者科学技术研究开发机构、高等学校联合建立科学技术研究开发机构，或者以委托等方式开展科学技术研究开发；

（三）培养、吸引和使用科学技术人员；

（四）同科学技术研究开发机构、高等学校、职业院校或者培训机构联合培养专业技术人才和高技能人才，吸引高等学校毕业生到企业工作；

（五）依法设立博士后工作站；

（六）结合技术创新和职工技能培训，开展科学技术普及活动，设立向公众开放的普及科学技术的场馆或者设施。

第三十三条　国家鼓励企业增加研究开发和技术创新的投入，自主确立研究开发课题，开展技术创新活动。

国家鼓励企业对引进技术进行消化、吸收和再创新。

企业开发新技术、新产品、新工艺发生的研究开发费用可以按照国家有关规定，税前列支并加计扣除，企业科学技术研究开发仪器、设备可以加速折旧。

第三十四条　国家利用财政性资金设立基金，为企业自主创新与成果产业化贷款提供贴息、担保。

政策性金融机构应当在其业务范围内对国家鼓励的企业自主创新项目给予重点支持。

第三十五条　国家完善资本市场，建立健全促进自主创新的机制，支持符合条件的高新技术企业利用资本市场推动自身发展。

国家鼓励设立创业投资引导基金，引导社会资金流向创业投资企业，对企业的创业发展给予支持。

第三十六条　下列企业按照国家有关规定享受税收优惠：

（一）从事高新技术产品研究开发、生产的企业；

（二）投资于中小型高新技术企业的创业投资企业；

（三）法律、行政法规规定的与科学技术进步有关的其他企业。

第三十七条　国家对公共研究开发平台和科学技术中介服务机构的建设给予支持。

公共研究开发平台和科学技术中介服务机构应当为中小企业的技术创新提供服务。

第三十八条　国家依法保护企业研究开发所取得的知识产权。

企业应当不断提高运用、保护和管理知识产权的能力，增强自主创新能力和市场竞争能力。

第三十九条　国有企业应当建立健全有利于技术创新的分配制度，完善激励约束机制。

国有企业负责人对企业的技术进步负责。对国有企业负责人的业绩考核，应当将企业的创新投入、创新能力建设、创新成效等情况纳入考核的范围。

第四十条　县级以上地方人民政府及其有关部门应当创造公平竞争的市场环境，推动企业技术进步。

国务院有关部门和省、自治区、直辖市人民政府应当通过制定产业、财政、能源、环境保护等政策，引导、促使企业研究开发新技术、新产品、新工艺，进行技术改造和设备更新，淘汰技术落后的设备、工艺，停止生产技术落后的产品。

第四章　科学技术研究开发机构

第四十一条　国家统筹规划科学技术研究开发机构的布局，建立和完善科学技术研究开发体系。

第四十二条　公民、法人或者其他组织有权依法设立科学技术研究开发机构。国外的组织或者个人可以在中国境内依法独立设立科学技术研究开发机构，也可以与中国境内的组织或者个人依法联合设立科学技术研究开发机构。

从事基础研究、前沿技术研究、社会公益性技术研究的科学技术研究开发机构，可以利用财政性资金设立。利用财政性资金设立科学技术研究开发机构，应当优化配置，防止重复设置；对重复设置的科学技术研究开发机构，应当予以整合。

科学技术研究开发机构、高等学校可以依法设立博士后工作站。科学技术研究开发机构可以依法在国外设立分支机构。

第四十三条 科学技术研究开发机构享有下列权利：

（一）依法组织或者参加学术活动；

（二）按照国家有关规定，自主确定科学技术研究开发方向和项目，自主决定经费使用、机构设置和人员聘用及合理流动等内部管理事务；

（三）与其他科学技术研究开发机构、高等学校和企业联合开展科学技术研究开发；

（四）获得社会捐赠和资助；

（五）法律、行政法规规定的其他权利。

第四十四条 科学技术研究开发机构应当按照章程的规定开展科学技术研究开发活动；不得在科学技术活动中弄虚作假，不得参加、支持迷信活动。

利用财政性资金设立的科学技术研究开发机构开展科学技术研究开发活动，应当为国家目标和社会公共利益服务；有条件的，应当向公众开放普及科学技术的场馆或者设施，开展科学技术普及活动。

第四十五条 利用财政性资金设立的科学技术研究开发机构应当建立职责明确、评价科学、开放有序、管理规范的现代院所制度，实行院长或者所长负责制，建立科学技术委员会咨询制和职工代表大会监督制等制度，并吸收外部专家参与管理、接受社会监督；院长或者所长的聘用引入竞争机制。

第四十六条 利用财政性资金设立的科学技术研究开发机构，应当建立有利于科学技术资源共享的机制，促进科学技术资源的有效利用。

第四十七条 国家鼓励社会力量自行创办科学技术研究开发机构，保障其合法权益不受侵犯。

社会力量设立的科学技术研究开发机构有权按照国家有关规定，参与实施和平等竞争利用财政性资金设立的科学技术基金项目、科学技术计划项目。

社会力量设立的非营利性科学技术研究开发机构按照国家有关规定享受税收优惠。

第五章 科学技术人员

第四十八条 科学技术人员是社会主义现代化建设事业的重要力量。国家采取各种措施，提高科学技术人员的社会地位，通过各种途径，培养和造就各种专门的科学技术人才，创造有利的环境和条件，充分发挥科学技术人员的作用。

第四十九条 各级人民政府和企业事业组织应当采取措施，提高科学技术人员的工资和福利待遇；对有突出贡献的科学技术人员给予优厚待遇。

第五十条 各级人民政府和企业事业组织应当保障科学技术人员接受继续教育的权利，并为科学技术人员的合理流动创造环境和条件，发挥其专长。

第五十一条 科学技术人员可以根据其学术水平和业务能力依法选择工作单位、竞聘相应的岗位，取得相应的职务或者职称。

第五十二条 科学技术人员在艰苦、边远地区或者恶劣、危险环境中工作，所在单位应当按照国家规定给予补贴，提供其岗位或者工作场所应有的职业健康卫生保护。

第五十三条　青年科学技术人员、少数民族科学技术人员、女性科学技术人员等在竞聘专业技术职务、参与科学技术评价、承担科学技术研究开发项目、接受继续教育等方面享有平等权利。

发现、培养和使用青年科学技术人员的情况，应当作为评价科学技术进步工作的重要内容。

第五十四条　国家鼓励在国外工作的科学技术人员回国从事科学技术研究开发工作。利用财政性资金设立的科学技术研究开发机构、高等学校聘用在国外工作的杰出科学技术人员回国从事科学技术研究开发工作的，应当为其工作和生活提供方便。

外国的杰出科学技术人员到中国从事科学技术研究开发工作的，按照国家有关规定，可以依法优先获得在华永久居留权。

第五十五条　科学技术人员应当弘扬科学精神，遵守学术规范，恪守职业道德，诚实守信；不得在科学技术活动中弄虚作假，不得参加、支持迷信活动。

第五十六条　国家鼓励科学技术人员自由探索、勇于承担风险。原始记录能够证明承担探索性强、风险高的科学技术研究开发项目的科学技术人员已经履行了勤勉尽责义务仍不能完成该项目的，给予宽容。

第五十七条　利用财政性资金设立的科学技术基金项目、科学技术计划项目的管理机构，应当为参与项目的科学技术人员建立学术诚信档案，作为对科学技术人员聘任专业技术职务或者职称、审批科学技术人员申请科学技术研究开发项目等的依据。

第五十八条　科学技术人员有依法创办或者参加科学技术社会团体的权利。

科学技术协会和其他科学技术社会团体按照章程在促进学术交流、推进学科建设、发展科学技术普及事业、培养专门人才、开展咨询服务、加强科学技术人员自律和维护科学技术人员合法权益等方面发挥作用。

科学技术协会和其他科学技术社会团体的合法权益受法律保护。

第六章　保障措施

第五十九条　国家逐步提高科学技术经费投入的总体水平；国家财政用于科学技术经费的增长幅度，应当高于国家财政经常性收入的增长幅度。全社会科学技术研究开发经费应当占国内生产总值适当的比例，并逐步提高。

第六十条　财政性科学技术资金应当主要用于下列事项的投入：

(一)科学技术基础条件与设施建设；

(二)基础研究；

(三)对经济建设和社会发展具有战略性、基础性、前瞻性作用的前沿技术研究、社会公益性技术研究和重大共性关键技术研究；

(四)重大共性关键技术应用和高新技术产业化示范；

(五)农业新品种、新技术的研究开发和农业科学技术成果的应用、推广；

(六)科学技术普及。

对利用财政性资金设立的科学技术研究开发机构，国家在经费、实验手段等方面给予支持。

第六十一条　审计机关、财政部门应当依法对财政性科学技术资金的管理和使用情况进行监督检查。

任何组织或者个人不得虚报、冒领、贪污、挪用、截留财政性科学技术资金。

第六十二条　确定利用财政性资金设立的科学技术基金项目，应当坚持宏观引导、自主申请、平等竞争、同行评审、择优支持的原则；确定利用财政性资金设立的科学技术计划项目的项目承担者，应当按照国家有关规定择优确定。

利用财政性资金设立的科学技术基金项目、科学技术计划项目的管理机构，应当建立评审专家库，建立健全科学技术基金项目、科学技术计划项目的专家评审制度和评审专家的遴选、回避、问责制度。

第六十三条　国家遵循统筹规划、优化配置的原则，整合和设置国家科学技术研究实验基地。

国家鼓励设置综合性科学技术实验服务单位，为科学技术研究开发机构、高等学校、企业和科学技术人员提供或者委托他人提供科学技术实验服务。

第六十四条　国家根据科学技术进步的需要，按照统筹规划、突出共享、优化配置、综合集成、政府主导、多方共建的原则，制定购置大型科学仪器、设备的规划，并开展对以财政性资金为主购置的大型科学仪器、设备的联合评议工作。

第六十五条　国务院科学技术行政部门应当会同国务院有关主管部门，建立科学技术研究基地、科学仪器设备和科学技术文献、科学技术数据、科学技术自然资源、科学技术普及资源等科学技术资源的信息系统，及时向社会公布科学技术资源的分布、使用情况。

科学技术资源的管理单位应当向社会公布所管理的科学技术资源的共享使用制度和使用情况，并根据使用制度安排使用；但是，法律、行政法规规定应当保密的，依照其规定。

科学技术资源的管理单位不得侵犯科学技术资源使用者的知识产权，并应当按照国家有关规定确定收费标准。管理单位和使用者之间的其他权利义务关系由双方约定。

第六十六条　国家鼓励国内外的组织或者个人捐赠财产、设立科学技术基金，资助科学技术研究开发和科学技术普及。

第七章　法律责任

第六十七条　违反本法规定，虚报、冒领、贪污、挪用、截留用于科学技术进步的财政性资金，依照有关财政违法行为处罚处分的规定责令改正，追回有关财政性资金和违法所得，依法给予行政处罚；对直接负责的主管人员和其他直接责任人员依法给予处分。

第六十八条　违反本法规定，利用财政性资金和国有资本购置大型科学仪器、设备后，不履行大型科学仪器、设备等科学技术资源共享使用义务的，由有关主管部门责令改正，对直接负责的主管人员和其他直接责任人员依法给予处分。

第六十九条　违反本法规定，滥用职权，限制、压制科学技术研究开发活动的，对直接负责的主管人员和其他直接责任人员依法给予处分。

第七十条　违反本法规定，抄袭、剽窃他人科学技术成果，或者在科学技术活动中弄虚作假的，由科学技术人员所在单位或者单位主管机关责令改正，对直接负责的主管人员和其他直接责任人员依法给予处分；获得用于科学技术进步的财政性资金或者有违法所得的，由有关主管部门追回财政性资金和违法所得；情节严重的，由所在单位或者单位主管机关向社会公布其违法行为，禁止其在一定期限内申请国家科学技术基金项目和国家科学技术计划项目。

第七十一条　违反本法规定，骗取国家科学技术奖励的，由主管部门依法撤销奖励，追回奖金，并依法给予处分。

违反本法规定，推荐的单位或者个人提供虚假数据、材料，协助他人骗取国家科学技术奖励的，由主管部门给予通报批评；情节严重的，暂停或者取消其推荐资格，并依法给予处分。

第七十二条　违反本法规定，科学技术行政等有关部门及其工作人员滥用职权、玩忽职守、徇私舞弊的，对直接负责的主管人员和其他直接责任人员依法给予处分。

第七十三条　违反本法规定，其他法律、法规规定行政处罚的，依照其规定；造成财产损失或者其他损害的，依法承担民事责任；构成犯罪的，依法追究刑事责任。

第八章　附　则

第七十四条　涉及国防科学技术的其他有关事项，由国务院、中央军事委员会规定。

第七十五条　本法自2008年7月1日起施行。

延伸阅读十　《中华人民共和国促进科技成果转化法》

第一章　总　则

第一条　为了促进科技成果转化为现实生产力，规范科技成果转化活动，加速科学技术进步，推动经济建设和社会发展，制定本法。

第二条　本法所称科技成果，是指通过科学研究与技术开发所产生的具有实用价值的成果。职务科技成果，是指执行研究开发机构、高等院校和企业等单位的工作任务，或者主要是利用上述单位的物质技术条件所完成的科技成果。

本法所称科技成果转化，是指为提高生产力水平而对科技成果所进行的后续试验、开发、应用、推广直至形成新技术、新工艺、新材料、新产品，发展新产业等活动。

第三条　科技成果转化活动应当有利于加快实施创新驱动发展战略，促进科技与经济的结合，有利于提高经济效益、社会效益和保护环境、合理利用资源，有利于促进经济建设、社会发展和维护国家安全。

科技成果转化活动应当尊重市场规律，发挥企业的主体作用，遵循自愿、互利、公平、诚实信用的原则，依照法律法规规定和合同约定，享有权益，承担风险。科技成果转化活动中的知识产权受法律保护。

科技成果转化活动应当遵守法律法规，维护国家利益，不得损害社会公共利益和他人合法权益。

第四条　国家对科技成果转化合理安排财政资金投入，引导社会资金投入，推动科技成果转化资金投入的多元化。

第五条　国务院和地方各级人民政府应当加强科技、财政、投资、税收、人才、产业、金融、政府采购、军民融合等政策协同，为科技成果转化创造良好环境。

地方各级人民政府根据本法规定的原则，结合本地实际，可以采取更加有利于促进科技成果转化的措施。

第六条　国家鼓励科技成果首先在中国境内实施。中国单位或者个人向境外的组织、个人转让或者许可其实施科技成果的，应当遵守相关法律、行政法规以及国家有关规定。

第七条　国家为了国家安全、国家利益和重大社会公共利益的需要，可以依法组织实施或者许可他人实施相关科技成果。

第八条　国务院科学技术行政部门、经济综合管理部门和其他有关行政部门依照国务院规定的职责，管理、指导和协调科技成果转化工作。

地方各级人民政府负责管理、指导和协调本行政区域内的科技成果转化工作。

第二章　组织实施

第九条　国务院和地方各级人民政府应当将科技成果的转化纳入国民经济和社会发展计划，并组织协调实施有关科技成果的转化。

第十条　利用财政资金设立应用类科技项目和其他相关科技项目，有关行政部门、管理机构应当改进和完善科研组织管理方式，在制定相关科技规划、计划和编制项目指南时应当听取相关行业、企业的意见；在组织实施应用类科技项目时，应当明确项目承担者的科技成果转化义务，加强知识产权管理，并将科技成果转化和知识产权创造、运用作为立项和验收的重要内容和依据。

第十一条　国家建立、完善科技报告制度和科技成果信息系统，向社会公布科技项目实施情况以及科技成果和相关知识产权信息，提供科技成果信息查询、筛选等公益服务。公布有关信息不得泄露国家秘密和商业秘密。对不予公布的信息，有关部门应当及时告知相关科技项目承担者。

利用财政资金设立的科技项目的承担者应当按照规定及时提交相关科技报告，并将科技成果和相关知识产权信息汇交到科技成果信息系统。

国家鼓励利用非财政资金设立的科技项目的承担者提交相关科技报告，将科技成果和相关知识产权信息汇交到科技成果信息系统，县级以上人民政府负责相关工作的部门应当为其提供方便。

第十二条　对下列科技成果转化项目，国家通过政府采购、研究开发资助、发布产业技术指导目录、示范推广等方式予以支持：

（一）能够显著提高产业技术水平、经济效益或者能够形成促进社会经济健康发展的新产业的；

（二）能够显著提高国家安全能力和公共安全水平的；

（三）能够合理开发和利用资源、节约能源、降低消耗以及防治环境污染、保护生态、提高应对气候变化和防灾减灾能力的；

（四）能够改善民生和提高公共健康水平的；

（五）能够促进现代农业或者农村经济发展的；

（六）能够加快民族地区、边远地区、贫困地区社会经济发展的。

第十三条　国家通过制定政策措施，提倡和鼓励采用先进技术、工艺和装备，不断改进、限制使用或者淘汰落后技术、工艺和装备。

第十四条　国家加强标准制定工作，对新技术、新工艺、新材料、新产品依法及时制定国家标准、行业标准，积极参与国际标准的制定，推动先进适用技术推广和应用。

国家建立有效的军民科技成果相互转化体系，完善国防科技协同创新体制机制。军品科研生产应当依法优先采用先进适用的民用标准，推动军用、民用技术相互转移、转化。

第十五条　各级人民政府组织实施的重点科技成果转化项目，可以由有关部门组织采用公开招标的方式实施转化。有关部门应当对中标单位提供招标时确定的资助或者其他条件。

第十六条　科技成果持有者可以采用下列方式进行科技成果转化：

（一）自行投资实施转化；

（二）向他人转让该科技成果；

（三）许可他人使用该科技成果；

（四）以该科技成果作为合作条件，与他人共同实施转化；

（五）以该科技成果作价投资，折算股份或者出资比例；

（六）其他协商确定的方式。

第十七条　国家鼓励研究开发机构、高等院校采取转让、许可或者作价投资等方式，向企业或者其他组织转移科技成果。

国家设立的研究开发机构、高等院校应当加强对科技成果转化的管理、组织和协调，促进科技成果转化队伍建设，优化科技成果转化流程，通过本单位负责技术转移工作的机构或者委托独立的科技成果转化服务机构开展技术转移。

第十八条　国家设立的研究开发机构、高等院校对其持有的科技成果，可以自主决定转让、许可或者作价投资，但应当通过协议定价、在技术交易市场挂牌交易、拍卖等方式确定价格。通过协议定价的，应当在本单位公示科技成果名称和拟交易价格。

第十九条　国家设立的研究开发机构、高等院校所取得的职务科技成果，完成人和参加人在不变更职务科技成果权属的前提下，可以根据与本单位的协议进行该项科技成果的转化，并享有协议规定的权益。该单位对上述科技成果转化活动应当予以支持。

科技成果完成人或者课题负责人，不得阻碍职务科技成果的转化，不得将职务科技成果及其技术资料和数据占为己有，侵犯单位的合法权益。

第二十条　研究开发机构、高等院校的主管部门以及财政、科学技术等相关行政部门应当建立有利于促进科技成果转化的绩效考核评价体系，将科技成果转化情况作为对相关单位及人员评价、科研资金支持的重要内容和依据之一，并对科技成果转化绩效突出的相关单位及人员加大科研资金支持。

国家设立的研究开发机构、高等院校应当建立符合科技成果转化工作特点的职称评定、岗位管理和考核评价制度，完善收入分配激励约束机制。

第二十一条　国家设立的研究开发机构、高等院校应当向其主管部门提交科技成果转化情况年度报告，说明本单位依法取得的科技成果数量、实施转化情况以及相关收入分配情况，该主管部门应当按照规定将科技成果转化情况年度报告报送财政、科学技术等相关行政部门。

第二十二条　企业为采用新技术、新工艺、新材料和生产新产品，可以自行发布信息或者委托科技中介服务机构征集其所需的科技成果，或者征寻科技成果转化的合作者。

县级以上地方各级人民政府科学技术行政部门和其他有关部门应当根据职责分工，为企业获取所需的科技成果提供帮助和支持。

第二十三条　企业依法有权独立或者与境内外企业、事业单位和其他合作者联合实施科技成果转化。

企业可以通过公平竞争，独立或者与其他单位联合承担政府组织实施的科技研究开发和科技成果转化项目。

第二十四条　对利用财政资金设立的具有市场应用前景、产业目标明确的科技项目，政府有关部门、管理机构应当发挥企业在研究开发方向选择、项目实施和成果应用中的主导作用，鼓励企业、研究开发机构、高等院校及其他组织共同实施。

第二十五条　国家鼓励研究开发机构、高等院校与企业相结合，联合实施科技成果转化。

研究开发机构、高等院校可以参与政府有关部门或者企业实施科技成果转化的招标投标活动。

第二十六条 国家鼓励企业与研究开发机构、高等院校及其他组织采取联合建立研究开发平台、技术转移机构或者技术创新联盟等产学研合作方式，共同开展研究开发、成果应用与推广、标准研究与制定等活动。

合作各方应当签订协议，依法约定合作的组织形式、任务分工、资金投入、知识产权归属、权益分配、风险分担和违约责任等事项。

第二十七条 国家鼓励研究开发机构、高等院校与企业及其他组织开展科技人员交流，根据专业特点、行业领域技术发展需要，聘请企业及其他组织的科技人员兼职从事教学和科研工作，支持本单位的科技人员到企业及其他组织从事科技成果转化活动。

第二十八条 国家支持企业与研究开发机构、高等院校、职业院校及培训机构联合建立学生实习实践培训基地和研究生科研实践工作机构，共同培养专业技术人才和高技能人才。

第二十九条 国家鼓励农业科研机构、农业试验示范单位独立或者与其他单位合作实施农业科技成果转化。

第三十条 国家培育和发展技术市场，鼓励创办科技中介服务机构，为技术交易提供交易场所、信息平台以及信息检索、加工与分析、评估、经纪等服务。

科技中介服务机构提供服务，应当遵循公正、客观的原则，不得提供虚假的信息和证明，对其在服务过程中知悉的国家秘密和当事人的商业秘密负有保密义务。

第三十一条 国家支持根据产业和区域发展需要建设公共研究开发平台，为科技成果转化提供技术集成、共性技术研究开发、中间试验和工业性试验、科技成果系统化和工程化开发、技术推广与示范等服务。

第三十二条 国家支持科技企业孵化器、大学科技园等科技企业孵化机构发展，为初创期科技型中小企业提供孵化场地、创业辅导、研究开发与管理咨询等服务。

第三章 保障措施

第三十三条 科技成果转化财政经费，主要用于科技成果转化的引导资金、贷款贴息、补助资金和风险投资以及其他促进科技成果转化的资金用途。

第三十四条 国家依照有关税收法律、行政法规规定对科技成果转化活动实行税收优惠。

第三十五条 国家鼓励银行业金融机构在组织形式、管理机制、金融产品和服务等方面进行创新，鼓励开展知识产权质押贷款、股权质押贷款等贷款业务，为科技成果转化提供金融支持。

国家鼓励政策性金融机构采取措施，加大对科技成果转化的金融支持。

第三十六条 国家鼓励保险机构开发符合科技成果转化特点的保险品种，为科技成果转化提供保险服务。

第三十七条 国家完善多层次资本市场，支持企业通过股权交易、依法发行股票和债券等直接融资方式为科技成果转化项目进行融资。

第三十八条 国家鼓励创业投资机构投资科技成果转化项目。

国家设立的创业投资引导基金，应当引导和支持创业投资机构投资初创期科技型中小企业。

第三十九条 国家鼓励设立科技成果转化基金或者风险基金，其资金来源由国家、地方、企业、事业单位以及其他组织或者个人提供，用于支持高投入、高风险、高产出的科技成果的转化，加速重大科技成果的产业化。

科技成果转化基金和风险基金的设立及其资金使用，依照国家有关规定执行。

第四章 技术权益

第四十条 科技成果完成单位与其他单位合作进行科技成果转化的，应当依法由合同约定该科技成果有关权益的归属。合同未作约定的，按照下列原则办理：

(一)在合作转化中无新的发明创造的，该科技成果的权益，归该科技成果完成单位；

(二)在合作转化中产生新的发明创造的，该新发明创造的权益归合作各方共有；

(三)对合作转化中产生的科技成果，各方都有实施该项科技成果的权利，转让该科技成果应经合作各方同意。

第四十一条 科技成果完成单位与其他单位合作进行科技成果转化的，合作各方应当就保守技术秘密达成协议；当事人不得违反协议或者违反权利人有关保守技术秘密的要求，披露、允许他人使用该技术。

第四十二条 企业、事业单位应当建立健全技术秘密保护制度，保护本单位的技术秘密。职工应当遵守本单位的技术秘密保护制度。

企业、事业单位可以与参加科技成果转化的有关人员签订在职期间或者离职、离休、退休后一定期限内保守本单位技术秘密的协议；有关人员不得违反协议约定，泄露本单位的技术秘密和从事与原单位相同的科技成果转化活动。

职工不得将职务科技成果擅自转让或者变相转让。

第四十三条 国家设立的研究开发机构、高等院校转化科技成果所获得的收入全部留归本单位，在对完成、转化职务科技成果做出重要贡献的人员给予奖励和报酬后，主要用于科学技术研究开发与成果转化等相关工作。

第四十四条 职务科技成果转化后，由科技成果完成单位对完成、转化该项科技成果做出重要贡献的人员给予奖励和报酬。

科技成果完成单位可以规定或者与科技人员约定奖励和报酬的方式、数额和时限。单位制定相关规定，应当充分听取本单位科技人员的意见，并在本单位公开相关规定。

第四十五条 科技成果完成单位未规定、也未与科技人员约定奖励和报酬的方式和数额的，按照下列标准对完成、转化职务科技成果做出重要贡献的人员给予奖励和报酬：

(一)将该项职务科技成果转让、许可给他人实施的，从该项科技成果转让净收入或者许可净收入中提取不低于百分之五十的比例；

(二)利用该项职务科技成果作价投资的，从该项科技成果形成的股份或者出资比例中提取不低于百分之五十的比例；

(三)将该项职务科技成果自行实施或者与他人合作实施的，应当在实施转化成功投产后连续三至五年，每年从实施该项科技成果的营业利润中提取不低于百分之五的比例。

国家设立的研究开发机构、高等院校规定或者与科技人员约定奖励和报酬的方式和数额应当符合前款第一项至第三项规定的标准。

国有企业、事业单位依照本法规定对完成、转化职务科技成果做出重要贡献的人员给予奖励和报酬的支出计入当年本单位工资总额，但不受当年本单位工资总额限制、不纳入本单位工资总额基数。

第五章　法律责任

第四十六条　利用财政资金设立的科技项目的承担者未依照本法规定提交科技报告、汇交科技成果和相关知识产权信息的，由组织实施项目的政府有关部门、管理机构责令改正；情节严重的，予以通报批评，禁止其在一定期限内承担利用财政资金设立的科技项目。

国家设立的研究开发机构、高等院校未依照本法规定提交科技成果转化情况年度报告的，由其主管部门责令改正；情节严重的，予以通报批评。

第四十七条　违反本法规定，在科技成果转化活动中弄虚作假，采取欺骗手段，骗取奖励和荣誉称号、诈骗钱财、非法牟利的，由政府有关部门依照管理职责责令改正，取消该奖励和荣誉称号，没收违法所得，并处以罚款。给他人造成经济损失的，依法承担民事赔偿责任。构成犯罪的，依法追究刑事责任。

第四十八条　科技服务机构及其从业人员违反本法规定，故意提供虚假的信息、实验结果或者评估意见等欺骗当事人，或者与当事人一方串通欺骗另一方当事人的，由政府有关部门依照管理职责责令改正，没收违法所得，并处以罚款；情节严重的，由工商行政管理部门依法吊销营业执照。给他人造成经济损失的，依法承担民事赔偿责任；构成犯罪的，依法追究刑事责任。

科技中介服务机构及其从业人员违反本法规定泄露国家秘密或者当事人的商业秘密的，依照有关法律、行政法规的规定承担相应的法律责任。

第四十九条　科学技术行政部门和其他有关部门及其工作人员在科技成果转化中滥用职权、玩忽职守、徇私舞弊的，由任免机关或者监察机关对直接负责的主管人员和其他直接责任人员依法给予处分；构成犯罪的，依法追究刑事责任。

第五十条　违反本法规定，以唆使窃取、利诱胁迫等手段侵占他人的科技成果，侵犯他人合法权益的，依法承担民事赔偿责任，可以处以罚款；构成犯罪的，依法追究刑事责任。

第五十一条　违反本法规定，职工未经单位允许，泄露本单位的技术秘密，或者擅自转让、变相转让职务科技成果的，参加科技成果转化的有关人员违反与本单位的协议，在离职、离休、退休后约定的期限内从事与原单位相同的科技成果转化活动，给本单位造成经济损失的，依法承担民事赔偿责任；构成犯罪的，依法追究刑事责任。

第六章　附　则

第五十二条　本法自 1996 年 10 月 1 日起施行。

第七章　主要相关知识产权法律

技术转移活动和技术经纪业务与知识产权密切相关，本章主要介绍《专利法》《商标法》《著作权法》《反不正当竞争法》等相关的知识产权法律法规。

第一节　专利法

一、制定与修改

（一）立法背景

我国于1950年曾颁布了《保障发明权与专利权暂行条例》，该条例于1963年废止。

为适应社会主义现代化建设和实行对外开放政策的需要，我国从1978年起开始筹建专利制度。1979年3月着手草拟专利法。1980年1月，国务院批准了国家科委《关于我国建立专利制度的请示报告》，成立了中国专利局。中国专利局等单位在起草专利法的过程中，考察了各种类型国家的专利制度，参考了几十个国家的专利法资料，广泛征求了国内有关单位的意见。1983年8月国务院常务会议讨论并原则通过了《中华人民共和国专利法（草案）》。1984年3月12日中华人民共和国第六届全国人民代表大会常务委员会第四次会议予以通过，自1985年4月1日起施行。

专利制度是国际上通行的一种利用法律的和经济的手段推动技术进步的管理制度。这个制度的基本内容是依据专利法，对申请专利的发明，经过审查和批准授予专利权，同时把申请专利的发明内容公布于世，以便进行发明创造信息交流和有偿技术转让。

当时正积极实行改革开放的政策，经济的发展需要科学技术的发展，为了调动和保护科学技术人员的积极性，鼓励发明创造，亟待制定专利法；同时，企业的改革也要求将其财产权利从有形财产扩大到无形财产，并能以市场的方式取得所需的智力成果。在对外经济科技交流中，无论是为了引进国外的先进技术，还是保护我国的发明创造，都需要确立专利法律制度。在此情况下，不但有了制定专利法的迫切需要，而且也具备了制定专利法的良好环境，于是新中国的第一部专利法便应运而生。这部法律的立法目的被确定为是保护和鼓励发明创造，有利于发明创造的推广应用，促进科学技术的发展，适应社会主义现代化建设的需要。

（二）修改

根据1992年9月4日第七届全国人民代表大会常务委员会第二十七次会议《关于修改〈中华人民共和国专利法〉的决定》第一次修正，根据2000年8月25日第九届全国人民代表大会常务委员会第十七次会议《关于修改〈中华人民共和国专利法〉的决定》第二次修正，根据2008年12月27日第十一届全国人民代表大会常务委员会第六次会议《关于修改〈中华人民共和国专利法〉的决定》第三次修正。2020年10月，《专利法》做了第四次修正。第四次修正《专利法》将在2021年6月1日起施行。故本内容以当前施行的第三次修正《专利法》为准。2021 年 6 月 1 日起，请以第四次修正的《专利法》为准。

二、指导原则与操作原则

(一)指导原则

专利法的立法指导原则是贯穿专利立法和司法的基本准则，它不仅体现了发明创造专利权不同于一般民事权利的特征，而且也是解释专利法律规则的依据。

我国专利法的基本原则可概括如下：

1. 保护发明创造原则

这一原则具体表现在：

(1)《专利法》依法赋予专利权人对发明创造的专有权，这种专有权具有财产权内容，包括发明创造的所有权、独占使用权和转让权。在人身权利方面，依发明法可享有发明人署名权和荣誉权。

(2)《专利法》不管其民事行为能力差别均同等地享有专利权。

(3)《专利法》在调整发明创造人与所属社会组织关系时，为同时兼顾作为出资者的社会组织和作为发明创造人的组织成员合法权益，规定职务发明创造专利申请权、专利权归单位享有，但当事人也可依合同确定权利归属。

(4)当专利权归属发生争议或专利权受到侵犯时，权利人享有诉请法院依法确认，请求保护的权利。

2. 兼顾社会公共利益原则

兼顾社会公共利益原则表现为：

(1)授予专利权的发明创造依法不得违反国家法律和社会公共利益。

(2)专利技术的实施应服从社会公共利益。

(3)禁止权利滥用。

(二)操作原则

1. 书面原则

书面原则是专利的各种阶段均需适用的原则，不仅在申请阶段、审查阶段，也在授权后的侵权判定阶段。

与书面原则相对可以叫作实物原则或事实原则，书面原则的意思就是不看实物，也不论事实，只看文本，如果看实物或论事实，也最多是一种对文本解释中的参照，但如果文本内容的表达已经足够清楚和确定，则实物和事实所表达的信息就无需采用。因为，专利制度中还存在一样捐献原则，即发明人可以发明了十个发明点，但他可以只要求保护一个点，其他都可以算做对社会公众的捐献。而且，专利制度中还有 个禁止反悔原则，即如果为了新颖性、创造性的需要，缩限了一个技术方案的保护范围，则后面任务情况下就都得再恢复扩大为原来要求的范围。

2. 先申请原则

指两个以上的申请人分别就同样的发明创造申请专利的，专利权授予最先申请的人的原则。

3. 优先权原则

申请人自发明或实用新型在外国第一次提出专利申请之日起十二个月内，或者自外观设计在外国第一次提出专利申请之日起六个月内，又在中国就相同主题提出专利申请的，依照该外国同中国签订的协议或者共同参加的国际条约，或者依照相互承认优先权原则，可以享有优先权。申请人自发明或实用新型在中国第一次提出专利申请之日起十二个月内，又向国务院专利行政部门就相同主题提出专利申请的，可以享有优先权。

4. 单一性原则(即一项发明一项申请原则)

一份专利申请文件只能就一项发明创造提出专利申请。一件发明或者使用新型专利申请应当限于一项发明或者实用新型；一件外观设计专利申请应当限于一种产品所使用的一项外观设计。

5. 充分公开原则(基于以公开换保护的专利制度的基本原理)

专利申请人在申请文件中必须对发明做出清楚、完整的公开。

6. 修改不超范围原则

申请人在对申请文件进行修改时，必须遵从原则：修改不得超出原说明书和权利要求书记载的范围。

7. 禁止反悔原则

专利权人如果在专利审批(包括专利申请的审查过程或者专利授权后的无效、异议、再审程序)过程中，为了满足法定授权要求而对权利要求的范围进行了限缩(如限制性的修改或解释)，则在主张专利权时，不得将通过该限缩而放弃的内容纳入专利权的保护范围。

8. 捐献原则

如果专利权人在专利说明书中公开了某个实施方案，但在专利申请的审批过程中没有将其纳入或试图将其纳入权利要求的保护范围，则该实施方案被视为捐献给了公众，当专利申请被授权后，专利权人在主张专利权时不得试图通过等同原则等将其重新纳入权利要求的保护范围。

9. 专利权用尽原则

是指专利权人自己或者许可他人制造的专利产品(包括依据专利方法直接获得的产品)被合法投放市场后，任何人对该产品进行销售或使用，不再需要得到专利权人的许可或者授权，且不构成侵权。

10. 侵权判定的全面覆盖原则

全面覆盖原则是判断一项技术方案是否侵犯发明专利权的基本原则，也称相同原则，根据相同原则判定的侵权称为相同侵权。如果被控侵权产品或方法的技术特征包含了专利权利要求中记载的全部技术特征，则落入专利权的保护范围。

三、我国专利制度的特点

(一)三种类型专利统一立法

在我国，专利分为发明、实用新型和外观设计三种类型。我国对发明、实用新型和外观设计三种类型的发明创造都授予专利权。在其他国家，专利一般特指发明；而实用新型和外观设立均有单独的立法予以规范。但对于发明专利，我国实行实质审查制度；对实用新型和外观设计，则实行初步审查制度。

发明专利权的保护期限为二十年，实用新型专利权，外观设计专利权的保护期限为十年，均自申请日起计算。

发明专利：我国《专利法》第二条第二款对发明的定义是："发明是指对产品、方法或者其改进所提出的新的技术方案。"首先，发明是一项新的技术方案。是利用自然规律解决生产、科研、实验中各种问题的技术解决方案，一般由若干技术特征组成。其次，按照性质划分，发明权利要求有两种基本类型，分为产品权利要求和方法权利要求。产品权利要求包括人类技术生产的物(产品、设备)，方法权利要求包括有时间过程要素的活动，又可以分成方法和用途两种类型。专利法保护的发明也可以是对现有产品或方法的改进。

授予专利权的发明，应当具备新颖性、创造性和实用性。新颖性是指该发明不属于现有技术；也没有任何单位或者个人就同样的发明或者实用新型在申请日以前向专利局提出过申请，并记载在申请日以后(含申请日)公布的专利申请文件或者公告的专利文件中。创造性是指与申请日以前在国内外为公众所知的技术相比，该发明具有突出的实质性特点和显著的进步。实用性是指该发明能够制造或者使用，并且能够产生积极效果。

实用新型专利：我国《专利法》第二条第三款对实用新型的定义是："实用新型是指对产品的形状、构造或者其结合所提出的适于实用的新的技术方案。"

同发明一样，实用新型保护的也是一个技术方案。但实用新型专利保护的范围较窄，它只保护有一定形状或结构的新产品，不保护方法以及没有固定形状的物质。实用新型的技术方案更注重实用性，其技术水平较发明而言，要低一些，多数国家实用新型专利保护的都是比较简单的、改进性的技术发明，可以称为"小发明"。实用新型与发明的不同之处在于：第一，实用新型限于具有一定形状的产品，不能是一种方法，也不能是没有固定形状的产品；第二，对实用新型的创造性要求相比发明较低。授予实用新型专利不需经过实质审查，手续比较简便。

外观设计专利：我国《专利法》第二条第四款对外观设计的定义是："外观设计是指对产品的形状、图案或其结合以及色彩与形状、图案的结合所作出的富有美感并适于工业应用的新设计。"外观设计是指产品外观的设计方案。它与发明或实用新型完全不同，即外观设计不是技术方案。外观设计是指对产品的形状、图案或者其结合以及色彩与形状、图案的结合所作出的富有美感并适于工业应用的新设计。外观设计专利的保护对象，是产品的装饰性或艺术性外表设计，这种设计可以是平面图案，也可以是立体造型，更常见的是这二者的结合。因此，外观设计专利应当符合以下要求：①是指形状、图案或者其结合以及色彩与形状、图案的结合的设计；②必须是对产品的外观所作的设计；③必须富有美感；④必须是适于工业上的应用。

(二)对职务发明实行一奖两酬

职务发明是指企业、事业单位、社会团体、国家机关等的工作人员执行本单位的任务或者主要是利用本单位的物质条件所完成的职务发明创造。职务发明人与其所在单位的关系是一种劳动合同关系。在专利法中，这种关系集中体现为职工完成的发明创造的权利归属问题，即职工完成的发明创造是职务发明还是非职务发明创造的问题。原则上，这一问题的解决应当遵从"合同优于法律"的原则，即有关发明创造成果权归属问题首先应当按照劳动合同中的约定来解决。

我国《专利法》第六条规定："执行本单位的任务或者主要是利用本单位的物质技术条件所完成的发明创造为职务发明创造。"职务发明创造申请专利的权利属于该单位；申请被批准后，该单位为专利权人。非职务发明创造，申请专利的权利属于发明人或者设计人；申请被批准后，该发明人或者设计人为专利权人。利用本单位的物质技术条件所完成的发明创造，单位与发明人或者设计人订有合同，对申请专利的权利和专利权归属作出约定的，从其约定。

职务发明创造分为两类：

(1)一类是执行本单位任务所完成的发明创造。包括下列三种情况：

1)发明人在本职工作中完成的发明创造；

2)履行本单位交付的与本职工作有关的任务时所完成的发明创造；

3)退职、退休或者调动工作后1年内做出的、与其在原单位承担的本职工作或者单位分配的任务有关的发明创造；

(2)另一类是主要利用本单位的物质条件(包括资金、设备、零部件、原材料或者不向外公开的技术资料等)完成的发明创造；如果仅仅是少量利用了本单位的物质技术条件，且这种物质条件的利用，对发明创造的完成无关紧要，则不能因此认定是职务发明创造。

职务发明其申请专利的权利属于该单位。申请被批准后，该单位为专利权人；单位应当对发明人或设计人给予奖励。

实践中，《专利法》第六条所称本单位，包括临时工作单位；所称本单位的物质技术条件，是指本单位的资金、设备、零部件、原材料或者不对外公开的技术资料等。

职务发明创造被授予专利权之后，不论发明创造是否已经实施，单位都应该对作出该发明创造的发明人或者设计人给予奖励；专利实施后，专利权人应该根据其推广应用的范围和取得的经济效益，对发明人或者设计人进行合理报酬。也被称为"一奖二酬"：一次性给予奖金；本单位应用取得利润(或效益)；在向外单位实施许可或转让取得利润。

职务发明奖励与报酬的区别：首先：奖励与报酬在支付条件方面不同。其次：不管发明人或设计人是否与单位终止劳动人事关系，都不影响奖励报酬的给付；再次：奖励和报酬的具体计算标准、给付方式适用约定优先的原则。

我国《专利法实施细则》规定：

第七十七条"被授予专利权的单位未与发明人、设计人约定也未在其依法制定的规章制度中规定专利法第十六条规定的奖励的方式和数额的，应当自专利权公告之日起3个月内发给发明人或者设计人奖金。一项发明专利的奖金最低不少于3000元；一项实用新型专利或者外观设计专利的奖金最低不少于1000元。由于发明人或者设计人的建议被其所属单位采纳而完成的发明创造，被授予专利权的单位应当从优发给奖金。"

第七十八条"被授予专利权的单位未与发明人、设计人约定也未在其依法制定的规章制度中规定专利法第十六条规定的报酬的方式和数额的，在专利权有效期限内，实施发明创造专利后，每年应当从实施该项发明或者实用新型专利的营业利润中提取不低于2%或者从实施该项外观设计专利的营业利润中提取不低于0.2%，作为报酬给予发明人或者设计人，或者参照上述比例，给予发明人或者设计人一次性报酬；被授予专利权的单位许可其他单位或者个人实施其专利的，应当从收取的使用费中提取不低于10%，作为报酬给予发明人或者设计人。"

(三)对专利权进行行政司法双轨制保护

我国专利行政保护与司法保护并行的双重体系，即"双轨制"。即对侵害知识产权的行为，权利人可直接向人民法院民事诉讼，也可向国家主管知识产权行政执法事务的相关部门(如国家知识产权局、国家工商行政管理总局、国家版权局及其在省、市、县各地方的相应机构)投诉，请求对侵权行为进行查处。同时，对于严重侵权的刑事案件，由公安机关、人民检察院、人民法院依法办理或权利人提起自诉。体现了我国的国情特色，也符合有关国际公约要求。

四、《专利法》与技术转移

专利法是利用市场机制开展技术转移的基础性法律。在技术转移过程中，专利法发挥着不可替代的作用。

（一）《专利法》的内容与技术转移

（1）法律第一条规定：为了保护专利权人的合法权益，鼓励发明创造，推动发明创造的应用，提高创新能力，促进科学技术进步和经济社会发展，制定本法。这一条是《专利法》的立法目的，其中的“推动发明创造的应用”，即为推动新技术的应用，即为推动技术转移。可以说，推动技术转移是《专利法》的立法目的之一。

（2）法律第十条规定：专利申请权和专利权可以转让。转让专利申请权和专利权，即为技术转移。

（3）法律第十二条规定：任何单位或者个人实施他人专利的，应当与专利权人订立实施许可合同，向专利权人支付专利使用费。被许可人无权允许合同规定以外的任何单位或者个人实施该专利。此处的“实施专利”，即为对取得了专利权的技术的应用，亦是就技术转移的一种。此处规定的“订立实施许可合同”，即为开展技术转移的一种重要形式。

（4）《专利法》以及以《专利法》为核心的专利制度、已经利用专利制度开展技术转移的成功故事，为技术转移工作营造了有益的社会氛围。

（二）《专利法》的内容对研究开发的影响

（1）《专利法》规定的对新技术方案的保护，直接促进了新技术的研究开发。而新技术，是技术转移得以开展的技术基础。

（2）法律第八条规定：两个以上单位或者个人合作完成的发明创造、一个单位或者个人接受其他单位或者个人委托所完成的发明创造，除另有协议的以外，申请专利的权利属于完成或者共同完成的单位或者个人；申请被批准后，申请的单位或者个人为专利权人。此处的合作完成的发明创造，即为科研管理上的联合研发。这条规定，对开展联合研发的各方在安排专利事宜方面提供了直接的法律基础。

（3）法律第十五条规定：专利申请权或者专利权的共有人对权利的行使有约定的，从其约定。没有约定的，共有人可以单独实施或者以普通许可方式许可他人实施该专利；许可他人实施该专利的，收取的使用费应当在共有人之间分配。除前款规定的情形外，行使共有的专利申请权或者专利权应当取得全体共有人的同意。这条规定亦对合作研究、联合研发有直接影响。

（4）法律第三十四条　国务院专利行政部门收到发明专利申请后，经初步审查认为符合本法要求的，自申请日起满十八个月，即行公布。国务院专利行政部门可以根据申请人的请求早日公布其申请。这条规定，有利于促进研发立项的目标改进。

（三）《专利法》对商业行为的影响

1.《专利法》对专利权的排他性规定，直接促进了向研究开发的投资。

2. 法律第十七条规定：专利权人有权在其专利产品或者该产品的包装上标明专利标识这条规定有利于产品推广。

第二节 商标法

一、制定与修改

(一)立法背景

十一届三中全会以后，随着经济体制改革的逐步深入，1963年颁布的《商标管理条例》已不能适应发展社会主义商品经济和健全社会主义法制的要求。1982年8月23日，第五届全国人民代表大会常务委员会第二十四次会议审议并通过了《商标法》，并决定从1983年3月1日起实施。

这部《商标法》是适应改革开放形势的需要，在总结我国商标管理历史经验的基础上，借鉴发达国家商标立法的有益经验，结合我国经济发展的实际情况制定的，是一部既适合中国当时国情，又基本符合国际惯例的现代法律。《商标法》的实施，对于保护商标专用权，促使生产者维护商标信誉，保障消费者利益，促进经济发展，起了巨大的推动作用。

(二)修改

根据1993年2月22日第七届全国人民代表大会常务委员会第三十次会议《关于修改〈中华人民共和国商标法〉的决定》第一次修正。

根据2001年10月27日第九届全国人民代表大会常务委员会第二十四次会议《关于修改〈中华人民共和国商标法〉的决定》第二次修正。

根据2013年8月30日第十二届全国人民代表大会常务委员会第四次会议《关于修改〈中华人民共和国商标法〉的决定》第三次修正。

根据2019年4月23日第十三届全国人民代表大会常务委员会第十次会议《关于修改〈中华人民共和国建筑法〉等八部法律的决定》修正。

二、立法指导原则

商标法的立法指导原则，包括商标法的立法宗旨和立法目标，对于我国商标法律制度的建立与完善具有决定性的作用。结合我国商标法第一条的规定“为了加强商标管理，保护商标专用权，促使生产、经营者保证商品和服务质量，维护商标信誉，以保障消费者和生产、经营者的利益，促进社会主义市场经济的发展”。我国商标法的立法指导原则可概括如下：

(一)保护商标专用权，加强商标管理

商标注册，是指商标所有人为了取得商标专用权，将其使用的商标，依照国家规定的注册条件、原则和程序，向商标局提出注册申请，商标局经过审核，准予注册的法律事实。经商标局审核注册的商标，即为注册商标，享有商标专用权。商标专用权(也称“注册商标专用权”)是指商标经依法核准注册，由商标注册人对其注册商标所享有的专用权，也就是商标注册人对其注册商标享有排他性的支配权，可以独占使用，也可转让或者许可他人使用，但他人不得擅自使用。保护商标专用权，是商标法律制度的核心。为了实现对商标专用权的保护，确保在市场交易活动中商标功能的发挥，必须依法对商标权利的取得、运用、保护和救济等事项进行管理。

（二）保证消费者、生产者和经营者的合法权益

商标作为商品或服务的标志，区别商品或服务的来源是其最基本的功能。生产者和经营者据此提供商品或服务，消费者借此识别和选购所需要的商品或服务。为了保障消费者的合法权益，商标所有人、使用人需要对其使用商标所对应的商品或服务质量负责，更不得假借商标而实施误导、欺骗消费者的行为。同时，商标蕴含着生产者、经营者基于市场经营活动所积累而成的信誉（也称“商誉”），需要法律给予适当的保护。因此，保障消费者、生产者和经营者的合法权益，在保障商标功能正常地发挥的同时维护商标信誉，是商标法律制度的基本原则。

（三）促进社会主义市场经济的发展

商标在保证商品和服务质量，保障消费者和生产经营者的利益，促进社会主义市场经济发展方面起着重要作用。服务并促进社会主义市场经济，也是我国商标法律制度形成与发展的基本出发点。切实发挥商标在促进社会主义市场经济发展过程中的作用，一方面需要健全商标专用权的取得、使用、保护和救济等法律制度，提升市场主体创造、运用、保护和管理商标的能力。另一方面需要完善商标管理制度，规范市场交易和竞争秩序，推进经济结构调整和发展方式转变。

三、我国商标制度的特点

（一）申请在先原则

所谓“申请在先原则”，是由注册原则派生出来的重要程序性原则之一。申请书提交的时间先后来决定商标专用权归谁所有，就不失为一种有效的方法。因此《商标法》第三十一条规定：“两个或者两个以上的商标注册申请人，在同一种商品或者类似商品上，以相同或者近似的商标申请注册的，初步审定并公告申请在先的商标；同一天申请的，初步审定并公告使用在先的商标，驳回其他人的申请，不予公告。”

（二）自愿注册原则

所谓“自愿注册原则”，是指企业使用的商标注册与否，完全由企业自主决定。《商标法》第四条自然人、法人或者其他组织在生产经营活动中，对其商品或者服务需要取得商标专用权的，应当向商标局申请商标注册。而是否需要取得商标专用权，由商标使用人自己决定。如果不需要取得专用权，可以不注册，未注册的商标允许使用，但不受法律保护。商标法有关商品商标的规定，适用于服务商标。国家法律、行政法规规定必须使用注册商标的商品（主要指卷烟、雪茄烟、有包装的烟丝）的生产经营者，必须申请商标注册，未经核准注册的，商品不得在市场销售。

（三）审查原则

商标局受理商标注册申请后，依照法定形式审查该商标是否符合注册条件。符合注册条件的予以公告，自公告之日起 3 个月内，任何人均可提出异议。无异议或经裁定异议不成立，予以核准注册。经裁定异议成立的，不予核准注册。注册商标的有效期为 10 年。有效期限自该商标核准注册之日起计算。对已经注册的商标有争议的，可以自该商标核准注册之日起一年内，向商标评审委员会申请裁定。对核准注册前已经提出异议并经过裁定的商标，不得再以相同的事实和理由申请裁定。注册商标有效期满、需要继续使用的，应当在期满前 12 个月内申请续展注册，在此期间未能提出申请的，可给予 6 个月的宽展期。宽展期满仍未提出申请的，注销其注册商标。

四、《商标法》与技术转移

《商标法》作为知识产权法的重要组成部分，也是在企业制定知识产权战略和规划的重要法律依据。

市场经济环境中，商标不仅是区别商品和服务来源的标识，还凝结着商品经营者、服务提供者的信誉。商标作为一项市场主体的核心资产，既是市场主体核心竞争力的旗帜，也是市场主体商业信用的载体。法律层面，商标使用许可制度、驰名商标制度，对于促进商品经济的发展、吸引和促进企业间的技术与产品交易具有直接影响。实践中，商标许可使用与技术转移存在交叉的领域，主要体现在 OEM 和 ODM 两种成熟的商业模式之中。

OEM：是 Original Equipment Manufacture（原始设备制造商）的缩写，称为定点生产。它是指一种"代工生产"方式，俗称"代工"，是指原始设备制造商具体的加工任务通过合同订购的方式委托同类产品的其他厂家生产。即品牌所有者（商标持有人）不直接生产产品，而是利用自己掌握的关键的核心技术负责设计和开发新产品，委托他人生产（承接加工任务的制造商被称为 OEM 厂商）并直接贴上自己的品牌商标。例如，苹果将 iPhone 交给富士康代工。

ODM：是 Original Design Manufacture（原始设计制造商）的缩写，从合同的角度是指受委托方拥有设计能力和技术水平，基于授权合同生产产品，也叫"代研发"或者"贴牌"。从交易模式的角度是指采购方委托制造方提供从研发、设计到生产、后期维护的全部服务，而由采购方负责销售的生产方式。采购方通常也会授权其品牌，允许制造方生产贴有该品牌的产品。简言之，可以将 ODM 理解为由工厂设计、生产之后交由品牌方进行贴牌、销售。例如，小米手机整个 2018 年之中的 ODM 占比为 75%，意味着七成以上的产品都并非自主研发、设计，而是由工厂设计之后交由小米公司进行贴牌销售。

第三节　著作权法

一、制定与修改

（一）立法背景

著作权法是调整文学、艺术和科学技术领域因创作作品而产生的各种社会关系的法律规范的总和。它调整的法律关系因作品创作而产生，表现为作者与传播者、作者与读者、传播者与读者、作者与社会之间的相互关系。世界上第一部版权法是英国《安娜法令》，而最早使用"著作权"一词，则始于中国第一部的著作权法律《大清著作权律》。著作权法最根本的目的是通过保护作品创作者的权利，发展本国的文化和科学技术事业。在保障私人之财产权利益的同时，须兼顾文明之累积与知识之传播。因此，有关受保护作品的范围、著作权主体的资格及权利归属原则、著作权的内容及保护期限、著作权的使用及侵权的法律责任等事项构成了著作权法的主要内容。例如，我国著作权法第一条明确了制定著作权法的目的："为保护文学、艺术和科学作品作者的著作权，以及与著作权有关的权益，鼓励有益于社会主义精神文明、物质文明建设的作品的创作和传播，促进社会主义文化与科学事业的发展与繁荣，根据宪法制定本法"。现行《中华人民共和国著作权法》（以下简称《著作权法》）于 1990 年 9 月 7 日第七届全国人民代表大会常务委员会第十五次会议通过，自 1991 年 6 月 1 日起施行。

(二)修改

2001 年 10 月 27 日第九届全国人民代表大会常务委员会第二十四次会议《关于修改〈中华人民共和国著作权法〉的决定》第一次修正。2010 年 2 月 26 日第十一届全国人民代表大会常务委员会第十三次会议《关于修改〈中华人民共和国著作权法〉的决定》第二次修正。2020 年 11 月 11 日第十三届全国人民代表大会常务委员会第二十三次会议《关于修改〈中华人民共和国著作权法〉的决定》第三次修正。第三次修正的《中华人民共和国著作权法》自 2021 年 6 月 1 日起施行。

需要说明的是，本教程引用的《著作权法》内容，均出自第二次修正的《著作权法》。2020 年 6 月 1 日，第三次修正的《著作权法》施行后，读者请参考、援引第三次修正的《著作权法》。

二、指导原则

结合《著作权法》第一条之规定“为保护文学、艺术和科学作品作者的著作权，以及与著作权有关的权益，鼓励有益于社会主义精神文明、物质文明建设的作品的创作和传播，促进社会主义文化和科学事业的发展与繁荣，根据宪法制定本法。”《著作权法》的立法指导原则可概括如下：

(一)保护作品创作者的合法权益

著作权也被称为版权(Copyright)，是指作者及其他权利人对文学、艺术和科学作品享有的人身权和财产权的总称，分为著作人格权(也称“著作人身权”)与著作财产权。其中著作人格权的内涵包括了公开发表权、姓名表示权及禁止他人以扭曲、变更方式，利用著作损害著作人名誉的权利。著作财产权又称“著作权的经济权利”。对作品的使用、收益、处分权。作品使用权是指以复制、发行、出租、展览、放映、广播、网络传播、摄制、改编、翻译、汇编等方式使著作财产权用作品的权利。许可使用权是指著作权人依法享有的许可他人使用作品并获得报酬的权利。转让权是指著作权人依法享有的转让使用权中一项或多项权利并获得报酬的权利。转让的标的不能是著作人身权，只能是著作财产权中的使用权，可以转让使用权中的一项或多项或全部权利。

(二)促进作品传播

作品的传播，是作品创作者各项经济权益实现主要途径。因此，促进传播作品是著作权法最重要的立法目标，加强版权保护的目的也是为了有利于作品在市场中的传播。同时，考虑到作品传播者的合法权益，我国著作权法中还规定了“邻接权”制度。邻接权的原意是与著作权相邻的权利，其确切含义应是作品传播者所享有的权利。邻接权保护的是作品传播者的权利，即作品传播者在原作品的基础上创造、加工，而对其创造、加工后的劳动成果享有的权利，如表演者的表演者权。我国《著作权法》中，邻接权包括出版者权、表演者权、录制者权和广播电视组织权。因为没有作品就没有传播，也就没有邻接权的产生，所以邻接权依赖于著作权。

(三)促进社会主义文化和科学事业的发展

我国著作权法在保护作品创作者和传播者合法权益的同时，承担着实现保护著作权与促进技术创新、产业发展和谐统一的立法目标，肩负着促进文化产业的发展，丰富人民社会文化生活，提升我国整体文化实力和国际竞争力的立法使命。一方面加强文化创意、数字出版、移动多媒体、动漫游戏、软件、数据库等战略性新兴文化产业法律保护，扩展文化产业发展的领域，培育新的产业经济增长点；另一方面积极推动非物质文化遗产、民间文学艺术作品的保护、传承和开发利用，提高中华文化影响力。

三、我国著作权制度的特点

(一)自动取得

自动保护原则，也称“自动取得原则”，是指依据《著作权法》第二条第一款：“中国公民，法人或者非法人单位的作品，不论是否发表，依照本法享有著作权。”意味着作品一经产生，不论整体还是局部，只要具备了作品的属性即产生著作权，既不要求登记，也不要求发表，也无须在复制物上加注著作权标记。相较于专利和商标，著作权的取得而无需履行审查、登记等任何手续，因此实践中该项原则也被称为“无手续原则”。

(二)“思想”与“表达”二分

思想表达二分法是著作权的基本原理，具体是指著作权保护的对象是思想的表达形式而不是保护思想本身。该原则将它将作品分为思想与表达两方面，著作权只保护对于思想观念的独创性表达，而不保护思想观念本身。因此，著作权的对象是作品，是指文学、艺术、和科学领域内具有独创性并能以某种有形形式复制的智力成果。

(三)作者利益与公众利益协调一致

著作权法律制度的基本原理在于，法律通过保护作者的权益，能够促使作者创作出更多、更好的作品，从而能够使社会公众从中获取更大、更多的收益，进而推动整个社会文明的进步和科学文化的发展。因此，著作权法不仅需要保护作者的合法权益，同时为了维护社会公众利益，还对作者的权利和权益做了必要的限制，以协调作者利益与公众利益之间的平衡关系。

(四)作品类型法定

我国著作权法采取了“作品类型法定”的立法模式，限定了作品的表现形式。《著作权法》中的作品必须具备以下几个条件：首先，必须属于创作而非抄袭所得；其次，必须属于文学、艺术和科学范围的创作；再次，必须有一定的表现形式(文字、符号、色彩等)；最后，能够固定于有体物，能够复制使用。所以，作品应当时属于文学、艺术和科学范畴的具有独创性，是思想、情感的表现形式。根据我国著作权法的规定，受其保护的对象有：文字作品、口述作品、音乐、戏剧、曲艺、舞蹈、杂技艺术作品；美术、建筑作品；摄影作品；电影作品和以类似摄制电影的方法创作的作品；工程设计图、产品设计图、地图、示意图等图形作品和模型作品；计算机软件；法律、行政法规规定的其他作品。

不受著作权法保护的对象主要可以分为以下两种情形，其一，不具备作品实质条件，主要有历法、通用数表、通用表格和公式；其二，为保护国家或社会公众利益的需要，不适宜以著作权法保护。具体包括：法律、法规，国家机关的决议、决定、命令和其他具有立法、行政、司法性质的文件，及其官方正式译文；时事新闻(中华人民共和国著作权法实施条例第五条规定，著作权法和本条例中的时事新闻，是指通过报纸、期刊、广播电台、电视台等媒体报道单纯事实消息。)

(五)邻接权制度

我国著作权法除保护创作者的权利外，在著作权法第一条中还明确规定保护与著作权有关的权益。根据《著作权实施条例》第二十六条和第二十八条，与著作权有关的权益指出版者对其出版的图书、报刊的版式、装帧设计享有的权利，表演者对其表演享有的权利，录音录像制作者对其制作的录音录像制品享有的权利，广播电台、电视台对其制作的广播电视节目享有的权利。

邻接权是指作品传播者对在传播作品过程中产生的劳动成果依法享有的专有权利，又称为作品传播者权或与著作权有关的权益。具体是指表演者，是指演员、演出单位或者其他表演文学、艺术作品的人。表演者权是表演者基于对作品的表演而依法享有的权利。邻接权是指与著作权相关、相近似的权利，特指作品传播者的权利。因此，广义的著作权可以包括邻接权。邻接权以著作权为基础；对于著作权合理使用的限制，同样适用于对邻接权的限制；邻接权的保护期也为 50 年。邻接权与著作权的主要区别是：邻接权的主体多为法人或其他组织，著作权的主体多为自然人；邻接权的客体是传播作品过程中产生的成果，而著作权的客体是作品本身；邻接权中除表演者权外一般不涉及人身权，而著作权包括人身权和财产权两方面的内容。

四、《著作权法》与技术转移

理论上，知识产权可以分为著作权和以专利权、商标权为代表的工业产权。理论上的差异，凸显了著作权与专利权、商标权直接的显著差异。著作权是指基于文学艺术和科学作品依法产生的权利，工业产权则是指基于商品生产、流通中的创造发明和显著标记等智力成果依法产生的权利。相较而言，著作权自作品创作完成之日起产生，而无需履行审查、登记等任何手续，也称无手续原则；工业产权必须通过登记、审查等程序，才有可能获得法律的授权。

在技术转移领域，涉及著作权法律制度的事项较为有限，主要集中在软件著作权保护问题等方面。计算机软件著作权是指软件的开发者或者其他权利人依据有关著作权法律的规定，对于软件作品所享有的各项专有权利。软件著作权的登记，通常指自然人或企业对自己独立开发完成的软件作品，通过向登记机关进行登记备案的方式进行权益记录/保护的行为。

软件著作权登记虽然不是取得著作权的必要条件，但软件著作权登记有非常重要的现实和法律意义。

从技术转移的角度，软件著作权登记的意义集中于技术入股和证据两个方面。

《关于以高新技术成果出资入股若干问题的规定》规定："计算机软件可以作为高新技术出资入股，而且作价的比例可以突破公司法 20%的限制达到 35%"，要求首先必须取得软件著作权登记。根据《计算机软件保护条例》及相关细则的规定，对已经登记的软件予以重点保护，如有侵权，可以作为行政执法的直接依据。发生纠纷时，也可以作为证据使用。此外，高新企业认证中，软件著作权登记数量也是关键指标之一。近年来，有关"图形用户界面"(GUI)的法律保护问题，成为业界关注的焦点。一般而言，GUI 可以作为版权法意义中的"作品"，可以纳入版权保护的范围。在 2014 年 5 月 1 日起实施的修改后的《专利审查指南》增加了包括图形用户界面的产品的外观专利。同时也规定了如下内容不是外观专利的保护客体：游戏界面以及与人机交互无关或者与实现产品功能无关的产品显示装置所显示的图案。例如，电子屏幕壁纸、开关机画面、网站网页的图文排版。

第四节　反不正当竞争法

一、制定与修改

（一）立法背景

"不正当竞争"的概念首次正式出现于 1883 年《保护工业产权巴黎公约》，该公约第十条规定："在工业或商业中任何违反诚实习惯的竞争行为都是不正当的竞争行为。"在定义方面"不正当竞争"

泛指经营者违反法律规定，损害其他经营者的合法权益，扰乱社会经济秩序的行为。经营者包括从事商品经营或者营利性服务的法人、其他经济组织和个人。反不正当竞争法泛指调整以企业为代表的市场主体之间竞争行为的规范，在维护国家的经济秩序和保护市场的公平竞争方面发挥了极其重要的作用。1896 年德国制定了第一个专门禁止不正当竞争行为的法律《反不正当竞争法》，这是世界上最早关于反不正当竞争的特别法。1993 年 9 月 2 日中国第八届全国人民代表大会常务委员会第三次会议通过《中华人民共和国反不正当竞争法》，并于 1993 年 12 月 1 日起施行。

(二) 修改

《中华人民共和国反不正当竞争法》实施至今共经过两次修订：2017 年 11 月 4 日，第十二届全国人民代表大会常务委员会第三十次会议修订。2019 年 4 月 23 日，第十三届全国人民代表大会常务委员会第十次会议《关于修改〈中华人民共和国建筑法〉等八部法律的决定》修正。

二、立法指导原则

反不正当竞争法的基本原则，是指市场竞争者在市场交易行为中必须遵循的基本准则。也是市场交易活动中市场主体自愿平等、公平和诚实信用等商业道德在法律层面的体系。结合《中华人民共和国反不正当竞争法》(以下简称《反不正当竞争法》) 第一条、第二条的相关规定，《反不正当竞争法》的立法指导原则可概括如下：

(一) 自愿原则

作为《反不正当竞争法》的基本原则之一，“自愿”是市场主体参与市场交易活动的基础性条件，对应着市场主体能够自愿参与市场交易活动，设立、变更和终止特定的法律关系。其内涵可以分为三个方面：第一，市场主体可以自主决定参与市场交易活动；第二，市场主体可以自主选择交易的对象；第三，以胁迫、强制或强迫等手段而实施的市场交易活动为法律所不容。

(二) 平等原则

平等原则是指参与市场交易活动的市场主体具有平等法律地位，在平等的基础上通过协商等途径从事市场交易活动。因此，滥用市场竞争优势地位或行政权力限制市场交易活动，干预市场竞争秩序的行为于法律所不容。

(三) 诚实信用原则

诚实信用原则，也称为“诚信原则”，既是市场主体公认的商业规则，也是社会道德在法律层面的体现。市场主体需要秉承诚实、守信的观念参与市场交易活动。据此，假冒他人注册商标，秘密窃取商业秘密等有违诚实信用的行为于法律所不容。

三、我国反不正当竞争法律制度的特点

不正当竞争行为的违法性，主要表现为违反了《反不正当竞争法》的规定，既包括违反了第二章关于禁止各种不正当竞争行为的具体规定，也包括违反了该法第 2 条的原则规定。经营者的某些行为虽然表面上难以确认为该法明确规定的不正当竞争行为但是只要违反了自愿、平等、公平、诚实信用原则或违反了公认的商业道德，采用不正当的手段破坏市场竞争秩序、损害其他经营者的合法权益，扰乱了社会经济秩序。有些不正当竞争行为，如虚假广告和欺骗性有奖销售，还可能损害广大消费者的合法权益。

(一)行为法的基本特征

《反不正当竞争法》规制的对象是各类不正当竞争行为，因此反不正当竞争法是从市场主体行为规则的角度进行法律规制，属于规范市场主体的市场交易行为以及管理者相应的管理行为的法律规范。在具体条文中，通过列举的方式明确了七种不正当竞争行为：

第一，商业混淆。又称假冒或欺骗性交易行为，特指市场主体不得实施下列混淆行为，引人误认为是他人商品或者与他人存在特定联系：擅自使用与他人有一定影响的商品名称、包装、装潢等相同或者近似的标识；擅自使用他人有一定影响的企业名称(包括简称、字号等)、社会组织名称(包括简称等)、姓名；擅自使用他人有一定影响的域名主体部分、网站名称、网页等；其他足以引人误认为是他人商品或者与他人存在特定联系的混淆行为。

第二，商业贿赂。通常泛指市场主体为了获取市场交易机会、竞争优势或者排斥竞争对手为目的，向能够影响市场交易活动的人秘密给付财物或者其他经济利益的行为。即不得采用财物或者其他手段贿赂下列单位或者个人，以谋取交易机会或者竞争优势：交易相对方的工作人员；受交易相对方委托办理相关事务的单位或者个人；利用职权或者影响力影响交易的单位或者个人。经营者在交易活动中，可以以明示方式向交易相对方支付折扣，或者向中间人支付佣金。经营者向交易相对方支付折扣、向中间人支付佣金的，应当如实入账。接受折扣、佣金的经营者也应当如实入账。经营者的工作人员进行贿赂的，应当认定为经营者的行为；但是，经营者有证据证明该工作人员的行为与为经营者谋取交易机会或者竞争优势无关的除外。

第三，虚假宣传。市场主体在市场交易活动中夸大产品、服务的功效(特别是质量、销售状况、用户评价等)，通过虚假或者引人误解的商业宣传渠道传递出与实际内容不符或是虚假的信息，误导甚至欺骗消费者；以及组织虚假交易帮助他人进行虚假宣传以牟取不正当利益的行为。虚假宣传的具体表现形式，参见《反不正当竞争法》第八条的规定。

第四，侵犯商业秘密。依照我国相关法律规定，商业秘密是指不为公众所知悉，能为权利人带来经济利益，具有实用性并经权利人采取保密措施的技术信息和经营信息。侵犯商业秘密，是指市场主体以不正当手段，获取、披露、使用或允许他人使用权利人的商业秘密，给权利人造成重大损失的行为。侵犯商业秘密的具体表现形式，参见《反不正当竞争法》第九条的规定。经营者不得实施下列侵犯商业秘密的行为：以盗窃、贿赂、欺诈、胁迫、电子侵入或者其他不正当手段获取权利人的商业秘密；披露、使用或者允许他人使用以前项手段获取的权利人的商业秘密；违反保密义务或者违反权利人有关保守商业秘密的要求，披露、使用或者允许他人使用其所掌握的商业秘密；教唆、引诱、帮助他人违反保密义务或者违反权利人有关保守商业秘密的要求，获取、披露、使用或者允许他人使用权利人的商业秘密。经营者以外的其他自然人、法人和非法人组织实施前款所列违法行为的，视为侵犯商业秘密。第三人明知或者应知商业秘密权利人的员工、前员工或者其他单位、个人实施本条第一款所列违法行为，仍获取、披露、使用或者允许他人使用该商业秘密的，视为侵犯商业秘密。本法所称的商业秘密，是指不为公众所知悉、具有商业价值并经权利人采取相应保密措施的技术信息、经营信息等商业信息。

第五，不正当有奖销售行为。是指市场主体在销售商品或提供服务时，以提供奖励的名义，实质上采取欺骗或者其他不当手段损害消费者或者损害其他经营者合法权益的行为。也泛指经营者违反诚实信用原则和公平竞争原则，利用物质、金钱或其他经济利益引诱购买者与之交易，排挤竞争对手的不正当竞争行为。不正当有奖销售的具体表现形式，参见《反不正当竞争法》第十条的规定。

所设奖的种类、兑奖条件、奖金金额或者奖品等有奖销售信息不明确，影响兑奖；采用谎称有奖或者故意让内定人员中奖的欺骗方式进行有奖销售；抽奖式的有奖销售，最高奖的金额超过五万元。

第六，诋毁商誉的行为。泛指市场主体为了获得竞争利益或者竞争优势，捏造、散布虚假事实，损害他人商誉，侵犯他人商誉权的行为。诋毁商誉的具体表现形式，参见《反不正当竞争法》第十一条的规定。

第七，互联网领域不正当竞争行为。互联网领域不正当竞争行为的具体表现形式，参见《反不正当竞争法》第十二条的规定。未经其他经营者同意，在其合法提供的网络产品或者服务中，插入链接、强制进行目标跳转；误导、欺骗、强迫用户修改、关闭、卸载其他经营者合法提供的网络产品或者服务；恶意对其他经营者合法提供的网络产品或者服务实施不兼容；其他妨碍、破坏其他经营者合法提供的网络产品或者服务正常运行的行为。

四、《反不正当竞争法》与技术转移

《反不正当竞争法》中有关商业秘密的规定与技术转移的关系最为密切。商业秘密作为企业无形资产的一个重要组成部分在市场竞争中发挥了越来越重要的作用，作为技术转让的标的之一在技术转移活动中也扮演着非常重要的角色。《反不正当竞争法》(2019 修正)第九条规定“本法所称的商业秘密，是指不为公众所知悉、具有商业价值并经权利人采取相应保密措施的技术信息、经营信息等商业信息。”实践中商业秘密包含两项基本内容：一是技术秘密，如技术方案、方法、技巧、产品秘方、技术情报和资料等；二是经营秘密，如技术转让、质量控制策略、供货渠道、市场信息、经营手段等。加强技术转移过程中商业秘密的法律保护，既是企业应当技术转移法律风险的据具体措施，也是我国技术转移转让法律体系建设的关键问题。

在技术转移活动中，可以在合同中约定让与人和受让人实施专利或者使用技术秘密的范围。此外，《对外贸易法》(2016 年修订)中有关技术转让的限制性条款。例如，在许可合同中规定排他性返授条件等行为之一，并危害对外贸易公平竞争秩序的，国务院对外贸易部门可以采取必要的措施消除危害。

第五节　其他主要知识产权法规

一、动植物新品种

(一)立法概况

《专利法》第二十五条规定，动植物品种不能授予专利权，但培育动植物品种的方法可以授予专利权。植物新品种保护是知识产权保护的一种，保护育种者对其所培育品种的相关权利。在不同国家，其具体保护形式不完全一致。在中国，是以植物新品种权的形式对植物新品种进行保护。

根据《中华人民共和国植物新品种保护条例》(2014 修订)第二条规定，植物新品种是指经过人工培育的或者对发现的野生植物加以开发，具备新颖性、特异性、一致性和稳定性并有适当命名的植物品种。品种权包括经济权利和精神权利。其中经济权利是指完成新品种育种的人(包括单位和个人)依法对其品种享有的独占权，以及自己实施或许可他人生产、销售、使用并获得报酬的权利；精神权利是指完成新品种的培育人享有的表明其是该品种完成者这一身份的权利以及因完成该品种

而获得相应的奖励和荣誉的权利，它与完成新品种的培育人的人身不可分离，是人身关系在法律上的反映。一般在提到品种权时，仅是指其经济权利。品种权的保护期限品种权并非永恒的权利，它是由法律授予的无形财产权，只能在法律规定的期限内有效。中国目前将品种权的保护期限规定为，自授权之日起，藤本植物、林木、果树和观赏树木为20年，其他植物为15年。

（二）动植物新品种与技术转移

《中华人民共和国植物新品种保护条例》（2014修订）第九条规定“植物新品种的申请权和品种权可以依法转让。中国的单位或者个人就其在国内培育的植物新品种向外国人转让申请权或者品种权的，应当经审批机关批准。国有单位在国内转让申请权或者品种权的，应当按照国家有关规定报经有关行政主管部门批准。转让申请权或者品种权的，当事人应当订立书面合同，并向审批机关登记，由审批机关予以公告。”

二、集成电路布图设计

（一）立法概况

集成电路布图设计权是一项独立的知识产权，是权利持有人对其布图设计进行复制和商业利用的专有权利。

由于现有专利法、著作权法对集成电路布图设计无法给予有效的保护，世界许多国家就通过单行立法，确认布图设计的专有权。2001年3月28日国务院通过了《集成电路布图设计保护条例》，于2001年10月1日生效。根据《集成电路布图设计保护条例》，特制定《集成电路布图设计保护条例实施细则》。

我国《集成电路布图设计保护条例》规定，集成电路布图设计专有权的保护期为10年，自集成电路布图设计登记申请之日或者在世界任何地方首次投入商业利用之日起计算。如集成电路布图设计登记申请之日与在世界任何地方首次投入商业利用之日不一致的，以较前日期为准。但是，无论是否登记或者投入商业利用，集成电路布图设计自创作完成之日起15年后，不再受《集成电路布图设计保护条例》保护。集成电路布图设计专有权的内容。

（1）复制权。是指权利人有权通过光学的、电子学的方式或其他方式来复制其受保护的布图设计。

（2）商业利用权。是指布图设计权人享有的将受保护的布图设计以及含有该受保护的布图设计的集成电路或含有此种集成电路的产品进行商业利用的权利。

（二）集成电路布图设计与技术转移

依据我国《集成电路布图设计保护条例》第二十二条的规定，布图设计权利人可以将其专有权转让或者许可他人使用其布图设计。转让布图设计专有权的，当事人应当订立书面合同，并向国务院知识产权行政部门登记，由国务院知识产权行政部门予以公告。布图设计专有权的转让自登记之日起生效。许可他人使用其布图设计的，当事人应当订立书面合同。

延伸阅读十一　《中华人民共和国专利法》

第一章　总　则

第一条　为了保护专利权人的合法权益，鼓励发明创造，推动发明创造的应用，提高创新能力，促进科学技术进步和经济社会发展，制定本法。

第二条　本法所称的发明创造是指发明、实用新型和外观设计。发明，是指对产品、方法或者其改进所提出的新的技术方案；方法发明包括：操作方法、制造方法、工艺流程等的技术方案。实用新型，是指对产品的形状、构造或者其结合所提出的适于实用的新的技术方案。外观设计，是指对产品的形状、图案或者其结合以及色彩与形状、图案的结合所作出的富有美感并适于工业应用的新设计。

第三条　国务院专利行政部门负责管理全国的专利工作；统一受理和审查专利申请，依法授予专利权。省、自治区、直辖市人民政府管理专利工作的部门负责本行政区域内的专利管理工作。

第四条　申请专利的发明创造涉及国家安全或者重大利益需要保密的，按照国家有关规定办理。

第五条　对违反法律、社会公德或者妨害公共利益的发明创造，不授予专利权。

对违反法律、行政法规的规定获取或者利用遗传资源，并依赖该遗传资源完成的发明创造，不授予专利权。

第六条　执行本单位的任务或者主要是利用本单位的物质技术条件所完成的发明创造为职务发明创造。职务发明创造申请专利的权利属于该单位；申请被批准后，该单位为专利权人。

非职务发明创造，申请专利的权利属于发明人或者设计人；申请被批准后，该发明人或者设计人为专利权人。

利用本单位的物质技术条件所完成的发明创造，单位与发明人或者设计人订有合同，对申请专利的权利和专利权的归属作出约定的，从其约定。

第七条　对发明人或者设计人的非职务发明创造专利申请，任何单位或者个人不得压制。

第八条　两个以上单位或者个人合作完成的发明创造、一个单位或者个人接受其他单位或者个人委托所完成的发明创造，除另有协议的以外，申请专利的权利属于完成或者共同完成的单位或者个人；申请被批准后，申请的单位或者个人为专利权人。

第九条　同样的发明创造只能授予一项专利权。但是，同一申请人同日对同样的发明创造既申请实用新型专利又申请发明专利，先获得的实用新型专利权尚未终止，且申请人声明放弃该实用新型专利权的，可以授予发明专利权。

两个以上的申请人分别就同样的发明创造申请专利的，专利权授予最先申请的人。

第十条　专利申请权和专利权可以转让。

中国单位或者个人向外国人、外国企业或者外国其他组织转让专利申请权或者专利权的，应当依照有关法律、行政法规的规定办理手续。

转让专利申请权或者专利权的，当事人应当订立书面合同，并向国务院专利行政部门登记，由国务院专利行政部门予以公告。专利申请权或者专利权的转让自登记之日起生效。

第十一条　发明和实用新型专利权被授予后，除本法另有规定的以外，任何单位或者个人未经专利权人许可，都不得实施其专利，即不得为生产经营目的制造、使用、许诺销售、销售、进口其专利产品，或者使用其专利方法以及使用、许诺销售、销售、进口依照该专利方法直接获得的产品。

外观设计专利权被授予后，任何单位或者个人未经专利权人许可，都不得实施其专利，即不得为生产经营目的制造、许诺销售、销售、进口其外观设计专利产品。

第十二条　任何单位或者个人实施他人专利的，应当与专利权人订立实施许可合同，向专利权人支付专利使用费。被许可人无权允许合同规定以外的任何单位或者个人实施该专利。

第十三条　发明专利申请公布后，申请人可以要求实施其发明的单位或者个人支付适当的费用。

第十四条 国有企业事业单位的发明专利，对国家利益或者公共利益具有重大意义的，国务院有关主管部门和省、自治区、直辖市人民政府报经国务院批准，可以决定在批准的范围内推广应用，允许指定的单位实施，由实施单位按照国家规定向专利权人支付使用费。

第十五条 专利申请权或者专利权的共有人对权利的行使有约定的，从其约定。没有约定的，共有人可以单独实施或者以普通许可方式许可他人实施该专利；许可他人实施该专利的，收取的使用费应当在共有人之间分配。

除前款规定的情形外，行使共有的专利申请权或者专利权应当取得全体共有人的同意。

第十六条 被授予专利权的单位应当对职务发明创造的发明人或者设计人给予奖励；发明创造专利实施后，根据其推广应用的范围和取得的经济效益，对发明人或者设计人给予合理的报酬。

第十七条 发明人或者设计人有权在专利文件中写明自己是发明人或者设计人。

专利权人有权在其专利产品或者该产品的包装上标明专利标识。

第十八条 在中国没有经常居所或者营业所的外国人、外国企业或者外国其他组织在中国申请专利的，原则，根据本法办理。

第十九条 在中国没有经常居所或者营业所的外国人、外国企业或者外国其他组织在中国申请专利和办理其他专利事务的，应当委托依法设立的专利代理机构办理。

中国单位或者个人在国内申请专利和办理其他专利事务的，可以委托依法设立的专利代理机构办理。

专利代理机构应当遵守法律、行政法规，按照被代理人的委托办理专利申请或者其他专利事务；对被代理人发明创造的内容，除专利申请已经公布或者公告的以外，负有保密责任。专利代理机构的具体管理办法由国务院规定。

第二十条 任何单位或者个人将在中国完成的发明或者实用新型向外国申请专利的，应当事先报经国务院专利行政部门进行保密审查。保密审查的程序、期限等按照国务院的规定执行。

中国单位或者个人可以根据中华人民共和国参加的有关国际条约提出专利国际申请。申请人提出专利国际申请的，应当遵守前款规定。

国务院专利行政部门依照中华人民共和国参加的有关国际条约、本法和国务院有关规定处理专利国际申请。

对违反本条第一款规定向外国申请专利的发明或者实用新型，在中国申请专利的，不授予专利权。

第二十一条 国务院专利行政部门及其专利复审委员会应当按照客观、公正、准确、及时的要求，依法处理有关专利的申请和请求。

国务院专利行政部门应当完整、准确、及时发布专利信息，定期出版专利公报。

在专利申请公布或者公告前，国务院专利行政部门的工作人员及有关人员对其内容负有保密责任。

第二章 授予专利权的条件

第二十二条 授予专利权的发明和实用新型，应当具备新颖性、创造性和实用性。

新颖性，是指该发明或者实用新型不属于现有技术；也没有任何单位或者个人就同样的发明或者实用新型在申请日以前向国务院专利行政部门提出过申请，并记载在申请日以后公布的专利申请文件或者公告的专利文件中。

创造性，是指与现有技术相比，该发明具有突出的实质性特点和显著的进步，该实用新型具有实质性特点和进步。

实用性，是指该发明或者实用新型能够制造或者使用，并且能够产生积极效果。

本法所称现有技术，是指申请日以前在国内外为公众所知的技术。

第二十三条　授予专利权的外观设计，应当不属于现有设计；也没有任何单位或者个人就同样的外观设计在申请日以前向国务院专利行政部门提出过申请，并记载在申请日以后公告的专利文件中。

授予专利权的外观设计与现有设计或者现有设计特征的组合相比，应当具有明显区别。

授予专利权的外观设计不得与他人在申请日以前已经取得的合法权利相冲突。

本法所称现有设计，是指申请日以前在国内外为公众所知的设计。

第二十四条　申请专利的发明创造在申请日以前6个月内，有下列情形之一的，不丧失新颖性：

(一)在中国政府主办或者承认的国际展览会上首次展出的；

(二)在规定的学术会议或者技术会议上首次发表的；

(三)他人未经申请人同意而泄露其内容的。

第二十五条　对下列各项，不授予专利权：

(一)科学发现；

(二)智力活动的规则和方法；

(三)疾病的诊断和治疗方法；

(四)动物和植物品种；

(五)用原子核变换方法获得的物质；

(六)对平面印刷品的图案、色彩或者二者的结合作出的主要起标识作用的设计。

对前款第(四)项所列产品的生产方法，可以依照本法规定授予专利权。

第三章　专利的申请

第二十六条　申请发明或者实用新型专利的，应当提交请求书、说明书及其摘要和权利要求书等文件。

请求书应当写明发明或者实用新型的名称，发明人的姓名，申请人姓名或者名称、地址，以及其他事项。

说明书应当对发明或者实用新型作出清楚、完整的说明，以所属技术领域的技术人员能够实现为准；必要的时候，应当有附图。摘要应当简要说明发明或者实用新型的技术要点。

权利要求书应当以说明书为依据，清楚、简要地限定要求专利保护的范围。

依赖遗传资源完成的发明创造，申请人应当在专利申请文件中说明该遗传资源的直接来源和原始来源；申请人无法说明原始来源的，应当陈述理由。

第二十七条　申请外观设计专利的，应当提交请求书、该外观设计的图片或者照片以及对该外观设计的简要说明等文件。

申请人提交的有关图片或者照片应当清楚地显示要求专利保护的产品的外观设计。

第二十八条　国务院专利行政部门收到专利申请文件之日为申请日。如果申请文件是邮寄的，以寄出的邮戳日为申请日。

第二十九条　申请人自发明或者实用新型在外国第一次提出专利申请之日起十二个月内，或者自外观设计在外国第一次提出专利申请之日起六个月内，又在中国就相同主题提出专利申请的，依照该外国同中国签订的协议或者共同参加的国际条约，或者依照相互承认优先权的原则，可以享有优先权。

申请人自发明或者实用新型在中国第一次提出专利申请之日起十二个月内，又向国务院专利行政部门就相同主题提出专利申请的，可以享有优先权。

第三十条　申请人要求优先权的，应当在申请的时候提出书面声明，并且在三个月内提交第一次提出的专利申请文件的副本；未提出书面声明或者逾期未提交专利申请文件副本的，视为未要求优先权。

第三十一条　一件发明或者实用新型专利申请应当限于一项发明或者实用新型。属于一个总的发明构思的两项以上的发明或者实用新型，可以作为一件申请提出。

一件外观设计专利申请应当限于一项外观设计。同一产品两项以上的相似外观设计，或者用于同一类别并且成套出售或者使用的产品的两项以上外观设计，可以作为一件申请提出。

第三十二条　申请人可以在被授予专利权之前随时撤回其专利申请。

第三十三条　申请人可以对其专利申请文件进行修改，但是，对发明和实用新型专利申请文件的修改不得超出原说明书和权利要求书记载的范围，对外观设计专利申请文件的修改不得超出原图片或者照片表示的范围。

第四章　专利申请的审查和批准

第三十四条　国务院专利行政部门收到发明专利申请后，经初步审查认为符合本法要求的，自申请日起满十八个月，即行公布。国务院专利行政部门可以根据申请人的请求早日公布其申请。

第三十五条　发明专利申请自申请日起三年内，国务院专利行政部门可以根据申请人随时提出的请求，对其申请进行实质审查；申请人无正当理由逾期不请求实质审查的，该申请即被视为撤回。

国务院专利行政部门认为必要的时候，可以自行对发明专利申请进行实质审查。

第三十六条　发明专利的申请人请求实质审查的时候，应当提交在申请日前与其发明有关的参考资料。

发明专利已经在外国提出过申请的，国务院专利行政部门可以要求申请人在指定期限内提交该国为审查其申请进行检索的资料或者审查结果的资料；无正当理由逾期不提交的，该申请即被视为撤回。

第三十七条　国务院专利行政部门对发明专利申请进行实质审查后，认为不符合本法规定的，应当通知申请人，要求其在指定的期限内陈述意见，或者对其申请进行修改；无正当理由逾期不答复的，该申请即被视为撤回。

第三十八条　发明专利申请经申请人陈述意见或者进行修改后，国务院专利行政部门仍然认为不符合本法规定的，应当予以驳回。

第三十九条　发明专利申请经实质审查没有发现驳回理由的，由国务院专利行政部门作出授予发明专利权的决定，发给发明专利证书，同时予以登记和公告。发明专利权自公告之日起生效。

第四十条　实用新型和外观设计专利申请经初步审查没有发现驳回理由的，由国务院专利行政部门作出授予实用新型专利权或者外观设计专利权的决定，发给相应的专利证书，同时予以登记和公告。实用新型专利权和外观设计专利权自公告之日起生效。

第四十一条　国务院专利行政部门设立专利复审委员会。专利申请人对国务院专利行政部门驳回申请的决定不服的，可以自收到通知之日起三个月内，向专利复审委员会请求复审。专利复审委员会复审后，作出决定，并通知专利申请人。

专利申请人对专利复审委员会的复审决定不服的，可以自收到通知之日起三个月内向人民法院起诉。

第五章　专利权的期限、终止和无效

第四十二条　发明专利权的期限为二十年，实用新型专利权和外观设计专利权的期限为十年，均自申请日起计算。

第四十三条　专利权人应当自被授予专利权的当年开始缴纳年费。

第四十四条　有下列情形之一的，专利权在期限届满前终止：

(一)没有按照规定缴纳年费的；

(二)专利权人以书面声明放弃其专利权的。

专利权在期限届满前终止的，由国务院专利行政部门登记和公告。

第四十五条　自国务院专利行政部门公告授予专利权之日起，任何单位或者个人认为该专利权的授予不符合本法有关规定的，可以请求专利复审委员会宣告该专利权无效。

第四十六条　专利复审委员会对宣告专利权无效的请求应当及时审查和作出决定，并通知请求人和专利权人。宣告专利权无效的决定，由国务院专利行政部门登记和公告。

对专利复审委员会宣告专利权无效或者维持专利权的决定不服的，可以自收到通知之日起三个月内向人民法院起诉。人民法院应当通知无效宣告请求程序的对方当事人作为第三人参加诉讼。

第四十七条　宣告无效的专利权视为自始即不存在。

宣告专利权无效的决定，对在宣告专利权无效前人民法院作出并已执行的专利侵权的判决、调解书，已经履行或者强制执行的专利侵权纠纷处理决定，以及已经履行的专利实施许可合同和专利权转让合同，不具有追溯力。但是因专利权人的恶意给他人造成的损失，应当给予赔偿。

依照前款规定不返还专利侵权赔偿金、专利使用费、专利权转让费，明显违反公平原则的，应当全部或者部分返还。

第六章　专利实施的强制许可

第四十八条　有下列情形之一的，国务院专利行政部门根据具备实施条件的单位或者个人的申请，可以给予实施发明专利或者实用新型专利的强制许可：

(一)专利权人自专利权被授予之日起满三年，且自提出专利申请之日起满四年，无正当理由未实施或者未充分实施其专利的；

(二)专利权人行使专利权的行为被依法认定为垄断行为，为消除或者减少该行为对竞争产生的不利影响的。

第四十九条　在国家出现紧急状态或者非常情况时，或者为了公共利益的目的，国务院专利行政部门可以给予实施发明专利或者实用新型专利的强制许可。

第五十条　为了公共健康目的，对取得专利权的药品，国务院专利行政部门可以给予制造并将其出口到符合中华人民共和国参加的有关国际条约规定的国家或者地区的强制许可。

第五十一条　一项取得专利权的发明或者实用新型比前已经取得专利权的发明或者实用新型具有显著经济意义的重大技术进步，其实施又有赖于前一发明或者实用新型的实施的，国务院专利行政部门根据后一专利权人的申请，可以给予实施前一发明或者实用新型的强制许可。

在依照前款规定给予实施强制许可的情形下，国务院专利行政部门根据前一专利权人的申请，也可以给予实施后一发明或者实用新型的强制许可。

第五十二条　强制许可涉及的发明创造为半导体技术的，其实施限于公共利益的目的和本法第四十八条第(二)项规定的情形。

第五十三条　除依照本法第四十八条第(二)项、第五十条规定给予的强制许可外，强制许可的实施应当主要为了供应国内市场。

第五十四条　依照本法第四十八条第(一)项、第五十一条规定申请强制许可的单位或者个人应当提供证据，证明其以合理的条件请求专利权人许可其实施专利，但未能在合理的时间内获得许可。

第五十五条　国务院专利行政部门作出的给予实施强制许可的决定，应当及时通知专利权人，并予以登记和公告。

给予实施强制许可的决定，应当根据强制许可的理由规定实施的范围和时间。强制许可的理由消除并不再发生时，国务院专利行政部门应当根据专利权人的请求，经审查后作出终止实施强制许可的决定。

第五十六条　取得实施强制许可的单位或者个人不享有独占的实施权，并且无权允许他人实施。

第五十七条　取得实施强制许可的单位或者个人应当付给专利权人合理的使用费，或者依照中华人民共和国参加的有关国际条约的规定处理使用费问题。付给使用费的，其数额由双方协商；双方不能达成协议的，由国务院专利行政部门裁决。

第五十八条　专利权人对国务院专利行政部门关于实施强制许可的决定不服的，专利权人和取得实施强制许可的单位或者个人对国务院专利行政部门关于实施强制许可的使用费的裁决不服的，可以自收到通知之日起三个月内向人民法院起诉。

第七章　专利权的保护

第五十九条　发明或者实用新型专利权的保护范围以其权利要求的内容为准，说明书及附图可以用于解释权利要求的内容。

外观设计专利权的保护范围以表示在图片或者照片中的该产品的外观设计为准，简要说明可以用于解释图片或者照片所表示的该产品的外观设计。

第六十条　未经专利权人许可，实施其专利，即侵犯其专利权，引起纠纷的，由当事人协商解决；不愿协商或者协商不成的，专利权人或者利害关系人可以向人民法院起诉，也可以请求管理专利工作的部门处理。管理专利工作的部门处理时，认定侵权行为成立的，可以责令侵权人立即停止侵权行为，当事人不服的，可以自收到处理通知之日起十五日内依照《中华人民共和国行政诉讼法》向人民法院起诉；侵权人期满不起诉又不停止侵权行为的，管理专利工作的部门可以申请人民法院强制执行。进行处理的管理专利工作的部门应当事人的请求，可以就侵犯专利权的赔偿数额进行调解；调解不成的，当事人可以依照《中华人民共和国民事诉讼法》向人民法院起诉。

第六十一条　专利侵权纠纷涉及新产品制造方法的发明专利的，制造同样产品的单位或者个人应当提供其产品制造方法不同于专利方法的证明。

专利侵权纠纷涉及实用新型专利或者外观设计专利的，人民法院或者管理专利工作的部门可以要求专利权人或者利害关系人出具由国务院专利行政部门对相关实用新型或者外观设计进行检索、分析和评价后作出的专利权评价报告，作为审理、处理专利侵权纠纷的证据。

第六十二条　在专利侵权纠纷中，被控侵权人有证据证明其实施的技术或者设计属于现有技术或者现有设计的，不构成侵犯专利权。

第六十三条　假冒专利的，除依法承担民事责任外，由管理专利工作的部门责令改正并予公告，没收违法所得，可以并处违法所得四倍以下的罚款；没有违法所得的，可以处二十万元以下的罚款；构成犯罪的，依法追究刑事责任。

第六十四条　管理专利工作的部门根据已经取得的证据，对涉嫌假冒专利行为进行查处时，可以询问有关当事人，调查与涉嫌违法行为有关的情况；对当事人涉嫌违法行为的场所实施现场检查；查阅、复制与涉嫌违法行为有关的合同、发票、账簿以及其他有关资料；检查与涉嫌违法行为有关的产品，对有证据证明是假冒专利的产品，可以查封或者扣押。

管理专利工作的部门依法行使前款规定的职权时，当事人应当予以协助、配合，不得拒绝、阻挠。

第六十五条　侵犯专利权的赔偿数额按照权利人因被侵权所受到的实际损失确定；实际损失难以确定的，可以按照侵权人因侵权所获得的利益确定。权利人的损失或者侵权人获得的利益难以确定的，参照该专利许可使用费的倍数合理确定。赔偿数额还应当包括权利人为制止侵权行为所支付的合理开支。

权利人的损失、侵权人获得的利益和专利许可使用费均难以确定的，人民法院可以根据专利权的类型、侵权行为的性质和情节等因素，确定给予一万元以上一百万元以下的赔偿。

第六十六条　专利权人或者利害关系人有证据证明他人正在实施或者即将实施侵犯专利权的行为，如不及时制止将会使其合法权益受到难以弥补的损害的，可以在起诉前向人民法院申请采取责令停止有关行为的措施。

申请人提出申请时，应当提供担保；不提供担保的，驳回申请。

人民法院应当自接受申请之时起四十八小时内作出裁定；有特殊情况需要延长的，可以延长四十八小时。裁定责令停止有关行为的，应当立即执行。当事人对裁定不服的，可以申请复议一次；复议期间不停止裁定的执行。

申请人自人民法院采取责令停止有关行为的措施之日起十五日内不起诉的，人民法院应当解除该措施。

申请有错误的，申请人应当赔偿被申请人因停止有关行为所遭受的损失。

第六十七条　为了制止专利侵权行为，在证据可能灭失或者以后难以取得的情况下，专利权人或者利害关系人可以在起诉前向人民法院申请保全证据。

人民法院采取保全措施，可以责令申请人提供担保；申请人不提供担保的，驳回申请。

人民法院应当自接受申请之时起四十八小时内作出裁定；裁定采取保全措施的，应当立即执行。

申请人自人民法院采取保全措施之日起十五日内不起诉的，人民法院应当解除该措施。

第六十八条 侵犯专利权的诉讼时效为二年，自专利权人或者利害关系人得知或者应当得知侵权行为之日起计算。

发明专利申请公布后至专利权授予前使用该发明未支付适当使用费的，专利权人要求支付使用费的诉讼时效为二年，自专利权人得知或者应当得知他人使用其发明之日起计算，但是，专利权人于专利权授予之日前即已得知或者应当得知的，自专利权授予之日起计算。

第六十九条 有下列情形之一的，不视为侵犯专利权：

（一）专利产品或者依照专利方法直接获得的产品，由专利权人或者经其许可的单位、个人售出后，使用、许诺销售、销售、进口该产品的；

（二）在专利申请日前已经制造相同产品、使用相同方法或者已经作好制造、使用的必要准备，并且仅在原有范围内继续制造、使用的；

（三）临时通过中国领陆、领水、领空的外国运输工具，依照其所属国同中国签订的协议或者共同参加的国际条约，或者依照互惠原则，为运输工具自身需要而在其装置和设备中使用有关专利的；

（四）专为科学研究和实验而使用有关专利的；

（五）为提供行政审批所需要的信息，制造、使用、进口专利药品或者专利医疗器械的，以及专门为其制造、进口专利药品或者专利医疗器械的。

第七十条 为生产经营目的使用、许诺销售或者销售不知道是未经专利权人许可而制造并售出的专利侵权产品，能证明该产品合法来源的，不承担赔偿责任。

第七十一条 违反本法第二十条规定向外国申请专利，泄露国家秘密的，由所在单位或者上级主管机关给予行政处分；构成犯罪的，依法追究刑事责任。

第七十二条 侵夺发明人或者设计人的非职务发明创造专利申请权和本法规定的其他权益的，由所在单位或者上级主管机关给予行政处分。

第七十三条 管理专利工作的部门不得参与向社会推荐专利产品等经营活动。

管理专利工作的部门违反前款规定的，由其上级机关或者监察机关责令改正，消除影响，有违法收入的予以没收；情节严重的，对直接负责的主管人员和其他直接责任人员依法给予行政处分。

第七十四条 从事专利管理工作的国家机关工作人员以及其他有关国家机关工作人员玩忽职守、滥用职权、徇私舞弊，构成犯罪的，依法追究刑事责任；尚不构成犯罪的，依法给予行政处分。

第八章 附 则

第七十五条 向国务院专利行政部门申请专利和办理其他手续，应当按照规定缴纳费用。

第七十六条 本法自 1985 年 4 月 1 日起施行。

延伸阅读十二 《中华人民共和国商标法》

第一章 总则

第一条 为了加强商标管理，保护商标专用权，促使生产、经营者保证商品和服务质量，维护商标信誉，以保障消费者和生产、经营者的利益，促进社会主义市场经济的发展，特制定本法。

第二条　国务院工商行政管理部门商标局主管全国商标注册和管理的工作。国务院工商行政管理部门设立商标评审委员会，负责处理商标争议事宜。

第三条　经商标局核准注册的商标为注册商标，包括商品商标、服务商标和集体商标、证明商标；商标注册人享有商标专用权，受法律保护。本法所称集体商标，是指以团体、协会或者其他组织名义注册，供该组织成员在商事活动中使用，以表明使用者在该组织中的成员资格的标志。本法所称证明商标，是指由对某种商品或者服务具有监督能力的组织所控制，而由该组织以外的单位或者个人使用于其商品或者服务，用以证明该商品或者服务的原产地、原料、制造方法、质量或者其他特定品质的标志。集体商标、证明商标注册和管理的特殊事项，由国务院工商行政管理部门规定。

第四条　自然人、法人或者其他组织在生产经营活动中，对其商品或者服务需要取得商标专用权的，应当向商标局申请商标注册。不以使用为目的的恶意商标注册申请，应当予以驳回。本法有关商品商标的规定，适用于服务商标。

第五条　两个以上的自然人、法人或者其他组织可以共同向商标局申请注册同一商标，共同享有和行使该商标专用权。

第六条　法律、行政法规规定必须使用注册商标的商品，必须申请商标注册，未经核准注册的，不得在市场销售。

第七条　申请注册和使用商标，应当遵循诚实信用原则。商标使用人应当对其使用商标的商品质量负责。各级工商行政管理部门应当通过商标管理，制止欺骗消费者的行为。

第八条　任何能够将自然人、法人或者其他组织的商品与他人的商品区别开的标志，包括文字、图形、字母、数字、三维标志、颜色组合和声音等，以及上述要素的组合，均可以作为商标申请注册。

第九条　申请注册的商标，应当有显著特征，便于识别，并不得与他人在先取得的合法权利相冲突。商标注册人有权标明“注册商标”或者注册标记。

第十条　下列标志不得作为商标使用：(一)同中华人民共和国的国家名称、国旗、国徽、国歌、军旗、军徽、军歌、勋章等相同或者近似的，以及同中央国家机关的名称、标志、所在地特定地点的名称或者标志性建筑物的名称、图形相同的；(二)同外国的国家名称、国旗、国徽、军旗等相同或者近似的，但经该国政府同意的除外；(三)同政府间国际组织的名称、旗帜、徽记等相同或者近似的，但经该组织同意或者不易误导公众的除外；(四)与表明实施控制、予以保证的官方标志、检验印记相同或者近似的，但经授权的除外；(五)同“红十字”“红新月”的名称、标志相同或者近似的；(六)带有民族歧视性的；(七)带有欺骗性，容易使公众对商品的质量等特点或者产地产生误认的；(八)有害于社会主义道德风尚或者有其他不良影响的。县级以上行政区划的地名或者公众知晓的外国地名，不得作为商标。但是，地名具有其他含义或者作为集体商标、证明商标组成部分的除外；已经注册的使用地名的商标继续有效。

第十一条　下列标志不得作为商标注册：(一)仅有本商品的通用名称、图形、型号的；(二)仅直接表示商品的质量、主要原料、功能、用途、重量、数量及其他特点的；(三)其他缺乏显著特征的。前款所列标志经过使用取得显著特征，并便于识别的，可以作为商标注册。

第十二条 以三维标志申请注册商标的，仅由商品自身的性质产生的形状、为获得技术效果而需有的商品形状或者使商品具有实质性价值的形状，不得注册。

第十三条 为相关公众所熟知的商标，持有人认为其权利受到侵害时，可以依照本法规定请求驰名商标保护。就相同或者类似商品申请注册的商标是复制、摹仿或者翻译他人未在中国注册的驰名商标，容易导致混淆的，不予注册并禁止使用。就不相同或者不相类似商品申请注册的商标是复制、摹仿或者翻译他人已经在中国注册的驰名商标，误导公众，致使该驰名商标注册人的利益可能受到损害的，不予注册并禁止使用。

第十四条 驰名商标应当根据当事人的请求，作为处理涉及商标案件需要认定的事实进行认定。认定驰名商标应当考虑下列因素：(一)相关公众对该商标的知晓程度；(二)该商标使用的持续时间；(三)该商标的任何宣传工作的持续时间、程度和地理范围；(四)该商标作为驰名商标受保护的记录；(五)该商标驰名的其他因素。在商标注册审查、工商行政管理部门查处商标违法案件过程中，当事人依照本法第十三条规定主张权利的，商标局根据审查、处理案件的需要，可以对商标驰名情况作出认定。在商标争议处理过程中，当事人依照本法第十三条规定主张权利的，商标评审委员会根据处理案件的需要，可以对商标驰名情况作出认定。在商标民事、行政案件审理过程中，当事人依照本法第十三条规定主张权利的，最高人民法院指定的人民法院根据审理案件的需要，可以对商标驰名情况作出认定。生产、经营者不得将“驰名商标”字样用于商品、商品包装或者容器上，或者用于广告宣传、展览以及其他商业活动中。

第十五条 未经授权，代理人或者代表人以自己的名义将被代理人或者被代表人的商标进行注册，被代理人或者被代表人提出异议的，不予注册并禁止使用。就同一种商品或者类似商品申请注册的商标与他人在先使用的未注册商标相同或者近似，申请人与该他人具有前款规定以外的合同、业务往来关系或者其他关系而明知该他人商标存在，该他人提出异议的，不予注册。

第十六条 商标中有商品的地理标志，而该商品并非来源于该标志所标示的地区，误导公众的，不予注册并禁止使用；但是，已经善意取得注册的继续有效。前款所称地理标志，是指标示某商品来源于某地区，该商品的特定质量、信誉或者其他特征，主要由该地区的自然因素或者人文因素所决定的标志。

第十七条 外国人或者外国企业在中国申请商标注册的，应当按其所属国和中华人民共和国签订的协议或者共同参加的国际条约办理，或者按对等原则办理。

第十八条 申请商标注册或者办理其他商标事宜，可以自行办理，也可以委托依法设立的商标代理机构办理。外国人或者外国企业在中国申请商标注册和办理其他商标事宜的，应当委托依法设立的商标代理机构办理。

第十九条 商标代理机构应当遵循诚实信用原则，遵守法律、行政法规，按照被代理人的委托办理商标注册申请或者其他商标事宜；对在代理过程中知悉的被代理人的商业秘密，负有保密义务。委托人申请注册的商标可能存在本法规定不得注册情形的，商标代理机构应当明确告知委托人。商标代理机构知道或者应当知道委托人申请注册的商标属于本法第四条、第十五条和第三十二条规定情形的，不得接受其委托。商标代理机构除对其代理服务申请商标注册外，不得申请注册其他商标。

第二十条 商标代理行业组织应当按照章程规定，严格执行吸纳会员的条件，对违反行业自律规范的会员实行惩戒。商标代理行业组织对其吸纳的会员和对会员的惩戒情况，应当及时向社会公布。

第二十一条　商标国际注册遵循中华人民共和国缔结或者参加的有关国际条约确立的制度，具体办法由国务院规定。

第二章　商标注册的申请

第二十二条　商标注册申请人应当按规定的商品分类表填报使用商标的商品类别和商品名称，提出注册申请。商标注册申请人可以通过一份申请就多个类别的商品申请注册同一商标。商标注册申请等有关文件，可以以书面方式或者数据电文方式提出。

第二十三条　注册商标需要在核定使用范围之外的商品上取得商标专用权的，应当另行提出注册申请。

第二十四条　注册商标需要改变其标志的，应当重新提出注册申请。

第二十五条　商标注册申请人自其商标在外国第一次提出商标注册申请之日起六个月内，又在中国就相同商品以同一商标提出商标注册申请的，依照该外国同中国签订的协议或者共同参加的国际条约，或者按照相互承认优先权的原则，可以享有优先权。依照前款要求优先权的，应当在提出商标注册申请的时候提出书面声明，并且在三个月内提交第一次提出的商标注册申请文件的副本；未提出书面声明或者逾期未提交商标注册申请文件副本的，视为未要求优先权。

第二十六条　商标在中国政府主办的或者承认的国际展览会展出的商品上首次使用的，自该商品展出之日起六个月内，该商标的注册申请人可以享有优先权。依照前款要求优先权的，应当在提出商标注册申请的时候提出书面声明，并且在三个月内提交展出其商品的展览会名称、在展出商品上使用该商标的证据、展出日期等证明文件；未提出书面声明或者逾期未提交证明文件的，视为未要求优先权。

第二十七条　为申请商标注册所申报的事项和所提供的材料应当真实、准确、完整。

第三章　商标注册的审查和核准

第二十八条　对申请注册的商标，商标局应当自收到商标注册申请文件之日起九个月内审查完毕，符合本法有关规定的，予以初步审定公告。

第二十九条　在审查过程中，商标局认为商标注册申请内容需要说明或者修正的，可以要求申请人做出说明或者修正。申请人未做出说明或者修正的，不影响商标局做出审查决定。

第三十条　申请注册的商标，凡不符合本法有关规定或者同他人在同一种商品或者类似商品上已经注册的或者初步审定的商标相同或者近似的，由商标局驳回申请，不予公告。

第三十一条　两个或者两个以上的商标注册申请人，在同一种商品或者类似商品上，以相同或者近似的商标申请注册的，初步审定并公告申请在先的商标；同一天申请的，初步审定并公告使用在先的商标，驳回其他人的申请，不予公告。

第三十二条　申请商标注册不得损害他人现有的在先权利，也不得以不正当手段抢先注册他人已经使用并有一定影响的商标。

第三十三条　对初步审定公告的商标，自公告之日起三个月内，在先权利人、利害关系人认为违反本法第十三条第二款和第三款、第十五条、第十六条第一款、第三十条、第三十一条、第三十二条规定的，或者任何人认为违反本法第四条、第十条、第十一条、第十二条、第十九条第四款规定的，可以向商标局提出异议。公告期满无异议的，予以核准注册，发给商标注册证，并予公告。

第三十四条　对驳回申请、不予公告的商标，商标局应当书面通知商标注册申请人。商标注册申请人不服的，可以自收到通知之日起十五日内向商标评审委员会申请复审。商标评审委员会应当自收到申请之日起九个月内做出决定，并书面通知申请人。有特殊情况需要延长的，经国务院工商行政管理部门批准，可以延长三个月。当事人对商标评审委员会的决定不服的，可以自收到通知之日起三十日内向人民法院起诉。

第三十五条　对初步审定公告的商标提出异议的，商标局应当听取异议人和被异议人陈述事实和理由，经调查核实后，自公告期满之日起十二个月内做出是否准予注册的决定，并书面通知异议人和被异议人。有特殊情况需要延长的，经国务院工商行政管理部门批准，可以延长六个月。商标局做出准予注册决定的，发给商标注册证，并予公告。异议人不服的，可以依照本法第四十四条、第四十五条的规定向商标评审委员会请求宣告该注册商标无效。商标局做出不予注册决定，被异议人不服的，可以自收到通知之日起十五日内向商标评审委员会申请复审。商标评审委员会应当自收到申请之日起十二个月内做出复审决定，并书面通知异议人和被异议人。有特殊情况需要延长的，经国务院工商行政管理部门批准，可以延长六个月。被异议人对商标评审委员会的决定不服的，可以自收到通知之日起三十日内向人民法院起诉。人民法院应当通知异议人作为第三人参加诉讼。商标评审委员会在依照前款规定进行复审的过程中，所涉及的在先权利的确定必须以人民法院正在审理或者行政机关正在处理的另一案件的结果为依据的，可以中止审查。中止原因消除后，应当恢复审查程序。

第三十六条　法定期限届满，当事人对商标局做出的驳回申请决定、不予注册决定不申请复审或者对商标评审委员会做出的复审决定不向人民法院起诉的，驳回申请决定、不予注册决定或者复审决定生效。经审查异议不成立而准予注册的商标，商标注册申请人取得商标专用权的时间自初步审定公告三个月期满之日起计算。自该商标公告期满之日起至准予注册决定做出前，对他人在同一种或者类似商品上使用与该商标相同或者近似的标志的行为不具有追溯力；但是，因该使用人的恶意给商标注册人造成的损失，应当给予赔偿。

第三十七条　对商标注册申请和商标复审申请应当及时进行审查。

第三十八条　商标注册申请人或者注册人发现商标申请文件或者注册文件有明显错误的，可以申请更正。商标局依法在其职权范围内作出更正，并通知当事人。前款所称更正错误不涉及商标申请文件或者注册文件的实质性内容。

第四章　注册商标的续展、变更、转让和使用许可

第三十九条　注册商标的有效期为十年，自核准注册之日起计算。

第四十条　注册商标有效期满，需要继续使用的，商标注册人应当在期满前十二个月内按照规定办理续展手续；在此期间未能办理的，可以给予六个月的宽展期。每次续展注册的有效期为十年，自该商标上一届有效期满次日起计算。期满未办理续展手续的，注销其注册商标。商标局应当对续展注册的商标予以公告。

第四十一条　注册商标需要变更注册人的名义、地址或者其他注册事项的，应当提出变更申请。

第四十二条　转让注册商标的，转让人和受让人应当签订转让协议，并共同向商标局提出申请。受让人应当保证使用该注册商标的商品质量。转让注册商标的，商标注册人对其在同一种商品上注册的近似的商标，或者在类似商品上注册的相同或者近似的商标，应当一并转让。对容易导致混淆或者有其他不良影响的转让，商标局不予核准，书面通知申请人并说明理由。转让注册商标经核准后，予以公告。受让人自公告之日起享有商标专用权。

第四十三条　商标注册人可以通过签订商标使用许可合同，许可他人使用其注册商标。许可人应当监督被许可人使用其注册商标的商品质量。被许可人应当保证使用该注册商标的商品质量。经许可使用他人注册商标的，必须在使用该注册商标的商品上标明被许可人的名称和商品产地。许可他人使用其注册商标的，许可人应当将其商标使用许可报商标局备案，由商标局公告。商标使用许可未经备案不得对抗善意第三人。

第五章　注册商标的无效宣告

第四十四条　已经注册的商标，违反本法第四条、第十条、第十一条、第十二条、第十九条第四款规定的，或者是以欺骗手段或者其他不正当手段取得注册的，由商标局宣告该注册商标无效；其他单位或者个人可以请求商标评审委员会宣告该注册商标无效。商标局做出宣告注册商标无效的决定，应当书面通知当事人。当事人对商标局的决定不服的，可以自收到通知之日起十五日内向商标评审委员会申请复审。商标评审委员会应当自收到申请之日起九个月内做出决定，并书面通知当事人。有特殊情况需要延长的，经国务院工商行政管理部门批准，可以延长三个月。当事人对商标评审委员会的决定不服的，可以自收到通知之日起三十日内向人民法院起诉。其他单位或者个人请求商标评审委员会宣告注册商标无效的，商标评审委员会收到申请后，应当书面通知有关当事人，并限期提出答辩。商标评审委员会应当自收到申请之日起九个月内做出维持注册商标或者宣告注册商标无效的裁定，并书面通知当事人。有特殊情况需要延长的，经国务院工商行政管理部门批准，可以延长三个月。当事人对商标评审委员会的裁定不服的，可以自收到通知之日起三十日内向人民法院起诉。人民法院应当通知商标裁定程序的对方当事人作为第三人参加诉讼。

第四十五条　已经注册的商标，违反本法第十三条第二款和第三款、第十五条、第十六条第一款、第三十条、第三十一条、第三十二条规定的，自商标注册之日起五年内，在先权利人或者利害关系人可以请求商标评审委员会宣告该注册商标无效。对恶意注册的，驰名商标所有人不受五年的时间限制。商标评审委员会收到宣告注册商标无效的申请后，应当书面通知有关当事人，并限期提出答辩。商标评审委员会应当自收到申请之日起十二个月内做出维持注册商标或者宣告注册商标无效的裁定，并书面通知当事人。有特殊情况需要延长的，经国务院工商行政管理部门批准，可以延长六个月。当事人对商标评审委员会的裁定不服的，可以自收到通知之日起三十日内向人民法院起诉。人民法院应当通知商标裁定程序的对方当事人作为第三人参加诉讼。商标评审委员会在依照前款规定对无效宣告请求进行审查的过程中，所涉及的在先权利的确定必须以人民法院正在审理或者行政机关正在处理的另一案件的结果为依据的，可以中止审查。中止原因消除后，应当恢复审查程序。

第四十六条　法定期限届满，当事人对商标局宣告注册商标无效的决定不申请复审或者对商标评审委员会的复审决定、维持注册商标或者宣告注册商标无效的裁定不向人民法院起诉的，商标局的决定或者商标评审委员会的复审决定、裁定生效。

第四十七条　依照本法第四十四条、第四十五条的规定宣告无效的注册商标，由商标局予以公告，该注册商标专用权视为自始即不存在。宣告注册商标无效的决定或者裁定，对宣告无效前人民法院做出并已执行的商标侵权案件的判决、裁定、调解书和工商行政管理部门做出并已执行的商标侵权案件的处理决定以及已经履行的商标转让或者使用许可合同不具有追溯力。但是，因商标注册人的恶意给他人造成的损失，应当给予赔偿。依照前款规定不返还商标侵权赔偿金、商标转让费、商标使用费，明显违反公平原则的，应当全部或者部分返还。

第六章　商标使用的管理

第四十八条　本法所称商标的使用，是指将商标用于商品、商品包装或者容器以及商品交易文书上，或者将商标用于广告宣传、展览以及其他商业活动中，用于识别商品来源的行为。

第四十九条　商标注册人在使用注册商标的过程中，自行改变注册商标、注册人名义、地址或者其他注册事项的，由地方工商行政管理部门责令限期改正；期满不改正的，由商标局撤销其注册商标。注册商标成为其核定使用的商品的通用名称或者没有正当理由连续三年不使用的，任何单位或者个人可以向商标局申请撤销该注册商标。商标局应当自收到申请之日起九个月内做出决定。有特殊情况需要延长的，经国务院工商行政管理部门批准，可以延长三个月。

第五十条　注册商标被撤销、被宣告无效或者期满不再续展的，自撤销、宣告无效或者注销之日起一年内，商标局对与该商标相同或者近似的商标注册申请，不予核准。

第五十一条　违反本法第六条规定的，由地方工商行政管理部门责令限期申请注册，违法经营额五万元以上的，可以处违法经营额百分之二十以下的罚款，没有违法经营额或者违法经营额不足五万元的，可以处一万元以下的罚款。

第五十二条　将未注册商标冒充注册商标使用的，或者使用未注册商标违反本法第十条规定的，由地方工商行政管理部门予以制止，限期改正，并可以予以通报，违法经营额五万元以上的，可以处违法经营额百分之二十以下的罚款，没有违法经营额或者违法经营额不足五万元的，可以处一万元以下的罚款。

第五十三条　违反本法第十四条第五款规定的，由地方工商行政管理部门责令改正，处十万元罚款。

第五十四条　对商标局撤销或者不予撤销注册商标的决定，当事人不服的，可以自收到通知之日起十五日内向商标评审委员会申请复审。商标评审委员会应当自收到申请之日起九个月内做出决定，并书面通知当事人。有特殊情况需要延长的，经国务院工商行政管理部门批准，可以延长三个月。当事人对商标评审委员会的决定不服的，可以自收到通知之日起三十日内向人民法院起诉。

第五十五条　法定期限届满，当事人对商标局做出的撤销注册商标的决定不申请复审或者对商标评审委员会做出的复审决定不向人民法院起诉的，撤销注册商标的决定、复审决定生效。被撤销的注册商标，由商标局予以公告，该注册商标专用权自公告之日起终止。

第七章 注册商标专用权的保护

第五十六条 注册商标的专用权，以核准注册的商标和核定使用的商品为限。

第五十七条 有下列行为之一的，均属侵犯注册商标专用权：(一)未经商标注册人的许可，在同一种商品上使用与其注册商标相同的商标的；(二)未经商标注册人的许可，在同一种商品上使用与其注册商标近似的商标，或者在类似商品上使用与其注册商标相同或者近似的商标，容易导致混淆的；(三)销售侵犯注册商标专用权的商品的；(四)伪造、擅自制造他人注册商标标识或者销售伪造、擅自制造的注册商标标识的；(五)未经商标注册人同意，更换其注册商标并将该更换商标的商品又投入市场的；(六)故意为侵犯他人商标专用权行为提供便利条件，帮助他人实施侵犯商标专用权行为的；(七)给他人的注册商标专用权造成其他损害的。

第五十八条 将他人注册商标、未注册的驰名商标作为企业名称中的字号使用，误导公众，构成不正当竞争行为的，依照《中华人民共和国反不正当竞争法》处理。

第五十九条 注册商标中含有的本商品的通用名称、图形、型号，或者直接表示商品的质量、主要原料、功能、用途、重量、数量及其他特点，或者含有的地名，注册商标专用权人无权禁止他人正当使用。三维标志注册商标中含有的商品自身的性质产生的形状、为获得技术效果而需有的商品形状或者使商品具有实质性价值的形状，注册商标专用权人无权禁止他人正当使用。商标注册人申请商标注册前，他人已经在同一种商品或者类似商品上先于商标注册人使用与注册商标相同或者近似并有一定影响的商标的，注册商标专用权人无权禁止该使用人在原使用范围内继续使用该商标，但可以要求其附加适当区别标识。

第六十条 有本法第五十七条所列侵犯注册商标专用权行为之一，引起纠纷的，由当事人协商解决；不愿协商或者协商不成的，商标注册人或者利害关系人可以向人民法院起诉，也可以请求工商行政管理部门处理。工商行政管理部门处理时，认定侵权行为成立的，责令立即停止侵权行为，没收、销毁侵权商品和主要用于制造侵权商品、伪造注册商标标识的工具，违法经营额五万元以上的，可以处违法经营额五倍以下的罚款，没有违法经营额或者违法经营额不足五万元的，可以处二十五万元以下的罚款。对五年内实施两次以上商标侵权行为或者有其他严重情节的，应当从重处罚。销售不知道是侵犯注册商标专用权的商品，能证明该商品是自己合法取得并说明提供者的，由工商行政管理部门责令停止销售。对侵犯商标专用权的赔偿数额的争议，当事人可以请求进行处理的工商行政管理部门调解，也可以依照《中华人民共和国民事诉讼法》向人民法院起诉。经工商行政管理部门调解，当事人未达成协议或者调解书生效后不履行的，当事人可以依照《中华人民共和国民事诉讼法》向人民法院起诉。

第六十一条 对侵犯注册商标专用权的行为，工商行政管理部门有权依法查处；涉嫌犯罪的，应当及时移送司法机关依法处理。

第六十二条 县级以上工商行政管理部门根据已经取得的违法嫌疑证据或者举报，对涉嫌侵犯他人注册商标专用权的行为进行查处时，可以行使下列职权：(一)询问有关当事人，调查与侵犯他人注册商标专用权有关的情况；(二)查阅、复制当事人与侵权活动有关的合同、发票、账簿以及其他有关资料；(三)对当事人涉嫌从事侵犯他人注册商标专用权活动的场所实施现场检查；(四)检查与侵权活动有关的物品；对有证据证明是侵犯他人注册商标专用权的物品，可以查封或者扣押。工商行政管理部门依法行使前款规定的职权时，当事人应当予以协助、配合，不得拒绝、阻挠。在查处商标侵权案件过程中，对商标权属存在争议或者权利人同时向人民法院提起商标侵权诉讼的，工商行政管理部门可以中止案件的查处。中止原因消除后，应当恢复或者终结案件查处程序。

第六十三条　侵犯商标专用权的赔偿数额，按照权利人因被侵权所受到的实际损失确定；实际损失难以确定的，可以按照侵权人因侵权所获得的利益确定；权利人的损失或者侵权人获得的利益难以确定的，参照该商标许可使用费的倍数合理确定。对恶意侵犯商标专用权，情节严重的，可以在按照上述方法确定数额的一倍以上五倍以下确定赔偿数额。赔偿数额应当包括权利人为制止侵权行为所支付的合理开支。人民法院为确定赔偿数额，在权利人已经尽力举证，而与侵权行为相关的账簿、资料主要由侵权人掌握的情况下，可以责令侵权人提供与侵权行为相关的账簿、资料；侵权人不提供或者提供虚假的账簿、资料的，人民法院可以参考权利人的主张和提供的证据判定赔偿数额。权利人因被侵权所受到的实际损失、侵权人因侵权所获得的利益、注册商标许可使用费难以确定的，由人民法院根据侵权行为的情节判决给予五百万元以下的赔偿。人民法院审理商标纠纷案件，应权利人请求，对属于假冒注册商标的商品，除特殊情况外，责令销毁；对主要用于制造假冒注册商标的商品的材料、工具，责令销毁，且不予补偿；或者在特殊情况下，责令禁止前述材料、工具进入商业渠道，且不予补偿。假冒注册商标的商品不得在仅去除假冒注册商标后进入商业渠道。

第六十四条　注册商标专用权人请求赔偿，被控侵权人以注册商标专用权人未使用注册商标提出抗辩的，人民法院可以要求注册商标专用权人提供此前三年内实际使用该注册商标的证据。注册商标专用权人不能证明此前三年内实际使用过该注册商标，也不能证明因侵权行为受到其他损失的，被控侵权人不承担赔偿责任。销售不知道是侵犯注册商标专用权的商品，能证明该商品是自己合法取得并说明提供者的，不承担赔偿责任。

第六十五条　商标注册人或者利害关系人有证据证明他人正在实施或者即将实施侵犯其注册商标专用权的行为，如不及时制止将会使其合法权益受到难以弥补的损害的，可以依法在起诉前向人民法院申请采取责令停止有关行为和财产保全的措施。

第六十六条　为制止侵权行为，在证据可能灭失或者以后难以取得的情况下，商标注册人或者利害关系人可以依法在起诉前向人民法院申请保全证据。

第六十七条　未经商标注册人许可，在同一种商品上使用与其注册商标相同的商标，构成犯罪的，除赔偿被侵权人的损失外，依法追究刑事责任。伪造、擅自制造他人注册商标标识或者销售伪造、擅自制造的注册商标标识，构成犯罪的，除赔偿被侵权人的损失外，依法追究刑事责任。销售明知是假冒注册商标的商品，构成犯罪的，除赔偿被侵权人的损失外，依法追究刑事责任。

第六十八条　商标代理机构有下列行为之一的，由工商行政管理部门责令限期改正，给予警告，处一万元以上十万元以下的罚款；对直接负责的主管人员和其他直接责任人员给予警告，处五千元以上五万元以下的罚款；构成犯罪的，依法追究刑事责任：(一)办理商标事宜过程中，伪造、变造或者使用伪造、变造的法律文件、印章、签名的；(二)以诋毁其他商标代理机构等手段招徕商标代理业务或者以其他不正当手段扰乱商标代理市场秩序的；(三)违反本法第四条、第十九条第三款和第四款规定的。商标代理机构有前款规定行为的，由工商行政管理部门记入信用档案；情节严重的，商标局、商标评审委员会并可以决定停止受理其办理商标代理业务，予以公告。商标代理机构违反诚实信用原则，侵害委托人合法利益的，应当依法承担民事责任，并由商标代理行业组织按照章程规定予以惩戒。对恶意申请商标注册的，根据情节给予警告、罚款等行政处罚；对恶意提起商标诉讼的，由人民法院依法给予处罚。

第六十九条　从事商标注册、管理和复审工作的国家机关工作人员必须秉公执法，廉洁自律，忠于职守，文明服务。商标局、商标评审委员会以及从事商标注册、管理和复审工作的国家机关工作人员不得从事商标代理业务和商品生产经营活动。

第七十条　工商行政管理部门应当建立健全内部监督制度，对负责商标注册、管理和复审工作的国家机关工作人员执行法律、行政法规和遵守纪律的情况，进行监督检查。

第七十一条　从事商标注册、管理和复审工作的国家机关工作人员玩忽职守、滥用职权、徇私舞弊，违法办理商标注册、管理和复审事项，收受当事人财物，牟取不正当利益，构成犯罪的，依法追究刑事责任；尚不构成犯罪的，依法给予处分。

第八章　附　　则

第七十二条　申请商标注册和办理其他商标事宜的，应当缴纳费用，具体收费标准另定。

第七十三条　本法自1983年3月1日起施行。1963年4月10日国务院公布的《商标管理条例》同时废止；其他有关商标管理的规定，凡与本法抵触的，同时失效。本法施行前已经注册的商标继续有效。

延伸阅读十三　《中华人民共和国著作权法》

第一章　总　　则

第一条　为保护文学、艺术和科学作品作者的著作权，以及与著作权有关的权益，鼓励有益于社会主义精神文明、物质文明建设的作品的创作和传播，促进社会主义文化和科学事业的发展与繁荣，根据宪法制定本法。

第二条　中国公民、法人或者非法人组织的作品，不论是否发表，依照本法享有著作权。

外国人、无国籍人的作品根据其作者所属国或者经常居住地国同中国签订的协议或者共同参加的国际条约享有的著作权，受本法保护。

外国人、无国籍人的作品首先在中国境内出版的，依照本法享有著作权。

未与中国签订协议或者共同参加国际条约的国家的作者以及无国籍人的作品首次在中国参加的国际条约的成员国出版的，或者在成员国和非成员国同时出版的，受本法保护。

第三条　本法所称的作品，是指文学、艺术和科学领域内具有独创性并能以一定形式表现的智力成果，包括：

（一）文字作品；

（二）口述作品；

（三）音乐、戏剧、曲艺、舞蹈、杂技艺术作品；

（四）美术、建筑作品；

（五）摄影作品；

（六）视听作品；

（七）工程设计图、产品设计图、地图、示意图等图形作品和模型作品；

（八）计算机软件；

（九）符合作品特征的其他智力成果。

第四条　著作权人和与著作权有关的权利人行使权利，不得违反宪法和法律，不得损害公共利益。国家对作品的出版、传播依法进行监督管理。

第五条　本法不适用于：

（一）法律、法规，国家机关的决议、决定、命令和其他具有立法、行政、司法性质的文件，及其官方正式译文；

（二）单纯事实消息；

（三）历法、通用数表、通用表格和公式。

第六条　民间文学艺术作品的著作权保护办法由国务院另行规定。

第七条　国家著作权主管部门负责全国的著作权管理工作；县级以上地方主管著作权的部门负责本行政区域的著作权管理工作。

第八条　著作权人和与著作权有关的权利人可以授权著作权集体管理组织行使著作权或者与著作权有关的权利。依法设立的著作权集体管理组织是非营利法人，被授权后可以以自己的名义为著作权人和与著作权有关的权利人主张权利，并可以作为当事人进行涉及著作权或者与著作权有关的权利的诉讼、仲裁、调解活动。

著作权集体管理组织根据授权向使用者收取使用费。使用费的收取标准由著作权集体管理组织和使用者代表协商确定，协商不成的，可以向国家著作权主管部门申请裁决，对裁决不服的，可以向人民法院提起诉讼；当事人也可以直接向人民法院提起诉讼。

著作权集体管理组织应当将使用费的收取和转付、管理费的提取和使用、使用费的未分配部分等总体情况定期向社会公布，并应当建立权利信息查询系统，供权利人和使用者查询。国家著作权主管部门应当依法对著作权集体管理组织进行监督、管理。

著作权集体管理组织的设立方式、权利义务、使用费的收取和分配，以及对其监督和管理等由国务院另行规定。

第二章　著作权

第一节　著作权人及其权利

第九条　著作权人包括：

（一）作者；

（二）其他依照本法享有著作权的自然人、法人或者非法人组织。

第十条　著作权包括下列人身权和财产权：

（一）发表权，即决定作品是否公之于众的权利；

（二）署名权，即表明作者身份，在作品上署名的权利；

（三）修改权，即修改或者授权他人修改作品的权利；

（四）保护作品完整权，即保护作品不受歪曲、篡改的权利；

（五）复制权，即以印刷、复印、拓印、录音、录像、翻录、翻拍、数字化等方式将作品制作一份或者多份的权利；

（六）发行权，即以出售或者赠与方式向公众提供作品的原件或者复制件的权利；

（七）出租权，即有偿许可他人临时使用视听作品、计算机软件的原件或者复制件的权利，计算机软件不是出租的主要标的的除外；

（八）展览权，即公开陈列美术作品、摄影作品的原件或者复制件的权利；

（九）表演权，即公开表演作品，以及用各种手段公开播送作品的表演的权利；

（十）放映权，即通过放映机、幻灯机等技术设备公开再现美术、摄影、视听作品等的权利；

（十一）广播权，即以有线或者无线方式公开传播或者转播作品，以及通过扩音器或者其他传送符号、声音、图像的类似工具向公众传播广播的作品的权利，但不包括本款第十二项规定的权利；

（十二）信息网络传播权，即以有线或者无线方式向公众提供，使公众可以在其选定的时间和地点获得作品的权利；

（十三）摄制权，即以摄制视听作品的方法将作品固定在载体上的权利；

（十四）改编权，即改变作品，创作出具有独创性的新作品的权利；

（十五）翻译权，即将作品从一种语言文字转换成另一种语言文字的权利；

（十六）汇编权，即将作品或者作品的片段通过选择或者编排，汇集成新作品的权利；

（十七）应当由著作权人享有的其他权利。

著作权人可以许可他人行使前款第五项至第十七项规定的权利，并依照约定或者本法有关规定获得报酬。

著作权人可以全部或者部分转让本条第一款第五项至第十七项规定的权利，并依照约定或者本法有关规定获得报酬。

第二节　著作权归属

第十一条　著作权属于作者，本法另有规定的除外。

创作作品的自然人是作者。

由法人或者非法人组织主持，代表法人或者非法人组织意志创作，并由法人或者非法人组织承担责任的作品，法人或者非法人组织视为作者。

第十二条　在作品上署名的自然人、法人或者非法人组织为作者，且该作品上存在相应权利，但有相反证明的除外。

作者等著作权人可以向国家著作权主管部门认定的登记机构办理作品登记。

与著作权有关的权利参照适用前两款规定。

第十三条　改编、翻译、注释、整理已有作品而产生的作品，其著作权由改编、翻译、注释、整理人享有，但行使著作权时不得侵犯原作品的著作权。

第十四条　两人以上合作创作的作品，著作权由合作作者共同享有。没有参加创作的人，不能成为合作作者。

合作作品的著作权由合作作者通过协商一致行使；不能协商一致，又无正当理由的，任何一方不得阻止他方行使除转让、许可他人专有使用、出质以外的其他权利，但是所得收益应当合理分配给所有合作作者。

合作作品可以分割使用的，作者对各自创作的部分可以单独享有著作权，但行使著作权时不得侵犯合作作品整体的著作权。

第十五条 汇编若干作品、作品的片段或者不构成作品的数据或者其他材料，对其内容的选择或者编排体现独创性的作品，为汇编作品，其著作权由汇编人享有，但行使著作权时，不得侵犯原作品的著作权。

第十六条 使用改编、翻译、注释、整理、汇编已有作品而产生的作品进行出版、演出和制作录音录像制品，应当取得该作品的著作权人和原作品的著作权人许可，并支付报酬。

第十七条 视听作品中的电影作品、电视剧作品的著作权由制作者享有，但编剧、导演、摄影、作词、作曲等作者享有署名权，并有权按照与制作者签订的合同获得报酬。

前款规定以外的视听作品的著作权归属由当事人约定；没有约定或者约定不明确的，由制作者享有，但作者享有署名权和获得报酬的权利。

视听作品中的剧本、音乐等可以单独使用的作品的作者有权单独行使其著作权。

第十八条 自然人为完成法人或者非法人组织工作任务所创作的作品是职务作品，除本条第二款的规定以外，著作权由作者享有，但法人或者非法人组织有权在其业务范围内优先使用。作品完成两年内，未经单位同意，作者不得许可第三人以与单位使用的相同方式使用该作品。

有下列情形之一的职务作品，作者享有署名权，著作权的其他权利由法人或者非法人组织享有，法人或者非法人组织可以给予作者奖励：

(一)主要是利用法人或者非法人组织的物质技术条件创作，并由法人或者非法人组织承担责任的工程设计图、产品设计图、地图、示意图、计算机软件等职务作品；

(二)报社、期刊社、通讯社、广播电台、电视台的工作人员创作的职务作品；

(三)法律、行政法规规定或者合同约定著作权由法人或者非法人组织享有的职务作品。

第十九条 受委托创作的作品，著作权的归属由委托人和受托人通过合同约定。合同未作明确约定或者没有订立合同的，著作权属于受托人。

第二十条 作品原件所有权的转移，不改变作品著作权的归属，但美术、摄影作品原件的展览权由原件所有人享有。

作者将未发表的美术、摄影作品的原件所有权转让给他人，受让人展览该原件不构成对作者发表权的侵犯。

第二十一条 著作权属于自然人的，自然人死亡后，其本法第十条第一款第五项至第十七项规定的权利在本法规定的保护期内，依法转移。

著作权属于法人或者非法人组织的，法人或者非法人组织变更、终止后，其本法第十条第一款第五项至第十七项规定的权利在本法规定的保护期内，由承受其权利义务的法人或者非法人组织享有；没有承受其权利义务的法人或者非法人组织的，由国家享有。

第三节 权利的保护期

第二十二条 作者的署名权、修改权、保护作品完整权的保护期不受限制。

第二十三条 自然人的作品，其发表权、本法第十条第一款第五项至第十七项规定的权利的保护期为作者终生及其死亡后五十年，截止于作者死亡后第五十年的12月31日；如果是合作作品，截止于最后死亡的作者死亡后第五十年的12月31日。

法人或者非法人组织的作品、著作权(署名权除外)由法人或者非法人组织享有的职务作品，其发表权的保护期为五十年，截止于作品创作完成后第五十年的12月31日；本法第十条第一款第五项至第十七项规定的权利的保护期为五十年，截止于作品首次发表后第五十年的12月31日，但作品自创作完成后五十年内未发表的，本法不再保护。

视听作品，其发表权的保护期为五十年，截止于作品创作完成后第五十年的12月31日；本法第十条第一款第五项至第十七项规定的权利的保护期为五十年，截止于作品首次发表后第五十年的12月31日，但作品自创作完成后五十年内未发表的，本法不再保护。

第四节　权利的限制

第二十四条　在下列情况下使用作品，可以不经著作权人许可，不向其支付报酬，但应当指明作者姓名或者名称、作品名称，并且不得影响该作品的正常使用，也不得不合理地损害著作权人的合法权益：

(一)为个人学习、研究或者欣赏，使用他人已经发表的作品；

(二)为介绍、评论某一作品或者说明某一问题，在作品中适当引用他人已经发表的作品；

(三)为报道新闻，在报纸、期刊、广播电台、电视台等媒体中不可避免地再现或者引用已经发表的作品；

(四)报纸、期刊、广播电台、电视台等媒体刊登或者播放其他报纸、期刊、广播电台、电视台等媒体已经发表的关于政治、经济、宗教问题的时事性文章，但著作权人声明不许刊登、播放的除外；

(五)报纸、期刊、广播电台、电视台等媒体刊登或者播放在公众集会上发表的讲话，但作者声明不许刊登、播放的除外；

(六)为学校课堂教学或者科学研究，翻译、改编、汇编、播放或者少量复制已经发表的作品，供教学或者科研人员使用，但不得出版发行；

(七)国家机关为执行公务在合理范围内使用已经发表的作品；

(八)图书馆、档案馆、纪念馆、博物馆、美术馆、文化馆等为陈列或者保存版本的需要，复制本馆收藏的作品；

(九)免费表演已经发表的作品，该表演未向公众收取费用，也未向表演者支付报酬，且不以营利为目的；

(十)对设置或者陈列在公共场所的艺术作品进行临摹、绘画、摄影、录像；

(十一)将中国公民、法人或者非法人组织已经发表的以国家通用语言文字创作的作品翻译成少数民族语言文字作品在国内出版发行；

(十二)以阅读障碍者能够感知的无障碍方式向其提供已经发表的作品；

(十三)法律、行政法规规定的其他情形。

前款规定适用于对与著作权有关的权利的限制。

第二十五条　为实施义务教育和国家教育规划而编写出版教科书，可以不经著作权人许可，在教科书中汇编已经发表的作品片段或者短小的文字作品、音乐作品或者单幅的美术作品、摄影作品、图形作品，但应当按照规定向著作权人支付报酬，指明作者姓名或者名称、作品名称，并且不得侵犯著作权人依照本法享有的其他权利。

前款规定适用于对与著作权有关的权利的限制。

第三章　著作权许可使用和转让合同

第二十六条　使用他人作品应当同著作权人订立许可使用合同，本法规定可以不经许可的除外。

许可使用合同包括下列主要内容：

(一)许可使用的权利种类；

(二)许可使用的权利是专有使用权或者非专有使用权；

(三)许可使用的地域范围、期间；

(四)付酬标准和办法；

(五)违约责任；

(六)双方认为需要约定的其他内容。

第二十七条　转让本法第十条第一款第五项至第十七项规定的权利，应当订立书面合同。

权利转让合同包括下列主要内容：

(一)作品的名称；

(二)转让的权利种类、地域范围；

(三)转让价金；

(四)交付转让价金的日期和方式；

(五)违约责任；

(六)双方认为需要约定的其他内容。

第二十八条　以著作权中的财产权出质的，由出质人和质权人依法办理出质登记。

第二十九条　许可使用合同和转让合同中著作权人未明确许可、转让的权利，未经著作权人同意，另一方当事人不得行使。

第三十条　使用作品的付酬标准可以由当事人约定，也可以按照国家著作权主管部门会同有关部门制定的付酬标准支付报酬。当事人约定不明确的，按照国家著作权主管部门会同有关部门制定的付酬标准支付报酬。

第三十一条　出版者、表演者、录音录像制作者、广播电台、电视台等依照本法有关规定使用他人作品的，不得侵犯作者的署名权、修改权、保护作品完整权和获得报酬的权利。

第四章　与著作权有关的权利

第一节　图书、报刊的出版

第三十二条　图书出版者出版图书应当和著作权人订立出版合同，并支付报酬。

第三十三条　图书出版者对著作权人交付出版的作品，按照合同约定享有的专有出版权受法律保护，他人不得出版该作品。

第三十四条　著作权人应当按照合同约定期限交付作品。图书出版者应当按照合同约定的出版质量、期限出版图书。

图书出版者不按照合同约定期限出版，应当依照本法第六十一条的规定承担民事责任。

图书出版者重印、再版作品的，应当通知著作权人，并支付报酬。图书脱销后，图书出版者拒绝重印、再版的，著作权人有权终止合同。

第三十五条　著作权人向报社、期刊社投稿的，自稿件发出之日起十五日内未收到报社通知决定刊登的，或者自稿件发出之日起三十日内未收到期刊社通知决定刊登的，可以将同一作品向其他报社、期刊社投稿。双方另有约定的除外。

作品刊登后，除著作权人声明不得转载、摘编的外，其他报刊可以转载或者作为文摘、资料刊登，但应当按照规定向著作权人支付报酬。

第三十六条　图书出版者经作者许可，可以对作品修改、删节。

报社、期刊社可以对作品作文字性修改、删节。对内容的修改，应当经作者许可。

第三十七条　出版者有权许可或者禁止他人使用其出版的图书、期刊的版式设计。

前款规定的权利的保护期为十年，截止于使用该版式设计的图书、期刊首次出版后第十年的12月31日。

第二节　表　演

第三十八条　使用他人作品演出，表演者应当取得著作权人许可，并支付报酬。演出组织者组织演出，由该组织者取得著作权人许可，并支付报酬。

第三十九条　表演者对其表演享有下列权利：

(一)表明表演者身份；

(二)保护表演形象不受歪曲；

(三)许可他人从现场直播和公开传送其现场表演，并获得报酬；

(四)许可他人录音录像，并获得报酬；

(五)许可他人复制、发行、出租录有其表演的录音录像制品，并获得报酬；

(六)许可他人通过信息网络向公众传播其表演，并获得报酬。

被许可人以前款第三项至第六项规定的方式使用作品，还应当取得著作权人许可，并支付报酬。

第四十条　演员为完成本演出单位的演出任务进行的表演为职务表演，演员享有表明身份和保护表演形象不受歪曲的权利，其他权利归属由当事人约定。当事人没有约定或者约定不明确的，职务表演的权利由演出单位享有。

职务表演的权利由演员享有的，演出单位可以在其业务范围内免费使用该表演。

第四十一条　本法第三十九条第一款第一项、第二项规定的权利的保护期不受限制。

本法第三十九条第一款第三项至第六项规定的权利的保护期为五十年，截止于该表演发生后第五十年的12月31日。

第三节　录音录像

第四十二条　录音录像制作者使用他人作品制作录音录像制品，应当取得著作权人许可，并支付报酬。

录音制作者使用他人已经合法录制为录音制品的音乐作品制作录音制品，可以不经著作权人许可，但应当按照规定支付报酬；著作权人声明不许使用的不得使用。

第四十三条　录音录像制作者制作录音录像制品，应当同表演者订立合同，并支付报酬。

第四十四条　录音录像制作者对其制作的录音录像制品，享有许可他人复制、发行、出租、通过信息网络向公众传播并获得报酬的权利；权利的保护期为五十年，截止于该制品首次制作完成后第五十年的12月31日。

被许可人复制、发行、通过信息网络向公众传播录音录像制品，应当同时取得著作权人、表演者许可，并支付报酬；被许可人出租录音录像制品，还应当取得表演者许可，并支付报酬。

第四十五条　将录音制品用于有线或者无线公开传播，或者通过传送声音的技术设备向公众公开播送的，应当向录音制作者支付报酬。

第四节　广播电台、电视台播放

第四十六条　广播电台、电视台播放他人未发表的作品，应当取得著作权人许可，并支付报酬。

广播电台、电视台播放他人已发表的作品，可以不经著作权人许可，但应当按照规定支付报酬。

第四十七条　广播电台、电视台有权禁止未经其许可的下列行为：

（一）将其播放的广播、电视以有线或者无线方式转播；

（二）将其播放的广播、电视录制以及复制；

（三）将其播放的广播、电视通过信息网络向公众传播。

广播电台、电视台行使前款规定的权利，不得影响、限制或者侵害他人行使著作权或者与著作权有关的权利。

本条第一款规定的权利的保护期为五十年，截止于该广播、电视首次播放后第五十年的12月31日。

第四十八条　电视台播放他人的视听作品、录像制品，应当取得视听作品著作权人或者录像制作者许可，并支付报酬；播放他人的录像制品，还应当取得著作权人许可，并支付报酬。

第五章　著作权和与著作权有关的权利的保护

第四十九条　为保护著作权和与著作权有关的权利，权利人可以采取技术措施。

未经权利人许可，任何组织或者个人不得故意避开或者破坏技术措施，不得以避开或者破坏技术措施为目的制造、进口或者向公众提供有关装置或者部件，不得故意为他人避开或者破坏技术措施提供技术服务。但是，法律、行政法规规定可以避开的情形除外。

本法所称的技术措施，是指用于防止、限制未经权利人许可浏览、欣赏作品、表演、录音录像制品或者通过信息网络向公众提供作品、表演、录音录像制品的有效技术、装置或者部件。

第五十条　下列情形可以避开技术措施，但不得向他人提供避开技术措施的技术、装置或者部件，不得侵犯权利人依法享有的其他权利：

（一）为学校课堂教学或者科学研究，提供少量已经发表的作品，供教学或者科研人员使用，而该作品无法通过正常途径获取；

（二）不以营利为目的，以阅读障碍者能够感知的无障碍方式向其提供已经发表的作品，而该作品无法通过正常途径获取；

（三）国家机关依照行政、监察、司法程序执行公务；

（四）对计算机及其系统或者网络的安全性能进行测试；

（五）进行加密研究或者计算机软件反向工程研究。

前款规定适用于对与著作权有关的权利的限制。

第五十一条　未经权利人许可，不得进行下列行为：

（一）故意删除或者改变作品、版式设计、表演、录音录像制品或者广播、电视上的权利管理信息，但由于技术上的原因无法避免的除外；

（二）知道或者应当知道作品、版式设计、表演、录音录像制品或者广播、电视上的权利管理信息未经许可被删除或者改变，仍然向公众提供。

第五十二条　有下列侵权行为的，应当根据情况，承担停止侵害、消除影响、赔礼道歉、赔偿损失等民事责任：

（一）未经著作权人许可，发表其作品的；

（二）未经合作作者许可，将与他人合作创作的作品当作自己单独创作的作品发表的；

（三）没有参加创作，为谋取个人名利，在他人作品上署名的；

（四）歪曲、篡改他人作品的；

（五）剽窃他人作品的；

（六）未经著作权人许可，以展览、摄制视听作品的方法使用作品，或者以改编、翻译、注释等方式使用作品的，本法另有规定的除外；

（七）使用他人作品，应当支付报酬而未支付的；

（八）未经视听作品、计算机软件、录音录像制品的著作权人、表演者或者录音录像制作者许可，出租其作品或者录音录像制品的原件或者复制件的，本法另有规定的除外；

（九）未经出版者许可，使用其出版的图书、期刊的版式设计的；

（十）未经表演者许可，从现场直播或者公开传送其现场表演，或者录制其表演的；

（十一）其他侵犯著作权以及与著作权有关的权利的行为。

第五十三条　有下列侵权行为的，应当根据情况，承担本法第五十二条规定的民事责任；侵权行为同时损害公共利益的，由主管著作权的部门责令停止侵权行为，予以警告，没收违法所得，没收、无害化销毁处理侵权复制品以及主要用于制作侵权复制品的材料、工具、设备等，违法经营额五万元以上的，可以并处违法经营额一倍以上五倍以下的罚款；没有违法经营额、违法经营额难以计算或者不足五万元的，可以并处二十五万元以下的罚款；构成犯罪的，依法追究刑事责任：

（一）未经著作权人许可，复制、发行、表演、放映、广播、汇编、通过信息网络向公众传播其作品的，本法另有规定的除外；

（二）出版他人享有专有出版权的图书的；

（三）未经表演者许可，复制、发行录有其表演的录音录像制品，或者通过信息网络向公众传播其表演的，本法另有规定的除外；

(四)未经录音录像制作者许可，复制、发行、通过信息网络向公众传播其制作的录音录像制品的，本法另有规定的除外；

(五)未经许可，播放、复制或者通过信息网络向公众传播广播、电视的，本法另有规定的除外；

(六)未经著作权人或者与著作权有关的权利人许可，故意避开或者破坏技术措施的，故意制造、进口或者向他人提供主要用于避开、破坏技术措施的装置或者部件的，或者故意为他人避开或者破坏技术措施提供技术服务的，法律、行政法规另有规定的除外；

(七)未经著作权人或者与著作权有关的权利人许可，故意删除或者改变作品、版式设计、表演、录音录像制品或者广播、电视上的权利管理信息的，知道或者应当知道作品、版式设计、表演、录音录像制品或者广播、电视上的权利管理信息未经许可被删除或者改变，仍然向公众提供的，法律、行政法规另有规定的除外；

(八)制作、出售假冒他人署名的作品的。

第五十四条　侵犯著作权或者与著作权有关的权利的，侵权人应当按照权利人因此受到的实际损失或者侵权人的违法所得给予赔偿；权利人的实际损失或者侵权人的违法所得难以计算的，可以参照该权利使用费给予赔偿。对故意侵犯著作权或者与著作权有关的权利，情节严重的，可以在按照上述方法确定数额的一倍以上五倍以下给予赔偿。

权利人的实际损失、侵权人的违法所得、权利使用费难以计算的，由人民法院根据侵权行为的情节，判决给予五百元以上五百万元以下的赔偿。

赔偿数额还应当包括权利人为制止侵权行为所支付的合理开支。

人民法院为确定赔偿数额，在权利人已经尽了必要举证责任，而与侵权行为相关的账簿、资料等主要由侵权人掌握的，可以责令侵权人提供与侵权行为相关的账簿、资料等；侵权人不提供，或者提供虚假的账簿、资料等的，人民法院可以参考权利人的主张和提供的证据确定赔偿数额。

人民法院审理著作权纠纷案件，应权利人请求，对侵权复制品，除特殊情况外，责令销毁；对主要用于制造侵权复制品的材料、工具、设备等，责令销毁，且不予补偿；或者在特殊情况下，责令禁止前述材料、工具、设备等进入商业渠道，且不予补偿。

第五十五条　主管著作权的部门对涉嫌侵犯著作权和与著作权有关的权利的行为进行查处时，可以询问有关当事人，调查与涉嫌违法行为有关的情况；对当事人涉嫌违法行为的场所和物品实施现场检查；查阅、复制与涉嫌违法行为有关的合同、发票、账簿以及其他有关资料；对于涉嫌违法行为的场所和物品，可以查封或者扣押。

主管著作权的部门依法行使前款规定的职权时，当事人应当予以协助、配合，不得拒绝、阻挠。

第五十六条　著作权人或者与著作权有关的权利人有证据证明他人正在实施或者即将实施侵犯其权利、妨碍其实现权利的行为，如不及时制止将会使其合法权益受到难以弥补的损害的，可以在起诉前依法向人民法院申请采取财产保全、责令作出一定行为或者禁止作出一定行为等措施。

第五十七条　为制止侵权行为，在证据可能灭失或者以后难以取得的情况下，著作权人或者与著作权有关的权利人可以在起诉前依法向人民法院申请保全证据。

第五十八条　人民法院审理案件，对于侵犯著作权或者与著作权有关的权利的，可以没收违法所得、侵权复制品以及进行违法活动的财物。

第五十九条 复制品的出版者、制作者不能证明其出版、制作有合法授权的，复制品的发行者或者视听作品、计算机软件、录音录像制品的复制品的出租者不能证明其发行、出租的复制品有合法来源的，应当承担法律责任。

在诉讼程序中，被诉侵权人主张其不承担侵权责任的，应当提供证据证明已经取得权利人的许可，或者具有本法规定的不经权利人许可而可以使用的情形。

第六十条 著作权纠纷可以调解，也可以根据当事人达成的书面仲裁协议或者著作权合同中的仲裁条款，向仲裁机构申请仲裁。

当事人没有书面仲裁协议，也没有在著作权合同中订立仲裁条款的，可以直接向人民法院起诉。

第六十一条 当事人因不履行合同义务或者履行合同义务不符合约定而承担民事责任，以及当事人行使诉讼权利、申请保全等，适用有关法律的规定。

第六章 附 则

第六十二条 本法所称的著作权即版权。

第六十三条 本法第二条所称的出版，指作品的复制、发行。

第六十四条 计算机软件、信息网络传播权的保护办法由国务院另行规定。

第六十五条 摄影作品，其发表权、本法第十条第一款第五项至第十七项规定的权利的保护期在 2021 年 6 月 1 日前已经届满，但依据本法第二十三条第一款的规定仍在保护期内的，不再保护。

第六十六条 本法规定的著作权人和出版者、表演者、录音录像制作者、广播电台、电视台的权利，在本法施行之日尚未超过本法规定的保护期的，依照本法予以保护。

本法施行前发生的侵权或者违约行为，依照侵权或者违约行为发生时的有关规定处理。

第六十七条 本法自 1991 年 6 月 1 日起施行。

延伸阅读十四 《中华人民共和国反不正当竞争法》

第一章 总 则

第一条 为了促进社会主义市场经济健康发展，鼓励和保护公平竞争，制止不正当竞争行为，保护经营者和消费者的合法权益，制定本法。

第二条 经营者在生产经营活动中，应当遵循自愿、平等、公平、诚信的原则，遵守法律和商业道德。本法所称的不正当竞争行为，是指经营者在生产经营活动中，违反本法规定，扰乱市场竞争秩序，损害其他经营者或者消费者的合法权益的行为。本法所称的经营者，是指从事商品生产、经营或者提供服务（以下所称商品包括服务）的自然人、法人和非法人组织。

第三条 各级人民政府应当采取措施，制止不正当竞争行为，为公平竞争创造良好的环境和条件。国务院建立反不正当竞争工作协调机制，研究决定反不正当竞争重大政策，协调处理维护市场竞争秩序的重大问题。

第四条　县级以上人民政府履行工商行政管理职责的部门对不正当竞争行为进行查处；法律、行政法规规定由其他部门查处的，依照其规定。

第五条　国家鼓励、支持和保护一切组织和个人对不正当竞争行为进行社会监督。国家机关及其工作人员不得支持、包庇不正当竞争行为。行业组织应当加强行业自律，引导、规范会员依法竞争，维护市场竞争秩序。

第二章　不正当竞争行为

第六条　经营者不得实施下列混淆行为，引人误认为是他人商品或者与他人存在特定联系：(一)擅自使用与他人有一定影响的商品名称、包装、装潢等相同或者近似的标识；(二)擅自使用他人有一定影响的企业名称(包括简称、字号等)、社会组织名称(包括简称等)、姓名(包括笔名、艺名、译名等)；(三)擅自使用他人有一定影响的域名主体部分、网站名称、网页等；(四)其他足以引人误认为是他人商品或者与他人存在特定联系的混淆行为。

第七条　经营者不得采用财物或者其他手段贿赂下列单位或者个人，以谋取交易机会或者竞争优势：(一)交易相对方的工作人员；(二)受交易相对方委托办理相关事务的单位或者个人；(三)利用职权或者影响力影响交易的单位或者个人。经营者在交易活动中，可以以明示方式向交易相对方支付折扣，或者向中间人支付佣金。经营者向交易相对方支付折扣、向中间人支付佣金的，应当如实入账。接受折扣、佣金的经营者也应当如实入账。经营者的工作人员进行贿赂的，应当认定为经营者的行为；但是，经营者有证据证明该工作人员的行为与为经营者谋取交易机会或者竞争优势无关的除外。

第八条　经营者不得对其商品的性能、功能、质量、销售状况、用户评价、曾获荣誉等作虚假或者引人误解的商业宣传，欺骗、误导消费者。经营者不得通过组织虚假交易等方式，帮助其他经营者进行虚假或者引人误解的商业宣传。

第九条　经营者不得实施下列侵犯商业秘密的行为：(一)以盗窃、贿赂、欺诈、胁迫、电子侵入或者其他不正当手段获取权利人的商业秘密；(二)披露、使用或者允许他人使用以前项手段获取的权利人的商业秘密；(三)违反保密义务或者违反权利人有关保守商业秘密的要求，披露、使用或者允许他人使用其所掌握的商业秘密；(四)教唆、引诱、帮助他人违反保密义务或者违反权利人有关保守商业秘密的要求，获取、披露、使用或者允许他人使用权利人的商业秘密。经营者以外的其他自然人、法人和非法人组织实施前款所列违法行为的，视为侵犯商业秘密。第三人明知或者应知商业秘密权利人的员工、前员工或者其他单位、个人实施本条第一款所列违法行为，仍获取、披露、使用或者允许他人使用该商业秘密的，视为侵犯商业秘密。本法所称的商业秘密，是指不为公众所知悉、具有商业价值并经权利人采取相应保密措施的技术信息、经营信息等商业信息。

第十条　经营者进行有奖销售不得存在下列情形：(一)所设奖的种类、兑奖条件、奖金金额或者奖品等有奖销售信息不明确，影响兑奖；(二)采用谎称有奖或者故意让内定人员中奖的欺骗方式进行有奖销售；(三)抽奖式的有奖销售，最高奖的金额超过五万元。

第十一条　经营者不得编造、传播虚假信息或者误导性信息，损害竞争对手的商业信誉、商品声誉。

第十二条　经营者利用网络从事生产经营活动，应当遵守本法的各项规定。经营者不得利用技术手段，通过影响用户选择或者其他方式，实施下列妨碍、破坏其他经营者合法提供的网络产品或者服务正常运行的行为：(一)未经其他经营者同意，在其合法提供的网络产品或者服务中，插入链接、强制进行目标跳转；(二)误导、欺骗、强迫用户修改、关闭、卸载其他经营者合法提供的网络产品或者服务；(三)恶意对其他经营者合法提供的网络产品或者服务实施不兼容；(四)其他妨碍、破坏其他经营者合法提供的网络产品或者服务正常运行的行为。

第三章　对涉嫌不正当竞争行为的调查

第十三条　监督检查部门调查涉嫌不正当竞争行为，可以采取下列措施：(一)进入涉嫌不正当竞争行为的经营场所进行检查；(二)询问被调查的经营者、利害关系人及其他有关单位、个人，要求其说明有关情况或者提供与被调查行为有关的其他资料；(三)查询、复制与涉嫌不正当竞争行为有关的协议、账簿、单据、文件、记录、业务函电和其他资料；(四)查封、扣押与涉嫌不正当竞争行为有关的财物；(五)查询涉嫌不正当竞争行为的经营者的银行账户。采取前款规定的措施，应当向监督检查部门主要负责人书面报告，并经批准。采取前款第四项、第五项规定的措施，应当向设区的市级以上人民政府监督检查部门主要负责人书面报告，并经批准。监督检查部门调查涉嫌不正当竞争行为，应当遵守《中华人民共和国行政强制法》和其他有关法律、行政法规的规定，并应当将查处结果及时向社会公开。

第十四条　监督检查部门调查涉嫌不正当竞争行为，被调查的经营者、利害关系人及其他有关单位、个人应当如实提供有关资料或者情况。

第十五条　监督检查部门及其工作人员对调查过程中知悉的商业秘密负有保密义务。

第十六条　对涉嫌不正当竞争行为，任何单位和个人有权向监督检查部门举报，监督检查部门接到举报后应当依法及时处理。监督检查部门应当向社会公开受理举报的电话、信箱或者电子邮件地址，并为举报人保密。对实名举报并提供相关事实和证据的，监督检查部门应当将处理结果告知举报人。

第四章　法律责任

第十七条　经营者违反本法规定，给他人造成损害的，应当依法承担民事责任。经营者的合法权益受到不正当竞争行为损害的，可以向人民法院提起诉讼。因不正当竞争行为受到损害的经营者的赔偿数额，按照其因被侵权所受到的实际损失确定；实际损失难以计算的，按照侵权人因侵权所获得的利益确定。经营者恶意实施侵犯商业秘密行为，情节严重的，可以在按照上述方法确定数额的一倍以上五倍以下确定赔偿数额。赔偿数额还应当包括经营者为制止侵权行为所支付的合理开支。经营者违反本法第六条、第九条规定，权利人因被侵权所受到的实际损失、侵权人因侵权所获得的利益难以确定的，由人民法院根据侵权行为的情节判决给予权利人五百万元以下的赔偿。

第十八条　经营者违反本法第六条规定实施混淆行为的，由监督检查部门责令停止违法行为，没收违法商品。违法经营额五万元以上的，可以并处违法经营额五倍以下的罚款；没有违法经营额或者违法经营额不足五万元的，可以并处二十五万元以下的罚款。情节严重的，吊销营业执照。经营者登记的企业名称违反本法第六条规定的，应当及时办理名称变更登记；名称变更前，由原企业登记机关以统一社会信用代码代替其名称。

第十九条　经营者违反本法第七条规定贿赂他人的，由监督检查部门没收违法所得，处十万元以上三百万元以下的罚款。情节严重的，吊销营业执照。

第二十条　经营者违反本法第八条规定对其商品作虚假或者引人误解的商业宣传，或者通过组织虚假交易等方式帮助其他经营者进行虚假或者引人误解的商业宣传的，由监督检查部门责令停止违法行为，处二十万元以上一百万元以下的罚款；情节严重的，处一百万元以上二百万元以下的罚款，可以吊销营业执照。经营者违反本法第八条规定，属于发布虚假广告的，依照《中华人民共和国广告法》的规定处罚。

第二十一条　经营者以及其他自然人、法人和非法人组织违反本法第九条规定侵犯商业秘密的，由监督检查部门责令停止违法行为，没收违法所得，处十万元以上一百万元以下的罚款；情节严重的，处五十万元以上五百万元以下的罚款。

第二十二条　经营者违反本法第十条规定进行有奖销售的，由监督检查部门责令停止违法行为，处五万元以上五十万元以下的罚款。

第二十三条　经营者违反本法第十一条规定损害竞争对手商业信誉、商品声誉的，由监督检查部门责令停止违法行为、消除影响，处十万元以上五十万元以下的罚款；情节严重的，处五十万元以上三百万元以下的罚款。

第二十四条　经营者违反本法第十二条规定妨碍、破坏其他经营者合法提供的网络产品或者服务正常运行的，由监督检查部门责令停止违法行为，处十万元以上五十万元以下的罚款；情节严重的，处五十万元以上三百万元以下的罚款。

第二十五条　经营者违反本法规定从事不正当竞争，有主动消除或者减轻违法行为危害后果等法定情形的，依法从轻或者减轻行政处罚；违法行为轻微并及时纠正，没有造成危害后果的，不予行政处罚。

第二十六条　经营者违反本法规定从事不正当竞争，受到行政处罚的，由监督检查部门记入信用记录，并依照有关法律、行政法规的规定予以公示。

第二十七条　经营者违反本法规定，应当承担民事责任、行政责任和刑事责任，其财产不足以支付的，优先用于承担民事责任。

第二十八条　妨害监督检查部门依照本法履行职责，拒绝、阻碍调查的，由监督检查部门责令改正，对个人可以处五千元以下的罚款，对单位可以处五万元以下的罚款，并可以由公安机关依法给予治安管理处罚。

第二十九条　当事人对监督检查部门作出的决定不服的，可以依法申请行政复议或者提起行政诉讼。

第三十条　监督检查部门的工作人员滥用职权、玩忽职守、徇私舞弊或者泄露调查过程中知悉的商业秘密的，依法给予处分。

第三十一条　违反本法规定，构成犯罪的，依法追究刑事责任。

第三十二条　在侵犯商业秘密的民事审判程序中，商业秘密权利人提供初步证据，证明其已经对所主张的商业秘密采取保密措施，且合理表明商业秘密被侵犯，涉嫌侵权人应当证明权利人所主张的商业秘密不属于本法规定的商业秘密。商业秘密权利人提供初步证据合理表明商业秘密被侵犯，且提供以下证据之一的，涉嫌侵权人应当证明其不存在侵犯商业秘密的行为：(一)有证据表明涉嫌侵权人有渠道或者机会获取商业秘密，且其使用的信息与该商业秘密实质上相同；(二)有证据表明商业秘密已经被涉嫌侵权人披露、使用或者有被披露、使用的风险；(三)有其他证据表明商业秘密被涉嫌侵权人侵犯。

第五章　附　则

第三十三条　本法自2018年1月1日起施行。

第八章　其他相关法律法规

本章主要介绍除科学技术相关法律、知识产权相关法律之外的与技术转移服务相关的法律法规，主要包括民法、民法中关于合同的规定、公司法，以及与技术进出口、国有资产管理相关的法律法规。

第一节　民　法

一、制定与修改

民法(Civil Law)，是规范并调整平等主体的公民间、法人间及其他非法人组织之间的财产关系和人身关系的法律规范的总称，包括形式上的民法(即民法典)，也包括单行的民事法律和其他法律、法规中的民事法律规范。

我国目前和民法直接相关的法律有两个：一个是《中华人民共和国民法通则》(以下简称《民法通则》)，另一个是《中华人民共和国民法典》(以下简称《民法典》)。

《民法通则》于1986年4月12日第六届全国人民代表大会第四次会议修订通过。2009年8月27日根据第十一届全国人民代表大会常务委员会第十次会议决定进行修正。

2020年5月28日，第十三届全国人民代表大会第三次会议通过了《中华人民共和国民法典》，自2021年1月1日起施行。

二、立法指导原则

我国民法的基本原则，是贯穿于整个民事立法，对各项民事法律制度和全部民法规范起统率作用的立法指导方针，是我国民法所调整的社会关系本质特征的集中反映。是既能够符合中国社会发展方向又能够体现人类共同价值追求的原则。司法实践中，民法原则是民法规则的本源和基础，它可以弥补民法规则的不足与局限，甚至可以直接作为法官裁判个案的法律依据。

平等原则：《民法通则》第三条规定：当事人在民事活动中地位平等。任何自然人、法人在民事法律关系中平等地享有权利，其权利平等地受到保护。平等原则是民法最基础、最根本的一项原则。

自愿原则：《民法通则》第四条规定，民事活动应当遵循自愿原则。即当事人可以根据自己的判断，去从事民事活动，国家一般不干预当事人的自由意志，充分尊重当事人的选择。是民法意思自治的充分体现。在民事活动中，当事人可以自主决定各种事项；当事人也只对表达自己的真实意愿的民事行为负责。

公平原则：《民法通则》第四条规定，民事活动应当遵循公平的原则。公平原则是正义道德观在法律上的体现，是指民事主体应依据社会公认的公平观念从事民事活动。作为一个伦理性原则，是民事习惯和民事传统的高度概括和升华，反映了社会主体对民法的最直接、最质朴的要求。

诚信原则：《民法通则》第四条规定，民事活动应当遵循诚实信用原则。所谓诚实信用，是市场经济活动中形成的道德规则。它要求人们在市场活动中讲究信用，恪守诺言，诚实不欺，在不损害他人利益和社会利益的前提下追求自己的利益。

公序良俗原则：《民法通则》第七条规定：民事活动应当尊重社会公德。是指一切民事活动应当遵守公共秩序及善良风俗。公序良俗作为现代民法的一项重要制度，是个人利益服从于社会公共利益的体现。法律行为只有在不背于公序良俗的情况下才能发生当事人预期的法律效果。

绿色原则：我国《民法典》第 9 条规定，民事主体从事民事活动，应当有利于节约资源、保护生态环境。是指民事主体从事民事活动，不得损害生态环境。是民事主体环境保护义务的原则性规定，是对我国生态建设作出的积极回应。

三、我国民法的特点

民法是私法：从主体方面来看，民法作为私法其适用的主体都是平等主体；从内容来看，民法调整的是平等主体间的财产关系和人身关系；从法律原则来看，民法以“意思自治”作为最基本的法律原则。

民法是权利法：民法赋予民事主体广泛的民事权利，并为民事主体享有和行使民事权利提供了保障，建立了以权利为中心的规范体系。

民法条文以任意性规范为主：任意性规范充分尊重主体的意志自由，允许主体依自己的意志和利益设立、变更和消灭民事法律关系。

四、民法与技术转移相关的要点

技术转移或技术经纪一般是指一项为技术交易的洽谈、签约、履约等提供全程服务的活动。实践中，合同是市场主体从事技术转移转让活动的最主要形式。在绝大多数情况下技术转移所涉及的各项活动都属于民法调整范围。因此，民法中的各项基本原则当然地适用于技术经纪领域之中。例如，技术转移、技术经纪活动必须要遵守平等、自愿、公平、诚实信用和公序良俗原则等原则。同时，技术转移活动中各项专有权利的行使，还必须遵守禁止权利滥用原则。近年来，针对专利领域的权利滥用问题，就可以援引民法中的禁止权利滥用原则加以规制。

第二节　民法中关于合同的规定

一、制定与修改

在历史上我国曾同时有三部合同法：第一部是 1981 年颁布、1993 年修改，主要解决国内经济合同纠纷的《经济合同法》；第二部是主要调整涉外经济合同纠纷、1985 年制定的《涉外经济合同法》；第三部是 1987 年制定的《技术合同法》，这是为了确认科学技术也是商品，促进发明创造而制定的。至此我国合同法体系呈现出以民法通则为基本法，经济合同法，涉外经济合同法，技术合同法三足鼎立的局面。1999 年 3 月九届人大二次会议通过并公布了《中华人民共和国合同法》(以下简称《合同法》)，废除了“三法”鼎立的局面。2020 年 5 月 28 日，十三届全国人大三次会议表决通过了《中华人民共和国民法典》，自 2021 年 1 月 1 日起正式施行。其中技术合同条款共四十五条，规定于第三编(合同编)第二分编(典型合同分编)第二十章(第八百四十三条至第八百八十七条)。

二、立法指导原则

依据我国《民法通则》给出了合同的定义，即合同是当事人之间设立、变更、终止民事法律关系的协议。《民法典》第 464 条的规定，合同是民事主体之间设立、变更、终止民事法律关系的协议。合同法是调整平等主体之间的交易关系的法律，它主要规范合同的订立、合同的效力、合同的履行、变更、转让、终止、违反合同的责任及各类有名合同等问题。我国的合同指的是平等主体的自然人、法人、其他组织之间设立、变更、终止民事权利义务关系的协议。合同法的基本原则，是合同法区别其他法律的标志，集中体现了合同法的基本特征。主要包括：

平等、自愿原则：合同法的平等原则指的是当事人的民事法律地位平等，包括订立和履行合同两个方面，一方不得将自己的意志强加给另一方。平等原则是民事法律的基本原则，是区别行政法律、刑事法律的重要特征，也是合同法其他原则赖以存在的基础。合同法的自愿原则，既表现在当事人之间，因一方欺诈、胁迫订立的合同无效或者可以撤销，也表现在合同当事人与其他人之间，任何单位和个人不得非法干预。

公平原则：当事人应当遵循公平原则确定各方的权利和义务。既表现在订立合同时的公平，显失公平的合同可以撤销；也表现在发生合同纠纷时公平处理，既要切实保护守约方的合法利益，也不能使违约方因较小的过失承担过重的责任；还表现在极个别的情况下，因客观情势发生异常变化，履行合同使当事人之间的利益重大失衡，公平地调整当事人之间的利益。

诚实信用原则：当事人行使权利、履行义务应当遵循诚实信用原则。因欺诈订立的合同无效或者可以撤销，当事人应当恪守商业道德，履行相互协助、通知、保密等义务。当事人在市场活动中应讲信用，恪守诺言，诚实不欺，在追求自己利益的同时不损害他人和社会利益，要求民事主体在民事活动中维持双方的利益以及当事人利益与社会利益的平衡。

公序良俗原则：当事人订立、履行合同，应当遵守法律、行政法规，尊重社会公德，不得扰乱社会经济秩序，损害社会公共利益。合同的订立和旅行，属于合同当事人之间的民事权利义务关系，主要涉及当事人的利益，只要当事人的意思不与强制性规范、社会公共利益和社会公德相抵触，就承认合同的法律效力，国家及法律尽可能尊重合同当事人的意思，一般不予干预，由当事人自主约定，采取自愿的原则。但是，合同绝不仅仅是当事人之间的问题，有时可能涉及社会公共利益和社会公德，涉及维护经济秩序，合同当事人的意思应当在法律允许的范围内表示，不是想怎么样就怎么样。为了维护社会公共利益，维护正常的社会经济秩序，对于损害社会公共利益、扰乱社会经济秩序的行为，国家应当予以干预。

三、我国合同法的特点

合同自由：合同主体在进行合同活动时意志独立、自由和行为自主，即合同主体在从事合同活动时，以自己的真实身份来充分表达自己的意愿，根据自己的意愿来设立、变更和终止民事权利义务关系。

不得损害社会公共利益：当事人订立、履行合同，应当遵守法律、行政法规，尊重社会公德，不得扰乱社会经济秩序，损害社会公共利益。

以任意性规范为主：合同法采取了约定优先的原则，即有约定依约定、无约定依法定的规则。使当事人的市场行为能最大限度地反映和符合市场经济的供需规律和价值规律。

鼓励交易：坚持鼓励交易也是合同法律制度的宗旨之一，对市场交易中合同的效力尽可能地给予保护，给予市场交易活动以最大程度的法律支持。鼓励民事主体通过平等、自愿的方式实现交易。

四、《民法典》与技术转移

《民法典》第二十章技术合同中，与技术转移的相关内容有明确、细致的规定。具体内容参见本章延伸阅读十五。

第三节　公司法

一、制定与修订

《中华人民共和国公司法》是为了规范公司的组织和行为，保护公司、股东和债权人的合法权益，维护社会经济秩序，促进社会主义市场经济的发展而制定的法律。1993 年 12 月 29 日第八届全国人民代表大会常务委员会第五次会议通过，1999 年、2004 年、2005 年、2013 年、2018 年多次修正修订。现行版本根据 2018 年 10 月 26 日第十三届全国人民代表大会常务委员会第六次会议《关于修改〈中华人民共和国公司法〉的决定》第四次修正。

公司法是规定公司的设立、组织、活动、解散及其内部、外部关系的法律规范的总称。广义的公司法，是指有关公司规定的一切法律规范的总和，它除了单行的公司法规外还包括民法、企业法、破产法、外商投资企业法、证券法、民事诉讼法等种类法律、法规中所有涉及公司的内容的规定。狭义的公司法，是指经国家立法机关制定并以公司法名称命名的单项法律规范。

二、立法指导原则

公司法作为我国法律体系中的重要组成部分，与民法、经济法、刑法有着十分密切的关系，还与涉外经济法、破产法、劳动法、诉讼法有密切的联系。一方面，确定了公司的行为准则，维护了正常的社会经济秩序。另一方面，公司法确定了发起人、股东、董事、监事、经理的行为规则，保障了公司、股东和债权人的合法权益。

公司自治原则：公司作为独立的市场主体，依照公司章程自主经营、自负盈亏。公司治理主体依照公司法和公司章程，自主安排公司治理机构，配置公司权力(利)、义务和责任的活动。

有限责任原则：公司作为一具有独立人格的民事主体，具有独立于其成员(股东)的权利能力和行为能力。公司以自己的独立的财产对公司的债务承担责任，而股东以投资(出资额或者股份)为限对公司承担责任。

股东股权平等原则：股东各按其交纳的出资额或所持的股份数额享有权利、承担义务，股东所享有的权利大小、承担义务的轻重与其向公司出资的多少成正比。

三、我国公司法的特点

组织法和行为法的特点：我国公司法一方面规定了公司的设立条件和程序、公司的组织机构以及公司组织的变更、消灭的条件和程序。另一方面规定公司的各项行为活动。

以强行性规范为主：公司法的条文主要由具有强制性的法律规范组成。包括公司的设立、组织机构、利润的分配、股票和公司债券的发行、公司的合并、分立、解散、清算等活动，都必须严格依公司法的规定进行。违反公司法相关规定时，将依公司法规定追究违法者的法律责任，包括民事责任、行政责任和刑事责任。

兼具实体法和程序法：公司法确定了当事人在实施公司行为时的实体权利和义务。同时，为确保这些实体权利义务的实现，公司法还规定了取得、行使实体权利，履行实体义务必须遵守的程序。

四、公司法与技术转移

公司法中关于技术入股的规定，是公司法与技术转移活动关系最为密切的内容。

技术入股是以技术人员的知识或知识产权、技术诀窍、设备、工厂厂房等作为资本股份，投入合资经营或联营企业，从而取得该企业的股份权的一种行为。按照公司法和其他有关技术入股的法律规定，技术方可以用专利权、商标权、非专利技术以及计算机软件著作权作为出资标的。技术出资人必须是有权处分该技术的人，但即使是技术的发明人，也未必都拥有技术的处分权。因为按照我国法律规定，单位的职工执行本单位工作任务或者主要是利用单位的物质技术条件开发出来的技术，其权利归职工的单位拥有。

第四节 技术进出口法律法规

一、制定与修订

（一）《中华人民共和国外商投资法》

2019 年 3 月 15 日，十三届全国人大二次会议表决通过《中华人民共和国外商投资法》，自 2020 年 1 月 1 日起施行，现行《中外合资经营企业法》《中外合作经营企业法》和《外资企业法》（合称“外资三法”）同时废止。统一的外商投资基本法问世，将为我国积极有效利用外资、推动新一轮高水平对外开放提供更加有力的法治保障。《外商投资法》是我国外商投资管理体制改革的一个里程碑，是我国外商投资领域的基础性法律。对外商投资实施准入前国民待遇和负面清单管理制度，在利得资本流动、知识产权、商业秘密、政府管理等多方面加强对外商利益的保护，并首次以法律形式明确外商投资企业的融资形式。

(二)《中华人民共和国技术进出口管理条例》

技术进出口是指从中华人民共和国境外向中华人民共和国境内，或者从中华人民共和国境内向中华人民共和国境外，通过贸易、投资或者经济技术合作的方式转移技术的行为。这些行为包括专利权转让、专利申请权转让、专利实施许可、技术秘密转让、技术服务和其他方式的技术转移。我国对技术进出口实行统一的管理制度，依法维护公平、自由的技术进出口秩序。

《中华人民共和国技术进出口管理条例》是为了规范技术进出口管理，维护技术进出口秩序，促进国民经济和社会发展而制定的法规，2001 年 10 月 31 日，《中华人民共和国技术进出口管理条例》由国务院第四十六次常务会议通过，自 2002 年 1 月 1 日起实施。该条例的上位法是《中华人民共和国对外贸易法》，属于行政管理的法规。该条例将进出口的技术分为三类：对于自由进出口技术，相关的技术进出口合同实行备案管理，且合同不以是否备案作为生效的要件；对于限制进出口技术，相关的技术进出口合同以审批作为合同生效的条件；对于禁止进出口技术，不得进行交易。

2019 年 3 月 15 日，《中华人民共和国外商投资法》通过，该法将于 2020 年 1 月 1 日起施行，原有的“外资三法”也被将取代。该法规定了对外商投资实行准入前国民待遇加负面清单管理制度，并对外国投资者在技术转移和知识产权进行保护。在技术合作方面，《中华人民共和国外商投资法》的第二十二条第二款规定：“国家鼓励在外商投资过程中基于自愿原则和商业规则开展技术合作。技术合作的条件由投资各方遵循公平原则平等协商确定。行政机关及其工作人员不得利用行政手段强制转让技术。”该条款在给予外国投资者国民待遇的原则下，明确规定了技术合作合同遵循公平原则，当事人平等协商确定合同内容，行政机关不得干预的。基于此，《技术进出口管理条例》对涉及技术进口合同部分条款进行了修改，即删除了行政干预技术合同内容的条款。2019 年 3 月 18 日，第 709 号中华人民共和国国务院令《国务院关于修改部分行政法规的决定》发布，该决定对 49 部行政法规的部分条款予以修改，自公布之日起生效。

二、我国技术进出口法律法规的特点

(一)《中华人民共和国外商投资法》

强调对外商投资的保护：该法第一条就开宗明义地指出，“为了进一步扩大对外开放，积极促进外商投资，保护外商投资合法权益，规范外商投资管理，推动形成全面开放新格局，促进社会主义市场经济健康发展，根据宪法，制定本法。”

禁止强制技术转让：该法二十二条规定，“国家保护外国投资者和外商投资企业的知识产权，保护知识产权权利人和相关权利人的合法权益，鼓励基于自愿原则和商业规则开展技术合作。外商投资过程中技术合作的条件由投资各方遵循公平原则平等协商确定，行政机关及其工作人员不得利用行政手段强制转让技术”。旨在强调技术合作是市场行为，由投资各方协商确定，行政机关及其工作人员不得干预。

负面清单管理制度：该法第二十八条规定，“负面清单将区分禁止外商投资领域和限制外商投资领域，其中禁止投资的领域，外国投资者不得投资，限制投资的领域，外国投资者进行投资应当符合负面清单规定的条件。外商投资准入负面清单以外的领域，按照内外资一致的原则实施管理。”

（二）《中华人民共和国技术进出口管理条例》

改进技术的归属可以约定：原有条例中关于强制归属于改进方的条款被删除，改进技术的归属与分享可以按照互利的原则进行约定，没有约定或者约定不明确，改进技术属于改进方。

降低进出口技术的法律风险：原有条例中，强制性规定了侵权责任由让与方承担，修改后，合同双方在侵权责任的承担问题上有了更多的自主权。合同双方的约定优先，没有约定的，由让与人承担。

三、技术进出口法律法规与技术转移

（一）《中华人民共和国外商投资法》

《中华人民共和国外商投资法》第二十二条规定：国家鼓励在外商投资过程中基于自愿原则和商业规则开展技术合作。技术合作的条件由投资各方遵循公平原则平等协商确定。行政机关及其工作人员不得利用行政手段强制转让技术。

《中华人民共和国外商投资法实施条例》第四十三条规定：行政机关及其工作人员利用行政手段强制或者变相强制外国投资者、外商投资企业转让技术的，对直接负责的主管人员和其他直接责任人员依法给予处分。

（二）《中华人民共和国技术进出口管理条例》

《中华人民共和国技术进出口管理条例》所涉及的技术进口交易类型包括专利权转让、专利申请权转让、专利实施许可、技术秘密转让、技术服务和其他方式的技术转移。

第二十四条规定：技术进口合同的让与人应当保证自己是所提供技术的合法拥有者或者有权转让、许可者。技术进口合同的受让人按照合同约定使用让与人提供的技术，被第三方指控侵权的，受让人应当立即通知让与人；让与人接到通知后，应当协助受让人排除妨碍。

第五节　国有资产相关法律法规

一、《中华人民共和国企业国有资产法》

《中华人民共和国企业国有资产法》，是为了维护国家基本经济制度，巩固和发展国有经济，加强对国有资产的保护，发挥国有经济在国民经济中的主导作用，促进社会主义市场经济发展而制定。该法由第十一届全国人民代表大会常务委员会第五次会议于 2008 年 10 月 28 日通过，自 2009 年 5 月 1 日起施行。

该法明确规定，国有出资企业应依法建立和完善法人治理结构，建立健全内部监督管理和风险控制制度。《中华人民共和国企业国有资产法》第十六条明文规定：国家出资企业对其动产、不动产和其他财产享有占有、使用、收益和处分的权利。国家出资企业依法享有的经营自主权和其他合法权益受法律保护。将企业的自主经营权和财产处置权进一步合法化，有利于推动政企分开，使国有企业摆脱对政府的依赖，真正走向市场，成为自主经营、自负盈亏的市场经济主体。另外，也明确了国有企业应对其资产的处置承担相应的责任。

二、《企业国有资产交易监督管理办法》

国资委、财政部于2016年6月24日发布并实施了《企业国有资产交易监督管理办法》(国资委、财政部令32号，以下简称“32号令”)，首次从定义、产权转让、交易统一进行了规范。该办法的发布，有利于深化国资国企改革的推进与执行，便于国有企业、社会资本及管理机构各方明晰国有资产交易的行为准则及监管要求，使国资交易依法合规，阳光透明，确保国有资产实现保值增值。从内容上看，“32号令”针对企业国有资产交易的各个环节都做了具体规定，并将“进场交易”具体到了执行层面，是企业国有资产交易的主要准则。“32号令”关于企业国有技术类无形资产交易的主要相关内容有：

1. 明确资产转让属于国有资产交易行为。

第三条规定，企业国有资产交易行为包括：

(1)履行出资人职责的机构、国有及国有控股企业、国有实际控制企业转让其对企业各种形式出资所形成权益的行为(以下称企业产权转让)；

(2)国有及国有控股企业、国有实际控制企业增加资本的行为(以下称企业增资)，政府以增加资本金方式对国家出资企业的投入除外；

(3)国有及国有控股企业、国有实际控制企业的重大资产转让行为(以下称企业资产转让)。

2. 明确受监管主体。

第四条明确了受监管主体为“国有企业”“国有控股企业”以及“国有实际控制企业”等三类，对三类国企进行了明确定义，并首次提出了“国有实际控制企业”的概念，将该类主体定义为“政府部门、机构、事业单位、单一国有及国有控股企业直接或间接持股比例未超过50%，但为第一大股东，并且通过股东协议、公司章程、董事会决议或者其他协议安排能够对其实际支配的企业”。

3. 明确企业国有技术类无形资产即知识产权转让应当进场交易。

第二条规定，企业国有资产交易应当遵守国家法律法规和政策规定，有利于国有经济布局和结构调整优化，充分发挥市场配置资源作用，遵循等价有偿和公开公平公正的原则，在依法设立的产权交易机构中公开进行，国家法律法规另有规定的从其规定。

同时，“32号令”第四十八条明确了企业一定金额以上的知识产权等资产对外转让，应当按照企业内部管理制度履行相应决策程序后，在产权交易机构公开进行，应当按照企业内部管理制度履行相应决策程序后，在产权交易机构公开进行。另外对于非公开转让，第四十八条也规定涉及国家出资企业内部或特定行业的资产转让，确需在国有及国有控股、国有实际控制企业之间非公开转让的，由转让方逐级报国家出资企业审核批准。

4. 明确转让方为多家国有股东共同持股的企业产权转让审批权限。

第八条，转让方为多家国有股东共同持股的企业，由其中持股比例最大的国有股东负责履行相关批准程序；各国有股东持股比例相同的，由相关股东协商后确定其中一家股东负责履行相关批准程序。

5. 明确国有资产交易信息预披露和正式披露相结合的原则，分阶段对外披露资产交易信息。

第十三条首次明确提出，国有资产交易根据企业实际情况和工作进度安排，采取信息预披露和正式披露相结合的方式，通过产权交易机构网站分阶段对外披露资产交易信息，公开征集受让方。其中，产权转让的正式披露信息时间不得少于20个工作日。

三、国有资产关联法律法规与技术转移相关的要点

(一)《中华人民共和国企业国有资产法》

第三十条规定：国家出资企业合并、分立、改制、上市，增加或者减少注册资本，发行债券，进行重大投资，为他人提供大额担保，转让重大财产，进行大额捐赠，分配利润，以及解散、申请破产等重大事项，应当遵守法律、行政法规以及企业章程的规定，不得损害出资人和债权人的权益。

第四十二条规定：企业改制应当按照规定进行清产核资、财务审计、资产评估，准确界定和核实资产，客观、公正地确定资产的价值。企业改制涉及以企业的实物、知识产权、土地使用权等非货币财产折算为国有资本出资或者股份的，应当按照规定对折价财产进行评估，以评估确认价格作为确定国有资本出资额或者股份数额的依据。不得将财产低价折股或者有其他损害出资人权益的行为。

第五十一条规定：本法所称国有资产转让，是指依法将国家对企业的出资所形成的权益转移给其他单位或者个人的行为；按照国家规定无偿划转国有资产的除外。

(二)《企业国有资产交易监督管理办法》

第三条规定：本办法所称企业国有资产交易行为包括：(一)履行出资人职责的机构、国有及国有控股企业、国有实际控制企业转让其对企业各种形式出资所形成权益的行为(以下称企业产权转让)；(二)国有及国有控股企业、国有实际控制企业增加资本的行为(以下称企业增资)，政府以增加资本金方式对国家出资企业的投入除外；(三)国有及国有控股企业、国有实际控制企业的重大资产转让行为(以下称企业资产转让)。

第四十八条规定：企业一定金额以上的生产设备、房产、在建工程以及土地使用权、债权、知识产权等资产对外转让，应当按照企业内部管理制度履行相应决策程序后，在产权交易机构公开进行。涉及国家出资企业内部或特定行业的资产转让，确需在国有及国有控股、国有实际控制企业之间非公开转让的，由转让方逐级报国家出资企业审核批准。

延伸阅读十五　《中华人民共和国民法典》

第三编　第二十章　技术合同

第一节　一般规定

第八百四十三条　技术合同是当事人就技术开发、转让、许可、咨询或者服务订立的确立相互之间权利和义务的合同。

第八百四十四条 订立技术合同，应当有利于知识产权的保护和科学技术的进步，促进科学技术成果的研发、转化、应用和推广。

第八百四十五条　技术合同的内容一般包括项目的名称，标的的内容、范围和要求，履行的计划、地点和方式，技术信息和资料的保密，技术成果的归属和收益的分配办法，验收标准和方法，名词和术语的解释等条款。

与履行合同有关的技术背景资料、可行性论证和技术评价报告、项目任务书和计划书、技术标准、技术规范、原始设计和工艺文件，以及其他技术文档，按照当事人的约定可以作为合同的组成部分。

技术合同涉及专利的，应当注明发明创造的名称、专利申请人和专利权人、申请日期、申请号、专利号以及专利权的有效期限。

第八百四十六条　技术合同价款、报酬或者使用费的支付方式由当事人约定，可以采取一次总算、一次总付或者一次总算、分期支付，也可以采取提成支付或者提成支付附加预付入门费的方式。

约定提成支付的，可以按照产品价格、实施专利和使用技术秘密后新增的产值、利润或者产品销售额的一定比例提成，也可以按照约定的其他方式计算。提成支付的比例可以采取固定比例、逐年递增比例或者逐年递减比例。

约定提成支付的，当事人可以约定查阅有关会计账目的办法。

第八百四十七条　职务技术成果的使用权、转让权属于法人或者非法人组织的，法人或者非法人组织可以就该项职务技术成果订立技术合同。法人或者非法人组织订立技术合同转让职务技术成果时，职务技术成果的完成人享有以同等条件优先受让的权利。

职务技术成果是执行法人或者非法人组织的工作任务，或者主要是利用法人或者非法人组织的物质技术条件所完成的技术成果。

第八百四十八条　非职务技术成果的使用权、转让权属于完成技术成果的个人，完成技术成果的个人可以就该项非职务技术成果订立技术合同。

第八百四十九条　完成技术成果的个人享有在有关技术成果文件上写明自己是技术成果完成者的权利和取得荣誉证书、奖励的权利。

第八百五十条　非法垄断技术或者侵害他人技术成果的技术合同无效。

第二节　技术开发合同

第八百五十一条　技术开发合同是当事人之间就新技术、新产品、新工艺、新品种或者新材料及其系统的研究开发所订立的合同。

技术开发合同包括委托开发合同和合作开发合同。

技术开发合同应当采用书面形式。

当事人之间就具有实用价值的科技成果实施转化订立的合同，参照适用技术开发合同的有关规定。

第八百五十二条　委托开发合同的委托人应当按照约定支付研究开发经费和报酬，提供技术资料，提出研究开发要求，完成协作事项，接受研究开发成果。

第八百五十三条　委托开发合同的研究开发人应当按照约定制定和实施研究开发计划，合理使用研究开发经费，按期完成研究开发工作，交付研究开发成果，提供有关的技术资料和必要的技术指导，帮助委托人掌握研究开发成果。

第八百五十四条　委托开发合同的当事人违反约定造成研究开发工作停滞、延误或者失败的，应当承担违约责任。

第八百五十五条　合作开发合同的当事人应当按照约定进行投资，包括以技术进行投资，分工参与研究开发工作，协作配合研究开发工作。

第八百五十六条　合作开发合同的当事人违反约定造成研究开发工作停滞、延误或者失败的，应当承担违约责任。

第八百五十七条　作为技术开发合同标的的技术已经由他人公开，致使技术开发合同的履行没有意义的，当事人可以解除合同。

第八百五十八条　技术开发合同履行过程中，因出现无法克服的技术困难，致使研究开发失败或者部分失败的，该风险由当事人约定；没有约定或者约定不明确，依据本法第五百一十条的规定仍不能确定的，风险由当事人合理分担。

当事人一方发现前款规定的可能致使研究开发失败或者部分失败的情形时，应当及时通知另一方并采取适当措施减少损失；没有及时通知并采取适当措施，致使损失扩大的，应当就扩大的损失承担责任。

第八百五十九条　委托开发完成的发明创造，除法律另有规定或者当事人另有约定外，申请专利的权利属于研究开发人。研究开发人取得专利权的，委托人可以依法实施该专利。

研究开发人转让专利申请权的，委托人享有以同等条件优先受让的权利。

第八百六十条　合作开发完成的发明创造，申请专利的权利属于合作开发的当事人共有；当事人一方转让其共有的专利申请权的，其他各方享有以同等条件优先受让的权利。但是，当事人另有约定的除外。

合作开发的当事人一方声明放弃其共有的专利申请权的，除当事人另有约定外，可以由另一方单独申请或者由其他各方共同申请。申请人取得专利权的，放弃专利申请权的一方可以免费实施该专利。

合作开发的当事人一方不同意申请专利的，另一方或者其他各方不得申请专利。

第八百六十一条　委托开发或者合作开发完成的技术秘密成果的使用权、转让权以及收益的分配办法，由当事人约定；没有约定或者约定不明确，依据本法第五百一十条的规定仍不能确定的，在没有相同技术方案被授予专利权前，当事人均有使用和转让的权利。但是，委托开发的研究开发人不得在向委托人交付研究开发成果之前，将研究开发成果转让给第三人。

第三节　技术转让合同和技术许可合同

第八百六十二条　技术转让合同是合法拥有技术的权利人，将现有特定的专利、专利申请、技术秘密的相关权利让与他人所订立的合同。

技术许可合同是合法拥有技术的权利人，将现有特定的专利、技术秘密的相关权利许可他人实施、使用所订立的合同。

技术转让合同和技术许可合同中关于提供实施技术的专用设备、原材料或者提供有关的技术咨询、技术服务的约定，属于合同的组成部分。

第八百六十三条　技术转让合同包括专利权转让、专利申请权转让、技术秘密转让等合同。

技术许可合同包括专利实施许可、技术秘密使用许可等合同。

技术转让合同和技术许可合同应当采用书面形式。

第八百六十四条 技术转让合同和技术许可合同可以约定实施专利或者使用技术秘密的范围，但是不得限制技术竞争和技术发展。

第八百六十五条 专利实施许可合同仅在该专利权的存续期限内有效。专利权有效期限届满或者专利权被宣告无效的，专利权人不得就该专利与他人订立专利实施许可合同。

第八百六十六条 专利实施许可合同的许可人应当按照约定许可被许可人实施专利，交付实施专利有关的技术资料，提供必要的技术指导。

第八百六十七条 专利实施许可合同的被许可人应当按照约定实施专利，不得许可约定以外的第三人实施该专利，并按照约定支付使用费。

第八百六十八条 技术秘密转让合同的让与人和技术秘密使用许可合同的许可人应当按照约定提供技术资料，进行技术指导，保证技术的实用性、可靠性，承担保密义务。

前款规定的保密义务，不限制许可人申请专利，但是当事人另有约定的除外。

第八百六十九条 技术秘密转让合同的受让人和技术秘密使用许可合同的被许可人应当按照约定使用技术，支付转让费、使用费，承担保密义务。

第八百七十条 技术转让合同的让与人和技术许可合同的许可人应当保证自己是所提供的技术的合法拥有者，并保证所提供的技术完整、无误、有效，能够达到约定的目标。

第八百七十一条 技术转让合同的受让人和技术许可合同的被许可人应当按照约定的范围和期限，对让与人、许可人提供的技术中尚未公开的秘密部分，承担保密义务。

第八百七十二条 许可人未按照约定许可技术的，应当返还部分或者全部使用费，并应当承担违约责任；实施专利或者使用技术秘密超越约定的范围的，违反约定擅自许可第三人实施该项专利或者使用该项技术秘密的，应当停止违约行为，承担违约责任；违反约定的保密义务的，应当承担违约责任。

让与人承担违约责任，参照适用前款规定。

第八百七十三条 被许可人未按照约定支付使用费的，应当补交使用费并按照约定支付违约金；不补交使用费或者支付违约金的，应当停止实施专利或者使用技术秘密，交还技术资料，承担违约责任；实施专利或者使用技术秘密超越约定的范围的，未经许可人同意擅自许可第三人实施该专利或者使用该技术秘密的，应当停止违约行为，承担违约责任；违反约定的保密义务的，应当承担违约责任。

受让人承担违约责任，参照适用前款规定。

第八百七十四条 受让人或者被许可人按照约定实施专利、使用技术秘密侵害他人合法权益的，由让与人或者许可人承担责任，但是当事人另有约定的除外。

第八百七十五条 当事人可以按照互利的原则，在合同中约定实施专利、使用技术秘密后续改进的技术成果的分享办法；没有约定或者约定不明确，依据本法第五百一十条的规定仍不能确定的，一方后续改进的技术成果，其他各方无权分享。

第八百七十六条 集成电路布图设计专有权、植物新品种权、计算机软件著作权等其他知识产权的转让和许可，参照适用本节的有关规定。

第八百七十七条 法律、行政法规对技术进出口合同或者专利、专利申请合同另有规定的，依照其规定。

第四节　技术咨询合同和技术服务合同

第八百七十八条　技术咨询合同是当事人一方以技术知识为对方就特定技术项目提供可行性论证、技术预测、专题技术调查、分析评价报告等所订立的合同。

技术服务合同是当事人一方以技术知识为对方解决特定技术问题所订立的合同，不包括承揽合同和建设工程合同。

第八百七十九条　技术咨询合同的委托人应当按照约定阐明咨询的问题，提供技术背景材料及有关技术资料，接受受托人的工作成果，支付报酬。

第八百八十条　技术咨询合同的受托人应当按照约定的期限完成咨询报告或者解答问题，提出的咨询报告应当达到约定的要求。

第八百八十一条　技术咨询合同的委托人未按照约定提供必要的资料，影响工作进度和质量，不接受或者逾期接受工作成果的，支付的报酬不得追回，未支付的报酬应当支付。

技术咨询合同的受托人未按期提出咨询报告或者提出的咨询报告不符合约定的，应当承担减收或者免收报酬等违约责任。

技术咨询合同的委托人按照受托人符合约定要求的咨询报告和意见作出决策所造成的损失，由委托人承担，但是当事人另有约定的除外。

第八百八十二条　技术服务合同的委托人应当按照约定提供工作条件，完成配合事项，接受工作成果并支付报酬。

第八百八十三条　技术服务合同的受托人应当按照约定完成服务项目，解决技术问题，保证工作质量，并传授解决技术问题的知识。

第八百八十四条　技术服务合同的委托人不履行合同义务或者履行合同义务不符合约定，影响工作进度和质量，不接受或者逾期接受工作成果的，支付的报酬不得追回，未支付的报酬应当支付。

技术服务合同的受托人未按照约定完成服务工作的，应当承担免收报酬等违约责任。

第八百八十五条　技术咨询合同、技术服务合同履行过程中，受托人利用委托人提供的技术资料和工作条件完成的新的技术成果，属于受托人。委托人利用受托人的工作成果完成的新的技术成果，属于委托人。当事人另有约定的，按照其约定。

第八百八十六条　技术咨询合同和技术服务合同对受托人正常开展工作所需费用的负担没有约定或者约定不明确的，由受托人负担。

第八百八十七条　法律、行政法规对技术中介合同、技术培训合同另有规定的，依照其规定。

第九章　北京市地方法规

北京市在技术转移、技术市场方面的制度化建设走在全国前列，本章重点介绍《北京市技术市场条例》和《北京市促进科技成果转化条例》这两项地方性法规。

第一节　北京市技术市场条例

一、制定与修改

《北京市技术市场条例》(简称《条例》)于2002年7月18日由北京市第十一届人民代表大会常务委员会第三十五次会议通过。是在1994年颁布的《北京市技术市场管理条例》(简称《管理条例》)的基础上，重新制定的。《条例》的颁布与实施，有力地推动了北京地区技术交易活动，促进、活跃、繁荣了北京技术市场，规范了技术市场秩序，调动调动和发挥了区域科技资源优势，大大激发了广大科技人员创新、创业的积极性，使北京技术市场步入了规范有序、健康高速的发展轨道。

2016年11月25日北京市第十四届人民代表大会常务委员会第三十一次会议通过了《关于修改部分地方性法规的决定》，对《条例》进行了修正。此后，2019年11月27日北京市第十五届人民代表大会常务委员会第十六次会议再次对《条例》进行了修正。

二、主要特点

《条例》在制定和修正过程中，始终坚持创新性与继承性、前瞻性与实用性、民事调整与行政管理和法律规制相结合三项基本原则，制度设计有以下特点：

第一，强化市场与政府作用的有机统一。《条例》是在我国加入世界贸易组织，融入全球经济，依法治国逐见成效，市场经济体制日趋完善的背景下制定的。立法上力图通过市场的自身调节与政府的环境营造相结合，更多体现了技术市场各类主体权利及义务的充分发挥。在框架结构中淡化“管理”，名称上在原有《管理条例》基础上去掉了“管理”二字，弱化了管理有关内容，结构调整为：总则、技术市场秩序、技术市场服务、促进与保障、法律责任和附则。

第二，强化对于技术市场秩序的维护。《条例》要求建立规范的技术市场秩序，明确法律责任，强调了技术交易活动中的禁止性行为，保障了北京地区技术市场快速、健康发展，为首都科技创新、科技成果转化、技术交易活动营造良好的法制环境。

第三，强化技术市场服务体系的建设。在市场经济体制下，技术市场服务是技术市场发展的重要环节。《条例》第三章为技术市场服务，强化了技术交易中介服务机构在促进市场发展过程中的作用，突出了北京市对技术交易服务活动的鼓励、培育、引导和规范。

第四，强化促进技术市场的政策保障。第四章促进与保障作为《条例》条文最多的一章，在国家现行政策的基础上，在地方的事权范围内，明确了北京市技术市场政策，为北京技术市场发展提供了良好的政策环境。

三、主要内容

《北京市技术市场条例》共六章四十条，主要明确了《条例》制订的意义、主管部门、规范主体及权益等内容，规定了技术交易相关的技术市场秩序、技术市场服务、促进与保障措施、法律责任以及条例的实施日期和存废等方面的内容。主要包括以下方面：

（一）明确条例的适用范围和部门职责

《条例》规定，自然人、法人和其他组织在本市行政区域内从事技术开发、技术转让、技术咨询、技术服务等技术交易活动以及其他与技术市场相关的活动，适用本条例。《条例》规定，市科学技术部门是本市技术市场的主管部门，北京技术市场管理办公室在市科学技术部门的领导下，具体负责技术市场的管理、监督工作。区科学技术部门按照管理权限负责本行政区域内的技术市场管理工作。市市场监督管理、商务、财政、发展改革、统计、审计、知识产权等部门，应当依据国家有关法律、法规和本条例的规定，按照各自的职责协同做好技术市场管理工作，在财政、税收等方面扶持技术市场的发展。

（二）明确了技术交易活动中的禁止性行为

《条例》明确在技术交易活动中，卖方应当是所提供技术的合法拥有者，并保证其所提供技术的真实性；中介方应当保证自己所提供技术信息的真实性及其来源的合法性；买方应当按照合同约定使用技术，支付费用。《条例》规定，在技术交易活动中，禁止下列行为：（一）非法垄断技术和妨碍技术进步的；（二）侵犯他人专利权、技术秘密以及其他科技成果权的；（三）作虚假广告、宣传的；（四）串通投标的；（五）以欺诈、胁迫等手段签订技术合同的；（六）法律、法规禁止的其他行为。

（三）对技术市场服务及技术经纪人进行了规定

《条例》明确本市建立和完善专业化、社会化和网络化的技术交易服务体系。鼓励兴办各类技术交易中介服务机构，为技术交易提供场所、技术信息、技术论证、技术评估、技术经纪、技术产权交易、技术招标代理等服务。要求技术交易中介服务机构应当依法注册或者登记，国家对资质另有规定的，从其规定。技术交易中介服务机构应当遵循诚实信用原则，依照法律、法规以及行业规范开展技术交易服务活动。

《条例》还明确本市设立技术产权交易机构，依法开展技术成果入股、高新技术企业产权转让、高新技术企业的增资扩股以及含有技术参与的并购业务，促进技术成果与资本的结合。技术市场各类同业协会应当依据协会章程开展活动，并对会员进行职业道德、行为规范以及执业技能等自律性管理，提供技术交易信用服务，定期公布技术交易当事人的信誉信息。

明确《条例》所称的技术经纪人是指为促成他人技术交易而从事中介居间、行纪或者代理活动，并取得合理佣金的自然人、法人和其他经济组织。规定技术经纪人在经纪活动中应当将定约机会和交易情况如实、及时地提供给当事人各方，真实反映当事人各方的履约能力、知识产权情况，按照约定为当事人保守商业秘密，协调技术合同的全面履行，并要求从事技术经纪业务的人员应当经过培训，从事技术经纪业务的机构应当按照国家规定办理相关手续。

(四)规定了技术合同认定登记相关政策

一是对技术合同登记进了规定。《条例》规定技术合同生效后，技术交易的卖方、中介方可以向技术合同登记机构申请认定登记。申请技术合同认定登记应当提供真实、完整的中文书面技术合同文本和相关附件。技术合同登记机构应当在受理认定登记申请之日起三十日内，依照有关规定予以认定登记。同一项技术合同不得重复登记。以技术入股方式订立的合同，可以按照技术转让合同认定登记。以技术开发、技术转让、技术咨询、技术服务为内容的技术承包和技术产权交易合同，可以根据合同内容确定合同的类型，予以认定登记。以技术成果作价出资的，其作价金额可以由交易双方协商约定。但法律或者行政法规另有规定的，从其规定。

二是明确了相关税收优惠。《条例》指出技术合同经认定登记，当事人可以按照国家和本市的规定享受优惠政策。从境外引进技术所订立的合同，当事人凭商务部门出具的技术转让合同批准文件，可以按照国家的规定享受税收优惠政策。从事与技术开发、技术转让相关的技术中介服务的收入，经认定，可以视同技术开发、技术转让收入对待，享受国家及本市规定的优惠政策。

三是对奖励措施进行了规定。《条例》规定经认定登记的技术合同，属于职务技术成果的，卖方应当按照《中华人民共和国促进科技成果转化法》、相关法律、法规和本市有关规定，奖励直接参加技术研究、开发、咨询和服务的人员。经认定登记的技术合同，买方可以在实施该项技术的新增收益中提取一定比例，奖励为实施技术做出重要贡献的人员。

(五)强化了相关法律责任

《条例》明确，违反本条例的行为，法律、行政法规已经规定法律责任的，依照其规定追究法律责任。对于技术交易活动中技术卖方、中介方、技术交易会的举办者、技术合同登记机构，《条例》明确了具体的法律规范。

在技术交易活动中，卖方应当是所提供技术的合法拥有者，并保证其所提供技术的真实性；中介方应当保证自己所提供技术信息的真实性及其来源的合法性。对违反本条例第九条规定，提供虚假技术或者技术信息的，依据本条例第三十四条，由市或者区科学技术部门或者市场监督管理部门没收违法所得，可以并处违法所得一倍以上五倍以下的罚款；给当事人造成损失的，依法承担民事责任。

技术交易会的举办者不得作虚假宣传，非法牟利。违反本条例第十二条规定，通过虚假宣传非法牟利的技术交易会的举办者，依据本条例第三十五条，由市科学技术部门没收违法所得，可以并处违法所得一倍以上三倍以下的罚款。

技术合同经认定登记，当事人可以按照国家和本市的规定享受优惠政策。技术交易的卖方、中介方可以在技术合同生效后，可以向技术合同登记机构申请认定登记。申请技术合同认定登记应当提供真实、完整的中文书面技术合同文本和相关附件。违反本条例第二十二条，以不正当手段骗取技术合同登记证明的，依据本条例第三十六条，由市科学技术部门责令技术合同登记机构撤销登记证明，并可以对当事人处五千元以上一万元以下的罚款；已经享受优惠政策的，由市科学技术部门通知有关部门予以查处。

技术合同登记机构是技术市场管理中重要的一个环节。条例在第三十七条明确规定，技术合同登记机构有下列行为之一的，市科学技术部门应当予以警告并责令其限期改正；情节严重的，予以撤销并公告：(一)不按照规定开展技术合同认定登记工作的；(二)从事经营活动的；(三)迟报、拒报或者提供不真实统计材料的；(四)泄露当事人商业秘密的。

国家工作人员在技术市场管理工作中徇私舞弊、收受贿赂、玩忽职守、滥用职权的，由所在单位或者上级主管部门给予行政处分；情节严重、构成犯罪的，依法追究刑事责任。技术交易当事人之间的经济纠纷，当事人依合同约定或者事后协议可以依法向仲裁机构申请仲裁；合同没有约定仲裁条款或者事后没有达成仲裁协议的，当事人可以向人民法院提起民事诉讼。

第二节　北京市促进科技成果转化条例

一、制定背景

科技成果转化是将科学技术转为现实生产力的关键环节，对于本市将科技资源优势转化为发展优势、构建高精尖产业结构和实现高质量发展具有重要意义。2015 年，全国人大常委会修订《中华人民共和国促进科技成果转化法》，通过完善科技成果处置、收益分配制度，强化企业在科技成果转化中的主体作用，加强科技成果转化服务，进一步破除了科技成果转化的体制机制障碍。随后，国务院和国务院办公厅相继印发促进科技成果转化的若干规定和行动方案，细化配套措施。

北京市近年来在促进科技成果转化方面积极探索，出台了一系列促进科技创新成果转化的政策文件，形成了一些可复制可推广的经验，但是，实践中还存在一些问题需要破解，比如，高校院所科技成果转化动力不足，转化服务机构能力不强，科技成果转化统筹协调机制有待健全等。

为了更好地贯彻落实国家法律要求、固化实践经验、破解实践难题，营造促进科技成果转化的良好法治环境，有必要制定一部符合北京科技成果转化工作规律、具有鲜明时代特点的地方性法规。

二、主要特点

赋予科研人员自主权：政府设立的高校院所可以将其依法取得的职务科技成果的知识产权及相关权利，全部或者部分给予科技成果完成人，并约定双方成果转化收入的分配方式。

明确高校院所自主转化管理权限：规定了政府设立的高校院所可以自主决定实施转化，不需审批或者备案，并可自主决定是否进行资产评估。

细化科技成果转化奖励和报酬等收益分配制度：规定科研人员获得奖励和报酬的原则、标准及时限，明确科技成果转化收入分配比例、收入不受工资总额和绩效工资总量限制。同时根据本市实际，将奖励和报酬比例给予更高的选择权，规定可以不低于转让、许可净收入的百分之七十，不低于作价投资形成股份或出资比例的百分之七十等。

明确科技成果限时转化措施：明确了项目承担者的成果转化义务和转化期限、项目主管部门实施介入权的程序等，规定项目承担者在约定转化期限内未实施转化且无正当理由的，项目主管部门可以按照约定终止项目，可以在技术市场信息网络平台发布该项目成果，许可他人实施。

三、主要内容

《北京市促进科技成果转化条例》(以下简称《条例》)立足建设全国科技创新中心的战略定位和发展需求，着力解决国家法律在本市实施落地“最后一公里”问题，以调动各方面转化科技成果的积极性为核心，开展有针对性的制度设计。

《条例》共6章45条，分为总则、成果权益、转化实施、政府支持和保障、法律责任、附则，主要包括以下四个方面：

(一)落实国家改革要求，充分保障科技成果转化中各方主体的合法权益

一是赋予科研人员更大自主权。落实国务院关于在京津冀等8个试验区“推广以事前产权激励为核心的职务科技成果权属改革”的要求，规定：政府设立的高校院所可以将其职务科技成果的知识产权以及其他未形成知识产权的职务科技成果的使用、转让、投资等权利，全部或者部分给予成果完成人(第十条)。另外，对于单位超过一定期限未组织实施转化的科技成果，规定：成果完成人可以自主实施转化或与他人合作转化，单位应当与其签订转化协议，并对转化活动予以支持和配合(第十一条)。

二是细化科技成果转化奖励和报酬等收入分配制度。在《促进科技成果转化法》的基础上进一步明确了科技成果转化收入分配比例、收入不受工资总额和绩效工资总量限制等内容(第十二条)；为解决担任领导职务的科技人员获得奖励报酬无依据的问题，规定担任各类领导职务的科技人员获得奖励报酬的方式和受限条件(第十三条)。

三是明确对本市财政资金设立的应用类科技项目的转化要求。为保障财政资金设立的应用类项目成果得到转化应用，规定：项目主管部门应当在合同中明确项目承担者的转化义务和转化期限，项目承担者无正当理由未实施转化的，项目主管部门可以终止项目、要求返回相应资金、取消项目承担者一定期限内的项目申报资格，并将该成果在技术市场信息网络平台上发布(第十四条)。

(二)提升高校院所成果转化动力，推动高质量成果向市场供给

一是要求高校院所建立完善科技成果转化管理制度，加强科技成果转化队伍建设，明确专门机构或者专门人员负责科技成果转化工作(第十五、十六条)。

二是要求高校院所健全科技人员职称分类评审和考核评价制度。针对从事成果转化工作的科技人员职称评定难的问题，规定：科技人员开展成果转化的，其成果转化创造的经济和社会效益应当作为对其专业技术职称评审、考核评价的重要依据(第十七条)。

三是明确成果转化活动中的勤勉尽责制度。对于高校院所相关负责人在成果转化活动中履行了民主决策、信息公示、合理注意和监督管理等勤勉尽责义务，未牟取非法利益的，规定：免除其在科技成果定价中因科技成果转化后续价值变化而产生的决策责任；投资亏损的，经主管部门审核后不纳入国有资产对外投资保值增值考核范围，由财政部门按照规定予以资产处理(第十八条)。

(三)发挥企业的成果转化主体作用，构建良好的科技成果转化环境

一是鼓励企业加大对科技研发和成果转化的经费投入，支持有条件的企业承接转化重大创新项目、参与产业关键共性技术的研究开发、参与国家重大科研基础设施建设，促进科技成果转化(第二十条)。

二是鼓励设立各类科技成果转化服务机构，支持科技成果转化服务机构开展跨境、跨区域科技成果转化服务，加强技术交易市场建设，支持建设重点实验室等公共研发平台和科技企业孵化机构，为科技成果转化营造良好的服务环境(第二十一至二十五条)。

(四)完善政府支持与保障措施

一是明确本市建立健全促进成果转化议事协调机制，加强部门间创新政策协同，为科技成果转化创造良好制度环境(第四条)。

二是合理安排财政资金投入，引导社会资金投入，推动形成多元化的成果转化资金投入体系，包括设立科技创新基金，通过风险补偿、贷款贴息、知识产权质押融资保险补贴等方式，支持银行、保险机构、担保公司等金融机构加大科技信贷投入，为科技型企业提供信贷融资服务(第二十八条)。

三是针对成果转化专业人才严重不足、专业能力不强的问题，加大科技成果转化人才培养与引进力度，加强科技成果转化人才培养基地建设，落实本市引进的科技成果转化人才在落户、住房、医疗保险、子女就学等方面的待遇(第三十一条)。

四是明确本市建立首都科技条件平台，向社会开放重大科研基础设施；建立健全采购新技术新产品新服务的制度；为新技术新产品新业态等在本市测试、试用、应用提供所需的应用场景服务(第二十九、三十二、三十三条)。

五是规定各区应当根据区域发展定位和产业特点，制定科技成果转化政策措施，完善科技成果转化配套条件，推动符合产业发展定位的成果落地转化(第三十四条)。

延伸阅读十六　《北京市技术市场条例》

第一章　总　则

第一条　为促进技术交易，维护技术市场秩序，保障技术交易当事人的合法权益，推动技术进步和经济发展，根据国家有关法律、法规，结合本市实际情况，制定本条例。

第二条　自然人、法人和其他组织在本市行政区域内从事技术开发、技术转让、技术咨询、技术服务等技术交易活动以及其他与技术市场相关的活动，适用本条例。

第三条　一切有益于经济建设、社会发展和科技进步的技术、技术信息，均可以进行交易，但国家另有规定的除外。

技术交易活动不受地区、行业、隶属关系、经济性质和专业范围的限制。

技术交易涉及国家安全、国家秘密的，应当按照国家有关规定办理。

第四条　技术交易当事人在技术交易活动中应当遵守相关法律、法规，尊重社会公德，不得侵犯他人的知识产权，扰乱社会经济秩序，损害社会公共利益。

技术交易当事人的合法权益受法律保护。

第五条　市、区人民政府应当建设公平竞争、规范有序的技术市场环境。

第六条　市科学技术部门是本市技术市场的主管部门，北京技术市场管理办公室在市科学技术部门的领导下，具体负责技术市场的管理、监督工作。

区科学技术部门按照管理权限负责本行政区域内的技术市场管理工作。

第七条　市市场监督管理、商务、财政、发展改革、统计、审计、知识产权等部门，应当依据国家有关法律、法规和本条例的规定，按照各自的职责协同做好技术市场管理工作，在财政、税收等方面扶持技术市场的发展。

第二章　技术市场秩序

第八条　技术交易当事人应当依照《中华人民共和国合同法》的规定订立技术合同。技术合同的内容由当事人约定。

第九条　在技术交易活动中，卖方应当是所提供技术的合法拥有者，并保证其所提供技术的真实性；中介方应当保证自己所提供技术信息的真实性及其来源的合法性；买方应当按照合同约定使用技术，支付费用。

第十条　在技术交易活动中，禁止下列行为：

(一)非法垄断技术和妨碍技术进步的；

(二)侵犯他人专利权、技术秘密以及其他科技成果权的；

(三)作虚假广告、宣传的；

(四)串通投标的；

(五)以欺诈、胁迫等手段签订技术合同的；

(六)法律、法规禁止的其他行为。

第十一条　技术交易买卖双方可以直接交易，也可以通过中介方交易。

技术交易可以采取招标、投标、拍卖等方式进行。政府财政投入为主的科技计划项目适宜招标的，应当招标。

技术交易可以通过互联网进行。

第十二条　技术交易会的举办者不得作虚假宣传，非法牟利。

第十三条　经营、发布技术交易广告，经营者或者发布者应当查验广告内容是否与有关的技术文件、技术鉴定证书等证明材料一致，不得设计、制作、代理和发布内容不实、证明文件不全的广告。

第三章　技术市场服务

第十四条　本市建立和完善专业化、社会化和网络化的技术交易服务体系。

鼓励兴办各类技术交易中介服务机构，为技术交易提供场所、技术信息、技术论证、技术评估、技术经纪、技术产权交易、技术招标代理等服务。

第十五条　技术交易中介服务机构应当依法注册或者登记，国家对资质另有规定的，从其规定。

技术交易中介服务机构应当遵循诚实信用原则，依照法律、法规以及行业规范开展技术交易服务活动。

第十六条　技术经纪人在经纪活动中应当将定约机会和交易情况如实、及时地提供给当事人各方，真实反映当事人各方的履约能力、知识产权情况，按照约定为当事人保守商业秘密，协调技术合同的全面履行。

本条例所称的技术经纪人是指为促成他人技术交易而从事中介居间、行纪或者代理活动，并取得合理佣金的自然人、法人和其他经济组织。

第十七条　从事技术经纪业务的人员应当经过培训。从事技术经纪业务的机构应当按照国家规定办理相关手续。

第十八条　本市设立技术产权交易机构，依法开展技术成果入股、高新技术企业产权转让、高新技术企业的增资扩股以及含有技术参与的并购业务，促进技术成果与资本的结合。

第十九条　技术市场各类同业协会应当依据协会章程开展活动，并对会员进行职业道德、行为规范以及执业技能等自律性管理，提供技术交易信用服务，定期公布技术交易当事人的信誉信息。

第二十条　市科学技术部门应当建设技术市场信息网络平台，收集、发布技术成果供求信息，拓宽信息渠道，实现技术交易信息资源共享。

第四章　促进与保障

第二十一条　技术合同经认定登记，当事人可以按照国家和本市的规定享受优惠政策。

从境外引进技术所订立的合同，当事人凭商务部门出具的技术转让合同批准文件，可以按照国家的规定享受税收优惠政策。

第二十二条　技术合同生效后，技术交易的卖方、中介方可以向技术合同登记机构申请认定登记。申请技术合同认定登记应当提供真实、完整的中文书面技术合同文本和相关附件。技术合同登记机构应当在受理认定登记申请之日起三十日内，依照有关规定予以认定登记。当事人对不予认定登记有异议的，可以向北京技术市场管理办公室申请复核。

以数据电文形式订立的技术合同，当事人申请认定登记的，应当出具纸介形式的合同文本。

同一项技术合同不得重复登记。

第二十三条　以技术入股方式订立的合同，可以按照技术转让合同认定登记。

以技术开发、技术转让、技术咨询、技术服务为内容的技术承包和技术产权交易合同，可以根据合同内容确定合同的类型，予以认定登记。

第二十四条　以技术成果作价出资的，其作价金额可以由交易双方协商约定。但法律或者行政法规另有规定的，从其规定。

第二十五条　技术交易当事人持技术合同登记机构的登记证明，向主管财政、税务部门提出申请，经审核批准，其技术交易的收入享受国家规定的税收优惠政策。

第二十六条　从事与技术开发、技术转让相关的技术中介服务的收入，经认定，可以视同技术开发、技术转让收入对待，享受国家及本市规定的优惠政策。

第二十七条　经认定登记的技术合同，属于职务技术成果的，卖方应当按照《中华人民共和国促进科技成果转化法》、相关法律、法规和本市有关规定，奖励直接参加技术研究、开发、咨询和服务的人员。

经认定登记的技术合同，买方可以在实施该项技术的新增收益中提取一定比例，奖励为实施技术做出重要贡献的人员。

奖励费用按照国家和本市有关规定列支，凭技术合同登记机构的登记证明和本单位出具的证明到单位基本账户银行提取现金。

第二十八条　经认定登记的技术合同，其中卖方、中介方是自然人的，其个人所得由技术合同登记机构按照劳务报酬所得或者特许权使用费所得，依法代扣、代缴个人所得税。

第二十九条　企业单位支付的技术价款、报酬、使用费或者佣金，可以按照国家有关规定摊入成本。

事业单位支付的技术价款、报酬、使用费或者佣金，可以按照国家有关规定在事业费中列支。

第三十条　技术合同登记机构由市科学技术部门批准设立和撤销，并予以公布。

技术合同登记机构及其工作人员对涉及国家秘密及当事人商业秘密的技术合同，应当承担保密义务。

技术合同登记机构应当按照规定上报有关统计数据。

技术合同登记机构不得从事经营活动。

第三十一条　市科学技术部门应当定期进行技术市场的统计和分析，为政府制定政策提供依据。

第三十二条　市科学技术部门应当安排专项资金，用于组织技术交流、交易活动和技术市场的基础性建设，以及技术市场的宣传、培训、理论研究和法制建设，支持技术市场发展。

第五章　法律责任

第三十三条　违反本条例的行为，法律、行政法规已经规定法律责任的，依照其规定追究法律责任。

第三十四条　违反本条例第九条规定，提供虚假技术或者技术信息的，由市或者区科学技术部门或者市场监督管理部门没收违法所得，可以并处违法所得一倍以上五倍以下的罚款；给当事人造成损失的，依法承担民事责任。

第三十五条　违反本条例第十二条规定，技术交易会的举办者通过虚假宣传非法牟利的，由市科学技术部门没收违法所得，可以并处违法所得一倍以上三倍以下的罚款。

第三十六条　违反本条例第二十二条规定，以不正当手段骗取技术合同登记证明的，由市科学技术部门责令技术合同登记机构撤销登记证明，并可以对当事人处五千元以上一万元以下的罚款；已经享受优惠政策的，由市科学技术部门通知有关部门予以查处。

第三十七条　违反本条例规定，技术合同登记机构有下列行为之一的，市科学技术部门应当予以警告并责令其限期改正；情节严重的，予以撤销并公告：

(一)不按照规定开展技术合同认定登记工作的；

（二）从事经营活动的；

（三）迟报、拒报或者提供不真实统计材料的；

（四）泄露当事人商业秘密的。

第三十八条　国家工作人员在技术市场管理工作中徇私舞弊、收受贿赂、玩忽职守、滥用职权的，由所在单位或者上级主管部门给予行政处分；情节严重、构成犯罪的，依法追究刑事责任。

第三十九条　技术交易当事人之间的经济纠纷，当事人依合同约定或者事后协议可以依法向仲裁机构申请仲裁；合同没有约定仲裁条款或者事后没有达成仲裁协议的，当事人可以向人民法院提起民事诉讼。

第六章　附　则

第四十条　本条例自2002年11月1日起施行。1994年10月20日北京市第十届人民代表大会常务委员会第十三次会议通过的《北京市技术市场管理条例》同时废止。

延伸阅读十七　《北京市促进科技成果转化条例》

第一章　总　则

第一条　为了促进科技成果转化，规范科技成果转化活动，实施创新驱动发展战略，加快建设具有全球影响力的全国科技创新中心，推动经济高质量发展和社会进步，根据《中华人民共和国促进科技成果转化法》等有关法律、行政法规，结合本市实际，制定本条例。

第二条　本市行政区域内的科技成果转化及相关活动，适用本条例。

第三条　科技成果转化活动应当尊重科技创新规律和市场经济规律，发挥企业、研发机构、高等院校、转化服务机构等创新主体作用，遵循自愿、互利、公平、诚实信用的原则，加强知识产权保护，激发全社会创新创业活力。

第四条　市、区人民政府应当加强对科技成果转化工作的领导，将科技成果转化工作纳入国民经济和社会发展规划和计划，组织制定相关政策措施并监督落实。

本市建立健全科技成果转化议事协调机制，研究、协调科技成果转化工作中的重大事项，制定并督促落实科技成果转化工作目标和措施。

第五条　市科学技术部门应当依照职责做好科技成果转化的管理、指导、协调和服务工作。

市发展改革、教育、经济和信息化、财政、人力资源社会保障、人才工作、农业农村、卫生健康、国有资产、地方金融监管、知识产权等部门应当依照各自工作职责，做好科技成果转化相关工作。

第六条　本市营造有利于科技成果转化的良好环境，吸引国内外科技成果在本市聚集、转化、交易；积极推进京津冀协同创新发展，加强与津冀地区科技创新资源共享和科技成果转化合作；积极推进央地合作，加强与中央单位科技资源对接，建立健全沟通协调机制，支持中央单位科技成果在本市落地转化和产业化。

第七条　市、区人民政府应当按照国家和本市有关规定，对在科技成果转化活动中做出突出贡献的组织和个人予以表彰和奖励。

第二章　成果权益

第八条　本市建立健全以增加知识价值为导向的科技成果权益分配机制，积极推进职务科技成果权属改革，尊重、维护和保障科技成果转化中各方主体的合法权益。

第九条　政府设立的研发机构、高等院校，可以将其依法取得的职务科技成果的知识产权，以及其他未形成知识产权的职务科技成果的使用、转让、投资等权利，全部或者部分给予科技成果完成人，并同时约定双方科技成果转化收入分配方式。

前款规定的情况不得损害国家安全、国家利益、社会公共利益。

第十条　政府设立的研发机构、高等院校对其持有的科技成果，可以自主决定实施转化，除涉及国家秘密、国家安全外，不需审批或者备案；可以自主决定是否进行资产评估。科技成果转化收入留归本单位。

第十一条　政府设立的研发机构、高等院校持有的职务科技成果，在不变更权属的前提下，科技成果完成人可以与本单位依法签订协议实施转化。

单位自职务科技成果在本单位登记后无正当理由超过一年未组织实施转化的，科技成果完成人可以自行投资实施或者与他人合作实施转化，单位应当对科技成果完成人的科技成果转化活动予以支持、配合。

第十二条　科技成果完成单位持有的职务科技成果转化后，应当由单位对完成、转化该项科技成果做出重要贡献的人员给予奖励和报酬。

单位可以依法规定或者与科技人员约定奖励和报酬的方式、数额和时限。单位未规定、也未与科技人员约定的，按照《中华人民共和国促进科技成果转化法》的规定执行。

政府设立的研发机构、高等院校可以按照下列标准对完成、转化该项科技成果做出重要贡献的人员给予奖励和报酬：

（一）将职务科技成果转让、许可给他人实施的，从该项科技成果转让净收入或者许可净收入中提取不低于百分之七十的比例；

（二）利用职务科技成果作价投资的，从该项科技成果形成的股份或者出资比例中提取不低于百分之七十的比例；

（三）将职务科技成果自行实施转化或者与他人合作实施转化的，在实施转化成功投产后，从开始盈利的年度起连续五年内，每年从实施转化该项科技成果的营业利润中提取不低于百分之五的比例。五年奖励期限满后依据其他法律法规应当继续给予奖励或者报酬的，从其规定。

前款所称净收入，是指转让、许可收入扣除本次交易发生的相关税金、维护该科技成果的费用及交易过程中的评估、鉴定、谈判等直接成本后的余额。

政府设立的研发机构、高等院校及国有企业依照本条例规定对完成、转化职务科技成果做出重要贡献的人员给予奖励和报酬的支出计入当年本单位工资总额，但不受当年本单位工资总额和绩效工资总量限制、不纳入本单位工资总额基数。

第十三条 在政府设立的研发机构、高等院校及其所属的具有法人资格的单位担任领导职务的科技人员，是科技成果主要完成人或者对科技成果转化做出重要贡献的，按照国家有关规定获得奖励和报酬，并实行公开公示制度。

担任领导职务的科技人员在科技成果转化活动中不得利用所在单位的名义、声誉和影响力牟取私利，不得利用职权侵占他人科技成果转化收入。

第十四条 利用本市财政资金设立的应用类科技项目，项目主管部门应当在合同中明确项目承担者的科技成果转化义务和转化期限、项目主管部门可以许可他人实施的条件和程序等事项。

项目承担者在约定转化期限内未实施转化且无正当理由的，项目主管部门可以按照约定终止项目。该项目形成的科技成果，项目主管部门可以在技术市场信息网络平台上发布，并依照约定许可他人实施。

第三章 转化实施

第十五条 政府设立的研发机构、高等院校应当建立符合本单位特点的科技成果转化管理制度，明确科技成果的登记、转化实施程序、收益分配、组织保障、异议处理等内容。

第十六条 政府设立的研发机构、高等院校应当加强科技成果转化队伍建设，提供必要的经费保障，明确专门机构或者专门人员负责下列工作：

（一）受理科技成果登记；

（二）分析科技成果应用价值；

（三）拟定科技成果权利分配及转化方案；

（四）自行组织或者指导、协助科技成果完成人开展科技成果后续试验、开发；

（五）申请、保护和管理科技成果的知识产权；

（六）与科技成果转化相关的其他工作。

第十七条 政府设立的研发机构、高等院校可以将其持有的科技成果转移到本单位设立的科技成果转化机构实施转化。

政府设立的研发机构、高等院校可以将与科技成果直接相关的仪器设备出租、出借或者作价投资到科技成果转化实体，取得的收益在履行相关审批手续后，可以用于科学技术研究开发与科技成果转化等相关工作。

第十八条 政府设立的研发机构、高等院校应当建立符合本单位科技成果转化工作特点的职称分类评审、岗位管理和考核评价制度，将通过科技成果转化创造的产值、利润等经济效益和吸纳就业、节约资源、保护环境等社会效益，作为专业技术职称评审、岗位管理和考核评价的重要依据。

第十九条 政府设立的研发机构、高等院校开展科技成果转化活动，相关负责人根据法律、法规、规章制度履行了民主决策、信息公示、合理注意和监督管理等勤勉尽责义务，未牟取非法利益的，免除其在科技成果定价中因科技成果转化后续价值变化而产生的决策责任。

本市设立的研发机构、高等院校以科技成果对外投资实施转化活动，已经履行勤勉尽责义务且没有牟取非法利益仍发生投资亏损的，经单位主管部门审核后，不纳入单位国有资产对外投资保值增值考核范围，由财政部门按照相关规定予以资产处理。

第二十条　本市鼓励企业与研发机构、高等院校及其他组织建立科技人员双向流动、项目合作等人才合作交流机制。

研发机构、高等院校可以通过建设产学研合作平台、实施科技成果转化项目等方式，吸引企业科技人才兼职。

研发机构、高等院校的科技人员可以按照国家和本市有关规定，经所在单位同意，通过离岗创业、在岗创业或者到企业兼职等方式，从事科技成果转化活动，并按照有关规定取得合法报酬。

第二十一条　本市鼓励企业加大对科学技术研究开发和科技成果转化的经费投入，支持有条件的企业承接转化重大创新项目、承接转化科技成果形成重点新产品、参与产业关键共性技术研究开发、参与国家重大科研基础设施建设、参与国际国内标准的研究与制定，促进科技成果转化。

第二十二条　市国有资产管理部门应当建立有利于科技成果转化的考核评价机制，将市属国有企业的研究开发投入、科技成果转化等情况列入企业管理者经营业绩考核范围。

第二十三条　本市鼓励研发机构、高等院校优先向中小微企业转移科技成果。

根据本条例第十四条第二款规定将科技成果许可他人实施的，中小微企业优先实施。

第二十四条　本市支持研发机构开展体制机制创新，允许其在财政资金使用、职称评审、人员聘用、运行管理等方面享有更大自主权，开展基础前沿研究、产业关键共性技术研究开发、应用开发等创新活动，推动重大科技成果转化和产业化。

第二十五条　本市支持建设公共研究开发平台，为科技成果转化提供技术集成、共性技术研究开发、中间试验和工业性试验、系统化和工程化开发、技术推广与示范等服务；支持建设孵化机构，提供孵化场地、创业辅导、研究开发与管理咨询等服务。

经认定的国家级、市级科技企业孵化器、大学科技园和经备案的众创空间，在房产、土地、收入等方面按照国家有关规定享受税费减免。

第二十六条　本市鼓励设立各类科技成果转化服务机构，提供下列服务：

（一）科技成果信息的搜集、筛选、分析、加工；

（二）科技成果的价值评估、交易服务；

（三）知识产权信息检索与分析；

（四）科技成果展示、推介及与产业技术需求对接；

（五）技术经纪人、技术经理人等科技成果转化专业人才培训；

（六）科技成果转化其他服务。

市科学技术部门及相关部门应当建立健全相关服务规范，加强对科技成果转化服务机构的监督管理。

第二十七条　本市支持科技成果转化服务机构开展跨境、跨区域的科技成果转化服务，在不涉及国家安全、不损害国家利益和社会公共利益的前提下开展技术合作、技术贸易。

本市鼓励国际、国内其他地区科技成果转化服务机构在本市设立分支机构，集聚科技成果转化人才，开展科技成果转化合作。

第二十八条　本市加强技术交易市场建设，为技术交易双方提供交易场所，制定规范的技术成果信息发布标准和流程，开展技术交易综合配套服务；支持企业、研发机构、高等院校、行业协会等单位通过技术交易市场开展信息发布、供需对接、询价、招标、拍卖、挂牌等活动。

第二十九条　本市设立的研发机构、高等院校应当按照国家和本市规定向其主管部门提交科技成果转化情况年度报告，有关主管部门应当将审核后的年度报告报送市科学技术部门和财政部门。

国家在本市设立的研发机构、高等院校应当将科技成果转化情况年度报告抄送市科学技术部门。

科技成果转化情况年度报告作为对上述单位实施绩效评价或者予以财政资金支持的重要依据。

第三十条　市科学技术部门应当会同有关部门建立全市统一的科技报告制度和科技成果信息系统，依法向社会公布科技项目实施情况以及科技成果和相关知识产权信息，提供科技成果信息查询、筛选等公益服务。

利用本市财政资金设立的科技项目的承担者应当在项目结题时向市科学技术部门和项目主管部门提交科技报告，并按照规定将科技成果和相关知识产权信息汇交到本市科技成果信息系统。

科技成果信息系统的管理、使用办法由市科学技术部门另行制定。

第四章　政府支持和保障

第三十一条　市、区人民政府应当逐步提高科学技术经费的财政投入总体水平，统筹安排财政资金，支持开展科技成果转化相关工作，促进重大科技成果在本市落地转化。

市、区人民政府通过设立科技创新基金，引导社会资本投资符合本市城市战略定位的重大科技成果转化和产业化；通过风险补偿、贷款贴息、知识产权质押融资保险补贴等方式，支持银行、保险机构、担保公司等金融机构为科技型企业提供信贷融资服务。

第三十二条　市、区人民政府应当完善科技成果转化配套条件，制定科技成果中试熟化与产业化用地用房保障政策，加强住房、医疗、教育等公共服务设施建设，推动符合产业发展定位的科技成果落地转化。

第三十三条　本市建立健全支持采购新技术、新工艺、新材料、新产品、新服务的相关制度，促进科技成果转化。

本市支持企业通过科技成果转化形成首台(套)重大技术装备依法参与政府采购活动。有关采购人或者采购代理机构应当合理设置首创性、先进性等评审因素，不得以企业规模、成立年限、市场业绩等为由限制企业的参与资格。

第三十四条　本市设立的研发机构、高等院校的主管部门以及市财政、科学技术等部门应当建立有利于促进科技成果转化的考核评价制度，将科技成果转化情况作为对相关单位考核评价、财政资金支持等的重要内容和依据之一。

市人力资源社会保障部门应当会同市科学技术、教育等部门建立有利于促进科技成果转化的专业技术职称评审体系，设立知识产权、技术经纪等职称专业类别，并将科技成果转化创造的经济效益和社会效益作为科技成果转化人才职称评审的主要评价因素。

第三十五条　市人民政府应当制定科技成果转化人才培养和引进政策，加强科技成果转化人才培养基地建设，落实本市引进的科技成果转化人才在落户、住房、医疗保险、子女就学等方面的待遇。

对于本市引进的外籍科技成果转化人才，市公安、外国专家等部门应当按照有关规定，在办理入境签证、居留许可和就业许可时，简化程序、提供便利。

第三十六条　本市建立首都科技条件平台，向社会开放重大科研基础设施、大型科研仪器等科技资源。利用本市财政资金建设、购买的重大科研基础设施、大型科研仪器应当纳入首都科技条件平台。鼓励和支持利用非本市财政资金建设、购买的重大科研基础设施、大型科研仪器等纳入首都科技条件平台。

中小微企业、创业者通过首都科技条件平台使用上述科技资源的，市科学技术部门通过科技创新券等方式予以资金支持。

第三十七条　市、区人民政府统筹制定应用场景建设有关规划和政策，加快构建科技成果转化所需的应用场景，支持科技成果转化形成的新技术、新产品、新业态、新商业模式在本市测试、试用、应用，并依法提供其所需的数据开放、基础设施、技术验证环境、检测标准、示范应用等服务，为其在本市落地提供便利。

前款规定的新技术、新产品、新业态、新商业模式不得危害国家安全、损害社会公共利益、危害人体健康、违反伦理道德。

第三十八条　本市建立知识产权公共服务体系，指导和支持研发机构、高等院校、企业等建立本单位的知识产权管理制度，提升知识产权保护和运用能力。

本市对依法取得知识产权的科技成果，实行严格的知识产权保护制度，维护科技成果转化中各方主体的合法权益。

第五章　法律责任

第三十九条　本市设立的研发机构、高等院校未依照本条例规定提交科技成果转化情况年度报告的，由其主管部门责令改正；情节严重的，予以通报批评。

利用本市财政资金设立的科技项目的承担者未依照本条例规定提交科技报告、汇交科技成果和相关知识产权信息的，由项目主管部门责令改正；情节严重的，给予通报批评，并取消其三年内申报本市财政资金设立的科技项目的资格。

第四十条　研发机构、高等院校、企业及相关人员违反本条例规定，在科技成果转化活动中弄虚作假，采取欺骗手段，骗取奖励和荣誉称号、非法牟利的，由市人民政府有关部门依照管理职责责令改正，取消该奖励和荣誉称号，没收违法所得，并处以违法所得一倍以上三倍以下的罚款；没有违法所得的，处以五万元以上十万元以下的罚款。给他人造成经济损失的，依法承担民事赔偿责任；构成犯罪的，依法追究刑事责任。

第四十一条　政府设立的研发机构、高等院校及其工作人员有下列情形之一的，由其主管部门责令限期改正；逾期不改正的，予以通报批评，对直接负责的主管人员和其他直接责任人员依法给予处分：

（一）未按规定制定科技成果转化管理制度的；

（二）阻碍科技成果完成人依法转化职务科技成果，拒绝提供相关技术资料的；

（三）未按规定对完成、转化科技成果做出重要贡献的人员给予奖励和报酬或者公示科技成果转化奖励和报酬情况的。

第四十二条　科技成果转化服务机构及其从业人员违反本条例规定，故意提供虚假信息、实验结果或者评估意见等欺骗当事人，或者与当事人一方串通欺骗另一方当事人的，由市人民政府有关部门依照管理职责责令改正，没收违法所得，并处以违法所得一倍以上三倍以下的罚款；没有违法所得的，处以五万元以上十万元以下的罚款；情节严重的，由市场监督管理部门依法吊销营业执照。给他人造成经济损失的，依法承担民事赔偿责任；构成犯罪的，依法追究刑事责任。

第六章　附　则

第四十三条　本条例所称科技成果包括专利技术、计算机软件、技术秘密、集成电路布图设计、植物新品种、新药、设计图、配方等。

本条例所称科技成果转化活动包括在科技成果转化中开展的技术开发、技术服务、技术咨询等活动。

第四十四条　本条例有关研发机构、高等院校的规定，适用于政府设立的医疗卫生机构。

第四十五条　本条例自 2020 年 1 月 1 日起施行。

第三编

体系建设

第十章　技术转移体系

2017年《国家技术转移体系建设方案》发布以来，技术转移体系建设工作得到进一步推进。为了更好地理解、解释技术转移体系，本章从系统工程、组成要素及其关系、功能、与科技创新体系的关系等几个方面对技术转移体系进行阐述分析。

第一节　技术转移的系统性

系统工程是从总体出发，合理开发、运行和革新一个大规模复杂系统所需思想、理论、方法论、方法与技术的总称，属于一门综合性的工程技术。它是按照问题导向的原则，根据总体协调的需要，把自然科学、社会科学、数学、管理学、工程技术等领域的相关思想、理论、方法等有机地综合起来，应用定量分析和定性分析相结合的基本方法，采用现代信息技术等技术手段，对系统的功能配置、构成要素、组成结构、环境影响、信息交换、反馈控制、行为特点等进行系统分析，最终达到使系统合理开发、科学管理、持续改进、协调发展的目的①。

技术转移是一项复杂的系统工程。这是因为：

(1)从技术转移系统的组成要素来看，技术转移活动涉及技术、人才、资本等要素。这些要素分散在高校和科研院所、科研人员、企业、金融机构、政府等组织中。这意味着技术转移整合资源的复杂性高、操作难度大、时间年周期长。

(2)从技术转移活动的参与主体来看，技术转移活动参与主体有高校和科研院所及其科研人员、产业界内的生产经营企业、金融机构(风险投资机构和个人、银行等金融机构)、用户(包括政府用户、企业用户、个人消费者等)，参与主体种类多、分布广泛。这对技术转移有很高的要求。

(3)从技术的复杂程度来看，一项技术满足市场和用户的需求，需要在经济效益、可靠性等方面达到一定的程度，往往需要集成多个学科的技术。而对高校、科研院所的某项科技成果的研发人员而言，往往只擅长其中的一个学科。相比于科研，技术转移对整合不同学科的技术有着更高的要求。

(4)从技术转移的时间来看，一项技术从核心技术的研发开始到实现产业化生产应用，历经研发、小试、中试、产业化生产阶段，往往需要经历比较长的时间，并在技术产业化生产应用以后需要持续对技术进行改进升级，以期在市场竞争中持续保持技术上的优势。

---

① 汪应洛．系统工程[M].4版. 北京：机械工业出版社，2008：1-9.

第二节　技术转移体系的组成因素

技术转移体系的组成要素一般包括：资本、技术、人才、服务、政策。这些组成要素分布在高校和科研院所、企业、政府、中介服务机构等组织和部门中。在技术转移体系中，参与技术转移的部门至少提供一种组成要素。

随着社会的不断发展，科技社会发展一体化发展的趋势越来越明显，技术转移体系呈现出多样化、复杂化的发展趋势。在我国，这方面的情况更加复杂：

(1)我国的大学和科研院所可以创办企业，自行从事技术转移。这导致在技术转移的过程中，对于和产业界的合作，不是那样必要。与此同时，科学家创办企业，成为一种流行。我国出台的多项技术转移政策中均鼓励科研人员创办企业；

(2)我国的科技体制改革中，将科研院所转制为企业，或并入企业(集团)，模糊了科研院所和企业之间界线。1999 年，我国原国家经贸委管理的内贸局、煤炭局、机械局、冶金局、石化局、轻工局、纺织局、建材局、烟草局、有色金属局 10 个国家局所属的 242 个科研院所进行转制改革，大部分转制为企业；2000 年，国务院部门(单位)所属 134 个科研院所进行转制改革，其中，73 个转制为科技型企业，46 个进入企业(集团)，13 个保留科研事业单位性质，2 个并入大学。

(3)“一所两制”和分类改革，使得某些研究所在一边履行社会公益职能，一边从事市场经营。自 1985 年中共中央颁布《中共中央关于改革科学技术体制改革的决定》(中发〔1985〕6 号)以来，科研院所的分类改革在多次科技体制改革中均有涉及。经过多次改革后，对于有面向市场能力的社会公益类科研院所，我国政府引导其成立经营实体，将其面向市场的业务注入经营实体，实现一套机构、两种职能，即“一所两制”。实行“一所两制”科研院所本身就具备企业、科研院所两种角色。

凡此种种，使得传统意义上专注于知识生产、人才教育社会功能的大学、科研院所与企业间的界线越来越模糊。大学、科研院所不再是传统意义上的科学研究机构。不仅如此，随着科学和技术的发展，偏重于基础研究的科学和偏重于应用研究的技术已经密不可分，越来越交叉融合，相互促进。与此同时，经济因素对科学研究的影响越来越大，成为科研研究中不可忽视的因素。在这种发展趋势下，从事基础研究的大学和科研院所，与从事技术研发、生产和销售的企业，两者开始进行越来越多的合作。越来越多的企业通过共建实验室、资助科研项目等方式介入到科研之中，同时一些大型企业开始建立实验室等科研机构，从事研究开发。企业、大学与科研院所的融合创新，既是我国政策的导向，同时也是科技发展的趋势。

在西方国家中，很长的一段时间内，政府和学术界都比较相信市场在调节经济的决定性作用，不主张政府过多地干预市场，但在技术和经济发展的新形势下，政府对于产业技术和经济的干预越来越多。而在我国的经济和社会发展过程中，在“集中力量办大事”的社会主义体制下，取得了诸如“两弹一星”的重大成果。我国市场经济发展时间较短，本身存在着不成熟的问题。种种因素影响之下，对于技术转移，我国政府不仅仅是通过法律、政策、税收、科技园区等这些公共管理职能来引导大学和科研院所、企业进行技术转移工作，而且可以通过直接投资、政府采购等多种形式促进技术转移。同时，通过行政、财政资金、科研项目等方式，我国政府对国家设立的高校、科研院所有着很大的影响。

因此，综合考虑我国技术转移的政策走向和世界其他国家的经验，通过分析参与技术转移的各类部门及其作用、技术转移中涉及的主要要素（技术、资本、人才等创新要素），可以将我国技术转移的各类部门及其作用做如下分类：

（1）政府部门。政府部门被视为经济活动中“有形的手”，直接参与经济调节。对于政府部门在技术转移中的作用，《国家技术转移体系建设方案》指出：政府的主要工作通过“抓战略、抓规划、抓政策、抓服务，为技术转移营造良好环境”，推动技术转移体系的高效运行。在我国，政府参与、调节技术转移的途径有：政策、法律的制订和修改，财政支出，科研项目资助，政府投资，科技园、产业园、科技孵化器，政府采购等。

（2）企业。包括国有企业、民营企业、合资企业、中小企业等等。企业主要进行生产、制造、销售和服务等经营活动，掌握的要素有：企业家、资金、生产技术等要素，是距离市场最近的部门。在我国，一部分科研院所转制企业、大中型企业在发展中积累了相当的研发能力，能够进行较高水平的研发，在产业中有着重要作用。需要注意的是，技术转移中的企业不仅仅包括某项技术的接收方，还包括该项技术所处产业的上下游企业。上下游企业的配合对技术转移中起着重要作用。

（3）高校和科研院所。主要是指国家设立的高校和科院院所，主要进行科学技术研发活动，掌握的主要要素有科技成果、科研人才、资本。一些高校和科研院所成立企业，兼具企业的功能。

（4）技术转移服务机构和人员，典型代表如中国科学院老专家技术中心、技术经纪人。这类组织的本质是在技术转移中发挥着中间桥梁作用，并不直接产生、使用科技成果。

人才是技术转移的核心。在技术转移中，人才的内涵和类别值得进一步讨论。技术转移中涉及的人才可以分为三类：第一类专业化的技术转移人才，包括技术转移管理人员、技术经纪人、技术经理人。第二类是科研人员。第三类是企业经营人才，或者是企业家。

应当注意的是，技术、资本、人才这些要素并不总是能自动结合产生经济效益的。在技术转移过程中，需要根据市场的需要，有效率地组织技术、资本、人才这些要素，制定并执行技术转移策略，完成技术转移的整个过程。著名经济学家熊彼特认为组织这些要素的这个角色就是企业家。在熊彼特的创新理论中，创新就是建立一种新的生产函数。也就是说，把一种从来没有过的关于技术、资本、人才等生产要素和生产条件的“新组合”引入生产体系。熊彼特的创新理论对企业的经营管理人员提出了更高的要求。熊彼特把新组合的实现称为企业，把以实现新组合为基本职能的人们称为企业家。这意味着只是经营已经成立的企业并不能称之为企业家；企业家首先应当实现某种创新，才能称之为企业家。

科研人员是科技成果的直接完成者。近年来，我国的科技政策中越来越重视激发科研人员的创新创业积极性。2017 年 3 月 10 日，人力资源社会保障部印发《关于支持和鼓励事业单位专业技术人员创新创业的指导意见》（人社部规〔2017〕4 号），提出“支持和鼓励事业单位专业技术人员到与本单位业务领域相近企业、科研机构、高校、社会组织等兼职，或者利用与本人从事专业相关的创业项目在职创办企业”“事业单位专业技术人员在兼职单位的工作业绩或者在职创办企业取得的成绩可以作为其职称评审、岗位竞聘、考核等的重要依据”。2018 年 2 月 26 日，中共中央办公厅、国务院办公厅印发《关于分类推进人才评价机制改革的指导意见》，提出“应用研究和技术开发人才突出市场评价，由用户、市场和专家等相关第三方评价”，从人才评价机制的角度，激励应用研究和技术开发人才面向市场需求，开发市场所需要的技术研发。

需要注意的是，由于科学研究和企业经营之间的巨大差异，科学研究对于科研人员的能力素质要求，与经营企业对于企业家的能力素质要求，这两者之间存在着巨大的差异。在这种情况下，科学家是否适合担任企业家的角色，是值得仔细考量、研究的问题。虽然经常媒体宣传科学家创业的成功案例，使人们产生科学家适合创业、能够胜任企业家角色的感觉，但是这更可能是“幸存者偏差”。少数科学家创业成功的案例并不能充分证明大多数科学家能够胜任企业家的角色。因此，不应过分夸大科研人员在企业经营中的作用而忽略职业经理人的作用，从而导致科学家盲目从事企业经营管理工作，而不是从事更加擅长科研领域，造成科学家科研才能的浪费，并且给企业带来更多经营和管理的风险。作为“中关村民营科技第一人”的陈春先，于 1980 年成立“北京等离子体学会先进技术发展服务部”，被看作中国历史上第一个民办科研机构，也是民营科技企业的前身。然而，“秀才创业，十年不成”，先后创办过 20 多个公司的陈春先自己都承认“我的公司全都没做大。经历了企业家的各种磨难，但是没有聚集起财富”①。作为技术转移发展时间更长更熟的国家，美国的初创公司多采用“科学家+企业家”的双长制度，即完成科技成果的主要科学家担任产业化公司的首席科学家，企业另行聘请专门的经营管理人员担任 CEO，从事企业经营管理工作。这种制度设计受到美国风险投资公司的青睐②。

在技术转移系统内的各类组织中，企业和企业家最接近市场，最容易发现市场的需求。企业家发现市场机会、组织生产要素进行生产，在技术转移中发挥着不可替代的重要作用。近年来，党和政府越来越重视企业、企业家在技术转移中的重要作用。企业是技术转移的主体。2015 年 3 月 13 日，中共中央、国务院印发《关于深化体制机制改革加快实施创新驱动发展战略的若干意见》(中发〔2015〕8 号)，强调“紧扣经济社会发展重大需求，着力打通科技成果向现实生产力转化的通道，着力破除科学家、科技人员、企业家、创业者创新的障碍”。2015 年，《中华人民共和国促进科技成果转化法》第一次修订后，2016 年 4 月 21 日国务院办公厅印发《促进科技成果转移转化行动方案》(国办发〔2016〕28 号)，强调“发挥市场在配置科技创新资源中的决定性作用，强化企业转移转化科技成果的主体地位，发挥企业家整合技术、资金、人才的关键作用”。2017 年 9 月 8 日，中共中央、国务院印发《关于营造企业家健康成长环境弘扬优秀企业家精神更好发挥企业家作用的意见》，充分肯定了企业家和企业为积累社会财富、创造就业岗位、促进经济社会发展、增强综合国力方面做出的重要贡献，在营造依法保护企业家合法权益的法治环境、营造促进企业家公平竞争诚信经营的市场环境、营造尊重和激励企业家干事创业的社会氛围、弘扬企业家爱国敬业遵纪守法艰苦奋斗的精神、弘扬企业家创新发展专注品质追求卓越的精神、弘扬企业家履行责任敢于担当服务社会的精神、加强对企业家优质高效务实服务、加强优秀企业家培育、加强党对企业家队伍建设的领导九个方面提出了 27 条意见。

---

① 卫汉青．中关村的报春梅——记中关村第一人陈春先[J]．中关村，2018(11)：20-23.

② 王煜全，薛兆丰．全球风口：积木式创新与中国新机遇[M]．杭州：浙江人民出版社，2016：13-19.

对企业家的重视不仅仅体现在党和国家的政策文件中，还体现我国的司法审判中。近年来，最高人民法院、最高人民检察院多次发文，强调依法保护产权和企业家的合法权益，为发展经济、促进企业家创新创业营造良好的法制环境。

第三节 技术转移体系的功能

技术转移体系的功能是"促进科技成果持续产生，推动科技成果扩散、流动、共享、应用并实现经济与社会价值"。具体而言，技术转移体系有如下功能：

(1)实现市场需求信息和科研单位技术信息的流通和有效对接。

技术能够满足市场需求，是企业能够从中盈利的重要前提，是技术转移能够成功进行的必备条件。通过技术市场、国家科技成果信息服务平台、行业协会、产业技术创新战略联盟等途径和组织，技术转移体系能够有效实现技术需求方和科研机构之间的有效对接。以市场需求为导向、以企业为主体的技术转移体系，能够将市场的需求传达至拥有丰富科研资源的高校和科研院所，从而促进高校和科研院所的应用研发更加符合市场的需求，避免了应用研发的盲目性，从而提高高校和科研院所应用研发的效率，降低技术产业化的风险。

(2)汇聚技术、人才、资金等创新要素的流动和有机结合。

技术转移需要汇聚技术、人才(包括科研人才、企业经营人才、技术经纪人)、资金等创新要素。技术转移的复杂性决定了在很多情况，技术转移的参与部门(企业、政府、高校和科研院所、中介)难以仅凭自身的力量组织起足够的资源完成技术的研发、小试、中试、产业化生产到销售整个技术转移过程。整个技术转移过程的完成需要技术转移体系促进技术、人才、资金等创新要素在市场经济中流动和有机结合，为企业找到合适的研发人才，为高校和科研院所提供技术市场需求信息，促进企业和高校、科研院所的相互合作，并通过风险投资、知识产权抵押融资等融资方式，为技术转移提供足够的资金，从而助力技术转移活动跨过"死亡之谷"，成功实现转移活动。

(3)激励科研人员从事应用研发活动。

政府及其制订的法律政策是技术转移体系中不可或缺的部分。2015 年修订后的《促进科技成果转化法》中规定：国家设立的研究开发机构、高等院校对其持有的科技成果，可以自主决定转让、许可或者作价投资，转化科技成果所获得的收入全部留归本单位，主要用于对完成、转化职务科技成果做出重要贡献的人员给予奖励和报酬，并规定了奖励的比例，保护了技术转移中科研人员的权益。随后，教育部、科技部等部门纷纷出台政策，推动技术转移。通过技术转移，提供市场所需要的技术、成果，高校和科研院所的科研人员能够合法地从市场获得高收入，改善个人生活，同时能够为科研活动筹集资金。这将大大激发科研人员从事技术转移的积极性。

(4)促进科技与经济相结合，实现科技成果的经济价值与社会价值。

技术转移本身就是为了解决科技与经济脱轨的"两张皮"问题。通过技术转移，高校和科研院所的科技成果不再仅仅是论文、专利证书等形式，而是能够转化为能够满足市场需求、解决关乎国计民生的产品、服务，从而为企业、高校和科研院所获得经济收入，实现经济价值。不仅如此，技术转移产生了新的产品、服务，为社会提供更多的就业岗位。政府从技术转移中获得税收收入，能够为技术转移活动提供更多的财政支持，创造更多条件。通过增加就业、GDP 和税收等途径，技术转移实现了科技成果的社会价值。

第四节 技术转移体系与科技创新体系的关系

通过对比多项政策文件和研究文献中对技术转移体系、科技创新体系的研究与分析，我们发现两者有如下联系：

(1) 两者均强调市场在促进技术转移中的决定性作用

我国的技术转移体系和科技创新体系均强调企业在技术转移和科技创新中的主体地位，强调以建立企业为主体、产学研结合。有所不同的是，技术转移体系强调企业是参与市场经济的主体，强调企业的技术需求对技术转移的引领；科技创新体系强调增强企业的科技创新能力，引导企业成为科技创新投入的主体。

(2) 从两者的技术范围上讲，技术转移体系更侧重应用性技术，科技创新体系兼顾应用性技术和基础研究

技术转移体系中转移的技术是以市场需求为导向的，更加偏向应用性技术的研发和转移。科技创新体系中不仅仅重视应用性科技技术对社会和经济发展的促进作用，还强调引领未来，超前部署前沿技术和基础研究，创造新的市场需求，培育新兴产业，引领未来经济社会的发展。

第十一章　我国技术转移体系的建设

我国技术转移体系和技术市场体系建设，近年来有了非常突出的进步。这一进步的实现在很大程度上得益于相关法律制度的建立和政策体系的完善，也得益于政府工作体系的发展。

第一节　法规与政策体系

一、科技成果转化“三部曲”

2015年8月全国人大常委会表决通过新修订的《中华人民共和国促进科技成果转化法》，2016年2月国务院颁布《实施〈促进科技成果转化法〉若干规定》，到2016年4月国务院办公厅印发《促进科技成果转移转化行动方案》，科技成果转移转化从修订法律、制定配套政策到部署具体行动的“三部曲”已经形成。

修订后的《中华人民共和国促进科技成果转化法》对科技成果转化的处置权和收益进行了规定：国家设立的研究开发机构、高等院校对其持有的科技成果，可以自主决定转让、许可或者作价投资，但应当通过协议定价、在技术交易市场挂牌交易、拍卖等方式确定价格。通过协议定价的，应当在本单位公示科技成果名称和拟交易价格。并且，国家设立的研究开发机构、高等院校转化科技成果所获得的收入全部留归本单位。

《实施〈促进科技成果转化法〉若干规定》，主要是对“人”的鼓励和解放：对转化职务科技成果作出重要贡献的人员给予奖励和报酬做了规定：科技成果转化中获得的净收入、股份，提取不低于50%的比例用于奖励完成、转化职务科技成果做出重要贡献的人员；科研人员在履行岗位职责、完成本职工作的前提下，经征得所在单位同意，可以兼职到企业等从事科技成果转化活动，或者离岗创业，原则上在不超过3年时间内保留人事关系，从事科技成果转化活动；单位领导在履行勤勉尽责义务、没有牟取非法利益的前提下，免除其在科技成果定价中因科技成果转化后续价值变化产生的决策责任。

《促进科技成果转移转化行动方案》与前“两部曲”一脉相承，目的是将已经出台的法律规定“抓实、落地、生根”。方案明确提出“十三五”期间科技成果转移转化的量化工作指标，并在重点领域和关键环节提出针对性措施，推动实施一批具体任务。主要内容涉及激发创新主体积极性、加快国家科技计划成果应用、完善支撑服务体系、支撑区域产业发展转型升级等方面。

二、《国家技术转移体系建设方案》

2017年9月国务院发布的《国家技术转移体系建设方案》(以下简称《方案》)，把促进科技成果转移转化的现有工作和各个环节勾连起来，以“国家技术转移体系”为核心概念，明确了“两步走”目标：第一步，到2020年，适应新形势的国家技术转移体系基本建成，互联互通的技术市场初步形成，有利于科技成果资本化、产业化的体制机制基本建立；第二步，到2025年，结构合理、功能完善、体制健全、运行高效的国家技术转移体系全面建成。

《方案》提出三方面重点任务：一是优化国家技术转移体系基础架构，构建技术转移体系的“四梁八柱”；二是拓宽技术转移通道，放大技术转移体系的辐射和扩散功能；三是完善政策环境和支撑保障，保障体系高效运行。

三、关联促进政策

技术转移关联促进政策主要分为两个方面：一是科技部主导的技术市场政策，包括国家质检总局、国家标准委发布的《技术转移服务规范》，政策集中在技术市场建设与发展；二是财政部、国家税务总局等部委出台的财税优惠政策，旨在落实国家科技创新政策，与科技部发挥协同作用，促进技术要素流通，激发企业作为技术转移与成果转化主体的活力。

关于技术市场建设与发展的政策法规，主要内容集中在完善技术市场制度体系、管理体系与服务体系，以促进技术资本化与产业化。首先，在完善政策制度方面，《关于技术市场发展的若干意见》与《“十三五”技术市场发展专项规划》均提出要完善政策体系，不同的是前者着重技术合同相关的政策，后者提出了完善奖励、激励、税收等政策，提出落实“三权”改革，探索科技成果所有权改革，研究适应科技成果的国有无形资产管理方式，更为全面。其次，在技术市场监督和管理方面，《关于技术市场发展的若干意见》认为要优化技术市场分类布局，建设枢纽型、完善区域性、推动行业性技术交易市场发展，发挥国家技术转移区域中心作用。《“十三五”技术市场发展专项规划》是从提升技术市场管理水平角度出发，提出优化技术手段夯实基础。最后，这两部政策都对人才培养提出目标与要求——到2020年国家技术转移示范机构达到600家，培养技术经纪人、中高级技术经理人突破10000名，此外《“十三五”技术市场发展专项规划》更详细的从人才培养体系、人才培养基地、人才培养机制等角度落实人才培养。

在技术市场的财税优惠政策方面，主要涉及企业所得税、增值税减免优惠以及研发费用加计扣除：增值税方面，四技合同适用6%税率；所得税方面，年度技术转让所得不超过500万元部分，免征所得税，超过500万元的部分，减半征收；在研发费用加计扣除方面，对科技型中小企业的加计扣除比例为75%，通常的加计扣除比例为50%。此外，科技部还将研究将技术合同作为享受高企税收优惠政策、加计研发扣除政策的依据、研究技术咨询和技术服务的财税优惠政策、研究鼓励中小企业购买技术的财税政策。

第二节　管理与工作体系

一、科技部

科技部的一项重要职能是“牵头国家技术转移体系建设，拟订科技成果转移转化和促进产学研结合的相关政策措施并监督实施。指导科技服务业、技术市场和科技中介组织发展”。2018年《科学技术部职能配置、内设机构和人员编制规定》公开发布。此次规定的另一大亮点，就是提出成立“成果转化与区域创新司”。该司承担国家技术转移体系工作，提出科技成果转移转化及产业化、促进产学研深度融合、科技知识产权创造的相关政策措施建议，推动科技服务业、技术市场和科技中介组织发展。

承担区域科技创新体系建设工作，指导国家自主创新示范区、国家高新技术产业开发区等建设。

二、火炬中心

1988 年，党中央、国务院正式批准实施旨在发展中国高新技术产业的指导性计划——火炬计划。1989 年 10 月，科技部火炬高技术产业开发中心正式成立，负责火炬计划的具体实施，是隶属于科技部的独立事业法人单位。2006 年 5 月，科技部对原“科学技术部火炬高技术产业开发中心”“科学技术部科技型中小企业技术创新基金管理中心”“中国技术市场管理促进中心”进行了合并重组，组建了新的“科学技术部火炬高技术产业开发中心”（以下简称“火炬中心”）。

火炬中心和技术转移相关的职能有：

（1）研究我国高新技术产业化及高新区发展的状况和问题、为科技部宏观决策提出建议和对策；研究提出火炬计划、国家高新区的发展规划、计划及有关政策建议。

（2）研究我国技术市场发展的状况和问题，提出技术市场的发展规划及有关政策，为科技部宏观决策提出建议和对策。

（3）承担火炬计划管理办公室的事务性管理工作，承担火炬计划的组织实施工作，推进高新技术产品成果商品化、产业化和国际化。

（4）承担全国技术市场日常运行管理，以及登记、统计、培训、信息、技术转移等工作；联系和协调全国技术市场管理机构；开展科技成果推广和产业化咨询服务等工作。

（5）研究提出科技企业孵化器发展规划、计划和有关政策建议，承担孵化器的日常管理；承担全国高新技术企业认定管理工作领导小组办公室的管理职能；承担国家级创业服务中心、国家留学人员创业园、技术交易机构、海外科技园、创业投资机构等的管理。

（6）承担生产力促进中心、大学科技园、高新技术产业化基地、工业领域国家工程中心、国家重点新产品计划、科技兴贸行动专项等的组织实施工作。

（7）研究提出高新技术产业化投融资政策建议，组织并推动科技风险投资工作。

（8）承担编制《中国高新技术产品目录》及技术出口产品目录等工作。

三、技术市场

技术市场是技术转移体系的重要组成部分。关于技术市场的内容，详见第四章。

四、技术转移示范

我国的技术转移示范工作建设集中在两个方面：国家技术转移示范机构、国家科技成果转移转化示范区。

国家技术转移示范机构建设始于 2007 年。2007 年 9 月 10 日，科技部印发《国家技术转移示范机构管理办法》（国科发火字〔2007〕565 号）；同年 9 月 19 日，科技部、教育部、中科院印发《国家技术转移促进行动实施方案》（国科发火字〔2007〕609 号）。国家技术转移示范机构的建设从此开始。国家技术转移示范机构的建设旨在促进知识流动和技术转移，促进技术转移机构的健康发展，规范技术转移机构的管理，建立以企业为主体、市场为导向、产学研相结合的技术创新体系。2008 年 8 月 7 日，科技部办公厅公布了首批国家技术转移示范机构，共有中国科学技术大学技术转移中心、清华大学国家技术转移中心等76个技术转移机构成为国家技术转移示范机构。此后，科技部先后公布了第二批至第六批国家技术转移示范机构，一共有425家技术转移机构成为国家技术转移示范机构，促进了我国技术转移机构的规范化运营和管理，推动了产学研紧密结合。

如果说国家技术转移示范机构这项工作是从技术转移机构这个“点”带动我国技术转移体系的建设，那么，国家科技成果转移转化示范区则是从地区这“面”推动技术转移和区域创新相结合。为了深入推进我国技术转移事业的发展，有序推进区域性科技成果转移转化示范工作，2017年10月10日，科技部印发《国家科技成果转移转化示范区建设指引》(国科发创〔2017〕304号)(以下简称《建设指引》)，部署我国的科技成果转移转化示范区建设，提出“十三五”期间部署建设10个左右的国家科技成果转移转化示范区。《建设指引》指出示范区的建设，是以省(自治区、直辖市)为建设主体，主要依托国家自主创新示范区以及国家和省级高新技术产业开发区、农业科技园区等，将我国现有的产业政策、园区与技术转移建设的新任务相结合，围绕区域经济社会发展特别是供给侧结构性改革对科技创新的实际需求，开展科技成果转移转化区域示范，充分发挥示范区的辐射带动作用，促进科技成果跨区域转移转化和创新资源开放共享，带动周边区域乃至全国范围的科技成果转化与产业升级。

科技成果转移转化示范区的建设是我国技术转移体系建设的一个重要组成部分，是我国国家科技成果转化转移与地方发展紧密结合的具体举措。科技成果转移转化示范区的建设突出地方特色，从地方经济社会发展实际需求出发，紧密围绕各地资源禀赋、产业布局、区位优势和科技特色等，开展各具特色的示范任务，将技术转移转化与地方实际情况紧密结合，促进地方经济和社会的发展，将国家技术转移体系建设和科技成果转移转化行动推行到地方，探索地方科技成果转移转化事业，将会对我国技术转移转化事业起到非常积极的推动作用。

五、技术转移区域中心

2013年，科技部印发的《技术市场“十二五”发展规划》中明确提出，要在中关村西区建设国家技术转移集聚区，在深圳、西安、成都等地建立南方、西北、西南等区域技术转移核心区，充分发挥这些地区技术、资本、人才和产业等资源密集的优势，打造链接国内外技术、金融、资本、人才和资源高效配置的国家技术转移大平台。

从2013年9月国家技术转移集聚区在北京成立，到2015年9月国家技术转移东北中心(长春)、国家技术转移西北中心(西安)、国家技术转移西南中心(成都)和国家技术转移海峡中心(福州)4家区域中心成立，历时2年，全国共成立了11家国家技术转移区域中心①。

国家技术转移区域中心是新时期全面推动技术转移一体化格局的重要战略部署之一。技术转移体制机制改革突破，积极推进国家技术转移区域中心向国际技术转移枢纽、科技成果集成转化大平台和技术转移资源密集区等方向深入发展，是国家技术转移区域中心的重要使命。从地域范围和功能分布来看，11家区域中心既覆盖了北方、南方、东部、东北、中部、西北、西南七大片区，也布局了郑州、苏州区域中心，以及服务海洋技术转移的青岛和服务对台技术转移的福建等特色区域中心，各区域中心发展方向明确、建设思路清晰。同时，全国技术转移自成特色。国家技术转移区域中心是我国技术转移体制机制的先行区，是跨国技术转移的排头兵。

---

① 郭曼．国家技术转移区域中心发展评述[J]．中国科技产业，2017(12)：72-75.

延伸阅读十八 《国家技术转移体系建设方案》

国发[2017]44号

国家技术转移体系是促进科技成果持续产生，推动科技成果扩散、流动、共享、应用并实现经济与社会价值的生态系统。建设和完善国家技术转移体系，对于促进科技成果资本化产业化、提升国家创新体系整体效能、激发全社会创新创业活力、促进科技与经济紧密结合具有重要意义。党中央、国务院高度重视技术转移工作。改革开放以来，我国科技成果持续产出，技术市场有序发展，技术交易日趋活跃，但也面临技术转移链条不畅、人才队伍不强、体制机制不健全等问题，迫切需要加强系统设计，构建符合科技创新规律、技术转移规律和产业发展规律的国家技术转移体系，全面提升科技供给与转移扩散能力，推动科技成果加快转化为经济社会发展的现实动力。为深入落实《中华人民共和国促进科技成果转化法》，加快建设和完善国家技术转移体系，制定本方案。

一、总体要求

(一)指导思想

全面贯彻党的十八大和十八届三中、四中、五中、六中全会精神，深入贯彻习近平总书记系列重要讲话精神和治国理政新理念新思想新战略，按照党中央、国务院决策部署，统筹推进“五位一体”总体布局和协调推进“四个全面”战略布局，坚持稳中求进工作总基调，牢固树立和贯彻落实新发展理念，深入实施创新驱动发展战略，激发创新主体活力，加强技术供需对接，优化要素配置，完善政策环境，发挥技术转移对提升科技创新能力、促进经济社会发展的重要作用，为加快建设创新型国家和世界科技强国提供有力支撑。

(二)基本原则

——市场主导，政府推动。发挥市场在促进技术转移中的决定性作用，强化市场加快科学技术渗透扩散、促进创新要素优化配置等功能。政府注重抓战略、抓规划、抓政策、抓服务，为技术转移营造良好环境。

——改革牵引，创新机制。遵循技术转移规律，把握开放式、网络化、非线性创新范式的新特征，探索灵活多样的技术转移体制机制，调动各类创新主体和技术转移载体的积极性。

——问题导向，聚焦关键。聚焦技术转移体系的薄弱环节和转移转化中的关键症结，提出有针对性、可操作的政策措施，补齐技术转移短板，打通技术转移链条。

——纵横联动，强化协同。加强中央与地方联动、部门与行业协同、军用与民用融合、国际与国内联通，整合各方资源，实现各地区、各部门、各行业技术转移工作的衔接配套。

(三)建设目标

到2020年，适应新形势的国家技术转移体系基本建成，互联互通的技术市场初步形成，市场化的技术转移机构、专业化的技术转移人才队伍发展壮大，技术、资本、人才等创新要素有机融合，技术转移渠道更加畅通，面向“一带一路”沿线国家等的国际技术转移广泛开展，有利于科技成果资本化、产业化的体制机制基本建立。

到2025年，结构合理、功能完善、体制健全、运行高效的国家技术转移体系全面建成，技术市场充分发育，各类创新主体高效协同互动，技术转移体制机制更加健全，科技成果的扩散、流动、共享、应用更加顺畅。

(四)体系布局

建设和完善国家技术转移体系是一项系统工程，要着眼于构建高效协同的国家创新体系，从技术转移的全过程、全链条、全要素出发，从基础架构、转移通道、支撑保障三个方面进行系统布局。

——基础架构。发挥企业、高校、科研院所等创新主体在推动技术转移中的重要作用，以统一开放的技术市场为纽带，以技术转移机构和人才为支撑，加强科技成果有效供给与转化应用，推动形成紧密互动的技术转移网络，构建技术转移体系的“四梁八柱”。

——转移通道。通过科研人员创新创业以及跨军民、跨区域、跨国界技术转移，增强技术转移体系的辐射和扩散功能，推动科技成果有序流动、高效配置，引导技术与人才、资本、企业、产业有机融合，加快新技术、新产品、新模式的广泛渗透与应用。

——支撑保障。强化投融资、知识产权等服务，营造有利于技术转移的政策环境，确保技术转移体系高效运转。

二、优化国家技术转移体系基础架构

(五)激发创新主体技术转移活力

强化需求导向的科技成果供给。发挥企业在市场导向类科技项目研发投入和组织实施中的主体作用，推动企业等技术需求方深度参与项目过程管理、验收评估等组织实施全过程。在国家重大科技项目中明确成果转化任务，设立与转化直接相关的考核指标，完善“沿途下蛋”机制，拉近成果与市场的距离。引导高校和科研院所结合发展定位，紧贴市场需求，开展技术创新与转移转化活动；强化高校、科研院所科技成果转化情况年度报告的汇交和使用。

促进产学研协同技术转移。发挥国家技术创新中心、制造业创新中心等平台载体作用，推动重大关键技术转移扩散。依托企业、高校、科研院所建设一批聚焦细分领域的科技成果中试、熟化基地，推广技术成熟度评价，促进技术成果规模化应用。支持企业牵头会同高校、科研院所等共建产业技术创新战略联盟，以技术交叉许可、建立专利池等方式促进技术转移扩散。加快发展新型研发机构，探索共性技术研发和技术转移的新机制。充分发挥学会、行业协会、研究会等科技社团的优势，依托产学研协同共同体推动技术转移。

面向经济社会发展急需领域推动技术转移。围绕环境治理、精准扶贫、人口健康、公共安全等社会民生领域的重大科技需求，发挥临床医学研究中心等公益性技术转移平台作用，发布公益性技术成果指导目录，开展示范推广应用，让人民群众共享先进科技成果。聚焦影响长远发展的战略必争领域，加强技术供需对接，加快推动重大科技成果转化应用。瞄准人工智能等覆盖面大、经济效益明显的重点领域，加强关键共性技术推广应用，促进产业转型升级。面向农业农村经济社会发展科技需求，充分发挥公益性农技推广机构为主、社会化服务组织为补充的“一主多元”农技推广体系作用，加强农业技术转移体系建设。

（六）建设统一开放的技术市场

构建互联互通的全国技术交易网络。依托现有的枢纽型技术交易网络平台，通过互联网技术手段连接技术转移机构、投融资机构和各类创新主体等，集聚成果、资金、人才、服务、政策等创新要素，开展线上线下相结合的技术交易活动。

加快发展技术市场。培育发展若干功能完善、辐射作用强的全国性技术交易市场，健全与全国技术交易网络联通的区域性、行业性技术交易市场。推动技术市场与资本市场联动融合，拓宽各类资本参与技术转移投资、流转和退出的渠道。

提升技术转移服务水平。制定技术转移服务规范，完善符合科技成果交易特点的市场化定价机制，明确科技成果拍卖、在技术交易市场挂牌交易、协议成交信息公示等操作流程。建立健全技术转移服务业专项统计制度，完善技术合同认定规则与登记管理办法。

（七）发展技术转移机构

强化政府引导与服务。整合强化国家技术转移管理机构职能，加强对全国技术交易市场、技术转移机构发展的统筹、指导、协调，面向全社会组织开展财政资助产生的科技成果信息收集、评估、转移服务。引导技术转移机构市场化、规范化发展，提升服务能力和水平，培育一批具有示范带动作用的技术转移机构。

加强高校、科研院所技术转移机构建设。鼓励高校、科研院所在不增加编制的前提下建设专业化技术转移机构，加强科技成果的市场开拓、营销推广、售后服务。创新高校、科研院所技术转移管理和运营机制，建立职务发明披露制度，实行技术经理人聘用制，明确利益分配机制，引导专业人员从事技术转移服务。

加快社会化技术转移机构发展。鼓励各类中介机构为技术转移提供知识产权、法律咨询、资产评估、技术评价等专业服务。引导各类创新主体和技术转移机构联合组建技术转移联盟，强化信息共享与业务合作。鼓励有条件的地方结合服务绩效对相关技术转移机构给予支持。

（八）壮大专业化技术转移人才队伍

完善多层次的技术转移人才发展机制。加强技术转移管理人员、技术经纪人、技术经理人等人才队伍建设，畅通职业发展和职称晋升通道。支持和鼓励高校、科研院所设置专职从事技术转移工作的创新型岗位，绩效工资分配应当向作出突出贡献的技术转移人员倾斜。鼓励退休专业技术人员从事技术转移服务。统筹适度运用政策引导和市场激励，更多通过市场收益回报科研人员，多渠道鼓励科研人员从事技术转移活动。加强对研发和转化高精尖、国防等科技成果相关人员的政策支持。

加强技术转移人才培养。发挥企业、高校、科研院所等作用，通过项目、基地、教学合作等多种载体和形式吸引海外高层次技术转移人才和团队。鼓励有条件的高校设立技术转移相关学科或专业，与企业、科研院所、科技社团等建立联合培养机制。将高层次技术转移人才纳入国家和地方高层次人才特殊支持计划。

三、拓宽技术转移通道

（九）依托创新创业促进技术转移

鼓励科研人员创新创业。引导科研人员通过到企业挂职、兼职或在职创办企业以及离岗创业等多种形式，推动科技成果向中小微企业转移。支持高校、科研院所通过设立流动岗位等方式，吸引企业创新创业人才兼职从事技术转移工作。引导科研人员面向企业开展技术转让、技术开发、技术服务、技术咨询，横向课题经费按合同约定管理。

强化创新创业载体技术转移功能。聚焦实体经济和优势产业，引导企业、高校、科研院所发展专业化众创空间，依托开源软硬件、3D打印、网络制造等工具建立开放共享的创新平台，为技术概念验证、商业化开发等技术转移活动提供服务支撑。鼓励龙头骨干企业开放创新创业资源，支持内部员工创业，吸引集聚外部创业，推动大中小企业跨界融合，引导研发、制造、服务各环节协同创新。优化孵化器、加速器、大学科技园等各类孵化载体功能，构建涵盖技术研发、企业孵化、产业化开发的全链条孵化体系。加强农村创新创业载体建设，发挥科技特派员引导科技成果向农村农业转移的重要作用。针对国家、行业、企业技术创新需求，通过“揭榜比拼”“技术难题招标”等形式面向社会公开征集解决方案。

(十)深化军民科技成果双向转化

强化军民技术供需对接。加强军民融合科技成果信息互联互通，建立军民技术成果信息交流机制。进一步完善国家军民技术成果公共服务平台，提供军民科技成果评价、信息检索、政策咨询等服务。强化军队装备采购信息平台建设，搭建军民技术供需对接平台，引导优势民品单位进入军品科研、生产领域，加快培育反恐防爆、维稳、安保等国家安全和应急产业，加强军民研发资源共享共用。

优化军民技术转移体制机制。完善国防科技成果降解密、权利归属、价值评估、考核激励、知识产权军民双向转化等配套政策。开展军民融合国家专利运营试点，探索建立国家军民融合技术转移中心、国家级实验室技术转移联盟。建立和完善军民融合技术评价体系。建立军地人才、技术、成果转化对接机制，完善符合军民科技成果转化特点的职称评定、岗位管理和考核评价制度。构建军民技术交易监管体系，完善军民两用技术转移项目审查和评估制度。在部分地区开展军民融合技术转移机制探索和政策试点，开展典型成果转移转化示范。探索重大科技项目军民联合论证与组织实施的新机制。

(十一)推动科技成果跨区域转移扩散

强化重点区域技术转移。发挥北京、上海科技创新中心及其他创新资源集聚区域的引领辐射与源头供给作用，促进科技成果在京津冀、长江经济带等地区转移转化。开展振兴东北科技成果转移转化专项行动、创新驱动助力工程等，通过科技成果转化推动区域特色优势产业发展。优化对口援助和帮扶机制，开展科技扶贫精准脱贫，推动新品种、新技术、新成果向贫困地区转移转化。

完善梯度技术转移格局。加大对中西部地区承接成果转移转化的差异化支持力度，围绕重点产业需求进行科技成果精准对接。探索科技成果东中西梯度有序转移的利益分享机制和合作共赢模式，引领产业合理分工和优化布局。建立健全省、市、县三级技术转移工作网络，加快先进适用科技成果向县域转移转化，推动县域创新驱动发展。

开展区域试点示范。支持有条件的地区建设国家科技成果转移转化示范区，开展体制机制创新与政策先行先试，探索一批可复制、可推广的经验与模式。允许中央高校、科研院所、企业按规定执行示范区相关政策。

（十二）拓展国际技术转移空间

加速技术转移载体全球化布局。加快国际技术转移中心建设，构建国际技术转移协作和信息对接平台，在技术引进、技术孵化、消化吸收、技术输出和人才引进等方面加强国际合作，实现对全球技术资源的整合利用。加强国内外技术转移机构对接，创新合作机制，形成技术双向转移通道。

开展“一带一路”科技创新合作技术转移行动。与“一带一路”沿线国家共建技术转移中心及创新合作中心，构建“一带一路”技术转移协作网络，向沿线国家转移先进适用技术，发挥对“一带一路”产能合作的先导作用。

鼓励企业开展国际技术转移。引导企业建立国际化技术经营公司、海外研发中心，与国外技术转移机构、创业孵化机构、创业投资机构开展合作。开展多种形式的国际技术转移活动，与技术转移国际组织建立常态化交流机制，围绕特定产业领域为企业技术转移搭建展示交流平台。

四、完善政策环境和支撑保障

（十三）树立正确的科技评价导向

推动高校、科研院所完善科研人员分类评价制度，建立以科技创新质量、贡献、绩效为导向的分类评价体系，扭转唯论文、唯学历的评价导向。对主要从事应用研究、技术开发、成果转化工作的科研人员，加大成果转化、技术推广、技术服务等评价指标的权重，把科技成果转化对经济社会发展的贡献作为科研人员职务晋升、职称评审、绩效考核等的重要依据，不将论文作为评价的限制性条件，引导广大科技工作者把论文写在祖国大地上。

（十四）强化政策衔接配套

健全国有技术类无形资产管理制度，根据科技成果转化特点，优化相关资产评估管理流程，探索通过公示等方式简化备案程序。探索赋予科研人员横向委托项目科技成果所有权或长期使用权，在法律授权前提下开展高校、科研院所等单位与完成人或团队共同拥有职务发明科技成果产权的改革试点。高校、科研院所科研人员依法取得的成果转化奖励收入，不纳入绩效工资。建立健全符合国际规则的创新产品采购、首台套保险政策。健全技术创新与标准化互动支撑机制，开展科技成果向技术标准转化试点。结合税制改革方向，按照强化科技成果转化激励的原则，统筹研究科技成果转化奖励收入有关税收政策。完善出口管制制度，加强技术转移安全审查体系建设，切实维护国家安全和核心利益。

（十五）完善多元化投融资服务

国家和地方科技成果转化引导基金通过设立创业投资子基金、贷款风险补偿等方式，引导社会资本加大对技术转移早期项目和科技型中小微企业的投融资支持。开展知识产权证券化融资试点，鼓励商业银行开展知识产权质押贷款业务。按照国务院统一部署，鼓励银行业金融机构积极稳妥开展内部投贷联动试点和外部投贷联动。落实创业投资企业和天使投资个人投向种子期、初创期科技型企业按投资额70%抵扣应纳税所得额的试点优惠政策。

（十六）加强知识产权保护和运营

完善适应新经济新模式的知识产权保护，释放激发创新创业动力与活力。加强对技术转移过程中商业秘密的法律保护，研究建立当然许可等知识产权运用机制的法律制度。发挥知识产权司法保护的主导作用，完善行政执法和司法保护两条途径优势互补、有机衔接的知识产权保护模式，推广技术调查官制度，统一裁判规范标准，改革优化知识产权行政保护体系。优化专利和商标审查流程，拓展“专利审查高速路”国际合作网络，提升知识产权质量。

（十七）强化信息共享和精准对接

建立国家科技成果信息服务平台，整合现有科技成果信息资源，推动财政科技计划、科技奖励成果信息统一汇交、开放、共享和利用。以需求为导向，鼓励各类机构通过技术交易市场等渠道发布科技成果供需信息，利用大数据、云计算等技术开展科技成果信息深度挖掘。建立重点领域科技成果包发布机制，开展科技成果展示与路演活动，促进技术、专家和企业精准对接。

（十八）营造有利于技术转移的社会氛围

针对技术转移过程中高校、科研院所等单位领导履行成果定价决策职责、科技管理人员履行项目立项与管理职责等，健全激励机制和容错纠错机制，完善勤勉尽责政策，形成敢于转化、愿意转化的良好氛围。完善社会诚信体系，发挥社会舆论作用，营造权利公平、机会公平、规则公平的市场环境。

五、强化组织实施

（十九）加强组织领导

国家科技体制改革和创新体系建设领导小组负责统筹推进国家技术转移体系建设，审议相关重大任务、政策措施。国务院科技行政主管部门要加强组织协调，明确责任分工，细化目标任务，强化督促落实。有关部门要根据本方案制订实施细则，研究落实促进技术转移的相关政策措施。地方各级政府要将技术转移体系建设工作纳入重要议事日程，建立协调推进机制，结合实际抓好组织实施。

（二十）抓好政策落实

全面贯彻落实促进技术转移的相关法律法规及配套政策，着重抓好具有标志性、关联性作用的改革举措。各地区、各部门要建立政策落实责任制，切实加强对政策落实的跟踪监测和效果评估，对已经出台的重大改革和政策措施落实情况及时跟踪、及时检查、及时评估。

（二十一）加大资金投入

各地区、各部门要充分发挥财政资金对技术转移和成果转化的引导作用，完善投入机制，推进科技金融结合，加大对技术转移机构、信息共享服务平台建设等重点任务的支持力度，形成财政资金与社会资本相结合的多元化投入格局。

（二十二）开展监督评估

强化对本方案实施情况的监督评估，建立监测、督办和评估机制，定期组织督促检查，开展第三方评估，掌握目标任务完成情况，及时发现和解决问题。加强宣传和政策解读，及时总结推广典型经验做法。

延伸阅读十九　我国技术转移政策体系的演进

新中国成立后，我国借鉴苏联的经验，设立了大量的行业科研院所，由国务院各部委管理。作为我国科技研发力量中的国家队，这些行业科研院所承担着解决行业共性技术难题、推动行业科技进步的重任，在特定历史条件下，为国家经济建设、社会进步和国防安全做出了重大贡献。但是随着我国社会和经济的不断发展，科技与经济相脱节、科研力量分散、运行机制僵化等弊端逐步显现，严重束缚了科学技术人员智慧和才能的发挥，不利于科学技术工作面向经济建设，不利于科学技术成果迅速转化为生产力。改革势在必行。

自1978年我国改革开放以来，改革与发展成为我国政治生活中的主题词。科学技术对于社会和经济发展的重大意义越来越得到深刻而广泛的认识。为了解决科技与经济"两张皮"的问题，发展市场经济，党和政府对科技体制进行了多次改革，涉及科技体制的多个方面。和西方发达国家不同的是，在我国，具有较强科研能力的高校和科研院院绝大多数为国家设立，这些单位的科研成果属于国有资产。同时，很多国有企业承担着我国掌握行业核心关键技术、发展高新技术产业的重任，这其中有不少国有企业是由科研院所转制而来。自改革开放以来，大多数时期我国政府允许国家设立的高校和科研院所创办、经营企业，同时也鼓励这些高校和科研院所的科研人员创办、经营企业，或兼职进行技术转移、科技成果产业化。这使得我国技术转移的情况与西方国家有着很大的不同。同时，技术转移是一项复杂的系统工程。由于技术转移的复杂性，使得技术转移与我国改革开放、科技体制改革等诸多政策、措施密切相关。具体而言，我国技术转移的发展历史涉及国家设立的高校和科研院所的科研人员流动和科研成果管理、技术市场、国家科技计划、科研院所转制、税收优惠、科技型民营企业和科技型中小企业相关政策、国家创新体系建设等多个方面。

总的来说，自改革开放以来，根据我国技术转移发展过程中重大事件发生、政策制定实施的时间，我国技术转移大致可以划分为初步探索阶段、全面展开阶段、深入推进阶段、创新发展阶段这四个阶段。

一、初步探索阶段(1978—1983年)

1978年3月18—31日，全国科学大会在北京召开，给中国带来了"科学的春天"。大会向全国发出了"向科学技术现代化进军"的号召，明确提出了"四个现代化，关键是科学技术现代化""知识分子是工人阶级的一部分"等重大论断。邓小平在会上作了重要讲话，明确指出"科学技术是生产力"，"必须打破常规去发现、选拔和培养杰出的人才"。时任国务院副总理、国家科委主任方毅向大会做工作报告，提出了科技工作的十项具体任务，其中一项就是加强科学技术成果和新技术的推广应用。这次大会澄清了长期束缚科学技术发展的重大理论是非问题，极大提振了广大知识分子的创新热情，为技术转移奠定了理论基础，初步创造了必要的社会舆论条件。

1978年11月，国家科委制订了《科学技术研究成果的管理办法》，把科学技术研究成果分为自然科学理论研究成果、技术成果(新技术、新方法、新产品和新工艺)、重大科学技术研究项目的阶段成果。这为后来的科研院所和科研经费分类改革奠定了基础。

1978年12月，党的十一届三中全会在北京召开，开启了我国改革开放历史新时期。十一届三中全会后，围绕着有偿服务、科研拨款、科研人员兼职等，我国逐渐开展了科技体制改革探索工作。

1980年，沈阳市科委成立了科技服务公司，把技术当作商品，寻求向生产转移的多种渠道，实际上充当了技术转移中介的角色。同年10月，中科院物理所研究员陈春先出访美国，128号公路和硅谷的高新技术企业使其深受启发。同年12月，陈春先在中关村创办了我国第一家民营科技企业——北京等离子体学会先进技术发展服务部，被视为中国历史上第一个民办科研机构，也是我国民营科技企业的前身。陈春先被称为“中关村民营科技第一人”。从1980—1984年，北京中关村出现了40多家由科技人员创办的民营科技企业，形成了“电子一条街”。这一模式在全国许多大城市得到推广，出现了武汉东湖的科技一条街、沈阳的三好街、成都的电子一条街等。

科技成果的转移往往伴随着智力的转移、人才的流动，而人才的流动、智力的转移，又是科技成果转移转化的前提和保障。1982年3月15日，国务院科技干部局发布了《试行科学技术人员兼职、交流的暂行办法》，允许科学技术人员在完成本职工作任务的前提下，经所在单位的同意，可以接受外单位的临时聘请，也可以凭自己的科技专长申请到有关单位兼职。同年12月23日《光明日报》头版头条以《接受报酬无罪，救活工厂有功》为题公开报道了“韩琨事件”①，引发了全国范围内持续4个月的大讨论，并引起中央高层的注意。1983年1月21日，时任中央政法委书记的陈丕显同志主持召开中央政法委员会会议，专门讨论了“韩琨事件”，并做出韩琨的行为不构成犯罪的决定。这一决定为科技人员兼职兼薪正名，使一大批“星期天工程师”免除了牢狱之灾。韩琨事件被称为“中国星期天工程师无罪第一案”，使“星期天工程师”从地下转到地上，由非法变成合法。受此事件影响，很多科技人员走出高校院所，利用节假日为企业提供技术咨询服务。韩琨事件的妥善处理，为随后的科技体制改革、鼓励科技人员合理流动打下了良好基础。1988年1月18日，国务院办公厅转发《国家科委关于科技人员业余兼职若干问题意见》，提出科技人员在完成本职工作的前提下，可以到其他单位兼职。从此，鼓励科研人员兼职或全职进行技术开发、技术咨询和产业化、创办和经营企业的内容经常出现在我国的科技政策之中。

1982年9月，党的第十二次全国代表大会召开。大会报告特别强调了科学技术对社会和经济发展的重要性，指出“四个现代化的关键是科学技术的现代化”，把科学技术列为国家发展的战略重点。同年10月，在全国科学技术奖励大会上，我国政府部门系统归纳总结了在改革开放新时期科学技术工作与经济建设的关系，提出了“经济建设必须依靠科学技术、科学技术工作必须面向经济建设”的战略指导方针(简称“依靠、面向”战略方针)。后来，“面向、依靠”战略方针经过不断地发展，成为指导之后二十余年科技工作，尤其是经济与科技协调发展的基本战略导向。

1983年，我国开始实施“科技攻关计划”，采用招标、有偿合同等多种形式决定项目承担单位，改革了科技项目管理制度。2006年，科技部在这一计划基础上设立了国家科技支撑计划，以重大公益技术及产业共性技术研究开发与应用示范为重点，结合重大工程建设和重大装备开发，

① 张传桢．韩琨案功与罪之争——建国以来法学界重大事件研究(七)[J]．法学，1997(12)：3-5.

加强集成创新和引进消化吸收再创新，着力攻克批关键技术、突破瓶颈制约。同样是在1983年，国务院做出了《关于抓紧研制重大技术装备的决定》，实施重大技术装备研制计划。同年，国家重大科学工程和国家技术开发计划开始实施。这些计划的实施在推动我国技术进步中发挥了重要作用。

1983年3月，财政部、国家科委联合印发的《关于放宽技术有偿转让收入留用问题的规定》进一步提出，企业单位每年所得的技术转让净收入在十万元以下的全部由企业留用；超过十万元的，其超过部分50%留给企业，50%上缴财政。从此，我国的科技政策开始越来越多地激励高校、科研院所等单位从事技术转移。

总的来说，在这一阶段，我国的技术转移方面的主要工作在于改变过去对科研机构管得过多、管得过死的弊病，以科研经费拨款制度为突破口，克服科研机构“吃大锅饭”的弊病，激发科研院所和科研人员走出“象牙塔”、走向市场经济，鼓励科技和生产相结合，在多个方面进行了改革的尝试。改革促使一批科研人员走出研究所，面向社会和市场，开展技术经营、成果转化，进行多种形式的技术转移活动。经过改革，我国初步建立了科研成果管理制度、现代科研院所管理制度，为技术转移进一步发展建立了初步的制度、市场和社会条件。

二、全面展开阶段(1984—1998年)

在初步探索阶段，我国解放了思想，积累了技术转移的相关经验，奠定了必要的政策、法律等基础，束缚技术转移发展的体制机制开始进一步松动。在此基础上，我国的技术转移事业开始进入全面展开阶段，更加注重科技与经济相结合。

1984年，国家计委推出了《国家重点工业性试验项目计划》，针对重大的研究开发项目在取得中间试验成果后，进一步放大到一定规模进行试验，证明该成果技术装备的可行性及经济的合理性，以促进该成果在基本建设和技术改造中推广应用。

1984年2月22日，国家科委发布了《关于科学技术研究成果管理的规定(试行)》(国科发管字〔1984〕141号)，明确了科技成果的定义，建立了科技成果分级管理制度。

1984年3月12日，《专利法》经六届全国人大常委会第四次会议审议通过，于1985年4月1日起施行，并于1992年、2000年、2008年先后进行了三次修正。

1984年8月，国家科学技术委员会、国家经济体制改革委员会颁布《关于开发研究单位由事业费开支改为有偿合同制的改革试点意见》，在试点单位改革事业费开支为有偿合同制制度，试点单位试行所长负责任制，扩大试点单位的自主权。通过试点改革，科研院所对内实行课题承包制，对外实行有偿合同制，科研任务和经费直接挂钩，明确了科研单位的技术责任和经济责任，增加了科研院所、科研人员的活力，促使行业科研院所将科研活动与生产活动紧密结合。

1984年9月12日，国务院发布了《中华人民共和国科学技术进步奖励条例》(国发〔1984〕118号)，对在开发新技术、新工艺、新产品和推广应用已有科技成果等工作中做出重大贡献的单位和个人进行奖励，其前提是科技成果得到应用推并取得了显著的社会经济效益。

1984年10月20日，中国共产党十二届三中全会在北京举行。会议通过了《中共中央关于经济体制改革的决定》，在经济改革方面取得了划时代的突破：突破了把计划经济同商品经济对立起来的传统观念；提出计划经济是公有制基础上的有计划的商品经济，必须自觉运用价值规律；商品经济的充分发展是社会经济发展不可逾越的阶段。决定的实施为我国技术转移事业的发展创造了良好的政治和社会环境。

1984年12月，国家科委、国家经贸委和国防科工委在北京召开技术市场座谈会，研究开发技术市场问题。当时，全国地、市以上科技开发交流中心有1100多个，技术交易协调组织3000多个，举办大规模的技术交易会240多次。

1985年1月，国务院发布《关于技术转让的暂行规定》，明确指出技术是商品，可以转让和流通，广泛地开放技术市场，以促进生产发展，并对技术转让费的确定和使用、技术合同的要点、技术转让的权益、技术转让的收入和税收等方面做出了规定，为技术市场的发展、技术转移提供了法律依据。同年4月，国务院批准国家科委、国家经委、国防科工委《关于开放技术市场几点意见的报告》，提出了"放开、搞活、扶植、引导"的技术市场发展方针。同年5月，"首届全国技术成果交易会"在北京隆重举行，3000多个单位的2万多项成果参展，参加交易的人员30余万人次，洽谈交易15181项，金额80.63亿元。交易会的盛况反映了市场对于优秀科技成果的迫切需求，同时也标志着我国国内技术交易市场已经形成，并具有了相当的规模。这为我国在国内进一步推进技术转移、推动科技成果产业化奠定了市场基础。

1985年3月，中共中央作出了《关于科学技术体制改革的决定》，明确把"面向、依靠"战略方针定为我国科学技术体制改革的战略方针。同时，为了把科技成果迅速转化为生产能力，充分发挥科学技术人员的智慧和创造才能，中共中央提出了一系列改革决定，具体有：在运行机制方面，改革科研院所的财政拨款制度，开拓技术市场，克服单纯依靠行政手段管理造成的包得过多、统得过死的弊病；在组织结构方面，要改变过多的研究机构与企业相分离，研究、设计、教育、生产脱节，军民分割、部门分割、地区分割的状况，促进研究机构、设计机构、高等学校、企业之间的协作和联合；在人事制度方面，扭转对科学技术人员限制过多、人才不能合理流动、智力劳动得不到应有尊重的局面；同时还有扩大研究机构自主权，实施科研院所分类改革、科研经费的分类管理，探索科学基金制、科研课题制、同行评议制、技术合同制，创建科技园区，开辟技术市场，鼓励技术入股以及科技人员创办或领办企业，促进科技成果的商品化，等等。《关于科学技术体制改革的决定》是在总结我国之前的科技体制改革经验和成果的基础上，对我国科技体制改革作出的重大部署，影响深远，是我国科技体制方面的里程碑事件。

1985年5月，国家科委向国务院提出了《关于抓一批短、平、快科技项目，促进地方经济振兴》的请示，其中引用了我国"星星之火，可以燎原"这句谚语。该计划被誉名为"星火计划"，经党中央、国务院批准于1986年实施。1986年6月10日，国家科委颁布《关于实施"星火计划"的暂行规定》。星火计划是面向农村经济主战场的指导性科技计划，旨在推广一批对中小企业特别是乡镇企业有示范和推广意义的、科技与经济紧密结合的"短、平、快"项目(即科技商品化周期短，与中小企业技术水平相适应，取得经济效益快的技术开发项目)，以提高中小企业、乡镇企业和农村建设的科学技术水平。后来该计划逐步扩大为包括星火项目、星火技术密集区、星火区域性支柱产业、星火培训基地等内容。同一时期，为了促进农村经济和社会的发展，除了星火计划之外，我国实施的计划还有：(1)1987年，农业部和财政部共同开始组织实施"农、牧、渔业丰收计划"(简称"丰收计划")，旨在加快农、牧、渔业科研成果、先进技术的普及推广应用，促进农、牧、渔业丰收，振兴农业；(2)1988年，国家教委开始组织实施"燎原计划"，旨在通过改革和发展农村教育，提高农村劳动者的素质，增强农村最基层吸收运用科学技术的能力，促进农业生产和农村经济发展；(3)1988年，国家计委组织实施国家新产品试产计划，1989年国家科委组织实施"国家重点新产品试制鉴定计划"，1991年这两个计划合并为"国家新产品试产(试制鉴定)计划"。1991年国务院生产办公室成立，国家计委的这一职能转到国务院生产办，这一计划也更名为"国家级重点新产品试产计划"，于2003年停止实施。

1986年1月23日，国务院颁布《关于科学技术拨款管理的暂行规定》(国发〔1986〕12号)，进一步改革我国科技体制的拨款制度，推动科研院所分类改革，明确规定国家重大科技项目普遍实施合同制；对从事医药卫生、劳动保护、计划生育、灾害防治、环境科学等社会公益事业的研究单位，从事情报、标准、计量、观测等技术基础工作的单位和农业科学研究单位，其科研事业费仍由国家拨给，实行包干。

20世纪80年代，美国启动"战略防御计划"(即星球大战计划)，引起世界各主要国家的关注。1986年的3月3号，中国著名的科学家王大珩、王淦昌、杨嘉墀(读"迟"音)、陈芳允四人联合提出的《关于高新技术研究发展计划的报告》报送到党中央。经党中央、国务院果断决策，我国于1986年3月启动实施了"高技术研究发展计划"(又被称为"863计划")，旨在提高我国自主创新能力，坚持战略性、前沿性和前瞻性，以前沿技术研究发展为重点，应对日益激烈的国际竞争，统筹部署高技术的集成应用和产业化示范，充分发挥高技术引领未来发展的先导作用①②。863计划实施三十余年，极大地促进了我国的科学技术发展。和863计划相类似的是973计划。1997年3月2日在全国政协八届五次会议上，朱光亚先生回顾了1956年制定国家科学技术发展远景规划的过程，总结了"两弹一星"等科技领域的历史性突破。与会科技界的政协委员一致强烈呼吁加强基础研究，遵循科学规律，制定独立指导我国基础科研发展的规划。同年6月4日，原国家科技领导小组决定制定《国家重点基础研究发展规划》，并于1998年开始实施《国家重点基础研究发展计划》，即"973计划"。2016年2月16日，科技部国家重点研发计划首批重点研发专项指南，意味着863计划、973计划并入国家重点研发计划。

1986年3月24日，国家科学技术委员会发布《关于科研单位分类的暂行规定》，提出科学、系统的科研院所分类方法，是关于科研院所分类改革的一个重要文件。该文件将科研院所分为技术开发类型、基础研究类型、多种类型(同时进行基础研究、技术开发两种类型工作，其中每种类型工作均占相当的比重，但又均不占明显优势的单位属多种类型)以及社会公益事业、技术基础、农业科学研究类型，在总结以前科研院所经费分类改革经验的基础上，进一步明确了科研院所分类的指标、依据，为下一阶段的行业科研院所转制奠定了基础。

1986年7月9日，国务院发布了《关于促进科技人员合理流动的通知》，提出在优先保证国家重点建设工程和重大科研项目人才需要的前提下，应当鼓励科技人员到工农业生产第一线，支援中小企业和集体企业。此举直接促进了科技与经济相结合。

为了促进和规范技术市场的发展，1986年8月1日，国家科委制定并颁布了《技术市场管理暂

---

① 马丽．春颂——邓小平同志与中国科技事业[EB/OL]. http://www.people.com.cn/GB/keji/1058/2726062.html，2004-08-20/2019-03-20.

② 张慧玲．1986年3月3日：邓小平决断"863计划"[EB/OL]. http://news.cctv.com/science/20081007/105971.shtml，2008-10-27/2019-03-20.

行办法》。该文件指出“技术市场是我国社会主义商品市场的重要组成部分”，确立了技术市场的合法地位，明确了技术市场的业务范围、协调指导机构、技术市场管理、技术商品服务机构、技术权益、技术交易的价款、支付和税收等方面的内容。该文件的出台为后来我国技术市场的蓬勃发展奠定了政策和法律基础。

1987年6月23日，第六届全国人大常委会第二十一次审议通过了《技术合同法》，使科技成果的商品性质和交换关系法制化。此后，1989年3月15日，国务院发布了《技术合同法实施条例》；1991年1月21日，国家科委于发布了《技术合同仲裁机构管理暂行规定》；1990年7月27日，国家科委发布了《技术合同认定规则》，并于2001年以国科发政字〔2001〕253号文进行了修订，从而使技术合同法律制度基本健全。1999年，《技术合同法》并入《合同法》。

农业技术推广是科技成果推广的重要组成部分，对于农业、农村、农民的发展至关重要。1987年，农牧渔业部颁布了《关于建设农业技术推广中心的若干规定》。为了加强农业技术推广工作，使农业技术推广工作规范化，1993年7月2日《农业技术推广法》经第八届全国人大常委会第二次会议审议通过，并于2012年8月31日第十一届全国人大常委会第28次会议进行修正。1995年农业部将全国农业技术推广总站、全国植物保护总站、全国土壤肥料总站和全国种子总站合并，组建了全国农技推广服务中心，从此形成了由全国农技推广服务中心、省级农技推总站、县级农技推广中心、乡(镇)农技推广站组成的多层次的农技推广体系。

1988年5月3日，国务院发布《关于科技体制改革若干问题的决定》，鼓励科研机构切实引入竞争机制，积极推行各种形式的承包经营责任制，使科研机构和科研人员的利益与其创造的社会和经济效益相挂钩，鼓励科研机构和科技人员为社会创造财富，对科技进步做出贡献，改善自身的工作条件和物质待遇。

1988年5月10日，国务院批准在北京海淀区建立中国第一个国家级高新技术产业园区——北京市高新技术产业开发试验区，其前身是“中关村电子一条街”，1999年8月更名为中关村科技园区。从此，作为科技成果转化的重要载体，高新区在我国得到快速发展，成为我国科技政策中的重要内容。1991年，国务院发布了《关于批准国家高新技术产业开发区和有关政策规定的通知》(国发〔1991〕12号)，选定了一批开发区作为国家高新技术产业开发区，并给予相应的优惠政策。同时，国家科委制定了《国家高新技术产业开发区高新技术企业认定条件和办法》和《国家高新技术产业开发区若干政策的暂行规定》，国家税务局制定了《国家高新技术产业开发区税收政策的规定》，对高新区认定的高新技术企业实行税收优惠政策和进出口货物的关税优惠政策，以及银行信贷、商务出口等方面政策。1991年9月，国家科委、国家体改委发布了《关于深化高新技术产业开发区改革，推进高新技术产业发展的决定》，明确高新区改革的基本方向、原则和思路。1992年11月，国家科委、国家体改委发布了《关于在国家高新技术产业开发区创办高新技术股份有限公司若干问题的暂行规定》，为高技术企业的股份制改造打下了基础。

1988年7月，国务院批准下发了国家科委上报的《关于动员和组织科技力量为沿海地区经济发展服务的决定》报告，国家科委开始实施“火炬计划”。该计划是我国发展中国高新技术产业的指导性计划，其宗旨是促进高新技术成果商品化、高新技术商品产业化和高新技术产业国际化。随着计划的发展，该计划还包括创造环境、建设高新区和创业服务中心、实施火炬计划项目、国际化培训人才和建设特色产业基地六项内容。在火炬计划的推动下，各地积极创办高新技术产业开发区。截至2018年12月31日，我国已有国家级高新技术产业开发区168家①。与火炬计划类似的计划有：1988年，由国家计委组织实施的“新产品试产计划”；1989年国家科委组织实施的“国家科技成果重点推广计划”，1991年被列为国家科委六大计划之一②。这些计划通过推广先进、成熟、适用的科技成果，重点解决工农业生产，以及高新技术产业、新兴产业发展中存在的重点、难点、热点问题，促进了科技与经济的紧密结合，实现了技术转移。

1988年6月25日，国务院发布了《中华人民共和国私营企业暂行条例》，保护私营企业的合法权益。1993年6月28日，国家科委、国家体改委发布了《关于大力发展民营科技型企业若干问题的决定》(国科发改字〔93〕第348号)，提出了六条政策意见。民营是相对于国营而言，私营企业是从个体经济发展而来的，而民营企业中绝大多数是私营企业。随着我国科技和经济的不断发展，目前民营科技企业这个术语已经用得不多了，逐步被科技型中小企业、科技型中小微企业等术语所取代。近年来，科技型中小企业成为我国技术转移政策中的重点。2017年制定的《国家技术转移体系建设方案》提出：“引导科研人员通过到企业挂职、兼职或在职创办企业以及离岗创业等多种形式，推动科技成果向中小微企业转移”，“国家和地方科技成果转化引导基金通过设立创业投资子基金、贷款风险补偿等方式，引导社会资本加大对技术转移早期项目和科技型中小微企业的投融资支持”。

1991年6月，国家科委组织实施国家工程技术研究中心计划。工程技术研究中心的主要任务是对科研成果进行系统化、配套化和工程化研究开发，开展国外引进技术的消化、吸收与创新。1993年2月，国家科委颁布了《国家工程技术研究中心暂行管理办法》。与之相类似的是，1991年，国家计委组织实施国家工程研究中心计划。工程研究中心的主要任务是研究开发产业技术进步和结构调整急需的关键共性技术，开展具有重要市场价值的重大科技成果的工程化和系统集成，提供成熟的先进技术、工艺及其技术产品和装备，对引进技术的消化吸收再创新，开展国际合作交流等。1992年，国家计委发布了《国家工程研究中心管理办法(试行)》(计科技〔1992〕2239号)，2002年又发布了《国家计委关于建设国家工程研究中心的指导性意见》(计办高技〔2002〕767号)，2007年4月国家发改委发布了《国家工程研究中心管理办法》。

1992年3月，国家计委、国家经委、国家科委、国防科工委、国家教委、中国科学院联合发起筹备成立中国技术市场协会。在随后的二十余年的发展历史中，中国技术市场协会努力宣传和促进科技创新创业，推动科技成果转移转化和高新技术产业化进程，积极开展技术服务，培训技术市场建设人才，为推进现代技术市场法制建设、规范交易行为、维护技术市场运行秩序作出了积极的贡献。中国技术市场协会组织评审的“金桥奖”，用于奖励在技术市场经营、管理、立法、执法及理论研究有突出贡献的单位集体和个人，至2018年9月已经评选出第九届，成为我国技术转移领域的一面旗帜。③

1992年5月，国务院生产办、国家教委和中国科学院在全国共同组织实施“产学研联合开发工程”，组织编制并实施“产学研联合工程项目计划”和“产学研联合开发工程高技术产业化计划”。自

① 科技部. 高新区名录[EB/OL]. http://www.most.gov.cn/gxjscykfq/. 2018-04-04/2019-03-20.

② 国家科学技术委员会(简称国家科委)六大计划分别是：国家重点科技攻关计划、星火计划、科技成果推广计划、高技术研究发展计划(即863计划)、火炬计划、基础研究计划。1998年，国家科委改名为科学技术部，简称科技部。引自：我国科技发展的六大计划[J]. 情报杂志，1991(4)：91.

③ 中国技术市场协会. 协会简介[EB/OL]. http://www.ctm.org.cn/plus/list.php? tid=19. 2019-03-20.

1992年推出的10年内，产学研联合开发工程共实施了520多项国家级重点产学研高技术产业化项目，实现新增销售收入1020多亿元，全国共建产学研联合研究开发机构和经济实体8200多个。与之相类似的是，1995年，国家计委组织实施“国家重大科技成果产业化项目计划和示范工程”。

1992年8月，国家科委、国家体改委发布了《关于分流人才、调整机构、进一步深化科技体制改革的若干意见》，提出按照“稳定一头、放开一片”的基本思路，分流和调整的重点是县以上独立科研机构，力争通过3~5年的不懈努力，基本完成科技系统的结构调整。

1993年4月，国家科委在南京召开第一次生产力促进中心工作会议，从那以后，各级政府、科技主管部门和行业主管部门在政策、人才和资金等方面大力支持生产力促进中心建设。1997年，科技部发布了《生产力促进中心管理办法》，并在2003年根据《中华人民共和国中小企业促进法》的规定对该办法进行修订。2004年9月，科技部制定了《关于进一步加快生产力促进中心发展的意见》，强化生产力促进中心承担面向中小企业的先进技术推广、产学研联合等职能，并提出加强国家级示范生产力促进中心的建设。2006年，生产力促进中心工作被纳入到国家技术创新工程。2007年5月，科技部发布了《国家级示范生产力促进中心认定和管理办法》(国科发高字〔2007〕403号)，2011年以国科发高〔2011〕173号文对该办法进行了修订，2013年7月以国科发高〔2013〕540号文对该办法进行废止。

1993年7月2日，第八届全国人大常委会第二次会议审议通过了《中华人民共和国科学技术进步法》，重申“国家实行经济建设和社会发展依靠科学技术，科学技术工作面向经济建设和社会发展”的基本方针。同一天，《中华人民共和国农业技术推广法》也获得通过。2007年12月29日，第十届全国人民代表大会常务委员会第十一次会议对《中华人民共和国科学技术进步法》进行了修订，并于2008年7月1日起施行。《中华人民共和国科学技术进步法》鼓励产学研结合，加强军民计划的衔接与协调，强化科技应用，对我国的科学技术进步和科技产业发展起到了巨大的推动作用。

1993年12月，国家科技部和上海市人民政府在上海共同组建了全国首家国家级常设技术市场——上海技术交易所。1994年4月21日，国家科委和国家体改委发布了《关于进一步培育和发展技术市场的若干意见》(国科发政字〔1994〕59号)。该意见明确提出：在按照“稳住一头、放开一片”的方针推进科技系统人才分流、机制转换和结构调整的改革进程中，把培育和优先发展技术市场放在重要位置，并提出加强技术交易所建设，大力发展生产力促进中心等多种新型技术创新组织、技术交易中介组织，促进科技计划管理与技术市场接轨等。2006年3月15日，科技部发布《关于加快发展技术市场的意见》(国科发市字〔2006〕75号)，提出：加快发展和完善技术市场是推进国家创新体系建设的重要内容，发挥技术市场的主渠道作用，加速技术转移和科技成果转化。2007年12月6日，国家发展改革委、科技部、财政部、国家工商总局、国家版权局、国家知识产权局发布了《建立和完善知识产权交易市场的指导意见》(发改企业〔2007〕3371号)，提出了推进知识产权交易市场体系建设、规范知识产权交易行为、改进知识产权交易配套服务等举措。这一系列政策文件的陆续出台，促进了技术市场的不断发展和完善。

1995年5月6日，为了全面落实“科学技术是第一生产力”的思想，实施科教兴国战略，实现国民经济持续、快速、健康发展，在总结我国科技体制改革经验和成绩的基础上，中共中央、国务院做出了《关于加速科学技术进步的决定》颁布，提出“科教兴国”战略，旨在进一步深化科技体制改革，确定深化科技体制改革的重点是调整科技系统的结构，分流人才，真正从体制上解决科研机构重复设置、力量分散、科技与经济脱节的状况，加强企业技术开发力量，促进科技与经济的有机结合。在此文件中，党和国家继续推动产、学、研三结合，鼓励科研院所、高等学校的科技力量以多种形式进入企业或企业集团，参与技术改造和技术研发。同时，鼓励科研院所、高等学校创办各种形式的高技术企业。对科研院所转制方面，该文件坚持“稳住一头、放开一面”的方针。“稳住一头”，就是要以政府投放为主，稳住少数重点科研院所和高等学校的科研机构，从事基础性研究、有关国家整体利益和长远利益的应用研究、高技术研究、社会公益性研究和重大科技攻关活动；“放开一面”，就是由政府财政支持的科研院所要进一步精减，合理分流人员，使绝大多数技术开发和技术服务机构逐步由事业法人转变成企业法人，要鼓励和引导这些机构直接进入大中型企业或企业集团，成为企业的技术开发机构。

1996 年 5 月 15 日，我国制定了《中华人民共和国促进科技成果转化法》，是我国科技成果转化领域的“根本大法”。该法明确了国家科技成果转化的基本概念、基本原则、管理体制、转化方式、法律责任、激励机制和保障措施等一系列基本的制度框架。该法律的颁布实施，有助于规范成果转化中各主体的行为，同时也强调了政府在科技成果转化当中的职责，明确了转化的主要方式。该法注重对科技成果研发单位及其研发人员的激励。

1996 年 9 月 15 日，国务院颁布了《关于“九五”期间深化科学技术体制改革的决定》，继续贯彻 1985 年党中央《关于科学技术体制改革的决定》以来的改革思路，继续深化我国科技体制改革。

1996 年，国家经贸委启动“国家技术创新工程”，在国家技术开发计划、国家工业性试验项目计划和国家重点新技术推广项目计划的基础上，编制实施国家技术创新项目计划。

作为科技创新中一支不可忽视的力量，中小企业越来越收到我国政策的重视。1998 年 7 月，国家设立“科技型中小企业技术创新基金”，通过吸引地方、企业、科技创新投资机构和金融机构对中小企业技术创新投资，增强中小企业的创新能力。1999 年 5 月 21 日，国务院办公厅转发了《科技部、财政部关于科技型中小企业技术创新基金的暂行规定》，同年 6 月 18 日科技部和财政部联合发布了《科技型中小企业技术创新基金项目实施方案(试行)》，6 月 25 日创新基金正式启动。该基金扶持各种所有制类型的科技型中小企业，并有效地吸引地方政府、企业、风险投资机构和金融机构对科技型中小企业进行投资，逐步推动建立起符合市场经济规律的高新技术产业化投资机制，优化科技投资资源。2004 年 10 月，科技部推出了“科技型中小企业成长路线图计划”，主要包括创新基金、科技型中小企业创新创业抚育网络、股权融资机制等七个方面，力争在五年内，使中国科技型中小企业在数量和质量上再上一个新台阶。2014 年 4 月 11 日，财政部、工业和信息化部、科技部、商务部发布了《中小企业发展专项资金管理暂行办法》(财企〔2014〕38 号)，科技型中小企业技术创新基金并入中小企业发展专项资金。

1998 年，国家经贸委启动“国家技术创新工程”。该工程按照“突出重点、试点起步、分步实施、全面推进”的工作方法，以企业为主体，以市场为导向，组织实施该工程，并结合企业改革、技术改造、技术引进、产品质量、人才培训等工作，从政府、企业、社会三个层次推动技术创新工作，准备用 15 年时间，基本形成适应社会主义市场经济体制和现代企业自身发展规律的技术创新体系和运行机制①。

① 经贸委实施“技术创新工程”[J]. 化工管理，1996(11)：39.

在全面展开阶段，党和政府有组织有计划全面推进科技体制改革。通过引入高新区、企业孵化器、生产力促进中心三类促进科技成果转化的载体，以及国家科技开发项目、支持科研人员流动、中小企业技术创新等政策，我国不断完善技术转移的软环境。我国技术转移体系日趋完善。

三、深入推进阶段(1999—2011年)

在全面展开阶段，我国科研院所改革探索取得了可喜的成绩，积累了丰富的经验。但随着我国社会和经济的不断发展，我国的科技体制也暴露出不少问题，例如独立于企业外运行的科研机构过多，条块分割导致机构和专业重复、力量分散，尚未建立起“开放、流动、竞争、协作”的机制，科技体制内部缺乏活力，科研投入强度低且分散，共性技术、关键技术创新少，与企业技术开发结合少，成果转化难等。为了使我国的科技体制能够更好地服务于社会和经济发展，党和国家推动了新一轮的科研院所转制改革。

1999年2月22日，国务院办公厅转发《科技部等部门关于国家经贸委管理的10个国家局所属科研机构管理体制改革意见的通知》(国办发〔1999〕18号)。之后，《关于国家经贸委管理的10个国家局所属科研机构管理体制改革的实施意见》(国科发政字〔1999〕143号)、《国务院办公厅关于批准国家经贸委管理的10个国家局所属科研机构转制方案的通知》(国办函〔1999〕38号)、《关于印发国家经贸委管理的10个国家局所属科研机构转制方案的通知》(国科发政字〔1999〕197号)等文件陆续颁布，原国家经贸委管理的内贸局、煤炭局、机械局、冶金局、石化局、轻工局、纺织局、建材局、烟草局、有色金属局10个国家局所属的242个科研院所进行转制改革。经过转制改革，这242个科研院所中，131个进入企业(集团)，40个转为企业并实行属地化管理，18个转为中介机构，29个组建为中央直属大型科技企业，8个划转国家粮食储备局、国家黄金局等部门，9个撤销，7个并入高校或其他科研院所。

同样是在1999年2月，国务院办公厅转发科技部等四部门制定的《关于非营利性科研机构管理的若干意见(试行)》，要求非营利性科研机构以推进科技进步为宗旨，不以营利为目的，主要从事社会公益为主的科学研究、技术咨询与服务活动。

1999年8月20日，中共中央、国务院发布《关于加强技术创新、发展高科技、实现产业化的决定》，进一步深化科技体制改革，重点内容分为以下几个方面：

(1)推动科研院所企业化转制。国家推动应用型科研机构和设计单位实行企业化转制。应用型科研机构和设计单位原则上要转为科技型企业、整体或部分进入企业、转为中介服务机构等。政府将通过科技项目招标方式，继续对这些科技型企业从事的共性、关键性、前沿性产业技术研究活动予以支持；

(2)现有社会公益型科研机构要实行分类改革。对于有面向市场能力的科研机构，要转为科技型企业、整体或部分进入企业，或转为企业性的中介服务机构；对于向社会提供公共服务、无法得到相应经济回报的科研机构，在调整结构、分流人员的基础上，按非营利性机构的机制运行和管理。政府主要通过扶持政策、竞争择优方式提供科研项目和基地建设经费。国务院部门所属科研机构(包括实行企业化转制的科研机构)，除少数由中央管理外，一般要按属地化原则管理；

(3)技术市场方面，提出科技中介服务是科技成果产业化中的服务纽带，鼓励某些性质相似的科研机构转制为企业性的科技中介服务机构，也鼓励科技人员创办这类机构；

(4)科技人员创业方面，鼓励高等学校充分发挥自身人才、技术、信息等方面的优势进行科技成果产业化，鼓励教师和科研人员进入高新技术产业开发区从事科技成果商品化、产业化工作。

1999年9月，科技部、教育部正式启动国家大学科技园试点，12月确立了15个国家大学科技园建设试点，并纳入创业孵化服务体系。

2000年，《国务院办公厅转发科技部等部门〈关于深化科研机构管理体制改革实施意见的通知〉》(国办发〔2000〕38号)、《关于印发建设部等11个部门(单位)所属134个科研机构转制方案的通知》(国科发政字〔2000〕300号)等文件陆续发布，国务院部门(单位)所属134个科研院所开始进行转制改革，其中73个转制为科技型企业，46个进入企业(集团)，13个保留科研事业单位性质，2个并入大学。

2001年9月10日，国家经济贸易委员会、教育部发布了《关于在部分高等学校建立国家技术转移中心的通知》(国经贸技术〔2001〕909号)，决定首批认定基础比较好、科技力量比较强、科研成果比较多的清华大学、上海交通大学、西安交通大学、华东理工大学、华中科技大学、四川大学6所大学的技术转移机构为国家技术转移中心，并明确了国家技术转移中心的主要任务是共性技术的开发和扩散、推动和完善企业技术中心建设、促进高等学校科技成果转化及技术转移、加强国际技术创新合作和为企业提供综合服务。在此基础上，2003年，国家经贸委、教育部、中国科学院印发了《关于建立国家技术转移中心的通知》(国经贸技术〔2003〕246号)，推动中科院科研机构的科技资源与产业结合。

2002年6月，第九届全国人大常委会第二十八次会议通过了《中华人民共和国中小企业促进法》。该法提出：国家对中小企业实行积极扶持、加强引导、完善服务、依法规范、保障权益的方针，为中小企业创立和发展创造有利的环境。2003年2月，为了贯彻落实《中小企业促进法》，国家经贸委、国家发展计划委、财政部、国家统计局联合颁发《中小企业标准暂行规定》。2017年9月1日，第十二届全国人民代表大会常务委员会第二十九次会议对该法进行了修订。

2003年11月，中共十六届三中全会做出了《中共中央关于完善社会主义市场经济体制若干问题的决定》，鼓励、支持和引导非公有制经济发展，支持非公有制中小企业的发展。2005年2月，国务院颁布了《国务院关于鼓励支持和引导个体私营等非公有制经济发展的若干意见》。这是新中国成立以来第一部全面支持发展非公有制经济的国务院文件。

风险投资是科技成果转化的助推器。2004年5月，中国证监会发布了《中小企业板实施细则》，同意深圳证券交易所在主板市场内设立中小企业板，并核准了中小企业板实施方案。5月27日，中小企业板在深交所正式启动。2009年10月23日，中国创业板正式开板。

2005年11月15日，国家发展改革委、科技部、财政部、商务部、中国人民银行、国家税务总局、国家工商行政管理总局、中国银监会、中国证监会、国家外汇管理局联合发布了《创业投资企业管理暂行办法》(发展改革委第39号令)，自2006年3月1日起施行。该办法旨在促进创业投资企业发展，规范投资运作，鼓励其投资中小企业特别是中小高新技术企业。2011年8月17日，财政部、国家发改委发布了《创业投资基金暂行管理办法》(财建〔2011〕668号)，规定中央财政从产业技术研究与开发资金等专项资金中安排资金与地方政府资金、社会资本共同发起设立创业投资基金，或通过增资方式参与现有创业投资基金。

2005年12月26日，国务院印发《国家中长期科学和技术发展规划纲要(2006—2020年)》，为我国未来的科技发展、技术转移指明了方向、制定了路线。2006年1月26日，中共中央、国务院颁布《关于实施科技规划纲要增强自主创新能力的决定》，提出：进一步深化应用开发类科研机构企业化转制改革，鼓励和支持其在行业共性关键技术研究开发与推广应用中发挥骨干作用；继续推进社会公益类科研机构分类改革；稳定支持从事基础研究、前沿高技术研究和社会公益研究的科研机构，建立健全现代科研院所制度。同年2月26日，国务院全文发布了《实施国家中长期科学和技术发展规划纲要(2006—2020年)若干配套政策》，我国第一次非常系统地形成了促进自主创新的政策体系。之后，国务院有关部门出台了76项实施细则。为了贯彻《国家中长期科学和技术发展规划纲要(2006—2020年)》确定的16个重大专项，2009年4月16日，科技部、国家发改委、财政部联合发布了《国家科技重大专项管理暂行规定》。

2006年1月，科技部、国资委、全国总工会三部门联合印发了《“技术创新引导工程”实施方案》(国科发政字〔2006〕31号)，提出了开展创新型企业试点、引导和支持若干重点领域形成产学研战略联盟、加强企业研究开发机构和产业化基地建设、加强面向技术创新的公共服务平台建设等六项任务。

2007年3月16日，第十届全国人民代表大会第五次会议审议通过《中华人民共和国企业所得税法》，对高新技术企业、企业研发活动和技术转让等科技成果转移转化活动实行所得税优惠政策。从此，始于1991年在国家高新区内实施的高新技术企业税收优惠政策扩大到高新区外。2008年4月14日，科技部、财政部、国家税务总局发布了《高新技术企业认定管理办法》(国科发火〔2008〕172号)，对高新技术企业认定的条件和程序做出了规范；2016年1月29日，科技部、财政部、国家税务总局以国科发火〔2016〕32号文对该办法进行了修订，降低了高新技术企业认定的条件，完善了认定程序，使高新技术企业优惠政策能够惠及更多的科技型企业，从而激励企业进行研发。除了所得税优惠以外，2007年修订的《企业所得税法实施条例》还规定：企业技术转让所得收入500万元以内免征企业所得税，超过500万元部分减半征收企业所得税。2009年4月24日，国家税务总局印发了《关于技术转让所得减免企业所得税有关问题的通知》(国税函〔2009〕212号)，对技术转让的条件和技术转让所得的计算方式做出规定。2010年12月30日，财政部和国家税务总局发布《关于居民企业技术转让有关企业所得税政策问题的通知》(财税〔2010〕11号)，将技术转让限定为技术的所有权或5年以上(含5年)全球独占许可使用权。2015年10月23日，财政部、国家税务总局发布《关于将国家自主创新示范区有关税收试点政策推广到全国范围实施的通知》(财税〔2015〕116号)，将技术转让扩大到转让5年以上非独占许可使用权。

2007年8月20日，财政部、国家税务总局颁布《财政部国家税务总局关于国家大学科技园有关税收政策问题的通知》(财税〔2007〕120号)、《财政部国家税务总局关于科技企业孵化器有关税收政策问题的通知》(财税〔2007〕121号)，开始对国家大学科技园、科技企业孵化器实施税收优惠政策，后来随着我国技术转移、双创的发展，众创空间也被纳入了税收优惠的范围①。从2007年起，我国对科技企业孵化器、大学科技园、众创空间实行税收优惠政策。政策的扶持和火炬

① 详见财政部、税务总局、科技部、教育部《关于科技企业孵化器大学科技园和众创空间税收政策的通知》(财税〔2018〕120号)。

计划的推动，使得创业孵化服务组织快速发展。据科技部火炬中心统计数据，截至2017年年底，全国有4069家孵化器、5700多家众创空间、500多家加速器。这些创业孵化平台带动创业就业人数超过300万人。

产业技术创新战略联盟汇聚高校和科研院所、产业链上下游的优势科技资源，共同推进产业技术进步和发展，是国外一种成熟的技术转移组织。自2007年6月我国启动全国产业技术创新战略联盟试点工作以来，陆续有三批共146家联盟参加了试点工作。2008年12月30日，科技部、财政部、教育部、国资委、中华全国总工会、国家开发银行联合印发《关于推动产业技术创新战略联盟构建的指导意见》(国科发政〔2008〕770号)。产业技术创新联盟工作主要由科技部推动。与此相对应的是教育部推动的“2011协同创新中心”。2012年3月15日，教育部、财政部印发《关于实施高等学校创新能力提升计划的意见》(教技〔2012〕6号)，推进协同创新能力建设是其中的重要内容。2012年6月6日，教育部科学技术司、财政部教科文司印发《关于组织2012年度“2011协同创新中心”评审认定工作的通知》(教技司〔2012〕162号)，开始进行2011协同创新中心评审认定工作。2014年4月5日，教育部、财政部印发《2011协同创新中心建设发展规划》《2011协同创新中心政策支持意见》《2011协同创新中心认定暂行办法》三个文件，完善了2011协同创新中心制度。

2007年8月27日，为了促进军民良性互动，国防科工委发布了《关于进一步推进民用技术向军用转移的指导意见》(科工经〔2007〕885号)，建立民技军用信息发布平台、进一步完善国防科技工业标准体系和武器装备科研生产招投标制度等。

2007年9月10日，科技部印发了《关于印发国家技术转移示范机构管理办法的通知》(国科发火字〔2007〕565号)，开展国家技术转移示范机构的认定工作，并将技术转移机构的管理工作纳入国家创新环境与产业化建设的内容。同年9月19日，科技部、教育部、中国科学院发布了《国家技术转移促进行动实施方案》(国科发火字〔2007〕609号)，主要任务是构建新型技术转移体系、健全技术市场法律法规政策保障体系、开展国家技术转移示范工作、培育专业化和高水平的技术转移人才队伍、建立和完善技术转移的投融资服务体系。

2008年12月10日，国家税务总局印发了《企业研究开发费用税前扣除管理办法(试行)》(国税发〔2008〕116号)，企业为获得科学与技术(不包括人文、社会科学)新知识，创造性运用科学技术新知识，或实质性改进技术、工艺、产品(服务)而持续进行的具有明确目标的研究开发活动支出的费用实行税前加计50%扣除。2013年9月29日，财政部和国家税务总局发布了《关于研究开发费用税前加计扣除有关政策问题的通知》(财税〔2013〕70号)，扩大了可加计扣除的研发费用的范围。2015年11月2日，财政部、国家税务总局、科技部发布了《关于完善研究开发费用税前加计扣除政策的通知》(财税〔2015〕119号)，进一步扩大了可加计扣除的研发费用范围，并简化加计扣除申报程序。

2008年12月30日，科技部、财政部、教育部、国务院国资委、中华全国总工会、国家开发银行六部门联合发布了《关于推动产业技术创新战略联盟构建的指导意见》(国科发政〔2008〕770号)，开展产业技术创新战略联盟试点工作。

2009年3月26日，科技部、教育部、国资委、中科院、工程院、国家自然科学基金委员会、中国科协发布了《关于动员广大科技人员服务企业的意见》(国科发政〔2009〕131号)，组织实施“科技人员服务企业行动”，组织动员广大科技人员深入一线服务企业，积极参与企业关键技术攻关，提供产品开发咨询服务，帮助企业完善研发体系，引导企业提高管理水平，充分发挥产学研合作的桥梁和纽带作用等。

2009年6月2日，科技部、财政部、教育部、国务院国资委、全国总工会和国家开发银行六部门发布了《国家技术创新工程总体实施方案》(国科发政〔2009〕269号)，提出了六项任务：一是推动产业技术创新战略联盟构建和发展；二是建设和完善技术创新服务平台；三是推进创新型企业建设；四是面向企业开放高等学校和科研院所科技资源；五是促进企业技术创新人才队伍建设；六是引导企业充分利用国际科技资源。

2010年9月13日，工信部和财政部发布了《技术创新示范企业认定管理办法(试行)》(工信部联科〔2010〕540号)，联合组织开展"技术创新示范企业"认定工作。

2010年10月10日，国务院发布了《关于加快培育和发展战略性新兴产业的决定》(国发〔2010〕32号)，提出重点培育和发展节能环保、新一代信息技术、生物、高端装备制造、新能源、新材料、新能源汽车等产业。

2011年3月23日，中共中央、国务院颁布《关于分类推进事业单位改革的指导意见》(中发〔2011〕5号)，继续推进从事生产经营活动事业单位的改革，明确指出对于从事公益服务的，继续将其保留在事业单位序列，强化其公益属性，并细分从事公益服务的事业单位，对于不能或不宜由市场配置资源的承担基础科研等基本公益服务的，划分为公益一类；对于可部分有市场配置资源的，划入公益二类。

2011年7月4日，财政部、科技部印发了《国家科技成果转化引导基金管理暂行办法》(财教〔2011〕289号)。为了贯彻落实该办法，科技部、财政部先后印发了《国家科技成果转化引导基金设立创业投资子基金管理暂行办法》(国科发财〔2014〕229号)和《国家科技成果转化引导基金贷款风险补偿管理暂行办法》(国科发资〔2015〕417号)。

在此阶段，我国的技术转移政策有五个重要转变：一是从以往注重载体建设上升到成果转化服务平台建设；二是从实施各类科技计划拓展到实施技术创新工程技术转移行动；三是从推动各类主体实施加强科技成果推广应用和科技成果转化到促进产学研结合；四是从注重财政扶持到注重实施税收优惠政策；五是推动科研院所分类改革，一批科研院所转制为企业，参与市场经济。这些重要的转变有力推进了科技成果转移转化。

四、创新驱动发展阶段(2012至现在)

从20世纪78年改革开放到2010年，我国经济保持了32年的持续高速增长，创造了世界经济增长奇迹。同时需要注意到的是，经过几十年的发展，现有的粗放式经济发展方式已不再适应中国经济社会发展的需要。2010年后，我国经济增速明显放缓，以创新驱动的、可持续健康发展将成为我国发展的唯一选择①。

2012年9月23日，中共中央、国务院作出《关于深化科技体制改革　加快国家创新体系建设的意见》(中发〔2012〕6号)，围绕国家创新体系建设，系统地谋划和部署了深化科技体制机制改革的新目标和新任务。从文件的内容来看，虽然科技成果转移转化只是其中的小部分内容，重心放在创

① 陈劲，张学文．中国创新驱动发展与科技体制改革(2012—2017)[J]．科学学研究，2018，36(12)：2116-2121.

新体系建设上，但科技成果实现转化是创新体系建设的重要目标。同年 11 月，党的十八大召开，十八大报告提出：创新是引领发展的第一动力，是建设现代化经济体系的战略支撑。要瞄准世界科技前沿，强化基础研究，实现前瞻性基础研究、引领性原创成果重大突破。加强应用基础研究，拓展实施国家重大科技项目，突出关键共性技术、前沿引领技术、现代工程技术、颠覆性技术创新，为建设科技强国、质量强国、航天强国、网络强国、交通强国、数字中国、智慧社会提供有力支撑。加强国家创新体系建设，强化战略科技力量。深化科技体制改革，建立以企业为主体、市场为导向、产学研深度融合的科技创新体系，加强对中小企业创新的支持，促进科技成果转化。倡导创新文化，强化知识产权创造、保护、运用。培养造就一大批具有国际水平的战略科技人才、科技领军人才、青年科技人才和高水平创新团队。“创新”一词在十八大报告中出现了 59 次，充分体现了党和国家对创新驱动发展战略的高度重视。自十八大以来，在创新驱动发展战略的指引下，党和国家不断出台政策，推动科技体制改革，推进技术转移。

为解决原有科技计划体系的重复、分散、封闭、低效等问题，进一步提高财政资金使用效益，国务院于 2014 年部署国家科技计划管理改革，计划在 2016 年年底前完成改革主体任务，将原有的“863”“973”“支撑计划”“重大专项”等 100 多个科技计划组成的国家科技计划体系改革为国家自然科学基金、国家科技重大专项、国家重点研发计划、技术创新引导专项(基金)、基地和人才专项五大类。其中，国家重点研发计划是改革的重中之重，也是五类计划中启动最早的一项改革①；改变过去由政府管理科研项目的模式，交由合格专业机构来管理国家科技计划。2016 年 2 月 16 日，国家重点研发计划首批重点研发专项指南发布。这标志着整合了多项科技计划的国家重点研发计划正式启动实施。我国科技计划体系取得重大突破。国家重点研发计划整合了原有的 973 计划、863 计划、国家科技支撑计划、国际科技合作与交流专项，发展改革委、工信部管理的产业技术研究与开发资金，以及有关部门管理的公益性行业科研专项等内容。计划主要针对事关国计民生的农业、能源资源、生态环境、健康等领域中需要长期演进的重大社会公益性研究，以及事关产业核心竞争力、整体自主创新能力和国家安全的战略性、基础性、前瞻性重大科学问题、重大共性关键技术和产品、重大国际科技合作等。今后，由科技部、财政部、发展改革委等 31 个相关部门组成的部际联席会议将负责审议重点专项的布局设置；由科技界、产业界和经济界的高层次专家组成的特邀咨评委，将对重点专项的布局设置和任务分解等提出咨询意见，为联席会议决策提供参考；7 家具备条件的科研管理类事业单位被确定为首批项目管理专业机构试点，将负责各重点专项中具体项目从受理评审到验收的全流程管理。国家重点研发计划在申报和评审方面有多处创新。其中，特邀咨评委委员及参与重点专项咨询评议的专家，不能申请本人参与咨询和论证过的重点专项项目；参与重点专项实施方案和年度指南编制的专家，不能申请和评审相关的重点专项项目；项目评审专家在遴选和具体评审中也严格执行相关回避条件和要求，“运动员”和“裁判员”将被彻底分开。

2014 年 6 月 9 日，习近平在两院院士大会上提出：科技成果只有同国家需要、人民要求、市场需求相结合，完成从科学研究、实验开发、推广应用三级跳，才能真正实现创新价值、实现创新驱动发展。这些重要论断表明党和国家对科学技术发展规律、技术转移规律的深刻认识和高度总结。

---

① 新华网．新华社：“973”“863”取消后科研咋办？国家重点研发计划正式启动[EB/OL]．http：//www.most.gov.cn/xinwzx/xwzx/twzb/gjzdyfjh/twzbmtbd/201602/t20160217_ 124140.htm，2019-02-17/2019-03-20.

2014 年 10 月 9 日，国务院发布了《关于加快科技服务业发展的若干意见》(国发〔2014〕49 号)，将研究开发、技术转移、创业孵化等纳入科技服务业范畴。同年，国务院发布了《关于深化中央财政科技计划(专项、基金等)管理改革的方案》(国发〔2014〕64 号)，提出统筹衔接基础研究、应用开发、成果转化、产业发展等各环节工作。

2015 年 3 月，国务院办公厅发布了《关于发展众创空间推进大众创新创业的指导意见》(国办发〔2015〕9 号)，提出加快发展众创空间等新型创业服务平台。从此，初创企业孵化机构在我国得到较快的发展，同时也逐渐成为我国科技成果转化政策的重要组成部分。2018 年 12 月 14 日，科技部关于印发《科技企业孵化器管理办法》(国科发区〔2018〕300 号)。

2015 年 3 月 13 日，中共中央、国务院颁发《关于深化体制机制改革加快实施创新驱动发展战略的若干意见》(中发〔2015〕8 号)，指出改革高等学校和科研院所科研、人才培养、人才评价制度，建立高等学校和科研院所技术转移机制等等政策，促进我国科技体制和经济进一步结合。同年 9 月 24 日，中共中央办公厅、国务院办公厅印发《深化科技体制改革实施方案》，在建立技术创新市场导向机制、构建更加高效的科研体系、改革人才培养及评价和激励机制、健全促进科技成果转化的机制、建立健全科技和金融结合机制、构建统筹协调的创新治理机制、推动形成深度融合的开放创新局面、营造激励创新的良好生态、推动区域创新改革等方面作出了系统部署，提出了 143 项重大改革任务。

2015 年 8 月 29 日，我国修订《中华人民共和国促进科技成果转化法》，于同年 10 月 1 日起开始实施。随后，国务院于 2016 年 2 月 26 日印发了《实施〈中华人民共和国促进科技成果转化法〉若干规定》(国发〔2016〕16 号)，国务院办公厅于 2016 年 4 月 21 日印发了《促进科技成果转移转化行动方案》(国办发〔2016〕28 号)。科技部、财政部、教育部、人事部、国家发展和改革委员会、中国人民银行、国家税务总局、国家知识产权局等相关部分陆续出台配套的政策，促进科技成果转化为现实的生产力，推动我国科技成果和社会经济的发展①。

2016 年 3 月，科技部发布两批国家科技计划重点科技成果转化推广信息。作为政府部门，科技部开始更加注重发挥科技信息汇交、传播的功能。

人才评价机制是人才发展方向的指挥棒。为了改革我国人才发展体制机制，加快建设人才强国，最大限度激发人才创新创造创业活力，2016 年 3 月 21 日，中共中央印发《关于深化人才发展体制机制改革的意见》，着眼于破除束缚人才发展的思想观念和体制机制障碍，解放和增强人才活力，形成具有国际竞争力的人才制度优势，提出建立产教融合、校企合作的技术技能人才培养模式，应用研究和技术开发人才突出市场评价，鼓励和支持人才创新创业，优化企业家成长环境，等等。

2016 年 5 月，中共中央、国务院印发《国家创新驱动发展战略纲要》，提出“坚持双轮驱动、构建一个体系、推动六大转变”的战略布局，全面部署创新驱动发展战略，深化改革，坚持科技体制改革经济社会领域改革同步发力，强化科技与经济对接，构建支撑创新驱动发展的良好环境。这意味着行业科研院所迎来新的发展机遇。为了实施创新驱动发展战略，2017 年 07 月 27 日，国务院印发《国务院关于强化实施创新驱动发展战略进一步推进大众创业万众创新深入发展的意见》(国发〔2017〕37 号)。

---

① 王永杰，张善从 . 2009—2016：中国科技成果转化政策文本的定量分析[J]. 科技管理研究，2018，38(2)：39-48.

2016年11月，中共中央办公厅、国务院办公厅印发《关于实行以增加知识价值为导向分配政策的若干意见》，提出推动形成体现增加知识价值的收入分配机制、扩大科研机构和高校收入分配自主权、进一步发挥科研项目资金的激励引导作用、加强科技成果产权对科研人员的长期激励、允许科研人员和教师依法依规适度兼职兼薪等多项措施，在全社会营造尊重劳动、尊重知识、尊重人才、尊重创造的环境。

2017年9月15日，国务院印发《国家技术转移体系建设方案》(国发〔2017〕44号)，对于我国技术转移体系建设作出了全面而系统的布局，把促进科技成果转移转化的现有工作和各个环节勾连起来；同时，方案明确了进一步促进科技成果转移转化的改革突破方向，对于建设和完善我国技术转移体系有着重要意义。

2017年10月，党的十九大召开，我国进入建设中国特色社会主义新时代。习近平总书记在大会报告中指出："加强国家创新体系建设，强化战略科技力量。深化科技体制改革，建立以企业为主体、市场为导向、产学研深度融合的科技创新体系，加强对中小企业创新的支持，促进科技成果转化。"总书记的讲话为行业科技体制和行业科研院所进一步深化改革指明了前进方向。

针对我国人才评价机制仍存在分类评价不足、评价标准单一、评价手段趋同、评价社会化程度不高、用人主体自主权落实不够等突出问题，为了更好地服务社会经济发展和人才发展，2018年2月26日，中共中央办公厅、国务院办公厅印发《关于分类推进人才评价机制改革的指导意见》，提出分类健全人才评价标准、改进和创新人才评价方式、加快推进重点领域人才评价改革、健全完善人才评价管理服务制度等重要指导意见，进一步细化了我国的人才发展体制机制的改革内容。

2018年5月28日，科技部印发《关于技术市场发展的若干意见》(国科发创〔2018〕48号)，对加快发展技术市场、健全技术转移机制、促进科技成果资本化和产业化作出部署。

通过梳理我国技术转移相关政策的发展过程，可以看出：在技术转移领域，我国科技政策引导建立以"企业为主体、市场为导向、产学研用紧密结合"的科技创新体系，注重激发和强化对科研人员、技术转移人员的激励。

近年来，随着科技体制改革的不断深入，我国技术转移方面的政策越来越聚焦于技术转移中最重要、最具有能动性的要素——人才，包括科技研发人才、技术转移人才。这方面的政策有：

(1)增加对人才的奖励。2015年修订的《促进科技成果转化法》，对科研人员的奖励从20%提高到50%。高校和科研院所对转化获得的收入拥有全部自主权。

(2)个人税收优惠。2018年5月29日，财政部、税务总局、科技部印发《关于科技人员取得职务科技成果转化现金奖励有关个人所得税政策的通知》(财税〔2018〕58号)，规定：从职务科技成果转化收入中给予科技人员的现金奖励，可减按50%计入科技人员当月"工资、薪金所得"，依法缴纳个人所得税。

(3)改革人才评价制度，鼓励、引导科研人员"把论文写在祖国大地上"。2018年7月3日，中共中央办公厅、国务院办公厅印发《关于深化项目评审、人才评价、机构评估改革的意见》，提出分类评价："应用技术开发和成果转化评价突出企业主体、市场导向，以用户评价、第三方评价和市场绩效为主。""突出品德、能力、业绩导向，克服唯论文、唯职称、唯学历、唯奖项倾向，推行代表作评价制度，注重标志性成果的质量、贡献、影响。把学科领域活跃度和影响力、重要学术组织或期刊任职、研发成果原创性、成果转化效益、科技服务满意度等作为重要评价指标。"2018年10

月 15 日，科技部、教育部、人力资源社会保障部、中科院、工程院联合开展《关于开展清理“唯论文、唯职称、唯学历、唯奖项”专项行动的通知》(国科发政〔2018〕210 号)。

(4)减轻科研人员负担。2019 年 1 月 22 日，科技部、财政部《关于进一步优化国家重点研发计划项目和资金管理的通知》(国科发资〔2019〕45 号)，提出了具体减轻科研人员负担的措施，具体措施有：整合精简各类报表，实现“一表多用、一表多能”；减少信息填报和材料报送，实现项目全周期“信息一次填报、材料一次报送”；精简过程检查，实施周期三年以下的项目，一般不开展过程检查；避免在同一年度对同一项目重复检查、多头检查；简化预算编制要求。

(5)赋予科研人员更大的决策权。2018 年 7 月 18 日，国务院印发《关于优化科研管理提升科研绩效若干措施的通知》(国发〔2018〕25 号)，“科研人员具有自主选择和调整技术路线的权利，科研项目申报期间，以科研人员提出的技术路线为主进行论证，科研项目实施期间，科研人员可以在研究方向不变、不降低申报指标的前提下自主调整研究方案和技术路线，报项目管理专业机构备案。科研项目负责人可以根据项目需要，按规定自主组建科研团队，并结合项目实施进展情况进行相应调整。”2018 年 12 月 26 日，国务院办公厅印发《关于抓好赋予科研机构和人员更大自主权有关文件贯彻落实工作的通知》(国办发〔2018〕127 号)

(6)赋予高校和科研院所更大的自主权。2015 年修订后的《促进科技成果转化法》规定：高校可以自主决定科技成果的转让、许可或者作价投资。这意味着对国家设立的高校和科研院所的科技成果，不再采用一般的国有资产管理方法。

在这一阶段，国家实施创新驱动发展战略，突破了科技成果转化的体制机制制约，增强了对科技成果转化规律的认识，通过颁发文件、修订法律，对科技成果转移转化进行了系统设计，统筹科研、科技成果转化及产业化各环节，明确高校、科研机构、企业三者之间的定位，将科技成果无形资产管理与国有资产管理区别开来，将科技成果处置权、使用权、收益权下放给高校院所，允许科技成果资产采取协商定价方式成交，大幅提高科技人员奖励与报酬的比例等。

第十二章　区域技术转移

区域技术转移工作是我国技术转移体系建设的重要组成部分。我国幅员辽阔，不同地区之间的自然、经济、社会、文化、历史、发展水平等方面发展情况存在着巨大的差异，区域间发展不平衡，区域技术转移可以在其中发挥巨大作用。

第一节　区域协调发展战略与技术转移

区域发展战略是国家总体战略在各区域空间上的体现，是我国国家发展战略的重要组成部分。

从区域发展战略与技术转移的角度出发，可以划分为三个阶段：区域均衡布局阶段（1953—1978 年）、区域非均衡发展阶段（1979—1999 年）、区域统筹协调发展阶段（1999 年至今）①。

一、区域均衡布局阶段（1953—1978 年）

新中国成立后，我国基于国防安全的目的开始实施区域均衡布局战略。国民经济第一个、第二个五年计划中提出要平衡布局沿海和内地区域的经济发展，并重点加快重工业在中西部地区及东北地区的发展。国民经济第三个、第四个五年计划提出大三线建设，主张将国防尖端项目作为重点发展产业，并将其安排在内陆地区开展。在区域均衡布局战略的影响下，沿海与内陆地区基本投资和资源配置的差异，使我国的工业布局得以重大调整，内陆地区的工业总产值占比在 1978 年上升至 39%。这一阶段表现为高度集中的计划经济体制下的行政资源配置方式，地方政府缺乏自增长和自组织能力，地方政府间的合作规模较小且仅限于资源和生产配置。

二、区域非均衡发展阶段（1979—1999 年）

1979—1999 年，我国逐渐意识到经济发展应尊重其内在规律，且不同区域的资源禀赋、区位优势及技术创新水平存在较大差异，在制定区域发展战略时应考虑区域间梯度位差的存在。因此这一时期，我国开始实施以效率优先为发展重点的区域非均衡发展战略，以政策引导方式实现资源向高效率区域配置。区域非均衡发展阶段的主导思想是东部沿海地区优先发展，后带动内地发展。

对口支援是一项具有鲜明中国特色的资源横向转移与跨界合作治理机制。对口支援的概念萌芽于 20 世纪 50、60 年代城市支援农村、沿海支援内地两个领域，并于 1979 年全国边防会议上以国家政策的形式被正式确定下来。会议明确提出经济发达的东部省份对口支援经济前发到的少数民族及边疆地区。1983 年 1 月，国务院批转《经济发达省、市同少数民族地区对口支援和经济技术协作工作座谈会纪要》（国发〔1983〕7 号），提出了坚持互惠互利原则，确定对口支援工作由国家经委、国家计委、国家民委共同负责，由国家经委牵头。1983 年国家新增加了上海支援新疆、西藏，广东支

① 侯媛媛．中国跨区域创新合作的模式及影响研究［D］．北京：北京理工大学，2015：48-53.

援贵州，沈阳、武汉支援青海。1996 年 7 月，国务院办公厅转发国务院扶贫开发领导小组《关于组织经济较发达地区与经济欠发达地区开展扶贫协作的报告》(国办发〔1996〕26 号)，进一步明确东部个省、市和西部个省、区之间的对口帮扶关系。确定对口帮扶关系后，东部个省、市和西部个省、区之间展开了多层次、多渠道、多形式的对口帮扶与经济技术合作，实现资源优势互补。经过多年发展，对口支援制度已经日趋完善，形式多少样，已经成为我国区域协调发展的重要战略。对口支援形式包括经济扶持、工业经济建设、卫生、人才、科技、教育、物资、设备、材料等多个方面成为我国跨区域技术转移的一种重要途径。①②

1980 年，深圳、珠海、汕头、厦门被批准设立经济特区，《广东省经济特区条例》相继发布；1984 年国务院决定开放大连、秦皇岛、天津、烟台等 14 个港口城市，并设立经济技术开发区；1985 年开辟了长江三角洲、珠江三角洲、闽南三角地区、辽东半岛、胶东半岛等经济开放区；1988 年海南经济特区批准设立；1990 年决定开发开放上海浦东。"六五"计划提出充分发挥沿海地区的经济基础和优势条件，对内陆地区发展起带动作用，且积极促进内陆地区对沿海地区的支撑作用。"七五"规划将全国划分为三大经济地带，提出加速东部沿海地带的经济发展和技术创新，中部地带发展原材料和能源产业，并做好开发西部地带的准备。为保障东部沿海地区优先发展战略的实施，改革开放特别是"六五"规划颁布后，中央制定了一系列优惠政策，在财政、税收、投资及信贷等方面向沿海地区倾斜。1984 年，中共中央十二届三中全会通过实行"有计划的商品经济"，逐步形成市场调节和指令性计划、指导性计划相结合的新经济体制，国家对东部沿海地区实行市场调节的情况下，仍以计划价格体制对西部地区的原材料进行调拨。"八五"期间，在继续发挥沿海地区优势的同时，对外开放由沿海逐渐扩展到沿边、沿江、沿主要铁路线和内陆省会地区。

在这一阶段，部分沿海地区如长三角、珠三角、环渤海已成为全国及区域的经济增长中心，但这段时期东西部地区的差距不断拉大，中西部地区生产要素外流，资源产业无法带动当地优势产业的发展，区域间的差距不断加大。

三、区域统筹协调发展阶段(2000 年至今)

东中西部地区经济发展的严重失衡成为中央及地方政府关注的重点，因此这一时期我国开始实行以公平为中心的区域统筹协调发展阶段。

1991 年，《关于国民经济和社会发展十年规划和第八个五年计划纲要的报告》提出要"促进地区经济的合理分工和协调发展"；1996 年《关于国民经济和社会发展九五计划和 2010 年远景目标纲要的报告》提出要按照统筹规划、因地制宜、发挥优势、分工合作、协调发展的原则，正确处理全国经济总体发展与地区经济发展的关系，促进区域经济协调发展。"九五"计划提出要加快中西部地区发展，并明确重点建设长江三角洲及沿江地区(即长江经济带)、环渤海湾地区、东南沿海地区、西南和华南部分省区、东北地区、中部五省地区、西部地区等跨省区市的经济区域。1999 年国家提出实施西部大开发战略，这标志着区域统筹协调发展阶段进入全面实施阶段。随后振兴东北老工业基地、中部崛起发展战略相继实施，"十五"将"提高东部地区的发展水平""推进西部大开发""加快中

---

① 钟开斌．对口支援：起源、形成及其演化[J]．甘肃行政学院学报，2013(4)：14-24，125-126.

② 董珍，白仲林．对口支援、区域经济增长与产业结构升级——以对口援藏为例[J]．西南民族大学学报(人文社科版)，2019，40(3)：130-138.

部地区发展”作为区域协调发展战略的实施重点。西部大开发方面，《沿边地区开发开放规划》《西部大开发十二五规划》相继发布，兰州、贵安、西咸新区等相继设立；东北老工业基地崛起方面，国务院通过《东北振兴十二五规划》《全国老工业基地调整改造规划》；中部崛起方面，《洞庭湖生态经济区规划》《中原经济区规划》等政策文件相继发布；在支持东部地区率先发展方面，舟山、南沙、青岛新区批准设立，并在上海、天津、广东、福建等设立自由贸易试验区。为保障区域协调发展战略取得更大成效，国家还先后颁布了珠江三角洲、海峡西岸地区、江苏沿海地区、横琴、关中—天水经济区、辽宁沿海经济带、图们江区域、中部地区、黄河三角洲、鄱阳湖生态经济区、皖江城市带、青海柴达木循环经济试验区等10多部区域规划和文件。

除了推进西部大开发、中部崛起、东北振兴、东部地区率先发展外，我国同时实施主体功能区战略，构筑区域间优势互补、主体功能定位清晰、国土空间高效利用的区域发展格局。2005年，“十一五”规划对促进区域协调发展作了全面阐述，并首次在国家规划文件中提出主体功能区域的划分和区域互动机制。2010年12月，国务院发布《全国主体功能区规划》，提出要根据资源环境的承载能力确定不同地区的功能定位，提出城市化地区、农业地区、生态地区的三大格局，及优化开发、重点开发、限制开发和禁止开发四类主体功能区。2013年国家发展改革委、环境部选择部分市县开展主体功能区建设试点工作。

2010年12月，国务院印发《全国主体功能区规划》，提出要打破行政区划界限，推进形成国家层面的优化开发、重点开发、限制开发、禁止开发四类主体功能区；将城市群作为推进城镇化的主体形态，构建“两横三纵”为主体的城市化战略布局；推进环渤海、长江三角洲、珠江三角洲地区的优化开发，形成3个特大城市群，推进哈长、江淮、海峡西岸、中原、长江中游、北部湾、成渝、关中天水等地区的重点开发，形成若干新的大城市群和区域性城市群。依据《全国主体功能区规划》中关于特大城市群和区域性城市群的划分标准，将全国的城市(自治州、区)划分为八大地区，为后续章节研究创新合作空间布局提供划分依据。

随着区域发展总体战略的不断实施，区域间的联系由传统的“条”“块”合作向多元化、市场化、网络式合作发展，区域开放与合作取得较大进展。2010年8月《关于中西部地区承接产业转移的指导意见》发布，批准设立广西桂东、重庆沿江等产业转移示范区；2011年6月，国务院批准在连云港设立国家东中西区域合作示范区，并发布《国家东中西区域合作示范区建设总体方案》；2014年3月，《粤桂合作特别试验区总体发展规划》批复实施。

党的十八届三中全会后，长江经济带建设、一带一路、京津冀协同发展三大战略相继提出。2014年9月，国务院发布《依托黄金水道推动长江经济带发展的指导意见》，提出依托黄金水道打造中国经济新支撑带；2015年4月，国务院批复《长江中游城市群发展规划》，是继《国家新型城镇化规划(2014—2020年)》后的第一个跨区域城市群规划。2015年3月，国务院制定“丝绸之路经济带”和“21世纪海上丝绸之路”(“一带一路”)建设的远景与行动文件。2015年4月《京津冀协同发展规划纲要》审议通过。2015年5月正式启动丝绸之路经济带、东北地区海关区域的通关一体化。2015年李克强总理所作的《政府工作报告》中明确提出要统筹推进“四大板块”和“三个支撑带”战略。“十二五”提出要坚持陆海统筹，沿海地区大S型经济带逐步形成。

2015年4月30日，《京津冀协同发展规划纲要》获得通过。

2016年12月，中共中央办公厅、国务院办公厅印发《关于进一步加强东西部扶贫协作工作的指导意见》，部署东西部扶贫协作和对口支援工作，其中一项主要任务是开展产业合作，包括加大产业合作科技支持。2018 年 11 月 18 日，中共中央、国务院印发《关于建立更加有效的区域协调发展新机制的意见》，进一步部署我国东西部协调发展工作，推动人才、资金、技术向贫困地区和边境地区流动是扶贫协作的一项重要内容。

2016 年 3 月 3 日，国务院印发《国务院关于深化泛珠三角区域合作的指导意见》。泛珠三角区域包括福建、江西、湖南、广东、广西、海南、四川、贵州、云南等九省区和香港、澳门特别行政区。2019 年 2 月，中共中央、国务院印发《粤港澳大湾区发展规划纲要》，以香港、澳门、广州、深圳四大中心城市作为区域发展的核心引擎，继续发挥比较优势做优做强，增强对周边区域发展的辐射带动作用，支持珠海、佛山、惠州、东莞、中山、江门、肇庆等城市充分发挥自身优势，形成特色鲜明、功能互补、具有竞争力的重要节点城市。

第二节　科研机构与区域技术转移

一、地方科研院所

地方科研院所是指各省、市、自治区部门所属，结合国家和地方发展需要以及区域特色建立的专门从事科学研究的机构，在我国技术转移中扮演着重要的角色。

“文革”期间，我国地方科研院所受到极大破坏。1978—1984 年间，全国各地先后成立或恢复重建了甘肃省科学院、黑龙江科学院、陕西省科学院、河北省科学院、广东省科学院、江西省科学院、贵州省科学院、山东省科学院、河南省科学院、广西壮族自治区科学院、北京市科学技术研究院等地方科学院。地方科学院成为各地最重要的综合性研究机构。同时一些专业性的科研机构也相继建立，如湖南省成立了省经济地理研究所、省分析测试研究所、省技术物理研究所、省能源研究所等。

1985 年的《中共中央关于科学技术体制改革的决定》，拉开了科技体制改革的大幕。地方科研院所的改革主要体现在以改革拨款制度为突破口建立新的运行机制，扩大机构的自主权，增强自我发展能力和为经济建设服务的能力。地方科研院所探索实行技术合同制和课题承包制，建立岗位责任制，择优聘用人员，允许人员合理流动，表现优异的人员可以获得奖励。通过一系列改革探索，地方科研院所初步转变了计划经济条件下的管理和运行机制，面向市场、面向经济建设主战场的自我发展能力和活力大为增强。

1997 年，我国出台了《关于加快深化地方科技体制改革实施工作若干意见》，提出以调整结构、分流人才、转变机制为重点推进改革，释放各地科技力量的巨大潜力和创造力，为地方经济和社会发展提供强有力的支撑。

随着地方经济和科技的发展，一些地方开始整合区域内的科研结构。2015 年，广东省大力度整合优化相关科研力量和创新资源，重新组建广东省科学院。新的广东省科学院优化设置原省科学院、省工研院等 18 个骨干院所，全面深化产学研合作。通过机构重组和优化，初步形成聚焦核心战略的科技产业创新“集团军”，研究和支撑服务领域涵盖生物与健康、材料与化工等六大板块。截至 2017 年，共孵化企业 11 家，技术入股组建企业 4 家，技术成果转让 22 项，为企业提供技术服务和技术咨询共10471项，院参控股企业的技术经营收入超过55亿元①。山东省2016年整合原齐鲁工业大学、山东省科学院等优质教育科研资源组建新的工业大学，推进科教融合。新的齐鲁工业大学(山东省科学院)拥有山东省计算中心、山东省科学院自动化研究所等12家研究机构，汇聚了山东省优质的科教资源，从科研到产业全链条设置。2017年学校(科学院)科研经费取得历史性突破，达到5.22亿元，在能源和环境、生物、健康大数据、海洋、新材料等领域取得重要成果②。

经过多年发展，地方科研院所的技术转移取得了明显效果。一是地方科研院所体系不断完善。我国地方部门属研究和开发机构由1990年4345家精减至2016年的2877家。形成了以地方科学院为代表的综合性研究机构、专业的技术研发机构、成果转移转化平台等构成的体系，成为各地重要的研究力量，成为国家创新体系和区域创新体系的重要一极。二是创新能力显著增强。2016年，地方部门属研究和开发机构从业人员23.5万人，其中R&D人员10.5万人。R&D经费274亿元，相对于2010年增长了1.4倍。2016年发表论文6.58万篇，其中国外发表6873篇，相对于2010年增长了81%，发明专利申请6640件，相对于2010年增长了1.5倍。三是支撑地方和区域经济和社会发展的作用日益增强。地方科研院所通过内部结构调整和机制优化，提升对地方发展的支撑，通过共建机构、项目合作等多种方式在全国乃至全球集聚优秀的人才、技术等助力地方发展，通过利用地方特色和优势，打造特色产业促进地方发展。四是管理模式和运行机制不断优化。地方科研院所初步实现了从“计划机制”向“市场机制”的转变，打破了铁饭碗和平均主义，创新活力明显增强，人员流动更加顺畅。

二、跨区域科研活动与新型研发机构

随着新一轮科技革命和产业变革进程的加速，科技创新活动不断突破地域、组织、技术的界限，新型科研机构不断涌现，科研院所之间的联合日益增强。我国珠三角、长三角和京津冀等创新活跃地区涌现一批新型研发组织。

各地资源禀赋不同，充分利用地方优势，建设具有地方特色的科研基地，有助于实现地区间的差异化发展。为加快浙江省海洋经济发展，浙江舟山依托区位优势和海洋资源的自然优势，引进外部科研和人才力量，2014年与国家海洋局第二海洋研究所签约共建“国海舟山海洋科技研发基地”。该基地集深海科学研究、海洋资源开发与环境保护、技术研发和装备制造为一体，有望为浙江省海洋综合管理和海洋经济发展提供强有力的科技支撑和保障。海南省为提升科技成果创新与成果转化能力，建设现代农业科技支撑平台，充分挖掘繁育制种资源优势，2005年将原市农业生物技术研究发展中心等4家事业单位合并组建成南繁科学院，2015年积极建设“南繁科研育种基地”。经过几年发展，南繁基地作为育种“加速器”的地位愈发重要，国内已育成的7000多个农作物品种中70%以上经过南繁基地的培育③，多家种业上市公司在南繁基地布局。

2012年，全国科学院联盟成立，全国科学院联盟由中国科学院与17家地方科学院组建。各成员单位通过该平台，围绕区域发展需求，共同承担研发任务，联合开展合作研究，促进成果转移转

---

① 南方网．数说广东省科学院重组两周年建设成效．2017-06-28http：//news.southcn.com/gd/content/2017-06/28/content_173380916_3.htm［EB/OL］

② 齐鲁工业大学工业信息月刊，2017年12期，2-3.

③ 常佳瑞．多家种业公司布局海南南报繁基地［N］．中国证券，2018-04-16.

化，培养创新创业人才，共建共享研发平台，探索了协同创新的体制机制。同年，河北省科学院与中科院签署了“合作共建河北省科学院协议书”。自2012年来，河北省科学院与中科院20多家研究机构联合开展人才培养交流、科研攻关、技术应用研究和成果转移转化，与中国科学院合作共建了基因组转化科学、新能源材料及应用、河北海岸带生态与环境、微生物技术与生物转化等4个联合实验室，共同实施了128项合作研究项目，为河北省经济社会的发展提供强有力的技术支撑①。

珠三角地区经济发达。相比之下，该地区的高校、科研院所数量较少，尤其是深圳市。为了弥补深圳市高校、科研院所数量少的劣势，深圳市在新型研发机构方面非常积极努力。1996年，深圳市成立了“深圳清华大学研究院”。随后，深圳市陆续建立了中科院深圳先进技术研究院、华大基因研究院、光启高等理工研究院等一批新型研发机构。2007年，东莞市人民政府、广东省科学技术厅和华中科技大学合作共建东莞华中科技大学制造工程研究院。截至2017年，广东省新型研发机构就有219家，其中省级新型研发机构达30家②。江苏省2013年成立了产业技术研究院，该院定位于科学到技术转化的关键环节，“不与高校争名，不与企业争利”，着力打通科技成果向现实生产力转化的通道，为产业发展持续提供技术。北京、天津、浙江、重庆、福建等多个地区均在积极探索新型研发机构建设。

新型研发机构突破了传统研发机构的诸多限制，具有投资主体多元化、组建模式多样化、运行机制市场化、管理制度现代化、人才队伍国际化、科技经济一体化等区别于传统科研机构的典型特征。新型研发机构通过政府、科研院所、大学、企业等多方投入机制，汇集各方资源，打通从原始创新到技术研发、产业化之间的通道，形成全产业链创新体系。

北京的技术转移和珠三角地区呈现出很大不同。作为首都，北京地区高校、科研院所众多，科研资源丰富，同时有中国技术交易所等技术转移中介，服务发达，有着进行技术转移的丰富资源。但是北京地区生活成本高、房价高、用人成本高，进行大规模工业生产的成本高。近年来，北京疏散人口和非首都功能。种种因素的影响，使得北京市的技术转移和深圳呈现出很大的不同。近年来，北京的科研院所跨地区发展有三个主要特征：①从北京市核心地区③向非核心地区转移，比如，中科院大学在怀柔设立分校区，中科院北京纳米能源与系统研究所12个研究所整体或部分迁入怀柔科学城，北京有色金属研究总院转制成立的企业——有研科技集团有限公司（简称“有研集团”）在怀柔成立的国联汽车动力电池研究院有限责任公司；②在北京市外设立研发机构，比如前文提到的在清华在深圳成立的深圳清华大学研究院、中科院在深圳成立的中科院深圳先进技术研究院、中国科学院理化技术研究所建立的廊坊园区等；③在北京市核心地区外进行技术转移，即将成果转移给北京地区以外的企业，或者是在外地设立产业化公司。比如有研集团在怀柔区雁栖经济开发区的子公司——有研粉末新材料股份有限公司，以及在河北廊坊、河北燕郊、江苏泰兴、福建厦门、四川乐山等地成立的产业化基地④。中国科学院下属研究所，如中国科学院理化技术研究所等，也在

---

① 河北省科学院介绍材料.

② 张玉磊，李润宜，刘贻新，等. 广东省新型研发机构现状分析研究[J]，科技管理研究，2018(13)：123-132.

③ 北京市核心地区主要是指北京的八个直辖区，即西城区、东城区、宣武区、崇文区、海淀区、朝阳区、丰台区、石景山区。2010年7月1日，国务院正式批复了北京市政府关于调整首都功能核心区行政区划的请示，同意撤销北京市东城区、崇文区，设立新的北京市东城区，以原东城区、崇文区的行政区域为东城区的行政区域；撤销北京市西城区、宣武区，设立新的北京市西城区，以原西城区、宣武区的行政区域为西城区.

④ 有研科技集团有限公司官网 www.grinm.com，2019-03-31.

外地投资设立了进行产业化的公司，如理中国科学院理化技术研究所旗下的广东中科顺威新材料科技发展有限公司(在佛山市)等公司。

三、区域技术转移组织的发展

2004年6月，在科技部的支持与指导下，长三角地区的浙江、江苏上海市科技行政管理部门统一协调，上海科学技术开发交流中心、江苏省生产力促进中心、浙江省科技开发中心率先联合发起成立长三角科技中介联盟。

2005年1月，东北地区的黑龙江省科学技术厅、辽宁省科学技术厅、吉林省科学技术厅和大连市科学技术局、沈阳市科学技术局、长春市科学技术局和哈尔滨市科学技术局签订了《东北技术转移联盟合作协议书》《东北技术转移联盟章程》等，共同发起创立的东北技术转移联盟。2005年5月，环渤海经济区北京、天津、河北、山西、内蒙古、辽宁和山东两市五省(区)的技术市场管理部门及技术经纪机构共同签署了《环渤海技术转移合作协议》，创建的环渤海技术转移联盟；珠三角地区、中部地区和西部地区虽未建立起覆盖整个区域的技术转移联盟，但技术转移联盟在局部区域已经组建或开始筹建①。

2007年，《国家技术转移促进行动实施方案》提出要重点支持环渤海、长三角、珠三角、东北、中部、西部等经济区域的技术转移及服务联盟，促进跨区域技术转移。

2007年11月，经国务院批准，中国产学研合作促进会成立，是由国家发改委、教育部、科技部、工信部、环保部、国务院国资委、国家知识产权局、中国科协、中国科学院、中国工程院、中华全国总工会、国家自然科学基金委、国家开发银行等相关部门和一批高校、科研院所、央企、国企、民企等政产学研界共同参与创办的全国性社会团体，是跨部门、跨区域、跨行业、跨学科，产学研、政金介、商媒用互动合作的资源整合型高层协同创新服务平台。2019年1月6日，第十二届中国产学研合作创新大会在北京举行②。

2008年8月7日，科技部根据《国家技术转移促进行动实施方案》和《国家技术转移示范机构管理办法》，确定清华大学国家技术转移中心等76家机构为首批国家技术转移示范机构。此后，科技部一共发布了六批国家技术转移示范机构，一共有455家技术转移机构列入名单。

2016年5月24日，由国家技术转移东部中心牵头，11家国家技术转移区域中心③成立中国技术转移联盟，通过有效的联盟机制，凝聚政府、产业界、金融界、学术界以及社会各界的共识与合力，突破原有界限、壁垒，汇聚全国创新资源，促进人才、知识、技术、资本、服务等创新要素的跨区域流动和无缝对接，共同培育推进中国经济转型升级的新动能。

2017年1月26日，国务院办公厅印发《国务院办公厅关于规范发展区域性股权市场的通知》(国办发〔2017〕11号)。区域性股权市场是完善多层次资本市场体系的重要举措，在推进供给侧结构性改革、促进大众创业万众创新、服务创新驱动发展战略、降低企业杠杆率等方面具有重要意义。

---

① 司尚奇，冯锋．我国跨区域技术转移联盟研究——基于38个城市合作网络分析[J]．科学学研究，2010，28(8)：1165-1170.

② 中国产学研合作促进会官网．http：//www.360cxy.cn/about/introduction.html.

③ 11家国家技术转移区域中心分别是：国家技术转移集聚区、国家技术转移南方中心、国家技术转移东部中心、国家技术转移中部中心、国家技术转移西南中心、国家技术转移西北中心、国家技术转移东北中心、国家技术转移海峡中心、国家技术转移苏南中心、国家技术转移郑州中心、国家海洋技术转移中心。

第三节　科技大市场

"科技大市场"是一个具有中国特色，衍生于中国技术转移、技术交易实践的概念。这一概念具有两个方面的特征，一是强调区域性，科技大市场的建设一般是基于某一特定区域实现的，比如浙江科技大市场、西安科技大市场。同时需要明确，科技大市场虽然具有区域性，但是并不是封闭与某一区域的，而是充分向外部开放的。二是强调综合性，这种综合性体现于多个层面、多个角度，包括服务内容的综合、服务对象的综合、线上技术市场与线下技术市场的综合、政府力量与民间力量的综合、研发力量与市场力量的综合等。

一、中国技术交易所

中国技术交易所(简称"中技所")是2009年8月经国务院批准，由北京市人民政府、科技部、国家知识产权局和中科院联合共建的技术交易服务机构。中技所采用有限责任公司组织形式，由北京产权交易所有限公司、北京高技术创业服务中心、北京海国鑫泰投资控股中心、北京中海投资管理有限公司和中国科学院控股有限公司共同投资组建。中技所立足北京、服务全国，是具有国际影响力的技术交易中心市场，为技术交易提供价值评估、交易对接、公开竞价、项目孵化、科技金融、政策研究等专业化服务。

2014年12月，由中技所依托科技部科技支撑计划项目建设的国家级技术交易网络服务平台"技E网(www. ctex. cn)"正式上线运营。该平台可提供信息披露、路演推介、在线竞价、挂牌交易、成交信息公示等服务。目前，"技E网"已在全国数十个省市联网运行。从实践看，"技E网"在为科技型企业、高校院所、科研机构、地方科技管理部门提供科技成果转化服务方面，发挥了重要的支撑作用。

二、西安科技大市场

西安科技大市场成立于2011年，是由西安市科技局和西安高新区管委会共建的统筹科技资源基础平台，是贯彻落实《关中天水经济区发展规划》"建设以西安为中心的国家统筹科技资源改革示范基地"启动的重大项目，是实施自主创新战略，加快国家创新型城市建设的一项基础性、先导性工程。

西安科技大市场致力于成为技术创新和成果转化的加速器、科技产业发展的助推器、科技资源统筹利用的聚变器。西安科技大市场将通过政府引导、市场配置、模式创新、政策支撑、服务集成"五措并举"，致力于打造立足西安、服务关天、辐射全国、连通国际的科技资源集聚中心和科技服务创新平台。

科技大市场将重点发挥"交易、共享、服务、交流"四位一体的功能：

(1)交易功能——通过线上线下、网内网外的有机融合，汇集技术、成果、资金等科技资源供需信息，依托政策引导和市场交易，促进技术转移和成果转化。

(2)共享功能——通过技术平台、仪器设备、科技文献、专家人才等资源的共享，实现科技资源的开放整合与高效利用。

(3)服务功能——通过人才创业、政策落实、知识产权、科技中介、联合创新等专业化和集成化服务，构建流动、高效、协作的创新体系，推动科技创新创业，实现科技资源与产业的有效对接。

(4)交流功能——通过举办科技大集市和各种专业论坛，开展科技宣传、咨询、培训等活动，促进科技资源的交流与合作，推动科技成果的商品化、产业化与国际化。

科技大市场由科技大市场网和科技大市场服务大厅“一网一厅”构成。科技大市场网(www. xatrm. com)汇集西安高校院所、军工单位、科技企业、服务机构在人才、设备、技术、成果、资金等方面的科技资源，为产学研合作推动产业发展搭建科技资源信息交流平台。科技大市场服务大厅建设面积2000平方米，设有成果展示、项目发布、技术交易、科技服务等功能分区，提供各类创新性服务。同时，在都市之门一层，还设有2000平方米的科技大集市展示交易区。

三、浙江科技大市场

浙江地方经济发达，“温州模式”“德清模式”“杭州模式”等对全国范围的经济发展形成了示范带动效应。民营经济和民营资本的在浙江的发展为浙江营造了一个活跃的市场氛围，同时企业在市场经营过程中也相对灵活。另外，浙江省在科学技术的积累方面具备良好的基础。这些因素为浙江技术市场的成功奠定了良好的基础①。

2012年浙江省科技厅牵头对省科技信息研究院大楼进行功能调整，启动了“展示、交易、服务、共享、交流”五位一体的科技大市场建设，并筹备组建浙江伍一技术股份有限公司，推进运营主体的企业化和运作模式的市场化。2014年12月8日，浙江科技大市场举行开业仪式，浙江伍一技术股份有限公司(简称：伍一公司)揭牌成立。伍一公司注册资本1275万元，以浙江省科技信息研究院和浙江省科技开发中心两家厅属单位作为国有出资控股方，并吸收了来自阿里巴巴、华数、浙大网新、杭州科畅、杭州中新力合5家企业的资金。伍一公司是运营浙江科技大市场的主体，在解决以往技术市场体制机制不顺畅、市场化运营主体不明确等主要问题方面发挥重要作用。

在浙江科技大市场开业仪式上，根据技术转移、科技成果转化产业化的需要，遴选了35家从事技术转移、咨询评估、投资融资、知识产权等方面的科技中介服务机构入驻科技大市场。初步实现了实体技术市场与网上技术市场功能的互补，使技术市场的功能更加完备。标志着省级科技大市场进入实体化运营、市场化运作，与网上技术市场形成了有形与无形、线上与线下、网上与网下互联、互动、互补的技术市场体系，对促进科技成果转移转化和市场化产业化具有重要意义。

2014年，浙江省科技厅以建立市场化运作机制、构建创新服务链、形成合理商业模式、实现常态化运行为重点，在6个市、20个县(市、区)开展了科技大市场建设试点工作。

四、北方技术交易市场

北方技术交易市场是国家科技部与天津市政府联建的国家级常设技术市场，也是我国目前重要

---

① 此部分主要内容来自由中国科学院科技战略咨询研究院、浙江省发展和改革委员会宏观经济研究所课题组共同完成的《浙江省科技大市场战略问题研究报告》。

的区域性技术转移机构之一。于1995年3月开业运行，北方技术交易市场自建立至今，在科技部和天津市政府的指导和支持下，按照国家科技部提出的“立足天津和北方地区，面向全国和世界，与国际接轨，采用国际惯例运作，建成我国北方重要的科技成果信息集散地和技术交易中心”的指导思想，努力适应我国深化科技体制改革的要求，走出一条网络化—集成化—国际化的发展轨迹，从规模做大到功能做强，从单一服务到集成服务，不断调整服务结构，不断创新服务品种，逐步构建起具有相当规模的技术供需网络和以“北方技术网”为骨架的信息网络，搭建起致力于技术转移的技术、中介、信息、国际合作等四个集成服务平台，形成了信息服务、对接服务、中介服务、科技会展、技术产权交易和国际合作交流等六项服务功能的技术转移中心。

北方技术交易网的机构设置包括技术转移部(国际合作部)，咨询部(滨海部)，信息管理部，事业管理部等。技术转移部负责策划并组织实施境内外各类科技会展、供需对接、技术培训等活动及相关的配套服务；国内外技术转移与创新网络(包括技术转移服务联盟)建设，各类项目资源、服务需求信息的收集、加工整理、传递；中国创新驿站区域试点、欧洲企业网络中国北方中心的建设等工作。咨询部负责实施国内外技术项目的咨询、代理、评估、验收等多种形式的科技咨询和技术转移服务；北方市场在滨海新区及各功能区的日常联系与服务；组织和实施专业化技术转移项目服务；负责与其业务相关的各科技中介机构、配套服务机构的合作事项等。

技术集成平台旨在培育和催化原始创新成果、推进科技成果转化及产业化为切入点，整合集成专业知识、研发项目、基础条件等各种不同形态的科技资源，为区域经济发展和自主创新提供综合性技术服务。

中介集成平台包括需求征集、成果发布、项目筛选与推介、组织技术供需对接洽谈、协调签约和实施、反馈跟踪等各个环节的集成服务。以市场为导向，以推进集成创新为目标，识别、筛选有效需求，整合集成技术评估、市场调查、创业投资、融资担保、专利代理、法律咨询、产权交易等多种服务品种，形成互动衔接的技术转移服务链。

信息集成平台以“北方技术网”(ntem. com. cn)为主要载体和服务手段，不断增强信息资源的汇集和加工能力，围绕技术信息的共享与互动，不断拓宽网上资源，形成信息采集—加工整理—发布—在线服务—跟踪反馈的信息服务链，建成技术项目、专利成果、专家与技术人才、创业投资意向等大型数据库，将科技动态、产业政策、研发成果、市场供需信息和投资需求等整合、集成。

国际合作集成平台巩固并扩大与欧、美、亚发达国家和地区知名技术转移机构及国际组织的合作，引进、借鉴他们实施知识产权战略和技术转移的先进理念、运行机制与服务模式，通过国际交流平台的运行，不断拓宽科研单位和企业开展国际合作，参与国际技术大循环的领域和渠道，实现与国际市场接轨，同时加快北方市场的国际化进程。

五、其他科技大市场

目前，我国很多地方层面都建立了科技大市场，以充分激活技术创新的潜力，促进技术交易的实现，促进技术向生产力的转变。

表12-1简要介绍了一些其他科技大市场。

表 12-1　科技大市场

名称	简介
东北科技大市场	提供科技成果、技术需求、知识产权、设备共享等方面的服务和信息
内蒙古(包头)科技大市场	提供科技企业推荐、科技成果推荐、技术挂牌交易等方面的信息和服务
重庆科技大市场	提供技术对接服务
石家庄科技大市场	提供技术需求、技术发布、科技组织、仪器共享等方面的信息
兰州科技大市场	提供科技金融、技术转移、科技服务等方向的信息
长春科技大市场	提供科技政策服务、技术交易服务、仪器共享服务、科技金融服务、知识产权服务、科技培训服务等
宁波科技大市场	提供技术需求、科技成果、行业专家、技术经纪人等方面的服务和信息
湖州科技大市场	提供技术成果、技术需求、地校合作等方面的服务和信息
西宁科技大市场	提供技术交易、设备共享、科技政策、知识产权等方面的服务和信息

第四节　北京地区高校技术转移办公室

一、高校技术转移办公室的定位与功能

高校技术转移办公室通常由高校负责科技成果转移转化工作的相关部门统筹管理，以高校为依托，整合企业、行业、资本、金融机构等创新要素，打造一体化科技服务平台，为促进科技成果转移转化工作发挥重要作用。它既是高校服务社会的窗口，也是产业向高校寻求技术合作的重要通道。

《教育部、科技部关于加强高等学校科技成果转移转化工作的若干意见》指出：高校科技成果转移转化工作，既要注重以技术交易、作价入股等形式向企业转移转化科技成果；又要加大产学研结合的力度，支持科技人员面向企业开展技术开发、技术服务、技术咨询和技术培训；还要创新科研组织方式，组织科技人员面向国家需求和经济社会发展积极承担各类科研计划项目，积极参与国家、区域创新体系建设，为经济社会发展提供技术支撑和政策建议；高校作为人才培养的主阵地，更要引导、激励科研人员教书育人，注重知识扩散和转移，及时将科研成果转化为教育教学、学科专业发展资源，提高人才培养质量。由此可见，高校技术转移办公室具有不同于其他技术转移机构的工作内涵和社会角色，一方面作为专业的技术转移机构，需要以市场化的方式与产业接轨，以提高工作成效；另一方面，作为大学科技成果管理部门，同时也肩负着大学服务社会、培养人才的使命。正是因为拥有这样的“双重身份”，各个高校技术转移办公室的运营方式、部门设置和工作重点也不尽相同。

二、北京地区高校技术转移办公室的起步和发展

20 世纪 80 年代开始，随着国家科教兴国等一系列战略的实施，技术转移作为科技创新成果转化为生产力的重要方式越来越体现出重要性和必要性。通过技术转移，企业可以更好地获取来源于高校和科研院所的技术供给，加快实现技术创新，增强核心竞争力。以清华、北大为代表的一批高

校等陆续成立科技成果转化机构，积极探索产学研工作模式和实现路径。随着国家政策的引导和企业对高新技术的强烈需求，高校参与科技成果转化工作日趋深入。“九五”期间，教育部与科技部共同认定了22个国家大学科技园，推动科技成果的产业化落地。2002年，为进一步完善科技服务体系、推进国家创新体系建设，科技部发布了《关于大力发展科技中介机构的意见》，鼓励有条件的科研单位、高等院校兴办各类科技中介机构，一些大学开始组建专门的技术转移机构，职能也从纯管理向技术成果经营方面转变。

2001年，教育部首批认定清华大学等科研基础较好、科技力量较强、科研成果较多的7所大学的技术转移机构，为国家技术转移中心；2005年，北京市教委和市工业促进局认定了首批7家“北京市技术转移中心”，涉及电子信息、车辆、新材料、化工与环保、城市交通、先进制造、新医药等多个领域，这些技术转移中心依托高校的特色和优势，承担起行业共性技术的研发与转化，以及国际、区域间经济发展所需的技术转移工作；2008—2015年，科技部先后发布6批共455个国家技术转移示范机构，其中北京地区大学相关的技术转移机构有17家；2018年4月，北京大学等12家高校技术转移机构被教育部科技司、中关村管委会共同认定为首批中关村国家自主创新示范区高校技术转移办公室，并纳入中关村科技服务平台支持体系。经过多年的运营和发展，高校技术转移办公室的相关制度和体系逐渐得到完善，科技成果转化相关流程和管理工作逐步得到规范，科技成果转化工作走向正轨。

2018年4月，由北京大学和北京理工大学牵头组织策划，联合清华大学、北京航空航天大学、北京交通大学、北京工业大学等高校技术转移机构共同发起，北京高校技术转移联盟暨北京高校科技成果转化联盟正式成立，首批会员单位近四十多家高校，占在京高校一半以上。联盟秉承“优势互补、互利互惠、合作共赢”的理念，为高校搭建行业交流平台，围绕成果转化重点、难点问题开展研讨交流，推动改革创新，促进成果转化。同时，联盟还积极整合资源，在上级部门的支持下，通过多种方式开展科技成果路演活动，产生了良好的社会影响。

三、北京地区高校技术转移办公室的运行特点

（一）组织形式多样

以2018年4月首批入选中关村国家自主创新示范区高校技术转移办公室为例，技术转移办公室运行主体主要有四种形式：学校职能部门、实体公司、研究院、大学科技园。

在实际运行中，大多数技术转移办公室为学校二级行政管理部门。比如北京大学科技开发部、清华大学技术转移研究院、北京交通大学科技处、北京工业大学科学技术发展院、中国农业大学社会服务处、北京农学院校办产业处均为负责技术转移办公室的运营和管理的二级部门；一部分技术转移办公室以事业化管理、市场化运行的方式运行，比如北京理工大学技术转移中心的运营实体为北京理工技术转移有限公司、北京化工大学技术转移中心的运营实体为北京化大宏博应用技术研究院有限公司，职能部门与公司协同运营，以市场化机制推动科技成果转移转化；另一部分技术转移办公室依托大学科技园，由科技园的实体运营公司来负责技术转移的具体工作，比如中国矿业大学（北京）国家大学科技园、首都医科大学科技园；还有一部分技术转移办公室依托研究院及其运营实体开展工作，例如北科大新兴产业技术研究院、北京北航先进技术研究院。

(二)服务内容丰富

大学技术转移办公室的服务内容，由传统的横向科研管理、成果管理、供需对接、知识产权申请与保护、合同管理、政策法规的制定等“被动服务”，逐渐向“主动服务”转变。

(1)利用互联网+强化信息服务：通过搭建信息化平台，推广学校科技成果，为供需双方提供信息共享平台。多所高校开通了科技成果微信公众号以及线上路演活动，定期推送发布学校的科技成果项目，有效推进供需双方的互动交流。

(2)建设校企联合研发平台：通过建立校企协同创新的联合研发平台，构建新型校企合作关系，这种方式使得企业与大学的前沿研发深度融合，有效提升了企业在研发方面的核心竞争力。同时也解决了高校的成果技术在实际应用中“两张皮”的问题。特别是清华大学建立了清华大学与企业合作委员会，紧密连接了高校与产业界的合作，取得了良好的产学研成效。

(3)校地科技合作：通过建立地方研究院、成果转化基地、产学研合作办公室或者大学技术转移分中心的方式，促进高校科研优势与地方支柱产业相结合，成为高校科技成果转化的重要节点，服务区域经济发展。比如北京化工大学技术转移中心协同威海、安庆、沧州等地成立了 6 个分公司，服务范围覆盖京津冀鲁、江浙蜀、长三角、珠三角等区域，并派遣专职专业技术经纪人驻守分公司，长期致力于所在地区及周边地区的技术转移、成果转化以及项目孵化等工作。

(4)成果转化基金：资本是技术转移重要的驱动力之一，高校技术转移机构与政府合作成立大学成果转化基金，或者引入外部优质风险投资机构，可以更好地培育高校的成果从实验室走向市场。例如北京大学和北京市科技创新基金合作组建北京大学科技成果转化基金，聚焦重大原始创新，助力学校高科技成果孵化与转化。

(5)国际技术转移交流：随着高校国际交流合作的逐渐深入和我国科研实力的快速提升，高校在国际技术转移中也越来越多地扮演着更加重要的角色，高校技术转移办公室的国际技术转移职能也成为推动高校国际科技与文化交流合作的重要力量。

(三)完善体制机制

北京市近九成的高校针对国家和市级科技成果转化政策制定了相应的实施细则，细则涵盖成果转移转化合同管理、经费管理、技术转让、技术入股、科技成果评估备案、科技成果转化现金奖励、知识产权管理等一系列措施和办法。多所大学成立由书记或校长为组长，相关职能部门为成员的科技成果转化工作领导小组，统筹全校成果转化工作，对全校成果转化政策进行顶层设计，对成果转化重大事项进行决策，有效保障成果转化工作合法合规进行。部分学校把科技成果转移转化工作纳入考核评价体系。如北京工业大学将科技成果转化业绩纳入教师绩效、岗位、职称考核指标并提高赋值权重，一些科研人员通过重大科技成果转化业绩顺利晋升职称。北京交通大学把科技成果转移转化业绩作为评定副教授的先决条件之一，在学校施行的“卓越百人”人才计划中，专利转化金额(500 万元)或者横向项目到款(2000 万元)是进入该人才计划的充分条件。

(四)培养专业人才

北京地区的高校技术转移办公室通过鼓励、支持管理人员参加专业培训、同业交流等方式培养专业的技术转移队伍，提升从业队伍的水平，在培训学习和工作过程中实现由管理人员向专业技术经纪人的转变。同时通过在校内开展专门的讲座，为正在进行或者有意进行技术转移的研究人员提供专业的指导。

四、典型案例

(一)清华大学

清华大学技术转移研究院(Office of Technology Transfer)负责清华大学科技成果转化及相应的专利权、著作权、技术秘密等知识产权管理工作。主要职责包括：①拟定并组织实施学校科技成果转化及其相应的知识产权管理工作计划，主责学校科技成果转化类及其相应的知识产权管理类校级制度建设工作；②负责组织专利权、著作权、技术秘密等知识产权培育、申请(登记)及维护、运用等全生命周期管理，负责涉密知识产权管理相关工作。开展相关知识产权统计分析，负责知识产权类国有资产管理相关工作。指导二级单位知识产权管理工作。负责监督管理相关知识产权服务机构，管理学校知识产权服务机构库。负责组织指导相关知识产权争议纠纷处理及维权应对；③负责组织开展科技成果筛选和价值评估，负责组织开展拟转化科技成果宣传发布对接推广，负责组织科技成果处置尽职调查、方案拟定、报批报备及方案执行相关工作，负责组织开展知识产权和科技成果转化宣传与培训；④归口管理出版合同，专利、软件著作权、技术秘密等知识产权委托服务类合同以及技术转让(含入股、许可)类合同；⑤贯彻国家科技成果转化与知识产权工作方针、政策，研究国内外科技成果转化和知识产权发展动态与政策法律，负责学校知识产权和科技成果转化相关的对外联络、合作交流；⑥承担知识产权管理领导小组办事机构相关职责等。

清华大学技术转移研究院设置下列内设机构(图 12-1)：①知识产权办公室。起草并具体组织执行科技成果转化和相应的知识产权管理类校级制度。承担知识产权保护和管理具体工作。承担学校知识产权管理领导小组办事机构日常事务。承担机构主责合同管理任务。②技术转移办公室。具体承担科技成果筛选和价值评估工作，开展拟转化科技成果宣传发布对接推广，开展科技成果处置尽职调查、方案拟定、报批报备及方案执行相关工作，组织开展知识产权和科技成果转化宣传与培训。③对外联络办公室。具体承担学校科技成果转化和知识产权相关外联工作。负责与相关业务主管部门和国内外机构的沟通合作。④综合办公室。承担部门日常运转具体工作。

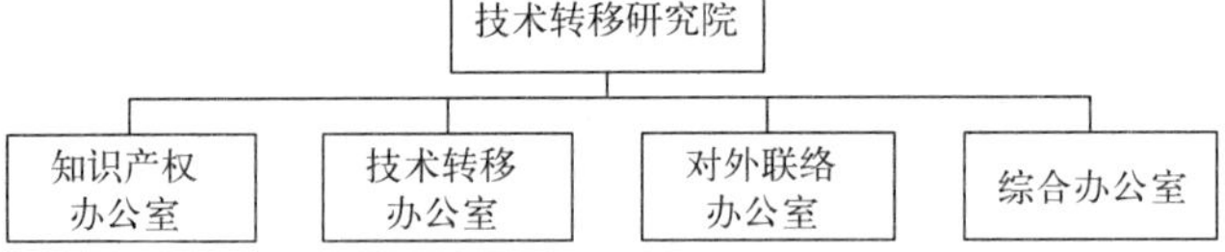

图 12-1　组织结构

近年来，学校大力开展科技成果转化工作，不断完善成果转化规章制度，健全成果转化管理和服务体系，培育成果转化专业队伍，落实成果转化激励政策，规范成果转化审批标准和流程，加强科技成果和知识产权的国有资产保护，探索成果转化和产学研合作新机制新模式，努力建成功能完善、高效运行、规范有序、服务专业、市场导向的成果转化服务体系。

经过持续探索和改革，学校形成了在学校知识产权管理领导小组统一领导和协调下，由技术转移研究院归口负责，科研院(负责科研项目)、清华控股(负责转化企业股权管理)等部门上下游联动、校内外分工、各方协同配合的科技成果转化管理运行体系。该体系统分结合、分工明确、衔接顺畅、配合有力，理顺了科技成果从研究开发、知产保护、转移转化、股权管理等全生命周期的管理运行机制，充分调动各方积极性共同推动学校科技成果转化工作。

学校陆续制定或修订了《清华大学知识产权管理规定》《清华大学科技成果评估处置和利益分配管理办法》《清华大学科技成果处置尽职调查规范》《清华大学教职工校外兼职活动管理规定》《清华大学科技成果评估备案实施细则》等规章制度，确保科技成果转化各环节各方面工作均有章可循有法可依，为规范高效运转奠定制度基础。

(二)北京大学

北京大学科技开发部是主管北京大学横向科研及成果转化工作的职能部门。职能包括：①统筹协调和管理北京大学科技开发工作，制定相关规章制度；②审核、签署技术合同及相关合同，管理横向科研经费；③负责校企科技合作，管理校企联合研发平台；④负责学校技术转让、技术入股与专利运营工作；⑤统筹管理校地科技合作和学校在地方设立的新型研发机构；⑥负责建设科技成果转化基金等。从职能上来看，该部门承担成果转化的业务是最全面的，链条也是最长的。

学校认真贯彻落实中央创新驱动发展战略，积极落实国家推动科技成果转化的相关政策，将科技成果转化工作纳入到学校“双一流”建设方案中，成立学校校长担任组长、分管校领导担任副组长的科技成果转化工作领导小组，加强顶层设计，完善制度体系。先后修订和制定了包括合同与经费管理、高价值专利培育与运营、技术转让、技术入股、现金奖励、产学研奖励等一系列管理制度，逐步形成了比较完备的成果转化制度体系，有力保障了学校技术转移工作的有序进行。

依托“互联网+”逐步建立学校科技成果、专利检索大数据和企业技术需求数据库，完善成果供需信息共享机制。借助部门网站、微信公众号等新媒体工具以及组织参加科技成果交易会、项目路演等线下方式与企业、投资机构等密切对接与交流。

在高校中率先设立了“北京大学专利转化基金”开展高价值专利培育，挖掘北京大学高质量技术并进行知识产权保护和商业转化，多项重要专利得到了转化基金的支持，同时也得到了有效的转化。为营造重视知识产权的氛围，部门组织开展专利系列培训，对各院系开展成果转化相关工作的科研人员进行专利辅导，并根据讲座内容编辑出版相关书籍。

科技开发部积极推动学校与国内外科技企业的联合创新，探索校企协同创新的联合研发平台合作模式。北京大学与华为、腾讯、德国拜耳(Bayer)等几十家高科技企业签署了共建联合研发平台协议，合作领域包括网络空间安全、大数据、现代医疗、高端智能设备、生态修复等多个领域。

在校地合作新型研发机构建设以及科技成果转化基金组建方面，科技开发部都开展了有效的工作，具有借鉴意义。

北京大学是中国高校技术转移联盟副理事长单位、国际应用科技开发协作网(International Strategic Technology Alliance，ISTA)理事会成员。北京大学科技开发部是国家技术转移示范机构、京津冀技术转移协同创新联盟理事长单位、北京高校技术转移联盟理事长单位、北京技术市场协会优秀技术转移机构、首批中关村国家自主创新示范区高校技术转移办公室。

(三)北京理工大学

北京理工大学技术转移中心是学校促进科技成果转移转化的归口部门和组织实施与服务机构，是经学校党委常委会研究正式组建的独立设置二级行政部门，负责学校科技成果转化与产业化等事项的审批和报批工作。学校成立了以书记和校长为双组长、相关部门负责人为成员的科技成果转化工作领导小组，统筹全校成果转化工作，学校成果转化重要事项需通过各专业学院、技术转移中心、学校科技成果转化领导小组的逐级决断。同时科研院作为学校科技成果的管理部门、资产公司以出资人的身份参与入股公司的经营管理，与技术转移中心共同形成了成果转化全流程的上中下游联动，逐步建立了具有北理工特色的成果转化体系和风险防控机制。

在组建技术转移中心的同时，北理工成立全资的北京理工技术转移有限公司，作为技术转移中心的运行实体与中心协同运营，以市场化机制推动科技成果转移转化，弥补了纯事业机制在人员聘用、激励和考核等方面的先天不足，大大激发了技术转移团队活力。中心和公司“一套人马、两块牌子”。中心主要履行科技成果转让、许可和作家入股审批和报批等职能，公司则主要通过市场化手段推动科技成果转移转化。北京理工大学技术转移中心在全国高校中率先探索了技术转移机构收益与业绩直接挂钩的运行机制。学校不再直接承担中心的运行经费(含事业编制人员工资、房租等全部办公运营经费)，而是将科技成果转化收益10%作为部门运行经费进行奖励和补贴。

北理工技术转移中心针对阻碍高校科技成果转化的瓶颈问题，重点探索了学校科技成果作价入股支持教师成果转化和创新创业的学科性公司模式，即“学校科技成果入股+股权奖励+教师现金入股”的模式，在这种创新模式的推动下，多个项目成功转化，例如：毛二可院士学术团队所创办的北京理工雷科信息科技有限公司，将学校研制的一大批军工技术成果转化为拳头产品，并广泛应用于国防、反恐、安全、维稳、国计民生等重大领域。孙逢春院士团队创办的北京理工华创电动车技术有限公司，使大量电动车技术得到应用，公司已于2018年完成重组上市。北京理工大学爆炸科学与技术国家重点实验室的柔性防爆技术以无形资产作价833万入股湖南爱尔防务技术有限公司，该项技术在湖南实现产业化并通过公安部新型警用装备的遴选试用，生产的系列产品已经在全国“两会”“上合组织会议”等大型活动中得到应用。

延伸阅读二十　国外大学技术转移办公室概况

大学的基本任务一般来讲包括：人才培养、科学研究、社会服务等。在国外高校中，一般都设有科研管理办公室来负责组织大学科研活动的日常运行、合规审核以及项目申请、统计、经费等服务保障工作。

而涉及与社会服务相关的技术转移工作，一般都通过独立设立的技术转移办公室(Office of technology transfer，OTT)来实现。大学通过专利授权等技术转移工作，将大学的科技成果商业化，一方面可以为企业发展提供新技术新动力，为社会提供新产品新服务；另一方面，大学也因此可以获取到更多的经费，以此来更好地推进大学的科研进步和全面发展。有些大学的技术转移办公室只是负责本校知识产权的管理与转化，还有些学校将校企合作、学生创新创业教育等工作一并纳入管理。

概括来讲，技术转移办公室的主要职责包括以下几点：

(1) 针对教师提供的发明披露采用商业化手段进行评估，判断其可专利性和商业价值，完成知识产权的保护；

(2) 通过专业化的商务谈判和合规处理，将学校的知识产权通过转让、许可等方式予以转移转化，并按照相关比例分配学校、学院、科研人员、技术转移机构等各方收益；

(3) 维护学校与产业界的密切联系，签订合作协议，推进高精尖科研突破，提升大学的创新研究，同时在校企合作中注重联合培养人才；

(4) 组织引导天使投资、风险投资等社会金融资本与学校合作共同转化技术；

(5) 通过专利诉讼等方式来维护大学合法的知识产权利益；

(6) 为校内师生初创企业提供咨询、指导等服务。

除此以外，不同的大学对技术转移办公室的职责定位也存在一定的差别，有些大学的技术转移办公室还直接管理学校的创新中心或孵化器，形成全链条的技术转移闭环。同时，从上述职能可以看出，技术转移办公室的工作对从业人员综合能力的要求是非常高的。国外大学中该类机构的人员主要由具有多年实践经验和专业技术背景的高水平团队组成，通常既熟悉技术研发，又熟悉产业发展与市场需求，并且还了解工商管理、法务税务、投资管理等。通过这支队伍，推动专利技术的咨询、研发、对接、转让等工作高质量运行。除了在人员专业背景方面以外，技术转移机构的队伍也有较大规模，大部分高校技术转移办公室的职员人数都在20人以上。比如，哈佛大学技术开发办公室负责大学的成果转化与校企合作，有专业人员近50人。斯坦福大学技术转移办公室一直以高水平的技术转移业绩而闻名，有专业人员40余人。同时，该校还专门设有校企合作办公室，有10余位工作人员。密歇根大学技术转移办公室有专业人员近60位(包括驻校导师12位)，负责专利、技术转移、校企合作等。加州大学伯克利分校的知识产权与产业研究联盟办公室负责全校的技术转移、校企合作、专利商业化工作，有20位职员。

麻省理工学院(MIT)的技术转移办公室主要负责技术转移、专利产业化工作，有近50位职员。同时，还设有非常有特色的机构——全球产业联盟项目(MIT Industrial Liaison Program，ILP)。ILP办公室有近60位专业人士，是MIT专门设立的与外界沟通、合作的部门，也是校外各类企业连接MIT的重要平台。通过这个部门，校外有合作意向的企业能与MIT的院系实现精准对接，寻找到最合适的科研团队开展密切的校企合作。

国外高校基本都有专项经费预算支持技术转移办公室的运转，同时在技术转让收益方面也给予技术转移办公室相应的分成比例。以斯坦福大学为例，专利许可总收入的15%要归属技术转移办公室，其余的85%基本按照1/3归属发明人团队，1/3归属发明人所在院系，1/3归属学校。这样的分配机制，可以确保有稳定的资金来源支撑技术转移办公室持续聘用高水平职员，可持续地开展技术转移工作。

第十三章　行业技术转移

行业技术转移体系是进行某一行业技术转移的体系。新中国成立后，我国借鉴苏联经验，设立了大量的由国务院各部委直接管理的行业科研院所。这些行业院所在我国行业技术转移中发挥着举足轻重的重要作用。行业科研院所随着我国科技体制的不断改革和发展。

第一节　行业科技体制改革

一、分类改革

1978 年 12 月，党的十一届三中全会开启了我国改革开放历史新时期。随后不久，1982 年 9 月，党的十二大提出“经济建设必须依靠科学技术，科学技术必须面向经济建设”的战略方针（即“依靠”和“面向”的方针），直指当时我国诸多行业存在的科技与经济“两张皮”痼疾。我国科技体制进行了招标、有偿合同等多种形式决定项目承担单位。

1984 年，我国开始试点改革事业费开支为有偿合同制制度，试行所长负责任制，扩大试点单位的自主权。1985 年 3 月，中共中央颁布《中共中央关于改革科学技术体制改革的决定》（中发〔1985〕6 号），我国开始实行科研院所经费分类管理等诸多科技体制改革措施。行业科研院所多是从事技术开发类科研活动。国家对此类技术开发类科研院所逐步减少国家拨给的事业费，推行有偿合同制，鼓励其通过多种形式取得收入，自给自足。此后，科研院所的分类改革持续进行，同时也鼓励行业科研院所创办各种形式的高技术企业，进行产业化，实现自身的良性发展。

二、企业化转制

1999 年，我国行业科研院所迎来重大改革。原国家经贸委管理的内贸局、煤炭局、机械局、冶金局、石化局、轻工局、纺织局、建材局、烟草局、有色金属局 10 个国家局所属的 242 个科研院所进行转制改革。经过转制改革，这 242 个科研院所中，131 个进入企业（集团），40 个转为企业并实行属地化管理，18 个转为中介机构，29 个组建为中央直属大型科技企业，8 个划转国家粮食储备局、国家黄金局等部门，9 个撤销，7 个并入高校或其他科研院所。2000 年，国务院所属建设部、铁道部、交通部、信息产业部、国家药品监督管理局、中国科学院、国家电力公司、中国石油化工集团、中国石油天然气集团、中国汽车工业总公司等部门或单位所属 134 个科研院所进行转制改革，其中 73 个转制为科技型企业，46 个进入企业（集团），13 个保留科研事业单位性质，2 个并入大学。企业化转制改革使得丰富的科技研发经验、人才、设备的行业科研院所作为企业自负盈亏，迫使其面向市场，找准自身的战略定位，研发市场需要的产品和服务。科技院所企业化转制直接促进了我国科技力量和经济的结合。

企业化转制改革后，一批行业科研院所锐意进取，不断发展。有不少企业走上上市、国际化发展的道路。如原建设部下属的长沙建设机械研究院，1992 年成立产业化公司——中联建设机械产业公司。2000 年，公司通过股份制改造，在深交所挂牌上市，成为中联重科股份有限公司。

第二节　新型行业技术转移组织

一、行业共性关键技术研发平台

行业科研院所转制本身具有较强的科研水平，转制为企业后，一些企业开始发挥自身的科研优势，着力建设行业共性关键技术研发与服务平台、高新技术孵化与产业化平台，履行发展行业共性、关键核心技术的产业责任。例如，有研科技集团有限公司发挥自身有色金属研究的优势，设立有研工程技术研究院有限公司，探索建立研发—孵化—转化一体化的技术创新体系。由于在有色金属科技研发方面非常有权威，有研科技集团有限公司牵头组织或参与了 23 个产业技术创新联盟，构建了有色金属行业共性关键技术研发与服务平台和高新技术孵化与产业化平台，带动了 2000 余家企业的发展。国联汽车动力电池研究院有限责任公司（以下简称“国联研究院”）就是一个很好的例子。国联研究院是在国家政府部门大力支持下，由中国汽车工业协会倡导和组织、有研总院牵头发起，汇集国内的科研单位、动力电池生产企业和整车制造企业共同组建的产业技术协同创新平台。国联研究院的主要定位是开展先进动力电池的研究开发、测试验证、成果转化和行业服务，主要任务是通过技术协同创新，推动我国动力电池产业的升级换代，支撑我国自主品牌新能源汽车产业发展。2016 年 6 月 30 日，我国第一家制造业创新中心——国家动力电池创新中心成立。国家动力电池创新中心以国联研究院为核心，外延构建中国汽车动力电池产业创新联盟（有研集团牵头成立的产业技术创新联盟之一），构成了“小核心、大协作、广开放”的创新生态网络。

二、产业技术创新战略联盟

产业技术创新战略联盟是指由企业、大学、科研机构或其他组织机构，以企业的发展需求和各方的共同利益为基础，以提升产业技术创新能力为目标，以具有法律约束力的契约为保障，形成的联合开发、优势互补、利益共享、风险共担的技术创新合作组织。在欧美发达国家，产业技术创新战略联盟在应对技术创新环境的变化、减低研发成本和风险、提高国内产业竞争力、促进产业发展等方面起到了重要作用。

产业技术创新战略联盟作为行业技术转移的新型产学研协同创新组织形态，受到我国政府的重视。近年来，我国政府大力促进产业技术创新战略联盟。2008 年 12 月 30 日，科学技术部、财政部、教育部、国务院国资委、中华全国总工会、国家开发银行联合印发《关于推动产业技术创新战略联盟构建的指导意见》（国科发政〔2008〕770 号）；2009 年 12 月 1 日，科学技术部印发《关于推动产业技术创新战略联盟构建与发展的实施办法（试行）》（国科发政〔2009〕648 号）。随后，在有关政府部门的推动下，我国成立了一批产业技术创新战略联盟。自 2007 年 6 月启动全国产业技术创新战略联盟试点工作以来，陆续有三批共 146 家联盟参加了试点工作①。除了中央政府部门组织成立的产业战略联盟，我国一些地方政府也推动、支持了一批产业技术创新战略联盟的成立和运行，如科教资源丰富的北京。

① 中国产业技术创新战略联盟协同发展网，中关村国联产业协同创新发展促进中心 . 2017 年度产业技术创新战略联盟活跃度评价报告 . http：//www. most. gov. cn/jscxgc/jscxdtxx/201806/t20180608_ 139938. htm.

第十四章　技术转移人才工作

在技术转移活动中，技术转移人才是最关键的因素，最宝贵的财富。党的十八大以来，国家层面促进科技成果转化的系列政策均涉及技术转移人才的培养。各级政府有关科技成果转化和技术转移体系建设的相关政策文件对技术转移人才培养问题多有关注和提及，重视程度逐渐提高。技术转移人才从专业化到职业化发展，是体现科技服务水平的重要标志，从以下国家政策导向中也能够看出这种人才战略的变化趋势。加强技术转移职业人员的从业能力建设，开展职业培训以弥补其知识技能不足，是发达国家支持技术转移的主要公共政策之一，也是我国人才战略实施的必然选择。

第一节　政策文件

一、国家政策文件

1.《关于加快科技服务业发展的若干意见》

2014 年 10 月，国务院印发《关于加快科技服务业发展的若干意见》(国发〔2014〕49 号)，提出加强科技服务人才培养，具体措施包括："面向科技服务业发展需求，完善学历教育和职业培训体系，支持高校调整相关专业设置，加强对科技服务业从业人员的培养培训。积极利用各类人才计划，引进和培养一批懂技术、懂市场、懂管理的复合型科技服务高端人才。依托科协组织、行业协会，开展科技服务人才专业技术培训，提高从业人员的专业素质和能力水平。完善科技服务业人才评价体系，健全职业资格制度，调动高校、科研院所、企业等各类人才在科技服务领域创业创新的积极性。"

2.《促进科技成果转移转化行动方案》

2016 年国务院出台的《促进科技成果转移转化行动方案》(国办发〔2016〕28 号)，提出了"十三五"技术转移人才培养量化目标："培养 1 万名专业化技术转移人才"。以及建设科技成果转移转化人才队伍的重点任务，具体包括：开展技术转移人才培养，组织科技人员开展科技成果转移转化，强化科技成果转移转化人才服务。

在开展技术转移人才培养方面，《促进科技成果转移转化行动方案》强调"要充分发挥各类创新人才培养示范基地作用，依托有条件的地方和机构建设一批技术转移人才培养基地。推动有条件的高校设立科技成果转化相关课程，打造一支高水平的师资队伍。加快培养科技成果转移转化领军人才，纳入各类创新创业人才引进培养计划。推动建设专业化技术经纪人队伍，畅通职业发展通道。鼓励和规范高校、科研院所、企业中符合条件的科技人员从事技术转移工作。与国际技术转移组织联合培养国际化技术转移人才。"

在组织科技人员开展科技成果转移转化方面，《促进科技成果转移转化行动方案》强调“紧密对接地方产业技术创新、农业农村发展、社会公益等领域需求，继续实施万名专家服务基层行动计划、科技特派员、科技创业者行动、企业院士行、先进适用技术项目推广等，动员高校、科研院所、企业的科技人员及高层次专家，深入企业、园区、农村等基层一线开展技术咨询、技术服务、科技攻关、成果推广等科技成果转移转化活动，打造一支面向基层的科技成果转移转化人才队伍。”

在强化科技成果转移转化人才服务方面，《促进科技成果转移转化行动方案》强调“构建‘互联网+’创新创业人才服务平台，提供科技咨询、人才计划、科技人才活动、教育培训等公共服务，实现人才与人才、人才与企业、人才与资本之间的互动和跨界协作。围绕支撑地方特色产业培育发展，建立一批科技领军人才创新驱动中心，支持有条件的企业建设院士（专家）工作站，为高层次人才与企业、地方对接搭建平台。建设海外科技人才离岸创新创业基地，为引进海外创新创业资源搭建平台和桥梁。”

3.《国家技术转移体系建设方案》

2017 年 9 月出台的《国家技术转移体系建设方案》（国发〔2017〕44 号）对培育和壮大专业化技术转移人才队伍做出了更具体的部署。要求壮大专业化技术转移人才队伍，具体措施包括：完善多层次的技术转移人才发展机制和加强技术转移人才培养。

在完善多层次的技术转移人才发展机制方面，《促进科技成果转移转化行动方案》强调：“加强技术转移管理人员、技术经纪人、技术经理人等人才队伍建设，畅通职业发展和职称晋升通道。支持和鼓励高校、科研院所设置专职从事技术转移工作的创新型岗位，绩效工资分配应当向作出突出贡献的技术转移人员倾斜。鼓励退休专业技术人员从事技术转移服务。统筹适度运用政策引导和市场激励，更多通过市场收益回报科研人员，多渠道鼓励科研人员从事技术转移活动。加强对研发和转化高精尖、国防等科技成果相关人员的政策支持。”

在加强技术转移人才培养方面，《促进科技成果转移转化行动方案》强调：“发挥企业、高校、科研院所等作用，通过项目、基地、教学合作等多种载体和形式吸引海外高层次技术转移人才和团队。鼓励有条件的高校设立技术转移相关学科或专业，与企业、科研院所、科技社团等建立联合培养机制。将高层次技术转移人才纳入国家和地方高层次人才特殊支持计划。”

4.《国家科技成果转移转化示范区建设指引》

为深入贯彻落实《国家技术转移体系建设方案》（国发〔2017〕44 号）和《促进科技成果转移转化行动方案》（国办发〔2016〕28 号），有序推进区域性科技成果转移转化示范工作，科技部制定了《国家科技成果转移转化示范区建设指引》。文件提出“壮大职业化科技成果转移转化人才队伍。建设技术转移人才培养基地，支持高校开设成果转化课程，开展评估评价、知识产权等教育和培训。建立技术转移人才培养与考评标准，畅通人才职业发展通道。健全科技人员服务机制，推动科技特派员、科技专家服务团等参与科技成果转移转化。推动将科技成果转化领军人才纳入各类人才计划，与国际技术转移组织联合培养国际化技术转移人才。”

5.《关于技术市场发展的若干意见》

2018 年 5 月，科技部印发的《关于技术市场发展的若干意见》的通知（国科发创〔2018〕48 号）

《意见》深入落实《国家技术转移体系建设方案》，加快发展技术市场，健全技术转移机制，促进科技成果资本化和产业化。明确了发展发展壮大技术市场人才队伍的具体措施，“加快培养一批技术经理人、技术经纪人，纳入国家、地方专业人才培养体系。依托国家技术转移区域中心建设国家技术转移人才培养基地，以市场化方式设立技术转移学院，开展技术市场管理和技术转移从业人员职业培训。鼓励高等学校设立技术转移相关专业，培养技术转移后备人才。联合国内外知名技术转移机构，推动成立技术经理人、技术经纪人行业组织，加强对从业人员的管理和服务，吸引社会资本设立相关奖项。”

6.《关于科技人员取得职务科技成果转化现金奖励有关个人所得税政策的通知》

2018 年 5 月，财政部　税务总局　科技部印发《关于科技人员取得职务科技成果转化现金奖励有关个人所得税政策的通知》财税〔2018〕58 号，明确自 2018 年 7 月 1 日起，依法批准设立的非营利性研究开发机构和高等学校根据《促进科技成果转化法》规定，从职务科技成果转化收入中给予科技人员的现金奖励，可减按 50%计入科技人员当月“工资、薪金所得”，依法缴纳个人所得税。

7.《关于转制科研院所科技人员取得职务科技成果转化现金奖励有关个人所得税政策的通知》

2018 年 6 月，财政部、税务总局、科技部、国资委四部委联合印发了《关于转制科研院所科技人员取得职务科技成果转化现金奖励有关个人所得税政策的通知》财税〔2018〕60 号。通知规定：转制科研院所科技人员取得职务科技成果转化现金奖励，符合《财政部税务总局科技部关于科技人员取得职务科技成果 转化现金奖励有关个人所得税政策的通知》(财税〔2018〕58 号)第五条规定条件的，可减按 50%计入科技人员当月“工资薪金所得”，依法缴纳个人所得税。转制科研院所是指根据国家科技体制改革要求由事业单位转制为企业且具有独立法人资格、主要从事科学研究和技术开 发的机构，包括国务院部门所属转制科研院所和各省、自治区、直辖市、计划单列市所属转制科研院所。

二、代表性地方政策文件

(一)上海市

2015 年上海市印发《关于进一步促进科技成果转移转化的实施意见》，提出科技成果转化项目单位引进的科技和技能人才或专业从事科技成果转移转化的中介服务人才，依照本市有关规定，可直接申办本市户籍。对尚未达到直接入户条件的，按照本市有关规定，优先办理“上海市居住证”和居住证转办户籍。

2015 年上海市人社局、市科委、市发改委、市经信委联合出台《关于服务具有全球影响力的科技创新中心建设实施更加开放的国内人才引进政策的实施办法》，规定：

(1)在本市技术转移服务机构中连续从事技术转移和科技成果转化服务满 1 年，最近 3 年累计实现 1000 万元及以上技术交易额(技术合同双方当事人分别不少于 3 家且不是关联企业，技术合同履行率达到 70%及以上)的技术合同第一完成人，申办本市常住户口时，持有“上海市居住证”和参加本市职工社会保险的累计年限可以由 7 年缩短为 5 年。

(2)在本市技术转移服务机构中连续从事技术转移和科技成果转化服务满 1 年，最近 3 年累计实现2000万元及以上技术交易额(技术合同双方当事人分别不少于3家且不是关联企业，技术合同履行率达到70%及以上)的技术合同第一完成人，申办本市常住户口时，持有“上海市居住证”和参加本市职工社会保险的累计年限可以由7年缩短为3年。

(3)在本市技术转移服务机构中连续从事技术转移和科技成果转化服务满2年，最近3年累计实现5000万元及以上技术交易额(技术合同双方当事人分别不少于5家且不是关联企业，技术合同履行率达到70%及以上)的技术合同第一完成人，可以直接申办本市常住户口(注意是直接办理上海户口，对居住证没有年限要求)。

2017年上海市印发《上海市促进科技成果转移转化行动方案(2017—2020)》，提出精准培育专业化、国际化技术转移服务人才。建设国家技术转移人才培养基地，探索技术经纪人梯度化培养与市场化选人用人机制；支持技术转移服务机构与研发机构、高等院校或国际知名机构合作，联合培养技术转移服务人才。建立技术转移服务人才激励机制，按照国家和本市有关规定表彰和奖励一批在本市成功转化科技成果，有突出业绩的专业服务机构和个人。鼓励在职或离退休科研人员，按照本市有关规定，兼职咨询专家，为企业、技术转移服务机构在成果选择、专业知识等方面提供咨询。加强海外复合型服务人才的引进，在居留证件、人才签证和外国人工作许可证、人才公寓申请等办理程序方面，按照本市有关规定，给予便利；科技成果转化项目单位引进的科技和技能人才或专业从事科技成果转化的服务人才，符合本市有关规定的，可居住证积分、居转户或直接落户。支持各类众创空间建立创业导师工作室，聘请具有经验的企业家、投资人等作为创业导师，为创业者和初创企业开展形式多样的创业辅导。

(二)天津市

2018年9月，天津市科委发布《天津市促进科技成果转化交易项目管理办法》，提出技术转移机构应将不低于30%的补助资金用于奖励对促成成果交易做出实际贡献的技术经纪人，由技术转移机构根据技术经纪人实际贡献进行分配。

(三)重庆市

2019年8月，重庆市科学技术局印发了《重庆市科技人才分类评价实施方案》，根据重庆市科技人才的职业属性和科技活动特点，将科技人才分为基础研究人才，应用研究与技术开发人才，社会公益研究、科技管理服务和实验技术人才等三类，其中，科技管理服务人才，是指在科技活动中专职从事科技规划、实施科研项目、组织科技活动等科技管理工作，提供技术服务、成果转化服务、知识产权服务、信息服务、金融服务等科技专业化服务的人才。

针对科技管理服务人才的评价标准，工作能力标准包括：科技管理服务人才制定科技发展规划、组织实施科技项目、推进重大科技活动、提供科技专业化服务的管理协调和服务能力；工作业绩标准包括：科技管理服务人才的管理方式创新、管理工作效率、项目执行质量等管理工作绩效和服务数质量、服务对象满意度等专业服务绩效。

(四)江苏省

2016年，《江苏省促进科技成果转移转化行动方案》提出壮大科技成果转移转化人才队伍。创建国家级技术转移人才培养基地，建设专业化技术转移人才队伍。推动有条件的高校设立科技成果转化相关课程，鼓励和规范高校、科研院所、企业中符合条件的科技人员从事技术转移工作。动员高校和科研院所科技人员到企业、园区、农村等基层一线，开展技术服务、成果推广等科技成果转移转化活动，打造面向基层的科技成果转移转化人才队伍。培养高素质、复合型技能人才，鼓励高技能人才参与技术转移项目。完善"互联网+"创新创业人才服务体系，创建若干国家科技领军人才创新驱动中心，建设海外科技人才离岸创新创业基地，为引进海外创新创业资源搭建平台。

2018 年 6 月江苏在关于加快推进全省技术转移体系建设的实施意见中提出，壮大技术转移人才队伍。支持省科技镇长团成员依法从事技术转移工作，享受技术经纪人政策（公务员除外）。鼓励各类技术人员兼职从事技术转移活动，省教育、人力资源社会保障等主管部门以及高校、科研院所等人才所在单位认可其技术转移工作业绩。鼓励社会专业组织依法开展技术经理人专业职称评定，培养技术经纪专业人才。鼓励有条件的高校设立技术转移相关学科或专业、设置从事技术转移的专职岗位，鼓励科研人员到园区、企业、农村等基层一线开展科技成果转移转化活动。对技术经纪人开展的技术转移活动，各市、县（市）按技术合同实际成交额的 1%左右予以奖补，国家另有规定的除外。

2018 年 11 月江苏省财政厅、省科技厅发布《江苏省技术转移奖补资金实施细则（试行）》。奖补资金主要用于对各市县、技术转移输出方和技术合同认定登记机构的奖补。各市、县（市）负责对技术转移吸纳方、技术转移机构、技术经纪（经理）人的奖补。对技术经纪（经理）人在本地开展的技术转移活动，各市、县（市）按技术合同实际成交额的 1%左右予以奖补，国家另有规定的除外；技术转移吸纳方引进省内外先进技术成果转化的，各市、县（市）按技术合同实际成交额的 5%左右给予奖补。

（五）苏州市

2019 年，苏州市科技局印发了，《苏州市技术转移体系建设补助实施细则》，对于技术经纪（经理）人挖掘本市企业技术需求信息，经市成果转化平台核实并发布后，按每条有效需求 500 元给予补助。对开展技术转移活动、促成科技成果转化项目的技术经纪（经理）人，最高按技术合同交易额的 1.5%给予补助，单个项目补助最高 10 万元。鼓励技术经纪（经理）人提升服务能力。对自费通过行业公认、国内外具有品牌影响力的技术转移高端培训，并促成科技成果转化项目的技术经纪（经理）人，经认定最高按培训费的 50%，给予每人每年最高 1 万元补助。

第二节　技术经纪人培训

1997 年科技部颁布了《技术经纪人培训大纲》，对技术经纪人和技术经纪人资格的认定做了明确的规定。此后各地都纷纷出台了促进技术经纪人发展的政策条例等措施，积极开展促进技术经纪实践活动。经过多年发展，在计划管理、标准化、教程编撰、培训组织、工作交流等各方面，已形成稳定规范的工作体系，并且向着加强地区间交流、联合组织人才培训的方向探索。

上海市技术转移人才培养工作自 2004 年年底启动至今，已举办培训班 85 期，培养技术经纪人 7858 名，培养技术转移专家 79 名，形成了一支初具规模的技术转移人才队伍，有效推动了技术转移和科技成果转化，促进了我国技术市场的活跃和繁荣。上海技术转移人才的培养，已探索建立集培养方案、培训大纲、培训教材和授课师资四位一体的培养体系，开展职业教育和继续教育等多层次、梯度化的技术转移人才培养。

江苏省高新技术创业服务中心自2012年7月获批成为中国创新驿站江苏区域站点以来，一直致力于培养一支具有宽阔视野、复合技能的技术转移人才队伍，截至2019年8月，江苏省高新技术创业服务中心与省经纪人协会等单位已经联合举办了24期技术经纪人培训班。天津科技成果转移转化服务网络目前初步建成，将通过大力培养技术经纪人队伍，解决科技成果转化的难点、痛点，形成线上线下相结合的科技成果转移转化服务体系。到2020年，该网络将建立遍布全市的区域节点20个和行业节点20个，每年采集成果、专家和企业信息1000条。为了加快建设技术转移专业人才队伍，促进科技成果转移转化工作，广东、四川、湖北、湖南、福建、山东、青海等省市都在开展技术经纪人培训工作。

此外，技术转移高级人才培训也逐渐升温。一些技术转移机构和大中城市科技主管部门，开始加强对高级技术转移人才培训的组织，包括高级技术经纪人培训和技术经理人培训。各地组织开展的高级技术转移人才培训，在内容上，突出理论知识拓展、市场环境和趋势分析、评估评价、项目策划、知识产权、国际技术转移、典型案例研究等培训内容；在形式上，突出教学互动、案例剖析和实务演练，并注重引进国外师资和教材教案，加强国际交流。

2020年3月，科技部火炬中心发布《国家技术转移专业人员能力等级培训大纲（试行）》进一步明确了技术转移从业人员的能力要求，对技术经纪人培训有重要指导意义。

第三节　技术转移专业职称

1. 技术转移人才专业职称体系有待建立

职称是对某领域岗位人员专业化水平的规范化评定，是工资定级、工作任用、职务晋升的重要参考标准，也是稳定和提高工作积极性的重要因素。目前，科研人员有研究员职称序列，工程技术人员有工程师职称序列，管理人员有经济师职称序列，但技术转移人员还没有设置相应职称序列。这种状况不利于技术转移队伍的稳定，不利于技术转移人才成长和培育，不利于技术转移行业对高级人才的吸纳。虽然目前技术转移相关职称评定工作开始在少数城市探索开展，但目前这项工作还处于起步阶段，缺乏整体的规划、协调和组织，各地之间的做法也缺乏交流。

2. 开始探索技术转移专业人才职称评定工作

职称是对某领域人员业务专业化水平的规范化评定，是工资定级、工作任用、职务晋升的重要参考标准，也是吸纳人才、稳定和提高人才积极性的重要因素。

近年来，一些地区科技主管部门和相关行业协会开始探索建立技术转移相关人才专业职称体系。一些地方开始探索技术经纪师、创新工程师和科技评估师等职称的评定工作。山东省发布《关于深化职称制度改革的实施意见》，对科技成果转化人才的评价和培育做出专门规定；上海大学出台《科技成果转化人员高级职称评审办法》；湖北等地也出台了类似的办法。从行业特点看，技术转移领域因为工作环节和内容复杂多样，职称探索的难度也会比其他职业领域大，未来技术转移行业专业职称序列也有可能向着多元化方向探索发展，如技术经纪师、技术评估师、技术分析师、技术咨询师、项目策划师、管理工程师等分类方向。

3. 出台专门针对技术经纪人职称评定办法

成都在全国率先出台专门针对技术经纪人职称评定办法，在自然科学研究职称系列中增设技术经纪专业，明确技术经纪人评价标准，并成立评审委员会。此次公布的“评定办法”科学界定了职称评价范围。坚持“干什么、评什么”，对所学专业不作硬性要求。成都市（区）属国有企业、事业单位或成都市内注册的非公有制企业中，以促进成果转化为目的，从事技术转移工作，为促成他人技术交易而从事中介居间、行纪或代理等，并取得合理佣金的专业人员，都可以参加职称的认定或评审后取得职称证书。

成都市技术经纪专业职称设置为初级、中级，对应的职称名称分别为：助理工程师（技术经纪）、工程师（技术经纪）。对全日制普通高等院校毕业生，符合一定的学历资历条件，从事技术经纪相关工作，不需通过评审，经个人申请和单位审核推荐后，可直接申报认定为初级、中级职称。对不符合直接认定条件的，可通过个人申报、单位审核推荐、专家评议、评委会表决、结果公示、审核批准等程序后取得相应职称。

成都约有上万名从事技术转移转化的经纪人，通过深化职称制度改革，开展技术经纪人才评定，有利于充分发挥职称评审对专业技术人才的评价、激励和导向作用，形成评价科学、管理规范、协同产业、促进发展的职称制度，不断壮大专业技术人才队伍，有力助推城市高质量发展。

第四节　北京技术转移人才工作

一、发展现状

1. 技术转移人才队伍建设初见成效

北京市工商局、北京市科委 2002 年就出台了《北京市技术经纪人管理暂行办法》，启动了技术经纪人培训、认定和管理工作。自 2014 年恢复北京地区技术经纪人培养和培训以来，截至 2020 年 12 月，北京技术市场协会为全社会培养了技术转移服务人才 1.5 万余名，特别是为北京国家技术转移示范机构、北京市科委重大专项支持的技术转移机构以及在北京科技服务业领军的各类技术转移机构培训了 40 余期，取得了很好的成绩。其中有 3200 多人取得了北京地区的技术经纪人培训证书。北京技术市场协会还先后与相关专业机构合作，共举办了 10 期，培养了专业化技术转移人才千余人，为技术经纪人的职业化和市场化奠定了基础。

2. 技术转移机构已成为技术转移转化的重要载体

2019 年，北京技术市场管理办公室委托北京技术市场协会对 80 家北京地区技术转移服务机构进行抽样调查。其中，国有企业 17 家，民营企业 42 家，事业单位 13 家，其他组织（内设机构）6 家。

80 家技术转移服务机构从业人员 12801 名，其中专职从事技术转移服务工作人员 1335 名；取得技术经纪人培训证书人员 371 名。

80 家技术转移服务机构 2019 年营业总收入 110. 14 亿元。其中，技术性收入 37. 64 亿元，促成技术转移项目总数 9214 项，促成技术转移项目成交额 232. 14 亿元；举办技术转移活动 6428 次，服务企业 43194 家。

3. 技术转移转化公共服务体系基本成型

技术转移转化是一项综合素质要求高、实践操作难度大的工作，单个的技术转移转化机构和技术转移转化服务人才难以单打独斗，需要一定的公共服务作支撑。北京市围绕技术转移转化工作开展了包括资质培训与继续教育、公共服务网建设、座谈推介活动组织等一系列公共服务。近年来，北京技术市场协会不断推进技术经纪人、评定和管理工作的常态化、规范化和系统化，并开始加强技术经纪人职称评定工作的探索和高级技术经纪人才培训工作的组织。

同时，积极推进首个《技术转移服务人员职业规范》团体标准的编制工作。从服务人员范围、职业特征、职业能力、评价等九个方面进行规范，对从业人员的职业道德、知识与技能、教育、培训与工作经历等提出规范化要求。目前，该标准已成为我国首个《技术转移服务人员职业规范》团体标准。

4. 技术转移转化环境明显改善

近年来，北京市技术市场环境不断完善，促进了技术交易快速增长。北京市技术市场管理部门与北京市财政局、国家税务总局北京市税务局和北京市统计局等有关部门积极合作，形成联席会工作机制，帮助技术交易主体落实优惠政策，不断优化技术市场发展环境。2018 年在 5813 家技术卖方机构的 82486 项技术合同中，审批单位奖酬金额达 112 亿元。

二、发展趋势

1. 服务特点上向专业化、高端化转变

从技术领域看，2018 年北京的技术交易主要集中在电子信息、现代交通、城市建设与社会发展和环境保护与资源综合利用四个领域，四个领域技术合同项数占全市的 73. 7%，成交额占 78. 0%。随着市场经济的逐步完善，经纪人职业化、专业化的趋势越来越明显，分工也越来越细化。由于自身的特性，技术经纪人往往在某一个专业领域发展。技术交易呈高端化发展趋势，以企业为主的技术交易主体技术创新能力、水平和规模不断提升，技术交易的数量和内涵均发生了很大变化。事实上，由于很多技术转移是由供需双方技术人员和运作团队直接完成，技术经纪人并非不可或缺。所以，很多技术经纪人深耕自身专业领域，为技术交易双方提供不可或缺的技术专业服务，很多技术经纪人成为各自领域的技术专家。

国内外的经验表明，按技术门类和专业领域建立的中介服务机构，更贴近企业和生产，能解决企业的具体技术问题，有较强的生命力。比如德国的“史太白基金会”，它是一个技术中介服务连锁企业。下面有四百多个专业性的技术转移中心分布在全国各地，多数设立在大学科研单位中。每个技术转移中心都是由本专业的专家组成，他们通晓本专业的技术发展水平和动向，有较强的为企业解决具体技术问题的能力，包括为中小企业开发新产品和新工艺技术，能对本专业的技术项目进行评估论证和做可行性分析。他们与广大中小企业紧密联系，是企业的技术依托基地，是科技成果迅速便捷流入基层企业的桥梁。

2. 服务方式上向全过程服务转变

产业链创新是全球的大趋势，尤其是产业融合即培育解决方案的供应商是中国技术创新的一个重要的新趋势，而这种供应商需要在全球把控技术资源，技术交易是他们的核心经营内容。从其他类别经纪人的发展经验看，单纯从事经纪服务几乎难以生存。从调研的情况看，几乎所有的经纪机构都在向技术成果转化链条的全程服务转变。技术经纪不仅要掌握技术供需双方的有效信息，解决双方信息不对称问题，发挥中介作用，还要做好技术转移担保、技术咨询、技术服务、金融服务、商业化开发等全过程配套服务。而传统的技术经纪服务只作为服务的一部分，甚至有部分技术中介机构采取技术经纪免费服务的模式，通过其他延伸的服务来收取费用。

三、职称评定

2019 年 7 月北京技术市场协会组织开展了技术经纪人职称问卷调查工作，其中设计了技术转移转化服务人才工作内容的选项。本次技术经纪人职称调查问卷共发放 226 份，有效回收 219 份，回收率 96. 9%。本次调查男女比例为 46∶55，年龄 25～45 岁人群为主，占被调查人数的 80. 5%，其中 25～35 岁(含 35)占 42. 01%，35～45 岁(含 45)占 37. 90%，说明北京的技术转移转化人群呈现年轻化的状态。

参与调查人员来自企业、事业单位、高校等十类机构，其中来自企业人员占比最高 35. 62%，其次为事业单位占比 23. 29%(其中，公益类事业单位 13. 24%，行政类事业单位 6. 85%，科技管理机构及所属事业单位 1. 83%，生产经营类事业单位 1. 37%)，高校 15. 52%，院所 8. 68%，来自政府的人员比例最低为 0. 46%。

来自高校的调查对象中，央属高校与市属高校的比例为 52：48；来自院所的调查对象中，央属院所与市属院所的比例为 72：28；来自企业的调查对象中，民营企业占比 62. 96%，国企 27. 16%，央企 8. 64%，外企 1. 23%。来自中介机构的调查对象中，社会化和非社会化机构的比例为 85∶15。

被调查对象从事技术经纪人工作的时间长度比较平均，1～3 年的人员比例相对最高 28. 31%，10 以上的 20. 09%，5～10 年的比例 20. 09%。已经通过技术经纪人培训的比例为 53. 00%。

对于技术经纪的工作内容，排名前五位的工作包括：技术(设计)转移转化，比例最高为 66. 46%；其次为技术(设计)需求挖掘，比例为 44. 29%；项目咨询、运作监督及后续服务占 35. 37%；技术培训和交流考察占 34. 76%；成果(仪器设备和知识产权)运营占 34. 15%。

业务来源主要包括：开拓市场、接洽客户(76. 6%)；客户上门寻求帮助(68. 83%)；政府下达任务(52. 13%)。由调查数据可以看出，三类来源的数据比较平均。

被调查者所在机构的技术经纪人培训、交流和考察情况，以行业交流的模式最为广泛，参加行业研讨会的比例最高，达 73. 94%，派遣人员外出学习的占比 53. 19%，同行业考察比例 50%。

被调查者认为技术经纪人应具备的能力选项，调查问卷中所列的能力选项结果比较平均。如图 14-1 所示，比例最高的是经纪人理论知识，87. 77%；比例最低的是全面合理的知识结构，61. 17%。

被调查者认为制约技术经纪人能力提升的因素，主要是外部因素的影响。比例最高的是缺少

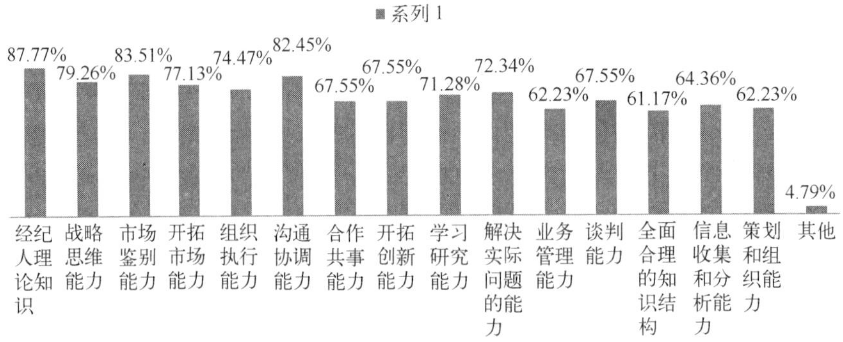

图 14-1　技术经纪人应具备的能力

有力的政策措施，占比 72.87%；其次为对技术经纪人重要性认识不到位，占比 68.62%；缺乏有效的方法途径排名第三，67.55%。

技术转移(成果转化)机构中的从业人员的晋升渠道选项，行政晋升和工资提高的比例分别为 46.81%和 43.62%，通过职称晋升的比例最低，为 35.64%，如图 14-2 所示。

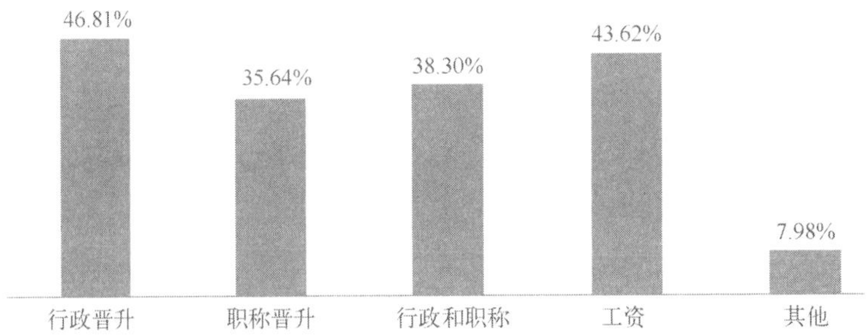

图 14-2　技术转移(成果转化)机构中的从业人员的晋升渠道

技术转移(成果转化)的从业人员的职业发展规划，更多体现出个人努力的结果，职业发展定位 71.81%，丰富个人履历 64.89%，组织安排 48.40%，谋生手段 14.89%，其他 6.91%。

从事技术和成果转化、人才与技术(设备)引进相关工作的人员所在的部门主要是技术转移中心(57.93%)和科技处(41.46%)。其他部门的分布比例较低，都在 20%以下，包括产业园区(21.28%)、孵化中心(18.62%)、人事部门(13.83%)，其他(18.09%)。

四、面临的挑战

就整体情况而言，我国的技术经纪业仍处于初级阶段，全国具有执业资格的技术经纪人数量非常少。从实际情况看，技术转移转化服务人才在技术市场中的作用仍很有限。技术市场主体之一的中介方——技术经纪人的严重缺位，使技术商品的流向缺乏调控和引导力，形成了科技成果供、需方转化信息不畅通的“瓶颈”问题和制约因素。主要有以下原因：

(1)体制机制制约。在技术市场不同的主体中，都有各种形式的技术经纪活动存在。如许多高校、科研院所都有自己内设的技术转移部门，也有专门的高校技术转移转化人才队伍，但由于高校中大多专利技术属于职业发明，长久以来由于机制上难以突破，还有就是我国现行的对于国有资产的管理约束以及对科研瓶、管理的机制限制，导致高校既缺乏对自身成果进行转化的热情，又缺乏开放给专业技术经纪机构进行转化的动力。从管理规定上看，多注重对技术转移转化共性问题的规定，而对于某类特定领域的特殊性体现不够，这个问题不仅体现在技术转移转化服务人才这一门类中，在其他门类中也非常突出；而是它重管理轻培育，不利于其他部门的积极参与，尤其是在一些新兴的行业中，无法调动社会资源、发挥社会力量使其做强、做大。

(2)市场环境制约。企业作为技术新的主体，他们既是技术转移转化服务人才的受益人，有是为技术转移转化服务活动买单的重要一方，因此企业的重视和需求将决定着技术经纪活动的发展空间。但由于市场竞争等原因，有实力的企业大都将技术开发、引进、吸收等内化管理，即内设专门职位进行管理，较少委托专业技术转移转化服务人才运作。同时，企业对于自身长期积累形成的核心知识产权大多数服务与企业发展为重要目的，鲜有对外转让，即便是有，也发多以整体服务方案的形式打包对外，或与资本层面的合作密不可分，比如企业并购等，而这类合作目前也主要由企业自身运作。因此，由于技术市场供需双方的需求都不足，造成了技术经纪难以实现快速发展。

(3)缺乏必要的公共服务支撑。公共服务是技术经纪体系的重要组成部分，但目前公共配套服务严重不足，使得技术经纪缺少必要的服务支撑。目前，北京市面向技术经纪机构的公共服务有资质培训与继续教育、公共信息服务网以及诚信星级评估等，可以说是初具雏形。但总的来说，从提供方面来看，目前全北京市也只有几家具有政府背景的机构参与构建、推动，提供的服务量和服务能力十分有限；从提供内容来看，目前还主要限于培训讲座、基本项目信息的提供、对活动平台的搭建等比较传统的方式，数量上还不成规模、体系，形式上比较单一，效果不甚显著。总之，有利于技术转移转化服务人才发展的机制、政策由于操作层面仍有诸多难点，政策环境还有很大的改善空间。

(4)专业化程度不够。目前多数的技术中介服务机构，只能提供一般性的、综合性的服务。特长不突出，优势不明显，不能满足企业的专业性、针对性强的具体需求。因此难以形成规模，实力不大，有的甚至依靠政府的支撑。缺乏从事技术评价、代理、融资及市场调查等方面专业机构。相当多的中介机构存在服务手段落后，服务能力不强，商业信誉差等问题。从事初级、单一中介业务的人比较多，而参与系统、深入业务的人相对较少。

(5)专业人才比较缺乏。北京市日益成为全国乃至全球最重要的跨国技术转移枢纽和窗口，在承接跨国技术转移方面面临新机遇。经纪人是推进技术转移、技术交易的关键环节。技术市场的发展对技术经纪人和技术转移高级经理人的需求更为紧迫。目前北京从事科研活动的科技人员有30多万人，而有职业资格的技术经纪人只有1500人左右，其中独立的技术经纪人几乎没有，技术经纪人队伍存在着数量有限，缺乏复合型、高水平专门人才等问题。虽然我国技术经纪人发展已有十几年的历史，但专业人才仍十分匮乏，取得国家科技部颁发的“技术经纪人”资格证书的人，还不到全部从业人员的10%。在目前的科技中介服务中，真正从事科技评估、法律咨询、审计、仲裁、风险投资等业务的机构太少；缺少既懂技术，又懂法律，且善经营的复合型人才。技术经纪人严重缺位，使技术商品的流向缺乏控制，形成了科技成果供、需转化信息不畅通的“瓶颈”问题。

(6)从业人员结构不合理。技术经纪工作对技术经纪人的业务水平要求很高。在国外，无论是中介机构的技术经纪人还是高校中的技术经理，业务水平都相当高，大多具有理、工、商、法，至少两种专长，多数拥有博士学位和企业工作的经验。而在我国，现有技术经纪人的学历普遍较低，拥有硕士以上学历及高级专业技术职称的很少，同时具备经济、管理及法律方面专业知识的就更少。目前的技术经纪人大多都有科技人员和机关管理干部的身份背景，在高校、科研院所和政府科技管理部门工作的技术经纪人大多是因为工作出色被提拔或由于其他原因改行而来，这些人在某一专业技术方面有特长，但更多的人所学的专业与技术转移工作相距很远，相比之下，社会中介机构的技术经纪人的知识背景更是参差不齐，既有专业背景又有经纪人专业知识的人员很少。

(7)技术经纪的业务空间比较狭窄。目前技术市场上的技术经纪活动，以简单中介为多。技术经纪人活动的空间比较狭窄，真正从头至尾参与技术转移全过程的不多。有的技术经纪人长期从事单一业务。例如，北京有“职业”项目发布人1000多名。他们是各科研院所、高等院校开发办的成员，常年参加北京和全国的各种技术成果交易会，主要任务是发布本单位的技术信息，平均每人每年参加各种发布会20~50次。他们的促销、洽谈能力很强，但是深入洽谈、签订合同以及合同实施等深层次的工作，则很少参与。

(8)业务渠道和经济来源不畅通，其地位作用没有获得普遍承认。技术经纪人的报酬比较低廉，没有和他们付出的劳动以及创造的社会价值直接挂钩。技术经纪人的生意比较清淡，业务收入比较微薄。当前技术经纪行业和技术经纪人面临的困难较多。以技术经纪为主业，从经济上很难维持自身生存。造成这种局面的客观因素很多，例如技术交易行为不规范，技术经纪人地位、待遇、取费标准不明确，经济驱动力不足，许多重大技术成果转移未经过技术市场等等。

五、采取的政策措施

北京在围绕推进科技创新体系建设、科技成果转移转化、技术转移体系建设等出台的相关文件和工作部署中，对技术转移人才培养的重视程度逐渐有所提高。北京明确提出，科研人员将享有更大成果转化自主权，其中高校院所可将科技成果给予科技成果完成人，转化效益可作为职称评审依据，科技成果转化人才可享受落户、住房等待遇。

(1)印发《北京市促进科技成果转移转化行动方案》，提出要完善科技成果转移转化评价机制；健全科技成果转移转化激励机制，来激发科技人员科技成果转移转化动力。通过开展科技成果转移转化人才培养；组织科技人员开展科技成果转移转化；强化科技成果转移转化人才服务等措施建设科技成果转移转化人才队伍。

(2)出台《新时代推动首都高质量发展人才支撑行动计划(2018—2022年)》，对大力培育技术转移中高级人才，从组织措施、政策保障、建立职称体系等各方面做了重点部署。

(3)完成《北京市促进科技成果转化条例》地方立法，希望以法律的形式对科技成果的权属、转化收益分配、勤勉尽职免责等作出明确规定，核心是要解决科技成果的产权问题。科技成果产权由过去的国家单位拥有转化为科技人员可以个人拥有，国家可以参与分配，但是产权可以是个人的。

(4) 增设技术经纪专业职称。随着全国科技创新中心建设不断推进，大量科技成果从高校、科研院所等技术研发方向市场转移，北京涌现出一批技术转移机构、孵化器、众创空间、科技园、技术交易所等科技成果转化相关服务机构，聚集了大批从事技术转移转化服务工作的专业技术人才。这些专业人才具备技术转移转化专业服务能力，在科技成果转化落地方面发挥了重要作用。但作为新职业人群，他们没有合适的职称晋升渠道，无法得到行业和社会的专业能力认可，影响到了技术交流合作和人才职业发展。北京市为技术转移转化人才提供行业资格评定标准、增强职业归属感，更能有力促进科技成果转移转化。据悉，技术经纪专业职称设置了正高级、副高级、中级、初级四个层级，全部采取评审的方式进行评价，每年开展一次。

本次增设技术经纪专业职称，将技术经纪专业分为研究型和运营服务型两类，除国家规定的职称基本条件外，按照“干什么、评什么”，分别制定了两类人员评价的业绩条件。以申报正高级职称为例，研究型的技术转移转化人才，应具有很强的研究能力和行业影响力，同时满足以下三个条件之一：主持完成省部级及以上研究课题；或主持制定省部级及以上相关法律法规、政策类文件等；或出版相关行业发展报告、专著、编著、教材等。

延伸阅读二十一 《北京市工程技术系列（技术经纪）专业技术资格评价试行办法》

为贯彻落实中共北京市委办公厅、市政府办公厅《关于深化职称制度改革的实施意见》，进一步推动本市技术转移转化人才队伍建设，促进科技成果转化，助力建设全国科技创新中心，根据人力资源社会保障部、工业和信息化部《关于深化工程技术人才职称制度改革的指导意见》等文件规定，制定本办法。

一、适用范围

本办法适用于在本市国有企业事业单位、非公有制经济组织、社会组织中，以促进科技成果应用为目的，为促进技术与产业、研发、人才和资本等要素资源有机融合与高效配置，提供技术转移转化全链条、专业化服务工作的专业技术人员。

二、专业方向及层级设置

（一）专业方向

北京市工程技术系列（技术经纪）专业包括技术转移转化研究和技术转移转化运营服务两个方向。

（二）层级设置

北京市工程技术系列（技术经纪）专业技术资格设置初级、中级、高级，初级只设助理级，高级分设副高级和正高级。初级、中级、副高级和正高级专业技术资格名称依次为：助理工程师、工程师、高级工程师和正高级工程师。

三、评价方式

北京市工程技术系列（技术经纪）专业技术资格按照“个人自主申报、行业统一评价、单位择优使用”的方式实行社会化评审，纳入本市年度职称评价工作安排，每年组织一次。申报人通过评审取得《北京市专业技术资格证书》，由用人单位根据需要，自主、择优聘任专业技术职务。

各层级的评审申报条件按照《北京市工程技术系列（技术经纪）专业技术资格申报标准条件》（附后）执行。

四、评审机构

（一）副高级及以下评审机构

北京市人力资源和社会保障局（以下简称“市人力资源社会保障局”）委托北京市科学技术委员会（以下简称“市科委”）组建北京市工程技术系列（技术经纪）副高级、中级和初级评审委员会，负责技术经纪高级工程师、工程师和助理工程师的评审工作。评审委员会由11~25名委员组成，设主任委员1名、副主任委员1~2名，由市人力资源社会保障局、市科委负责同志及行业内知名专家担任。评审委员会在规定的评审权限内，对申报人进行综合评价，并确定相应专业技术资格。

评审委员会下设专业评议组，由3~5名同行专家、学者组成，负责依据职称分类评价标准对申报人的职业道德、能力素质、业绩水平、实际贡献等进行考核评议。

组建技术经纪专业技术资格评审委员会专家库，邀请北京地区技术转移转化领域的行业知名专家组成，并纳入全市职称评审专家库统一管理使用。评审委员会委员和专业评议组成员从全市职称评审专家库中随机抽取产生。

（二）正高级评审机构

技术经纪正高级工程师的评审工作由北京市工程技术系列正高级专业技术资格评审委员会负责，具体工作由北京市人事考试中心承担。

五、评审程序

（一）个人申报。符合申报条件的人员，可向评审机构提出参评申请，并提交申报材料。申报材料包括基本情况材料、业绩和成果材料、个人诚信承诺、职称评审代表作及代表作说明等。

（二）单位推荐。申报人所在单位人事部门对申报人的申报材料进行审核并推荐。推荐意见作为评审委员会评审表决的重要参考依据。

（三）评审机构审核。评审机构按照申报条件对申报人的各项申报材料进行审核，并将审核通过的申报人提交评审委员会评审。

（四）专业评议组评议。专业评议组对中级及以上申报人的专业技术工作情况进行答辩考核，并按照分类评价标准进行定量与定性评价。评价意见作为评审委员会评审表决的重要参考依据。

（五）评委会表决。评审委员会依据分类评价标准对申报人进行综合评价，采取无记名投票方式表决，确定专业技术资格。评审结果需由全体评审委员会委员三分之二以上出席并参加投票方为有效，通过人选需获得出席委员三分之二以上同意票数方可取得专业技术资格。

（六）验收及公示。评审工作结束后，由市人力资源社会保障局按全市职称评审的统一要求对申报材料、评审范围、评审程序、评审质量进行验收。通过评审人员名单在市人力资源社会保障局网站进行公示，公示期为15天。

（七）发放证书。公示期满无异议的，由市人力资源社会保障局统一颁发《北京市专业技术资格证书》。

六、其他有关事项

（一）加强对技术经纪专业职称评价工作的事前、事中、事后监管。在职称申报推荐、资格审核等环节发现申报人存在弄虚作假、学术不端等严重失信行为，取消申报人资格，纳入失信黑名单。工作单位没有认真履行审核责任，或出具虚假证明的，要依法依规追究单位主要负责人和经办人员的责任，视情况进行通报批评。对通过违纪违规行为取得的职称，一律予以撤销，记入诚信档案，纳入全国信用信息共享平台。

（二）本办法由市人力资源社会保障局、市科委负责解释。

本办法自2019年11月1日起实施。

延伸阅读二十二　《北京市工程技术系列（技术经纪）专业技术资格申报标准条件》

申报北京市工程技术系列（技术经纪）专业技术资格评价人员，应遵守国家宪法和法律法规，贯彻落实党和国家方针政策，具有良好的职业道德和敬业精神，从事技术转移转化专业工作，具备正常履行岗位职责必需的身体条件和心理素质，近3年单位年度考核均为合格（称职）以上，同时还应具备以下条件：

一、助理工程师

（一）具有较系统的专业理论和实践功底，了解国内外技术转移转化相关方法和发展趋势，了解与本专业相关的法律、法规和政策；具有一定的技术转移转化能力，积极为技术转移转化事业发展做出相应贡献。

（二）学历和专业工作经历符合下列条件之一：

1. 硕士研究生毕业后，从事本专业工作。
2. 大学本科毕业后，从事本专业工作满1年。
3. 大学专科毕业后，从事本专业工作满3年。
4. 中专毕业后，从事本专业工作满5年。

二、工程师

（一）基本条件

1. 具有系统的专业理论和实践功底，掌握国内外技术转移转化相关方法和发展趋势，掌握与本专业相关的法律、法规和政策；具有较强的技术转移转化能力，积极为技术转移转化事业发展做出相应贡献。

2. 学历和专业工作经历符合下列条件之一：

（1）博士研究生毕业后，从事本专业工作。

（2）硕士研究生毕业后，从事本专业工作满2年。

（3）大学本科毕业后，从事本专业工作满5年。

（4）大学专科及以上学历毕业后，取得初级职称满4年，且从事本专业工作满4年。

(5)中专毕业后，从事本专业工作满15年。

(二)取得初级职称以来，应具备下列业绩条件之一：

1. 从事技术转移转化研究工作，具备一定的研究能力。参与完成技术转移转化和技术市场领域研究课题，或制定技术转移转化和技术市场相关法律法规、政策类文件，或出版技术转移转化和技术市场类相关行业发展报告、专著、编著、教材等，取得一定的经济和社会效益。

2. 从事技术转移转化运营服务工作，具备一定的实践能力。参与运营技术转移转化项目，实现了一定的经济效益或社会效益；或参与提供技术转移转化专业化服务，形成一定水平的技术需求挖掘与分析、技术评价服务、技术中试孵化、技术成果运营、技术投融资、转移转化咨询等报告、方案，为项目成功落地做出一定的贡献。

(三)取得初级职称以来，应具备下列成果条件之一：

作为主要参与人，在公开发行的学术刊物上发表有学术价值的专业论文1篇以上；或作为主要参与人完成在行业内具有较大影响的技术合同、服务合同、投融资协议、研究课题、决策咨询报告、政策类文件、研究报告、项目报告、教材等成果1项及以上。

三、高级工程师

(一)基本条件

1. 具有系统、扎实的专业理论和实践功底，掌握与本专业相关的法律、法规和政策，掌握国内外技术转移转化相关方法和发展趋势；认真履行工作职责，履职成效良好；有较高的行业认可度，取得了良好的经济效益和社会效益，具有较强的社会影响力。

2. 学历和专业工作经历应符合下列条件之一：

(1)博士研究生毕业后，从事本专业工作满2年。

(2)硕士研究生毕业后，从事本专业工作满7年。

(3)大学本科及以上学历毕业后，取得中级职称满5年，且从事本专业工作满5年。

(4)已取得非本专业副高级职称后，从事本专业工作满3年。

(二)取得中级职称以来，应具备下列业绩条件之一：

1. 从事技术转移转化研究工作，具备较强的研究能力。主持或作为主要参与人完成技术转移转化领域省部级及以上研究课题；或作为主要参与人制定、修订省部级及以上技术转移转化和技术市场相关法律法规、政策类文件(规划、标准)等；或作为主要参与人出版技术转移转化和技术市场类相关行业发展报告、专著、编著、教材等。

2. 从事技术转移转化运营服务工作，具备较强的实践能力。作为主要负责人运营技术转移转化项目，成功将科学知识、技术成果、科技信息和科技能力等从技术供给方向技术需求方转移，实现了较好的经济效益或社会效益；或作为项目主要负责人提供技术转移转化的专业化服务，在技术需求挖掘与分析、技术评价服务、技术中试孵化、技术成果运营、技术投融资、转移转化方案策划、转移转化咨询服务等方面具有较好专业水平，为项目成功落地做出积极贡献；或作为主要负责人提供技术转移转化的资源配置服务，实现技术转移转化资源的凝聚、整合与利用，为推动科技成果的产业化做出积极贡献。

(三)取得中级职称以来，应具备下列成果条件之一：

1. 作为主要著作者公开出版有一定学术水平的专著、编著、教材等1部及以上。

2. 作为第一作者，在核心期刊上发表有重要学术价值的专业论文，或作为主要负责人完成在行业内具有较大影响的技术合同、服务合同、投融资协议、研究课题、决策咨询报告、政策类文件、研究报告、项目报告、行业发展报告等成果2项及以上。

（四）具备下列条件之一，可不受学历和专业工作经历限制，破格申报高级工程师：

1. 主持或参与（排名前三）的相关报告、方案等形成1项及以上政策法规并被省部级及以上政府、部门采纳。

2. 作为技术转移转化项目主要参与人，实现1项及以上国家重大科技项目研发成果的转移转化，产生重大的经济效益或社会效益。

3. 作为技术转移转化项目负责人或主要参与人，在技术转移转化机制完善和商业模式创新方面取得重大成果，作为典型案例获省部级及以上媒体宣传报道，对行业发展有重大影响。

四、正高级工程师

（一）基本条件

1. 具有系统、扎实的专业理论和实践功底，精通与本专业相关的法律、法规和政策，掌握国内外技术转移转化相关方法和发展趋势；认真履行工作职责，履职成效很好；有很高的行业认可度，取得了显著的经济效益和社会效益，具有很强的社会影响力。

2. 学历和专业工作经历应符合下列条件之一：

（1）大学本科及以上学历毕业后，取得副高级职称满5年，且从事本专业工作满5年。

（2）已取得非本专业正高级职称后，从事本专业工作满3年。

（二）取得副高级职称后，应具备下列业绩条件之一：

1. 从事技术转移转化研究工作，具有很强的研究能力和行业影响力。主持完成技术转移转化领域省部级研究课题，作为主要参与人完成技术转移转化领域国家级研究课题；或主持制定、修订省部级及以上技术转移转化和技术市场相关法律法规、政策类文件（规划、标准）等；或作为主要著作者出版技术转移转化和技术市场类相关行业发展报告、专著、编著、教材等。

2. 从事技术转移转化运营服务工作，具备很强的实践能力和行业影响力。作为负责人运营重大技术转移转化项目，成功实现从技术供给方向技术需求方的转移，取得重大的经济效益或社会效益；或作为负责人为实现技术转移转化提供各类专业化服务，为促成技术交易、订立技术合同并落地实施做出重大贡献；或作为负责人整合各方资源，为推动服务领域和服务内容的专业化、品牌化，推动科技成果的商业化做出重大贡献；作为主要负责人完成1项及以上国家重大科技计划项目研发成果、行业共性技术、行业关键技术的转移转化工作，取得重大的经济效益或社会效益。

（三）取得副高级职称后，应具备下列成果条件之一：

1. 作为主要著作者，公开出版技术转移转化领域有重要学术价值的专著1部及以上；或作为主要负责人，完成国家重大科技项目研发成果等转移转化的决策咨询报告、项目实施方案等1项及以上。

2. 作为第一作者，在核心期刊上发表有重要学术价值的专业论文，或作为主要负责人完成在行业内具有较大影响的技术合同、服务合同、投融资协议、研究课题、决策咨询报告、政策类文件、研究报告、项目报告、编著、教材等代表作3项及以上。

北京市人力资源和社会保障局办公室　2019年10月10日印发

第四编

理论探索

第十五章 技术转移的形态认知

从不同的认知角度出发，技术转移有多种不同的形态。本章从过程、参与和目标的角度对技术转移的形态进行梳理。需要注意的是，对技术转移形态的总结是为了更好地帮助读者认识技术转移，然而不同的技术转移形态并不是完全独立的，也并不是一成不变的。基于具体的场景，将这些形态类型与具体实践结合才是最关键的。

第一节 过程描述型认知

一、位移论

曼斯菲尔德(Mansfield，1975)①在研究国际技术转移时，把技术转移区分为垂直技术转移和水平技术转移两种类型。垂直技术转移是指技术从研发到应用的转移，具体体现为实验室成果到生产、经营中的实际应用。水平技术转移是指一项技术从一个区域被应用到另一个区域、从一个组织被应用到另一个组织或者从一个国家向另一个国家的转移。水平技术转移所转移的技术，一般是已经得到商业化应用的、相对成熟的技术。水平技术转移涉及的技术，通常表现为成套生产设备、全套生产线。改革开放初期，我国在做技术引进方面开展了大量工作，主要体现就是整体引进国外生产线，在当时起到了很大的作用。需要注意的是，在技术引进过程中，能不能够把引进的技术进行充分的消化吸收是技术转移是否成功的关键，即技术适用的问题。

垂直技术转移与水平技术转移并不是完全孤立的，而是通常处于交互并行的状态。从国家层面考虑，除去水平技术转移与垂直技术转移外，还包括斜面技术转移与螺旋技术转移两种类型。斜面技术转移指一个国家的实验室研发成果，在另一个国家的生产、经营中得到实际应用，当前的经济全球化背景下，这类技术转移已经是一种常态。螺旋技术转移是指一个国家的实验室成果，经另一国家产业孵化、市场熟化后，再回到原来国家的生产线，在经济全球化的背景下，这类技术转移也不断出现。

二、知识论

知识论认为技术转移实际上是知识的转移和流动，技术的差距事实上就是知识水平的差异。何保山(1996)等人所著的《中国技术转移和技术进步》②一书中把技术直接界定为“为制造特定工业产

① Mansfield E. International technology transfer: forms, resource requirements, and policies[J]. The American Economic Review, 1975, 65(2): 372-376.

② 何保山，顾纪瑞，严英龙．中国技术转移和技术进步[M]．北京：经济管理出版社，1996.

品所需要的管理、组织以及技能方面的知识”。与技术转移的知识论及其相关的还有两种说法，信息论和人才论。信息是知识的本质体现，人才是知识的重要载体，因此技术转移也被理解成信息的转移或者人才的流动。

联合国贸易与发展会议也把技术转移界定为系统性知识的转移。这种系统性知识不仅包括呈现于图纸、书面的显性知识，也包括蕴含于技术人员大脑之中的隐性知识。不仅包括技术类的知识，还包括非技术的辅助补充性的知识，而后者非技术类的知识有时也发挥非常重要的作用。

日本知识管理专家野中郁次郎从认识论的角度，将知识划分为显性知识和隐性知识两类。显性知识可以用规范化和系统化的语言进行传播，又称为可文本化的知识；隐性知识包括信仰、隐喻、直觉、思维模式和所谓的“诀窍”。在企业创新活动的过程中，隐性知识和显性知识二者之间互相作用、互相转化，知识转化的过程实际上就是知识创造的过程。知识转化包括四种基本模式，具体是潜移默化(Socialisation，从隐性知识到隐性知识)，外部明示(Externalisation，从隐性知识到显性知识)，汇总组合(Combination，从显性知识到显性知识)和内部升华(Internalisation，从显性知识到隐性知识)，即著名的SECI模型。

技术转移的知识论强调技术是知识，强调技术转移是知识转移的一种。技术转移的知识论和联合国最初界定的技术转移概念有相通之处，不过在今天看来，它的最大贡献在于提醒人们技术转移涉及的不只是技术类的知识，还有其他类型的知识。如果把技术类知识看作是技术转移的核心知识，那么辅助性知识、补充性知识也是必要的。比如说，一项技术要在某一地方落地，使之本地化的知识就是不可或缺的辅助性知识，使之更好适应本地需求的知识就是补充性知识。

技术转移的知识论还提醒人们在一个技术转移项目中，应该注意到并非所需要的全部知识都能通过编码的形式予以显性化，在有些时候，不能通过编码形式予以显性化的知识(即隐性知识)更关键、更重要。

三、创业论

创业本身也是一种技术转移，技术转移的创业论强调基于新技术或者技术新用途的创业。通过技术来进行创业，就把这种技术应用到了实际生产中，实现了技术转移，即技术型的创业。

用于创业的新技术很多来自大学和科研院所。大多技术创业者都需要具备很好的技术背景，而且至少掌握一项可以创业的技术，这些人通常是在大学院所工作或者学习。从大学或科研院所刚获得学位的博士毕业生是这类创业者的典型代表。

2014年9月夏季达沃斯论坛上，李克强提出“大众创业、万众创新”。此后，全国掀起创新创业的浪潮。2015年，国务院密集型出台了包括《关于发展众创空间推进大众创新创业的指导意见》《关于大力推进大众创业万众创新若干政策措施的意见》等在内的一系列旨在促进创新创业的政策性文件。2017年7月，国务院出台《关于强化实施创新驱动发展战略进一步推进大众创业万众创新深入发展的意见》。2018年9月，国务院出台《关于推动创新创业高质量发展打造“双创”升级版的意见》，把科技型创业作为其主要目标的重要内容，并提出“鼓励和支持科研人员积极投身科技创业”。在这样的背景下，近几年我国的创业型技术转移活动明显增加。

第二节 他者参与型认知

一、翻译论

翻译论是关于技术转移的一种最新认识，核心观点是技术转移就是要在各种知识之间、各种“语言”之间不断地切换翻译。翻译论认为技术转移的目的是让科学家能够听懂投资者的语言，让投资者能够听懂科学家的语言，让生产者能够通听懂投资者的语言，让投资者能够听懂生产者的语言。

技术翻译是将科学或工业要求与其他地方的能力相匹配。技术翻译人员是高素质的工作人员，他们致力于发现市场创新的机会，并将其与学术和研究实验室的新兴技术联系起来。然后，它们促进了这些机会的利用，主要是通过建立和帮助管理学术组织和商业组织之间的合作伙伴关系。

美国德州农工大学的健康科学中心（Health Science Center）专门设有技术翻译办公室（Office of Technology Translation）。具体来看，技术翻译的任务包括：

（1）访问工业和科学的最终用户，以确定市场机会，并就潜在的有趣的研究和开发领域向他们提供建议。

（2）为合作研究和开发项目建立行业和学术团队，协助撰写提案并在早期阶段促进潜在合作伙伴之间的讨论。

（3）帮助这些团队访问现有的公共和私营部门融资机制。

（4）就前沿技术的项目管理和商业化向学术和工业组织提供建议。

（5）为会员和政府制作技术报告，根据要求整理特定领域的信息。

二、投资论

技术转移和投资有密切的关系，很多投资行为的发生都伴随着技术转移。技术领域风险投资的大量存在和高度活跃，就是一个有力证明。投资者基于高度专业的操作，在促进技术融入现实经济过程的同时，获得高额回报。在私募股权投资（Private Equity，PE）、风险投资（Venture Capital，VC）和首次公开上市（Initial Public Offering，IPO）等投融资过程中，技术往往是一个重点关注内容。企业利用其技术优势可以更好地吸引投资，进而更好地促进技术的应用；而在一些投资活动中，比如由大企业发起的投资，可能也会提供一些技术的、管理的经验，从而实现技术转移。

2017 年 9 月 15 日，我国国务院印发《国家技术转移体系建设方案》，提出要推动技术市场与资本市场联动融合，拓宽各类资本参与技术转移投资、流转和退出的渠道，完善多元化投融资服务。其中，明确提出“国家和地方科技成果转化引导基金通过设立创业投资子基金、贷款风险补偿等方式，引导社会资本加大对技术转移早期项目和科技型中小微企业的投融资支持。开展知识产权证券化融资试点，鼓励商业银行开展知识产权质押贷款业务。按照国务院统一部署，鼓励银行业金融机构积极稳妥开展内部投贷联动试点和外部投贷联动。落实创业投资企业和天使投资个人投向种子期、初创期科技型企业按投资额 70%抵扣应纳税所得额的试点优惠政策。”

2018 年 11 月 5 日，在首届中国国际进口博览会开幕式上，国家主席习近平宣布设立科创板

(Science and Technology Innovation Board)，成为独立于原有主板市场的新设板块，并在该板块内进行注册制试点。2019 年 1 月 30 日，证监会发布《关于在上海证券交易所设立科创板并试点注册制的实施意见》。2019 年 3 月 1 日，证监会发布《科创板首次公开发行股票注册管理办法(试行)》和《科创板上市公司持续监管办法(试行)》。2019 年 6 月 13 日，科创板正式开板，7 月 22 日科创板首批公司上市。设立科创板并试点注册制是提升服务科技创新企业能力、增强市场包容性、强化市场功能的一项资本市场重大改革举措，也对激活我国存量技术、促进技术转移有重要作用。

三、接力论

技术转移还表现为一种从科学技术界域到市场界域的跨界行为，即技术转移的跨界论。技术转移的跨界论体现为技术跨界和人员跨界，跨界的模式包括接力式、桥梁式等类型。接力式技术转移跨界是指，技术的供给方和需求方通过高效对接，协调合作，实现技术的转移。桥梁式技术转移是指，技术的供给方与需求方需要借助一定的"中间人"实现对接，承担"中间人"角色的主要有各类市场化技术转移服务机构。

在各种各样的技术转移跨界模型中，接力式模型最受关注，也最值得开发。接力式跨界的一个特点是不同环节的紧密衔接，通过各个环节相关主体的齐心协力，最终实现技术转移。当前，一种受到较多关注的技术转移模式被称为"带土移植"，表现为高校或者科研机构的整个研究团队被吸收到企业之中。事实上，由于工作环境、价值观念、行为习惯等的差异，科研人员能否适应企业的工作是个很大的问题。

如果采用接力式模型，而不是带土移植模型的话，接力过程中的信任就变得非常重要。实际上，信任是所有人类行为中都非常重要的内容，在商业活动中尤其重要。信任如何建立是要解决的一个重要问题，技术通常被理解成是一种无形资产，这种无形性决定了技术的转移对能力有很强的依赖性，赢得信任是这种能力的重要体现。在商业活动中，信任的一个重要来源就是血缘关系，所以市场上有很多家族企业，但是随着人民生育观念的转变，基于血缘关系的信任正在变弱。根据资本关系来产生信任是最直接的一个方法，但是通常并不容易，需要借助一系列合同和法律的支撑。此外，还有一种信任的来源，称为学缘，比如大学同学，实验室毕业生与原来有实验室的联系等，这种连接在创业和技术转移中也发挥着一定作用。

第三节　目标导向型认知

一、成果就绪论

技术转移的成果就绪论来源于 2009 年我国发布的国家标准《科学技术研究项目评价通则》(GB/T 22900—2009)。该标准借鉴美国国防部的技术就绪水平(Technology Readiness Level，TRL)理论(也叫技术成熟度理论)，把技术区分为九个级别。

技术是否成熟直接关系到技术转移能否成功。主要承担研发角色的大学和科研院所的研究人员主要考虑自己的研究方法和过程是否符合科学上的规律。即使法律规定专利技术应当具有"实用性"，但这种实用与市场所要求的实用还有很大的距离，而作为技术使用方的企业希望资金的投入所获得的技术能生产打开市场的产品，并以此获得更高的回报，因此技术是否成熟是影响技术转移的一个重要因素。

随着技术就绪水平的提高，相应的技术转移风险会降低，但是技术转移所需要投入的成本也会有相应的增加。通过把风险和投入相乘固定为一个常数，在一定程度上可以为在哪一级介入技术转移提供参考。中国台湾工业技术研究院的专家们比较关心第四级到第六级的技术，认为风险相对的在减少，成本又不是特别高，所以说风险和投入的乘积是比较好控制的。

技术就绪水平分类的好处是让人能够比较清晰地辨识一项技术所处的发展阶段，缺点是无法让人判断处在某一阶段的技术是否值得投入资源，推动其进入下一阶段。技术就绪的标准看起来很完美，但是在实际应用中面临着一些问题。一项技术从形成报告和开发方案开始，就面临着较强的不确定性，即使到了系统样机阶段，也不确定是否能够最终走向市场，比较难把一项成果放到系列里考虑。美国国防部之所以运用该方法，在一定程度上是因为国防系统的研制通常是有大的概念在顶层上面，在技术考核验收时不会跳出原有设定的圈子，提前有一个判断标尺。而通常来看，虽然技术成熟评价的尺子看起来是有的，但是实际上是虚无缥缈的。

表 15-1 所示为《科学技术研究项目评价通则》中三种技术类型（基础研究、应用研究、开发研究）的技术就绪水平区分情况。从技术转移活动相对频繁的开发研究开看，技术就绪水平的九级划分大体上体现了从形成项目建议书、可行性研究到技术研发，再到技术可行性验证、生产可行性验证和技术商业化的过程。

表 15-1　技术就绪水平分类

(1)基础研究项目技术就绪水平量		
等级	特征描述	主要成果形式
第一级	产生新想法并表述成概念性报告	报告
第二级	被同行确定为一个值得自由探索的方向	论文
第三级	被组织确定为一个值得探索的具体目标	方案
第四级	实验室环境中仿真结论成立	仿真结论
第五级	实验室环境中半实物仿真结论成立	半实物仿真结论
第六级	实验室环境中实物功能性指标可测试	测试报告
第七级	试验结果与理论相匹配	鉴定结论
第八级	论文发表，报告立卷，著作出版	论文、报告、著作
第九级	论文、著作被引用，研究报告被采纳	引用、采纳凭证
(2)应用研究项目技术就绪水平量		
等级	特征描述	主要成果形式
第一级	发现新用途并形成思路性报告	报告
第二级	形成了特定目标的应用方案	方案
第三级	关键功能分析和实验结论成立	功能结论
第四级	在实验室环境中关键功能仿真结论成立	仿真结论
第五级	相关环境中关键功能得到验证	性能结论
第六级	中试环境中初样性能指标满足要求	初样
第七级	中试环境中正样性能指标满足要求	正样

续表

等级	特征描述	主要成果形式
第八级	正样得到用户认可	用户鉴定结论
第九级	正样品、专有技术、专科技术被转让	专利、样品
(3)开发研究项目技术就绪水平量		
等级	特征描述	主要成果形式
第一级	观察到基本原理并形成正式报告	报告
第二级	形成了技术概念或开发方案	方案
第三级	关键功能分析或实验结论成立	验证结论
第四级	实验室环境中的部件仿真验证	仿真结论
第五级	相关环境中的部件仿真验证	部件
第六级	相关环境中的系统样机演示	模型样机
第七级	在实际环境中的系统样机试验结论成立	样机
第八级	实际系统完成并通过实际验证	中试产品
第九级	实际系统通过任务运行的成功考验，可销售	产品、标准、专利

二、用途开发论

技术转移的用途开发论是指发现(新)技术中内含的能够满足人们既有或潜在需求的功能。同一种技术的用途可能是随着人类的认识发展变化的，通过一系列努力和操作，使技术的不同功能发挥作用，达成满足或激发人们需求的目标，在这样的目标达成过程中或者目标达成后，参与其中的人或组织的获取相应的回报，技术的功能也得到实现。

在专利研究领域，有一种理论被称为“前景理论”(Kitch，1977)①，强调专利制度具有这样的一种作用，即刺激人们进一步开发商业价值尚不明确的新技术的功能。专利前景理论的背景是，很多专利在申请专利之初，其商业价值和市场前景尚不明确，专利权人通过申请专利获得独占权，在其获得授权后就有了更多的动力去开发、探索专利技术的市场价值。

基于技术用途开发的技术转移案例有很多。手机短信是人们互相交流的必备工具，然而鲜为人知的是，手机短信本来是欧洲的电信工程师们在测试系统时为了方便互相交流而发明出来的，电讯运营商一开始根本没意识到其巨大商用意义。欧洲的电讯运营商最开始以为在消费者眼中手机最重要的功能就是打电话而已，直到手机用户们发现了“手机短消息服务”功能，并疯狂地爱上了它后，欧洲电讯运营商们才如梦初醒，意识到这一发明将成为一项永不干涸的滚滚财源。从那以后，几乎每个手机用户都曾发送过手机短信。阿司匹林作为一种常用药，被认为是医药史上三大经典药物之一，其作用从最开始的解热镇痛、抗炎抗风湿，到抗凝血、抗血栓，不断得到开发，而且其作用当前还处于不断开发之中。我们常喝的可口可乐实际上也有多种用途，比如在药用方面可以止痛、缓解反胃等。

在新技术的用途开发过程中，一个需要特别注意的方面是伦理问题。尤其是在医学和药物领域，涉及到人体实验时，需要特别谨慎。日本第一个本土的生理学诺贝尔获奖者山中伸弥曾提到，

---

① Kitch E W. The nature and function of the patent system[J]. The Journal of Law and Economics, 1977, 20(2): 265-290.

现代的科学技术如果是能够有效地造福人类的话，有两件事情是逃不掉，必须要做好，一个是知识产权，另外一个就是伦理。所以在技术转移里边，很多人认为生物医药是一个很有趣的领域，而且有很多自己的特点，做起来可能会更快或者是收益更好，很多人愿意去做，但是伦理的事情一定要考虑在里面。

三、价值发现论

技术转移的价值发现论是指，判断一项技术的商业价值，一个大概的标准就是它前期的投入和前期的科学成果。

本书作者曾经研究过北大方正的技术创始人王选，实际上也是企业创始人。研究的过程中发现了这样的规律，新技术的价值包括两个递进的环节，第一个是科学价值，第二个是商业价值。而科学价值是商业价值的基础，商业价值是科学价值的市场体现。以王选的激光照排技术来讲，前期得到多项国家级项目的支撑，一点点、一步步投入并实现技术进步，最终形成绝对的科学贡献。所以，如果技术转移是为了实现它的经济价值的话，那么科学价值可以作为观测一项技术的经济价值的一个重要参数。

第十六章 技术转移的模式分类

在上一章的基础上，本章对技术转移的模式进行了总结。具体从单主体主导、多主体合作、技术经营三个大的方面展开。与上一章类似，本章的目的在于帮助读者了解、认识技术转移，初步明确技术转移服务的潜在要点。关键还是要基于实际情况进行考虑和运用。

第一节 单主体主导模式

一、企业主导

在这种模式下，产业界中的企业是技术转移的主体，主导技术研究开发、成果试验、工业化生产销售的整个过程。企业作为自负盈亏、追求经济利益的组织，综合考虑市场需要、自身发展战略和条件等情况，组织科研人员开发研究适合本企业的新技术、新工艺和新产品，并组织科研、生产的综合技术力量实施试验、生产、销售，完成科技成果产业化的整个链条。

以企业为主体的技术转移模式充分运用了企业参与市场经济的优点。科研项目在选题阶段就以企业自身需求为前提，充分考虑了市场及自身技术水平的适应性，同时企业具有试验、生产、销售的条件和渠道。企业在研发过程中，科技成果的成果源与吸收体融为一体，在企业内部完成技术转移、市场交易的过程，消除了中间环节，大大减少了信息不对称、交易成本高等问题，效率较高。因此，相比于高校和科研院所所创办的企业，产业界中的企业从事技术产业化成功率较高。

企业主导的技术转移模式的缺点是对企业的科研能力、资金等各方面要求比较高，比较适用于大型企业。一些科技型初创企业也采用了这种模式。另外，这种模式可能导致企业难以吸收外部其他创新机构的新思想。随着技术的不断发展和市场竞争的日趋激烈，单个企业往往难以完成一项复杂技术的整个研发过程。在这种情况下，企业和高校、科研院所的合作成为必然的选择。

二、高校院所主导

高校院所主导的技术转移是指高校或科研院所在实现技术转移的过程中，作为技术转移的主体，发挥了决定性作用。高校院所主导技术转移的一种体现是，高校和科研院所通过成立公司，参与市场经济，完成技术从高校、科研院所向企业转移的过程。这种技术转移模式的优点是科技成果转化速度较快。这是因为：一方面，高校和科研院所本身就是科技成果的创造者，掌握更多科技成果的相关信息，大大减少了技术转移过程中的信息不对称问题。另一方面，高校和科研院所有很多科研力量，能为科技成果转化提供足够的技术支持，完成后续研发。研发机构自身拥有一定的科研实力，参与科技成果创造的科研人员也参与技术转移的过程，可以为科技成果的转化提供更多的信息和资料，加大科技成果产业化成功的可能性。另外，相较于其他模式，这种模式下，科研机构在经济利益分配方面享有最大的自主权。

这种模式的缺点是对高校和科研院所在资金、风险承担和产业基础这些方面要求较高，而且科研和经营企业两者存在着巨大的差异。由于企业经营管理的复杂性，这种模式下的产业化规模一般都较小。科研人员同时在科研机构和企业任职，难以同时兼顾两项工作，有损于科研机构的利益。在未经科研机构同意的情况下，一些科研人员成立公司对其所研究的科技成果私下进行产业化，存在着侵犯科研机构合法权益的法律风险。由于科研和公司经营管理的巨大差异，很多科研人员很难较好胜任企业经营管理工作，而且其所从事的业务和方式更像是高校和科研院所中做横向课题的方式。因种种原因，难以吸引到高水平的经营管理人才，或者因为科研人员经营企业的能力的局限性，这些企业往往面临着经营战略不当、经营管理人才匮乏的难题。

高校院所主导技术转移的另外一种模式是设置技术转移办公室（Technology Transfer Office，TTO），这是很多大学和科研机构促进技术转移的制度安排。技术转移办公室是依附于高校院所的专业化技术转移服务机构，充当了大学/科研机构和企业之间的连接角色，通过有效整合资源并管理技术成果，积极主动地寻找技术接受方，最终实现技术转移。

三、中介机构主导

中介机构主要指技术转移的市场化专业服务机构。中介机构是技术转移体系的重要环节，有效的建立起了技术供应方和技术需求方之间的联系，也可以在技术转移的过程中发挥主导作用。

中介机构的存在有效解决了技术市场中的“信息不对称”问题。技术本身具有无形性、复杂性、外部性等特征，而且市场参与主体不可能掌握完整的信息，极大增加了技术转移的交易成本，不利于技术转移活动的开展。中介机构一般具有技术“集成”和技术“匹配”的职能，一方面广泛的收集技术供应方的供给信息，另一方面收集技术需求方的需求信息，进而通过技术供给和技术需求的信息匹配，或者提供促进信息匹配的机制来实现技术转移。

技术转移服务机构的服务对象具有相对特定的范围。技术供给方多为研发活动密集但是与市场接触相对较少的组织，比如高等院校、国立科研机构、国家实验室等；而技术需求方多为市场化运作的企业。

四、政府主导

政府主导的技术转移模式主要是政府根据宏观经济结构调整需要，通过技术扶持、资金支持、创造有利环境等方式，鼓励、引导企业对某些研究成果实施产业化。在这种模式下，政府对技术转移的过程起了主要的推动作用。这种方式常见于农业、渔业等公益类的科技成果技术转移过程，以及重大工程类项目，能够有效解决市场失灵的问题。这种模式的缺点是政府的财政负担比较大，对政府的治理能力要求比较高。同时，资金利用效率较低、权力寻租也是这种模式中常见的问题。

第二节　多主体合作模式

多主体合作的技术转移模式是指产、学、研、政、金等主体协同合作下的技术转移。在多主体合作模式中，产业界主要承担技术成果转化的角色，是技术成果的需求方。大学负责教育和科研工作，研究机构负责完成更加专业化和有针对性的研究工作，大学和研究机构是主要的技术供给方。

政府提供了技术转移的法律制度基础和相关的政策环境。投资机构、银行和各类基金提供了技术转移过程中所需要的资金。多主体合作有多种体现形式，包括产学合作、产学研合作、政产学合作、产学金合作等。

一、产学合作

产学合作的最初思想来源于美国大学理念的变革，1904 年威斯康辛大学提出赋予自己两项重大的新使命：帮助州政府在全州各个领域开展科技推广和函授教育，以帮助本州公民发展经济。这被称为“威斯康辛计划”，是产学合作史上的一个重要里程碑，推动了大学和学院向社会敞开合作联系的大门。世界范围内，各国产学合作经过了一个比较漫长的发展过程，从 19 世纪末部分发达国家产学合作萌发了苗头，到 20 世纪初美国等部分国家开始创立了产学合作的一些联合体，到 20 世纪的后半叶，加拿大、美国、英国、苏联、日本等国家产学合作发展迅速，初期是由产学合作教育开始，由单科性到多科性，发展到一定阶段产学合作有了雏形，由小型、简单型到大型、综合型，由一般的合作需要到相互依赖、紧密合作。

在理论层面，产学合作技术转移理论起源于斯坦福大学，最早用于描述协同创新，后来被拓展到技术转移领域。Bonaccorsi(1994)①和 Lee(1996)②提出了比较基础的产学合作理论，讲的是企业和高等学校之间的合作关系，通常指以企业为技术需求方，与以高等学校为技术供给方之间的合作，其实质是促进技术创新所需各种生产要素的有效组合。根据 OECD(1999)的报告，各国产学合作技术转移的方式可分为下列七类：一般性研究支持(General Research Support)、非正式合作研究(Informal Research Collaboration)、契约型研究(Contract Research)、知识转移与培训计划(Knowledge Transfer and Training Schemes)、参与政府资助的共同研究计划(Cooperative Research Plans)、研发联盟(Research Consortia)、共同研究中心(Cooperative Research Center)③。D'Este 和 Patel(2007)④研究了产学合作的影响因素，发现来自大学的研究人员通过多种渠道与企业发生交互作用，包括提供咨询、联合研发、提供培训等，而且研究人员的个人特质比起所在机构的特征有更强的影响。

二、产学研合作

产学研合作的技术转移模式实际上是一种具有中国特色的提法，具有很强的政策性。1992 年，我国原国家经济贸易委员会、教育部和中国科学院联合组织实施了“产学研联合开发工程”，旨在密切科研院所、高校与企业之间的关系，调动三者的积极性，发挥各自的优势，加快我国高新技术成果的产业化。“产学研联合开发工程”的第一期工程的目标包括：到 1995 年在全国范围内合作开发和转移 5 万项新技术、新产品，抓住若干项具有国际水平、成果比较成熟的高技术领域，把分散的产业和科技优势组织起来形成 2~5 个销售额在 10 亿元以上的示范性高新技术产业，开拓新市场，

---

① Bonaccorsi A, Piccaluga A. A theoretical framework for the evaluation of university - industry relationships[J]. R&D Management, 1994, 24(3): 229-247.

② Lee Y S. 'Technology transfer' and the research university: a search for the boundaries of university-industry collaboration[J]. Research policy, 1996, 25(6): 843-863.

③ 吴元欣，王存文. 依托专业校企合作联盟创新应用型人才培养模式[J]. 中国大学教学，2012(9): 75-77.

④ D'Este P, Patel P. University - industry linkages in the UK: What are the factors underlying the variety of interactions with industry? [J]. Research policy, 2007, 36(9): 1295-1313.

每个省、自治区、直辖市、计划单列市应拿出若干个年销售额在亿元以上的高新技术拳头产品。实际上，产学研合作最初指的是“产学合作”和“产研合作”，而把产研合作纳入其中的一个重要原因是当时的中国科学院在我国科学技术研究中占据重要地位。

“产学研联合开发工程”提出之后，产学研的概念便出现在了国内学术界。苏敬勤(1999)①是国内比较早研究产学研模式的学者，认为产学研技术转移模式是一种经济活动，其效率取决于技术转移双方的具体合作方式。李廉水(1998)②总结了四种产学研合作创新的组织方式，分别为政府推动、自愿组合、合同连接和共建实体，认为政府推动的合作创新组织有利于将基础研究、应用研究与开发创新有机连接，保持国家引导合作创新的连续性；自愿组合的合作创新组织有利于适应市场需要，迅速开发创新出适销对路的获利产品；合同连接的合作创新组织具有灵活高效、责利分明的优势，利于短平快产品的开发创新；共建实体的合作创新组织有利于长期合作，利于将技术优势不断扩展为规模经济优势，从而获得技术成果高收益回报。何郁冰(2012)③较完整的分析了国内产学研技术转移模式发展情况，并在分析的基础上提出针对“战略—知识—组织”三重互动的产学研协同创新模式，探索构建了产学研协同创新的理论框架。

三、三重螺旋

关于多主体合作技术转移的研究有很多，但是真正成为体系化理论并被广泛认知的是三螺旋理论。1997 年，Etzkowitz 和 Leydesdorff④⑤ 提出了著名的三螺旋模型，是多主体合作技术转移的重要理论基础。此前，1996 年 1 月，在荷兰阿姆斯特丹召开的由美国国家科学基金会、欧盟和荷兰教育文化与科学部等发起的专题研讨会上，以美国的 Etzkowit 和荷兰的 Leydesdorf 为代表的欧美研究人员认为，为实现国家创新战略，应采用三螺旋(Triple Helix)模型来加强大学—产业—政府之间的合作，促进国家科技创新体系的形成和发展。三螺旋理论在本质上是研究技术转移的理论，阐述了政府、大学、产业三机构相互作用关系的变化。该理论认为，在新的技术经济范式下，要推动知识的生产、转化、应用、产业化以及升级，必须促进三方的适当互动自反⑥。

Etzkowitz(2000)⑦和 Leydesdorff(2000)⑧指出，现代大学的地位与作用已经发生了根本性的变化，培养人才、科学研究和社会服务构成了大学的三大使命，大学已经由社会次要机构上升为社会主要机构，成为与产业、政府同样重要的组成部分。大学应当与产业建立良好的合作伙伴关系，而政府应当支持这种关系的形成，但大学要保持相对独立性，在与产业互动的同时，仍要保持自己的独特身份和特征。在三螺旋模型中，整个系统形成一个立体的空间结构，政府及其机构形成行政

① 苏敬勤．产学研合作创新的交易成本及内外部化条件[J]．科研管理，1999，20(5)：68-72.

② 李廉水．论产学研合作创新的组织方式．科研管理，1998，19(1)：30-34.

③ 何郁冰．产学研协同创新的理论模式[J]．科学学研究，2012，30(2)：165-174.

④ Etzkowitz H，Leydesdorff L. Universities and the GlobalKnowledge Economy：A Triple Helix of University-Industry-Government Relations[M]．London：Cassell Academic，1997.

⑤ 埃兹科威茨．三螺旋[M]．北京：东方出版社，2005.

⑥ “互动”指通过官产学三方互动，产生三方网络和混合型组织如 TTO；“自反”指每一参与者在完成自身使命的同时，也同时扮演其他参与者的角色。李小丽．三螺旋模型下美国大学专利技术转移机构的动态演进及其启示[J]．图书情报工作，2011，55(14)：36-41.

⑦ Etzkowitz Henry. The Dynamics of Innovation From National System and “Model 2” to A Triple Helix of University-Industry-Government Relations. Research Policy，2000，(29)：109-123.

⑧ Leydesdorff L. The triple helix：an evolutionary model of innovations[J]．Research policy，2000，29(2)：243-255.

链；以集团的形式组织在一起的企业形成生产链；所有的高校形成科技链，这三链之间互相影响，共同进化形成了创新网络系统。三螺旋强调三者之间的合作互动关系，在公立和私立、科学和技术、大学与产业之间的边界不再是确定的，而是流动的，三者相互重叠并承担过去属于其他两方领域的任务，而且在自身领域中每一个又都有内部转变，他们的共同利益则是为其所在的社会创造价值。

四、多主体合作

随着技术发展和创新形态演变，知识社会环境下的创新形态正推动技术转移的实现向多主体协同发展转变。官产学研等多主体合作是产学研合作发展到一定阶段的产物，即产学研合作创新的一种高级形式，已经演变为技术转移的主要形式。

庄涛和吴洪(2013)①实证研究发现，我国较为稳定的官产学研协同创新技术转移体系已初步形成，企业—大学间合作程度最深，政府参与程度不高。在一些关系国计民生的创新性研究项目中迫切需要发挥政府在其中的主导作用。这种急需的转变实际上就是三螺旋模式向多重螺旋模式转换的过程。Koschatzky(2002)②是国外比较早研究官产学研四维度结合进行技术转移的学者，认为技术转移和知识转移是同步的，而政府在知识转移中，特别是宣传方面能发挥很大的作用，所以将政府加入技术转移和知识转移中是很有必要的。Laredo(2007)③认为，进行官产学研合作是大学与科研机构的必要任务之一，这样能使得大学充分借用政府的力量实现技术转移。王英俊等(2004)④在官产学研理论的基础上提出了“官产学研”型虚拟研发组织，这种组织的实质就是借助现代网络技术，使政府、企业、大学和科研机构结成虚拟联盟，围绕共同目标从事 R&D 活动。依据各个主体的不同地位和作用，他还将这种虚拟组织划分为“政府主导”型、“产业牵引”型和“学研拉动”型三种模式。吴姮等(2013)⑤又在原有四维度基础上，增加了新的维度，提出了“官产学研用”五重螺旋模型，并通过案例证明五方协同的技术转移模式比传统的三螺旋或四螺旋模式更成功。原长弘等(2013)⑥通过随机前沿分析方法实证研究发现，政产学研用模式可以有效地提升技术转移的效率。

我国的官产学研合作的主要模式包括联合攻关、共建研发基地等。联合攻关是指由政府管理部门组织发布技术项目招标，由产学研各方派出人员组成课题组进行研究开发的合作。联合攻关有利于充分发挥产学研各方主体的力量，构建企业与大学、科研机构的合作网络关系，实现优势互补。共建研发基地是指政府部门根据科技与经济发展的重点领域需要，组织高校或科研院所、当地企业共同建立的研究院、重点实验室和工程中心等研发基地。共建科研基地可以为企业储备技术和人才，使企业对大学和科研院所的某些专业领域的技术创新进行持续的投入，也使高等院校和科研院所的研究更加贴近市场需求，充分发挥各方优势。

---

① 庄涛，吴洪．基于专利数据的我国官产学研三螺旋测度研究——兼论政府在产学研合作中的作用[J]．管理世界，2013(8)：175-176.

② Koschatzky K. Networking and Knowledge Transfer Between Research and Industry in Transition Countries: Empirical Evidence from the Slovenian Innovation System[J]. Journal of Technology Transfer, 2002, 27(1): 27-38.

③ Laredo P. Toward a third mission for universities[R]. UNESCO workshop, Paris, 2007.

④ 王英俊，丁堃．“官产学研”型虚拟研发组织的结构模式及管理对策[J]．科学学与科学技术管理，2004，25(4)：40-43.

⑤ 吴姮，于丽英．基于多重螺旋理论探索“官产学研用”协同创新途径[J]．科技和产业，2013，13(3)：57-60.

⑥ 原长弘，孙会娟．政产学研用协同与高校知识创新链效率[J]．科研管理，2013，34(4)：60-67.

第三节 技术经营模式

技术转移本身是一个经营技术过程。技术经营是以商业价值为目标、以市场机会为导向、以知识资源为基础、以研发力和营销力结合为手段的，在发达企业、发达国家日见成效的一种创新模式。技术经营的最终效果是，通过融合技术与经营，帮助企业增加利润、提升价值。

技术经营是我国企业在技术创新时代，突破成长瓶颈的一个基本选择。在技术转移的过程中，解决一个难题或者跨越一个难点就是一个增值，同时从一个增值点向另一个增值点的过渡是有限开放的、是一个权益关系改变的过程。而技术在不断增值的过程中，最终走向市场，实现技术转移。曼斯菲尔德(Mansfield E，1975)在分析国际技术转移时，指出垂直技术转移发生在从基础研究到应用研究、从应用研究到开发研究以及从开发研究到生产过程之中，实际上与技术转移的经营论思想一致。

这里需要再强调一下经营与管理的区别。经营是不同于管理的，经营的内涵范围更加发散，相对外向，鼓励尝试，并且具有更强的商业倾向；而管理则比较收敛，相对内向，倾向遵守规则，并且具有一定的行政导向。因此，在一定程度上，好的技术管理是实现技术经营的基础，技术经营以最终的技术商业化为导向。

一、技术出资

出资是指股东(包括发起人和认股人)在公司设立或者增加资本时，为取得股份或股权，根据协议的约定以及法律的规定向公司交付财产或履行其他给付义务。早在1995年，我国国家工商行政管理局发布的《公司注册资本登记管理暂行规定》就对工业产权(专利权、商标权)出资、非专利技术出资进行了规定。1997年，当时的国家科委、国家工商行政管理局还印发了《关于以高新技术成果出资入股若干问题的规定》，对高技术成果的出资行为进行规范。

我国《中华人民共和国公司法》(2018年修正)第二十七条规定，“股东可以用货币出资，也可以用实物、知识产权、土地使用权等可以用货币估价并可以依法转让的非货币财产作价出资；但是，法律、行政法规规定不得作为出资的财产除外”；第八十三条规定，“以非货币财产出资的，应当依法办理其财产权的转移手续”。此外，我国2013年修订《公司法》时，删除了原有关于“全体股东的货币出资金额不得低于有限责任公司注册资本的百分之三十”的规定，从而为技术出资提供了更大空间，技术出资在公司资本运营中的作用和地位日益突出。《公司法》为技术出资提供了法律上的依据，技术出资作为非货币出资的内容，主要包括专利技术出资和非专利技术出资两个方面。

专利技术出资是指出资股东提供合法有效的专利权，将专利权作价后，按照估值对企业进行出资，换取公司股份或股权的行为。出资的资产应当具备可估价性、可转让性、现实确定性和收益性等特点，同样的用来出资的专利权也需要具备这些特点。值得注意的是专利出资的标的应当是专利权，而非专利申请权，因为专利申请权不稳定，并不必然会形成专利权，即不具有现实确定性。专利出资需要进行权利的转移，即权利主体由原专利权人变为出资公司。

2010年9月9日，深圳市市场监督管理局发布《深圳市企业非专利技术出资登记办法(试行)》，旨在规范非专利技术出资登记行为，拓宽融资渠道，鼓励民营经济和高新技术产业发展。其中明确，“非专利技术是指处于未公开、未授予专利权、具有实用价值、所有人采取适当保密措施拥有的技术成果。包括技术知识、经验和信息的技术方案或技术诀窍，如设计图纸、资料、数据、技术规范、工艺流程、材料配方等。”

技术出资是实现技术转化，发挥技术价值，获得收益和持续创新的有效途径，也是商业合作的重要机遇，同时也是很多拥有技术但缺乏资金的初创企业和科技型中小企业取得成功的机会所在。大学和科研机构由于集中了较多知识资源但缺乏产业化途径，是技术出资的高发地。技术出资丰富了技术转移转化的渠道，同时为企业的发展提供了新的机遇，促进科技成果转化为生产力，激励科研人员开展创新活动，降低投资企业的技术引进成本。

二、技术创业

技术创业是指依托技术创办新企业，在新企业的运行过程中实现技术转移和商业化。技术创业与技术出资具有一些重合部分，技术出资创办新企业也是技术创业。两者的区别在于，第一，“出资”是一个法律概念，而“创业”是一种通用表达；第二，技术创业强调新企业的设立，而技术出资不一定伴随新企业的设立；第三，技术创业对于相应技术的市场前景和短期效益有极强的依赖性，而技术出资对于技术的短期效益不一定有很高的期望。

关于技术创业，一种观点认为是指为了开发高新技术为创办新企业的行为，主要代表包括Cooper(1971)①、Berry(1996)②。Myers(1983)③也认为技术创业就是提供革命性的新产品和新工艺，小企业和个人发明者是技术创业的主要力量，大公司由于路径依赖、组织惰性等原因迟于技术创业活动。另外一种观点认为，技术创业是在考虑市场需求的基础上，通过对科学技术加以运用创新企业，主要代表包括加拿大工程学会(The Canadian Academy of Engineering，1998)④，赵炎等(2007)⑤。张钢和彭学兵(2008)⑥把技术创业定义为“发现并开发技术的市场机会的过程”。

技术创业在我国的高校和科研机构相对普遍。大学和科研机构是技术创造的重要来源，利用其生产的新技术创办新企业，是实现技术的经济社会价值的一个重要渠道。在知识经济背景下，新技术在推动经济社会发展方面的价值得到广泛认知，大学和科研机构作为知识生产来源，被认为是国家创新系统的重要组成部分。为了适应经济发展的需要，大学和科研机构不仅要在知识创造和传播方面有所作为，还被要求对其科学技术研究成果给予更多关注。

大学和科研机构的创业也被称为“学术创业(Academic Entrepreneurship)”“学术衍生企业(Academic Spin-off)”“大学衍生企业(University Spin-off)”等。Shane(2004)⑦认为学术创业是指为了开发产生于学术机构的智力资本而创建新企业，其背后的前提是学术机构广泛开展科研活动，其中一些研究成果具有商业应用价值，并且能为学术机构带来收益。通过对大学技术创业的研究，学术界

---

① Cooper A C. Spin-offs and technical entrepreneurship[J]. IEEE Transactions on Engineering Management, 1971 (1): 2-6.

② Berry M M J. Technical entrepreneurship, strategic awareness and corporate transformation in small high-tech firms[J]. Technovation, 1996, 16(9): 487-522.

③ Myers D D. Technical entrepreneurship and revitalization[J]. Engineering Management International, 1983, 1(4): 275-280.

④ The Canadian Academy of Engineering. Wealth through technological entrepreneurship, The Canadian Academy of Engineering, Ottawa. 1998.

⑤ 赵炎，卢颖，田蓓，等．技术创业与中小企业管理［M］．北京：知识产权出版社，2007.

⑥ 张钢．创业政策对技术创业影响的实证研究/FONT[J]．科研管理，2008，V29(3)：60-67.

⑦ Shane, S. Academic entrepreneurship: University spin-offs and wealth creation[M]. Cheltenham, UK: Edward Elgar. 2004.

还形成了“研究型大学”的概念，Etzkowitz（1998）①杜撰了“创业型大学（entrepreneurial university）”这一表达，用来描述大学在现代经济中扮演的角色。据统计，硅谷内多达60%~70%的企业是斯坦福大学的教师与学生创办的，1960—1990年间由斯坦福大学毕业生创办的技术型企业提供了25000个工作职位（Cardullo，2007）②。

当然，技术创业不仅出现在大学和科研机构，也广泛存在于企业界。除去新企业的设立，新业务的开创也被认为是公司技术创业的内容。企业要获得持续性发展，必须在产品开发、业务拓展方面保持持续性创新，因此技术创业对于企业的生存、获利和增长都非常重要（Zahra，1996③）。Burgelman（1984）④认为公司创业就是将公司内部拥有的资源通过创新的方法进行整合，从而拓展和挖掘新机会。

三、技术联盟

技术联盟是一种技术合作与技术创新组织方式，实际上也是技术转移和技术运用的一种有效模式。技术联盟是指“由两个或两个以上的企业、大学机构、科研院所或政府部门围绕技术的开发与运用，为实现某一技术创新战略目标为建立的一种长期、持续、互惠互利的合作伙伴关系”⑤。技术联盟的建立可以是为了共同研发新技术，也可以是基于各自的已有技术建立联盟实现技术的交叉许可以壮大各方力量，或者两者兼而有之。

技术联盟通过把多个主体组织联合起来，有利于实现联盟主体的优势互补。从生产技术的角度来看，技术联盟通过集中力量生产出企业需要的新技术，以增强市场竞争力，在研发过程中风险共担，共享研发成果，也有利于成果的转化应用。

技术联盟的两个突出类型是专利池和专利联盟。

（一）专利池

专利池（Patent Pool），也称为专利联合许可、专利联营，指的是多个专利所有人通过签订协议，实现相互之间或者向第三方的专利许可，专利池的成员之间共享所有入池专利，同时也可以向专利池外的企业进行专利许可，专利池实际上也是一种技术联盟。专利池在表面上是多个专利的集合，但是在本质上其实是大量许可协议的集合，专利池许可协议是多数专利权人相互结合其专利权，以打包授权的方式相互许可或对外许可的协议。专利池并不是一个组织机构，但是专利池的形成和运作必须依赖于一个独立的组织机构，该组织机构对专利池中的各项专利以及专利许可事务进行管理，这个组织机构可能是一个由专利池成员共同设立的独立实体机构，也可能直接委托专利池中的某一个成员来负责，抑或是同时允许专利池的多个成员或所有成员可以单独对外进行许可。

专利池出现在专利制度背景下，科学技术加速商业化的必然产物。一些产业关键共性技术的研

---

① Etzkowitz H. The norms of entrepreneurial science: cognitive effects of the new university - industry linkages[J]. Research policy, 1998, 27(8): 823-833.

② Mario W. Cardullo. 技术创业：企业形成、融资和成长[M]. 刘健钧，等，译. 北京：经济科学出版社，2007.

③ Zahra S A. Goverance, ownership, and corporate entrepreneurship: The moderating impact of industry technological opportunities[J]. Academy of management journal, 1996, 39(6): 1713-1735.

④ Burgelman R A. Designs for corporate entrepreneurship in established firms[J]. California management review, 1984, 26(3): 154-166.

⑤ 张晓凌，周淑景，刘宏珍，等. 技术转移联盟导论[M]. 北京：知识产权出版社，2009.

发是单个机构所不能完成的，必须依赖众多企业和大学、研究机构等的共同参与，而不同组织之间研发成果的共享需要借助于一定的手段和机制才能实现，专利池就是这样的一种机制。在专利池的协议安排中，专利池成员可以使用池中的全部专利而无需支付许可费，专利池外的企业则可以通过支付许可费使用池中的全部专利而不需要向池中每个专利的权利人寻求许可。从本质上看，专利池是一种市场化的交易机制，同时也是一种专利的集体管理模式，有利于消除专利实施的授权障碍和促进专利技术的推广，同时集中管理的模式可以有效降低交易成本，因为被许可方可以节省单独就每项专利向权利人寻求许可的交易费用。对于企业来讲，加入专利池是企业产品要进入国际市场的一个重要保障，可以避免来自专利池成员企业的可能发生的侵权诉讼，因为专利池成员之间的专利纠纷可以通过协商机制解决；当专利池内的专利面临侵权时，专利池的成员通过联合起来壮大己方力量也能够增加谈判实力；成员间的联合有利于专利池所涉及的技术的推广和进一步研发，推动相关专利的标准化，而专利标准化则能为专利池成员带来更大的利益。

我国国内有代表性的专利池包括闪联专利池、彩电专利池、AVS 专利池等。2003 年 7 月 17 日，由联想、TCL、康佳、海信、长城 5 家企业发起，7 家单位共同参与的“信息设备资源共享协同服务”标准工作组正式成立(简称 IGRS 标准工作组，又称“闪联”)，由工作组讨论并建立了闪联“专利池”。2007 年 3 月，由 TCL、长虹、康佳、创维、海信、厦华、海尔、上广电、新科、夏新 10 家中国彩电骨干企业，每家出资 100 万元，联手成立了深圳中彩联科技有限公司；2010 年 1 月 22 日，中彩联在北京与数字电视专利大户汤姆逊公司签订知识产权合作协议，并宣布中国首个彩电专利池正式运营。2002 年，国家信息产业部科学技术司批准成立数字音视频编解码技术标准工作组(Audio and Video Coding Standard Work Group of China，简称 AVS 工作组)，AVS 专利池是 AVS 工作组在开展技术研究和标准起草工作的同时，既为采纳先进的专利技术，又为在标准发布前将专利的利益索求限制在一个合理的水平，同时保证标准的先进性和公益性而建立的专利联盟协议。

(二)专利联盟

英文的 patent pool 有时也被翻译为“专利联盟”，实际上专利联盟是一个比专利池更宽泛的概念。专利联盟是一种组织之间的协议，联盟成员通过达成协议来共同壮大行业力量，联盟的成员也比较广泛，包括企业、大学、政府研究机构、社会团体等；而专利池事实上也是一种组织间的协议，但是这种协议更多发生在企业相互之间，协议的效果是形成了一个“专利集合体”，而且这一“专利集合体”必须要有至少一个组织对其进行管理。由深圳市发布的《企业专利运营指南》指出专利联盟是“组织或机构之间以专利技术为纽带达成的一种合作形式”，专利池是“由一个或多个专利权人为实现某种目的将与某产品有关或在技术上相互关联的专利进行组合而形成的专利集合体”。

2008 年 06 月 30 日，包括 Verizon、谷歌、思科、惠普和爱立信在内的几家公司组建了一家名为 Allied Security Trust(简称 AST)的组织，旨在抢在竞争对手之前购得核心知识产权技术，以防止成本过高的专利诉讼。AST 成立的目的是在市场上购买专利，并授权给联盟成员以防范专利流氓可能给企业带来的风险。AST 拥有涵盖欧洲、北美以及亚洲的 28 家会员企业，包括 ARM Limited、Avaya、Google、IBM、Intel、Oracle、Philips、Sony 等国际巨头均是其会员。AST 在世界范围内与 250 多家专利经纪人、自营公司、律师事务所、学术机构、个人投资者以及专利控股公司建立了良好的客户关系网络。

2014 年 10 月 29 日，由中关村汇智产业技术研究所、联想(北京)有限公司、京东方科技集团、北汽福田、奇虎360、北大方正、百度、小米、中国政法大学、北京工商大学等30家企事业单位、高校和相关机构共同发起了“中关村ICT和移动互联网知识产权产业联盟”。

延伸阅读二十三 技术经营：实践与教育

20世纪90年代中期以后，随着IT发展速度、深度和应用范围的迅猛增加，技术受到媒体和金融界的追捧。在这样的舆论和资本环境下，企业中的技术以及和技术有关的职位也开始受到重视。在此之前，技术对企业经营效率和财务目标的意义还没有现在这么明显和重大，直接为公司赢得销售收入的营销人员在公司中的地位非同一般，公司的决策者都带有营销的业务背景。由于没有科学和技术专门知识和经验，他们中的大多数对日新月异的技术发展怀抱着“敬而远之”的心情，对向技术的投资能否以及何时取得回报没有信心。在他们眼里，技术专家是有创造力的人，但对如何把技术专家的创造力和公司的财务指标直接联系起来也缺乏信心。20世纪90年代以来，由于信息技术对于企业意义的凸现和研究开发型企业的出现，进入公司决策层的工程技术人员逐渐增多。这些决策者认为技术是解决公司经营问题的必经之路，但是他们常常无法按照标准的商业指标来控制对技术的支出，在他们看来，技术的特点不能用一般的财务指标来衡量。

这两种典型情况的局限是显而易见的，而更为致命的即便在今天，大多数公司在组织架构中都缺少克服这两种局限的制度性安排，即公司没有为这两种想法之间的对话提供有效和便利的机会和形式。实际上，技术是公司非常关键的战略资源，是一种不易被利用但是极易被浪费的资源，是一种能够为企业带来利润或者造成损失的资源。技术有其独特之处，决策者必须对此头脑清醒。

一、技术经营的由来与含义

技术经营，英文为Management of Technology，简称MOT。现在所称的MOT，通常是两个含意，一个这个词本身表示的技术经营，另外一个是一套技术经营教程(Management of Technology Program)，在这个含义上的技术经营很类似于MBA。这个课程一方面致力于解决企业实际问题的研究，另一方面开展企业在职人员的教育(大多数接受这个教育的在职人员都有5年以上的实际工作经验)，培养技术经营者和技术经营者。因为“科技工作者中的多数人毕业五到十年间都会担任技术经营和技术经营的职责，他们中的80%都会以管理、经营者的身份结束自己的职业生涯。但是，在大学理工科教育中却没有为他们准备管理、经营方面的知识和技能的训练”。① 根据美国波特兰大州立大学教授Kocaoglu的总结，全世界范围内开设技术经营课程的1949年有1所大学，1970年有20所大学，1980年有45所大学，1990年有120所大学，1994年159所大学(其中美国103所大学)。2002年，美国有200个大学或研究生院开设技术经营专业，平均每年向社会提供1万名技术经营专业人才。有日本研究者认为，正是美国20世纪80年代开始的MOT教育，才使得10年之后的20世纪90年代美国的技术创新活跃，经济形势繁荣。而市场的积极响应，又促进MOT教育广泛和深入地展开②。

① Shannon，1980。转引自(日)丹羽清、山田肇编《技术经营战略》，生产性出版社，1999年，第32页。
② (日)早稻田大学商学院著《MOT入门》，日本能率协会，2002年，第10页。

正因为技术经营涉及的内容是政府和企业都非常重视的问题、涉及的范围从研究开发到市场开拓，所以，甚至可以说有多少个技术经营研究者，就有多少个技术经营的定义。比如：

“技术经营的目的在于把对技术投资的效果最大化”(Stanford Research Institute, SRI, 1989)。

“从研究开发到应用的技术全过程的战略、战术的企划和管理。所涉及的范围，横跨从工厂产业工程到一般公共政策的广泛领域包含着和事业战略相关联的研究开发、技术转移、技术人力资源和市场营销”(Kocaoglu, 1990)。

“技术经营就是把技术和利益结合起来”(古田健二，2001)。

“技术经营就是把企业价值链(经营、人事、信息、营销、开发、采购、生产、物流、售后服务等业务过程的价值链)中涉及的全部技术课题系统地经营”(寺本义也 & 山本尚利，2002)。

而对技术经营的认识，也同样是千人千说：“技术经营是新的国际标准语言”(Kocaoglu & Niva, 1991)。

“在现代，和人们所属国家相比，世界经济发挥着更大的支配作用。而运转世界经济的力量中，技术的力量最大。因此，每个具体的企业，都没有理由不重视 MOT”，“由于技术的重要性增加，无形的知识资产的价值要比有形物的价值更受重视。在知识支配的经济社会中，即便物质生产的增长钝化，也可以依靠知识生产取得 GDP 的增长。在 21 世纪，和不动产、金融资产等有形资产一起，技术资产、专业人才、知识资产、品牌资产等将为企业或组织赢得竞争优势，将会出现新的资本主义”，“统制技术就能统制世界经济，MOT 是企业最重要的竞争力源泉”(Miller, 1998)。

“应该而且必须把技术作为和资本、劳动等一样的要素，纳入企业经营战略和战术中来”，“企业的未来，不在科学技术，而在对科学技术的经营。必须从企业整体经营的立场出发对待科学技术。对于企业经营来说，如果把科学技术全部委托给科学技术人员，未免影响太大了”(丹羽清 & 山田肇，1999)。

“技术经营不只是维持竞争力的手段，甚至是竞争优势的来源”(Kocaoglu, 1999)。

“技术经营就是充分灵活地利用技术、进行经营”“在决定一个国家技术水平的要素中，最有贡献的是在该国经营的、大量的技术活用企业群体”“对于研究开发型风险企业的经营来说，MOT 至关重要”“甚至可以认为，21 世纪的 MOT，就是风险企业的管理”“MOT 要解决的问题就是如何把技术市场化”(寺本义也 & 山本尚利，2002)。

“以技术为事业核心的企业，在全球化技术创新的事业环境中，为了继续开拓新事业、维持企业的可持续发展，必须要实行的新的经营模式”(财团法人日本社会经济生产性本部，2002)。

二、技术经营的国际动态

波特兰大国际技术经营会议(Portland International Conference on Management of Engineering and Technology, PICMET)是技术经营领域最有影响的国际性学术会议，设立于 1991 年，每两年在美国 Portland 召开一次。1997 年的会议主题是：技术经营中的创新—全球领导人的关键(Innovation in Technology Management—The Key to Global Leadership)；1999 年的主题是：技术与创新管理—为新千年确定步伐(Technology and Innovation Management—Setting the Pace for the Third Millennium)；2001 年的主题是：知识时代的技术经营—生活在 e 世界(Technology Management in the Knowledge Era: Life in the e-World)；2003 年的会议主题是：为了重塑世界的技术经营(Technology Management for Reshaping the World)。

为了适应全球化潮流和世界各地开展技术经营的需求，PICMET 理事会(PICMET 的决策机构)决定从 2004 年开始定期在 Portland 以外的城市召开研讨会。2004 年的研讨会将和韩国科学技术政策研究院(Science and Technology Policy Institute，STEPI)联合主办，地点是汉城(今首尔)，时间是 2004 年 8 月 1—4 日，主题是"在技术驱动的世界中的创新经营"(Innovation Management in the Technology-Driven World)。

技术经营领域有影响的另一个国际性组织是成立于 1991 年的国际技术经营协会(International Association for Management of Technology，IAMOT。IAMOT 每年召开一次技术经营国际学术会议，2004 年的会议 4 月 3—7 日在华盛顿召开，主题是"技术经营中的新方向：变革中的官产学合作"(New Directions in Technology Management：Changing Collaboration Between Government，Industry and University)。该组织最近的一次活动是 2003 年 10 月 30—31 日和日本经济产业省合作在东京召开一次国际研讨会，这次研讨会的主题是推动技术经营在日本的展开。

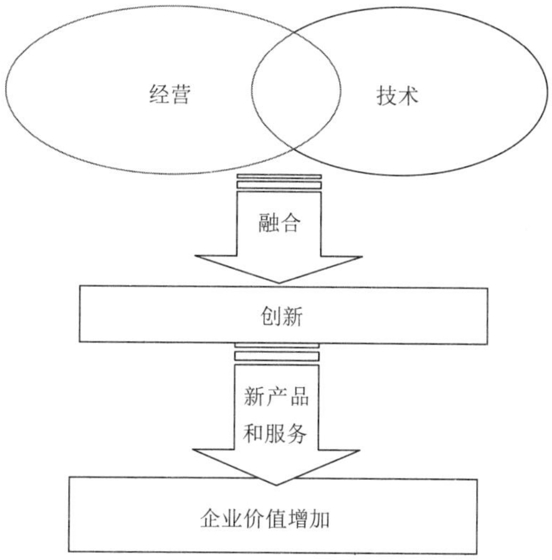

图 16-1　融合技术与经营

还有一个在技术经营领域有影响的国际机构是成立于 1989 年的国际技术经营论坛(International Forum on Technology Management，IFTM)，该组织 2003 年 11 月 18—20 日在上海召开了它的第十二次论坛会议，主题是：21 世纪的技术领导者：对东西方的全球挑战(Technology Leadership in the 21st Century：Global Challenges for East & West)。

从 2003 年起，这三个国际组织都加强了在亚洲地区、特别是经济和创新活跃的中国、日本、韩国的工作(表 16-1)，分别在中国、日本和韩国寻找各自的合作伙伴，通过共同举办论坛或研讨会的形式在这三个国家推广技术经营的理念和方法。而这三个国家也表示出了不同程度的兴趣。

表 16-1　中日韩三国技术经营关注程度比较

项目＼国家	中国	日本	韩国
第一次召开大型技术经营国际会议时间	2003 年 11 月 18—20 日	2003 年 10 月 30—31 日	2004 年 8 月 1—4 日

续表

国家 项目		中国	日本	韩国
国内主办单位	名称	同济大学	经济产业省	科技政策研究院
	性质	高等教育机构	国家经济行政权威机构	国家研究机构
合作的国际组织	名称	国际技术经营论坛	国际技术经营协会	波特兰大国际技术经营会议
	定位	技术经营信息、知识和经验交流的机会和场所；非营利组织；1989 年成立	为参加国际技术经营协会学术年会的人员互动的机会和特惠服务；非营利组织；1991 年成立	通过国际会议传播技术经营；非营利组织；1989 年成立
背景	经济	快速增长	缓慢恢复	摇摆不定
	WEF 全球竞争力排名 2003—2004 年	44	11	23
	WEF 技术指数排名 2002—2003 年	63	5	18
技术差距			15 年(*)	5 年(* *)

* 国家十五科技规划专题组测算；* * 韩国产业技术财团调查。

从表 16-1 可以看出：

进入 20 世纪 90 年代以来，技术经营的研究和教育在美国和欧洲迅速发展，进入 2000 年以来，日本和韩国开始重视。中国也开始关注技术经营。技术经营作为一种新的经营思想和方法，已经逐渐在全世界得到承认和推广。国际技术经营研究和交流组织积极参与技术经营理念、知识、方法和经验的国家转移。技术经营国际会议主题随着主导技术的发展、应用而发生改变；技术经营涉及的内容不断拓展和深化。

从中日韩三国率先和国际技术经营研究、交流组织合作，在各自国家引入技术经营理念和方法的机构的性质看，中国的同济大学是一个高等教育机构，和政策制定部门距离甚远，它产出的知识无法确保能参与政策决定过程。日本的经济产业省是日本政府负责经济和产业行政的最高权力部门，也是经济和产业政策的决策机构，它所主动寻找的知识通常会直接进入决策过程。韩国的科学技术政策研究院是政府的政策研究机构，其职能就是为政府决策提供知识准备，它产生的知识一般能成为政府决策的重要参考。在这个意义上说，我国的技术经营还处在一般知识的酝酿阶段。

实际上，从 2000 年开始，日本的东京大学、早稻田大学、东北大学等陆续开设技术经营专业。为了充分探索技术经营的本质，2002 年 5 月日本经济产业省委托三菱综合研究所联合 14 所大学向社会公开召集对技术经营有专门研究的个人和组织、共同讨论、设计技术经营专业的课程。现在技术经营已经成为日本政府、企业和学术界讨论、关注的一个热点和焦点。引发这个现象的一个原因是日本各界注意到了在瑞士洛桑国际经营管理发展学院(IMD)发表的 2002 年《世界竞争力报告》中，日本的研究开发投入在参加评比的 49 个国家中，排名第二，专利获得数量排名第一。与之相对，企业家精神普及程度排名第 49。如何提高经营水平、把研究开发成果直接和企业、产业、国家竞争力连接起来，是日本现在兴起技术经营的时代背景。2003 年日本只有 350 名技术经营专业毕业生。比照 GDP 总额，美国的 GDP 大约是日本的 2 倍，那么，日本每年的技术经营专业生大约 4700 人。日本当前的目标是在未来 5 年间，培养 1 万名技术经营人才。日本内阁 2002 年 6 月 25 日通过决议，责成文部科学省和司法制度改革推进本部要在 2004 年以前为培养专门经营、法律和技术经营人才的研究生院招生做好准备。

三、技术经营教育

在讨论技术经营的文献中，很少有不提及“死亡之谷”(The Valley of Death)这个术语的。1998 年美国国立标准技术研究所(NIST)在一份报告中指出，在研究开发活动中存在着死亡之谷，其含义是很多科研成果没有办法走向市场被埋没在从基础研究到商品化的途中(日本产业经济省对日本制造业的调查表明，日本制造业科研成果的 80%被埋葬在这个死亡之谷中)。NIST 的报告还论证，政府的支援可以垫高谷底，减少死亡之谷埋葬科研成果的数量。实际上，美国政府的 ATP(Advanced Technology Program)、SBIR(Small Business Innovation Research)等政策直接支援了美国科技成果向商品的转化。

实际上，美国在加大资金支援的同时，一直在改善和改进教育，使得有合格的人才充分利用这些资金。比如，1985 年美国总统产业竞争力委员会报告(Young Report)指出，“美国竞争力的低下反映出美国教育体制存在的问题，需要改革的不只是初等、中等教育，还要鼓励企业对员工的在职培训、强化大学培养未来技术界和实业界领导人物的能力。”又如，美国麻省理工学院(MIT)产业生产率调查委员会报告(Made in America)指出，“美国落后于日本的原因在于对人力资源的轻视，表现为学校教育质量差、企业内部不重视员工培训”。再如，美国联邦储备委员会(FED)主席格林斯潘 2000 年 7 月在全美州长协会全会的演讲中指出，“无论多么先进的技术，如果没有人的智慧和创造性相伴随，都无法创造附加的经济价值。如果美国想在把知识转化经济价值方面保持领先地位，那么在劳动者教育方面就必须领先”。

美国的技术经营教育，正是改善劳动者、创业者和研究者的素质的一种努力。技术经营要解决的问题，也是我国 1978 年邓小平同志提出“科学技术是生产力”以来一直强调的问题：让懂技术者懂经营，让懂经营者懂技术。

四、MOT 教育

美国国家研究委员会(NRC)1991 年和 1987 年发布的报告把 MOT 定义为联系“工程、科学和管理学科以解决计划、发展和应用技术能力涉及的问题，从而形成并实现公司的战略与操作目标”。NRC 的报告把技术经营的目标分成八种：

①怎样把技术包括到公司的整个战略计划中。

②怎样使技术人员的进出流动变得快速而高效。

③怎样更有效地检测技术。

④怎样实现技术转让。

⑤怎样减少新产品开发时间。

⑥怎样管理庞大、复杂的跨部门或跨公司的项目或制度。

⑦怎样管理公司内部技术的使用。

⑧怎样影响专业技术人员的工作效率。

英国朱庇特(JUPITER)国家协会在英国进行的大学课程的调查把MOT的教育分为6种:

①技术策略与计划。

②技术习得与转让。

③组织与实施技术。

④技术支持。

⑤管理和经营技术。

⑥一般技术经营。

有些专家认为技术预测的重要性足以使它单独成为一类。有些把技术经营与工程管理等同起来，认为这个问题只是关于使用计划工具和工程管理技能使管理人员能够在技术领域从事管理和经营。另一些人认为这里的主要问题是把技术与商业策略在公司里高度整合，这个工作应该很大程度上取决于管理水平。还有一些人认为这个问题包括经营技术人员队伍并为其创造适合工作环境。

技术经营与普通管理之间有许多独特的差别。首先经营技术革新要求公司管理人员有新的原则、技能和态度。其次，在公司职能范围内的大部分其他管理活动都要求管理的稳定性与一致性，而经营技术与革新因为其本身的性质却要求管理的变化。两者之间存在差异，因为后者要求以新的方式处理问题，要求有新产品、新市场、新的竞争者。实际上后者要求新的思维方式。

那么，工程管理是管理企业的工程职能和它与公司其他技术职能的界面。简而言之，工程管理的范围和方向比技术职能狭窄得多。因此，作为公司的战略后备力量，工程管理不足以涵盖技术经营的所有内容和复杂情况。工程管理的研究生学位将使你具备理解并扩大工程管理知识的坚实基础。工程管理涉及管理工程职能本身的过程。它包括计划、组织、指导和控制技术活动的职能行为，以实现公司具体的技术目标。因此，工程管理学位的重点还不足以包括作为策略性公司资源的经营技术的所有问题与复杂性。

相比而言，技术经营是一个完整过程的组成部分。前面指出，和工程管理不一样，它不是一种职能活动。它致力于把公司的技术方面(即研发、工程、生产等等)与商业方面(即市场营销、财务、人力资源等等)结合起来。从这个角度看，MOT具有不可或缺的战略重要性。MOT在工程师和科学家的管理教育大纲里具有专门的作用。它的附加值与一系列明确的原则和基础密切相关，这些原则与基础涉及教育技术人员并扩展他们有效地经营技术的知识和技能的特殊要求。在这个意义上，MOT要求实行与MBA和MEM学位不同的教育途径。这将成为大学对行业的答复，这些行业正需要技术人员学习管理，还需要非技术人员学习技术。

迈克尔·巴达威①是美国研究对科学技术人才进行经营管理教育的专家，他认为扩大工程管理课程现有范围所存在的困难是:教育观念、目标、意识、基础和结构与设立MOT硕士学位课程的实际需求之间差别很大。换句话说，EM课程不能被扩展成MOT课程。另一个更严重的问题是，完备的MOT研究生学位的课程不应该由工学院或商学院单独开设。实际上，应该由两者合作，共同

① 以下有关迈克尔·巴达威研究的内容参见迈克尔·巴达威著，梁卿译《科技人才当经理》，中信出版社，2002年。第57页。

开设并实施这样的教育课程。这样可以保证教学质量和科目的完备性。

这些问题与那些在 MBA 学科范围内设立 MOT 课程而引发的问题相同。虽然这样的做法可能差强人意，但是它没有提供 MOT 课程的完整大纲。然而，一系列完备的课程将在某种程度上有助于激发 MBA 学生，包括工程师和科学家学习解决经营技术中独特而复杂的问题。管理教育手段的突出弱点在于商学院与工学院之间没有进行合作。把大学开设 MOT 硕士学位的课程作为一种有力的方案。事实上很多大学已经开始这样做。课程的名称、要求和内容自然将由相关学院决定，这些决定很大程度取决于它们的背景、课程目标和“市场需求”。为了有效地克服 MBA 和 EM 学位课程内在的缺陷，迈克尔·巴达威提出以下一些极具远见和价值的建议：

MOT 课程的设置必须满足以下准则：

①由工学院和商学院联合开设。

②寻求商业组织的积极参与，为课程的设计和内容提供有用的建议。

③全面而完备地涉及解决技术经营独特的复杂问题的途径。

④在课程结构、内容与课程范围上保持技术与管理之间的平衡。

⑤以开发技能为目标采取学习行动。

⑥把边学边做与范围广阔和分析深刻的认知学习相结合，提供平衡的课程内容。

⑦采用分析的积极方式，把适当的策略应用于成人教育来进行管理教育。

⑧管理技能开发本质而言是个人发展的过程，把这一认识作为发展管理技能的基础。

迈克尔·巴达威还推荐了 MOT 硕士学位课程的科目：

基础课程/课题包括：

①计算机为主的管理辅助系统。

②管理会计与技术系统。

③技术与经济学分析。

④技术人员的金融管理。

⑤进行决策的量化工具。

⑥技术转让。

⑦新兴的技术经营模型与技能。

⑧新产品开发技能。

⑨技术经营人员培养管理技能。

⑩技术经营的专家制度。

⑪技术人员的沟通技巧(口头、书面、非语言沟通等)。

核心课程/课题包括：

①技术公司的领导艺术。

②技术与组织制度。

③研究开发管理。

④管理跨职能系统。

⑤过程管理技术。

⑥产品管理技术。

⑦信息管理技术。

⑧技术为主的公司里人力资源的使用。

⑨管理专业技术人员。

⑩生产制度与作业管理。

⑪市场营销与销售技术。

⑫技术经营工程。

⑬技术/公司相互关系。

⑭提高技术经营人员的人际交往能力。

⑮技术与商业单位策略。

⑯技术与创新管理。

⑰技术的策略管理。

选修课程/课题包括:

①技术经营的国际性。

②设计/生产与管理的相互关系。

③技术联盟。

④技术综合与职能的相互作用(研发、工程、生产和市场营销)。

⑤新兴技术的分析。

⑥技术预测。

⑦技术企业管理。

⑧技术计划与风险管理。

⑨合同管理。

⑩技术经营人员的专利与版权法。

⑪技术评估与技术的社会效果。

⑫对专业技术人员的人力资源管理。

实际上,和强调MBA教育内容本土化一样,MOT教育也在实施了MOT教育的国家中探索适合本地特点的教育内容。比如日本的MOT教育就获得了一些经验。日本生产性本部技术经营研究中心项目开发委员会提出和开展的MOT教育的课程包括:

①基础知识:技术经营理论。

②基础知识:经营战略组织论。

③案例研究:技术与经营战略。

④案例研究:知识产权战略与经营战略。

⑤案例研究:全球化与技术战略。

⑥特别演讲:扩展领导者的视野。

日本技术经营联盟(Management of Technology Consortium)到目前为止认定的课程有:

①战略性技术提携、技术获得理论。

②财务会计与财务战略。

③技术经营概论。

④营销学。

⑤技术经营领导论。

⑥环境商务。

⑦动态管理组织行为学。

⑧技术评价预测方法论。

中国的上海交通大学和香港科学技术大学合办的技术经营项目(MBA in Management of Technology Program)课程有:

①自然辩证法。

②科学社会主义理论与实践。

③商务英语。

④管理经济学。

⑤定量分析与决策。

⑥信息技术。

⑦管理沟通。

⑧财务管理。

⑨ 高新技术企业战略管理。

⑩高新技术企业运营管理。

⑪高新技术产品营销。

⑫高新技术企业人力资源管理。

⑬技术创新管理。

⑭研究开发管理。

⑮公司财务。

⑯高新技术投资。

⑰新产品开发。

⑱知识管理与知识产权。

⑲电子商务。

⑳管理创新。

㉑项目管理。

㉒创业管理。

㉓高新技术及其产业化前沿专题。

㉔技术创新与投资论坛。

㉕产业调研。

五、技术经营的创新点

首席技术官(Chief Technology Officer, CTO)体制是技术经营的组织保障。CTO是企业技术战略的决策者,也是企业战略性技术投资的决策者。在企业中,CTO负责的就是技术经营。对于CTO或潜在的CTO来说,了解、理解和掌握和本企业所在领域的技术的动态、新技术在本领域的应用情况、新技术的应用可能对本企业所在的行业的经营带来的影响。比如，如何战略性地使用技术获得价值(专利战略、技术的商品表现形式)、如何预见性地获得、替换和淘汰技术以保持自家技术在获得价值方面的竞争优势。

(一)首席技术官(CTO)

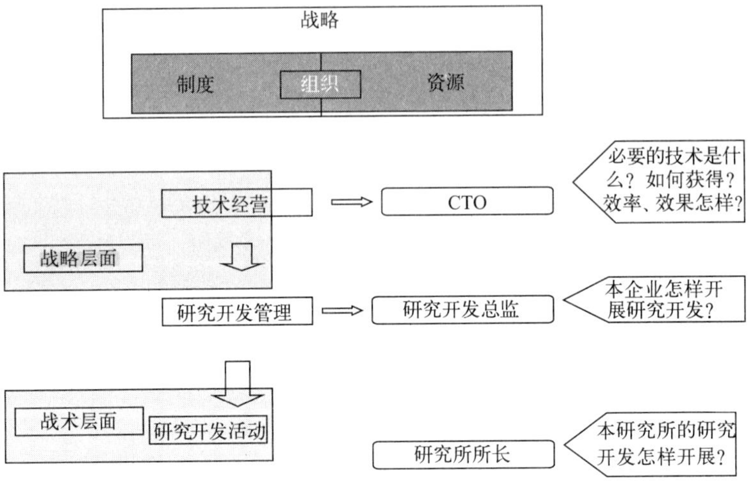

	对象	出发点
技术经营	技术	经营决策者
研究开发管理	研究开发活动	实施单位

图 16-2 首席技术官制度

出处：(日)古田健二著《技术经营的思考方式与推进方式》，中央经济社，2001 年。

20 世纪 80 年代开始，鉴于技术已经成为企业战略决策和前景规划的一个有机组成部分，高级管理者们需要来自懂得技术对企业意义的建议，企业开始把 CTO 引入高层管理团队。CTO 积极观察、跟踪技术动态，从技术事实中分理出市场的语言，确认和竞争对手相比有盈利能力的技术的应用。CTO 还能够通过政府、学术界、行业组织的活动，为企业创造价值。技术公司每年卷入千百起兼并事务，选择最好的并购目标经常要求来自企业决策层的关于技术方面的可以信赖的建议。CTO 是一个有价值的工具，在应对日益加强的信息灵通的媒体方面，CTO 表达对产品、服务以及公司将来计划的意见。CTO 还可以以同行的身份对技术专家表示意见和向媒体有说服力地传达企业的政策，增强企业利益相关者的信心。非常重要的是 CTO 不能变成一个高级技术人员，相反，CTO 是集中于技术问题的高级管理者。决策层希望从 CTO 得到包括技术在内的商业决策忠告，而不是科研专家关于研究的热情呼吁。

(二)购买与开发(A&D)

在技术经营的观点看来，获取战略性技术的手段不必从研究开发(Research & Development，R&D)起步，而可以从购买开发(Acquisition & Development，A&D)开始。从风险企业购买新技术，已经成为美国知识资本积累的主流之一。思科公司到 2001 年为止，收购了 70 多家风险企业。事实上，A&D 的概念就是来自对思科公司通过收购展开研发的模式的概括(艾特·博生，2001)。A&D 战略使企业的事业战略和技术战略发生 180 度转变。R&D 的费用一般是由研究设备成本和研究人员成本决定，而 A&D 的费用通常是由市场价格决定的。成本是影响市场价格的因素，但对一项技术的商业前景的判断才是影响该技术的市场价格的关键因素。因此，技术经营者必须掌握技术评价的标准和方法，并能根据具体环境、具体情况灵活运用。美国的强项是 20 世纪 90 年代以来，在信息技术和生物技术的热潮中，造就了具备知识资产评价能力的人才。这正是技术经营的核心所在，技术经营能力是建立在战略性新技术的事业性评价能力的基础之上的。近年来随着企业收益好转迹象的出现，美国的企业并购也表现出强劲的势头。与之对比，日本经济产业研究所2003 年 1 月对包括 NEC 在内的 8 家日本半导体生产厂进行了调查，在问及技术外购是否重要时，四分之三的回答者认为技术外购非常重要，其余的四分之一的回答者认为技术外购重要，也就是说，所有的被调查者都不认为技术外购不重要。但是，当问及企业有没有设置进行技术外购的专门组织时，所有的回答者都说没有。

技术经营研究的一个重要课题就是如何利用企业外部的技术资源，迅速实现企业的经营战略。但是在利用外部技术资源的同时，也不能够不考虑企业自身的技术积累和储备。这样，就需要在利用外部技术资源和加强内部储备之间把握好平衡。到 20 世纪 90 年代为止，美国的好的企业是把开发、制造、销售等全部由一个企业自己完成，但是这种情况也经发生了改变。随着竞争的激化，事业和研究开发的规模增大，价值链的全部都在一个企业内完成逐渐变得困难。而且，技术创新的速度也在加快，新产品的寿命在缩短。以技术为经营手段，通过灵活地经营技术，提高企业的价值和盈利能力。但是怎样经营技术，却必须考虑时代的潮流和技术的种类，技术自身的特性。在经营战略中，如何获得技术、积累技术和运用技术是技术战略要解决的问题。这样，技术战略的视野就从研究开发扩展到技术并购。获得的技术怎样在产品中应用，怎样和企业的价值和利益结合起来，为企业增值贡献力量。也就是说技术不止要在产品开发战略中发挥作用，还应该在客户关系中发挥作用。

（三）技术路线图（TRM）

技术路线图（Technology Roadmap，TRM）是技术经营和研究开发管理的一个基本工具。前美国总统科学技术顾问、哈佛大学教授 Branscomb 把技术路线图定义为“以科学知识和洞见为基础的、关于技术前景的共识”（Branscomb，1993）。这里的重点有两个，一个是“以科学知识和洞见为基础”；另一个是“共识”。这就要求在绘制技术路线图时，要聚集关联领域的科学技术专家，有时还需要政府决策者参加和技术成果使用者参加。也就是说，和技术有关的各个方面的代表都应该参加技术路线图的绘制过程。另外，所谓“共识”，也不是简单的算术计算，而是活跃、活泼的意见交流、交换基础上取得的结果。在表现形式上，通常以时间为坐标横轴，在坐标纵轴上，尽可能使用量化指标。实际上，技术路线图的作用在于为(1)技术开发战略研讨和(2)政策优先顺序研讨提供知识、信息基础和对话框架，提供决策依据和决策效率。现在，在专业领域最知名的技术路线图是美国、欧洲主要国家、日本、韩国等的半导体厂商参加的 SEMATECH International 绘制的世界半导体技术路线图。

可以认为有三类技术路线图。一类是政府技术路线图，包括中央政府和地方政府；另一类是行业技术路线图；再一类是企业技术路线图。这三类技术路线图从绘制方式、表达形式到功能作用都各有侧重。

表 16-2　技术路线图的种类

	政府技术路线图	行业技术路线图	企业技术路线图
绘制方式	官产学结合；政府主导	产学结合；行业联合体主导	企业内外结合；CTO 主导
公开程度	基本公开	成员共享；部分公开	业务秘密；策略性公开
功用	科技战略制定；关键项目选择	指引技术方向；诱导社会资源配置和市场走向	标示企业技术位置；技术经营战略和战术的制定
相互关系	基础	中间	前端
	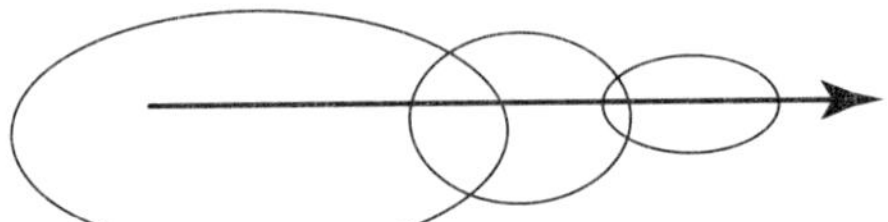		

根据日本产业经济研究所（http：//www. rieti. go. jp）的调查，美国的一个大型半导体制造设备制造商独自绘制了技术路线图，每三周更新一次，在观察本领域世界先进技术动态的同时，确认自己技术的位置，决定下一步的战术和战略。半导体行业的摩尔法则“每 18 个月半导体集成度将提高两倍”就是基于半导体技术路线图的一个表述。摩尔法则的意义不只是描述了一种现象，在半导体开发技术的精细化、高度化的过程中，对关联企业明示了应该开发的具体技术目标和达成期限，使其向此集中。摩尔是英特尔公司的创始人之一，英特尔公司握有自己绘制的半导体开发技术路线图，随时察看技术发展动态，预测技术创新点，督促关联企业的开发竞争。有 10%的英国企业已经引入技术路线图。

归纳而言，技术经营在组织上、思维方式上和工具上为企业把技术和经营结合起来、实现依靠技术赢得利润的理想提供了完整的设计：在组织上以 CTO 为技术经营的第一责任者，CTO 按照 A&D 的方式思考，用 TRM 为向技术投资判据（本书将详细讨论 CTO、A&D、TRM）。

六、技术经营在中国：技术经营还是技术经营？

2002 年 8 月 22 日，人民网日本版（www. japan. people. com. cn）发表消息：“早大为培养技术经营型人才开设新课程”：

日本早稻田大学计划从 2002 学年开始开设一门综合企业经营和科学技术知识的新大学院课程——“技术经营（MOT）课”。由于信息技术（IT）以及生物工程等已经成为左右企业经营成败的关键所在，因此早大希望通过开设这一新课程，培养出精通经营和技术两方面知识的多能人才。

虽然 MOT 课程在欧美已经非常普及，但是早大在日本将成为第一家在大学院开设 MOT 课程的大学，此举也是针对已经“开发”出商务课程的竞争对手——庆应大学的有力还击。

技术经营（Management of Technology）课程主要是从最新技术以及其开发手法、科学技术政策展望，乃至财务、经营战略、专利问题、领导方法论等方面对学生进行广泛的教育，培养能利用技术促进经营的企业领导人。另外，通过让技术专业的学生和企业技术人员等学习财务和经营知识，对高科技企业的诞生将起到更好的推进作用。

根据这一构想，早稻田大学的 MOT 大学院课程将设定为两年，授课地点定在东京新宿区的早大本部校园内，定员为200~300人，主要招生对象为企业的企划部门人员、技术人员、政府机关的产业政策担当者以及学生等。另外，面向社会人士还将开设夜间课程，网上授课系统也在筹备运作之中。

同日的新华网(www.xinhua.org)也报道了日本开展技术经营的情况：“日本产学联合设立技术经营财团帮助恢复经济”：

日本松下电器公司、日立制作所等80家民营企业和早稻田大学、东北大学等30所高等学府近日决定9月联合设立技术经营财团。目的是通过开发适合日本国情的技术经营教材，来培养懂经营会管理的技术人才，从而使日本经济摆脱低迷状态。

据《日刊工业新闻》22日报道，技术经营财团由日本经济产业省发起，秘书处设在三菱综合研究所。目前，三菱综合研究所正在对参加财团的企业和大学进行最后调整，并准备近日正式签约。此外，三菱综合研究所还受经济产业省的委托，与数十所大学商谈编写技术经营教材事宜，参与教材编写的大学自然也是财团的成员。它们将根据财团企业成员的需要，编写符合日本国情具有实用性的教材。教材除用于财团企业公司内部教育以外，还用来在大学开设技术经营讲座，而后向其他企业和大学公开教材内容。财团还计划与外国大学互换技术经营教材，与民间教育机构也将建立广泛的联系。

10年前，美国开始开设技术经营讲座，现在已经普及到200多所大学，在这一方面，日本落后于美国，到现在为止，还没有真正意义上的技术讲座。

有关人士认为，研究者由于不懂经营，不知如何把优秀研究成果转化为产品，培养懂技术的经营人才可以加速产品开发，进而促进日本经济发展。

从以上两条消息的内容不难看出，日本的教育界、学术界、企业、政府都在进行着经营思想的调整、转变，技术经营作为一种新的经营理念和方法，正在进入学者、企业家、政策制定者的视野并且引起这些人非同寻常的关注。而从以上两条消息发布的时间和媒体的地位看，可以依稀感到我国也意识到技术经营是一个值得关注的课题。

如果只看技术经营的英文MOT，我们可以在互联网上查到上海交通大学2002年就开设了MOT专业。《中国青年报》2002年11月6日的报道称，上海交通大学安泰管理学院确立了培养高新技术产业高级管理人才的发展战略，在MBA“高新技术开发与管理”培养方向的基础上，进一步整合相关课程和资源，借鉴国外著名高校开展技术经营教育项目的做法和先进的技术经营教学经验，针对国内实际的产业发展状况，融合交大雄厚的工科技术基础、产业管理实务，在国内率先开设更具挑战性的教育项目——MBA in MOT Program(简称技术经营MBA项目)。可是在另一个网站的报道中，同一个MBA in MOT Program变成了MTM(技术经营硕士)，上海中小企业网考试培训信息(www.sse.gov.cn/node2/node14/)称，继MBA、MPA之后，又一重要教育项目—技术经营硕士MTM在上海登陆。上海交大与香港科技大学联手推出技术经营硕士教育，该合作项目是国家教育部批准的第一个技术经营类高级教育项目。

其实，让懂技术的人懂经营、和让懂经营的人懂技术，两件事情的难度是不一样的。注意到这个差别，不把这两件事情当作一块硬币的两面来考虑，而是有针对性地思考这样两个不同问题的解决方案，是有助于问题的解决的。尽管我们看到的几乎全部文献在表述上通常是“让懂技术的人懂经营、让懂经营的人懂技术”连在一起的形式，但实际上，这是不一样的两个问题。而且，让懂经营的人懂技术似乎比让懂技术的人懂经营要困难一些。注意到这个差别，可能会像注意到人们在使用互联网时发出的信息远远少于收到的信息、从而成功地开发和推广了 ADSL 取代 ISDN、不止百倍地加快了从互联网上接收信息的速度那样，可以有的放矢地设计和开展以不同目标群体为对象的教育和培训，提高既懂技术、又懂经营的人才的培养速度。“智力，就是能够区分细微差别的能力”，从细微差别出发，才能有效果而且有效率地解决问题。

实际上，很少有懂技术的人终其一生只从事我们称之为技术的工作，他们中的绝大多数都会从职业生涯起步的 5~10 年开始承担管理、甚至经营的职责，并且随着职业经验的增加和积累，后者的比例还会加大。教授要管理自己的研究室，工程师要管理自己的实验室。这就是说，当懂技术的人在安排别人的工作时，他已经是在管理(迈克尔·巴达维，1995)。不过当一个懂技术的人他还没有主动考虑商业化地出售他自己的或他负责的成果时，他的职责就还没有从管理转变为经营。

这里面又有一个细微的差别需要注意，就是管理和经营的不同。《辞海》(缩印本 1980 年版，1989 年第 13 次印刷)对经营和管理分别做了如下的解释：

1. 经营

①本指经度营造。语出《诗·大雅·灵台》“经始灵台，经之营之”。引申为筹划营谋。如：惨淡经营。《史记·项羽本纪赞》：“谓霸王之业，欲以力征经营天下，五年，卒亡其国。”亦指艺术构思。杜甫《丹青引》“诏谓将军拂绢素，意象惨淡经营中。”②犹往来。《楚辞·九怨·怨思》：“经营原野，杳冥冥兮。”王逸注：“南北为经，东西为营。言己放行山野之中，但见草木冥冥，无有人民也。”《后汉书·冯衍传下》：“疆里九野，经营五山。”李贤注：“经营，犹往来。”③专指经管办理经济事业。如：经营商业。

2. 管理

管辖。如：经管、该管。

这样，“让懂技术的人懂经营”就转变为“让懂技术的人、和懂技术经营的人懂技术经营”。这般设问，应该更切中要害。

英文是 Management of Technology (MOT)，日语和韩国语都译之为“技术经营”，我国一概翻译为“技术经营”。其实，英文的 Management 是一个非常复杂的词，法语、德语中也没有一个与之基本对应的词，在遇到 Management 时，大多直接使用英文原词，视之为以外来语。《朗曼当代英语辞典》(Longman Dictionary of Contemporary English)对 Management 的解释是：①the act of managing, esp. a business or money；②skill in dealing with a person；③the people who are in charge of a firm, industry, etc。而从词根上看，Management 的动词词根是 Manage，同一个词典的解释是：①to control；②to succeed in dealing with；③to succeed in living；④to succeed in taking or using。不难看出，在英文的原意中，“管理”甚至不是 Management 的基本含义。

其实，在《新英汉词典》中，Management 被翻译为①管理、处理、经营、安排；②运用、操作、驾驭；③手段、经营手段、经营才能；④(工商企业的)管理部门。这实际上给我们留下了选择的空间，但是我们没有做出最适当的选择、并且在不适当的选择上越走越远。

20 世纪 80 年代中期我国学术界曾发生过是企业经营和还是企业管理的争论。因为这场争论发生在我国经济体制改革的起步期，企业还不能摆脱计划经济时代的行政色彩，主张管理的一派占了优势。加之 20 世纪 90 年代以来 MBA 中 A(Administration，行政管理的意味很重)的影响，管理一派的优势等得到加强。因此，大多数文献都把 Management 翻译为管理，比较慎重的翻译是经营管理。后者确切，但比前者烦琐，所以经营管理常常被省略为经管或管理。当然语词含义会在使用中发生一些改变，但经营和管理的区别还是容易分清的。国内对技术经营的不注意、不重视的一个主要原因是每遇“Management”必译为“管理”。结果是翻译上的差池，导致思路上的偏颇。鲜活的理念，被引入计划体制的旧轨。译者责任，由是可窥一斑。严复曾说，一词当前，旬日徘徊。足见先贤学风之严谨、用意之艰深。

表 16-3　管理与经营的比较

经营	管理
发散的	收敛的
鼓励尝试的	倾向遵守纪律的
商业意味	行政意味
外向的	内向的

技术可以通过两种方式实现其价值：①技术市场(出售技术)。②产品和服务市场(把技术转化为产品或服务、出售该产品或服务)。这样，技术经营的机构可以分为研究开发型企业、风险投资公司和技术中介机构(表 16-4)。

表 16-4　技术经营的对象与机构

项目		研究开发型企业	风险投资公司	技术中介机构
高技术	技术	战略性出售或交换、购买高技术和新技术；以提供产品和服务为主业；技术经营是其发展战略的重要组成部分；人员、资金	购买或入股研究开发型企业；以出售这类企业或企业股权获利；技术经营是其根本；人员、资金	提供专业服务；技术经营是其主业；人员
	产品或服务			
新技术	技术			
	产品或服务			
软技术	技术			
	产品或服务			

或者说，技术经营是发达国家进入以技术为主要竞争手段的技术竞争阶段后提出的课题，中国还没有进入这个阶段，技术经营不宜多提。其实不然，改革开放就是向发达国家学习科学技术和经营管理经验和知识，发达国家在这方面对我们有启发的地方，我们都应该学习，这也是后发优势的一种体现。技术经营要解决的是研究开发成果的市场化、商品化问题，这个也是我国科技和经济政策面临的一个重大课题。改革开放以来，我国的科技、经济政策和产业政策一直把如何让科技成果转化为生产力作为最重要的主题之一，技术经营可以在这个方面给我们很多的启发、知识和经验。所以，我们国家应该提倡技术经营。

在我国的研究和教育实践中，也有专家注意到了国外 MOT 的特点，提倡在教育的课程设置中参考国外 MOT 的内容，认为可以在技术经济学方向的 MBA 教育中增加 MOT 的成分(图 16-3)。不过也有国外专家指出 MOT 和 MBA 在理念上的差异和内容上的差别。

我国已经具备了很好的开展技术经营研究、教育和实践的基础，比如 MBA 的普及、技术经济学知识和学科的存在、技术市场和技术中介机构的存在、待机而动的风险资金、活跃的创业氛围、广泛的国际交流等。需要用现代技术经营的理念和方法，把这些基础条件和因素集成起来，从而重

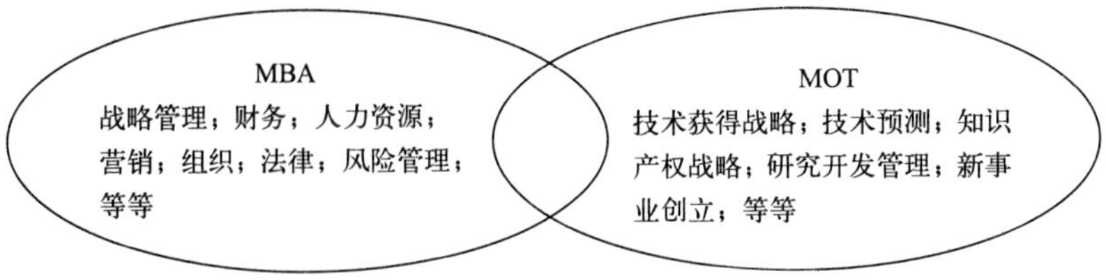

图 16-3　MOT 与 MBA 的比较

视技术管理和技术经营的区别，如图 16-4 所示。这就要求①认真学习国际先进的技术经营的理论和经验；②认真调研我国的实际情况。案例解剖是国外技术经营研究和教育非常重视的方法。只是在过去的案例解剖中更多地关注成功的案例，现在的案例解剖开始重视失败案例，认为从失败的案例学习同样重要。所以我们不论是在学习国外知识还是调研国内情况时，都应该重视成功和失败的案例。

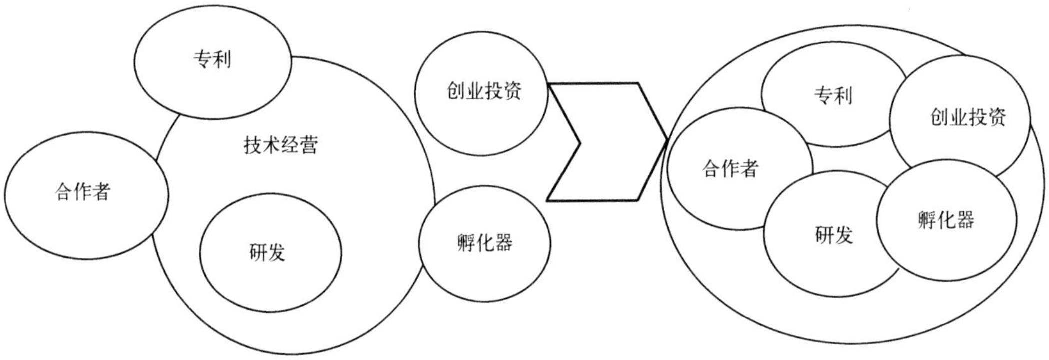

图 16-4　从技术管理到技术经营

科学与技术在我国的文献和文章中，通常简称为科技，比如科技发展、科技政策等。在西方，虽然有简称科技（S&T）的时候，但是在多数情况下，科学和技术还是并列称为 Science and Technology。在日本和韩国，也不把科学技术简称为科技。把科学技术简称为科技，虽然有简洁便利的地方，在特定的语境中也能够比较准确地表达科学和技术的紧密关系。但是，“科技”一词的广泛使用，很容易引导人们产生科学技术两者一而二、二而一的印象和理解。这样也就不容易在研究活动中以至在政策制定时区分科学和技术的不同规律，有针对性、有效率地开展研究和制定政策。

在现实生活中，企业不把科学技术等而视之。企业更关心的是技术，而关心技术的理由是技术能够带来利润，出发点是把技术看作一项资产。企业关心科学是关心技术的延伸，是为了更好地关心技术而去关心科学。这就可以清楚地解释为什么企业在不景气的时候首先减少基础研究开支、撤并基础研究所、不招收基础研究人员。更进一步，企业甚至不关心技术的高与低、新与旧，关心的是技术能否带来利益。对某一个具体的市场来说，倒是新技术能给企业带来收益。一个明显的例子是在韩国很普通、很普遍的地热取暖技术，和任何意义上的高技术定义都不符合，但对我们国家的大多数地区来说，却是一项新技术。在我国北方，引进这项技术企业已经获得了不错的收益。

虽然习惯上把高技术和新技术统称为高新技术，但企业也不把高技术和新技术等而同之。新技术是相对于有无而言，第一次出现的技术是新技术，如果某一种技术已经存在，如果再开发或引进同一种技术，就不是新技术。高技术是相对于技术中的最新知识的含量而言的，一项技术包含的最新知识越多，这项技术就越高。因此，通常采用研发投入的强度测量和评价一项技术是否是高技术。在这个意义说，高技术是研究开发的结果新技术不一定要有很多的

一般而言，企业追求的是新技术，因为新技术的采用可以帮助企业生产新产品、降低生产和经营成本、巩固垄断地位和赢得垄断利润。而政府追求的则是高技术，因为高技术可以帮助国家提高自身的军事实力、政治影响力和国际竞争力。① 就像企业和国家有交叉的领域一样，新技术和高技术也有交叉的地方。如果按照市场规律去要求国家的科学技术，或者按照国家规律去要求企业的科学技术，那将南辕北辙，不得其果。

（摘自刘海波《技术经营论》. 科学出版社. 2005.）

① 实际上，高技术这个概念本得到普遍认同和重视和美国国家战略对高技术的强调有直接关系。1983 年美国总统里根提出被通称为“星球大战”计划的“战略防御倡议”，其中有两个核心概念，一个是高边疆，另一个就是高技术。

第十七章　技术转移的基本规律

为更好地指导技术转移服务，促进科技经济的融合，本章从宏观角度和实践角度总结了技术转移的十二条基本规律。

第一节　宏观规律

一、市场为本

技术转移是一种市场经济行为，因此遵循基本的市场经济规律。首先是供需关系规律，从中短期的市场周期看，大多数情况下买方的有效需求起决定性作用，而由卖方的一个新技术创造一个新市场的情况属于特例。其次是价格规律，技术是一种商品，技术转移是一组商业交易行为，因此无论技术转移发生在技术生命周期的哪个阶段，都必然涉及有关技术定价、所有权转移、利益分配以及相应的交易契约问题。第三，技术转移活动的有效普及与规范，依赖于交易主体各方的成熟程度。如果行为主体缺乏市场意识，不懂、不会、没有交易能力，那么再完备的交易规则都无用处。只有符合市场经济规律的技术转移才能获得持续和成功。在任何一个环节或者阶段背离市场经济规律都可能导致技术转移受阻。

案例：无疾而终的130个技术引进项目[①]

引进国外先进技术和先进设备是新中国成立后的一种要重要做任务，具体组织方式包括中央主导的集中化技术引进和地方主导的分权式技术引进。1982年6月，在广州举行的中国投资促进会议上，我国宣布启动130个项目计划，力求在中央政府的主导下进行大规模的技术引进，以获取外国的先进技术和管理经验。但是，最终这一计划并没有取得预期成果。

130个项目出台的一个重要背景是中央收紧技术引进审批权、消减地方及企业能动性。改革开放后，为了提高地方政府发展经济的积极性，中央陆续出台财政与行政放权政策。随着地方政府可支配资金的增加，开始涉足技术引进，加大利用外资力度，这就造成了各地区自称工业体系的局面，并出现盲目、重复引进。为了制止这些乱象，中央陆续出台一系列文件收紧技术引进审批权，比如1980年颁布《关于企业引进制造技术所需费用开支问题的规定》，1981年颁布《技术引进和设备进口工作暂行条例》，1982年颁布《关于对现有企业有重点、有步骤地进行技术改造的决定》。

根据资料，这130个项目是从23个省市自治区推荐的280多个项目中遴选出来的，覆盖纺织、食品、小五金等轻工业，也包括化工、机械、建筑材料等重化工业，计划总投资16.5亿美元，其

---

① 朱妍，林盼．“130个项目”：改革开放初期集中化技术引进的尝试[J]．学海，2019，176(02)：150-158.

中吸收外国投资9亿美元。

从结果来看，130个项目的后续推进“雷声大雨点小”。其中一个重要原因是，130个项目中以合资为唯一投资形式的有58个，兼有合资及其他投资形式的有26个，共计74个，超过1/2；而以补偿贸易为主的项目46个，占总数的35.4%。这一比例与同时期外资引进的情况显著不同，在1979—1982年总体引进的1792个项目之中，合资项目83个，仅占总数的4.63%；补偿贸易项目则有872个，近50%，换言之，补偿贸易是技术引进的主体形式，合资项目只是补充。合资经营由中外双方共同投资、共同经营、共担风险、共享盈利，实际上更加有利于我国学习外国的先进技术和管理经验。但是当时我国经济发展的一个客观现实是，政府官员和社会大众对于中外合资的理解还具有一定限制，比如有人担心中外合资会“发展资本主义，损害社会主义”，担心把经营权交给外国会产生不好的效果。

这种意识形态的问题实际上是市场环境的问题，在技术转移、技术引进过程中只有充分考虑到这些因素，才能符合经济规律，达到预期效果，这也是130个项目没能有效推进，更没能环节盲目重复引进的原因。

二、环境依赖

很多技术在我国南方和沿海一带能够得到比较好的转化，在很大程度上取决于当地环境。良好的营商环境和科技创新环境对于技术研发、技术应用、技术转移有极大的促进作用。目前，深圳是我国创新活动最活跃的一个区域，诞生了华为、大疆、比亚迪等中国高新技术企业，这与其良好的创新环境有很大关系。

改革开放后的80年代，我国的技术引进步伐加快，在客观上也是推动我国经济总量猛增的一个重要因素。在1981年到1993年间，当时的经贸部批准了5075项技术引进合同，合同价值362.98亿美元①，这也是我国技术引进的大规模发展阶段。当时的金融环境和投资环境的转变、发展是这种大规模技术引进的重要原因。一是投资主体从政府逐步转向企业；二是资金来源更加多元化，市场机制更多地发挥作用；三是地方政府在技术引进中的主动性和地位加强，能够更好地引进适合当地发展的技术②。

营商环境是当前关注的一个焦点内容。党的十八届三中全会通过的《中共中央关于全面深化改革若干重大问题的决定》提出：“建设法治化营商环境”。良好的营商环境是一个地区核心竞争能力和潜在发展能力的重要标志。一个区域的营商环境就包括了包括当地金融环境、投资环境、知识产权保护环境等多个方面的内容。良好的营商环境不仅有利于吸引外部技术，还能够有效激活区域内部技术的流通，促进可持续的创新发展。

三、权利敏感

技术转移对于权利非常敏感。市场经济在很大程度上是权利经济，实际上是私权利的经济。权利是利益分配的基础，所以如果没有相应的权利，就没有办法去做分配。这就是为什么要维护私权

---

① 顾纪瑞．中国八十年代技术转移和技术进步[J]．学海，1996(5)：8-13.

② 何保山，顾纪瑞，严英龙．中国技术转移和技术进步．北京：经济管理出版社，1996.

利的原因，特别是在用一项技术进行专利申请的时候，一定要谈到“权为用而确，用为利而谋”。申请专利的目的是为了使用，更是为了谋求利益而使用。在我国专利爆发的背景下，很多人讨论垃圾专利或者低价值专利等；虽然我国今年申请了大量专利，但是都没有把它充分用起来，或者其本身就没有应用的价值，其实是不利于技术转移的。

知识产权保护环境是影响技术转移的一个重要因素。发达国家的企业在进行海外投资时，考察当地市场前景的一个重要考虑就是知识产权法律制度建设情况和知识产权保护环境。2014 年，加拿大亚太基金(Asia Pcific Foundation of Canada)发布报告《外商和加拿大企业在华面临的知识产权挑战(Intellectual Property Rights Challenges Facing Foreign and Canadian Businesses in China)》，分析了包括加拿大企业在内的外商在中国面临的专利、版权、商标、商业秘密等方面的知识产权侵权挑战，并从文化、制度和技术等方面进行分析。所以，从我国国内层面来看，政府部门不断完善知识产权保护的体制机制，加强知识产权保护和执法力度，即使引进国外技术的重要基础，也是促进国内技术转移的必要条件。

四、业务综合

技术转移是一项综合性很强的业务，涉及多个方面的工作内容。从流程和关键节点的视角来看，技术转移涉及研发立项、研发开展、专利申请、价值评估、合同签订等方面。每一个环节都需要专业化的人员进行操作，而且不同环节之间也经常相互融合，比如在研发立项和研发过程之中都需要进行专利检索。在研发委托、专利申请代理、价值评估委托等活动中都需要签订相应的委托合同。

对于一项综合性业务，每个个体的能力都是有限的。那么如何才能更好地实现技术转移？需要的不是个人掌握全部的东西，而是要有一个团队，在团队分工与合作的基础上共同完成。

高智发明是一家起源于美国的专利商业化公司，其商业模式曾引起广泛讨论。高智的专家团队主要由三部分组成，分别是科学家或技术专家，法律专家，经济市场专家。高智专门设有主题创制团队、投资关系团队、专利购买团队等，从事相关业务。马普学会嘉兴创新公司有员工 36 人，职员分 5 种专业类型，分别是不同学科领域的科学家、经济事务专家、法律事务专家、专利事务专家以及财务、信息、行政管理等事务人员，公司有专门负责知识产权组合管理的副总经理，而且有专门的专利与许可管理团队。

五、人本优先

这里人本的意义是人力资本，而不仅仅是通常理解的以人为本。人力资本是体现在人身上的资本，即对生产者进行普通教育、职业培训等支出和其在接受教育的机会成本等价值在生产者身上的凝结，它表现在蕴含于人身中的各种生产知识、劳动与管理技能和健康素质的存量总和。人力资本同物质资本一样，不是天生的，而是通过投资得到的。只有经过一系列的教育、培训，才会具有一定的生产知识、劳动技能，从而才可称为人力资本。要进行技术转移，就必须做到“人本”。

何保山(1996)等人①认为技术包括工艺和技能两个方面，成功的技术转移必须同时具备两者才

① 何保山，顾纪瑞，严英龙．中国技术转移和技术进步[M]．北京：经济管理出版社，1996.

能够得以实现。其中工艺是指“关于如何生产一个产品的知识”，包括“有关如工厂建设与设计，设备要求等方面的数据以及诸如原料标准、要求方面的信息”；而技能是“将专业技术转化为市场产品的能力”，“不仅包括生产产品所需的一般工业技能，而且也包括解决生产与维护问题，协调生产要素，计划与调节生产过程，保证产品质量等方面的能力”。

从技术转移形态的知识论考虑来看，工艺型技术更偏向标准化的显性知识，而技能型技术更偏向个性化的隐性知识，而后者主要依存于个体的人。所以技术转移有时不是简简单单的引进技术就可以，这也是我国很多企业从国外引进技术或者生产线时，为什么要花重金同时聘请技术指导专家的主要原因。

六、结局多赢

技术转移活动会带来结局多赢。经济学中有一个帕累托最优的概念，在交易中，在没有使任何人境况变坏的前提下，使得至少一个人变得更好。而在技术转移中，技术供给方、中介服务方和技术接受方都可以获得利益，所以是一个多方共赢的结局。

官产学研合作就是实现结局多赢的技术转移模式，企业利用高校和科研机构的智力成果为本企业谋取更多的利润，大学和科研机构利用企业的资金改善科研条件，而政府提供必要的公共政策和法律制度基础。

第二节 实践规律

一、目标至上

技术转移是在特定目标导向下开展的。技术本身就具有目的性这也是技术的社会属性的体现，在社会进步和经济发展中发挥重要作用，“因为所有改造自然的主观能力的技术的产生从来都不是无缘无故出现的，也不是客观的自发演化过程，而是人为的为达到某种目的的手段”①。技术的形成是人类的目的性活动的一种模式，体现出满足人类日益增长的需要，吴虹和刘则渊(2004)②认为技术是合目的性与合规律性的辩证统一。

基于技术本身的目的性，可以延伸出技术转移同样具有目的性。Autio 和 Laamanen(1995)③认为技术转移是技术在两个主体之间的边界跨越，并把技术转移界定为技术双方或多方之间有计划、有目的接触，以便技术知识能够通过技术的一个组成部分或多个部分的组织间传递保持稳定或增长。

这样的认识可以在以下方面为开展技术转移活动带来帮助。首先，技术转移并不是为了把技术从一个机构或地域移动到另外一个机构或者地域，而是为了解决现实问题。此外，技术转移的服务需要在把握相关主体目的性和技术自身目的性的基础上开展。

---

① 崔宝敏，董长瑞．马克思消费理论：本质、异化及体制转型[J]．经济社会体制比较，2018(5)．

② 吴虹，刘则渊．论技术进步的合目的性与合规律性的辩证统一[J]．自然辩证法研究，2004(9)．

③ Autio E，Laamanen T. Measurement and evaluation of technology transfer：review of technology transfer mechanisms and indicators[J]．International Journal of Technology Management，1995，10(7-8)：643-664.

二、用户主导

技术转移的过程推进是需要用户主导的。技术转移一定会涉及用户，而用户主导通常是因为用户是付款方。这里的用户讲的是技术的用户，而不一定是最终产品的用户，在“现金为王”的时代，掌握资本的用户在很大程度上可以主导技术转移活动。

简单来看，用户主导就是技术转移的接收方是否愿意支付对价，而这是决定技术转移是否实现的关键所在。这一规律对于促进技术转移的启示是，通过采取措施或者提供服务来推动用户的“购买决策”也是技术转移工作的一个重要落脚点。

三、实例说服

技术转移对于实例有很强的需求。技术作为一种商品而言，具有无形性，不像一般商品一样能够给人直观的视觉感受或者功能体验。而这也是制约技术转移的重要因素。

如同卖房子需要有样板间一样，实现技术转移的一大阻碍就是很难有实际的例子。技术转移的成果就绪论实际上与实例说服的思想一致，即技术的成熟度越高，则越接近于形成实例，技术转移就越容易实现。

四、资金多元

技术转移是一种市场行为，过程中的多个环节都涉及资金，资金是技术转移体系的要素之一。技术的研发需要投入研发人员的时间和精力、材料设备、办公空间等；技术成果产出后需要投入专门的人力和资金申请专利；技术转移过程中可能还涉及技术价值评估的费用支出。

用于支撑技术转移的资金来源也是比较多元的。具体来源包括财政拨款的科研业务经费、政府设立的投资基金、社会上的产业基金、企业内部投入等。在技术转移的实践中，通过整合不同的资金来源，一方面可以保证技术专利的顺利开展，另一方面这实际上也是降低风险的一种方式。

五、对价组合

对价是指为换取另一个人做某事的允诺，某人付出的不一定是金钱的代价，在法律意义上看是一种等价有偿的允诺关系。从技术转移来看，在支付技术转移的资金时，可以有多种支付方式的选择，包括现金、股权、期权等。

在技术转移的实际操作中，付费经常被分为入门费和分成费。入门费一般在初期一次付清，而分成费通常要附带诸多条件，所以技术转移费用支付的结构也是一个需要重点关注问题。这种“入门费+分成费”的支付方式一方面降低了技术受让方因一次性支付所有费用需要承担的风险；另一方面，在一定程度上通过“分成费”方式实现了技术供给方和技术需求方的利益共享，有利于促进双方在技术运用过程中的进一步合作。

《中华人民共和国合同法》(1999)技术合同价款、报酬或使用费的规定是，支付方式由当事人约定，可以采取一次总算、一次总付或者一次总算、分期支付，也可以采取提成支付或者提成支付附加预付入门费的方式。约定提成支付的，可以按照产品价格、实施专利和使用技术秘密后新增的产值、利润或者产品销售额的一定比例提成，也可以按照约定的其他方式计算。提成支付的比例可以采取固定比例、逐年递增比例或者逐年递减比例。约定提成支付的，当事人应当在合同中约定查阅有关会计账目的办法。

金亮（2019）①等通过专利许可和生产外包的两阶段博弈模型，研究了专利持有企业、品牌企业和 OEM 厂商的许可协议。研究发现，专利持有企业应针对不同市场条件进行专利许可方式的设计，若产品潜在市场需求较高，则采用固定专利许可费；若产品潜在市场需求较低，则采用“单位产品销售提成+固定专利许可费”的方式。王君美（2012）②研究了一个非生产性的技术研发企业如何决定向两个生产性企业转让降低成本的技术，发现在固定收费方式下，如果新技术的创新程度较低（高），那么技术拥有者偏好向先（后）进入市场的企业转让其技术；在特许权收费方式下，技术拥有企业会向两个企业同时授权其技术；但是在双重收费合同下，技术拥有者的最优策略是只向跟随企业转让其技术，双重收费合同不仅会使技术拥有者的授权利润达到最大，而且会使社会福利水平达到最高。

从案例来看，2017 年 2 月 17 日，上海大学以 1800 万元人民币的价格，把相关研究团队研发的“高强高导铜合金制备技术”有关专利所有权转让给新兴际华集团有限公司下属新兴发展集团有限公司，同时联合成立“高性能铜合金开发及应用”联合实验室，合作期限初定为 10 年，新兴发展集团前 3 年出资不低于 600 万元，用于前期的成果转化配套开发。这种技术转移的合作方式实际也是对价组合的一种体现形式。

六、操作专业

技术转移的操作是非常专业的。包括技术的二次开发、模式设计、商务谈判、合同撰写、组织资源、市场推广等在内，这些都是专业的。

技术是一种特殊的商品，因此技术转移同时遵循特殊的交易规律。首先，以不完全契约应对技术转移过程中的不确定性。完全契约是指交易的所有行为和后果都估计到了，交易条款覆盖全部，如果有一方不能履行条款，第三方可以强制执行。但是在技术转移过程当中，由于其不确定性的存在，也就不可能在交易条款中把所有问题都覆盖，此时要设立一个适应机制，要通过不断变化来调整交易当中碰到的问题，就是不完全契约。其次，相对于“成本法”“预期收益法”而言，风险投资商采用的“实物期权法”更适合用于对技术定价。最后，技术转移是强个性化的交易行为，强制制定几个统一标准（如价格）或模式的方式并不适合于技术交易，因此要尊重、保护来自技术转移第一线的组织创新和模式创新。

案例　美国高校的技术转移概念证明中心③

从发明创造到产品开发之间的跨越是技术转移所需要解决的核心问题，而概念证明是其中的关

① 金亮，郑本荣，胡浔．专利授权合同设计与生产外包——基于企业社会责任的视角［J］．南开管理评论，2019，22（3）：40-53.

② 王君美．非生产性企业技术授权的对象选择问题［J］．科研管理，2012，（10）：37-47.

③ 王凯，邹晓东．美国大学技术商业化组织模式创新的经验与启示——以“概念证明中心”为例［J］．科学学研究，2014，32（11）：1754-1760.

键阶段。兴起于美国高校的"概念证明中心"经过多年的实践，在促进技术转移方面取得显著成效，得到广泛认可。比较典型的概念证明中心有科罗拉多州大学概念证明项目(University of Colorado Proof of Concept Program)，马里兰州概念证明联盟(Maryland Proof of Concept Alliance)，俄亥俄州第三前沿(Ohio Third Frontier)等。

概念证明中心是一种在大学之内运行或与大学有关的促进大学科研成果商业化的服务组织，它通过提供种子资金、商业顾问、创业教育、孵化空间和市场研究等对概念证明活动进行个性化的支持，如开发和证明商业概念、确定合适的目标市场和实施知识产权保护等。概念证明中心的工作处于大学技术转移办公室的下游，主要目的是加速已有技术成果进入市场，对技术转移办公室的工作起到补充作用。

概念证明中心体现为一种促进技术转移的组织模式创新，目标是"成为具有前景的技术从实验室走向市场的中转站"，通过一系列的服务，对已有技术成果进行培育、包装，提高其商业化可能性。在根本上，对技术商业化可能性的估计是基于所有有关已有技术公开信息的结论，从而概念证明中心的作用其实也是降低了信息不对称程度。

第十八章　专利运营

专利是技术的重要载体，专利技术为技术所有者提供了垄断性权利，进而为其带来垄断性收益。专利运营已经成为技术转移中的关键成分，本章对专利运营进行重点介绍。

第一节　概念与特征

专利运营，是指市场经济中的各类主体，基于专利制度和其他相关法律、法规、政策，利用经济规律和市场机制对专利申请权、专利权、专利信息、专利技术进行研发的、生产的、商业的、法律的以及其他形式的运用，以谋求自身利益的行为。

这样的界定具有以下特征：

第一，专利运营的主体，可以是市场经济中的各类主体，包括以营利为根本目的的企业和专业服务机构，也可以是非营利的社团组织，又可以是科研机构、大学，还可以是个人。尽管我国当前专利运营政策、研究和舆论关注的是企业、专业服务机构、科研机构和大学，但是个人也可以进行专利运营，成为专利运营主体。不过，本书重点研究组织的专利运营，不过多讨论个人的专利运营。

第二，专利运营主体进行专利运营的基础条件是专利制度和其他相关法律、法规和政策。没有专利制度，专利自身即不存在，固然不能开展专利运营业务。没有其他相关的法律法规，如合同法、诉讼法等法律，行政复议等法规，专利运营也无法有效开展。近年来国家知识产权局等政府部门出台的一系列促进专利运营的政策，也构成了专利运营的有力支撑。

第三，经济规律和市场机制是专利运营的基本原则。专利运营是市场经济的产物，专利运营的业务机会、投资风险等都根源于市场经济规律和机制。不根植于市场经济规律和市场机制的专利运营，如基于行政垄断的专利运营，不属于本书讨论的范围。事实上，基于行政垄断的专利运营也不具有可持续发展性。例如英国技术集团（British Technology Group，BTG）的前身是英国政府于1949年组建的国家研究开发公司（National Research Development Company，NRDC），全权负责对政府公共资助形成的研究成果的商品化，但是一直和预期效果相差甚远，几经改组后，于1991年彻底民营化。

专利运营的目的是谋求利益，但是利益的界定通常会随主体和主体所处的环境发生变化，也就是说利益具有主体个性化和发展阶段性的特点。比如，关于专利制度本身，就有“富者的美食、贫者的毒药”的说法。所以说，不同的主体有不同的利益诉求，同样的主体处于不同发展阶段和环境时，其利益诉求也会发生改变。

专利运营之所以能为运营主体创造利益，其基础有两个：一是专利自身多维度的价值属性；二是专利运营多样化手段。

第二节　基于功能的分类

一、专利权运营

专利产生于专利制度的背景之下，专利首先是一种法律赋予的权利，专利是一种权利其实是专利法律价值属性的体现，所以专利运营的一项重要内容就是将专利作为一种权利进行运营，包括对专利申请权和专利权的运营。作为权利的专利运营主要包括权利的转让、专利质押和专利诉讼等形式。

1. 专利转让

专利的转让包括专利申请权的转让和专利权的转让，但是一般情况下所说的专利转让指的都是专利权转让，即专利权人将专利所有权全部转让给受让方，我国《专利法(2008 修订)》第十条对专利转让进行了相应的规定 。专利转让是企业盘活资产和筹集资金的一种方法，因为如果运用不当的话，持有大量的专利也会成为企业的一个沉重负担，专利的申请费、年费、管理成本、诉讼费用、时间贬损成本等，都是源源不断的开支，而专利转让可以对这些支出进行转嫁，同时获得专利转让收入。

2. 专利拍卖

在现实经济活动中，专利拍卖是实现专利转让的一种手段，而同时专利拍卖也是专利运营的一种重要形式。专利拍卖通过一个拍卖公司和多个买方进行现场交易，使不同的买方围绕同一专利或专利组合竞价购买，从而发现其真实价格，更直接地反映市场需求，专利拍卖涉及出让方(专利权人)、受让方(竞拍者)和拍卖公司，拍卖公司对于专利的运作是专利拍卖成功的关键所在。美国的知识产权资本化综合性服务集团海洋托莫(ICAP Ocean Tomo)是在专利拍卖方面取得一定成绩的典型，已在美国、亚洲和欧洲举办了多场知识产权现场拍卖会，成交金额累计超过千万美元。在我国，中国技术交易所也在专利拍卖方面进行了有益的探索，并自 2010 年开始举办专利拍卖会。此外我国台湾工业技术研究院也在专利拍卖方面有所尝试。

3. 专利质押

《担保法》规定的担保方式包括保证、抵押、质押、留置和定金五种。质押是这五种担保方式中的一种，分为动产质押和权利质押两种形式。专利质押即专利权质押，指债务人或者第三人将其专利权移交债权人占有，并将专利权作为债权的担保，当债务人不履行债务时，债权人有权依法以该专利权折价或者以拍卖、变卖该专利权的价款优先受偿。其中，债务人或者第三人为出质人，债权人为质权人，移交的专利权为质物。专利权质押的主要法律依据是我国的《物权法》《担保法》和《专利法》，比如《担保法》第七十五条规定，“依法可以转让的商标转让权，专利权、著作权中的财产权”是可以质押的权利，从而专利质押属于权利质押的类别。

我国国家知识产权局于 1996 年依据《担保法》颁布了《专利权质押合同登记管理办法》(专利局令第 8 号)，2010 年发布了《专利权质押登记办法》(国家知识产权局令第 56 号)，进一步规范了专利权质押融资。2005 年，国务院发布实施《国家中长期科学和技术发展规划纲要(2006—2020)》(国发〔2005〕44 号），明确指出支持和鼓励国家政策银行、商业银行、担保公司向高新技术企业、中小企业开展贷款及知识产权质押贷款业务。2006 年 12 月，中国银监会发布《关于商业银行改善和加强对高新技术企业金融服务的指导意见》（银监发〔2006〕94 号），其中第十条规定，“商业银行对高新技术企业授信，应当探索和开展多种形式的担保方式，如出口退税、股票质押、股权质押、债券质押、仓单质押和其他权益抵（质）押等。对拥有自主知识产权并经国家有关部门评估的高新技术企业，还可以试办知识产权质押贷款”。2007 年通过的《物权法》也有针对知识产权抵押贷款担保的条款。2008 年底，国家知识产权局确定了我国首批知识产权质押融资试点单位，分别是北京市海淀区知识产权局、吉林省长春市知识产权局、湖南省湘潭市知识产权局、广东省佛山市南海区知识产权局、宁夏回族自治区知识产权局和江西省南昌市知识产权局。2009 年 9 月，国家知识产权局批复成都、广州、东莞、宜昌、无锡、温州等 6 个城市成为全国第二批知识产权质押融资试点城市。2010 年 10 月 1 日起国家知识产权局施行新的《专利权质押登记办法》（第 56 号），同时废止 1996 年 9 月 19 日中华人民共和国专利局令第八号发布的《专利权质押合同登记管理暂行办法》。

4. 专利诉讼

专利诉讼在本质上是对专利权的司法保护。专利侵权行为损害了专利权人的利益，在通过谈判难以说服对方支付许可费的情况下，专利权人可能会选择通过提起诉讼来维护自身权益。我国《专利法（2008 修订）》第十一条和第六十三条对专利侵权的行为进行了基本的界定，专利侵权行为包括未经专利权人许可而实施其专利的行为和假冒专利的行为，实践中的专利侵权行为以前者为主。

但是有关专利的侵权诉讼往往要耗费较高的成本，包括时间成本、资金成本和人力成本等。专利侵权案件往往涉及多项法律法规和多方主体，有很强的复杂性，而且审理周期较长。此外，专利诉讼具有较强的风险性，这主要来自于诉讼结果的不可预测性。所以是否采取专利诉讼这一策略对于权利人也是一个重要的专利运营抉择。

5. 专利保险

专利保险指以专利的财产权和专利侵权赔偿责任为标的的保险，主要解决由于持有专利并进行专利产品化发生损失和因专利侵权而造成赔偿和财产损失的问题。进行专利运营存在较大的内外部风险，而且随着 NPE 的大肆兴起和全球盛行，专利纠纷和专利诉讼的数量也迅速膨胀，而专利保险则为专利运营添加了一层保护伞，在风险发生时降低了投保人的损失。

二、专利技术运营

专利权是对能够解决现实问题的技术方案的保护，专利的技术属性是专利价值的根本来源，从技术的角度对专利进行运营是专利运营的一个非常重要的方面。下面列举包括专利许可、专利标准化和专利池等在内的几种专利运营形式，事实上这几种专利运营形式之间存在着密切联系，比如专利池通过对专利的集中管理来方便专利许可的实现，而专利标准化在一定程度上催生了专利池。

1. 专利产品化

专利产品化是专利作为一种技术进行各种形式运营的基础。比如在专利许可中，被许可方寻求许可的目的就是因为有着实施相应专利技术的需求，这种实施或应用于产品自身，或应用于产品生产工艺的改进。当然在个别情况下，被许可方的直接目的并非实施专利，比如专利运营机构，他们通过专利的再许可获利，但是一般被许可方是专利技术的真正需求方，会将专利技术进行产品化。

2. 专利许可

专利许可是指专利权人将其所拥有的专利技术许可他人使用的行为。在专利许可中，专利权人成为许可方，允许实施的人成为被许可方，许可方与被许可方需要签订专利实施许可合同，该合同只允许被许可方实施许可方的发明创造专利技术，而不转移许可方的专利所有权。专利许可是企业组织经营管理的主要策略之一，是进行专利运营的最简单、最直接、最主要的获取收益的方式，随着企业不断认识到专利技术的价值，一些企业已经能够通过专利许可方式获利，尤其那些大型的企业通过采用不同专利许可的方式来规划企业，并且将其作为企业的组织经营策略，以推动企业的发展。

专利许可的形式一般分为独占许可、排他许可、普通许可、交叉许可和分许可。

3. 专利标准化

技术标准是国际贸易中市场进入壁垒的重要组成部分，专利技术标准化是目前发达国家企业普遍采用的将专利、技术标准和产业发展联系起来的一种方式。因为标准与专利的捆绑意味着技术规范可以得到专利法的保护，从而为企业带来更多的效益。技术标准是企业将科学技术创新成果转化为盈利工具的重要方法，以专利技术为支撑的技术标准能够为标准的拥有者带来巨大的经济效益，技术标准的主导者往往可以在产业化方面取得领先地位。

4. 吸引投资

在实践中，无论是创业团队获得融资的过程中，还是风投企业在选择投资对象的过程中，都应该将知识产权，尤其是专利权作为一个重要的考虑因素。

另外一种吸引投资的方式是组织具备了进行专利技术研发的条件，尤其是具有高素质的研发人员和基础的研发设备。从而组织可以借此吸引资金对自身研发进行投资，研发成果申请专利的相关费用也由投资人承担，但是要将研发完成后申请的专利权全部转让或者部分转让给投资方。

三、专利信息运营

对于专利信息的内容可以从狭义和广义两个方面加以理解，狭义的专利信息即专利文献，指的是各国专利行政管理部门的正式出版物，包括专利说明书、权利要求书、说明书摘要、说明书附图、专利公报、专利索引、专利分类表等；广义的专利信息还要在专利文献的基础上包括与专利相关的科技、政策、法律和商业等方面的信息。其中专利文献的公开是专利制度中的一项重要内容，世界各国的专利行政管理部门一般都对专利文献的内容和格式有严格的要求，尤其是说明书、权利要求书和摘要，其内容涵盖了申请专利的发明或者实用新型的名称、技术领域、技术特征、主要用途、具体实施方式、申请(专利权)人、申请日、发明(设计)人，同时专利行政管理部门的专利公告还包括专利的法律状态、著录项变更等。所以说专利文献是技术信息、经济信息、法律信息和人才信息的集合，而且由于专利行政管理部门对专利文献在内容和格式方面的要求，专利文献的标准化程度很高，这是专利信息运营的一个重要基础。

1. 支持研发决策

专利信息的公开为专利权人提供了一个及时了解和掌握最新技术，以及特定领域的技术发展路径的机会，从而可以立足于前人的研究成果进行独立的研究开发，加速创新的步伐。

技术信息的公开是包括专利文献在内的专利信息的一项最为基础的功能。每一项专利的说明书都详细记载了该发明的技术领域、背景技术、发明内容、附图和附图说明、具体实施方式等，世界知识产权组织(WIPO)提出全世界所发布的所有技术信息中，有 90%以上可以在专利文献中找到，通过对专利信息的运用可以大大缩短研发时间和节约研发费用。

2. 支持竞争策略

专利具有法律、技术、商业和信息方面的功能属性，事实上信息是其他几个方面的功能属性的载体和基础。通过对特定竞争对手的专利信息进行分析，企业可以根据其在哪些国家申请了专利了解其市场发展规划，根据其申请专利的技术要点了解其研发方向甚至产品开发方向，综合各方面的信息还能分析出竞争对手的未来产品布局和市场布局。通过对特定技术领域的专利信息进行全局性分析，可以了解技术实力的分配，各国各地区的技术水平和申请人情况等。据此，企业结合自身情况，制定适合企业发展的竞争策略，包括产品开发策略、市场扩张策略等内容，以建立和维持竞争优势。

四、专利的资产性运营

1. 专利信托

信托是财产转移及管理的手段，涉及委托人、受托人和受益人三方主体。信托的内涵是指委托人将信托财产转移给受托人，由受托人为受益人的利益对信托财产进行管理和处分。专利信托，或专利权信托，指权利人(委托人)基于对受托人的信任，将其专利及相应的衍生权利委托给受托人，由受托人按委托人的意愿，以自己的名义，为受益人的利益或特定目的，进行管理或者处分。

在具体操作中，专利信托主要有三个环节：受托、经营和收益。专利权人在一定时期内将专利委托给信托投资公司进行经营和管理，信托投资公司对受托专利的技术特征和市场价值进行深度挖掘和适度包装，并依照信托合同的约定，向社会投资人出售专利的风险投资期权，或者吸纳风险投资基金，以获取资金流。

2. 专利证券化

资产证券化(Asset Securitization)是指以特定资产(基础资产)的未来现金流为支撑发行证券的融资活动，对资产的收益和风险进行重组和隔离，所发行证券称为资产支持证券(Asset-Backed Securities，ABS)。证券化虽然缺乏流动性，但能够产生现金流的资产通过信用增级、真实出售、破产隔离等结构性重组技术出售或转让给一个远离破产的特别目的载体(Special Purpose Vehicle，SPV)。

专利证券化即专利资产证券化，发起人以专利的未来收入为基础资产，通过一定的融资结构安排对基础资产的收益和风险进行重组和隔离，并以此发行证券进行融资。

3. 专利技术入股

专利转化成股权实际上是以专利权为形式、收到专利制度保护的技术进行出资，本质上与前文提到的科技成果作价入股和技术出资比较接近。

案例：2012 年 5 月 31 日，润中国际控股(00202)公告其 A 股附属黑龙江国中与中科院生态环境研究中心订立战略合作框架协议，共同投资成立中科环境科技创新有限责任公司。根据战略合作框架协议的条款，合资公司注册资本将为5000万人民币(6172.8万港元)，中科院生态环研中心以不低于评估价值500万人民币(617.2万港元)的专利知识产权出资，持有科技创新公司10%股权；黑龙江国中以货币认缴出资4500万人民币(5555.6万港元)，持有科技创新公司90%股权，为科技创新公司控股股东。2012年8月24日，天水华天科技股份有限公司与中国科学院微电子研究所等共5名出资人签署投资协议，拟共同投资设立华进半导体封装先导技术研究中心有限公司，注册资本为10000万元人民币，其中中科院微电子所出资2500万元，包括1000万元货币出资和1500万元的无形资产出资，无形资产主要是以专利技术为主。2013年5月28日，奥维通信股份有限公司公告称，其第三届董事会第九次会议审议通过同意公司与中国科学院沈阳自动化研究所及23名自然人股东共同出资设立沈阳中科奥维科技股份有限公司，拟定注册资本为3077万元。其中中国科学院沈阳自动化研究所以无形资产出资647.08万元占中科奥维注册资本21.03%，主要包括专利和软件著作权。

五、专利的形象性运营

专利不仅仅是衡量创新能力的重要指标，同时也是影响企业产品质量和形象的一个重要因素。企业形象是企业成功开拓市场的一个重要因素，企业可以利用其专利技术进行商业宣传以提升企业形象，而与企业形象相关的商誉更是企业无形资产的一项重要内容。

2012年5月1日起实施的《专利标识标注办法》，规定了在标注专利标识时，应当标明下述内容：1)采用中文标明专利权的类别，例如中国发明专利、中国实用新型专利、中国外观设计专利；2)国家知识产权局授予专利权的专利号。除上述内容之外，可以附加其他文字、图形标记，但附加的文字、图形标记及其标注方式不得误导公众。这为专利权人结合自身专利权状况塑造、提升和宣传品牌，提供了法律基础。

六、专利的政策性运营

专利是衡量组织创新能力、区域创新能力和国家创新能力的一个重要指标，也是政府部门认定和评价高新技术开发区和高新技术企业时的重要指标。如由科技部、财政部和国家税务总局分别于2008年4月和2008年7月制定并公布的《高新技术企业认定管理办法》和《高新技术企业认定管理工作指引》中将专利作为认定高新技术企业的一个重要指标，同时很多地方政府在认定地方级别的高新技术企业方面也非常关注专利方面的指标。对于企业来讲，通过参与各种级别的高新技术企业的认定，可以享受多种形式的政策性优惠，包括税收减免、土地等资源使用优惠以及各种财政补贴等，在一定程度上可以减轻企业负担，帮助企业成长，对于刚刚起步的科技型中小企业作用尤为明显。

第三节　基于主体的分类

参与专利运营的是市场经济中的各类主体，包括以营利为目的的企业、非营利的社团组织、公立科研机构和大学、个人等。不同性质的组织在发展过程中有着不同的利益导向，从而专利运营也呈现出差异化特征。即使是对于同一性质的组织，比如企业，也会因为商业模式的不同而使专利运营呈现差异化，同一个企业在不同的发展阶段也会采取不同的经营发展策略和与之配套的专利运营策略。所以有必要针对不同的组织类型对专利运营展开研究，下面主要从生产型组织、研发型组织、集中型组织、服务型组织和综合型组织五个方面对其专利运营活动进行论述。

一、生产型组织

生产型组织以产品的生产和销售为主要收入来源，进行专利运营的主要目的是提升产品质量，保护和维护产品的市场优势地位。生产型组织在具备一定实力的条件下一般会积极开展研发活动，壮大自身专利实力，并获得持续性的发展。

二、研发型组织

研发型组织主要包括大学、科研机构和专门从事研发的企业，其中大学和国立科研机构主要从政府财政获得资金支持并以从事基础研究为主，由于大学和国立科研机构自身不从事产品制造，所以其专利运营的核心在于促进专利技术的转移转化。但是也有一些大学、国立科研机构与企业合作成立研究院、研发中心等，这时的专利运营更加倾向于充分利用大学和国立科研机构的研发资源，创造出符合市场需求和利益导向的专利技术成果。对于营利性的研究机构和研发型企业，其从事专利运营的目的性则更加明确，即实现组织经济利益的最大化，通过进行专利运营，一方面建立和巩固自有技术优势，另一方面实现更多的经济性收入。

三、集中型组织

专利集中型组织的基本盈利模式是在聚集大量专利的基础上，对专利进行运营来获得收益，这类组织的核心收入来源就是专利运营。其基本的专利运营方式包括对研发活动和专利申请活动进行投资以获得专利权或者专利许可，将自有专利许可给他人使用以获取许可费，通过诉讼向他人索取专利许可费，通过侵权诉讼获得巨额赔偿等。

四、服务型组织

服务型组织和集中型组织都可以看作是专利运营体系内的中介方，因为他们基本上都不从事研发活动（当然不排除个别情况），他们所体现的作用就像是一个专利的“中转站”，为生产专利的一方和使用专利的一方架构起一座桥梁。不同之处在于，集中型组织参与专利运营过程中的一个重要环节，是将专利权或者独家许可权掌握在自身手中，并通过将专利权许可他人使用获利；而服务型组织则不需要掌握专利权，服务型组织通过为专利的供需双方提供一个交易平台来促成双方的交易，包括专利的转让交易和许可交易，其收入来源主要是平台的“入门费”和完成交易的“提成费”。

五、综合型组织

综合型的经营活动涉及产品生产、技术研发、专利集中和专利服务中的至少两个方面，这些组织一般都是大型的跨国企业，业务范围和市场范围较广，专利运营活动也较为复杂。这些企业通过进行专利运营对产品进行保护，构建竞争优势，提升技术实力，通常也会进行专利许可，但是专利许可的目的多数情况下并非为了获得许可费，而是出于其他战略性目的。

第四节　现实作用

虽然我国当前专利运营的关注点是提高专利实施率或专利技术转移转化率。但从更广泛的角度看，通过进行专利运营可以实现以下目的。

一、掌握市场进入权

专利权是一种法律赋予的在一定期限内的具有独占性和排他性的权利。其中排他性首先表现在专利法覆盖的行政区域上，即从地理上说，专利权的排他进入区域取决于专利法实施的范围。具体而言，就是在我国大陆有效的专利权，不能到我国大陆之外的地方去行使排他权，这也是专利权的地域主权性特征。这种法律赋予的排他权使得专利权人拥有了优先进入市场的权利，和阻止竞争对手进入特定市场的可能。

根据专利法的规定，在专利法生效的国别范围内，在未经专利权人许可的情况下任何单位和个人都不得实施其专利，亦即专利权人可以优先实施其专利。而将专利技术应用到产品生产之中便是专利实施的一种主要方式，此时，当某种产品的生产制造环节必须使用到相应的专利时，专利权人就掌握了相应产品市场的优先进入权。

以专利许可为例，专利权人通过进行专利许可能够为自己争取更多的商业机会，同时达到扩展市场的目的，因为在地理意义上，专利许可是跨国公司迅速、高效、低成本海外扩张的主要手段，同时将专利权人的技术优势推到新的产品市场。此外，将专利许可给他人使用，在一定意义上也是在为专利权人的潜在目标市场培养消费者，如果许可的是核心技术专利，还能够促使市场形成对该专利技术的依赖性，从而达到控制市场的目的。

在现实中，专利与市场进入的关系可能较为复杂。仅仅基于一项专利就能进行生产的产品并不多见，这种产品可能只是在医药产品之类的领域存在。更为普遍的现象是，一件产品往往会用到较多专利，可能是几项、数十项、数百项，甚至达到上万项以上。所以，单独依靠个别专利可能并不必然会带来市场进入权，因为单个专利极有可能遭遇竞争对手现有专利的专利封锁，这时专利组合通常可以发挥更大的作用。一方面专利组合遭遇专利封锁的可能性会比较小，另一方面，企业可以利用组合专利与外部企业进行谈判，从而获得市场进入权。

二、融资

在知识经济时代，知识和实物资本、人力资本一样都成为资本的重要形式，知识和土地、劳动等一样都是不可忽视的生产要素，而专利权处于知识资本和知识要素的核心地位，并且已经成为一种重要的投资工具和融资工具。

专利融资即专利的资本化，也就是利用专利换取资本，或将专利直接转换成资本并在资本市场进行运作，专利融资可以为专利技术争取进一步开发和转化为现实生产力所需的金融资本。专利资本化将科技和资本这两项经济发展的重要驱动因素结合在一起。

现代企业融资的方式包括债权融资、股权融资和证券化融资，分别对应专利质押贷款、吸引股权投资、专利信托和专利证券化，其中既包括专利作为权利的资本化，也包括专利作为财产的资本化。

(1)专利质押指债务人或者第三人将其专利权移交债权人占有作为债权的担保，当债务人不履行债务时，债权人有权依法以该专利权折价或者以拍卖、变卖该专利权的价款优先受偿。专利质押丰富了企业融资的形式，为企业的经营发展带来更多可供周转的资金，有利于促进专利技术的进一步开发和价值的发挥。

(2)吸引股权投资。专利技术持有人可以利用其专利吸引外部投资，从而壮大企业的自身规模，而企业的发展注入资金，是企业获得新的机会；或者是通过专利技术吸引投资从而成立新的企业，以相应的专利技术为基础，利用吸引到的资金进行企业运营；此外，专利持有人也可以利用专利出资获得其他企业的股份，从而实现专利价值。

(3)专利信托即以专利为信托财产的信托，指专利权人在一定时期内将专利委托给信托投资公司经营和管理，信托投资公司对受托专利进行包装后，向社会吸引资金。

(4)专利证券化指利用专利的未来收益发行证券，将专利权人承担的风险转让购买证券的投资者，而专利未来的许可费用能够提前实现，同时分散技术创新风险，降低技术创新成本。

三、创造现金流

专利许可是专利创造现金流的一个主要途径，实际上许可也是专利运营的主要手段，创造现金流只是其中的一个作用，如高通公司在 2011 财年、2012 财年和 2013 财年的专利许可费分别占到了总收益的 36%、33%和 30%。对于专利运营公司，其主要的收入来源就是专利许可费，他们通过大量收购专利或者进行专利前期的研发投资来获得专利权，或是获得专利的独占许可，之后将自身持有的专利或者获得独占许可的专利许可给他人，以获得许可费。

四、保护产品

专利是企业对产品进行保护的重要并且有效的手段，尤其是对于高技术含量的产品。通过申请专利来保护产品，一方面可以有效保护发明创造成果，确保自己对专利技术及对应产品的独占性，通过独占市场来获取最大化利益。另一方面，可以在市场竞争中取得主动地位，防止对手抢先申请相同专利，从而确保自身产品的市场地位。专利诉讼是企业对产品进行保护的常用策略，企业通过选择合适的起诉地、起诉时机和起诉对象，不但可以对其产品进行有效保护，往往还能够达到限制竞争对手的目的。

五、构筑竞争优势

专利正日益发展成为新型的商业竞争工具，成为高科技公司的核心竞争力，为其带来无可比拟的竞争优势。科技型企业的产品往往具有较强的专利依赖性，而专利是保证产品不被侵权的重要工具，也是企业维持市场地位的重要工具。

专利已经成为企业发展的重要战略性资源，专利权的独占性和排他性使专利权人拥有了法律赋予的垄断地位。

六、塑造商业生态体系

专利正在日益成为商业伙伴甚至竞争对手之间的合作纽带，从而开启一种全新的专利化生存方式，同时这种纽带关系也可以帮助企业塑造一种有利于企业发展的产业内部的生态体系。

延伸阅读二十四 《教育部 国家知识产权局科技部关于提升高等学校专利质量促进转化运用的若干意见》

教科技〔2020〕1 号

各省、自治区、直辖市教育厅(教委)、知识产权局(知识产权管理部门)、科技厅(委、局)，新疆生产建设兵团教育局、知识产权局、科技局，有关部门(单位)教育司(局)、知识产权工作管理机构、科技司，部属各高等学校、部省合建各高等学校：

《国家知识产权战略纲要》颁布实施以来，高校知识产权创造、运用和管理水平不断提高，专利申请量、授权量大幅提升。但是与国外高水平大学相比，我国高校专利还存在“重数量轻质量”“重申请轻实施”等问题。为全面提升高校专利质量，强化高价值专利的创造、运用和管理，更好地发挥高校服务经济社会发展的重要作用，现提出如下意见。

一、总体要求

(一)指导思想

以习近平新时代中国特色社会主义思想为指导，全面贯彻党的十九大和十九届二中、三中、四中全会精神，落实全国教育大会部署，坚持新发展理念，紧扣高质量发展这一主线，深入实施创新驱动发展战略和知识产权强国战略，全面提升高校专利创造质量、运用效益、管理水平和服务能力，推动科技创新和学科建设取得新进展，支撑教育强国、科技强国和知识产权强国建设。

(二)基本原则

坚持质量优先。牢牢把握知识产权高质量发展的要求，坚持质量优先，找准突破口，增强针对性，始终把高质量贯穿高校知识产权创造、管理和运用的全过程。

突出转化导向。树立高校专利等科技成果只有转化才能实现创新价值、不转化是最大损失的理念，突出转化应用导向，倒逼高校知识产权管理工作的优化提升。

强化政策引导。发挥资助奖励、考核评价等政策在推进改革、指导工作中的重要作用，建立并不断完善有利于提升专利质量、强化转化运用的各类政策和措施。

(三)主要目标

到 2022 年，涵盖专利导航与布局、专利申请与维护、专利转化运用等内容的高校知识产权全流程管理体系更加完善，并与高校科技创新体系、科技成果转移转化体系有机融合。到 2025 年，高校专利质量明显提升，专利运营能力显著增强，部分高校专利授权率和实施率达到世界一流高校水平。

二、重点任务

(一)完善知识产权管理体系

1. 健全知识产权统筹协调机制。高校要成立知识产权管理与运营领导小组或科技成果转移转化领导小组，统筹科研、知识产权、国资、人事、成果转移转化和图书馆等有关机构，积极贯彻《高校知识产权管理规范》(GB/T 33251—2016)，形成科技创新和知识产权管理、科技成果转移转化相融合的统筹协调机制。已成立科技成果转移转化领导小组的高校，要将知识产权管理纳入领导小组职责范围。

2. 建立健全重大项目知识产权管理流程。高校应将知识产权管理体现在项目的选题、立项、实施、结题、成果转移转化等各个环节。围绕科技创新 2030 重大项目、重点研发计划等国家重大科研项目，探索建立健全专利导航工作机制。在项目立项前，进行专利信息、文献情报分析，开展知识产权风险评估，确定研究技术路线，提高研发起点；项目实施过程中，跟踪项目研究领域工作动态，适时调整研究方向和技术路线，及时评估研究成果并形成知识产权；项目验收前，要以转化应用为导向，做好专利布局、技术秘密保护等工作，形成项目成果知识产权清单；项目结题后，加强专利运用实施，促进成果转移转化。鼓励高校围绕优势特色学科，强化战略性新兴产业和国家重大经济领域有关产业的知识产权布局，加强国际专利的申请。

3. 逐步建立职务科技成果披露制度。高校应从源头上加强对科技创新成果的管理与服务，逐步建立完善职务科技成果披露制度。科研人员应主动、及时向所在高校进行职务科技成果披露。高校要提高科研人员从事创新创业的法律风险意识，引导科研人员依法开展科技成果转移转化活动，切实保障高校合法权益。未经单位允许，任何人不得利用职务科技成果从事创办企业等行为。涉密职务科技成果的披露要严格遵守保密有关规定。

(二)开展专利申请前评估

4. 建立专利申请前评估制度。有条件的高校要加快建立专利申请前评估制度，明确评估机构与流程、费用分担与奖励等事项，对拟申请专利的技术进行评估，以决定是否申请专利，切实提升专利申请质量。评估工作可由本校知识产权管理部门(技术转移部门)或委托市场化机构开展。对于评估机构经评估认为不适宜申请专利的职务科技成果，因放弃申请专利而给高校带来损失的，相关责任人已履行勤勉尽责义务、未牟取非法利益的，可依法依规免除其放弃申请专利的决策责任。对于接受企业、其他社会组织委托项目形成的职务科技成果，允许合同相关方自主约定是否申请专利。

5. 明确产权归属与费用分担。允许高校开展职务发明所有权改革探索，并按照权利义务对等的原则，充分发挥产权奖励、费用分担等方式的作用，促进专利质量提升。发明人不得利用财政资金支付专利费用。

专利申请评估后，对于高校决定申请专利的职务科技成果，鼓励发明人承担专利费用。高校与发明人进行所有权分割的，发明人应按照产权比例承担专利费用。不进行所有权分割的，要明确专利费用分担和收益分配；高校承担全部专利费用的，专利转化取得的收益，扣除专利费用等成本后，按照既定比例进行分配；发明人承担部分或全部专利费用的，专利转化取得的收益，先扣除专利费用等成本，其中发明人承担的专利费用要加倍扣除并返还给发明人，然后再按照既定比例进行分配。

专利申请评估后，对于高校决定不申请专利的职务科技成果，高校要与发明人订立书面合同，依照法定程序转让专利申请权或者专利权，允许发明人自行申请专利，获得授权后专利权归发明人所有，专利费用由发明人承担，专利转化取得的收益，扣除专利申请、运维费用等成本后，发明人根据约定比例向高校交纳收益。

(三)加强专业化机构和人才队伍建设

6. 加强技术转移与知识产权运营机构建设。支持有条件的高校建立健全集技术转移与知识产权管理运营为一体的专门机构，在人员、场地、经费等方面予以保障，通过“国家知识产权试点示范高校”“高校科技成果转化和技术转移基地”“高校国家知识产权信息服务中心”等平台和试点示范建设，促进技术转移与知识产权管理运营体系建设，不断提升高校科技成果转移转化能力。鼓励各高校探索市场化运营机制，充分调动专业机构和人才的积极性。

支持市场化知识产权运营机构建设，为高校提供知识产权、法律咨询、成果评价、项目融资等专业服务。鼓励高校与第三方知识产权运营服务平台或机构合作，并从科技成果转移转化收益中给予第三方专业机构中介服务费。鼓励高校与地方结合，围绕各地产业规划布局和高校学科优势，设立行业性的知识产权运营中心。

7. 加快专业化人才队伍建设。支持高校设立技术转移及知识产权运营相关课程，加强知识产权相关专业、学科建设，引育结合打造知识产权管理与技术转移的专业人才队伍，推动专业化人才队伍建设。鼓励高校组建科技成果转移转化工作专家委员会，引入技术经理人全程参与高校发明披露、价值评估、专利申请与维护、技术推广、对接谈判等科技成果转移转化的全过程，促进专利转化运用。

8. 设立知识产权管理与运营基金。支持高校通过学校拨款、地方奖励、科技成果转移转化收益等途径筹资设立知识产权管理与运营基金，用于委托第三方专业机构开展专利导航、专利布局、专利运营等知识产权管理运营工作以及技术转移专业机构建设、人才队伍建设等，形成转化收益促进转化的良好循环。

(四)优化政策制度体系

9. 完善人才评聘体系。高校要以质量和转化绩效为导向，更加重视专利质量和转化运用等指标，在职称晋升、绩效考核、岗位聘任、项目结题、人才评价和奖学金评定等政策中，坚决杜绝简单以专利申请量、授权量为考核内容，加大专利转化运用绩效的权重。支持高校根据岗位设置管理有关规定自主设置技术转移转化系列技术类和管理类岗位，激励科研人员和管理人员从事科技成果转移转化工作。

10. 优化专利资助奖励政策。高校要以优化专利质量和促进科技成果转移转化为导向，停止对专利申请的资助奖励，大幅减少并逐步取消对专利授权的奖励，可通过提高转化收益比例等“后补助”方式对发明人或团队予以奖励。

三、组织实施

(一)完善工作机制。教育部、国家知识产权局、科技部建立定期沟通机制，及时研究高校专利申请、授权、转化有关情况。各高校要深刻认识进一步做好专利质量提升工作的重要性，坚持质量第一，积极推动把专利质量提升工作纳入重要议事日程，进一步提高知识产权工作水平，促进知识产权的创造和运用。其他类型知识产权管理工作可参照本意见执行。

(二)加强政策引导。将专利转化等科技成果转移转化绩效作为一流大学和一流学科建设动态监测和成效评价以及学科评估的重要指标，不单纯考核专利数量，更加突出转化应用。遴选若干高校开展专业化知识产权运营或技术转移人才队伍培养，不断提升高校知识产权运营和技术转移能力。国家知识产权局加强对专利申请的审查力度，严把专利质量关。反对发布并坚决抵制高校专利申请量和授权量排行榜。

（三）实行备案监测。每年3月底前高校通过国家知识产权局系统对以许可、转让、作价入股或与企业共有所有权等形式进行转化实施的专利进行备案。教育部、国家知识产权局根据备案情况，每年公布高校专利转化实施情况，对专利交易情况进行监测。按照《关于规范专利申请行为的若干规定》（国家知识产权局令2017年第75号），每季度监测高校非正常专利申请情况。对非正常专利申请每季度超过5件或本年度非正常专利申请占专利申请总量的比例超过5%的高校，国家知识产权局取消其下一年度申报中国专利奖的资格。

（四）创新许可模式。鼓励高校以普通许可方式进行专利实施转化，提升转化效率。支持高校创新许可模式，被授予专利权满三年无正当理由未实施的专利，可确定相关许可条件，通过国家知识产权运营相关平台发布，在一定时期内向社会开放许可。

教育部　国家知识产权局　科技部

2020年2月3日

第五编

操作流程

第十九章　技术经纪服务的要点与方案

作为中间环节，经纪服务合同在经纪业务中发挥着承上启下的作用，是对沟通谈判结果的总结，也是下一步执行的依据。

第一节　服务要点

由于企业国有技术类无形资产、科技成果和非国有技术类无形资产的权属人性质差别较大，故此三类标的物的交易模式、服务方式均有所区别，相关方案也需有不同的路径和要点。

一、针对国有企业的要点

受《中华人民共和国企业国有资产法》《中华人民共和国民法典》《中华人民共和国企业国有资产交易监督管理办法》等政策法规的监督，国有企业的交易程序最为严格。一般情况下，国有企业技术类无形资产交易程序需注意以下要点：

(1)企业内部制度规定一定金额以上的标的物必须在交易场所进场交易；

(2)若涉及权属变更，则标的物挂牌价格必须评估；

(3)准备材料包括且不限于：产权交易机构需要的《技术资产交易信息披露申请书》及其他文件，权利人即持有方法人组织出具的决策文件，权利人主体资格证明文件，交易标的权属登记文件、证明文件或其他证明材料，交易标的资产评估报告或其他定价依据，交易标的涉及共有或交易标的上设置其他权利的，相关权利人同意交易的文件或权利人对权利限制相关安排的说明文件；

(4)可选择的议价方式包括竞争性谈判、综合评议、网络竞价等；

(5)涉及作价入股、增资扩股等情况的，按照相关产股权交易法规政策操作；

(6)可根据交易实际情况，适时提供税收优惠政策筹划服务，协助出让方规避相关税款，降低交易成本，丰富服务内容；

(7)协助出让方规避法规风险。

二、针对事业单位的要点

根据《中华人民共和国促进科技成果转化法》“三部曲”的相关规定，高校科研院所等事业单位的可选途径较为灵活。从现行政策精神来看，对事业单位中科研人员进行的自发科技成果转化是鼓励的态度。事业单位的服务方案需注意以下要点：

(1)事业单位持有的科研成果，包括职务性成果等，除进入交易所挂牌交易外，也可以选择协议定价、拍卖等方式，其中协议定价的结果需要公示，并可对公示单独制定方案；

(2)公示地点可以选择从技术持有人单位内部，到交易所全社会公开等各个范围，也可以选择双平台公示；

(3)事业单位往往涉及股权激励方案设计的需求，若有条件可适时引入相关服务；

(4)相比企业，科研单位的市场推广能力较弱，可引入第三方服务；

(5)涉及作价入股情况较多，可适时适当引入相关服务；

(6)除涉及作价入股等产股权交易情况外，尤其以科研人员为交易项目牵头人的团队，一般不建议采取分期付款或提成支付方式。但若该单位的行业和市场影响力较大，品牌价值较高的，可适当选择；

(7)由于事业单位往往采取扣除交易成本后再提取一定比例奖酬金的形式奖励科研人员，故尽可能协助其降低相关费用是重要工作。例如前文所提的享受税收优惠政策，即协助其进行技术合同登记并务必核定收入；

(8)尽管现行政策法规未明确事业法人持有的科技成果交易需经评估定价，但为规避不必要的行政风险，在成本可控的前提下，可以建议其进行评估；

(9)根据北京市财政局相关文件，北京市市属事业单位资产处置需在北京产权交易所进场交易；

(10)协助出让方规避法律法规及政策性风险。

三、针对民营机构和自然人的要点

相比较国有企业和事业单位，民营机构和自然人的选择性最为灵活，但目前以小微企业为主的民营机构和自然人往往存在对项目把控力较弱的情况，故此在服务方案制定时，需注意协助其规避商业风险。

四、针对地方政府的要点

由于其相对特殊的需求类型和自身资源特点，地方政府的需求解决方式，主要以政策性咨询、培训服务、体系建设、资源导入、会展论坛为主。为其导入符合其条件的科技资源为主，包括先进企业、科研院所项目落地以及交易平台引入等。

第二节 服务方案

服务方案是技术经纪相关工作的指引，是业务开展的主要程序。需要注意的是服务方案的制定，并不是刻板的为经纪项目执行划出每一步的内容和限制，而是要综合各种供需要素，客观评估标的物价值，协调各方利益和分歧，规避利益冲突，预测风险及防控方式，合理享受法规政策红利，最终尽可能全面的为经纪项目做出支撑，高效完成技术转移转化工作。如同文章的提纲，即确定主要思路，又不苛求行文的细节。

一、目的

与其他市场类工作相同，技术经纪项目本质也是围绕平衡供需利益开展，是一项多方参与互动，协调多方利益交换，促使供需各方持有的资本实现价值最大化的工作。在实践中，其不仅受标的物价值、性质、买方卖方执行能力和利益诉求、技术经纪人执业经历等主观因素影响，也受法规政策、社会经济形势等客观因素所激励或制约。合理利用主客观因素，预测、规避不必要的风险，是服务方案的重要作用和目的，也是设计规划服务方案的主旨。

二、结构

一般来说，服务方案结构主要包括以下内容：

(一)政策依据

主要涵盖该项目进行交易所依据的政策法规，可以包括交易流程依据和税收优惠依据，或者支持某区域、某领域发展的相关文件。不必全文列出，仅需包含具有针对性的部分。目的是使出让方了解相关政策法规情况，为下一步的方案描述提供基础。

(二)项目背景

主要描述该项目的当前情况，包括来源、出让方报价、出让方需求目的等，主要作用是与出让方确认项目情况。

(三)方案概述

详细描述该项目拟定的解决方案，以及交易规则。

(四)交易(挂牌)流程

描述该项目交易环节操作流程，包括出让方需提供的材料、技术经纪人或机构需进行的操作程序、项目进度安排、交易完成后向交易各方提供的文件等。建议包含流程图及进度表，方便沟通和确认。

(五)收费标准

交易经纪服务的收费方式和标准。

(六)结算方式

描述最终成交后的结算方式和流程，发票开具要求，以及交易凭证的获取。

第二十章　技术经纪服务合同

本章从拟订合同、商洽合同、签署合同三个主要环节对技术经纪服务合同进行介绍。

第一节　拟定合同

在服务方案制定阶段，技术经纪人已经透彻理解委托方的需求和标的物情况，合同拟定即是服务方案的体现、归纳和总结。

合同条款是经当事人协商一致、规定当事人权利义务的具体条文。除法律规定的以外，合同结构主要由合同条款构成。合同条款是否齐备、准确，决定了合同能否成立、生效以及能否顺利履行。

合同的内容一般包括以下条款：

一、当事人的名称或者姓名和住所

在合同中，该项条款一般为经纪人和委托方的两方协议，也可以是经纪人、供给方和需求方组成的三方协议。

这是每一个合同必须具备的条款，当事人是合同的主体。合同中如果不写明当事人，就无法确定权利的享受和义务的承担，发生纠纷也难以解决，特别是在合同涉及多方当事人的时候更是如此。合同中不仅要把应当规定的当事人都规定到合同中去，而且要把各方当事人名称或者姓名和住所都规定准确、清楚。

二、标的

合同标的一般分为以下四类：

(1)有形财产。指具有价值和使用价值并且法律允许流通的有形物。如生产资料与生活资料、种类物与特定物、可分物与不可分物、货币与有价证券等。

(2)无形财产。指具有价值和使用价值并且法律允许流通的不以实物形态存在的智力成果。如商标、专利、著作权、技术秘密等。

(3)劳务。指不以有形财产体现其成果的劳动与服务。如运输合同中承运人的运输行为、保管与仓储合同中的保管行为、接受委托进行代理、居间、行纪行为等。

(4)工作成果。指在合同履行过程中产生的、体现履约行为的有形物或者无形物。如承揽合同中由承揽方完成的工作成果、建设工程合同中承包人完成的建设项目、技术开发合同中研究开发人完成的研究开发工作等。

在技术经纪服务合同中，合同标的也可以分成两种：

(1)经纪服务。作为合同标的时，表述的是技术经纪人为委托方提供的工作内容，即服务方案的直接体现。与之前的服务方案相比，合同中的工作内容更需体现各方的权利和义务，并不是简单地将服务方案罗列上去，且要有明确阶段性。但对各阶段的效果甚至量化指标，则要尽力避免明确，可以参照服务方案，以免后期执行过程中陷入被动，双方此前特别约定的事项除外。

(2)交易标的物。是具体的技术类无形资产，即专利、专有技术(技术秘密)、技术类商标、以计算机软件为主的科技类著作权、医药批件、植物新品种、集成电路布图设计权和以技术为核心的整体企业商誉、商标等。

在描述交易标的物时，务必要明确列出相关知识产权的名称、编号、法律状态，并在附件中附带相关知识产权证书复印件。若标的物已进行评估，则需将评估价格列明，并在合同附件中附带评估报告。

此外如果交易标的物是科研能力，例如合同法释义中提及的“工作成果”，则以研发成果的描述为主，例如研发工作的具体内容。若属于某项知识产权的应用或二次开发，则相关知识产权证书的要求与前文相同。

标的是合同当事人的权利义务指向的对象。标的是合同成立的必要条件，是一切合同的必备条款。没有标的，合同不能成立，合同关系无法建立。

合同对标的的规定应当清楚明白、准确无误，对于名称、型号、规格、品种等都要约定得细致、准确、清楚，防止差错。特别是对于不易确定的无形财产、劳务、工作成果等更要尽可能地描述准确、明白。

三、数量

除合同法相关释义外，数量在技术经纪服务合同中也会指交易标的物的数量，或经纪服务的次数、时间周期等。

在大多数的合同中，数量是必备条款，没有数量，合同是不能成立的。许多合同，只要有了标的和数量，即使对其他内容没有规定，也不妨碍合同的成立与生效。因此，数量是合同的重要条款。对于有形财产，数量是对单位个数、体积、面积、长度、容积、重量等的计量；对于无形财产，数量是个数、件数、字数以及使用范围等多种量度方法；对于劳务。数量为劳动量；对于工作成果，数量是工作量及成果数量。一般而言，合同的数量要准确，选择使用共同接受的计量单位、计量方法和计量工具。根据不同情况，要求不同的精确度，允许的尾差、磅差、超欠幅度、自然耗损率等。

四、质量

质量在经纪服务合同中主要体现于经纪服务的量化描述，例如挂牌的场所、公开程度、挂牌各阶段时长，以及征集后的具体筛选方式、筛选标准、筛选结果确认方式等，或者交易标的物的法律状态，也可以是标的物的评估价格，还可以是科研能力交易提交物的量化指标和验收方式等。

对有形财产来说，质量是物理、化学、机械、生物等性质；对于无形财产、服务、工作成果来说，也有质量高低的问题，并有衡量的特定方法。对于有形财产而言，质量亦有外观形态问题。质量指标准、技术要求，包括性能、效用、工艺等，一般以品种、型号、规格、等级等体现出来。质量条款的重要性是毋庸赘言的，许许多多的合同纠纷由此引起。合同中应当对质量问题尽可能地规定细致、准确和清楚。国家有强制性标准规定的，必须按照规定的标准执行。如有其他质量标准的，应尽可能约定其适用的标准。当事人可以约定质量检验的方法、质量责任的期限和条件、对质量提出异议的条件与期限等。

五、价款或者报酬

一般情况下，服务机构均有相关的定价标准，原则上参照即可。可以将定价标准附上，以说明相关依据，协助委托方解读。注意标的物的评估价格应在前述“标的”或“质量”相关条款中体现，一般不属于经纪服务本身的价款。

此外，若包括资金结算相关内容，则需在此处一并提及资金流转过程及方式，以及是否与经纪服务费用一并交付等。

价款或者报酬，是一方当事人向对方当事人所付代价的货币支付。价款一般指对提供财产的当事人支付的货币，如在买卖合同的货款、租赁合同的租金、借款合同中借款人向贷款人支付的本金和利息等。报酬一般是指对提供劳务或者工作成果的当事人支付的货币，如运输合同中的运费、保管合同与仓储合同中的保管费以及建设工程合同中的勘察费、设计费和工程款等。如果有政府定价和政府指导价的，要按照规定执行。价格应当在合同中规定清楚或者明确规定计算价款或者报酬的方法。有些合同比较复杂，货款、运费、保险费、保管费、装卸费、报关费以及一切其他可能支出的费用，由谁支付都要规定清楚。

六、履行期限、地点和方式

对于技术类无形资产交易，主要约定服务的具体时间、交易地点、交易方式，例如是一次性服务，还是多次、一定周期、长期合作，往往与前述“质量”相关条款合并表述。同时，要明确最终成交价款的确认方式。对于科研能力交易，则主要约定研发工作开始的时间、地点、验收安排等。此外，若涉及知识产权权属变更以及新的知识产权开发，则需约定权属变更或权属认定登记的时间和方式。

履行期限是指合同中规定的当事人履行自己的义务如交付标的物、价款或者报酬，履行劳务、完成工作的时间界限。履行期限直接关系到合同义务完成的时间，涉及当事人的期限利益，也是确定合同是否按时履行或者迟延履行的客观依据。履行期限可以是即时履行的，也可以是定时履行的；可以是在一定期限内履行的，也可以是分期履行的。不同的合同，对履行期限的要求是不同的，期限可以以小时计，可以以天计，可以以月计，可以以生产周期、季节计，也可以以年计。期限可以是非常精确的，也可以是不十分确定的。不同的合同，其履行期限的具体含义是不同的。买卖合同中卖方的履行期限是指交货的日期、买方的履行期限是交款日期，运输合同中承运人的履行期限是指从起运到目的地卸载的时间，工程建设合同中承包方的履行期限是从开工到竣工的时间。正因如此，期限条款还是应当尽量明确、具体，或者明确规定计算期限的方法。

履行地点是指当事人履行合同义务和对方当事人接受履行的地点。不同的合同，履行地点有不同的特点。如买卖合同中，买方提货的，在提货地履行；卖方送货的，在买方收货地履行。在工程建设合同中，在建设项目所在地履行。运输合同中，从起运地运输到目的地为履行地点。履行地点有时是确定运费由谁负担、风险由谁承担以及所有权是否转移、何时转移的依据。履行地点也是在发生纠纷后确定由哪一地法院管辖的依据。因此，履行地点在合同中应当规定得明确、具体。

履行方式是指当事人履行合同义务的具体做法。不同的合同，决定了履行方式的差异。买卖合同是交付标的物，而承揽合同是交付工作成果。履行可以是一次性的，也可以是在一定时期内的，也可以是分期、分批的。运输合同按照运输方式的不同可以分为公路、铁路、海上、航空等方式。履行方式还包括价款或者报酬的支付方式、结算方式等，如现金结算、转账结算、同城转账结算、异地转账结算、托收承付、支票结算、委托付款、限额支票、信用证、汇兑结算、委托收款等。履行方式与当事人的利益密切相关，应当从方便、快捷和防止欺诈等方面考虑采取最为适当的履行方式，并且在合同中应当明确规定。

七、违约责任

此项是限制经纪服务工作中各方具体行为的条款，例如挂牌交易过程中各阶段的撤回行为，以及最终成交价款确认时的争议等。

违约责任是指当事人一方或者双方不履行合同或者不适当履行合同，依照法律的规定或者按照当事人的约定应当承担的法律责任。违约责任是促使当事人履行合同义务，使对方免受或少受损失的法律措施，也是保证合同履行的主要条款。违约责任在合同中非常重要，因此一般有关合同的法律对于违约责任都已经作出较为详尽的规定。但法律的规定是原则的，即使细致也不可能面面俱到，照顾到各种合同的特殊情况。因此，当事人为了特殊的需要，为了保证合同义务严格按照约定履行，为了更加及时地解决合同纠纷，可以在合同中约定违约责任，如约定定金、违约金、赔偿金额以及赔偿金的计算方法等。

八、解决争议的方法

服务合同不仅要列明禁止的条款，更要写清相应的解决方式和相关责任承担，以及补救措施。同时，补救措施的约定不是随意设置的，而是要充分考虑主客观因素，并在各方都可以承受的范围内，无法执行的条款是事实无效的。例如赔偿金的约定，最好参照此前收费标准和标的物价值，避免过高无法兑现，或过低失去约束价值。

解决争议的方法指合同争议的解决途径，对合同条款发生争议时的解释以及法律适用等。解决争议的途径主要有：一是双方通过协商和解，二是由第三人进行调解，三是通过仲裁解决，四是通过诉讼解决。当事人可以约定解决争议的方法，如果意图通过诉讼解决争议是不用进行约定的，通过其他途径解决都要事先或者事后约定。依照仲裁法的规定，如果选择适用仲裁解决争议，除非当事人的约定无效，即排除法院对其争议的管辖。但是，如果仲裁裁决有问题，可以依法申请法院撤销仲裁裁决或者申请法院不予执行。当事人选择和解、调解方式解决争议，都不能排除法院的管辖，当事人可以提起诉讼。

涉外合同的当事人约定采用仲裁方式解决争议的，可以选择中国的仲裁机构进行仲裁，也可以选择在外国进行仲裁。涉外合同的当事人还可以选择解决他们的争议所适用的法律，当事人可以选择选用中国的法律、港澳地区的法律或者外国的法律。但法律对有些涉外合同法律的适用有限制性规定的，依照其规定。

解决争议的方法的选择对于纠纷发生后当事人利益的保护是非常重要的，应该慎重对待。但要选择解决争议的方法比如选择仲裁，是选择哪一个仲裁机构要规定得具体、清楚，不能笼统规定“采用仲裁解决”。否则，将无法确定仲裁协议条款的效力。

第二节 商洽合同

商洽是经纪人与委托方为了促成交易合作，沟通协调而进行的活动，也是为了解决买卖双方的争端，并取得各自的经济利益的一种方法和手段。

一、商洽准备

商洽是沟通的主要方式，也是双方利益最大化的策划协调过程，为使收效最大化，可以做以下几个方面的准备：

(一) 准备工作提前处理好人际关系

达成合作的重要前提是双方建立信任关系。提前做好人际关系非常有利于双方合作促成交易的顺利完成。

(二) 做好商洽计划

宜未雨而绸缪，毋临渴而掘井，完善的计划是商洽乃至谈判的重要准备工作。计划的制定实际就是为了在沟通过程中得到一些信息：对方的情况、对方的需求、对方的承受能力、经纪人的应对方式、交易周期、次数及合作方式等。

(三) 对方信誉情况

重点了解对方的主体资格，是否符合基本要求，例如经营异常情况、诉讼情况。

(四) 法律预习

合同谈判、签订之前，要求参与合同谈判、签订的有关人员，需要事先掌握基本的法律知识，了解《合同法》的相关条款，树立起与签订合同有关的法律意识，以保证合同签订的程序及合同内容合理合法，避免因违反相关法规政策而带来的风险。

二、商洽的内容

技术经纪项目的顺利运行非常受技术经纪人自身信息获取程度，即眼界和执行能力的影响。商洽的过程就是信息获取、加工和反馈的过程，一般包括以下几个方面：

(一) 了解需求

这里所说的需求并不是狭义上的技术需求，而是交易各方包括经纪人自身的实际诉求，不仅限于交易价格方面，也包含了项目实施条件、实施效果、后续改进条件、长期发展等诸多层次。实践中，交易各方即委托方所需求的也并非仅限于单纯的知识产权转让和实施许可等涉及无形资产的交易，涵盖合作研发、项目招标、地方招商等诸多类型。准确获取真实需求，是方案设计的基础，知己知彼，百战不殆。

1. 知识产权转让类交易需求

此类交易是技术交易的主要方式，也是其他各类技术交易的本质。知识产权转让类交易(以下简称“转让类交易”)的主要特征是知识产权，即标的物的所有权发生变更。例如通过交易，知识产权持有方由原持有方变更为受让方独占，或由原持有方变更为原持有方、各受让方多方共有。其中，多方共有的方式将互相制约各方的权利和义务，交易完成后对标的物的再处置需获得各方的同意。

转让类交易的原持有方往往希望通过一次性交易将标的物价值最大化，此种情况常出现在知识产权批量处置等具体交易中；也会通过多方共有的方式，在实现标的物较大价值的同时，继续掌握标的物的部分控制权，以确保长期利益。

2. 知识产权实施许可类交易需求

知识产权实施许可类交易(以下简称“许可类交易”)主要体现在标的物的所有权不发生变更，受让方从交易中获取了标的物的使用权。根据许可范围不同，可以分为独占许可、排他许可、普通许可三类。

独占许可是指在合同规定的期限内，被许可方在特定地区对该技术拥有独占的使用权；同时许可方不在该特定地区对该技术及其产品拥有制造、使用和销售的权利，更不能把该技术再授予该特定地区的任何第三方。独占许可中所指的特定地区必须是双方协商一致的，可以是一个国家或几个国家，也可以是一个特定的地区，如日本、欧盟或者东南亚地区等。

排他许可是指在合同规定的期限和特定地区内，被许可方和许可方都对该技术及其产品拥有制造、使用和销售的权利，但许可方不能把该技术再授予该特定地区的任何第三方。

普通许可是指在合同规定的期限和特定地区内，被许可方和许可方都对该技术及其产品拥有制造、使用和销售的权利，且许可方能把能把该技术再授予该特定地区的任何第三方技术许可给第三方。普通许可有两个特征：(1)对相应权利人行使法定权利附有一定的条件；(2)一般没有数量控制。

在技术应用的实践中，独占许可和排他许可的实际作用接近于转让类交易。其标的物知识产权的实际应用方相同，而被许可方也同样减少了技术流向竞争对手的可能性。但许可类的实际权属人是许可方，故许可类交易可以由许可方做出相应实施条件限制，且被许可方无权对标的物的再处置进行干预。因此，理论上许可类交易对于保障持有方的长期利益有一定的优势，被许可方也能在价格谈判中获得有利的条件。一般情况下，许可类交易的许可方拟通过此类交易实现标的物的长期价值最大化，同时拥有更为稳固的掌控力。但由于技术的先进性和实用性具有时效性，换句话说，单项技术是有生命期限的，有些时候，在许可周期结束前，标的物的先进性和实用性就已经削弱甚至消失了。

3. 合作研发类交易需求

合作研发类交易(以下简称“合作类交易”)是指交易各方为了克服研发中的高额投入和不确定性、规避风险、缩短产品的研发周期、应对紧急事件的威胁、节约交易成本而形成的交易。以合作创新为目的，以交易各方的共同利益为基础，以优势资源互补为前提，通过契约以及隐形契约的约束联合行动而自愿形成。合作类交易有明确的合作目标和合作期限，共同遵守契约规定的合作行为规则、成果分配规则、风险承担规则。合作类交易可以视为能力交易，双方都以自身的研发能力为交换物，获取对方的研发能力，弥补自身短板。

合作类交易是社会科研资源调配的重要方式，不仅交易各方可以在成本、风险、利益上获得平衡，更可以使社会科研资源获得充分高效的利用，跨领域、跨学科甚至跨市场的解决各个科研短板，进而推动社会生产力的发展。

合作类交易的发起人往往在某个科技领域或科研方向上具有较为突出的优势，这个优势可以是技术研发深入程度，也可以是成本优势，但在配套技术上缺少符合成本预期的研发能力，故希望通过合作的方式获取相应的合作研发方。

交易各方的具体工作不一定局限于各自运用自身优势开发某项新技术，也可以是一方为其他参与方提供测试验证、技术路线规划等技术服务或咨询，甚至也包括实验室共享等资源调配和保障类服务。

实际上，转让、许可类交易往往都或多或少伴随有合作类交易。技术的实施并不是随着法律层面上的权属变更、权利的获得而结束，相反这仅仅是开始。在工程上实施某项技术，是需要技术的原始研发团队和应用团队合作才可以顺利实现的，合作内容的确认和各方团队的磨合，是技术发挥其真正价值的必要条件。

4. 项目需求和投资类交易需求

项目需求和融资一般体现于投资类交易需求中，主要是以资金或社会资源交换与其相对应的完整项目。前者是项目需求发起人的交易资本，拟通过对某个完整项目或其团队的投资，获取更大的利益；后者则属于引资交易发起人，拟通过获得合理价值的资金投入或社会资源，推动项目运营，实现更大价值。

由于此两类交易的交易各方所处角色的特点，以及对项目本身掌控力的不对等，其具体形式往往以作价入股、增资扩股等资本交易为主。

5. 地方招商类需求

地方招商即通常所说的招商引资，是指地方政府(或地方政府成立的开发区)吸收投资(主要是非本地投资者)的活动。不同于引资类交易需求，地方招商是针对一个地区投资环境的销售行为。与以上几种交易需求不同的是，地方招商更多是以当地公共资源、政策作为交易资本，而非单纯的资金或技术；征集对象也并非单纯的以资金投入为主的投资者，或单纯的技术项目持有人，而是较为完整的运营团队甚至企业，重点往往要求在当地落地纳税或解决就业，促进产业升级和公共资源配置。或者以引入交易平台的形式，扩充当地引资渠道，提高地区影响力，吸引其他投资者。

6. 交易发起方的真实目的

从管理运营的角度来看，技术仅是经营的手段之一。从技术经纪项目长期的运作来看，以上提到的几类需求只是真实需求的表象，某些时候，需求的提出人即交易发起方的目的有可能并非单纯的交易，其所提需求的本质可能会延伸到其他层面。例如通过交易获得某项资质或合作伙伴的品牌效应；或与交易对象达成长期合作的关系，双方充分了解磨合，获取对方的信任以获得产品销售渠道；甚至通过交易获得政策红利等。

把握需求的本质，是完善技术经纪项目运营的关键条件之一。技术经纪业务的范畴并非仅仅涵盖当前的交易，从项目的长期发展来看，主动配合交易各方的真实目的，相应的调整服务方案的主旨和细节，配置相关资源，是维护各方利益、支撑技术经纪项目更稳定的运行、规避不必要风险的合理措施。

（二）标的物价值实现方式的区别与选择

如上文所说，一般技术类无形资产交易项目，需求方实现标的物价值的方式以现金为主，也会采取作价入股、增资扩股、技术合作等方式。对于相关的地方招商或行业组织、大型企业的综合性需求，还会采取平台引入的对接方式。

1. 采取现金交易的转让

现金交易是最基本、最直接、最常用的方式，受让方以一般等价物，即货币交换标的物的价值。从宏观上看，在现金交易中商品的价值运动、所有权转让与商品实体运动是同时完成的，这种商流与物流合一的运动方式是现金交易的本质特征。现金交易的议价方式较为灵活，可以选择拍卖、动态报价、网络竞价、综合评议、招投标、协议成交等。

现金交易可以采取一次性支付、分期付款、提成支付等多种形式。在实践中，技术交易从交易次数上看往往以一次性支付为主。其原因是技术实施存在风险和其他不确定因素，技术实施的成功不仅取决于技术本身的先进性，也受技术团队能力、配套技术和设施条件、运营团队决策能力甚至应用领域的市场变化等因素影响。一次性支付对原持有方的后续影响最小，商业上减少了风险。但一次性支付往往对受让方的支付能力和风险抵抗能力要求较高，因此通常适用于额度较小的技术交易项目中。

相对于一次性支付，分期付款可以由交易各方共同承担风险，并且降低了受让方的流动资金压力，也可以作为激励、制约转让方的手段。

提成支付是在受让方利用技术开始生产活动后，以经济上的使用效果（产量、销售额、利润等）作为基础，定期连续提取使用费的办法。相对来说，提成支付方式对受让方的前期投入压力最小，也可以更直接的衡量出标的物的应用价值，理论上是较为客观的价值实现方式。但是提成支付受技术以外的影响较多，除上述几种因素外，由于受让方对提成支付的实际金额拥有较大的主动性，所以转让方和技术经纪人对项目的把控能力，是决定提成支付能否真正实施的重要条件。因此提成支付往往伴随作价入股等股权交易——转让方需要获得对项目更大的主导权以维护自身利益。或是转让方在该行业或领域具有较大的技术优势或垄断性，对相应产品市场具有较强的把控力和影响力。

2. 作价入股和增资扩股

技术交易中的作价入股是指以技术人员的知识或知识产权、技术诀窍、设备、工厂厂房等作为资本股份，投入合资经营或联营企业，从而取得该企业的股份权的一种行为。技术入股和资本入股一样享有按股份比例对企业所有权和按股分红的权利。对企业的经营管理权，一般不是根据股份比例的大小承担，而是由各方协商确定。

增资扩股的本意是指企业向社会募集股份、发行股票、新股东投资入股或原股东增加投资扩大股权，从而增加企业的资本金。技术交易中的增值扩股，一般是企业以其持有的技术类无形资产吸引社会投资，或是以其股份作为交易资本换取某项技术类无形资产。

从近几年的市场发展看，作价入股和增资扩股等技术产权交易日趋成为推进技术市场发展的重要交易模式。从运营角度看，技术产权交易各方共同承担技术实施的收益和风险，避免了传统技术转让模式的前后权责脱节，也有利于技术的二次开发。

3. 技术合作

技术合作是两个或两个以上的个人、企业或国家政府之间为了实现特定目标，在科学技术领域按照合同或协议的相互配合、共同协作。它包括技术情报和技术经验的交流，技术专利的转让，共同勘察、设计，互派专家交流等活动。

技术交易中的技术合作，一般应用在合作研发类交易需求。实践中，相应的解决方式甚至是跨学科、跨领域的，这就需要技术经纪人对需求所在的技术领域、合作各方的研发能力均有一定程度的了解，并能对各合作方的工作量和价值有比较客观的估计。

4. 平台引入

平台引入是指为满足某个地区、行业、大型机构的综合性交易或招商需求，引入某个综合性服务平台的服务模式。通过平台的引入，不仅可以解决技术类无形资产批量交易，也兼顾知识产权服务、金融投资、政策咨询、会展等其他项目。

(三)原持有方性质的确定

受当前政策法规和其自身社会影响力的双重影响，技术交易的标的物即技术类无形资产，其原持有方的性质直接决定了交易程序的不同。根据相关法律，法人可以分为企业法人、机关法人、社会团体法人、事业单位法人等。在实践中，一般技术经纪业务中遇到的技术类无形资产持有方往往属于企业法人、社会团体法人、事业单位法人以及自然人。根据股权结构，其中企业法人又可分为国有企业法人和非国有企业法人。

1. 国有企业

根据《企业国有资产交易监督管理办法》即 32 号令第四条规定，国有及国有控股企业、国有实际控制企业包括：

(1)政府部门、机构、事业单位出资设立的国有独资企业(公司)，以及上述单位、企业直接或间接合计持股为 100%的国有全资企业；

(2)本条第(一)款所列单位、企业单独或共同出资，合计拥有产(股)权比例超过 50%，且其中之一为最大股东的企业；

(3)本条第(一)、(二)款所列企业对外出资，拥有股权比例超过 50%的各级子企业；

(4)政府部门、机构、事业单位、单一国有及国有控股企业直接或间接持股比例未超过 50%，但为第一大股东，并且通过股东协议、公司章程、董事会决议或者其他协议安排能够对其实际支配的企业。

2. 事业法人

事业法人是指依靠国家预算拨款，从事非营利性的社会公益事业活动的各类法人组织。例如新闻、出版、广播、电视、文教、卫生单位等。事业法人是相对于企业法人而言的，具有如下特点：(1)从事社会公益活动。事业单位不从事商品生产经营活动，不以营利为目的。虽然有些事业活动可以取得一定的收入，但获取盈利并不是事业法人的目的和宗旨。(2)拥有独立的财产和经费。事业法人通过国家财政拨款取得经费并且独立支配，作为从事民事活动的物质基础。(3)依法成立。

事业法人依据法律或行政命令设置，具备法人条件的事业单位，依法不需办理法人登记的，从成立之日起具有法人资格；依法需要办理法人登记的，经核准登记，取得法人资格。通常所说高校科研单位大部分属于事业单位性质，也有少部分科研机构经改制后转变为企业法人。

3. 民营企业

即私营企业。根据国家统计局、国家工商行政管理局《关于划分企业登记注册类型的规定》（1998年8月28日，国统字〔1998〕200号）第九条的规定，私营企业是指由自然人投资设立或由自然人控股，以雇佣劳动为基础的营利性经济组织。包括按照《公司法》《合伙企业法》《私营企业暂行条例》规定登记注册的私营有限责任公司、私营股份有限公司、私营合伙企业和私营独资企业。

其中私营独资企业是指按《私营企业暂行条例》的规定，由一名自然人投资经营，以雇佣劳动为基础，投资者对企业债务承担无限责任的企业。私营合伙企业是指按《合伙企业法》或《私营企业暂行条例》的规定，由两个以上自然人按照协议共同投资、共同经营、共负盈亏，以雇佣劳动为基础，对债务承担无限责任的企业。私营有限责任公司是指按《公司法》《私营企业暂行条例》的规定，由两个以上自然人投资或由单个自然人控股的有限责任公司。私营股份有限公司是指按《公司法》的规定，由五个以上自然人投资，或由单个自然人控股的股份有限公司。

4. 自然人

自然人是最基本的民事主体，世界各个国家或者地区民法都有关于自然人的规定。《民法典》第二条规定："民法调整平等主体的自然人、法人和非法人组织之间的人身关系和财产关系。"这条规定确认了自然人的民事主体地位，是自然人从事民事活动，依法享有民事权利，承担民事义务的前提。

（四）交易佣金的确定

佣金是技术经纪服务价值的直接体现，也是大部分情况下双方争论的焦点。佣金比例即经纪服务收费标准是技术经纪机构的重要工作，受自身资质、目标群体承受能力、标的物价格范围、服务稀缺程度等诸多因素影响。此外，交易佣金也受是否长期合作的影响。

通常情况技术经纪人的佣金可分为以下几类费用：

1. 交易服务费

交易服务费指交易各方通过协议成交方式成交的项目，向技术经纪人支付的服务费用。

2. 竞价服务费

竞价服务费指交易各方通过竞价方式（包括网络竞价、动态报价、竞争性谈判、综合评议等）成交的项目，向技术经纪人支付的服务费用。

特殊情况由转让方、受让方、许可方、被许可方和技术经纪人另行协商确定。

通过拍卖、招投标等方式成交的项目，由转让方、受让方、许可方、被许可方、技术经纪人与拍卖机构或招投标机构共同协商收费标准。

3. 公示服务费

公示服务费指技术经纪人依照《中华人民共和国促进科技成果转化法》为申请人提供公示服务收取的费用。

4. 其他服务费

其他服务费指技术经纪人根据转让方或许可方要求为其提供的咨询、路演、推介、评价、法律状态查询等增值服务应收取的费用。

(五)商洽过程中的沟通

服务方案沟通过程是谈判的前期铺垫，在若干次的商洽后，经纪人可以根据所获得的信息制定初始方案。很多时候，当事人的真实需求和细节是在方案沟通过程中才显露出来，初始方案可能只是敲门砖。

在正式谈判之前要注意谈判的环境，选择合适的地方、合适的时间、合适的人进行谈判。当然，基于客户性质不同，还需要采取口头和书面相结合的谈判方式，不一而论。以下主要根据谈判进程中的要点进行介绍。

1. 谈判开始阶段

(1)信息准备。了解委托人的背景和需求；了解项目对委托人的经济和社会影响；了解同业机构此前是否商谈过，报价区间；准备好服务方案，包括项目简要分析、工作排期表、分工。

(2)报价准备。对应服务内容准备两份报价，供客户选择；报价高开，增加谈判空间；报价精准，精确到个位。

(3)心理准备。客户还价；让步幅度。

2. 谈判过程阶段

(1)分解报价。把服务项目分解报价，是一个非常好的谈判方式。如拆解人员工资、专项服务单独报价，还可提供过往签订的合同参考。

(2)设置权威。更高权威是一种非常有效的谈判方式，尽量设置为一个模糊的实体，而不是某个具体的人。

(3)保持价值。在工作开始之前谈好条件，并签订协议。

(4)折扣方案。不要陷入误区，以为只有价格折中才是公平的做法，而要鼓励委托方首先提出折扣方案。

(5)交易成本。交易中最大的成本是时间，需要重视时间成本的计算，时间成本越大，成功的概率就越大。

(6)焦点转移。不要集中在一个焦点上，尤其是双方存在差异的焦点。学会适当转移焦点，一旦双方在那些看似微不足道的小问题上达成共识，谈判会很顺畅。

(7)引入伙伴。当自己无法顺利完成谈判时，或预期无法完成时，可以引入第三方，列出为委托方服务的清单，整合方案设计、知识产权分析、项目推广等专业服务。

(8)有限让步。有条件的让步其实也是一种成功。通过要求委托方作出回报，可以使让步更有价值。

3. 谈判结束阶段

(1)促成谈判。谈判进入尾声时关于价格问题，可能有谈不下去的感觉。适当调整策略，与同事配合共同促进。

(2)重复试探。无论应对怎样的委托方，一定要在谈判即将结束时再试一次，提出委托方在谈判开始时曾经拒绝过的建议。也许有的客户经过一轮谈判，对你的专业和认真的态度有所了解。

(3)回收承诺。如果委托方一再坚持不做让步，可以考虑收回部分承诺条件，如已经列明的免费培训、免费方案设计等项目。回收承诺策略就像是一场赌博，运用时一定要抓准委托方心理。

(4)最后让步。可以在最后一刻做出小小的让步。重要的不是让步的幅度，而是让步的时机，让委托方感觉受到了充分的尊重。

(5)合同续签。服务合同需要续签时，要利用前期的工作成果让委托方主动提出加价，如实时汇报工作计划、工作进度、按阶段或年中、终及时汇总工作报告等。

三、交易流程

一般来说，技术类无形资产交易的基本流程是：签署服务合同—交易申请—受理交易申请—发布交易信息—登记受让意向—遴选—组织交易签约—结算交易资金—出具交易凭证。

(一)交易申请

交易申请是指由转让方向交易机构提出交易申请，相关材料包括：

(1)《交易信息发布申请书》；

(2)《交易信息发布承诺函》；

(3)事业单位法人证书复印件；

(4)交易行为决策文件；

(5)专利清单及证书复印件；

(6)评估报告(可选)；

(7)技术交易委托合同。

(二)受理交易申请

受理交易申请是指技术类无形资产的持有方，即转让方、许可方(以下简称“持有方”)为进行交易，向交易机构提交交易信息披露申请。首先其应具有交易该标的的主体资格，保证该标的可以合法交易，并应当依照国家法律法规和相关政策的规定履行决策程序。按照有关规定应当进行资产评估的，须进行评估并履行相应的核准或备案手续。同时，持有方需要按照要求提交披露信息内容的文档材料，并对披露内容和所提交材料的真实性、合法性、完整性、准确性负责。

(三)发布交易信息

发布交易信息是指交易机构依据持有方提交的信息披露申请材料发布披露公告。按照相关法规，披露时间一般不少于 5 个工作日。在此期间内，转让方或许可方一般不得擅自变更披露公告中的内容和条件，若特殊情况必须变更的，应取得交易行为批准单位书面同意，并重新发布披露公告和重新计算公告时间。如果是经资产评估的技术交易项目，首次披露公告中的交易底价不能低于经核准或备案的资产评估结果。

(四)登记受让意向

登记受让意向是指意向受让方或意向被许可方(以下简称“意向方”)在披露公告期限内向交易机构提出交易申请。申请材料一般包括以下内容：

（1）意向受让申请书；

（2）意向方主体资格文件；

（3）意向方进行技术交易所获得的批准文件或内部决策文件；

（4）披露公告需要意向方做出的保证。

（五）遴选

遴选是指交易机构对意向受让方所提交材料的齐全性和合规性进行形式审核，并在披露公告期满后，将交易资格审核意见书面告知转让方。若转让方与交易机构意见不一致，一般由交易行为批准单位做最终决定。

遴选结束后，意向方应当在规定的时间内缴纳交易保证金。

（六）组织交易签约

披露公告期满后，如果产生了符合条件的意向方，交易机构作为组织方，则需协助持有方按照披露公告中披露的交易方式，确定受让方或被许可方（以下并称“受让方”）。如征集到一家意向受让方可采用协议成交，如征集到两家及两家以上意向受让方可采用网络竞价（网络竞价是指信息发布公告期公告期满，产生两个及以上符合条件的竞买人，由技术交易市场依据公告的竞价方式，通过技术交易市场指定的网络竞价系统，组织竞买人竞争受让转让标的的行为）、竞争性谈判（竞争性谈判是指转让方根据项目具体情况组成谈判小组，分别与各合格意向受让方进行谈判，根据谈判结果和报价，择优选定受让方）或综合评议（综合评议是指转让方根据项目具体情况组成评议小组，对各合格意向受让方的响应文件进行综合评议，择优选定受让方）确认受让方后，交易双方签署技术交易合同，此后交易机构对技术交易合同进行存档。

一般情况下，技术类知识产权的转让和许可属于技术转让合同；科研能力交易往往属于技术开发、技术服务或技术咨询合同。但不能以此作为唯一标准，实践中，要按照具体交易内容进行分类。例如某些科研能力交易，尤其是涉及工程应用的，可能会伴有既有技术的二次开发或许可行为，需要按照实际知识产权变化的情况进行分类。

（七）结算交易资金

交易资金包括交易保证金和交易价款，一般交易资金应当通过监管机构指定的第三方结算账户以货币进行结算。受让方需将交易资金一次性支付到该账户，其中交易保证金可以按照约定转为交易价款。同时，转让方和受让方应在此时一并缴纳交易佣金。

（八）出具交易凭证

出具交易凭证是指交易机构在收到交易佣金后向交易各方开具本次交易的相关证明文件。一般情况下，技术交易凭证可以载明：交易标的名称、项目编号、转让方或许可方名称、受让方或被许可方名称、交易价格等内容。

此凭证仅作为转让方和受让方、许可方和被许可方进场交易的证明。交易标的权属转移需进行变更登记的，交易各方需要凭技术交易凭证等相关材料，按照国家有关规定及时到相关部门办理变更登记手续。通过交易所进行交易的交易价款结算，转让方可在技术转让合同基础上，对价款划转进行明确，转让方在收到交易价款后，按受让方抬头开具发票，对于通过交易机构将交易价款划转到转让方的情况，出具收款凭证。

第三节　签署合同

完善的合同是项目顺利执行，以及合同当事人各方权利与义务实现的法律保障。服务合同的签订是技术经纪项目能否确立、实施、合同各方权益能否实现的重要初始环节，合同各方都必须认真对待，慎重行事，尽量减少和避免合同纠纷以及因合同条文的疏漏造成的不必要损失。

一、合法合规

正式签订的合同必须符合《中华人民共和国民法典》的一般原则，即不得有《民法典》规定的无效合同的情形，合同当事人的法律地位必须是平等的，合同的签订是自愿的，合同条款经双方协商一致并符合公平诚信和公序良俗等原则。另外，合同也要避免《民法典》以外其他法规政策所禁止的行为，否则合同有效性也会受到影响。

二、文本完善

一般情况下完整的合同包括两部分，即约定当事人各方的权利义务关系，和标的物的说明。这里所说的标的物不一定是具体的某项知识产权，也可以是科研能力、经纪服务内容等，具体可参见“合同基本结构”相关章节。

三、注意事项

首先，应避免模糊用语，尤其在交易流程、期限、保密范围和责任等条款中。由于缺少具体的范围边界，很难界定相关工作内容和权利义务。

其次，除特定情况外，尽量避免“另行协商”。合同本身即是沟通协商的结果，若还需另行协商，则失去约定的意义。

最后，合同的附件也需要完善，例如当事人的资质文件、知识产权权属证明、引用的其他规则文件等，此类附件是合同履行的重要凭证，需以备为合同执行甚至解决争议时参考。

延伸阅读二十五　技术转移合同示例

科技成果交易合作协议

甲　　方：×××××研究所

注册地址：

邮政编码：

法定代表人：

联系人：

联系人电话：

联系人传真：

乙　　方：×××××技术经纪公司

注册地：
邮政编码：
法定代表人：
联系人：
联系人电话：
联系人传真：

甲方是（简短核心介绍）……

乙方是（简短核心介绍）……

依据《合同法》的相关规定，甲乙双方本着精诚合作、利益共享、平等互利互惠的原则，经友好协商，确定在科技成果交易领域开展合作，达成如下协议，双方共同遵守：

一、合作内容

受到×××××研究所（以下简称“甲方”）的委托，乙方将根据《×××××交易规则》，对甲方所拥有的知识产权（包括且不限于专利、软件著作权、集成电路布图设计权、技术秘密、商标等）即“标的”，进行公开进场交易。交易方式包括且不限于以下方式：

（一）挂牌交易

阶段一：挂牌

乙方受甲方委托，对需交易的标的进行挂牌，征集受让方。交易信息应当公开发布。包括不限于×××××网站、交易大厅显示屏、宣传刊物或举行项目推介会、路演等多种形式。

阶段二：竞价或协议成交

挂牌期满，经甲乙双方共同确认意向受让方资格。仅确认唯一意向受让方的，由乙方组织甲方与意向受让方协议谈判；确认多家意向受让方的，由乙方组织竞价的方式确定最终受让方，竞价方式包括网络竞价或招投标，由甲乙双方协商确定。

（二）拍卖

乙方受甲方委托，对需交易的标的进行拍卖，拍卖活动由乙方负责组织、协调、监督和指导，由乙方或拍卖机构具体实施。

（三）交易公示

乙方依据《中华人民共和国促进科技成果转化法》（2015修订）、《中华人民共和国促进科技成果转化法》若干规定、《促进科技成果转移转化行动方案》等有关规定，在甲方在履行相关决策和报备程序后，针对甲方与最终受让方协议定价完成的交易，在×××××进行公示。

二、甲方的权利和义务

（1）保证对交易标的拥有无可争议的处分权，并根据乙方要求以及标的具体情况提供标的的有关资料，说明知道或应当知道的标的瑕疵，但原则上不得涉及甲方商业秘密；乙方如转委托或邀请第三方合作完成本委托事宜，须经甲方同意。

（2）保证依本合同而承担的义务是合法有效的义务，甲方履行本合同项下的义务与其依据其他合同或文件而履行的义务并不冲突，同时与法律、法规及有关行政规章亦无任何抵触。

(3)及时转告有关标的的真实情况，对标的权属的真实性承担责任，并根据乙方要求以及具体情况提供标的的有关证明，保证所交付的文件、材料真实、完整、准确、合法。

(4)进场交易启动后标的除双方商议调整外，不得擅自增减，保证存在潜在意向购买者可以顺利进入议价环节。

若在交易信息发布后，甲方单方大量增减标的的，应根据乙方及其合作伙伴实际人工费用核算后补充支付相应服务费用，但经双方协商后增减标的的除外。

挂牌发布后、议价前甲方单方撤回标的的，应争得乙方同意并根据乙方招商、公告及预展等实际支出支付相应费用并赔偿乙方的其他损失，但双方协商同意撤回或经乙方建议后甲方撤回的除外。

(5)承诺在标的不违反国家有关法律、法规禁止、限制出口的情况下，可以向境内外所有意向受让方招商。

(6)积极配合、协助乙方及乙方的合作方进行意向受让方招商工作。甲方提供未来成交签署的《技术实施许可/转让合同》文本、其他权利主张要求文件等，以备后续纳入竞买文件并进行公示。买方竞买成交之后，甲方应当确保在成交后10个工作日内签署《技术实施许可/转让合同》，协助买受人提供办理转让的相关材料。

(7)交易未成交的标的，甲方同意进入乙方交易系统继续进行挂牌交易，具体合作事宜双方另行签署协议。

(8)保证不参与竞买，也不得委托他人代为竞买本合同所列的标的。

(9)承诺在委托合作期限内，如果乙方不存在重大过失，甲方及知识产权持有人均不得再委托第三人进行本合同所约定的拍卖事宜。

(10)意向受让方若对甲方知识产权提出权利主张质疑、无效申请、法律诉讼等法律质疑问题时，乙方作为交易组织机构不承担任何法律责任，由此给乙方造成损失的，乙方有权向甲方追偿。

三、乙方的权利和义务

(1)保证经甲方的合法授权后，针对甲方提供的标的进行进场交易工作，包括但不限于组织知识产权服务机构或提供竞价交易技术支撑的平台机构共同参与本次拍卖工作。

(2)负责招商交易活动的整体协调工作。组织、安排包括招商、信息发布、公告、预展、宣传、竞买组织及交易价款结算等活动，控制整体工作进度。

(3)对整体活动制定具体策划实施方案、整体宣传方案，编制招商资料、标的说明书、竞买文件等材料，并对标的进行法律现状确权查询。

(4)积极开展竞买人招商工作并负责意向竞买人的咨询服务。

(5)乙方应及时通知活动的各项工作进展情况(包括：意向竞买人、报价等市场反馈情况)。

(6) 乙方不对本合同的甲方及参与竞买的任何第三方提供任何形式的保证或担保，亦不承担任何交易费用。

四、佣金及支付方式

挂牌交易或拍卖方式完成标的交易，则双方同意按以下标准计算佣金金额，并由乙方提供此次挂牌交易的整体财务结算服务，具体内容如下：

(一)竞买成交后，甲方通过乙方账户收取买受人应支付的成交价款。成交价款到达乙方账户之日起五个工作日内，乙方应函告甲方。甲方应在收到告知函之日起的五个工作日内，将应支付的服务佣金支付给乙方账户。乙方应在服务佣金到账之日起的五个工作日内，将标的的成交价款一次性支付给甲方。甲乙双方与买受人签署的其他相关协议另有约定的除外。

乙方账户所收款项仅用于代甲方收取并支付成交价款及收取乙方服务佣金，任何一方不得以任何其他理由要求扣划该款项。成交价款的划转及扣除以相关权利义务方共同签字盖章确认的书面通知为准，否则乙方有权拒绝向任何一方支付相关款项，但乙方扣划服务佣金的除外。

(二)服务佣金计算标准：

依据《×××××交易收费办法》

(三)成交后买受人未按约定支付成交价款的，乙方按约定扣除买受人保证金作为违约金的，双方按1∶1的比例分配保证金。

(四)财务相关账户信息

甲方账户

单位名称：

开户银行：

行号：

银行账号：

乙方账户

单位名称：

开户银行：

行号：

银行账号：

(五)乙方应在收到服务佣金之日起的5个工作日内，向甲方开具增值税专用/普通发票。

五、标的成交价的确定

标的成交价依据由乙方与意向受让方签署的《议价成交确认书》确定。

六、违约责任

(1)若本合同任何一方违约，违约方应对守约方由此产生的经济损失承担赔偿责任，赔偿范围包括但不限于：守约方为履行本合同支出的一切合理的费用，及守约方根据本款为实现自己的请求而发生的诉讼费、律师费、差旅费等一切合理费用。

(2)若因甲方过错导致协议成交后最终不能实现标的成交的，甲方仍应按约定支付佣金，由此给乙方及乙方合作单位造成任何损失的，并应承担赔偿责任。

(3)甲方承诺其接受对于进行本次挂牌交易工作的委托真实、有效，甲方对标的拥有无可争议的处分权。否则给乙方及乙方合作单位造成的任何损失，由甲方承担。

七、争议的解决

(1)本协议适用中华人民共和国相关法律。

(2)有关本协议的解释或履行发生争议的，应协商解决；协商不能达成一致的，任何一方可以提交北京仲裁委员会仲裁解决。

八、附则

(1)甲乙双方应针对每批次标的进场交易，协商并签署子协议，以确定交易方式、所采取的佣金标准和佣金金额等。

(2)本协议未尽事宜，双方经友好协商，可另行签订补充协议或修订协议。补充协议或修订协议为本协议的组成部分，与本协议具有同等法律效力。

(3)本协议一式肆份，由双方各执贰份，具有同等法律效力，自双方加盖公章之日起生效。

(以下无正文)

甲方：

代表签字：

日期：　　年　月　日

乙方：

代表签字：

日期：　　年　月　日

第二十一章　技术经纪服务合同的执行

合同的执行是对合同的具体实施过程。合同达成之后，下一环节便是合同的执行。

第一节　细化方案

执行合同中遇到的最主要问题是合同执行者对合同条款的理解与应用，而合同的执行方案是对其内容实施的指导，条理化的制定合同执行方案，是对执行者的良好帮助。对于经纪人来说，执行方案可以是有形的，落在纸面上的计划表，更可以是无形的指导思路，被每个执行人所理解贯彻。

一、合同目的的确认

执行合同，首先要明确的是合同的目的。合同目的有两层，一层是条款中约定的具体事项，另一层则是以此作为基础而在合同范围以外的影响。例如前序章节所述的被服务方的真实需求，短期或长期合作，资质的获得，政策需求等。很多时候，真实需求才是更为关键的目标，也是合同执行能否顺利的隐形因素。

二、服务合同执行的步骤

一般来说，服务合同签订后，技术经纪服务合同执行的步骤为：

协调相关业务部门或机构—协助提交交易申请—挂牌交易—供需对接—签订交易合同(或技术合同)—资金结算—凭证开具—评价归档。

(一)协调相关业务部门或机构

协调交易流程管理、财务结算以及法务等部门或其他机构的协同。

(二)协助提交交易申请

如上文所述，交易申请材料往往较为繁杂，且由于涉及交易主体资格等问题，审查要求也较为严格。实践中，需要经纪人协助被服务方提交相关文件，并对被服务方的材料提前进行检查，避免在正式提交过程中延误。

(三)挂牌交易和供需对接

挂牌交易和供需对接是技术经纪和技术交易的核心，其中挂牌交易注重的是流程的合规性和信息传播范围，供需对接侧重的是供需双方的匹配，手段主要是遴选和商洽。

(四)签订交易合同

交易合同包括技术合同，是直接约定标的物交易过程的协议。经纪人可以在组织供需双方签订该合同过程中，适当提供法律协助，扩大服务范围。

（五）资金结算

敦促供需双方按照经纪服务合同的约定进行资金结算，有保证金的，应注意相关资金的流转，避免争议。

（六）凭证开具

一般由交易机构按相关制度和格式开具。

（七）评价归档

经纪人或经纪机构对被服务方进行内部评价，相关交易文件归档管理。

三、服务合同执行中的要点

（一）服务内容、服务要求和服务成果应尽可能详细具体化

服务类合同发生争议最多的地方，在于合同双方对是否完成符合要求的服务内容看法不一致。实践中，我们看到，不少服务类合同往往只简单或笼统地约定服务事项，比如策划合同中只约定提供某某策划服务，但却没有约定具体的服务内容、服务要求和服务成果。一旦发生争议，往往因合同约定不明而难以处理。

虽然服务本身往往是无形的东西，文字难以描述，但服务必定是有服务节点（过程）、服务要求和服务工作成果的，这些内容往往都是可以描述界定的。比如设计合同，通常可以分为几个阶段，每个阶段都有设计节点和设计成果，把设计节点、要求和成果作出具体界定，设计这一原本无形的“服务”也就变得详细具体化了。一旦服务内容和要求具体化，则合同的可执行性必然大幅提高。

当然，很多专业服务往往包含专业性很强的技术内容，单凭法务和律师的经验能力可能无法准确界定。在这种时候，我们就需要与公司的专业技术人员进行配合，共同对服务内容、服务要求和服务成果予以细化完善。必要的时候，将服务内容、服务要求和服务成果以合同附件的方式予以体现。

（二）服务费用要与服务内容相对应

服务类合同中另一个常见问题是，服务费用与服务内容不对应，往往是将全部服务内容笼统确定一个总的服务费用，缺乏对不同服务阶段（服务成果）所对应服务费用的约定。如果整个合同顺利履行完毕，则不会产生什么问题，但如果合同提前解除或提前终止，则双方往往会对如何结算服务费用产生争议。

需要特别强调一点，服务费用的计取与服务费用的支付进度，并非是同一个概念，很多人容易混淆。例如，设计合同，理想的状态是分别约定各个设计阶段相对应的设计费。但在实际当中，大量的设计合同都不约定设计费总体构成，只约定付款进度比例。一旦发生中途解约，如何结算设计费用就是一个难题。为防止这类问题发生，我们在审查服务类合同时，应尽可能建议将服务费用与

服务内容、服务成果相互挂钩、对应，并明确约定于合同之中。

(三)服务人员一定要明确

服务质量的高低，与真正提供服务的服务人员直接相关，这个道理毋庸置疑。比如法律服务，合伙人律师提供的服务，与律师助理提供的服务，质量肯定是不一样的。很多服务类合同中往往只约定了服务事项，却没有明确约定具体的服务人员。服务人员不明确，一方面不利于督促服务提供方保证服务质量，另一方面，在发生争议时，也很难追究服务提供方的违约责任。

为了避免出现这类问题，在审查服务类合同中，应注意约定明确服务人员，如有可能，服务费用与服务人员直接挂钩，以及服务人员变动的处理方式，包括关键服务人员变动可以解约的内容。

(四)如有可能，约定不满意解除权

因服务本身大多没有客观的检验标准，在审查这类合同时，一个困难之处在于难以约定明确的违约情形。即使约定了违约情形，最终也往往因理解不一而发生争议。

在服务实际提供之前，接受服务的一方基本无法准确判断“将来”服务的质量水准。服务接受方往往是基于对服务提供方的信任，才与服务提供方签订了服务合同。由于难以约定违约情形，最终结果对于接受服务方往往有些不公平。为了平衡双方的权益，我们认为，可以考虑约定，服务的好坏以服务接受方是否“满意”为准，如果不满意服务，则服务接受方有权解除合同。同时，这种解除并不构成服务提供方的违约，对于合同解除之前服务提供方已经完成的服务，服务接受方有义务支付费用。当然，这种不满意解除权的设计，在实践中并非都能被双方所接受。是否可以约定这样的条款，往往取决于双方合同地位的高低。

第二节　组织资源

任何一个项目的执行，都很难由单一部门或个人完成，技术经纪工作更是如此。用有限的资源创造最大化的价值，关键在于整合资源的能力。从项目的整体来看，技术经纪人本身只是前端和中间协调的角色，项目的实际执行，离不开交易流程管理、财务结算以及法务等部门或其他机构的协同配合。

一、资源类型

(一)交易流程管理人员

交易流程管理是交易环节的核心，是标的物流转的基础。

(二)法务人员

针对合同等材料审查、法律风险防控的主要环节。

(三)财务

资金流转的操作管理。

(四)外部资源

某些情况下，经纪人和经纪机构不一定是满足法规要求的交易场所，此时需要重点协调相应的机构合作完成。

二、协调要点

(一)程序的合规性

程序合规性不仅体现在服务方案的制定上，更要体现在执行层面的具体操作上。合规、合理的安排不仅方便各个环节各类资源的操作，也更容易促成多层面的统一协调。例如，交易环节的各类材料要求是否合格，法务环节的审查要求是否得到贯彻，财务方面的资金流转是否及时等。

(二)利益共同点

尽管各个经纪人和经纪机构所处的主客观环境不同，但面对的各类资源都会存在共同的利益点。利益点可以是经济利益，也可以是行政利益等其他方面，利益点的表现可以是同一个，也可以是互相影响、促进或制约的。例如业务人员的交易提成、交易流程管理人员和财务人员的合规性操作、经纪机构的商誉等。合理利用各方利益点，把利益点当作贯穿组织协调工作的重要手段，是组织实施的关键。

第三节　风险管控

一、主体风险

(一)风险种类

合同签订主体必须具备相应的身份和资质，并且必须拥有履行合同契约的能力。主体不合格主要表现在以下几点：

(1)合同签订人不具备相应资质、能力；

(2)合同签订人是非法人组织，如某法人组织下的分支机构或职能部门，缺乏履约能力；

(3)合同签订人无代理权、超越代理权或代理权过期。

(二)风险表现

(1)合同主体身份认不清，交易对象不对等；

(2)合同相关方的权力缺失，如标的物是国有无形资产，出让方无处置权；

(3) 缺乏对合同主体资信情况的调查。

(三)应对办法

按签订方分类审查合同主体：

(1)法人组织：营业执照、供货业绩、信誉状况、资质等级等情况；

(2)非法人组织：是否拥有其所从属的法人组织的授权；

(3)自然人：是否具有相应民事行为能力；

(4)代理人：代理身份和代理资格；

(5)其他：特殊行业生产经营许可证或其他资质；

(6)标的物是国有无形资产，是否提供相关决议文件。

二、标的风险

不同类型的合同，其标的也存在区别，如单纯的技术类无形资产交易合同的标的一般为某项知识产权，经纪服务合同的标的即为服务本身的行为过程以及交易标的物。

(一)风险种类

(1)合同标的不合法；

(2)合同标的价格不确定；

(3)合同标的不确定；

(4)实际交付的标的与合同约定的标的不同。

(二)风险表现

(1)合同标的物的合法性，如某些不可转让的国有无形资产；

(2)企业国有无形资产缺少评估；

(3)合同标的约定缺乏确定性。

(三)应对办法

(1)熟悉相关法律法规，审查合同标的是否合法，是否为法律、行政法规禁止或者限制转让的标的物；

(2)审查合同标的相关条款，查明合同标的名称是否确定；

(3)根据不断变动的现实条件，审查合同标的是否可能给付，明确合同的效力；

(4)审核企业国有技术类无形资产的评估材料。

三、权利义务风险

(一)风险种类

(1)合同权利义务约定不清，对标的物技术指标、数量等缺乏明确约定；

(2)对法律规定的义务认识不清；

(3)对自身的权利没有充分认识，无法充分保护自身利益。

(二)风险表现

(1)缺乏明确的研发要求或知识产权领域、类型约定；

(2)交付方式、验收标准不清。

(三)应对办法

(1)在合同中明确双方的权利义务，特别是质量、数量、验收标准等容易产生争议的地方；

(2)明确合同和法律规定的义务；

(3)明确自身所拥有的各种权利，充分保护自身利益。

四、执行风险

(一)风险种类

(1)合同中违约责任条款缺失或约定不全面；

(2)未按合同约定的时间、金额支付价款；

(3)逾期交付、提取标的物；

(4)未按约定的方式、地点、数量、质量等履行合同；

(5)未尽到通知、保密、协助等附随义务；

(6)对方违约时，未采取合理措施防止损失扩大。

(二)应对办法

(1)完善合同条款

1)明确约定承担违约责任的范围，即当事人在何种情形下应承担违约责任。

2)明确约定违约方在何种违约情形下承担何种违约责任，及违约责任的大小或比例、幅度，即“因违约产生损失赔偿额的计算方法”。

(2)关注合同履行进展，一旦发现异常状况，及时采取处理措施。

(3)及时搜集和保存好各种证据。

(4)充分利用合同法和合同赋予自身的权利。

第四节　总结归档

一、确认执行完毕

技术经纪项目以及技术交易合同的执行确认是以结果为导向的管理方式，在合同约定清晰的前提下，主要关注以下几点：

(1)标的物的提交是否完成；

(2)标的物是否符合合同要求；

(3)相关知识产权变更手续是否完成；

(4)资金是否按时按量流转；

(5)配套服务是否顺利完成。

二、文件存档

经纪服务项目的完成并不代表相关工作的完全结束，对相关文件的存档也是重要环节。

由于涉及多方利益，经纪项目的文件往往具有重要的法律效力。常见的相关存档文件有以下几种：

(1)签订的合同文本及电子版；

(2)各方提交的申请材料及电子版；

(3)交易机构开具的凭证；

(4)相关验收文件，或知识产权变更证明，如变更前后的证书复印件等；

(5)各方往来文件，如建议、函、通知等。

第六编

服务能力

第二十二章　商务能力

技术经纪人除了需要有扎实的理论基础，更需要很强的商务能力的实践，才能更好地提供技术转移服务。纵观国内外技术转移实践，贯穿技术转移服务流程中的技术评价能力、市场调研能力、项目建议书撰写能力、商业计划书撰写能力、尽职调查能力、项目组织与管理能力等显得尤为重要。

第一节　技术评价

一、概述

技术评价也称技术评估。指对科学技术对社会的影响进行综合的、多方面的估价和分析，为决策提供咨询的一种手段。主要内容包括：①在技术开发和应用时，预先从各个方面、各个角度研究技术带来的好或坏的影响，并找出对策或替代方案。②技术的可行性、经济性、安全性等方面的价值利益分析。③提出客观的结论和建议。

技术评价的概念起源于美国。1966 年，美国众议院科学技术委员会首先提出要发展技术评价。1976 年，美国科学技术开发分会主席达达里奥向美国国会提出制定技术评价法。进入 20 世纪 70 年代以来，技术评价已成为一项政策研究，开始广泛用于制定政策和规划，确定评价开发项目等活动。60 年代末 70 年代初，日本由于经济高速发展，公害日趋严重，引起了社会各方面的重视，于是派调查团到美国考察，并决定把技术评价引入日本。此外，东欧、西欧、苏联等许多国家，也从 70 年代开始应用技术评价，并制定了技术评价相关法律条款。我国技术转移行业也开始逐渐重视开展技术评价，2003 年，科技部印发《科学技术评价办法》(试行)。

按照《科学技术评价办法》(试行)，科研项目分为战略性基础研究项目、自由探索性基础研究项目、应用研究项目、科学技术产业化项目、社会公益性研究项目和科学技术条件建设与支撑服务项目等六大类，每一类都有不同的评价标准和方法。对自由探索性基础研究项目，以保障科学研究自由，鼓励科学探索和原始性创新为导向，注重对科学价值和人才培养的评价。对应用研究项目则以技术推动和市场牵引为导向，按照自主知识产权的产出、潜在的经济效益等要素为评价要点。本书中涉及的技术评价以应用研究项目为主。

科学技术评价工作必须坚持公平、公正、公开的原则，保证评价活动依据客观事实作出科学的评价，应当遵循“目标导向、分类实施、客观公正、注重实效”的要求，必须有利于鼓励原始性创新，有利于促进科学技术成果转化和产业化，有利于发现和培育优秀人才，有利于营造宽松的创新环境，有利于防止和惩治学术不端行为。

二、功能

(一)提供决策支撑

一项从实验室产生的创新技术或专利技术，随着技术转移和市场转化进程的推进，意味着更多的投资方、合作方、承接方、服务方，以及相关管理部门的介入和融入，这就需要技术成果具备一个科学评价的良好基础，为开发、转让、授权、投资、合作、立项提供客观、扎实、科学的决策支撑，优化投资选择，控制投资风险。

(二)提供精准定位

技术评价不仅是技术转移各环节科学决策的依据和基础，而且通过技术评价明确了技术成果的先进性、创新性、成熟度、可行性后，可以更精准地确定技术推广、转移的方向和合理定位，提高技术转移效率。如对具有不同程度先进性、创新性、可行性、成熟度的技术，不同需求方有不同的需求定位。有的技术成果先进性和创新度较高，但成熟度不足，处于研发早期阶段。这就需要需求方有较强的消化吸收能力和技术完善能力；一些先进性和创新性不是处于行业顶端的技术，但并未过时且较为成熟，就比较适合技术研发能力相对薄弱的地区和企业的需求。

(三)提供资产估值基础

对技术先进性、成熟度、应用领域、市场前景、预期效益等的全面评价，不仅是技术转移活动的决策基础，也是对技术资产进行合理估值的良好基础。而没有科学客观的技术评价这个基础，技术资产估值的合理性也就缺少了准绳。估值不合理，就很难得到市场的认可，进而增加技术转移对接成功的难度。

(四)优化技术研发

一项技术发明或研发成果，经技术评价后，不仅仅是技术成果在各方面获得了比较客观准确的评价定位，也是为优化技术研发赋能的过程。技术评价可以给技术项目的方向优化、研发完善和价值评定带来专业判断和丰富的市场开发信息量，能深度挖掘和揭示技术成果创新价值、优化完善研发方向、规避创新风险，为技术的研发完善和推动转移转化带来合理的整体解决方案和宝贵的价值增值。

三、维度与方法

(一)技术成熟度曲线

Gartner 公司是全球知名的 IT 研究与顾问咨询公司之一，Gartner 每年会根据分析预测把各种新科技的发展阶段及要达到成熟所需的时间绘制在一条曲线上，这条曲线被称为“Gartner 新兴技术成熟度曲线”(The Gartner Hype Cycle for Emerging Technologies)，有助于市场了解当下热点及未来趋势。它描述了创新的典型发展过程。成熟度曲线的横轴为“时间”，表示一项技术将随时间发展经历各个阶段。曲线的纵轴是“预期”。下图就是 2019 年 8 月 Gartner 网站发布的 2019 年新兴技术成熟度曲线。

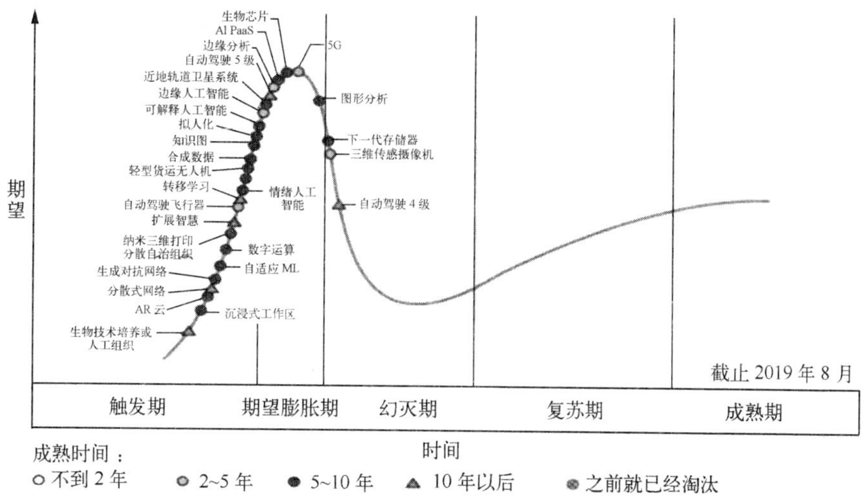

图 22-1　Gartner 2019 年新兴技术成熟度路线

1. 技术触发期

技术刚刚诞生，还只是一个概念，不具有可用性，无法评估商业潜力。媒体有所报道，引起了外界的兴趣。

2. 期望膨胀期

技术逐步成型，一些激进的公司开始跟进。媒体开始大肆报道，产品的知名度达到高峰。

3. 幻灭期

技术的局限和缺点逐步暴露，对它的兴趣开始减弱。大部分被市场淘汰或者失败，只有那些找到早期用户的公司艰难存活。媒体报道逐步冷却。

4. 复苏期

优缺点越来越明显，细节逐渐清晰，越来越多的人开始理解它。基于它的第二代和第三代产品出现，更多的企业开始尝试，可复制的成功使用模式出现。

5. 成熟期

经过不断发展，技术标准得到了清晰定义，使用起来越发方便好用，市场占有率越来越高，进入稳定应用阶段。业界有了公认的一致的评价。

(二)技术竞争力评价

通过检索专利和文献的方式，了解国内外是否有同类技术，如果有同类技术，则比较被评价技术与国内外同类技术的竞争优势，可以从以下几点进行考虑：

1. 价值性

被评价技术是否具有潜在的应用市场，是否能够给用户带来价值，比如是否能显著地降低成本、提高产品质量、提高效率、降低能耗、为用户带来较显著的经济效益、拥有特定或者较广阔的应用领域等。

2. 稀缺性

通过检索国内外同类技术，是否市场上只有少数或者还没有同类技术，该被评价技术是稀缺的。

3. 不可替代性

竞争对手无法通过其他技术来替代它，它在为用户创造价值的过程中具有不可替代的作用。

4. 难以模仿性

核心竞争力还必须是被评价技术所特有的，并且是竞争对手难以模仿的，也就是说它不像材料、机器设备那样能在市场上购买到，而是门槛很高，难以转移或复制。拥有该被评价技术的机构则也将因此技术在市场上保持竞争优势。

(三)技术估值

关于技术价格的估算，传统的方法是成本法、市场法和收益法。

1. 成本法

成本法，又称重置成本法，就是以现在的市场条件为基础，评估重新开发类似技术所需要的投入成本，以确定被评估技术价值的一种评估方法。成本法的基本思路是重置，用重复技术开发过程中的投入作为重置成本，然后扣除技术贬值来确定技术价值。当某项技术具有现实的或潜在的获利能力，如果能够对其开发投入和开发进度进行估算时，可采用成本法。例如，软件的研究和定制，可以估算成本。但成本法的应用范围很有限，很多技术研发周期比较长，并且大部分企业的大部分技术都不是专门为了转让进行研发的，在会计科目中也很少针对某单项技术统计研发成本，时间长了，某项具体技术的投入就成了一笔糊涂账。

2. 市场法

市场法，又名比较法，这既是一种传统的评估方法，也是一种简单有效的办法。它的基本思路是分析类似技术的历史交易记录，比较这些交易记录对现有技术的价值进行评估。在市场法下，必须要有一定数量的类似技术交易记录，因为技术交易标的多数情况下都是不同的，所以能够适用比较法的情形不是很多。其次，不同的国家，不同的技术受方，技术卖方的成本和风险是有差别的，有一段时间同样的技术转让给中国企业就比发达国家之间的企业转让的价格要高，因为技术卖方认为风险更大，此外，技术价格与支付方式也密切相关。但只要能找到一些类似的交易，比较法得出的结论是可以做一个很好的参考的。我们在生物发酵技术领域转让技术定价时，因为技术构成比较单纯，市场法运用得就比较多。

3. 收益法

收益法，即通过估算被评估技术在未来期间可产生的预期收益，选择使用一定的折现率，将未来收益折算成现值，并将各期未来收益累加，来对技术价值进行估算的一种方法，这种方法也是我们在实践中采用最多的。

在实际工作中，采用收益法估算技术价格时，我们更多的时从买卖双方去分析一项技术交易，确定技术价格范围。首先，从卖方的角度来看，技术卖方在确定技术报价时，主要考虑3个因素，技术转让的总成本、技术转让后可能给买方带去的新增收益、市场价格。卖方的总成本则主要包括，转让直接成本、开发成本和机会成本。转让直接成本，指的是进行该项技术转让将发生的直接成本，例如，技术服务费，谈判差旅费用，法律费用，咨询机构服务费等，但不包括研发技术本身发生的成本。开发成本指的是沉入成本或历史成本，这部分的成本计算复杂，部分或全部分摊。机会成本，是指转让技术的公司转让技术后失去在买方所在国或地区部分或全部投资或产品销售机会可能造成的损失。

卖方在定价原则上有两点，一是根据估算和期望，确定底价和顶价，顶价就是最初的报价。卖方顶价应该取买方新增总利润、竞争对手的最低价格和买方开发成本中最低的一项。除了从卖方角度估算技术价格之外，在技术价格的估算中，还需要考虑买方新增收益的估算。一项新技术的使用预期会给买方带来一定的边际收益或新增价值，技术的新增利润包括降低生产成本、提高质量或性能以此提高销售价格，增加销售量。

第二节 市场调研

一、概述

市场调研主要是为了了解一项技术在市场上的发展空间和市场前景，不仅可以帮助技术经纪人更好地分析该技术的竞争力和价值，也可以反向指导科技成果持有人的下一步研发方向，促进更多贴近市场需求的科技成果的产生。

二、内容

通常做市场调研的方向主要看以下几点：市场容量和行业发展趋势、竞争对手情况、潜在用户情况以及其他对行业有影响的方面。

（一）市场容量和行业发展趋势

判断一项技术预计的市场容量，可以先分析其可以应用的领域，针对不同应用领域，分析该领域内潜在用户的情况，得出应用市场容量大小。比如一项飞轮储能技术，可以应用在机加工、电梯、港口起重机、地铁等多个领域，那么可以分领域来进行估算，按照电梯领域来讲，可以调研全国电梯保有量，基于每个电梯上可以回收的能量以及带来的收益，可以预估该领域整体的市场容量。

行业发展趋势需要一定的判断能力，一般来说行业发展不太明确的情况下，我们才需要去做一些趋势性的分析，比如区块链、物联网、人工智能、新能源等领域。高新技术产业的发展较为依赖于技术的研究和突破，以及技术在市场化上的应用能力。简单例子如电动汽车，充电技术和电池蓄电技术的发展很大程度上会制约电动汽车的发展。而即便技术上有突破了，技术实现的成本是否能达到普通民众能承受的范围也很关键。

（二）竞争对手情况

市场调研中对竞争对手的了解也必不可少，通过分析竞争对手可以为是否进入该市场以及如何进入提供决策支撑。一般，可以分析被调研技术的应用领域中已有的提供类似技术的竞争对手。如果现有的竞争对手的技术已经被市场和用户所接受和认可，竞争对手比较多，说明竞争对手已经占据了比较高的市场份额或者行业地位，但如果市场容量足够大，所分析的技术如果具备独特的竞争优势，可以与现有技术开展差异化竞争。如果市场上还有痛点未被满足，所分析的技术具有提供解决方案的能力，那么该技术就在市场是具备一定的应用前景和推广优势。

如果需要为所分析技术进入市场的模式提供决策支撑的话，还需要对竞争对手具体的信息进行分析，包括竞争对手的定价、收入、商业模式、所涉足领域、客户信息、市场占有率等。

(三)潜在用户情况

了解该技术所针对的潜在用户情况，了解他们的业务情况，包括现有使用的技术、遇到的痛点、对新技术性能、价格等的要求、是否愿意尝试该项技术。

(四)其他对行业发展有影响的方面

其他方面主要是关注法律法规和政策，比如，如果国家大力倡导节能减排，那么对于新能源领域来说是很好的趋势。如果鼓励研究和发展产业互联网，那么对于传统产业来说，又迎来一次很好的转型机会。

三、常用方法

(一)问卷

根据调查的意义和目的、调查项目和内容、对被调查者的希望和要求等，设计问卷的问题。

(二) 案头

通过行业协会、上市公司公开信息、证券公司行业报告等途径，检索行业报告、细分市场报告。通过竞争对手和用户官网，检索竞争对手和用户信息。通过政府网站，检索法律法规和政策。

(三) 面谈

为了获取更详细的信息，需要拜访行业协会、竞争对手、潜在用户等，与他们面对面交流，每次面谈前需要设计面谈方案，汇总需要交流的内容，确保面谈的效率。

第三节　项目建议书

一、概述

项目建议书是指个人、单位或机构，就开展某项目，向政府部门、投资者、合作伙伴及其他利益相关者提出的具体行动建议和资源申请计划。在我国，很多时候项目建议书也叫立项申请，但立项申请只是项目建议书的一种形式，立项申请一般由项目筹建单位或项目法人在项目的初始阶段编制，它提出某一具体项目的建议文件，是对拟建项目提出的框架性的总体设想，是国家选择项目的依据，也是可行性研究的依据。本教材中项目建议书主要是指技术经纪人为开展技术转移工作，实施技术转移项目而需要撰写的建议书。

针对某项技术转移工作，单纯有个设想是不够的，必须要超越设想阶段，完成所有必要工作，才能将设想变成现实。一份项目建议书就是一项行动计划加上一份资源申请书，旨在汇集实现设想所有必需的资源，建议利益相关者共同参与和行动，向利益相关者解释设想，说服他们共同实现该设想。

二、结构与内容

项目建议书应该包括这是什么设想、谁来完成、如何实施、在哪儿实施、为什么要实施、万一有风险该如何应对等信息。

（一）项目基本情况

1. 项目背景及意义

说明发起该项目所基于的背景情况和原因，详细阐述该项目实施的必要性和重要意义。

2. 产品和/或服务

每个项目建议书的本质都是提供一些新颖的东西，它可能是一种新型产品或设计或服务。在项目建议书中，应对该项目将拟提供产品和/或服务进行清晰陈述，是什么产品和/或服务？可以解决哪些问题？可以用简洁扼要的一句话描述，比如："我们打算通过引进新型转子式膨胀机设备对天然气门站的管道压力能进行回收用于发电"。进一步介绍产品/服务的开发进度，是否已经有样机/服务解决方案？

3. 核心技术

本项目建议书中提供的产品和/或服务所涉及的核心技术也是项目建议书中很关键的一部分。对技术的介绍主要包括技术原理、核心竞争优势、潜在应用市场、技术成熟度、其他类似技术对比等信息。详细的技术资料，如技术原理图、曲线图等可以用附件形式提供，作为参考资料。

4. 客户群体

客户的描述也是项目建议书中不可或缺的重要组成部分，本部分主要回答目标领域是哪些？目标客户是谁？重点描述目标客户的目前在使用的产品和/或服务？了解竞争对手的信息，他们的竞争优势、商业模式、销售收入等情况？目标客户在使用现有的产品和/或服务过程中是否有痛点？是否愿意使用本项目建议书中的产品和/或服务？预计的总客户数量和市场规模？计划的推广模式有哪些？

（二）利益相关方

本部分应客观评价并介绍利益相关方及其团队，说明项目建议书的具体实施者是谁？谁管理并监督该项目建议书的实施？他们参与本项目的动机是什么？具备哪些优势？是否开展过类似项目？在本项目中的权利和职责是什么？通常，负责项目建议书具体执行的机构或个人，是承担项目风险和负责行动的主体，该主体是衡量项目是否能顺利实施的关键因素，这也是大多数投资者或者其他资金提供方看重的部分，如果项目实施所需要的技能远远超出实施者的专业领域和经验，这种项目是不会得到投资者或者其他资金提供方的青睐的。

（三）实施计划

本部分说明计划，解释组织和实施步骤，如何将设想转变为可操作现实，说明项目可行性。

明确项目周期，阐述在规定时间内的实施计划，说明完成本项目所需要的人力、物力、财力等是否具备？谁能以何种途径提供？项目管理机制是什么？如何监督和控制项目进展？哪些工作已经完成而哪些尚在进行？所有情况都考虑了吗？所有关键任务都适合可识别的时间段吗？是否已为完成各项任务正确估算并安排了相应资源？各个阶段的各项任务是否已做好相应的人员配置计划？等等问题都需要在此详细明确，越清晰的实施计划，风险越小，也越容易说服利益相关方的参与。

(四)项目投资估算和资金来源

项目建议书阶段的投资估算主要目的是为了明确投资方向，提出概略的项目投资建议，投资额的估计可以对比已建类似项目，原则是合理谨慎，实事求是。这一阶段的投资估算是作为相关管理部门审批项目建议书，初步选择投资项目的主要依据之一，对初步可行性研究及投资估算起指导作用，决定一个项目是否真正可行。

另外，除了估算所需资金外，还应明确资金的来源、使用计划以及未来的融资计划等。

(五)经济收益和社会效益

本部分主要陈述实施本项目可以带来的收益，包括经济收益和社会效益。经济收益的预估可以通过预测的市场规模和预计占有率来进行粗略估算，预计每年能产生的收入有多少？什么时间可以达到盈亏平衡点？预计投资回报期是多长时间？

社会效益一般主要是描述本项目的实施对行业发展、就业、教育、税收等的推动作用。

(六)风险及应对

本部分主要描述预计存在的一些风险以及有哪些应对措施。风险可以分为：技术风险、市场风险、资金风险、供应链风险、政策风险等。可以列出一个问题清单，分析每一事件出现的概率及其对先前描述的技术、市场、进度和收益的影响，并提出规避措施。

(七)结论

总述项目实施的必要性和可行性。

以上内容是通常项目建议书应涵括的部分，编写时要广泛开展调查研究，收集并分析资料，注重分析方法，慎重考虑实施计划，语言表达方面要做到清晰准确，陈述客观事实，确保撰写项目建议书的客观准确。另外，在编写不同项目的项目建议书时，要结合具体情况，把握不同项目的侧重点，灵活应用。

第四节　商业计划书

一、概述

商业计划书，是公司、企业或项目单位为了达到招商融资和其他发展目标，在经过前期对项目科学地调研、分析、搜集与整理有关资料的基础上，根据一定的格式和内容的具体要求而编辑整理的一个向投资者全面展示公司和项目目前状况、未来发展潜力的书面材料。商业计划书是以书面的形式全面描述企业或项目单位所从事或者拟从事的业务。它详尽地介绍了一个公司或拟组建公司的产品服务、核心技术、管理团队、市场和客户、商业模式、财务预测、风险分析、融资需求以及资源和资金的利用等。

无论是技术准备以成立公司的形式走向市场还是初创公司融资，都需要一份详尽的商业计划书，不仅帮助创业者梳理公司发展规划，是企业的行动纲领和执行方案，更是为了寻找战略合作伙伴或者风险投资资金，是公司筹资、融资、企业战略规划与执行等一切经营活动的蓝图与指南。正是因为商业计划书的重要性，所以在撰写时应遵循以下原则：

（一）内容真实

商业计划书涉及的内容以及反映情况的数据，必须绝对真实可靠，其中所运用的资料、数据，都要经过反复核实，以确保内容的真实性。

（二）预测准确

商业计划书是投资决策前的活动，具有预测性及前瞻性。它是在事件没有发生之前的研究，也是对公司或拟成立公司未来发展的情况、可能遇到的问题和结果的估计。因此，必须进行深入的调查研究，充分分析所收集资料，运用切合实际的预测方法，科学预测未来发展前景。

（三）论证严密

围绕影响该商业计划的各种因素进行全面、系统的分析。

二、结构与内容

（一）摘要

商业计划书的概要是整个商业计划书的精华部分，是对整个计划书的最高度的概括，也是投资人最先看到的部分。因此，从某种程度上来讲，投资人是否能投，主要取决于摘要部分，可以说没有好的摘要，就没有投资。摘要部分主要概括介绍公司或拟成立公司的基本情况、核心产品/服务、核心技术、管理团队、行业及市场、商业模式、财务预测、风险因素、融资需求等，要确保对每部分的描述切中要点，简明扼要。

（二）基本情况

主要介绍公司过去的发展历史和现状，具体而言，包括公司名称、地址、注册资本金、业务描述、定位、愿景、目前收入情况、股权架构等基本信息。如果是拟成立的公司，可以介绍公司成立背景，预计成立地点、注册资本金预估、业务规划、定位、愿景、股权架构等基本信息。

（三）核心技术

详细阐述公司或拟成立公司所持有的核心技术，主要包括技术原理、核心竞争优势、潜在应用市场、技术成熟度、其他类似技术对比、已有应用案例等信息。该部分的介绍需要尽量用通俗易懂的语言将技术的核心竞争优势或亮点描述清楚，让投资人很容易就理解该技术的特色，进而对本商业计划书产生兴趣。

（四）核心产品/服务

基于以上技术，描述准备提供的产品/服务的名称、类型及性能用途，说明该产品/服务的新颖性、先进性和独特性，汇总该产品/服务的竞争优势、面向的客户群体、预计价格等信息。另外还要说明产品/服务现在所处的阶段，是否已经产生销售？如果已有销售，那现有的销售情况如何？

已有客户有哪些？使用反馈情况如何？

（五）管理团队

在投资人考察公司时，“人”是非常关键的一环。在某种意义上讲，项目能否成功，最终要取决于该公司是否拥有一个强有力的管理团队，这一点特别重要。这支队伍的成员必须有较高的专业技术知识、市场拓展能力、管理才能等。本部分应首先描述一下整个管理队伍情况及其职责，然而再分别介绍每位管理人员的特殊才能、特点和造诣，细致描述每个管理者将对公司所做的贡献，管理者的职能就是计划，组织，控制和指导公司实现目标的行动。商业计划书中还应明确管理目标以及组织机构图。要给投资人看到团队成员的互补性和黏性，展示公司管理团队的战斗力和独特性及与众不同的凝聚力和团结战斗精神。

（六）市场与竞争分析

本部分主要是分析该产品/服务的目标细分市场以及现有的竞争对手信息，进而更好地指导本项目的推广。主要包括以下内容：目标细分市场是什么？有哪些目标客户群体？目标客户的目前在使用的产品和/或服务是什么？目标客户在使用现有的产品和/或服务过程中是否有痛点？主要竞争对手有哪些？他们的竞争优势、商业模式、销售收入、毛利润、市场份额等情况？对比这些竞争对手，该项目的产品/服务所具备的竞争优势有哪些？客观评价竞争对手。

（七）商业模式

一份成功的商业计划书中很关键的一个问题是如何创造和实现价值，进而变现，是提供产品还是服务？如果是产品的话，如何把产品推向市场？如何设计生产线，全部自己生产还是委托第三方进行加工？如何组装产品？生产需要哪些原料？拥有那些生产资源，还需要什么生产资源？生产和设备的成本是多少？企业是买设备还是租设备？后续销售战略是使用外面的销售代表还是使用内部职员？是使用转卖商、分销商还是特许商？将提供何种类型的销售培训？是否投放广告？等等问题。

如果是提供服务的话，那么是否有对应的服务包？定价策略？如何开展营销？营销和销售网络如何搭建？具体市场拓展计划如何？

（八）发展规划

描述目前项目已经进展到什么程度？哪些是已完成事项？下一步的发展规划是什么？要确保发展规划是符合客观实际的，不能凭空捏造。依据该发展规划，有哪些关键的里程碑节点？据此，制定翔实可行的执行计划，通常根据节点倒推出工作计划，确定为了达到该里程碑，需要做哪些工作？必须在哪些时间点前完成？并将这些工作进行分类，指定各项工作负责人，确保整个计划的实施。

（九）财务预测和融资需求

基于上述发展规划，对公司未来3~5年做营业收入和成本进行估算，计算制作资产负债表、损益表、现金流量表、成本估算表等，计算盈亏平衡点、投资回收期、投资回报率等。

另外，根据以上各表信息，制定资金需求计划，即为实现公司发展计划所需要的资金额，资金需求的时间性，资金用途（详细说明资金用途，并列表说明），本次需要融资的金额是多少？准备出让多少股权？投资人可以选择的退出方式有哪些？资金的使用计划是什么？其他资金来源或融资途径是否有，比如银行贷款、融资租赁等？未来是否还有进一步的融资计划？预计融资金额和出让股权比例是多少？

(十)风险分析

详细说明项目实施过程中可能遇到的风险，提出有效的风险控制和防范手段，包括技术风险、市场风险、管理风险、财务风险以及其他不可预见的风险。

第五节　尽职调查

一、概述

尽职调查是指从外部和内部对公司业务发展的内外部环境和情况进行调查，对公司达到其发展计划的关键因素进行评估和分析。商业尽职调查最终是为了支持投资决策，选择正确的投资对象。本教材中的尽职调查主要是指对拟合作企业的尽职调查，目的是了解企业的基本情况、法律合规性、财务状况、核心竞争力、股权架构等信息，是否是一个可靠的合作伙伴，有效降低风险。

尽职调查应该遵循以下原则：

(一)独立性原则

项目财务专业人员应服务于项目组，但在业务上向主管部门负责，确保独立性；保持客观态度。

(二)谨慎性原则

调查过程的谨慎；计划、工作底稿及报告的复核。

(三)全面性原则

调查要涵盖企业有关财务管理和会计核算的全面内容。

(四)重要性原则

针对不同行业、不同企业要依照风险水平重点调查。

二、内容

(一)公司基本情况

1. 公司设立与发展历程

调查公司设立背景，历史沿革，股东情况及出资情况，是否有重大股权变动或重大重组。

2. 组织架构与内部管理

查阅公司章程，确认公司组织架构，股东会、董事会和监事会设立情况及职责履行情况，公司独立运作情况，业务流程管理与监督，各项规章制度等。

3. 同业竞争与关联交易

公司是否存在同业竞争和关联交易？与关联方是什么关系？

4. 业务发展

公司的发展战略、经营理念、现有业务发展情况和未来三至五年的发展目标。

5. 高管团队

高管团队履历和任职情况，人员变动情况，高管人员是否有对外投资等情况。

6. 风险因素

分析和评估是否存在市场风险、经营风险、合规风险等。

（二）业务与技术情况

1. 行业及竞争概况

公司业务所属行业概况、政策、竞争对手、发展趋势等。

2. 技术与研发情况

本公司研发团队实力、自由知识产权数量、技术水平、研发费用占比等。

3. 采购情况

公司已构建的供应链体系、进销存管理等。

4. 生产情况

具体的生产流程、生产条件与能力、生产成本、质量与安全管理等。

5. 销售情况

公司销售策略、市场地位、主要客户及合同。

（三）财务情况

1. 财务报告及相关财务资料

主要是近两年的资产负债表、损益表及现金流量表，年度审计报告等，是否存在重大投资、并购等特殊事项。

2. 会计政策

公司财务依据的财务会计制度。

3. 财务分析

对公司盈利能力、运营能力等的分析。

4. 与损益相关的项目

销售收入、销售成本与毛利、期间费用、非经常性损益项目。

5. 与资产状况有关的项目

货币资金、应收款项、存货、对外投资、固定资产、无形资产、投资性房地产、银行借款、应付款项、对外担保、资产抵押等。

6. 现金流量

现金流量分析。

7. 纳税情况

税收缴纳、税收优惠等。

三、常用方法

（一）审阅文件资料

与目标企业沟通，请其提供工商注册、财务年度审计报告、财务报表、重大法律合同、业务介绍等各项资料予以审阅。

（二）行业调研

可以参考本教材中关于市场调研的方法，目的是了解该企业所提供产品/服务所处行业的情况。

（三）相关人员访谈

在对公司基本情况和行业情况有基本了解的基础上，可以对公司核心管理团队和骨干人员进行访谈，访谈对象尽量涵括公司业务各个板块，包括研发骨干人员、生产骨干人员、市场骨干人员、销售骨干人员等。每次访谈前要针对不同访谈对象准备相关的访谈问题。

（四）企业实地考察

实地考察主要是看企业实际的生产规模和能力，包括查看企业厂房、购置设备、存货等。

（五）小组内部沟通

调查小组成员来自不同背景及专业，其相互沟通也是达成调查目的的方法。

第六节　项目的组织与管理

作为一名技术经纪人，还有最重要的能力是组织能力和管理能力，整合多方资源，并组织参与到技术转移项目中来，全程做好项目管理，确保技术转移项目的顺利实施。

一、项目组织

本部分提到的项目组织能力，实际指整合各方资源的能力。一个技术转移项目的顺利实施，需要调动各方才能完成。需要有扎实理论基础的技术研发团队，需要具备工程化经验的项目团队，需要优秀的管理团队，需要市场资源，需要投资人，需要第三方服务机构等。

（一）技术背景

作为技术经纪人本身，首先要对技术有一定的背景知识，了解技术的核心竞争优势，洞悉其能解决的痛点和潜在应用场景，能做到技术的代言人。

（二）人力资源储备

人是制约项目成功实施的关键。技术经纪人在平时工作中应储备和随时留意优秀人才。首先是对技术团队人员的储备，为技术研发提供后备力量。其次是帮助技术团队找到合适的、有创业精神、综合素质强的合伙人作为管理团队加入，一起开拓市场。最后，具备工程实施经验的工程师也尤为关键，很多项目有很好的设想，但是实际上总做不出来，就是因为缺乏合适的工程团队。

(三)市场资源

市场对于所有项目来说都是最为关键的，尤其是正准备走向市场的技术。对于还没有成熟产品的技术，开拓市场也是最为艰难的。技术经纪人如果对技术非常了解，也熟知该技术的应用领域，在该应用领域帮其找到客户，帮其对接，将能大大加速技术转移进程。对接工作的开展也需要有一定的战略安排，并不是说技术方和潜在用户坐下来开一次会就能解决的，需要技术经纪人基于对双方的了解和充分沟通，把技术核心点和需求点进行匹配，不断地调整，最终实现对接。因此，技术经纪人其实不仅是站在中间，链接技术与市场，其实有时候需要站在技术层面分析问题，有时候需要站在市场层面，分析具体需求。

(四)资本资源

技术的商业化离不开资本的支持，但一方面，技术型项目技术性太强，有时候不像商业模式类项目容易被投资人读懂，需要技术经纪人站在第三方的视角，通俗易懂地向投资人展示该技术的核心竞争优势；另一方面，投资人比较关心的是技术型项目如何退出和变现的问题，技术型项目若偏早期的话，比较难得到投资人的青睐，需要技术经纪人将该技术未来的发展潜力充分与投资人沟通。

二、项目管理

项目管理是项目的管理者，在有限的资源约束下，运用系统的观点、方法和理论，对项目涉及的全部工作进行有效地管理。即从项目开始到项目结束的全过程进行计划、组织、指挥、协调、控制和评价，以实现项目的目标。真正的项目管理需要涉及方方面面，细致入微，本教材中的项目管理主要是指在什么时间，在哪些与其的潜在问题上集中资源和工作，在问题变得严峻之前就进行处理，协调各项工作使项目整体上取得一个好的结果。也包括在一些相互冲突的目标和可选方案间进行权衡。

(一)确定项目范围

项目范围主要是确定为完成技术转移项目而需要完成的工作内容，包括撰写商业计划书、组建团队、寻找办公地点、市场营销、知识产权保护方案制定等。

(二)制定时间管理计划

为确保项目进度，需要制定可行的时间管理计划，一般有两种形式：一种是加强日期形式，以活动之间前后关系限制活动的进度，如一项活动不早于某活动的开始或不晚于某活动的结束；另一种是关键事件或主要里程碑形式，以定义为里程碑的事件作为要求的时间进度的决定性因素，制定相应时间计划。

(三)监督和控制

进度控制主要是监督进度的执行状况，及时发现和纠正偏差、错误。在控制中要考虑影响项目进度变化的因素、项目进度变更对其他部分的影响因素、进度表变更时应采取的实际措施。

第二十三章 法务能力

本章在概述技术转移服务中的法务能力的基础上，从合同缔约、争议解决、与法律专家沟通配合三个主要方面进行了介绍。

第一节 法务能力概述

技术转移是各种法律关系的集合，要用“法律思维”去发现、认识、判断、解决技术转移过程中涉及的法律问题是技术转移中关键性基础关系，作为技术经纪人应具备法务能力。

法务能力指从事法律相关实务的综合能力，是从事法律实务相关人员必备的专业能力及职业素养，也是衡量法律实务完成效果的重要依据。

法务能力的核心是首先建立法律思维，通过培养职业素养，不断锻炼提高实务能力。

(一)发现问题能力

要学会用法律思维去思考、发现问题症结，对其在法律层面有一个准确的认识，法务能力不仅仅是法律问题，更多的是包含了法律因素在内的商业等问题。因此，法务能敏锐发觉问题所在就显得尤为关键。例如，合同审核，不仅是从法律上提出修改意见，而且要从交易上提出有效方案。发现、认识并最终解决问题的能力高低，反映了法务能力的高低。

(二)判断分析能力

法律分析是解决问题的专业基础。技术经纪人法律实务能力中的法律分析能力同法学研究者的法律分析是不一样的，其更多的是对技术相关问题进行法律分析，要结合技术背景、技术目的等进行分析，从技术问题中识别出对应的法律问题。

(三)法律研究能力

技术经纪人的业务范围涉及新行业、涉及新业务模式，法律层面也会涉及众多部门法，在遇到疑难复杂问题时，需要技术经纪人进行专项法律研究。进行法律研究的方法，也是偏实务化的。如案例研究方法，即在其他案例中找到解决办法；循证研究方法，即向有关行政机构、主管机构确认；研讨会，即通过召开研讨会集中解决；咨询外部专家，即借助外部专家的力量。

(四)事实调查能力

事实调查方法有：访谈、问卷、现场、整理材料、外包等。一般都是综合运用，能查到证据和事实的方法都是好方法。技术经纪人对技术市场中的一些情况，应有敏锐的认知事实能力，尽力在对事实调查清楚的情况下，努力开拓市场空间，捕捉市场机遇。

(五)有效交流能力

有效交流可以说是所有技能中的基本技能。在某些场合下，口头交流是比书面交流更重要的技能。书面交流在大型企业、正式报告、文章、协议文件等中运用，书面功底可以弥补口头交流不足的缺陷。

(六) 提供咨询能力

提供咨询其实是法律实务能力的常见组成部分。在咨询答复时，要谨慎、留有余地，不是简单告知法律规定，而要先了解一些背景问题。并要综合考虑结合决策、计划层面，做出法律层面的意见。

(七) 策略谈判能力

对于技术经纪人来说，谈判能力也是发挥自身价值的一个重要体现。谈判可分为交易式谈判和对抗性谈判两种。交易式的谈判就是大家商量如何把谈判事项完成，各自应当承担什么，应当享有什么，目标是一致的；对抗性谈判就是你有我无、你进我退的谈判，典型体现在诉讼、争议解决等事项上。

技术经纪人要在谈判中体现出专业，必须做充足的准备。在涉及技术内容的合同条款谈判中，技术经纪人必须熟悉每一个条款的位置、含义及相互之间的关系。在对抗性谈判中，需事先设计谈判方案、谈判底线。谈判小组按分工，可事先排练一下。对于对手可能的策略，要有预判及应对措施。技术经纪人在议价和双向选择条款时，需要明确己方的初衷和目的，努力达成预期的谈判目标。

(八) 问题解决能力

技术经纪人应勤勉、谨慎地组织并参与技术成果的工业化、商业化开发。无论是出现的危机、僵局还是出现诉讼或仲裁，技术经纪人都应有能力深度参与。

技术经纪人应熟悉诉讼或仲裁的法律程序。当争议出现时可以按部就班按照法律程序及时与委托人及时沟通，做出最快速的解决方案。

(九) 工作管理能力

实践中，很多涉及的法律实务的工作，通常需要团队协作完成。技术经纪人是一项较为长期性的工作，因此也需要工作管理。如何配合领导、业务同事、职能同事、外部专家，都需要协调与控制、计划与执行等工作管理能力。技术经纪人的工作繁杂众多，工作必须要注重效率、效益。

第二节　合同缔约

一、技术合同概述

(一) 概念

技术合同，是当事人就技术开发、转让、咨询或者服务订立的确立相互之间权利和义务的合同。技术合同的标的与技术有密切联系，不同类型的技术合同有不同的技术内容。技术合同履行环节多，履行期限长，法律调整具有多样性。当事人一方具有特定性，通常应当是具有一定专业知识或技能的技术人员。技术合同是双务、有偿合同。

（二）类型

在实际工作中，技术合同的类型可以大概区分为技术开发合同、技术转让合同、技术许可合同、技术咨询合同、技术服务合同、技术培训与技术中介合同。

二、合同的要约与承诺

（一）要约

即要约人向受要约人作出的、愿意与之订立合同的意思表示。

合同一方或双方明确表示合作意向，提出初步合作方向或内容。要约的效力在于要约人应当受到自己所作出的要约的约束，一旦受要约人作出承诺，将发生合意达成的法律后果。要约的生效时间须分类讨论，若是向特定人作出，要约到达受要约人控制范围的时间即生效；若对方不特定，则作出要约时即生效。对于要约，还存在撤回与撤销问题。要约的撤回，指要约人阻止要约的生效，故要约的意思表示应当先于或同时到达受要约人。要约的撤销，则是以要约已生效为前提。不过，如下情况邀约不得撤销：受要约人已经作出承诺；要约曾明示不得撤销；要约规定了承诺期限；受要约人有理由认为邀约不可撤销并作了准备履约的工作。对于合同要约阶段之协商能力，合同一方或双方首先明确表示合作意向或提出初步合作方向或内容。各方组织以决策者为核心，专家为辅的洽谈团队包括但不限于法律，财务，技术、商务等方面专家。明确协商目标及关注事项，围绕目标及关注事项充实资料基础。了解对方情况及确定真实意思，草拟初步方案，合同各方逐步协商完善。以要约内容为基础，以诚实信用、利益均衡为原则，沟通协商合同细节及条款，以实现合同各方共赢为目的。

（二）承诺

即对要约的回应。

首先，受要约人有权承诺，形式可为通知、履约行为。其次，承诺是有期间限制的。若要约是以对话方式作出的，受要约人应即时作出承诺；否则，除另有约定外，可在合理期间内承诺。最后，关于承诺的撤回和撤销。通知型承诺可撤回，履约型承诺不可撤回；而承诺的生效意味着合意的达成，故承诺均不得撤销。

对于承诺的具体内容，以买卖合同为例，可以确定的双方合作的内容是：卖方及时提供保质保量的货物，提供使用指导、售后服务、维修、配件、保修。买方支付价款，接受对方履行；从而列定定质、定量、定时、预付、交付、验收、指导、售后、维修、配件、保修、付款等等，直至合同履行完毕。本单位在本合同中的核心利益：保质、保量、保时、取得付款优惠条件。分析可能出现的问题如：质量瑕疵、供量不足、交付迟延；考虑设置合同解除权、违约金条款、赔偿责任条款、保证条款；制作合同条款提纲，后制定正式的合同文本。合同条款提纲，围绕前面已设计的合作内容、交易过程、核心利益与风险规范展开。

三、合同的洽谈

（一）组织洽谈洽谈团队，以要约内容为基础，沟通细节、实现目标

合同洽谈前，首先要明确决策者的主要谈判目标、谈判计划和策略、欲达到的最终效果等，从

而最贴合决策者来打造一支以决策者为核心，同时又有专业的法律等方面专家加入辅助的谈判团队。团队的力量和优势其实就在于可以集思广益，聚集每名成员的长处和优点，对要约内容的每一条款和碰撞出的思维火花有一个互相交换意见的过程，最终磨合出一套最佳的方案。

（二）收集合同相关材料，了解对方情况，确定真实意思

合同是洽谈的核心文本。技术经纪人应对待洽谈和待签署的合同中的技术相关条款有一个详细、认真的研读和理解，对合同项下的细节要引起足够重视。对于合同签订方的另一方，技术经纪人也应尽可能地通过各种渠道了解其信用情况、业务经营情况、资金情况等，通过前期或洽谈过程中的交谈或书面函件往来，把握对方的预期和最终目的等真实意图。

（三）草拟初步方案，容留调整空间

有了前述的初步准备后，技术经纪人可以大致草拟出一份洽谈的方案，在其中需要将己方的最终目的和目标融入，同时还要从诚信公平的角度思量对方的情况和诉求，对一些条款要留有基本的回旋余地，为后续双方的再次洽谈预留可调整的空间。

（四）熟悉洽谈技巧，促进谈判推进

洽谈前尽量了解对方谈判人员的性格、谈判习惯；在谈判过程中，要动态掌握对方的观点变化，尽力将对方牵引到己方的需求和目的轨道中来；对于产生争议的地方，先作标注，为避免谈判破裂，先确定其他条款后再解决分歧点。

（五）准确理解对方观点，结合己方需求提出方案

对于洽谈中对方提到的主要观点和细节，己方技术经纪人应准确记录下来并迅速思索、对比己方的主要诉求，看是否有契合之处；同时，对于与己方有冲突的部分，要迅速思考相应话术予以回应和解释，适时抛出己方的观点与方案。

（六）密切关注谈判氛围，引导谈判走向

谈判过程中各类问题都有可能出现，双方达成一致的部分较容易落实成最终文本的组成部分；对于双方争议最多的条款，不妨多提双方默契共识部分，强化双方的认同感，后续再思索更有效的策略重提争议条款。

（七）努力寻求双方交集，落实形成书面文本

洽谈的最后，要努力复盘谈判过程中所有已经达成共识、形成合意的要点，重复申明准确的表达和措辞，在收尾阶段，真正落实到纸面，作出合同文本初稿，为今后的合作与洽谈留下成果，打下基础。

四、合同的撰写

（一）明确合同形式

在起草合同之前，首先需要明确合同的性质、确定合同的形式。只有明确合同的性质，才能正确地为合同命名、适用和援引的法律；才能确定和保证合同的效力，明晰合同双方的权利与义务。

（二）检索相关法律，明确法律适用

技术经纪人首先应查阅的法律规范就是我国《中华人民共和国民法典》合同编，在众多有名合同中挑选最适合个案适用的合同类型，如技术合同中的技术开发合同、技术转让合同、技术咨询合同、技术服务合同等。其次，与知识产权相关的法律也是技术经纪人需要重点关注的，尤以《专利法》为重，经常涉及的便是专利权的申请、归属，对专利的许可、转让等问题。另外，一些有关的行政法规和最高法院的司法解释也是技术经纪人不可忽视的文本，因为很多实务中较为新颖和棘手的问题，法律中没有规定的内容，司法解释中却有具备时效性的处理方法；一旦有纠纷诉争，人民法院所作裁判的主要依据也是最高人民法院所作的司法解释。由此，司法解释也非常重要，值得技术经纪人研习。

（三）签订合同主体

如果签订合同的主体是自然人，要注意其是否具备完全的民事行为能力；如签约方是代理人，需要让对方出示委托书，并在委托书中明确授权范围、委托事项。

如签订合同的主体是单位，要考虑对方是法人还是其他组织，要审查该单位的证件如营业执照或者单位代码证，注意其是否年检，并审查该单位的资质或经营许可等。另外，与单位订合同一定要盖该单位的公章，如果不盖公章只有单位法定代表人的签字，有时候会区分不清签订合同是个人行为还是单位行为。

（四）确定合同条款

姓名或名称、标的、数量为合同的三项基本要素，不具备前述三项内容，合同不成立。合同条款的表述的要求：合同条款条理和布局合乎逻辑，意思准确、无歧义、无矛盾；可操作、可执行；各方权利义务、交易程序清晰明了；主次分明、行文简洁、条理清晰。此外，以风险关注点及利益契合点为核心确定合同架构即以交易环节为主线，突出核心条款，加以其他有关条款辅助。

（五）完善成立及生效要件

对诺成、不要式合同而言，承诺生效的时间则为合同生效时间；对实践合同而言，交付标的物的时间为合同生效时间；对要式合同而言，法定或约定形式具备之时，为合同生效时间。

对合同成立的地点，当事人约定的签订地优先；没有约定的，承诺生效地为合同成立地点；详言之，履约方式承诺的，合同履行的地点为合同成立地点；通知方式承诺的，通知到达要约人的地点为成立地点；当事人采用合同书形式订立合同的，双方当事人签字或者盖章地为成立地；若双方签字或盖章不在同一地时，以最后签字或盖章的地点为合同签订地。

（六）明确未尽事宜协商增补协议方式

无论形式上多完备的合同文本，在实际履行和操作的过程中也一样会多多少少出现些问题和争议。有纠纷、有异议其实是非常正常的，关键是在合同文本的形成过程中，签订合同的双方应本着公平、诚信的基本原则，事先约定好一旦出现争议问题，如何第一时间协商并解决的方式。双方若能互谅互让、充分沟通，相信最后一定可以将争议和矛盾化解。

第三节 争议解决

一、争议风险范围

技术成果转化，不是简单的交易过程，涉及很多环节，每个环节都有可能存在法律风险。法律风险包括但不限于技术、公司治理、企业家及技术人员管理层面，争议涉及民商事、知识产权、劳动争议、婚姻家庭、甚至刑事犯罪等多个方面。首先要了解每一个环节有可能出现哪些风险，有哪些法律规定，如何把握权利设置，才能找到风险防范的着眼点，尽量避免纠纷出现。

二、争议风险的关注重点

从技术成果转化的过程不难看出，核心是技术，载体是企业，价值转化纽带是企业家。下面我们从技术成果转化过程几个方面总结技术成果转化的风险点。

(一)技术

1. 权利归属

重点应关注职务发明问题。

《中华人民共和国民法典》第847条规定，职务技术成果是执行法人或者其他组织的工作任务，或者主要是利用法人或者其他组织的物质技术条件所完成的技术成果。

“执行法人或者其他组织的工作任务”，包括：①履行法人或者其他组织的岗位职责或者承担其交付的其他技术开发任务；②离职后一年内继续从事与其原所在法人或者其他组织的岗位职责或者交付的任务有关的技术开发工作，但法律、行政法规另有规定的除外。

“物质技术条件”，包括资金、设备、器材、原材料、未公开的技术信息和资料等。

“主要利用法人或者其他组织的物质技术条件”，包括职工在技术成果的研究开发过程中，全部或者大部分利用了法人或者其他组织的资金、设备、器材或者原材料等物质条件，并且这些物质条件对形成该技术成果具有实质性的影响；还包括该技术成果实质性内容是在法人或者其他组织尚未公开的技术成果、阶段性技术成果基础上完成的情形。

2. 技术保护方式

对于一项新的技术方案，保护方式可以通过申请发明或者实用新型专利的方式来保护；也可以采取保密措施，作为企业的商业秘密进行保护。这两种保护方式各有利弊，专利保护方式优点在于其保护范围便于认定，我国法院处理专利侵权案件的判定方法较为统一，缺点在于申请会导致技术方案的公开，且保护期限有限。商业秘密，权利范围界限不清，且企业自身的保密机制不能有疏漏。

在没有约定的前提下，技术开发合同的当事人各方就技术成果的保护方式有分歧的处理方式为：合作开发中商业秘密保护优先，专利保护其次，只有在各方当事人均同意提交专利申请的情况下才适用专利保护方式；如果一方当事人在对方不同意申请专利的情况下提交专利申请，则其可以通过违约义务追责；委托开发中，专利保护优先，商业秘密保护其次，只有研究开发人均同意不选择以专利保护方式的情况下，才适用商业秘密保护方式；否则研究开发人有权自行申请专利。

(二)企业

技术成果转化过程中，最常见的合作方式是成立合作公司。

1. 组织形式的确立

公司(有限公司、股份有限公司、一人公司)还是合伙企业(有限合伙、普通合伙)会涉及包括但不限于公司的设立、出资、章程、董事会、股东会、监事会三会建立及运作、公司解散、注销等。

这里要特别注意，设立一人公司的利弊。一人公司存在的对外风险远远高于有限公司。

《公司法》第六十三条规定："一人有限责任公司的股东不能证明公司财产独立于股东自己的财产的，应当对公司债务承担连带责任。"也就是说，一人有限责任公司由于只有一位股东，所以在公司经营管理过程中，如果股东将公司财产转移，很容易使债权人的权益遭到侵犯，因此公司法规定了股东只有在可以证明个人财产独立于公司财产的情况下才可以不用对债务承担连带责任。也就是说，在公司经营过程中，第一，不能财产混同。公司和股东个人不能混用账户，混用账户股东自己分得再清，对于确定法律责任也是无用的。第二，不能人格混同，如：人员混同、业务混同、机构混同等。

2. 股权架构设计

股权比例是根据股东各自出资金额占注册资本的比例计算出来的，当然股权比例也是可以约定的，有限公司的股东可以约定表决权、分红权的比例，可与股权比例不一致。而股份分配，可以参照出资比例、劳务支出比例、对项目的贡献值等方面来进行分配。股权分配把股权首先分成两个类别：资金股权部分、经营管理股权部分。先把这两个部分的股权分别确定清楚，至于经营股权部分，总的比例定好了之后，就可以考虑每个人在团队中担任的职责和能力来评估了。这个方面可能有争持的地方，可以设立一些简单的虚拟股权绩效评价系统。就是说在创业过程中让股东的股权随着个人绩效的变化有一定调整幅度的激励制度。这个制度是中立的，因此经营股权的分配比例也是按照职责、岗位来分的，从而确定最终的分配比例。

3. 出资方式确定

股东的出资方式应当符合《公司法》第二十七条的规定：股东可以用货币出资，也可以用实物、知识产权、土地使用权等可以用货币估价并可以依法转让的非货币财产作价出资；但是，法律、行政法规规定不得作为出资的财产除外。

对作为出资的非货币财产应当评估作价，核实财产，不得高估或者低估作价。法律、行政法规对评估作价有规定的，从其规定。

《中华人民共和国公司登记管理条例》第14条的规定：股东的出资方式应当符合《公司法》第二十七条的规定，但股东不得以劳务、信用、自然人姓名、商誉、特许经营权或者设定担保的财产等作价出资。

4. 经营管理制度

关于成本支出、利润分配方式、共有权利如何维护、股东权益如何保障，应在公司章程中明确约定，避免发生纠纷时无据可寻。

(三)企业家

这里的企业家包括企业的管理人员和技术人员。技术经纪人在促成技术成果转化的过程中，要特别注意以下风险：

1. 同业竞争

同业竞争是指公司企业所从事的业务与其控股股东或实际控制人或其控制的其他企业所从事的

业务相同或近似，双方构成或可能构成直接或间接的竞争关系。

2. 侵犯商业秘密

商业秘密是指不为公众所知悉、能为权利人带来经济利益，具有实用性并经权利人采取保密措施的技术信息和经营信息。对于涉及商业秘密的岗位，用人单位应当与劳动者签订保密协议。

《刑法》第三章第七节“侵犯知识产权罪”中规定，采取不正当手段，获取、使用、披露或者允许他人使用权利人的商业秘密，给商业秘密的权利人造成重大损失的，构成侵犯商业秘密罪。如果企业工作人员因为职务或者业务知悉商业秘密内容后，擅自将商业秘密出卖给他人，并将非法所得据为己有或者使第三者所有的，根据情节与主体身份，认定为贪污罪或者职务侵占罪。

3. 关联交易

一般认为，关联交易是指发生在关联方之间的有关转移资源或义务的事项安排行为。

禁止损害公司利益的关联交易。

4. 竞业禁止

《劳动合同法》规定：用人单位与劳动者可以在劳动合同中约定保守用人单位的商业秘密和与知识产权相关的保密事项。对负有保密义务的劳动者，用人单位可以在劳动合同或者保密协议中与劳动者约定竞业限制条款，并约定在解除或者终止劳动合同后，在竞业限制期限内按月给予劳动者经济补偿。劳动者违反竞业限制约定的，应当按照约定向用人单位支付违约金。

第二十四条规定：竞业限制的人员限于用人单位的高级管理人员、高级技术人员和其他负有保密义务的人员。竞业限制的范围、地域、期限由用人单位与劳动者约定，竞业限制的约定不得违反法律、法规的规定。在解除或者终止劳动合同后，前款规定的人员到与本单位生产或者经营同类产品、从事同类业务的有竞争关系的其他用人单位，或者自己开业生产或者经营同类产品、从事同类业务的竞业限制期限，不得超过两年。

此外，技术经纪人应对企业实际控制人的婚姻状况有所了解。

三、争议解决方式及途径

(一) 争议的起因主要有以下几种情况

(1) 主要合同条款未约定或者约定不明。如未约定开发任务、价款、验收标准和完成期限。

对技术合同的价款、报酬和使用费，当事人没有约定或者约定不明确的，人民法院可以按照以下原则处理：①对于技术开发合同和技术转让合同，根据有关技术成果的研究开发成本、先进性、实施转化和应用的程度，当事人享有的权益和承担的责任，以及技术成果的经济效益等合理确定；②对于技术咨询合同和技术服务合同，根据有关咨询服务工作的技术含量、质量和数量，以及已经产生和预期产生的经济效益等合理确定。技术合同价款、报酬、使用费中包含非技术性款项的，应当分项计算。

(2) 一方当事人基本履行了合同义务，另一方当事人拒绝履行相应的合同义务，构成违约。

(3) 一方当事人根本性违约，致使合同目的无法实现；另一方主张法定解除合同，要求赔偿损失或支付违约金。

(4) 一方当事人履行合同不符合约定。如原告诉被告专利实施许可合同纠纷案，法院认为被告作为专利权人，有义务指导原告制造出合格产品，但被告始终未能制造合格产品，故判令被告返还原告专利实施许可费。

(5)双方均存在违约情形，如延迟付款、迟延交付技术等等。

(二)争议解决的方式

争议解决的主要方式为调解、诉讼、仲裁。

1. 法院诉讼

法院诉讼可以法定管辖及约定管辖。约定管辖不得违反级别管辖。确定管辖关注地域关系，级别管辖，专属管辖的合法性。

2. 仲裁

双方当事人必须达成有效仲裁协议才能向仲裁机构申请仲裁，可以协议仲裁解决的范围为合同纠纷及其他财产权益纠纷。对于仲裁协议，须书面形式，口头约定无效；对于仲裁协议的内容，须包括请求仲裁的意思表示，仲裁的事项，选定的仲裁委员会。

需明确的是，当事人只能选择仲裁或起诉，两种纠纷解决方式只可二选一，在该条款中就仲裁的范围、仲裁效力、仲裁地点与机构等作出约定。

因此合同各方应在合同中明确选择仲裁条款且唯一争议解决方式。

3. 调解

调解是指中立的第三方在当事人之间调停疏导，帮助交换意见，提出解决建议，促成双方化解矛盾的活动。最常见的就是法院主持下的调解。当事人双方也可以自行和解。和解没有时间限制，但是和解协议在任何时候都不能作为结案依据，也都没有强制执行力。

(三)具体参与诉讼、仲裁能力

1. 了解涉诉事实及理由、案由

应全面了解案涉事实，着眼是否属于技术合同法律关系或其他关系。

2. 组建专业诉讼团队，与律师相互配合，优势互补

在诉讼团队中技术经纪人最主要的工作就是收集、整理相关证据并提交给律师以在庭审中最大限度地提高效率、直击重点；此外，对于涉案的有关技术方面的事实，从专业的角度解释事项的一些细节，更好地辅助诉讼的进行。只有技术经纪人与法律专家、律师各自在专业领域给出建设性意见，互通有无，密切交流和配合，真正地做到优势互补，扬长避短，才会收获最终令人满意的诉讼结果。

3. 确定法律关系，适用的法律法规

理清事实后，就应确定案件涉及的法律关系，明确所适用的法律依据。只有确定主要的法律关系，理顺次要的法律关系，才能使诉讼顺利进行。

对于技术合同诉讼可能适用的法律及司法解释有：《中华人民共和国民法典》及司法解释；《中华人民共和国公司法》及司法解释；《中华人民共和国民事诉讼法》及司法解释；《科技成果转化法》及相关规定；《反不正当竞争法》及司法解释；《专利法》及司法解释；《中华人民共和国刑法》《刑事诉讼法》及司法解释；《最高人民法院关于审理技术合同纠纷案件适用法律若干问题的解释》。

4. 明确诉讼请求，阐明事实理由

诉讼请求是原告向法院提出的要求法院予以判决的请求，当事人希望法院对其请求作出与之相应的确认、给付、形成这些具体的判决。

5. 关注诉讼时效，各类管辖问题

诉讼时效若超过，当事人会失去胜诉权，后果严重。一旦发现超过诉讼时效，应当努力寻找是否有时效中断的事由，尽全力将时效续接上。尤其要注意，一般为三年的诉讼时效之外，法律还规定了一些特殊时效如四年、五年、二十年，这些时效的具体情况也须个案关注。例如，因国际货物买卖合同和技术进出口合同争议提起诉讼或者申请仲裁的期限为四年；《海商法》规定的货运赔偿请求权的时效为一年。

依据我国法律规定，管辖分为法定管辖与裁定管辖。其中，法定管辖包含级别管辖（基层、中院、高院、最高院管辖）与地域管辖（一般地域管辖、特殊地域管辖、协议管辖、专属管辖）；裁定管辖包含移送管辖、管辖权转移、指定管辖、管辖权异议。

技术合同常涉及的知识产权纠纷，例如专利纠纷案件，若发生在北上广，则必须由知识产权法院管辖；若发生在其他地方，原则由中级人民法院管辖，基层法院亦可。

技术合同纠纷案件一般由中级以上人民法院管辖。各高级人民法院根据本辖区的实际情况并报经最高人民法院批准，可以指定若干基层人民法院管辖第一审技术合同纠纷案件。其他司法解释对技术合同纠纷案件管辖另有规定的，从其规定。

合同中既有技术合同内容，又有其他合同内容，当事人就技术合同内容和其他合同内容均发生争议的，由具有技术合同纠纷案件管辖权的人民法院受理。

6. 配合律师，以法官思维准备争议解决方案，拟写法律文书，提供证据

诉讼的最终目的其实是要努力通过翔实的证据，组成完整的证据链，以期在客观事实的基础上“说服”法官，从而获得最后理想的诉讼结果。而想要得到最终完满的结果，就需要设身处地地站在法官的角度，以居中裁判的视角考量争议问题。因此，在设计诉讼请求、陈述事实理由等诉讼策略层面，要更多地让法官思维主导。

对于起诉状而言，需要具备名称、当事人基本信息、诉讼请求、事实和理由、管辖法院及日期等。诉讼请求应简洁明确，事实和理由应分开论述。事实部分以时间先后论述为宜，平实、简单或许是最好的选择；理由部分也不应洋洋洒洒，只需根据事实讲出提起诉讼及请求的法律依据即可。

证据在诉讼中的地位和作用不必赘述，其数量尤其是质量往往成为决定诉讼最终胜负的关键。按照分类，证据有八大种类，分别为书证、物证、电子数据、视听资料、证人证言、当事人陈述、鉴定意见、勘验笔录。每种证据于案件的真实性、关联性、合法性都将决定案件的最终走向，技术经纪人应竭尽所能，站在技术专业的角度收集各类证据，以便更好地传递给法律专家，更好地支持己方的诉讼请求。

7. 关联思考诉前及诉讼保全问题

保全针对的情况是因当事人一方的行为或其他原因，使判决难以执行或可能造成其他损害时，由当事人申请或法院依职权采取的措施。其中，诉前保全须利害关系人申请且情况紧急，申请人须提供担保，法院须在48小时内作出裁定；诉中保全除当事人申请外，法院也可以依职权启动，法

院可要求申请人提供担保，情况紧急的，法院须在48小时内作出裁定。

8. 了解并按要求参与法院的审理流程及后续执行

技术经纪人应对有关法院的审理流程、庭审程序及内容乃至后续的执行环节有一个大致了解。例如，准时出庭，配合律师一起核查是否存在需要回避的情形，举证质证环节利用专业知识对涉及技术的证据提出己方观点，对涉及技术的事实向对方发问等。

9. 是否接受调解，执行何种调解方案

根据法院调解原则，诉讼全程均可进行调解。先行调解是必经程序，法院依职权主动进行；但先行调解也要遵循自愿合法原则，非强制调解。调解过程不公开，当事人同意除外；调解协议不公开，为保护国家、社会、他人利益除外；调解员有保密义务，为保护国家、社会、他人利益除外。

10. 关注刑民交叉问题

技术合同纠纷往往与知识产权相关联。在处理此类合同纠纷时，有时不可避免会涉及有关知识产权的刑事犯罪；例如，假冒注册商标罪、销售假冒注册商标的商品罪、侵犯著作权罪、侵犯商业秘密罪、假冒专利罪等。

第四节　与法律专家沟通配合

（一）聘请法律专家担任常年法律顾问或专项法律顾问

技术经纪人毕竟不是专门从事法律实务的专业人士，在促进技术成果转化等业务过程中，如遇到较为专业的法律问题很多时候还是需要借助于外力即法律专家来获取建议，协助启动诉讼等程序，达到最终目的。由此，明确己方的需求和业务领域范围后，尽快决定并确定法律专家为己方提供法律层面的咨询和建议就显得尤为重要。

（二）全面详尽与法律顾问介绍情况及合同目的

协助法律专家、顾问完成法律事务的第一步就是要将与技术项目有关的事实、细节全面、准确地告知法律顾问，让法律顾问能有一个详尽、精准的认知；另外，还要向法律顾问明确提出此前签订合同的想法、目的以及己方欲达到的最终效果，以确保法律顾问后续工作的方向和具体策略不会出现大的偏差。

（三）听取法律专家的法律建议及风险提示，制定谈判方案及策略

相信“专业的人做专业的事”。在法律专家、顾问详尽了解了事实的基础上，对其作出的法律建议和风险提示，技术经纪人一定要细细领会，有疑惑或不理解之处，应立即向专家请教，以期后续在消化和掌握了法律层面的建议后，在法律专家的智慧成果上，最大限度地规避技术风险。

（四）与法律顾问互相配合共同解决问题

在处理法律事务的过程中，技术经纪人应努力协助、配合聘请的法律顾问完成一系列工作；如诉讼中，技术经纪人应配合提供涉案的证据材料，对于技术转化过程中一些专业领域的问题做好阐明、解释的工作，共同推进诉讼往最理想的方向发展。

（五）实行法律顾问会签指导，把关法律合规及风控

发挥法律顾问对企业重要文件的会签指导作用，为企业重要文件的合法合规和风险防控提供专业保障。

第二十四章　财务能力

本章从科技金融、科技金融服务平台、会计基础、财务报表分析四个主要部分对技术经纪服务中的财务能力进行了介绍。

第一节　科技金融

科技与金融的结合是市场经济发展的产物，可以有力推动技术转移。科技金融模式实际上是在解决技术转移过程中的问题，西南交通大学国家技术转移中心下专门设立了一个科技金融办公室。科技金融结合的一个重要面向对象是拥有技术成果而又缺乏资金的中小企业，通过整合政府、银行、保险等方面的资源，为中小企业提供科技金融服务，有助于缓解期资金困难，帮助其基于已有技术获得更好的发展。

一、概述

(一)科技金融的概念

科技金融是指通过创新财政科技投入方式，引导和促进银行业、证券业、保险业金融机构及创业投资等各类资本，创新金融产品，改进服务方式，搭建服务平台，实现科技创新链条与金融资本链条的有机结合，为初创期到成熟期各发展阶段的科技企业提供融资支持和金融服务的一系列政策和制定系统安排。良好的科技金融环境是实现科学技术蓬勃发展的基础和保障。进一步发挥科技资源和金融资源优势，促进科技创新和金融创新的紧密结合是实施创新驱动发展战略的关键因素。

科技金融包括了从研究开发、成果转化到高新技术产业的不同阶段的金融问题。科技研究与实验发展中的金融问题主要是各国政府、企业、高校如何筹集研究资金的问题，包括财政拨款、自筹资金、银行贷款、接受企事业单位委托开展科研活动的收入、国外援助和其他经费。其中财政拨款是重要的组成部分，为科学研究与发展提供了基本的经费保障。

(二)科技金融的作用

长期以来，“中试阶段”的资金困扰一直是科技开发中的主要问题之一。中试阶段的资金需求大，发达国家的经验表明，中试阶段的资金需求通常是科研(实验室研究)阶段的10倍左右，而且过程较长，所以政府的资金难以完全满足，企业也不敢贸然投入。一般来说，中试阶段具有很大的风险性，特别是中国许多大学和科研机构的科技成果大多数是实验室的小试成果，要使这些成果到企业进行批量生产并形成规模经济，会遇到诸多技术难题，而所有这些难题只有通过中试才能圆满解决。解决中试资金需求，有赖于科技金融体系的有效支撑。

科技成果转化或技术转移是高新技术产业发展中一个至关重要的环节。当今，技术转移已演变为世界范围内不同行业、不同规模的企业、研究机构及政府都十分关注并广泛参与的战略选择。在国家创新体系中最薄弱的环节是技术转移，美国国家标准技术研究所更是把专利技术从实验室走向市场的过程称为"死亡之谷"。所以，如何加强技术转移过程中的金融支持直接决定着科技成果在企业中的使用以及对经济增长的贡献。

二、直接融资渠道

（一）创业风险投资

1. 创业风险投资的概念

创业风险资本是专业投资机构在承担高风险并积极控制风险的前提下，投入高成长企业特别是高新技术企业并追求高额收益的金融资本。对于高新技术企业来讲，创业风险资本在各种融资来源中具有显著地位。从企业生命周期角度看，创业风险投资是高新技术企业成长初期（种子期、初创期）和中期（扩张期）最重要的外币融资途径。同时，创业风险投资也是科技金融人才和科技金融资本的融合，这使得创业风险投资兼具"融资"与"融智"功能，从而增加了创业风险投资的附加值，促进了高新技术企业发展。广义的创业风险投资是狭义创业风险投资在高新技术企业生命周期两端的延伸，应包括主要投资于种子期高新技术企业的天使投资、主要投资于初创期和扩张期高新技术企业的创业风险投资（狭义）、主要投资于扩张期和成熟期高新技术企业的私募股权投资。在创业投资的发展过程中，创业风险投资有私募股权投资化的趋势。从创业投资的资本来源和运营目的来看，创业风险投资可以分为公共创业投资和私人创业风险投资，其中引导基金和母基金是公共创业风险投资的重要形式。

2. 创业风险投资的运作机制

完整的创业投资运作流程包括三个阶段：资本动员、运作和退出。资本动员，即从资本市场上筹集资金的过程；运作，即考察项目，根据具体情况选定投资项目，投入资金获取股权，并在资金与管理等方面给予支持和建议；退出，即根据投资项目的具体运行情况，选择适当的方式退出。三个阶段不断循环，构成创业风险投资的完整过程。

其中，创业风险资本的退出是所有环节中非常重要的一环，只有退出渠道的畅通才能保证投资者不断将资金投入企业。对创业投资的出资者和管理者来说，投资企业的目的并不是为了控制企业或者从企业获得长期持续的回报，而是使企业快速成长起来，通过退出获取高额的回报。创业风险资本的退出方式主要有四种：首次公开发行（IPO）、并购或股权转让交易、股权回购和清算破产。从目前情况看，境外 IPO 仍是创业风险资本最主要的退出方式。

案例：金蝶软件发展初期，通过政府部门与美国国际数据集团（IDG）达成投资协议。IDG 首批投资 2000 万元人民币，支持公司的科研开发和国际性开拓工作。IDG 公司参股形式对金蝶公司进行投资后，折价入股，成为金蝶公司的股东之一，享有对股东的权利，但对金蝶公司不控股，不参与经营，通过介绍和引进专家做报告、开研讨会、帮助企业做决策咨询等来施加影响。IDG 还通过帮助金蝶公司与国际大公司进行交流，把国外一些全新观点带给金蝶，使金蝶走上国际化发展道路。同时，金蝶借助 IDG 集团的商业资源，进一步拓展金蝶产品的国际销售渠道，使金蝶迅速成为国际性的财务软件公司。

（二）产业投资基金

1. 基本概念和分类

产业投资基金是一种按照投资基金运作方式，直接投资于实业项目的金融工具，简称产业投资基金。它是一种对未上市企业进行股权投资和提供经营管理服务的利益共享、风险共担的集合投资制度。即通过向多数投资者发行基金份额设立基金公司，由基金公司担任基金管理人或另行委托基金管理人管理基金资产，委托基金托管人托管基金资产，从事创业投资、企业重组投资和基础设施投资等实业投资。产业投资基金是对企业进行直接股权投资，由基金管理人和基金托管人托管基金资产的集合投资方式，投资者按照其出资份额分享投资收益，承担投资风险。

根据基金所投产业商业化程度不同，产业投资基金可分为三类：一是创业风险投资基金，主要投资于起步阶段的高新技术产业；二是基础设施产业基金，主要投资于已有一定规模且能保持持续稳定增长的部门，如能源、原材料、交通等基础设施领域；三是企业重组基金，主要侧重企业并购，产业重组等，用于大型企业集团或支柱产业资本扩张及重大调整的过渡性融资。目前的产业投资基金主要为封闭型基金，存续期一般为10年。

2. 创业风险投资与产业投资基金的区别

创业风险投资是指投向风险较高的高科技项目及其产品开发领域，以期在促进新技术成果尽快商品化过程中获得高额资本收益的集合投资制度。它作为一种已经在世界上获得成功经验的筹集与运作资本的有效方式，在资金的动员和使用效率上有其独特的优势。

现阶段创业投资基金和产业投资基金虽然形式上相近，但本质上确截然不同，主要表现为：

一是所投企业的发展阶段不同。创业风险投资基金主要投资于企业的初创期，投资风险大，主要侧重于扶持高科技产业的发展，有明显的高风险、高收益的特点。而产业投资基金的投资原则上应该以国家亟待发展的产业为主，主要投向收益相对稳定、发展较为成熟的行业，通常为处于发展期和成熟期的行业。

二是设立目标和存续时间长短不同。创业风险投资作为一种高度商业性的活动，它的活动领域可以覆盖全部产业领域，只要职业科技进步不停顿，并且仍然存在创业创新风险，这种投资活动就会长期持续下去。产业投资基金设立的目标是支持特定产业和特殊领域的建设和改革，带有相当程度的政策性，侧重于为政府服务，因而其使命将随着现实问题的解决和改革的完成而结束。

3. 投资基金的运作

在创业风险投资基金的运作框架中，存在四个以基金公司为中介，联系起来的法律关系是基金投资人与基金公司之间基于公司章程而成立的法律关系；二是基金公司与基金管理人之间基于委托合约而成立的法律关系；三是基金公司与基金托管人之间基于委托合约而成立的法律关系；四是基金管理人与基金托管人之间基于各自与基金公司所签委托合约而成立的法律关系。

引导基金是政府或政策金融机构发起设立，以通过扶持商业性创业投资企业，引导商业基金进入特定行业、特定领域，以及对初创期企业进行投资的，不以盈利为目的的政策性基金。引导基金的运作模式有两种：一是直接投资项目，直接支持相关企业及行业；二是母基金，或称基金的基金，即注资创业风险投资机构，以撬动更多的风险资本。母基金模式下，引导基金并不直接投资项目。引导基金的出资原则是参股不控股，通过股权结构的科学设计，保证创业投资企业和创业企业的决策及经营的独立性和商业化运作。引导基金的引导方式主要采用阶段参股和跟进投资。两种引导基金对同一创业企业或项目原则上不重复支持(图 24-1)。

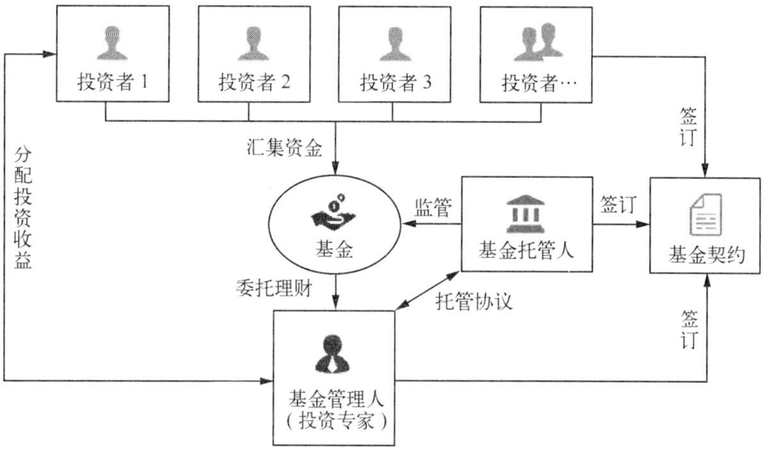

图 24-1 基金运作模式图

(三)多层次资本市场

资本市场是科技企业发展壮大过程中直接融资的重要渠道。根据风险性、流动性不同，资本市场可以分为不同层次和类别的市场，如主板市场、中小企业板市场、创业板市场和包括技术产权交易所在内的市场。它们共同构成了为高新技术企业提供融资的多层次资本市场。不同规模、处于不同生命周期的高新技术企业适合科技资本市场的不同层次。一般认为，创业板、新三板、股权交易市场被认为是适合科技型企业上市融资的市场。

主板市场即一板市场，主要为已经取得较大成功的大型高新技术企业提供融资，许多高新技术企业都是通过在资本市场融资不断做大做强的。为解决高新技术企业特别是科技型中小企业上市融资，在创业板未推出之前，在主板市场框架下创立了一个过渡性的"中小企业板"，中小企业板上市的门槛比一般创业板高但比一般的主板上市标准低。

创业板市场又称为二级市场，是第二层次的资本市场，主要是为具有高成长性的创新型、中小高新技术企业提供融资服务的证券市场。目前，创业板市场相对于大部分中小科技企业门槛依然较高。

三板市场是为具有一定发展潜力、处于初创期和扩张期的未上市创新企业提供融资和股权转让的区域性的资本市场。三板市场也是"全国代办股份转让系统"的俗称。

四板市场指(股权交易中心)主要是以债务性融资为特点的资本市场。目前，科技型中小企业发放的企业债主要为中小企业集合债。

债券融资是四板市场为高新技术企业提供金融服务的重要内容。企业债券代表着发债企业和投资者之间一种债权债务关系，债券持有人是企业的债权人，债券持有人有权按期收回本息。企业债券与股票一样，同属于有价证券，可以自有转让。企业债券风险与企业本身的经营状况直接相关。如果企业发债后，经营状况不好，出现连续亏损，可能无力支付投资者本息，投资者就面临着受损失的风险。所以，在企业发行债券时，一般要对发债企业进行严格的资格审查或要求发行企业有财产抵押，以保护投资者收益。企业债券由于风险较大，利率通常高于国债。由于高新技术企业很难从银行得到发展资金。另外，依靠上市融资也相当困难。相当一部分的中小企业由于资产规模、发行成本等因素的限制，很难独立申请发行债券。通过牵头组织以多个中小企业所构成的整体为发债主体，向投资人发行约定到期还本付息的债券形式就是中小企业集合债。

资本市场除了融资功能外，还具有风险定价、风险转移等功能。资本市场为创业风险投资提供退出渠道，有利于激励和促进创业投资风险机构发展。

三、间接融资渠道

(一)科技贷款

1. 科技贷款概述

科技贷款是为科技开发、科技成果转化等科技活动，以及高新技术企业发展提供的债务性金融支持。科技贷款属于外部融资、间接融资和债务融资。在以银行等金融机构为主导的金融体系下，科技贷款成为高科技活动开展、高新技术企业运营和发展最重要的融资途径之一。科技贷款按供给方的不同，可以分为商业银行科技贷款、政策性银行科技贷款和民间金融科技贷款。

(1)商业银行科技贷款是科技贷款最重要的组成部分。与一般工商业贷款有显著的不同，商业银行科技贷款应有针对高新技术企业特别是科技型中小企业的信用评价系统，采取不同定价方式。同时，根据科技贷款的高风险特点，推进科技贷款证券化以分散化解风险；针对高新技术企业的特点，推广知识产权质押贷款和其他形式的创新型贷款。

(2)政策性银行科技贷款是科技贷款市场政府作用的体现，用于弥补科技贷款市场失灵问题，并引导科技贷款市场的正常发展。政策性银行科技贷款主要投向特定行业(如农业科技行业)、特定企业(如出口型高新技术企业)、特定区域(如高新区“统借统还”)的企业和企业的研发活动。

(3)由于政府资源的有限性，政府并不能完全弥补市场残缺，治理市场失灵，因此民间科技贷款就成为商业银行科技贷款的重要补充。民间金融科技贷款是通过一定的社会关系从非正规金融部门获得科技贷款，是社会网络、文化背景等因素参与科技资源配置的一种体现。民间金融科技贷款主要针对难以获得商业银行科技贷款和政策性银行科技贷款的科技型企业。

2. 科技贷款的特点

科技贷款一般成本比较高。科技贷款成本高体现在以下几个方面：

一是银行发放科技贷款的成本高于发放传统贷款的成本。科技贷款市场存在严重信息不对称问题，银行为降低风险，将其与科技型中小企业间的信息不对称状况降到可以接受的范围，需要花费大量的贷前审查成本和贷后监督成本。

另外，科技贷款风险较大。科技贷款风险包括技术风险、市场风险、社会风险、评估风险和信用风险等。和传统银行贷款相比，由于高新技术企业属于轻资产行业，科技贷款的信用风险更大、科技贷款安全性差；由于科技产品(服务)具有技术更新快、生命周期短和产品创新型特点，科技贷款的技术风险和市场风险更大；同时，科技贷款的评估风险较大。这都使得科技贷款的风险普遍高于传统银行贷款。

科技贷款市场广泛存在信息不对称现象，科技贷款具有较高的道德风险和逆向选择风险。在担保体系和信用体系不完备的情况下，银行发放科技贷款的风险更高，科技贷款的安全性更差，这使得科技贷款，特别是科技型中小企业贷款面临着较多的信贷配给。

科技贷款具有较强的创新性。政府为了加强信贷对高新技术企业、高新技术产业发展的支持，提倡银行采用创新贷款方式为科技型中小企业提供贷款融资。这使科技贷款出现了很多创新形式，如知识产权贷款、“科技项目”过桥贷、“高新技术企业联保互保贷款、订单股权质押贷款”等。

科技贷款具有正外部性。中国高新技术产业的主要融资方式为科技贷款。科技贷款不仅为科技开发、科技成果转化和产业化、高新技术企业的发展提供融资支持，还在促进产业优化升级、提高国家创新能力和竞争力等方面发挥重要作用，具有较强的外部性。

3. 科技贷款与高新技术企业的需求

按照企业的生命周期可以划分为四个阶段：种子期、初创期、成长期和成熟期。处于生命周期不同阶段的高新技术企业具有不同的特点，适用不同类别的科技贷款。

在种子期，企业实体尚未建立，技术上也还处于研发阶段，理想的融资方式应为创业团队自筹或吸收天使投资，无论是商业银行还是政策性银行贷款都较少介入，但基于社会关系民间金融科技贷款可以在种子期存在。

在创业期，企业初步建立，风险很高，商业银行也未能大量介入，此时的科技贷款主要表现为具有政策性导向的科技开发贷款和政策银行贷款，以及属于非正规金融的民间金融科技贷款。

在成长期，企业不断扩张，快速成长，对资金需求很大，科技贷款是高新技术企业重要的融资来源，此时的科技贷款主要有政策性银行贷款，商业银行贷款和民间金融科技贷款。

在成熟期，企业经营稳健，社会信誉已建立，具备足量的可抵押资产，科技贷款的风险也有所降低。在此阶段的科技贷款结构中，商业银行科技贷款为主要融资来源。

4. 科技贷款模式

不同类型的高新技术企业以及处于不同发展阶段的企业适合不同的贷款模式。针对科技企业的贷款模式主要有以下几种：

(1)“统借统还”贷款模式。

“统借统还”贷款模式是一种典型的“银政企合作”的贷款模式，是政府与银行搭建融资平台，为科技型中小企业提供具有政策优惠贷款的一种模式。“统借统还”贷款的期限一般为1~2年。在操作中具有集中授权、批量发放、风险限额的特点。对于高新技术企业，此种模式下的科技贷款具有筹资成本低的特点。

(2)抵押(质押)贷款模式。

知识产权质押贷款是指高新技术企业以企业专利权、实用新型专利权、商标权等知识产权作为质押物而获取银行贷款的一种贷款模式。知识产权质押贷款期限灵活，既可以满足科技型中小企业流动资金融资需求，也可以满足中长期资金融资需求。目前北京银行、交通银行等金融机构都已经针对科技型中小企业开展了知识产权质押贷款业务。对于银行，知识产权质押贷款也具有一定风险性。首先，知识产权保护较差，这严重影响了知识产权的价值。其次，在知识产权评估方面发展滞后，知识产权价值难以衡量。最后，知识产权流动性差，变现难。因此，知识产权质押贷款也有赖于科技金融环境的不断改善。除知识产权质押贷款外，还有股权质押贷款、应收账款质押贷款等贷款形式。

(3)创新型担保贷款模式。

高新技术企业联保贷款。高新技术企业联保贷款是高新技术企业成员组成联保小组，互相提供担保以申请科技贷款的一种贷款模式。高新技术企业联保是增强科技型中小企业信用的重要途径，有利于参与联保的各高新技术企业互相监督，对于减少银行与科技型中小企业的信息不对称、降低银行风险有重要作用。

创业风险投资机构担保贷款。创业风险投资机构担保贷款即创业风险投资机构为高新技术企业提供担保，以申请科技贷款的一种贷款模式。创业风险投资机构担保贷款是银行与创业风险投资机构合作的重要模式，是银行跟进投资的一种方式。

其他模式。针对科技企业的贷款还有许多其他模式，例如搭桥贷款是为满足借款人短期流动资金需求，以未来所获得政府拨款等经营性现金流作为还款来源而发放的过渡性贷款。银行可针对科技型中小企业、科研机构开展科技专项经费搭桥贷款，以解决其短期流动资金需求，促进其发展。

(二)融资租赁

1. 融资租赁的概念

融资租赁是指出租人按承租人设定的条件，向承租制度的供货人购买实物财产，并以分期偿还该财产全部或大部分购置成本为基础，向承租人收取租金的一种交易。融资租赁是以“融物”代替“融资”、集物权与债权于一体的新型投融资模式。虽然其主要表现方式为设备租赁，但本质上是一种为科技型中小企业融资的方式，解决了它们的融资难题。融资租赁是一种特殊而有效的融资方式，实质上是中长期科技贷款的短期化，融资租赁合同可以看作是一个连续的短期科技贷款合同的集合。融资租赁具有传统科技贷款所不具备的优点，如门槛低、效率高等，在西方发达国家特别是美国高新技术企业的融资中占有重要地位。

当企业采用融资租赁方式筹集添置设备所需资金时，企业不是用自有资金或银行贷款购买设备，而是委托租赁公司根据企业要求和选择代为购入所需的设备，然后以租赁的方式向租赁公司租回设备使用，从而使企业达到融资的目的。融资租赁是一种长期租赁，租赁期接近资产的经济寿命，出租人只是承担分期收回租金的风险，与收回贷款本息类似，与租赁资产有关的风险已经转移给承租人。

2. 融资租赁的特点

与其他信用形式比较，融资租赁具有以下四个方面特征：

一是所有权与使用权分离。即在约定的租赁期内，租赁物的使用权归承租人享有。这种所有权与使用权分离的特征不同于银行信用中仅限于资金层面(货币形态)上的量权分离。

二是拓展到了实物形态上。融资租赁中的两权分离界限更加分明，分离程度更加彻底。支付方式灵活，一般情况下，银行贷款是定期定量收取利息，这与企业自身的经营状况脱节，加重了企业财务负担。而融资租赁可以在签订租赁合同时，由出租人和承租人双方共同协商确定租金支付方式、期限和利率，使承租人能够更为合理、有效并且自主安排其现金流，保证了资金的流动性，提高了资金使用效率。对于承租人而言，只需付出部分价值就能获得租赁物的全部使用价值，用新创造的价值归还租金，并且租金支付滞后，可以起到减轻和分担承租人财务压力的作用。

三是具有融资与融物双重功能。金融租赁将借钱与借物融合在一起，在承担租赁物的同时相应解决了企业资金需求，具有双重功能。这使出租人同时具有银行和贸易的双重职能，是货物买卖、劳务提供和资金融通得以同时进行，大大减少了中间环节，提高了资金的使用效率。

四是租赁合同具有不可撤销性。租赁信用中的租赁双方是以合同为基础的经济关系，租赁合同一旦签订，出租人与承租人之间就建立了一种刚性关系，租赁各方都必须严格履行，不得中途解约，无论在租赁期内发生何种情况，承租人都要按时向出租人交付租金。

3. 融资租赁的主要形式

(1)直接租赁。

直接租赁又称为简单融资租赁，是由出租人向供货厂商购买设备，然后将设备租赁给承租人，出租人自行筹措购买所需的资金。在直接租赁中，涉及出租人、承租人和供货厂商三方。出租人作为购买设备的唯一出资人，承担较大的资金筹集和资金回收风险，同时筹集的金额也因只有单一筹资人而受到限制。

(2)联合租赁。

联合租赁是直接租赁的一种特殊形式，适用于金额较大的租赁项目。联合租赁有多个出租人，包括牵头人和其他租赁人。承租人在交易中只和牵头人打交道，与牵头人签订融资租赁合同。牵头人与其他出租人和其他租赁人签订联合租赁协议书，共同为该项目提供融资，并根据出资比例分配租金和承担责任。

(3)转租赁。

转租赁是由出租人先作为承租人从其他租赁公司租金设备，然后再作为出租人转租给承租人的租赁形式。转租赁业务涉及四个参与方：设备供应商、第一出租人、第二出租人(第一承租人)和第二承租人。需要签订三个合同，分别是：第一出租人与设备供应商之间签订和购货合同；第一出租人(租赁公司)与第二出租人(第一承租人)之间签订的租赁合同；第一承租人与第二承租人之间签订的转租赁合同。

(4)售后租回。

售后租回是指承租人先将自有物件销售给出租人，并在销售的同时与出租人签订一份租赁合同，将该物件从出租人处租回的租赁方式。在这种租赁形式中，供货人和承租人是同一个人。因此，售后租回只涉及两方，即承租人和出租人。售后涉及两个合同，即承租人与租赁公司之间签订的买卖合同和租赁合同。售后租赁这种业务形式有利于改善承租人的财务状况。

(5)杠杆租赁。

杠杆租赁是出租人利用杠杆融资方式购买设备，然后再将设备出租给承租人的租赁形式。在杠杆租赁交易中，出租人只需提供全部设备金额的一部分(20%~40%)，其他资金则以出租设备为抵押取得的银行等金融机构的贷款支付。杠杆租赁涉及四方参与者：出租人、承租人、供货商和提供贷款的金融机构。贷款人对出租人无追索权，其还款保证在于设备本身和租赁费，但需要出租人以及设备第一抵押权、租赁合同及收取租金的受让权作为该贷款的担保。杠杆租赁主要用于资本密集型设备的长期业务。

(6)风险租赁。

风险租赁是创业风险投资和租赁相结合的一种新型金融租赁方式，是指出租人以租赁债权和股权的方式将设备出租给承租人，以租金、股权收益以及设备残值收入作为回报的租赁形式。在风险租赁中，租金和设备的残值回报是总收益中比较安全可靠的部分，股权收益则有较大的不确定性。对于高新技术企业，风险租赁是其租赁的理想选择。

第二节　科技金融服务平台

一、概述

搭建科技金融服务平台，畅通金融机构与科技企业之间的信息渠道，是推进科技金融对接的重要手段。目前北京市科技金融服务平台发展迅速，包括政府部门、金融机构、新型科技企业孵化器、创业主导型投资协会等机构都在快速推进科技金融平台建设，成为促进科技金融工作的重要载体。

科技金融服务平台通过整合各方资源，推动金融机构之间创新业务合作模式，注重运用互联网技术打造全方位、多元化、一站式的综合服务平台，推动线上线下同步运转，提高了平台的服务能力。通过互联网技术降低企业的信息成本和时间成本，将平台各项业务进行信息化流程再造，提高服务效率。平台可以通过自身的聚集效应推动金融业的综合化经营，围绕高科技企业发展阶段不同的融资需求提供“全过程”综合服务。科技金融服务平台在一定程度上缓解了高新技术企业融资难问题。

科技金融服务平台通过举办各类科技与金融对接活动，促进政府、金融机构、中介机构与小企业的信息交流和对接。同时，通过对各类金融产品和服务进行跟踪和管理，发布各类研究报告、专题报告，为政府、企业和金融机构提供融资培训、信用评价、决策咨询等服务，促进科技与金融的紧密结合。

为了弥补天使投资、创业投资风险大，社会资本介入意愿不强的“市场失灵”区域，许多科技金融服务平台联合社会资本有针对性的加大对种子期、初创期企业的资助，从而引导更多的社会资本投入到早期创业企业，帮助更多的企业走出早期资金困境，成功跨越“死亡谷”。

二、运营模式

按运营主体可以将科技金融服务平台分为政府引导模式、企业主导模式和金融机构主导模式。

（一）政府引导模式

政府引导模式是指在政府部门的推动下建设的公益性科技金融服务平台。目前，北京市科委、中关村管委、市金融局等部门都建立了服务科技企业创新的科技金融服务平台。北京市科委积极推进“前孵化”运营服务平台、首都科技大数据平台，向金融机构开放信息科技数据资源，通过实施无偿资助、风险补偿、股权投资、资本金注入等多种举措，构建从“原始创新”“知识产权”到成果应用的科技金融培育链条。

（二）企业主导模式

企业主导模式是由企业发起和运作的科技金融服务机构，其特点是拥有庞大的企业数据库，服务更专业化。通过不断优化数据库信息、整合资源，从而增强协同效应和知识溢出效应、促进科技融资活动；另一方面也缓解了科技金融需求者与供给者之间的信息不对称问题，提高了科技金融服务的效率。

（三）金融机构主导模式

金融机构主导模式的特点是以金融机构自身作为融资平台，主导展开与其他中介机构、创业投资机构及政府部门的合作，实施商业化运作，分阶段提供融资服务，形成循环保障的支持体系。目前，国开行与市科委推动开展的科技型中小企业“统贷统还”服务平台，以及浦发银行推动的投贷一体化综合服务平台都发挥了积极的融资促进作用。

近年来北京地区涌现出许多“孵化+创投”的新型创业孵化机构。这些机构发挥着重要的科技金融服务平台功能。目前，中关村创业大街吸引车库咖啡、联想之星等22家创业服务机构入驻；街区入孵的400多个在孵创业团队中，获得融资的团队超过150个，平均融资额500万元。创业投资与孵化服务紧密结合，除了融资，还提供经营管理、市场拓展等方面的服务，创业成功率明显提高。社会化科技金融的服务体系有力地促进了中小企业的成长和创新型城市的建设。

此外，一些互联网金融机构借助互联网技术、移动通信技术实现资金融通、支付和信息中介等业务发展新兴金融模式，推动科技金融服务模式不断创新。互联网金融平台通过P2P网络借贷模式、众筹模式、互联网金融门户等模式，开展与金融机构、担保机构合作，创新金融产品，有效降低了科技企业融资的信息成本，为科技企业融资提供了便捷的渠道。

第三节 会计基础

一、会计概论

（一）会计的职能和目标

会计是以会计凭证为依据，以货币为主要计量单位，以提高经济效益为主要目标，运用一系列专门技术方法，对企业、机关等单位的经济活动进行全面、综合、连续、系统的核查和监督，对单位经济活动进行确认、计量和报告来为管理者提供决策信息，是经济管理活动的重要组成部分。

会计的作用主要有四个方面：一是为国家宏观调控、制定经济政策提供信息；二是加强经济核算，为企业经营管理提供数据；三是保证企业投入资产的安全和完善；四是为投资者提供财务报告，以便投资者进行正确的投资决策。

会计的目标是向会计信息使用者提供决策信息，反映企业管理层受托责任的履行情况。会计目标是指会计工作预期达到的最终结果。企业经营者在企业经营管理活动中，经常需要对一些重大问题做出决策；在内部投资活动中，要对筹集多少资金、何时筹集资金、从何处筹集资金进行决策。在市场经济条件下，会计的一般目标是向企业内部管理部门和企业外部与企业有利害关系的主体提供决策所需要的会计信息及其与之相关的财务信息。一是通过会计活动，向会计信息使用者提供辅助决策的，与企业财务状况、经营成果和现金流量等有关的信息，以帮助会计信息使用者做出经济决策；二是反映企业管理受托责任履行情况，有助于评价企业的经营管理责任以及资源使用的有效性，有助于会计信息使用者做出决策。

（二）会计要素

我国会计准则将会计要素分为资产、负债、所有者权益（股东收益）、收入、费用和利润六个会计要素。会计要素有利于清晰反映产权关系和其他经济关系。六个会计要素相互之间存在一定的数量关系。反映这种数量关系的恒等式分类为：

1. 静态会计等式

静态会计等式是反映企业在某一特定日期财务状况的会计等式，由静态会计要素（资产、负债、所有者权益）组合而成。公式为：资产=负债+所有者权益。这一等式称为财务状况等式，它反映了资产、负债和所有者权益三个会计要素的关系，揭示了企业在某一特定时点的财务状况。

2. 动态会计等式

动态会计等式反映企业在一定会计期间经营成果的会计等式，是由动态会计要素（收入、费用和利润）组合而成。其公式为：收入-费用=利润。这一等式揭示了企业在某一特定期间的经营成果。

3. 综合会计等式

综合会计等式：资产+费用=负债+所有者权益+收入。这一等式综合了企业利润分配前财务状况等式和经营成果等式之间的关系。

二、会计报表

会计报表是以日常账簿资料为主要依据编制的，总体反映企业财务状况、经营成果和现金流量等会计信息的书面文件。它既是会计核算的最后一个环节，也是会计循环过程的终点。编制会计报表是会计核算的专门方法。

企业一定期间内发生的经济业务，已经在确认、计量的基础上，运用专门的方法，在会计凭证和会计账簿中进行全面、系统的记录。这种记录从一定程度上能够反映企业的经济活动情况。但是会计凭证和会计账簿中的会计信息比较分散，不能概括地、系统地反映企业经济活动过程及结果，不便于理解和分析，无法满足会计信息使用者对会计信息的需求。因此，需要在日常会计核算的基础上，对分散在会计凭证和会计账簿中的会计信息进行进一步的加工处理和分类，从而形成综合、系统地反映企业财务状况、经营成果和现金流量的文件，对于国家宏观经济调控、投资者决策和加强企业内部管理都有非常重要的意义。会计报表是企业会计核算的最终成果，是企业对外提供信息的主要形式，是对企业财务状况、经营成果和现金流量的结构性表述。

根据《企业会计准则第30号—会计报表列报》的规定，一套完整的会计报表至少应当包括资产负债表、利润表、现金流量表、所有者权益（或股东权益）变动表以及附注。它们分别从不同的角度反映了企业的财务状况、经营成果和现金流量情况，其中资产负债表是反映企业某一特定日期财务状况的报表，利润表是反映企业在一定期间经营成果的报表，现金流量表是反映企业在一定期间内现金及现金等价物流入和流出情况（现金流量情况）的报表。

(一)会计报表的目标和作用

企业编制会计报表的目标，是向会计报表使用者提供与企业财务状况、经营成果和现金流量等有关的会计信息，反映企业管理层受托责任的履行情况，有助于会计报表使用者做出经济决策。企业正确、及时地编报会计报表，具有十分重要的作用。

第一，企业的投资者和债权人通过会计报表提供的会计信息，可以了解有关企业财务状况、经营成果和现金流量的情况，据以进行正确的投资决策和信贷决策。同时，投资者还可据以评估企业管理层对受托资源的经营管理责任的履行情况。

第二，企业管理者通过会计报表提供的会计信息，可以掌握本企业有关财务状况、经营成果和现金流量的情况，据以考核和分析企业财务成本计划或预算的完成情况，总结和分析企业经营中所取得的成绩和存在的问题，评价企业的经济效益。

第三，国家有关部门通过对企业提供的会计报表资料进行汇总分析，可以了解和掌握各部门、各地区的经济运行情况、各项财经法律制度的执行情况，并针对存在的问题，采取各种经济杠杆和政策进行必要的宏观调控，促进社会资源的有效配置。

(二)资产负债表

1. 资产负债表的作用

资产负债表是反映企业在某一特定日期财务状况的会计报表，是按照一定的标准和顺序将资产、负债、所有者权益进行适当排列编制的，反映企业某一特定日期所拥有或控制的经济资源、所承担的现时义务和所有者对净资产的要求权。资产负债表是月度报表，它是以“资产=负债+所有者权益”这一基本等式为基础进行编制的，反映企业静态财务状况的一种报表。

编制资产负债表的作用主要体现在：

(1)资产负债表为报表使用者提供企业所拥有和控制掌握的经济资源及其分布和构成情况的信息，为经营者分析资产分布是否合理提供依据。

(2)资产负债表总括反映企业资金的来源渠道和构成情况。

(3)通过对资产负债表的分析，可以了解企业的财务状况，判断企业的偿债能力和支付能力。

(4)通过对前后期资产负债表的对比分析，可以了解企业资金结构的变化情况，经营者、投资者和债权人据此可以掌握企业财务状况的变化情况和变化趋势。

2. 资产债表的格式和内容

资产负债表的格式有账户式和报告式两种。账户式资产负债表分为左右两方，左方列示企业所拥有的全部资产的分布及存在形态，反映企业可以用于偿还债务的资产；右方列示企业的负债和所有者权益各项目，反映企业需要清偿的债务和不需要清偿的权益，即反映全部负债与所有者权益的内容和构成情况。报告式资产负债表按上下顺序依次将资产、负债和所有者权益项目进行排列。我国采用账户式资产负债表格式。

资产负债表中，资产和负债应当分别以流动资产和非流动资产、流动负债和非流动负债列示。资产类项目的排列顺序是按照其流动性进行排列的，即按照变现速度顺序进行排列。流动性强的项目排在前面，流动性差的项目排在后面。并按流动资产和长期资产分项列示，流动资产在前，长期资产在后。其中，流动资产包括在一年或一个经营周期以内可以变现的全部资产，包括一年内耗用和售出的全部资产。在资产负债表上排列为：货币资金、短期投资、应收票据、应收账款、预付账款、其他应收款、存货和待摊费用等；长期资产包括变现能力在一年或一个经营周期以上的资产。在资产负债表上排列为：长期投资、固定资产、在建工程、无形资产和其他资产、递延资产等。

负债类项目的排列按照到期日的远近进行排列，先到期的（或需要立即清偿的债务）排在前面，后到期的排在后面，并按流动负债和长期负债顺序分项列示。流动负债包括偿还期在一年以内的全部负债，在资产负债表上排列顺序为：短期借款、应付票据、应付账款、预收账款、应付工资、应付福利费、应付利润、应交税金、其他应付款、预提费用和一年内到期的长期负债；长期负债包括偿债期在一年以上的全部负债，在资产负债表上排列顺序为：长期借款、应付债券、长期应付款和专项应付款等。

所有者权益包括所有者投入资本、股本溢价和评估增值等引起的资本公积、企业在生产经营过程中形成的盈余公积和未分配利润。在资产负债表上排列顺序为：实收资本、资本公积、盈余公积和未分配利润。

按照会计等式要求，资产负债表中资产类项目金额合计与负债和所有者权益项目金额合计必须相等。

为了充分满足报表使用者对报表信息的了解需要，对于企业在资产负债表中反映的有关重要科目的明细资料，以及有助于理解和分析资产负债表的重要事项，如企业融资租入固定资产原价，或有事项以及企业会计政策和会计方针变更的信息，应在会计报表附注中逐一列示和说明。

在资产负债表上，既列示期末余额，又列示期初余额，通过对期初期末余额进行比较，可以看出资产、负债及所有者权益三个会计要素在一个会计期间的变动情况。

（三）利润表

1. 利润表的作用

利润表是反映企业在一定会计期间经营成果的报表。它主要是依据权责发生制原则和配比原则的要求，把一定会计期间的营业收入与同一会计期间的营业费用（成本）相配比，以“收入-费用=利润”的会计等式为基础，按照各项收入、费用以及构成利润的各个项目分类分项编制而成的，它是一张动态会计报表，也是基本会计报表之一，利润表为月表。

利润表的主要作用是为报表使用者提供企业盈利能力方面的信息。通过利润表提供的信息，可以了解企业利润的形成情况，据以分析、考核企业经营目标及利润指标完成情况，分析企业利润增减变动情况及原因。通过利润表提供的信息，可以据以评价企业的经济效益、盈利能力，评价或考核企业经营管理者的经营业绩能力。

2. 利润表的格式和内容

利润表的基本格式主要有单步式和多步式两种。单步式利润表是将本期发生的所有收入汇集在一起，将所有的成本、费用也汇集在一起，然后将收入合计减成本费用合计，计算出本期净利润；多步式利润表是将利润表的内容作多项分类，即从营业收入到本期净利润，要做多步计算，分别计算出主营业务收入、主营业务利润、营业利润、利润总额和净利润，以便形成几种损益信息。多步式利润表比单步式利润表能提供更为丰富的有关企业盈利能力方面的信息，也便于对企业生产经营情况进行分析，有利于不同企业之间的比较。我国企业的利润表多采用多步式。多步式利润表分为正表项目和补充资料两大部分。

利润表主要包括以下四个方面内容：

(1)构成主营业务利润的各项要素。主营业务利润以主营业务收入为基础，减去为取得主营业务收入而发生的相关成本、税金后得出。

(2)构成营业利润的各项要素。营业利润在主营业务利润基础上，加上其他业务利润，减去营业费用、管理费用和财务费用后得出。

(3)构成利润总额的各项要素。利润总额是在营业利润基础上，加减投资收益、补贴收入、营业外收支后得出。

(4)构成净利润的各项要素。净利润在利润总额的基础上，减去所得税费用后得出。

利润表至少应当单独列示用于反映下列信息的项目：营业收入、营业成本、营业税金及附加、管理费用、营业费用、财务费用、投资收益、所得税、净利润。计算公式为：

营业利润=营业收入-营业成本-营业税金及附加+其他业务利润-营业费用-管理费用-财务费用

利润总额=营业利润+投资收益+营业外收入-营业外支出

净利润=利润总额-所得税

利润表中各项目的金额应根据有关损益类科目的本期发生额分析计算填列。

(四)现金流量表

1. 现金流量表的作用

现金流量表是反映企业在一定会计期间内有关现金和现金等价物的流入和流出的报表。

现金流量是指一定会计期间企业现金和现金等价物流入和流出的数量。其中，现金是指企业的库存现金、可以随时用于支付的存款，包括库存现金、银行存款、其货币资金(如外埠存款、银行汇票存款、银行本票存款等)；现金等价物是指企业持有的期限短、流动性强、易于转换为已知金额的现金，价值变动风险很小的投资，通常包括 3 个月内到期的债券投资等。企业应根据具体情况，确定现金等价物的范围，并且一贯性地保持其划分标准，如改变划分标准，应视为会计政策的变更。企业确定现金等价物的原则及其变更，应在会计报表附注中披露。

企业销售商品或提供劳务、出售固定资产、从银行取得借款等获得的现金，为现金流入；而企业购买原材料或接受劳务、购建固定资产、偿还银行借款等支出的现金，为现金流出。现金流量是衡量企业经营状况是否良好、偿债能力强弱的重要指标。

企业一定时期内发生的现金流量分为三类：经营活动现金流量、投资活动现金流量和筹资活动现金流量。其中，经营活动是指企业投资活动和筹资活动以外的所有交易和事项；投资活动是指企业长期资产的购建和不包括在现金等价物范围内的投资及其处置活动；筹资活动是指导致企业资本及债务规模和构成发生变化的活动。应当注意，并不是所有的经营业务都影响现金流量。企业发生的经济业务，若只是涉及现金各项目之间的变动或非现金项目之间的增减变动，如从银行提取现金或将现金存入银行等业务属于现金各项目之间内部资金的转换，不会发生现金流量，而以固定资产清偿债务、用原材料或固定资产等对外投资的经营业务，则属于非现金各项目之间的增减变动，也不会发生现金流量。只有发生的经济业务涉及现金各项目与非现金各项目之间的增减变动时，如用现金购买原材料、收回长期债券投资等，才会影响现金流量。

编制现金流量表主要作用是为企业会计报表使用者提供企业一定会计期间内现金和现金等价物流入和流出的信息。通过编制现金流量表，可以便于报表使用者了解和评价企业获取现金和现金等价物的能力，并据以预测企业未来现金流量。通过编报现金流量表，能够说明企业一定期间内现金流入和流出的原因，说明企业的偿债能力和支付股利的能力，现金流量表提供的信息，能够用以分析企业未来获取现金的能力，分析企业投资和理财活动对经营成果和财务状况的影响，有助于对企业的整体财务状况做出客观评价。

2. 现金流量表的格式和内容

我国企业的现金流量表，属于年度报表，由报表正表和补充资料两部分组成。

正表是现金流量表的主体，企业一定会计期间现金流量的信息主要由正表提供。正表采用报告式，按照现金流量的性质，依次分类反映经营活动现金流量、投资活动现金流量和筹资活动现金流量，最后汇总反映企业现金及现金等价物净增加额。

补充资料包括三部分内容：①将净利润调节为经营活动现金流量(即按间接方法编制经营活动现金流量)；②不涉及现金收支的投资和筹资活动；③现金及现金等价物净增加情况。

(五)会计报表附注

1. 会计报表附注的概念

会计报表附注是指对在资产负债表、利润表、现金流量表等会计报表中列示项目所做的进一步文字描述或明细资料，以及对未能在这些报表中列示项目的说明等。附注是为便于会计报表使用者理解会计报表的内容而对会计报表的编制基础、编制依据、编制原则和方法及主要项目等所做的解释。附注的目的是在保持报表正文简练的基础上提供一些与报表的数据相关的信息，它不仅能增进会计信息的可理解性、突出会计信息的重要性、提高会计信息的可比性，还可以反映作为整个会计报表组成部分的非数量信息以及其他比报表本身更为详细的信息，说明报表中个别项目的质量和条件限制等。财务报告的使用者通过阅读会计报表及其相关的附注，能为其决策提供更充分的信息。附注应当披露财务报表的编制基础，相关信息应当与会计报表中列示的项目相互参照。

2. 附注的内容

我国企业会计准则规定，附注一般应当披露如下内容：财务报表的编制基础；遵循企业会计准则的声明；重要会计政策的说明，包括财务报表项目的计量基础和会计政策的确定依据；重要会计估计的说明，包括下一会计期间内很可能导致资产、负债账面价值重大调整的会计估计的确定依据等；会计政策和会计估计变更以及差错更正的说明；对已在资产负债表、利润表、现金流量表等会计报表中列示的重要项目的进一步说明，包括终止经营税后利润的金额及其构成情况等；或有和承诺事项、资产负债表日后非调整事项、关联方关系及其交易等需要说明的事项。

企业应当在附注中披露在资产负债表出日期后、财务报告批准报出日期前提议或宣布发放的股利总额和每股股利总额(或向投资者分配的利润总额)。

在与财务报表一起公布的其他信息中未作披露时，企业还应当在附注中披露企业的基本情况，包括企业注册地、组织形式和总部地址、企业的业务性质和主要经营活动、母公司以及集团最终母公司的名称；以及财务报表的批准报出者和财务报告批准报出日。

第四节　财务报表分析

一、概述

财务报表能够全面反映企业的财务状况、经营成果及现金流量情况，但单纯靠财务报表上的数据还不能直接或全面说明企业的财务状况，特别是不能说明企业经营状况的好坏和经营成果的高低。只有将企业的财务指标与有关的数据进行比较才能说明企业财务状况所处的地位，因此要进行财务报表分析。

财务报表分析，简称财务分析，是通过收集、整理企业财务会计报告中的有关数据，并结合其他有关的补充信息，对企业的财务状况、经营成果和现金流量情况进行综合比较，并通过财务指标的高低评价企业的偿债能力、盈利能力、营运能力和发展能力，为企业投资者、债权人和其他利益关系人提供管理决策的依据。做好财务报表分析工作，可以正确评价企业的财务状况、经营成果和现金流量情况，揭示企业经营活动中存在的矛盾和问题，为改善经营管理提供方向和线索；可以预测企业未来的报酬和风险，检查企业预算完成情况，考核经营管理人员的业绩，为建立健全合理的激励机制提供帮助。

财务报表分析是由不同的使用者进行的，他们各自有不同的分析重点，也有共同的要求。

从企业总体来看，财务报表分析的基本内容，主要包括以下三个方面：①分析企业权益的结构，评价企业归还债务的能力，估量企业对债务资金的利用程度；②评价企业资产的营运能力，分析企业资产的分布情况和周转使用情况，估量企业对资产的利用效率；③评价企业的盈利能力，分析企业利润目标的完成情况和不同年度盈利水平的变动情况，评价企业的发展能力，分析企业发展的方向和发展潜力。

以上三个方面的分析内容互相联系、互相补充，可综合地描述出企业生产经营的财务状况、经营成果和现金流量情况，以满足不同使用者对会计信息的基本需要。其中偿债能力是企业财务目标实现的稳健保证，而营运能力是企业财务目标实现的物质基础，盈利能力则是前两者共同作用的结果，同时也对前两者的增强起着推动作用。

二、基本分析方法

对财务报表分析的内容，不同的人、不同的目的、不同的数据范围，采用不同的分析程序和方法。

财务报表分析的一般程序为：①明确分析的目的，制定分析工作计划；②收集有关的信息资料；③根据分析目的，运用科学的分析方法，深入比较、研究所收集的资料，计算有关财务指标；④做出分析结论，撰写分析报告。

财务报表分析常用的方法包括比率分析法、比较分析法和趋势分析法等基本方法。

(一) 比率分析法

比率分析法是指将会计报表及有关资料中两项彼此相关联的项目加以比较，通过计算关联项目的比率，揭示企业财务状况、经营成果和现金流量情况，确定经济活动变动程度的一种分析方法。在财务分析中，比率分析法应用比较广泛。这是因为，只采用绝对值对比不能深入揭示企业财务管理活动的内在矛盾，而采用相对值对比则能做到这一点。例如：甲、乙两家企业，年营业利润都是100万元，甲企业的营业净收入为1000万元，乙企业的营业净收入为5000万元。如果从营业利润的绝对值来看，两个企业的经营成果相同，而实际上，甲企业的营业利润率为10%，乙企业的营业利润率只有2%。采用相对值对比分析，甲企业的经营成果明显优于乙企业，这个评价与利用绝对数评价相比更符合客观实际。在比率分析中常用的财务比率有：

(1)相关比率。它是以同一时期会计报表及有关资料中某个项目和与其有关但又不同的项目加以比较所得的相关数值的比率，用于反映有关经济活动的相互关系。利用相关比率指标，可以考查有联系的相关业务安排是否合理，以保障生产经营能够顺利地进行。

(2)结构比率。结构比率是会计报表中某项目的数值占各项目总和的比率，反映部分与总体的关系。这类比率揭示了部分与整体的关系，通过不同时期结构比率的比较还可以揭示其变化趋势。利用结构比率指标，可以考查总体某个部分的形成和安排是否合理，以便采取措施修订不合理部分。存货与流动资产的比率、流动资产与全部资产的比率等都属于这类比率。

(3)效率比率。它是用以计算某项经济活动中所费与所得的比例，反映投入与产出的关系的比率。利用效率比率指标，可以进行得失比较，考查经营成果，评价经济效益。如将利润与销售收入、销售成本、净资产进行比较，可以计算出主营业务利润率、成本利润率、净资产利润率指标，进而通过这些指标从不同角度观察比较企业的盈利能力的高低及其增减变化情况。

(二)比较分析法

比较分析法是通过各项财务指标与性质相同的指标评价标准进行对比，揭示企业财务状况、经营成果和现金流量情况的一种分析方法，是最基本的分析方法，在财务报表分析中应用很广。在运用比较分析法时，按比较对象的不同主要有三种形式：

(1)绝对数比较分析。通过编制比较财务报表，将比较各期的报表项目的数额予以并列，直接观察每一项目的增减变化情况。

(2)绝对数增减变动分析。在比较财务报表绝对数的基础上增加绝对数“增减金额”一栏，计算比较对象各项目之间的增减变动差额。

(3)百分比增减变动分析。在计算增减变动额的同时计算变动百分比，并列示于比较财务报表中，以消除项目绝对规模因素的影响，使报表使用者一目了然。

按照比较标准的不同主要有三种形式：

(1)实际指标同计划指标比较。可以解释计划与实际之间的差异，了解该项指标的计划或定额的完成情况。

(2)本期指标与上期指标比较。可以确定前后不同时期有关指标的变动情况，了解企业生产经营活动的发展趋势和管理工作的改进情况。

(3)本企业指标同国内外先进企业指标比较。可以找出与先进企业之间的差距，推动本企业改善经营管理。

应用比较分析法对同一性质指标进行数量比较时，要注意所用指标的可比性，即指标内容、期间、计算口径、计价基础等具有一致性。常用的比较指标评价标准有四类：第一类是反映各类企业不同时期都普遍适用的公认指标评价标准。例如，2∶1 的流动比率和 1∶1 的速动比率是典型的公认标准，利用这些标准能揭示企业短期偿债能力及财务风险的一般状况；第二类是反映某行业水平的行业指标评价标准，通过行业标准指标比较，有利于揭示本企业在同行业中所处的地位及存在的差距；第三类是反映本企业目标水平的目标指标评价标准，当企业的实际财务指标达不到目标标准时，应进一步分析原因，以便改进财务管理工作；第四类是反映本企业历史水平的历史指标评价标准，在财务分析中，可以运用历史标准，将期末与期初对比，本期与历史同期对比，以及本期与历史最好水平对比，揭示企业财务状况、经营成果和现金流量的变化趋势及存在的差距。

(三)趋势分析法

趋势分析法是利用会计报表提供的数据资料，将两期或多期连续的相同指标或比率进行定基对比和环比对比，得出它们增减变动的方向、数额和幅度，以揭示企业财务状况、经营成果和现金流量变化趋势的一种分析方法。通常采用趋势分析法要编制比较会计报表，具体做法有两种：

一是编制绝对数趋势会计报表。即将一般会计报表的“金额栏”划分成若干期的金额，以便进行比较分析。

二是编制相对数趋势会计报表。即将会计报表上的某一关键项目的金额当作 100%，再计算出其他项目对关键项目的百分比，以显示各项目的相对地位，然后把连续若干期按相对数编制的会计报表合并为一张比较会计报表，以反映各项目结构上的变化。

对不同时期的财务指标进行比较时，可以计算动态比率指标，由于选择的基期不同，可以有两种方法。一种是定基动态比率，以某一时期的数值为固定的基期数值而计算出来的动态比率，即：定基比率=分析期数额/固定基期数额；一种是环比动态比率，以每一分析期的前期数值为基期计算得来的动态比率，即：环比比率=分析期数额/前期数额。

三、基本分析指标

财务报表分析的基本指标可以从不同的角度进行不同的划分，下面从比率分析的角度，重点介绍企业的偿债能力分析、营运能力分析和盈利能力分析三个方面的基本指标。

(一)偿债能力分析

偿债能力是指企业偿还到期债务的能力。能否及时偿还到期债务，是反映企业财务状况好坏的重要标志。通过对偿债能力的分析，可以考查企业持续经营的能力与风险，有助于对企业的未来收益进行预测。企业偿债能力包括短期偿债能力和长期偿债能力两个方面。短期偿债能力是指企业以流动资产偿还流动负债的能力，反映企业偿付日常到期债务的实力；长期偿债能力是指企业有无足够的能力偿还长期负债的本金和利息。反映企业偿债能力的财务比率指标主要有：

1. 流动比率

流动比率是指企业流动资产与流动负债的比率，反映企业可在短期内转变为现金的流动资产偿还到期流动负债的能力，计算公式为：

流动比率=流动资产/流动负债

以上述甲公司的 2015 年度资产负债表和利润表资料为依据，甲公司 2015 年年初和年末的流动比率可计算如下：

年初流动比率=9502800/5302800=1.792

年末流动比率=8368070/1407180=5.947

流动比率是衡量短期债务清偿能力最常用的比率，是衡量企业短期风险的指标。流动比率越高，说明资产的流动性越大，短期偿债能力越强。

一般认为流动比率不宜过高也不宜过低，应维持在2∶1左右。过高的流动比率，说明企业有较多的资金滞留在流动资产上，未加以更好地运用，如出现存货、存在大量应收账款、拥有过分充裕的现金等，资金周转可能减慢，从而影响其盈利能力。有时，尽管企业现金流量出现红字，但是企业可能仍然拥有一个较高的流动比率。

2. 速动比率

速动比率又称酸性实验比率，是指速动资产同流动负债的比率，它反映企业短期内可变现资产偿还短期内到期债务的能力。速动比率是对流动比率的补充。计算公式如下：

速动比率=速动资产/流动负债

根据甲公司2015年12月31日资产负债表的资料，可计算该公司年初、年末的速动比率。

年初速动比率=(流动资产-存货)/流动负债

=(9502800-5160000)/5302800=0.819

年末速动比率=(流动资产-存货)/流动负债

=(8368070-6762400)/1407180=1.141

速动资产是企业在短期内可变现的资产，等于流动资产减去存货后的金额，包括货币资金、短期投资和应收账款等。存货是企业流动资产中流动性最差的一种，其变现不仅要经过销货和收账两道手续，而且存货中还会发生一些损失。因此，在分析中将存货从流动资产中减去，可以更好地表示一个企业偿还短期债务的能力。

一般认为速动比率应维持在1∶1左右较为理想，它说明1元流动负债有1元的速动资产作保证。如果速动比率大于1，说明企业有足够的能力偿还短期债务，但同时也说明企业拥有过多的不能获利的现款和应收账款；如果速动比率小于1，企业将会依赖出售存货或举借新债偿还到期债务，这就可能造成急需售出存货带来的削价损失或举借新债形成的利息支出。在对速动比率进行分析时，要注重对应收账款变现能力的分析。

3. 现金比率

现金比率是指企业现金与流动负债的比率，反映企业的即刻变现能力。这里所说的现金，是指现金及现金等价物。这项比率可显示企业立即偿还到期债务的能力。其计算公式为：现金比率=现金/流动负债。

根据科目余额表和资产负债表资料，假设甲公司年初无现金等价物，则该公司年初、年末的现金比率：

年初现金比率=2812600/5302800=0.53

年末现金比率=193670/1407180=0.14

4. 资产负债率

资产负债率也称负债比率或举债经营比率，是指负债总额对全部资产总额之比，用来衡量企业利用债权人提供资金进行经营活动的能力，反映债权人发放贷款的安全程度。这一比率是衡量企业长期偿债能力的指标之一，计算公式为：

资产负债率=(负债总额/资产总额)×100%

根据资产负债表资料，可计算甲公司年初、年末资产负债率如下：

年初资产负债率=(6502800 /16802800)×100% = 38.70%

年末资产负债率=(2157180 /12532270)×100% = 17.21%

在企业资产净利润率高于负债资本成本率的条件下，企业负债经营会因代价较小使所有者的收益增加。因此，所有者总希望利用负债经营得到财务杠杆利益，从而提高资产负债率。但债权人希望企业的资产负债率低一些，因为债权人的利益主要表现在权益的安全方面。如果企业的资产负债率等于甚至大于100%，说明企业资不抵债，债权人为维护自己的利益可向人民法院申请企业破产。

5. 产权比率

产权比率也称负债对所有者权益的比率，是指企业负债总额与所有者权益总额的比率。这一比率是衡量企业长期偿债能力的指标之一，其计算公式如下：

产权比率=(负债总额/所有者权益总额)×100%

根据资产负债表资料，计算甲公司年初、年末产权比率如下：

年初产权比率=(6502800 /10300000)×100% =63.13%

年末产权比率=(2157180 /10375090)×100% =20.79%

计算结果表明，该公司产权比率年末较年初下降了42.34%，说明债权人投入的资金受到所有者权益保障的程度提高了，这对债权人来说显然是有利的。

产权比率用来表明由债权人提供的和由投资者提供的资金来源的相对关系，反映企业基本财务结构是否稳定。一般来说，所有者提供的资本大于借入资本为好，这一指标越低，表明企业的长期偿债能力越强，债权人权益的保障程度越高，承担的风险越小。该指标同时也表明债权人投入的资本受到所有者益保障的程度，或者说是企业清算时对债权人利益的保障程度。

6. 已获利息倍数

已获利息倍数又叫利息保障倍数，是指企业息税前利润与利息费用的比率，反映企业用经营所得支付债务利息的能力，用来衡量盈利能力对债务偿付的保证程度，其计算公式如下：

已获利息倍数=息税前利润/利息费用=(利润总额+利息费用)/利息费用

根据利润表资料，假定甲公司2014年度利润表中的财务费用全部为利息费用，则计算该公司2015年度的已获利息倍数如下：

已获利息倍数=(240000 +15000) /15000 = 17

公式中利息费用包括企业本期发生的全部利息，包括财务费用中的利息和计入固定资产成本的资本化利息，息税前利润是指企业支付利息和缴纳所得税之前的利润，可以用“利润总额加利息费用”来计算。

一般来说，已获利息倍数至少应等于1。这项指标越大，说明支付债务利息的能力越强。

就一个企业某一时期的已获利息倍数来说，应与本行业该项指标的平均水平比较，或与本企业历年该项指标的水平比较，评价企业目前的指标水平。

(二)营运能力分析

营运能力是指通过企业生产经营资金周转速度等有关指标所反映出来的企业资金利用的效率，它表明企业管理人员经营管理、运用资金的能力，是衡量企业整体经营能力高低的一个重要方面，营运能力的高低对企业的偿债能力和盈利能力都有着重大影响，营运能力分析有助于评价企业的营运风险和经营业绩。企业生产经营资金周转的速度越快，表明企业资金利用的效果越好、效率越高，企业管理人员的经营能力越强。营运能力分析主要运用以下财务比率指标进行分析。

1. 应收账款周转率

应收账款周转率是反映应收账款周转速度的比率，有两种表示方法：

(1) 应收账款周转次数。反映年度内应收账款平均变现的次数，计算公式为：

应收账款周转次数=主营业务收入净额/应收账款平均余额

主营业务收入净额=主营业务收入-销售退回、折让和折扣

应收账款平均余额=(期初应收账款+期末应收账款)/2

(2) 应收账款周转天数，反映年度内应收账款平均变现一次所需要的天数(即应收账款账龄)，计算公式为：

应收账款周转天数=360 /应收账款周转次数

=(应收账款平均余额×360) /主营业务收入净额

公式中的360为一年的法定天数。应收账款平均余额中不扣除坏账准备。

根据甲公司2015年度资产负债表和利润表中的数据，假定2014年末“坏账准备”账户的贷方余额为1800元，可以计算该公司2014年应收账款周转率：

应收账款周转次数=800000 /［ (598200 + 1800 +995000 +5000) /2］=1(次)

应收账款周转天数=360 / 1 =360(天)

应收账款周转率是分析企业资产流动情况的一项指标。应收账款周转次数多，周转天数少，表明应收账款周转快，企业信用销售严格。反之，表明应收账款周转慢，企业信用销售放宽。

2. 存货周转率

存货周转率是反映存货周转速度的比率，有两种表示方法：

(1)存货周转次数，反映年度内存货平均周转的次数，计算公式为：

存货周转次数=销货成本/平均存货平均存货=(期初存货+期末存货)

(2)存货周转天数，反映年度内存货平均周转一次所需要的天数，计算公式为：

存货周转天数=360 /存货周转次数=平均存货×360/销货成本

根据甲公司2015年度资产负债表和利润表中的数据，可以计算该公司2015年存货周转率如下：

存货周转次数=460000 /［(5160000 +6762400) /2］=0. 0771(次)

存货周转天数=360 /0. 0771 =4665(天)

存货周转率是分析企业存货流动情况的一项指标。存货周转次数多、周转天数少，说明存货周

转快，企业实现的利润会相应增加。否则，存货周转缓慢，往往会造成企业利润下降。

3. 流动资产周转率

流动资产周转率是主营业务收入净额与全部流动资产的平均余额的比率，反映企业流动资产的利用效率，其计算公式为：

流动资产周转率=主营业务收入净额/流动资产平均余额

根据甲公司2014年度资产负债表和利润表中的数据，可以计算该公司2015年流动资产周转率如下：

流动资产周转率= 800000 + [（9502800 +8368070）/2]=0.0895(次)

4. 总资产周转率

总资产周转率是企业主营业务收入净额与全部资产的平均余额的比率，反映企业全部资产的使用效率，其计算公式为：

总资产周转率=主营业务收入净额/总资产平均余额

总资产平均余额=(期初总资产+期末总资产)/2

根据甲公司2014年度资产负债表和利润表中的数据，可以计算该公司2015年总资产周转率如下：

总资产周转率=800000 / [（16802800 + 12532270）/2] =0.055(次)

(三)盈利能力分析

盈利能力是指企业赚取利润的能力。盈利能力分析就是要分析企业当期或未来盈利能力的大小。盈利能力分析主要运用以下财务比率指标。

1. 营业利润率

营业利润率是企业营业利润与业务收入(销售收入)的比率。

计算公式为：

营业利润率=(营业利润/业务收入)×100%

业务收入中不包括企业发生的和正常经营没有直接关系的其他利润，如投资收益。营业利润率越大，说明企业经营活动的盈利能力强，营业利润率增长越快，说明企业经营活动盈利能力增强。

根据甲公司2015年度利润表数据，计算该公司2015年度营业利润率如下：

营业利润率= （231000/800000)×100% =28.88%

2. 主营业务净利润率

主营业务净利润率是企业净利润与主营业务收入净额的比率，计算公式为：

主营业务净利润率=(净利润/主营业务收入净额)×100%

净利润=利润总额-所得税额

主营业务净利润率是反映企业盈利能力的一项重要指标，这项指标越高说明企业从主营业务收入中获取利润的能力越强。影响该指标的因素较多，主要有商品质量、成本、价格、销售数量、期间费用及税金等。

根据甲公司2015年度利润表数据，计算该公司2015年度主营业务净利润率如下：

主营业务净利润率=(160800/800000)×100% =20.10%

3. 资本收益率

资本收益率是企业净利润与实收资本(或股本)的比率，计算公式为：

资本收益率=[净利润/实收资本(或股本)]×100%

会计期间实收资本有变动时，公式中的实收资本应采用平均数。资本收益率越高，说明企业资本的盈利能力越强，对股份有限公司来说意味着股票升值。

影响这项指标的因素除了包括影响净利润的各项因素以外，还有一项重要因素，即企业负债经营的规模。在不明显增加财务风险的条件下，负债越多，资本收益率越高，负债经营规模的大小会直接影响这项指标的高低。

根据甲公司2014年度资产负债表和利润表数据，计算该公司2015年度资本收益率：

资本收益率=(160800/10000000)×100% = 1.608%

4. 净资产收益率

净资产收益率是反映所有者对企业投资部分的盈利能力，也叫所有者权益报酬率或净资产利润率。其计算公式如下：

净资产收益率=(净利润/所有者权益平均余额)×100%

根据甲公司2015年度资产负债表和利润表数据，计算该公司2015年度净资产收益率如下：

净资产收益率=160800/[(10300000+10375090)/2]×100% = 1.556%

净资产收益率越高，说明企业所有者权益的盈利能力越强。影响该指标的因素，除了企业的盈利水平以外，还有企业所有者权益的大小。对所有者来说，该比率越大，投资者投入资本的盈利能力越强。该指标既是上市公司对外必须披露的信息内容，也是决定上市公司能否配股进行再融资的重要依据。

5. 资产净利润率

资产净利润率也叫资产收益率。资产净利润率是企业净利润与平均资产总额的比率，用于衡量运用资产创造利润的能力，计算公式为：

资产净利润率=(净利润/平均资产总额)×100%

平均资产总额=(期初资产总额+期末资产总额)/2

根据甲公司2014年度资产负债表和利润表数据，计算该公司2015年度资产净利润率如下：

资产净利润率=160800/[(16802800+12532270)/2]×100% = 1.096%

资产净利润率越高，说明企业全部资产的盈利能力越强，反映企业很好地运用了企业资产来创造利润。该指标与净利润成正比，与资产平均总额成反比。

6. 普通股每股收益

普通股每股收益是指股份有限公司实现的净利润总额减去优先股股利后与已发行在外的普通股股数的比率，计算公式为：

普通股每股收益=(净利润-优先股股利)/发行在外的普通股股数

根据甲公司2015年度资产负债表和利润表数据，假设该公司没有优先股份，发行在外的普通股股份为 10000000 股，则计算该公司 2015 年度的普通股每股收益如下：

普通股每股收益＝ 160800 / 10000000 ＝0.016(元)

该指标能反映普通股每股的盈利能力，便于对每股价值的计算，因此被广泛使用。每股收益越多，说明每股盈利能力越强。影响该指标的因素有两个方面，一是企业的获利水平，二是企业的股利发放政策。

7. 市盈率

市盈率是普通股每股市价与普通股每股收益的比率，计算公式为：

市盈率＝普通股每股市场价格/普通股每股收益

市盈率高，表明投资者对公司的未来充满信心，愿意为每 1 元盈余多付买价。通常认为，市盈率在 5%～20%之间是正常的。当股市受到不正常因素干扰时，某些股票的市价被哄抬到不应有的高度，市盈率会过高。超过 20%的市盈率被认为是不正常的，很可能是股价下跌的前兆，风险很大。股票的市盈率比较低，表明投资者对公司的前景缺乏信心。一般认为，市盈率在 5%以下的股票，其前景暗淡，持有这种股票的风险比较大。不同行业股票市盈率的正常值是不相同的，而且会经常发生变化。当人们预期将发生通货膨胀或提高利率时，股票的市盈率会普遍下降；当人们预期公司利润将增长时，市盈率通常会上升。此外，债务比重大的公司，股票市盈率通常较低。

例如，假定 2014 年 3 月 25 日，某企业股票收盘价为 12 元，该企业年报披露的每股收益为 0.48 元，则该企业 3 月 25 日收盘时的市盈率为 25。

8. 资本保值增值率

资本保值增值率是指企业本年末所有者权益同年初所有者权益的比率，是评价企业经济效益状况的辅助指标。其计算公式为：

资本保值增值率＝(期末所有者权益/期初所有者权益)×100%

这一指标是根据资本保全原则设计的，反映企业资本的保全和增值情况，它充分体现了对所有者权益的保护，能够及时、有效地发现所有者权益减少的现象。该指标越高，说明企业资本保全状况越好，所有者权益增长越快，债权人的权益越有保障，企业发展后劲越强。

根据甲公司 2015 年度资产负债表，2015 年甲公司的资本保值增值率为：

资本保值增值率＝(10375090 ÷10300000)×100% ＝ 100.73%

第二十五章　模型与训练

本章从实践的角度出发，从模型的角度对技术转移和技术经纪涉及的业务定位、设计流程、沟通交流、定价、尽职调查等进行了总结。

第一节　业务定位的“三六”模型

一、六类人才

（一）生产型、研发型企业的首席技术官

生产型企业是技术的最终用户，研发型企业是技术的提供方。这两类企业的CTO（Chief Technology Officer，首席技术官）是技术转移的人格化。虽然也可以说，这两类企业中的CTO是技术转移的体制保证，但是不从人格化的角度去认识CTO，就不会有人一样的激情去开展技术转移。而任何一项事业的成功，激情是列在第一团组的要素之一。

（二）中介机构的技术经理

技术转移是一项复杂的系统工程，涉及是研究开发、市场调查、价值评估、商务谈判、知识产权、小试中试等众多业务内容和众多利益主体。这些业务内容的完成和主体间利益关系的协调，需要大量专业服务的介入，提供这些专业服务的机构就是技术中介机构。在现实社会中，很难找到纯粹的技术中介机构，但是很多中介机构的业务都和技术有关。和技术有关的中介项目中需要一个负责人，这就是技术经理。美国盖洛普公司是一家“致力于测量和分析人的态度、意见和行为”的研究公司，它的一份调查了一百万员工和八万经理后做出的结论认为：“有才干的员工需要优秀的经理。一个有才干的员工之所以会加入一家公司，可能是因为这家公司既有独具魅力领导人，又有丰厚的薪酬和世界一流的培训计划。但是这个员工在这家公司究竟能待多久，则取决于他和直接主管的关系。”在某程度上说，技术转移能否成功，中介机构的技术经理至关重要。

（三）高校院所的研发管理人员

在我国现阶段，高校院所是重要的技术供给源，这些单位的研发管理者如果对技术转移缺少专业知识，我国的技术转移，将会遇到很大的困难。

（四）政府科学技术计划负责官员

目前我国科技政府的研发投入占全部研发投入的40%左右，政府研发投入主要是通过政府科技计划进行的，负责这些科技计划的官员，如果不专业性地理解技术转移，政府的研发投入就缺少商用化的动力。

（五）投资机构的技术经理

投资机构的技术经理是一类非常重要的技术转移人才，他们和首席技术官、中介机构的技术项目经理一起构成技术经营的市场主力。

（六）媒体活跃者

任何决策都需要信息，在现代经济生活中，信息是交易的一个基本组成部分，因为“信息计入价格”。决策所需信息的大部分来自媒体。在当代社会，媒体种类繁多，各类媒体发布的信息对技术转移的影响不可小视。为了更有效地推进技术转移，需要懂得技术转移、特别是懂得如何宣传、报道技术转移的记者。

更重要的是，不但要在有关机构中发现、安排、培养、扶植相应的人才，还应该让六类人才形成专业人际网络，这样会大大提高技术转移效率。

二、六种中介

（一）技术通才

技术通才的任务是总结出一项技术所有可能的应用，按照技术和商业可行性先后排序。一般地，技术通才通常在学会、大学和国立研究机构任职，从事跨行业的基础研究。要对技术进行发掘式评估，企业有必要多接触一些这样的通才，确保这些外部的技术通才随时能为自己工作，但不要聘请他们做企业的全职顾问，也不要限制他们为其他企业或组织服务，因为这些人的价值在于其跨行业的知识和经验，而这样的知识和经验只能通过为众多的企业和组织服务获得。

（二）行业专家

在技术通才完成他们的工作后，行业专家开始介入，完善和验证技术通才提出的构思，测算出每项应用的市场、财务、社会、政治等方面的可行性。

（三）经纪人

技术经纪人和房地产经纪人一样，有大量的潜在用户的信息。他们一般不会对技术作过多的开发和包装，所以更像技术推销员。

（四）技术资源整合者

资源整合者的背后通常有足够的私募资本支持，这使得他们能够从众多企业手里收购看中的技术，进行开发和包装，用于新业务的拓展或者出售给别人。技术资源整合者有时还需要做进一步的研发，以完善整个技术资产包。

（五）新商业领域开拓者

新商业领域开拓者通常拥有大量的资本，当这类机构发现一项可以拓展一个新的商业领域时，它们就会在技术商业化前期即行介入，承担大部分风险，一般充当新企业牵头投资商的角色。

（六）需求细分者

如果技术转移给人的感觉是技术在先转移在后，那就是一个极大的误会。技术经营的要旨是用经营的观点看技术，因此市场和需求是基础。需求细分者是一类从需求出发的中介，它们尽量把需求细化到利用已有技术或已有技术的组合能够满足的程度。从次序上看，它们先定义需求，再寻找技术。在可用的技术和知识存量较大的情况下，这类中介应该有更大的舞台。

表 25-1　技术转移的六类中介

称谓	业务特点	专长	主要分布
技术通才	从多个角度发掘技术用途	技术创意	大学、研究机构
行业专家	全面评价一项技术的新用途	行业信息	行业高级经理
经纪人	技术买卖双方的信息沟通	供需信息	行业信息服务商
技术资源整合者	整合相关资源，完善技术资产包	资金	投资银行
新领域开拓者	投入资源，基于技术开拓新业务	资金	投资银行
需求细分者	分析需求、定义需求、满足需求	市场创意	市场

三、六个参量

(一)技术的功能

功能是指这项技术能解决什么问题，不能解决问题的技术是不成其为技术的，也就是说功能是技术存在的前提。

(二)技术存在形式

存在形式对于技术的应用价值是不容忽视的。一项技术是否具有便于使用的形式，比如大小、形状、重量、携带便利等等，都会对技术能否顺利进入市场产生重要影响。

(三)与既有业务接口

一项技术不是孤立地发挥作用、解决问题的。一项新技术进入办公室、生产线或家庭，与办公室、生产新或家庭已有的设备、流程或布置是怎样的关系，是不是能够相对和谐、方便和容易地介入其中。

(四)技术的价格

技术价格是一个非常复杂的问题，在一定程度上，技术的价格问题有点儿像古董，第一，同类的东西数量对价格的影响巨大；第二，价格有较大的谈判空间；第三，价格因人而异。所以，对技术价格而言，与其说是有固定的价格，还不如提供一个供需双方都能接受的谈判方式，即价格形成机制。

(五)技术的法律状态

随着知识产权意识的提高，技术的法律状态越来越成为影响技术进入市场的重要因素。进入市场的技术的法律状态，应该是清晰、明确和稳定的。否则，将会带来一系列的纠纷。随着知识产权意识的增强，大家会越来越多地关心技术的法律状态。

(六)技术营销模式

不同的技术需要不同的推销模式，就像不同的商品需要不同营销模式一样。租赁是大型设备愿意采用的营销模式，试用是一些日常消费品愿意采用的营销模式，现场示范是新产品愿意采用的营销模式，总之，没有适合市场和技术特点的营销模式，技术进入市场也面临着很大的困难。

第二节 设计流程的“VPM”模型

VPM模型的基本考虑是从认识、分析和陈述新技术为客户带来的价值入手，依据从客户价值到业务流程到利益回收的逻辑，设计的转移转化服务模型。V代表Value、P代表Process、M代表Milestone。具体说明如下。

一、价值(Value，V)

在Value阶段，要解决的问题是价值陈述，包含的两个小点是：①向客户说明新技术/科研成果能够为客户创造的直接价值；②这项新技术/科研成果能够为客户创造的间接价值。比如，在向客户介绍水下捕捞作业机器人时，要向客户说明(1)每天能捕捞多少水产品，比人工捕捞有哪些好处。(2)水下捕捞作业机器人是客户掌握、利用新科技的象征，可以提升客户创新形象。

一般而言，陈述价值时，有绝对性陈述/绝对值法和相对性陈述/相对值法。在这一阶段要有意识地使用这两种方法。比如在说明水下捕捞作业机器人每天能捕捞多少水产品时，用的是绝对性陈述/绝对值法，在说明比人工捕捞有哪些好处时，用的是相对性陈述/相对值法。

二、过程(Process，P)

在Process阶段，要解决的问题是：①找到第一个有影响力的客户，与之共同把新技术推向实用；②利用第一个用户的样板，扩大新技术的影响；③把影响力变成收益额。

三、节点(Milestone，M)

在Milestone阶段，要解决的问题是：①确定节点和节点目标；②配置为实现节点目标需要的资源；③实现一个节点向下一个节点的平滑过渡；④在必要时，终止项目。

简略地说，科技成果转移转化是个链条式的工作，由很多个环节组成。本模型把这些环节称为节点。在实际工作中，可以根据不同的研发阶段、不同的融资阶段等人为设定节点和节点目标。同时要为节点目标的实现和节点间平滑过渡投入相应的资源。比如，一个技术从小试到中试，需要资金投入、场地转换，甚至需要团队人员更新，如何筹集相应的资源，保障节点目标顺利实现，需要付出坚实的努力。

在Process阶段，一个特殊、但也是必要的内容是终止项目。如果相对重要的节点目标不能实现，就要考虑终止项目。如果看到世界上有那么多的研发成果没能在实际生产生活中得到利用，就会明白及时终止一个转移转化项目该是多么的重要。不过，也应该认识到，终止一个转移转化项目比终止一个其他项目困难得多。因为，不确定是科研的本质特征，研发人员通常不愿意接受研发本身的失败，这就需要转移转化专业人员做出妥善处理。

第三节　沟通交流的“三说”模型

“说”是转移转化工作一项必备能力。转移转化中的说的能力，可以从说明、说服和说动三个方面予以解析和训练。

“说明”是指把新技术的特点、能为客户创造的价值、市场竞争情况等说清楚，使客户听明白。“说服”是指客户同意你的观点、判断、方案、报价等。“说动”是指说得客户和你一起或者按照你的提案行动。

虽然按照一般的理解，“说动”是以“说服”为前提的，“说明”是以“说服”为目的的，即：“说明”是起点，“说服”是环节，“说动”是目的，从“说明”出发、经过“说服”而到“说动”。而在现实生活中，“说服”常常不是从“说明”到“说服”的必经之路。很多时候，客户一听明白，就按照你的方案或者顺着你的预期行动了。所以，不必渴求“说服”，“说动”才是至上。

第四节　转移定价的“BCN”模型

第一阶段的目的是用较小的成本建立起第二、三阶段评价的基础。第二阶段使用会计方法评价研发成本，第三阶段引入谈判策略确定最终价格。

一、第一阶段：商业潜力评价(Business，B)

日本特许厅1999年4月发布了专利评价指标(技术转移版)，旨在有效果和有效率地推进专利技术的实用化和产业化(日文：技术转移)。日本专利局把该评价指标的使用者设定为技术转移中介服务机构、企业、大学TLO、公立研究机构、金融机构等。该指标是世界最早的专利价值评价指标体系。该指标经过简化，2000年12月实用版公布。日本专利局发布的专利评价指标包括五部分，即基本情况、固有权利评价、流动性评价、产业化评价、综合评价。基本情况指的是被评价的专利以及评价本身的一些基础性信息。具体包括：

A：基本情况

[1]发明的名称

[2]专利号(或专利申请号；包括该专利在国外申请的情况)

[3]申请时间(以及专利有效期间)

[4]权利人(或申请人)

[5]填写时间(评价表填写时间)

[6]评价人(评价人所在单位、评价人姓名、在本评价表中负责评价的项目)

[7]评价角度(从什么样的角度评价本项专利，即技术转移接受方、技术转移中介方、准备开展技术转移的企业等)

B：固有权利评价

◎作为权利的技术支配力

	评价内容					
[分值]	(5分)	(4分)	(3分)	(2分)	(1分)	(0分)
[1]专利权利化状况	异议、无效等审查后仍然成立	无异议权利成立	虽在审查中、异议或无效审查中等	申请期间且专利性有疑问	不可专利化	申请被拒绝
[2]专利有效期	15年以上	10年以上	5年以上	3年以上	1年以上	1年不满或失效
[3]发明的技术特征	基本技术发明	依据基本技术的发明	大幅度改良技术的发明	中等程度改良技术的发明	小幅度改良技术的发明	
[4]权利的强度	非常强	强	中等程度	弱	非常弱	
[5]抵触的可能性(和第三方保有权利的利用关系)	没有相抵触的权利	同一权利人有特许意愿；存在相抵触的权利	其他权利人有特许意愿；存在相抵触的权利	同一权利人特许意愿不明；存在相抵触的权利	其他权利人特许意愿不明；存在相抵触的权利	没有特许意愿；存在相抵触的权利
[6]和替代技术相比的技术优势	不存在替代技术		存在替代技术但本技术占优势		存在替代技术，而且比本技术有优势	

◎作为技术的完善程度

7. 发明的适用程度	产品水平	试制品水平	实验证明水平	数值计算水平	概念水平

C：流动性评价

◎技术转移的可信度

	评价内容				
[分值]	(5分)	(4分)	(3分)	(2分)	(1分)
[1]追加产业化开发的必要性	没有必要	小规模、短时间的追加开发	中规模、中时间的追加开发	大规模长时间追加开发	超大规模长时间的追加开发
[2]专利拥有者对技术接受方后续开发支援的有无	不需要技术支援或者可以全面享受后续技术	可以十分享受后续技术	可以享受一部分后续技术	在享受后续技术方面没有安全感	不能享受
[3]技术导入时技术指导的有无	不需要技术指导，或者可以无条件享受技术指导	比较低的价格享受技术指导	支付相当的代价接受技术指导	很难接受技术指导	不能够接受技术指导
[4]许可制约条件	独占的常规实施权、专用实施权、购入可能没有限制	独占的经常实施权、专用实施权、购入可能有其他限制	只有非独占的通常实施权，没有其他制约	只有非独占的通常实施权，存在其他限制	独占的通常实施权、有设定的专用实施权

◎权利的安定性

[5]权利人损害对应义务及协助	权利人有完全义务对应侵害	权利人有侵害对应义务，但在履行上不稳定	权利人有侵害对应协助义务	权利人的协助不稳定	权利人没有侵害对应义务

D. 产业化评价

◎发明产业化的可能性

[分值]	(5分)	(4分)	(3分)	(2分)	(1分)
[1]产业化实施时的障碍	没有规制上的障碍；也没有其他方面的障碍	有规制或其他方面的障碍，但容易应对	应对规制或其他方面的障碍，需要花费时间、费用	应对规制或其他方面的障碍，需要花费相当的时间、费用	应对规制或其他方面的障碍，很困难
[2]该技术对产品给予的贡献	非常大	大	中等程度	小	非常小
[3]替代技术出现的可能性	没有	低	有可能	可能性高	事实上存在
[4]侵害对应的容易性	非常非常容易	非常容易但存在费用上的制约	容易	困难	实质上不可能

◎来自产业化的收益

[5]产业规模	非常大	大	中等程度	小	非常小
[6]受益期待额	非常大	大	中等程度	小	非常小

二、第二阶段：研发成本核算（Cost，C）

对专利技术价格的判断和确定，目前通行的估价方法有成本法、效益法和市场模拟法。顾名思义，成本法就是成本加利润的方法，效益法就是根据专利技术产生的效益确定专利技术的价格，市场法就是根据既往类似的专利技术产业化交易、模拟市场条件确定市场价格。当然这三种方法都有各自的长短处和适用范围。成本法存在的一个最大的问题就是无法处理技术开发成本高而市场前景不大、开发成本低而市场前景广阔的现象。这样会使按成本评估的技术价格与实际成交价格相差悬殊，评估值就失去了参考意义。应用效益法要求的是要对技术应用后的经济效益有明确的和有说服力的预测，但是任何预测都不易达到这个标准。市场模拟法最接近评估目的，但是它的条件是存在类似技术交易的实例，所谓技术相似是技术功能、应用目的相近，交易情况相似；当技术功能不同时，也仅是程度上的区别，而且技术功能差别程度易于比较、测定或估计。而一项新专利却很难满足这个条件。

三、第三阶段：采购价格谈判（Negotiations，N）

实际上，包括专利技术交易在内的任何交易的价格都是价格形成过程的结果，而价格形成过程是交易双方谈判的过程，而且交易双方在真实意思充分表达前提下达成的价格协议是受到法律保护的。这样，对技术估价或定价研究就不应该脱离对谈判的研究，研究的结果应该有助于谈判的展开和深入。当然，不论怎样确定的价格，价格都可以分成成本和利润两部分，也就可能根据价格的这两个组成部分设计技术价格的谈判过程。一般说来，技术开发者即交易谈判中的卖出方愿意尽快地收回开发期间投入的成本，但是因为有通货膨胀和银行存款利息的比照，技术开发者更愿意在单纯的成本之上追加社会投资平均收益作为开发成本。由于社会平均收益不是一个容易被算出、同时也是容易产生歧义的概念，可以用同期长期国家国债受益替代。通常情况下，长期国家受益高于银行存款利息且没有有价证券的风险，容易被专利技术开发者接受。而专利技术开发者作为风险的先行承担者，也应该得到专利技术购买方的认可和适当的补偿。

就成本部分达成协议后，开始谈判利润部分。在正常情况下，买卖双方对专利技术的市场前景和收益预期存在差异，利润部分是谈判的焦点。为了解决这个焦点，可以在价格的基础上，把结算方式引入谈判的内容中来，用结算方式来捆绑双方的利益和观察彼此对这项专利技术的商业信心。这里所谓的结算方式包括现金、股权和期权。在非高通胀期，现金是交易中最高的保障，股权和期权则带有程度不等的风险。由于购买方支付了专利技术开发者的成本（实际上是发生成本+长期国债收益），风险转移到购买方一侧。购买方在支付出售方利润时，可以采用现金、股权和期权混合的方式来分散自己的风险。如果出售方愿意大比例地接受非现金的支付方式，那就表示专利技术开发者对这项专利技术的商业前景有很大的信心。当然，放弃的现金部分应该得到相应的补偿，也可以采用专利技术入股等形式推进新专利技术的商业化过程。

第五节　尽职调查的“QCJ”模型

尽职调查（Due Diligence，DD），通常是为了进行投资、并购等而进行的以经营管理、财务人事等为主的审慎性调查，目的是确保投资、并购等商业行为的安全和目标实现。在具体实践中，通常根据调查目的，设计调查方案，按照调查方案，收集必要信息，形成调查结论。到目前为止，在企业经营、金融投资类的项目中，尽职调查的流程和方案得到了比较充分的研究。在科技成果转移转化类项目的尽职调查，有实践，但理论研究很少。

与企业经营、金融投资等项目相比，成果转化项目的特殊性主要体现在：①技术的经济价值不易完全把握；②技术的法律风险无法根本排除；③转移转化过程中涉及的因素甚多、品格各异，不能用一个统一的模型进行监测、评估。

因此，转移转化项目的尽职调查有必要采用动态模型，即在转移转化过程，一旦产生疑问，立即进行调查。调查方式以和当事人/关联方的交谈为主，然后做出判断。所谓的 QCJ 模型即是：提问（Question）、沟通（Communication）和做结论（Judgment）。

第六节　专业服务高质量发展的"7T"模型

专业服务应该坚持"立足专业、服务客户"的高质量发展之路。7T 模型从团队(Team)、业务主题(Topic)、工具(Tool)、发展趋势(Trend)、时机(Timing)、文本(Text)和理论(Theory)等七个方面，提示专业服务高质量发展的基本条件和推进方法。

专业服务，Team(团队)是基础中的基础，没有团队，一切无从谈起。专业团队组建/建设，必须瞄准某一个或几个 Topic(业务主题)。在业务主题上构筑/保持可持续的竞争力，离不开优质 Tool(工具)。Topic(业务主题)和 Tool(工具)的选择，必须关注 Trend(发展趋势)。在开展具体业务时，Timing(时机)第一重要。无论是在展示实力还是提交成时，表现上 Text(文本)要有冲击力，底层要有好理论。

从更深层次上说，7T 模型中的任意一种组合，都能产生启发。

第七编

职业规范

第二十六章　职业与职业化建设

本章从职业与职业化角度出发，对技术转移服务人员的职业化进行介绍。

第一节　职业与职业化

一、职业

职业，是指人们由于社会分工而形成的、在社会生活中所承担的具有专门业务和一定职责的社会活动，是劳动者稳定地取得生活来源所从事的工作。

职业一般具有以下特征：

(1)社会性。职业是在特定的社会和生活环境下，从业人员在与社会其他成员的相互联系中从事的一种活动；

(2)目的性。职业行为的目的是为了获得报酬以求谋生，从业人员的工作动机很大程度上取决于金钱和实物的获得；

(3)群体性，只有在聚集一定数量的从业人员的基础下，一项工作才能成为职业；

(4)规范性，职业的从业人员必须遵守国家相关的法律法规和道德规范，具有相应的职业道德和技术能力。

二、职业化

职业化建设是一项内容众多，需要长期进行的工作。该工作至少包括三方面内容：符合经济社会发展现状的准入门槛；规范化、系统化的职业培训体系；拥有完善合理的管理保障制度。

职业化的过程是伴随着职业品质以及职业化程度的不断提高，最终变为一种稳定职业的过程。根据一门行业的特点和规律来看，职业化成熟的首要标准是社会化与专门化。社会需要是某一种职业出现的最根本原因，任何职业的存在都有社会价值，具有一定的社会功能，但每一种职业的社会功能是不同的。一般来说，专业不但对社会有作用，而且其作用，是整体社会继续存在及发展所不可缺少的，倘若其专业服务不足或专业人员水准低落，则会对社会构成严重的伤害。经过一定的培训，使这些职业的从业人员，获得社会需要，获得的一些专门素质要求。当这种素质要求作为公共知识存在时，它才有可能转不为专业的，才能被社会认可。除社会性和专门性标准外，一般性职业要完成向专门性职业的转化提升，还需要完成职业的标准化与合法化、知识化与学术化团体化和组织化、理念化和外延化。

职业化的内容包括从业人员个体需要具备专有的学科基础、理论素养、知识技能等要素，岗位有其专有的职业内容、职业伦理、职业标准、管理机制、考核体系、教育培训体系、从业人群、职业愿景、支撑学科等各方面要素。

第二节　技术转移服务人员的职业化建设

一、技术转移服务人员职业化的含义

技术转移服务人员职业化，包含以下三个方面：

(1)职业能力方面。技术转移服务人员的工作范围非常广泛，内容几乎无所不包。根据技术转移服务人员工作性质和特点，除了应该具备技术转移服务人员岗位所需的通用能力，还应该包括专门的能力。

(2)职业行为方面。技术转移服务人员的职业行为主要体现在处理工作时，所表现出来的处事风格、行为规范和职业规则。

(3)职业道德方面。技术转移服务人员职业道德，着重强调以服务为主的职业精神；以担当为主的职业素养；以公平正义为主的职业态度和以清正廉洁为主的职业操守。

二、技术转移服务人员的职业化建设

技术转移服务人员职业化建设，包括以下四个方面：

(1)明晰的职业内容。明晰的职业内容是职业化建设的基础。但技术转移服务人员的职业内容过于庞杂、职业内容尚不明晰是影响技术转移服务人员职业化建设的因素。另一方面，技术转移服务人员从事的工作，往往不能和其他工作割裂开来，这就要求职业内容的明晰是有机地进行分工合作。

(2)规范的职业制度。职业制度指的是一整套内容，包括职业准入和退出、教育培训、考核评价、薪酬激励、晋升和退出。只有制度相对稳定与和谐地产生作用，并且形成长效机制，才能引导从业者长期从事该门职业，参与竞争和合作，共同推动自身的发展和行业的进步。规范化是职业化建设的主要方向，职业制度越规范，意味着职业化程度越高。

(3)标准化的素质能力。素质能力标准化是职业化水平的直观表现，它包含了从业者的职业精神、职业道德、理论知识水平、专业技能水平等多方面的标准化。2017 年发布的《技术转移服务规范》(GB/T 34670)中有关技术转移服务人员的内容，为技术转移服务人员能力标准化，提供了必要的指导和依据。

(4)可预期的职业生涯。职业生涯指的是从业人员有可探索的专业发展方向和职位职级的晋升通道。只有呈现了长期和持续发展性的职业生涯道路，才能吸引到一定规模的从业人员稳定处于行业中，并不断追求完善自我，开拓职业发展之路，从而长期投身于职业，把职业当成事业，继而成长为行业中的专家。

(5)紧密的学科支撑。专业人员追求理论研究的深入和专业发展的开拓离不开学科支撑，职业逐渐趋向科学化、专门化的过程同样离不开学科支撑。推进工作的学科化建设，培训相关专业知识，专业能力，专业伦理，与此同时建立组织机构，在注重制度建设的同时，重视学科建设，使技术转移服务人员的职业更有活力，职业化进程不断纵深。

三、技术转移服务人员职业化建设中存在的问题

近年来，各级技术转移服务行业主管部门和服务机构，高度重视队伍建设。但在肯定成绩的同时，还要看到当前技术转移服务人员队伍建设还有许多不相适应发展要求的地方。

(1)职业标准不明确。从目前的实际情况来看，技术转移服务行业，尚未形成一个职业上的规范性标准，对从业人员多是政治层面、纪律层面上的要求，缺少职业特征，这导致了技术转移服务人员职业认同感不高，难以设计和实行职业规划。

(2)职业行为不规范。主要表现个别技术转移服务工作人员在从事专业工作过程中，解决问题的方法等不够规范。

(3)职业认同感较低。职业认同感，是指从业人员对所在行业产生的心理、价值和文化的同质感。目前，技术转移服务人对技术转移服务的职业文化、职业精神内涵模糊不清，在工作中感觉难以实现自我价值。

四、技术转移服务人员职业化建设路径

技术转移服务人员职业化建设，是一项需要长期坚持的重要工作。要从解决技术转移服务人员职业化建设不足的根源入手，加快提升技术转移服务人员自身业务能力和专业水平，使技术转移服务人员职业化建设能够健康稳定地推进并发挥其重要作用。

(一)建立和规范职业制度

职业制度的规范性是一个行业职业化水平的重要指标，是从业队伍素质能力标准化的前提，也是从业者职业生涯发展的基础。各技术转移服务机构，结合自身特点，也陆续建立了一些规章制度，促进服务机构管理工作的制度化与规范化，为工作的有序开展奠定了稳固基础。但是，由于我国技术转移服务人员的职业制度在职业准入、职业规范、考核评价体系和职业发展等方面工作还不完善，技术转移服务人员职业化建设，应当以建立和完善一系列职业制度为重点。

(二)构建先进适用的知识体系

当前技术转移服务人员大多处于事务性和经验性的状态中，并未实现“宽广的知识储备”的现实要求。培训的系统化和科学化是提升技术转移服务人员培训实效的重要手段。因此，加快技术转移服务人员知识体系构建，是加强学科支撑的第一步。探讨技术转移服务人员知识体系框架，涵盖技术转移服务人员工作涉及的各知识点，加之以实践应用层面的原理阐述，从而形成一套教材或知识题库，提供给有志从事技术转移服务人员工作的人群学习，并引导在岗技术转移服务人员在此知识体系内做科学研究；各地技术转移服务人员培训机构，根据教材进行备课，优化技术转移服务人员岗前培训，使岗前培训走入统一标准的、系统化和规范化的轨道，把知识体系纳入技术转移服务人员准入制度中，以笔试和案例分析等考查方式，检查技术转移服务人员的知识构成是否达到职业要求，并作为入职条件之一。

(三)搭建各类技术转移服务人员专业成长平台

理论研究与实践应用是互相促进的关系，引导技术转移服务人员根据自己的专业背景、兴趣方向，开创专业成长平台，对于增强学科支撑也很有意义。技术转移服务人员专业成长平台，指的是给予在工作中凝练了方向，在工作方法和途径上有所创新的辅导，进行专业发展的机会和平台。例如，各方面要帮助技术转移服务人员创业，包括建立工作室等。当然基于这些平台，技术转移服务人员也要抓住机遇，进行专业研究，真正将理论与实践结合好，促进技术转移服务人员相关学科的成熟和发展。

第二十七章 《技术转移服务规范》概要

《技术转移服务规范》是由科学技术部火炬高技术产业开发中心联合中国标准化研究院、北京市技术市场协会等机构起草的技术转移服务行业的推荐标准。该标准在明确术语定义的基础上，对一般要求、通用流程等进行了说明。

第一节 《技术转移服务规范》的制定思路

《技术转移服务规范》(GB/T 34670—2017)，是我国首个技术转移服务行业推荐性国家标准，于2018年1月1日起实施。制定《技术转移服务规范》国家标准，对于贯彻落实《促进科技成果转化法》，带动科技服务业提质增效，规范技术转移服务行为具有重要意义。

(一)严格遵守国家相关法律法规

《技术转移服务规范》严格按照国家现行法律法规和部门规章编制完成。多年来，我国高度重视科技成果转移转化，政策力度逐年加大，从颁布《中华人民共和国科学技术进步法》《中华人民共和国民法典》合同编，到出台新修订的《中华人民共和国促进科技成果转化法》及其若干规定、《促进科技成果转移转化行动方案》，以及地方性法规。一系列政策措施明确了技术转移法律地位、实施细则和重点任务，为开展技术转移服务提供了强有力的政策保障。标准起草工作组以法律法规和政策文件为准绳，用国家标准细化重点任务和工作目标，充分体现了促进科技成果转移转化的国家意志。

(二)吸收借鉴技术转移服务机构先进经验

《技术转移服务规范》在吸收借鉴我国优质技术转移服务机构先进经验基础上编制完成。多年来，我国已培育国家技术转移示范机构453家，覆盖大学、科研机构、企业等各类主体，综合性与专业性并存，公益性和市场化兼具，技术转移服务经验丰富、各具特色，已成为国家技术转移服务体系中的优质资源，支撑我国技术转移服务业发展的重要力量。标准起草工作组梳理了示范机构服务模式、服务特色，在国家标准中引入技术转移服务新模式、新经验、新做法，促进技术转移服务机构相互借鉴、相互提升、共同发展，引导技术转移服务人员开展专业化、高层次技术转移服务，为加快发展我国技术转移服务业储备优质资源。

(三)着重提高标准可操作性

《技术转移服务规范》从共性化和差异化两个方面入手，着重提高技术转移服务国家标准的可操作性。对共性化技术转移服务，在总则中给予了详细规定，就服务人员、管理制度、服务合同、服务一般流程等内容进行了统一规范，使技术转移服务人员便于操作，目标用户一目了然。对差异化技术转移服务，在服务活动分类中分别予以强调和细化，逐一明确了服务内容、服务要求及组织实施等方面内容，技术转移服务机构可根据自身情况按照不同服务类型的相关标准开展服务工作。提高国家标准的可操作性可以更加有针对性地指导技术转移服务的开展，降低服务风险和服务成本，服务目标用户，使国家标准真正成为技术转移服务的实用操作指南。

第二节 《技术转移服务规范》的作用

（一）有利于科技成果转移转化法律法规政策的落实

2015 年，国务院加大科技成果转移转化推动力度，先后发布新修订的《中华人民共和国促进科技成果转化法》、《实施〈中华人民共和国促进科技成果转化法〉若干规定》，以及《促进科技成果转移转化行动方案》，形成从修订法律条款、制定配套细则到部署具体任务的科技成果转移转化工作“三部曲”。其中，《促进科技成果转移转化行动方案》明确提出“推动行业组织制定技术转移服务标准和规范，建立技术转移服务评价与信用机制，加强行业自律管理。”国务院办公厅印发的《国家标准化体系建设发展规划（2016—2020 年）》服务业标准化重点领域中，也提出要“加强信息技术服务、研发设计、知识产权、检验检测、数字内容、科技成果转化、电子商务、生物技术、创业孵化、科技咨询、标准化服务等服务业标准化体系建设及重要标准研制”。为此制定技术转移服务国家标准，是贯彻落实国家有关法律法规的必然要求，是细化科技成果转移转化工作部署的重要举措。

（二）有利于引领科技服务业的健康发展

科技服务业具有人才智力密集、科技含量高、产业附加值大、辐射带动作用强等特点。技术转移服务旨在促进技术、人才、资本要素的快速流动和深度融合，服务活动涉及研究开发、技术孵化、科技评价、技术咨询、技术投融资、技术交易等，是科技服务的重要内容和关键环节。规范技术转移服务业对支撑和引领科技服务业发展具有重要作用。目前，我国已培育覆盖大学、科研机构、企业等各类主体的技术转移机构 2000 余家，区域性、行业性技术转移联盟 40 余家，各类技术转移平台 30 余家，技术转移从业人员 20 余万人，国家技术转移体系初步形成。制定技术转移服务国家标准，有利于优化科技成果转移转化环境，培育和壮大技术转移服务市场主体，建立健全以满足科技创新需求和提升产业创新能力为导向的科技服务体系，带动形成科技服务业新业态，激发经济发展新动能。

（三）有利于技术转移行业的高质量发展

技术转移服务机构是各类创新活动的催化剂和创新主体的黏结剂，技术转移服务能够有效配置科技资源、加速科技成果转移转化、提升我国科技创新能力。近年来，我国技术转移服务呈现出机构类型多元化，服务内容丰富化，服务模式多样化，服务需求个性化的趋势，技术转移服务周期逐步延展至技术商品生命周期的全过程。编制技术转移服务国家标准，能够引导技术转移服务机构厘清认识，明确服务模式和服务理念，加强制度建设和人员管理，以解决和满足用户需求为导向，以专业化、高端化、国际化为目标，逐步提升技术转移服务能力，指导技术转移服务机构规范运营、自律发展。

（四）有利于相关服务地方标准的集成统一

标准作为经济活动和社会发展的技术支撑，近年来，受到地方政府的高度重视，部分省市结合区域技术转移服务特色和工作需求，在技术转移服务业标准化体系建设方面进行了有益的探索。据不完全统计，已有北京、江苏、内蒙古、山东、武汉、青岛6个省市(自治区)制定了地方技术转移或成果转化服务标准，为制定技术转移服务国家标准奠定了较好基础。编制技术转移服务国家标准是对地方标准的继承和提升，一方面从规范具有区域特色的技术转移服务行为，扩展到兼具区域特色与全国引领作用的技术转移服务行为，引入了技术投融资、“互联网+”技术转移等新型技术转移服务模式；另一方面从规范技术转移服务机构扩展到规范具有技术转移职能的大学、科研机构、企业等不同主体的服务行为。相对于地方标准，国家标准的适用范围更加广泛，服务内容更加全面，服务要求更加严格，服务流程更加完整，充分体了国家标准的适用性和权威性。

(五)有利于技术转移服务机构的效率提升

(1)使机构的管理体系标准化和精细化，确保机构管理目标的达成，管理成本的适宜；

(2)提升机构的组织文化水平；

(3)增加了机构各部门之间，员工之间的互动，特别是跨部门的互动；

(4)开阔机构的发展思维。

延伸阅读二十六 《技术转移服务规范》

GB/T 34670—2017

1 范围

本标准规定了技术转移服务的一般要求、通用流程、技术开发服务、技术转让服务、技术服务和技术咨询服务、技术评价服务、技术投融资服务、信息网络平台服务、服务评价与改进。

本标准适用于技术转移服务活动。除本标准规定的服务类型外，其他技术转移服务可参照执行。

2 规范性引用文件

下列文件对于本文件的应用是必不可少的。凡是注日期的引用文件，仅注日期的版本适用于本文件。凡是不注日期的引用文件，其最新版本(包括所有的修改单)适用于本文件。

GB/T 19013 质量管理 顾客满意 组织外部争议解决指南

3 术语和定义

下列术语和定义适用于本文件。

3.1 技术转移 technology transfer

制造某种产品、应用某种工艺或提供某种服务的系统知识，通过各种途径从技术供给方向技术需求方转移的过程。

注：技术转移的内容包括科学知识、技术成果、科技信息和科技能力等。

3.2 技术转移服务 technology transfer services

为实现技术转移(3.1)提供的各类服务。

注：技术转移服务的类型通常包括技术开发(3.5)服务、技术转让(3.6)服务、技术服务(3.7)与技术咨询(3.8)服务、技术评价(3.9)服务、技术投融资(3.10)服务、信息网络平台服务(3.11)等。

3.3 技术转移服务机构 technology transfer service organization

从事技术转移服务(3.2)的事业、企业、社团和其他依法成立的单位。

注：以下简称服务机构。

3.4 技术转移服务人员 technology transfer service personnel

为委托方提供技术转移服务(3.2)的专业人员。

注：以下简称服务人员。

3.5 技术开发 technology development

针对新技术、新产品、新工艺、新材料、新品种及其系统进行研究开发的行为。

3.6 技术转让 technology assignment

将技术成果的相关权利让与他人或许可他人实施使用的行为。

3.7 技术服务 technical services

对特定技术问题提供解决方案的行为。

3.8 技术咨询 technical consultation

提供可行性论证、技术预测、专题技术调查、分析评价等服务的行为。

3.9 技术评价 technology assessment

按照规定的原则、程序和标准，运用科学、可行的方法，对技术成果的成熟度、先进性、市场前景、经济和社会效益等进行综合评价的行为。

3.10 技术投融资 technology investment & financing

对技术知识和技术成果进行投资或融资的行为，以及为研发或改进特定技术、开展该项技术的商业化应用筹措资金的行为。

3.11 信息网络平台服务 information network platform services

与互联网技术深度融合的技术转移服务行为。

3.12 中间试验 pilot test

中试

对试验室或小试阶段的技术成果进行中间放大试验。

注：根据试验室研究的新产品制备方法，采用尽可能与常规生产近似的设备和工艺进行的小批量生产试验。

3.13 技术入股 technology as capital contribution

技术成果所有权人以技术成果作为无形资产作价出资的行为。

3.14 技术并购 technology merge & acquisition

以获取目标方技术资源为目标的交易行为。

注：技术并购使收购方获得目标方技术资源的控制权，将组织外部的技术资源转化为组织内部的技术资源，根据自身发展战略对目标方的技术资源重新整合。

3.15 技术集成 technology integration

组织各方面专家、研发团队和相关机构，通过必要的资金、装备条件与技术支持，对有产业化前景的技术成果进行二次开发、整合、配套、中间试验(3.12)、工程化设计等服务的行为。

3.16 技术路线图 technology roadmap

通过时间序列，系统描述技术创新过程中技术、产品和市场的互动关系，识别技术创新的方向和态势，明确影响未来主导产品(产业)的关键技术及其发展路径。

3.17 技术联盟 technology alliance

由企业、科研单位、大专院校围绕技术的开发与运用，为实现某一技术创新战略目标而建立的一种长期、持续、互惠互利的合作伙伴关系。

4 一般要求

4.1 服务机构

4.1.1 服务机构应依法成立，承担责任和义务。

4.1.2 服务机构应确定服务模式和服务战略。

4.1.3 服务机构应具有与服务范围相适应的管理人员和服务人员。

4.1.4 服务机构应建立符合业务需要的专、兼职专家队伍。

4.1.5 服务机构应向委托方提供客观、真实、有效的信息，全面履行承诺。

4.1.6 服务机构对于委托方的技术秘密和经营秘密承担保密义务，维护委托方的知识产权及相应权益。

4.1.7 服务机构可建立技术成果信息库、技术需求信息库、专家信息库和合作机构信息库等.并合理管理和组织利用。

4.2 管理制度

4.2.1 服务机构应根据相关法律法规和行业规范建立管理制度。

4.2.2 管理制度应包括岗位责任制度、合同管理制度、人力资源管理制度、服务评价制度、奖惩激励制度、保密工作制度和档案管理制度等具体制度。

4.2.3 管理制度应明确管理职责、工作流程、工作标准等。

4.2.4 管理制度应符合自身管理和发展需求，适宜可行。

4.3 服务人员

4.3.1 服务人员应遵纪守法，遵守职业道德和职业操守，客观公正，诚实守信。

4.3.2 服务人员应熟悉国家和地方相关法律、法规和政策。

4.3.3 服务人员应具备较强的市场分析能力、职业判断能力以及项目管理能力。

4.3.4 服务人员应掌握与本专业领域相关的适用技术信息，包括技术发展水平、国内外现状、转移转化条件等。

4.3.5 服务人员应具备与所从事的技术转移服务相关的专业技能。包括：

a)信息获取；

b)鉴别与评价；

c)调研与预测；

d)组织与洽谈；

e)计划与实施；

f)宣传与传播；

g)协调与应变；

h)口头和书面沟通；

i)学习与研究。

4.3.6 服务人员每年应接受业务培训。业务培训的形式包括面授、研讨和实训等。

4.3.7 服务人员若同时在两个或两个以上服务机构中兼职，不应损害相关机构利益。

4.3.8 服务人员应具有服务意识，注重职业形象。

4.4 专家要求

服务机构可根据委托业务需要聘请相关专家参与技术转移服务，专家应具备以下条件：

a)良好的科学道德和职业道德，认真严谨，秉公办事，客观公正，热心科学技术事业；

b)对服务项目所属专业有较丰富的理论知识和实践经验，熟悉国内外该领域技术发展的状况；

c)具备完成服务的能力。

4.5 服务场所

4.5.1 服务机构应具有固定工作场所，并在工作场所放置明显的标识。

4.5.2 服务机构应具备满足运营要求的办公设备和必要的工作环境。

4.6 服务外包

4.6.1 服务机构可在委托方书面同意的情况下，外包部分服务。

4.6.2 服务机构应和外包商签订合同，明确各自的分工与职责。

4.6.3 服务机构应根据服务项目的特点选择和评定合格外包商，并采取多种措施管理外包商，包括日常监督和重新评定等。

4.7 服务合同

4.7.1 服务机构应做好与委托方签订合同或协议的各项准备。

4.7.2 服务机构应按照相关法律法规，与委托方签订书而或电子合同/协议，约定权利、义务和收益，不做超出自身服务能力和范围的承诺。其中，服务机构与委托方签订技术开发或技术转让合同时，应采用书面形式。

4.7.3 服务机构可与委托方单独签订合同/协议，也可与委托方和其他各方共同签订合同/协议，并在合同/协议中明确各方的责任与权利等。

4.7.4 服务机构可参照技术合同示范文本签订技术合同，并依据相关管理办法和认定规则进行技术合同认定登记。

4.7.5 当出现不可抗力或违约时，服务机拍应及时与合同各相关方协商，变更合同内容或解除合同。对于变更合同内容的情况，服务机构应及时与合同相关方签订新的合同。

4.7.6 服务机构应与合同各相关方沟通，在服务合同中约定各相关方的保密义务。

4.8 档案管理

4.8.1 服务机构应搜集服务过程中的各种客观证据，包括书面记录、录音、视频、网络资料等，整理形成服务档案并进行保存。

4.8.2 服务档案的内容应真实、详细，能够全面反映技术转移服务过程。

4.8.3 服务档案应分类清晰，易于识别和检索。必要时，服务机构可建立档案数据库。

4.8.4 服务机构应根据法律法规、自身管理的需要和服务项目的特点，设置适宜的档案保存期限。保存期限可分为永久(二十年以上)、长期(五至二十年)、短期(二至五年)等。

4.9 争议解决

4.9.1 服务机构与委托方或其他各方出现争议时，应及时、妥善处理。

4.9.2 具体争议解决流程，按照GB/T 19013的规定执行。

5 通用流程

5.1 流程概述

通用流程包括委托与受理、论证与审核、签订合同/协议、组织实施、服务总结、资料归档、跟踪服务、服务改进等。服务机构可按照技术转移服务通用流程图(见附录A)提供服务。

5.2 委托与受理

委托与受理环节应包括以下内容:

a)委托方提出委托意向;

b)服务机构了解委托事项内容、具体要求，提示委托方出具与委托事项相关的合法、真实、有效的技术资料和证明材料;

c)委托方如实填写技术成果信息登记表或技术需求信息登记表(参见附录B、附录C);

d)向委托方说明可提供的服务内容、服务时限、收费方式、后续服务、各相关方权利和义务等内容;

e)受理委托，进行相应记录;

f)不能接受委托，应向委托方说明理由，退还其全部材料。

5.3 论证与审核

论证与审核环节应包括以下内容:

a)审核委托方提交的材料，必要时可进行实地考察;

b)进行评价，判断是否接受委托。如果接受委托，做好签订合同/协议的准备工作;如果不能接受委托，向委托方说明情况，退回相关材料，并备案、归档。

5.4 签订合同/协议

与委托方沟通、协商达成共识后，签订合同/协议。合同/协议应包括以下内容:

a)服务项目名称;

b)服务的内容和要求;

c)服务的方式、期限和地点;

d)委托方的协作事项;

e)对委托方提供的技术资料、样品的保管;

f)保密内容、保密期限和泄密责任;

g)风险责任的承担;

h)服务产生技术成果的归属;

i)服务质量要求和验收方法；

j)服务费用、支付方式和支付时间；

k)违约责任；

l)损失赔偿的计算方法；

m)争议的解决方式；

n)名词和术语解释；

o)其他约定事项。

5.5　组织实施

组织实施环节应包括以下内容：

a)按照服务合同/协议制定服务方案，并提供服务；

b)服务过程中应加强沟通，通过反馈阶段成果等形式，向委托方报告服务项目进展情况，遇到问题及时协调与解决；

c)服务活动完成，按照合同/协议进行验收。如果验收通过，进行服务收尾工作；如果验收未通过，与委托方沟通，确定进一步工作方案，继续实施。

5.6　服务总结、资料归档和跟踪服务

服务总结、资料归档和跟踪服务环节应包括以下内容：

a)服务机构组织自评和委托方评价。其中委托方评价应包括以下内容：

——服务结果是否满足委托方需求；

——委托方是否明确知道自身权益和注意事项；

——服务是否规范；

——保密措施是否满意；

——服务态度是否适宜；

——其他。

b)根据评价结果撰写服务总结。

c)收集和整理与该服务项目相关的各种资料，并做归料处理。

d)与委托方沟通，确定后续跟踪服务事项，开展后续跟踪服务。

5.7　服务改进

制定服务改进措施，应包括以下内容：

a)服务机构中存在的主要问题；

b)改进措施和预期目标；

c)改进服务需要的配套实现条件；

d)改进服务需要的时间周期；

e)其他。

6　技术开发服务

6.1　服务内容

服务内容主要包括：

a）技术孵化服务；

b）小试、中试服务；

c）配套开发与组成服务；

d）二次开发或新用途开发；

e）消化、吸收、引进技术和设备服务；

f）组织技术联盟联合开发；

g）技术路线图绘制；

h）技术标准制定；

i）非标准化检验检测服务；

j）具有新功能、新理念的研发设计服务；

k）其他服务。

6.2 服务要求

6.2.1 服务机构成具有完成技术开发服务能力的人员。

6.2.2 服务机构应具有分析、解剖技术需求并制定技术集成方来的能力。

6.2.3 服务机构可根据项口情况，选择适宜的协作单位或技术供方。

6.2.4 服务机构应具备组织协调各相关协作单位或技术供方开展技术集成的工作能力。

6.2.5 服务机构、协作单位或技术供方应具备与业务范围相适应的中试、分析和试验等工作条件。

6.2.6 服务人员应密切跟踪项目的进展情况，及时解决出现的问题。

6.2.7 服务机构可与委托方或合作方按技术开发合同，约定获得相关知识产权权属。

6.3 服务流程

6.3.1 流程要求

技术开发服务流程见附录A. 其中，委托与受理、论证与审核、签订合同/协议、服务总结、资料归档、跟踪服务、服务改进等要求，应执行5.2，5.3，5.4，5.6，5.7的相应条款。

6.3.2 组织实施

组织实施技术开发服务应包括以下环节：

a）服务机构应组织制定技术开发服务方案，过程如下：

——根据合同内容，制定技术开发服务方案的总体思路，明确协作单位或技术供方的各方任务及权责；

——依据专业类别、市场信誉、服务质量、以往合作历史记录等，确定适宜的协作单位或技术供方；

——要求协作单位或技术供方提供各自负责部分的技术方案；

——制定技术开发服务方案；

——组织相关专家论证技术开发服务方案，包括技术路线、产业化实施路径、经济可行性等，以及协作单位或技术供方的技术方案；

——根据专家意见修改后，确定技术开发服务方案。

b）成立项目工作组。

c) 制定工作计划，至少应包括以下方面：

——进度计划；

——人员、专家组织计划；

——资源组织计划；

——变更控制；

——财务计划；

——应急预案；

——其他。

d) 服务机构应组织合同各相关方实施工作计划。

e) 服务机构对协作单位或技术供方的管理，可包括：

——与协作单位或技术供方签订合同/协议，确定项目内容、完成期限、验收标准和费用等；

——必要时可对项目的完成情况进行阶段检查；

——应依据合同/协议进行项目验收。如果通过验收，接收项目；如果不能通过验收，安排授权人员处理；

注：处理方式可包括让步接收协作单位或技术供方的成果；要求协作单位或技术供方在规定期限内重新提供成果；解除与协作单位或技术供方合作关系等。

——对于重新提供的成果，应再次验收，合格后，方可接收；

——对于工作计划执行过程中出现的争议，应安排授权人员处理。

f) 服务机构应与委托方保持沟通，确保委托方了解项目的进展情况。

g) 服务验收，见 5.5c)。

7 技术转让服务

7.1 服务内容

服务内容主要包括：

a) 为促成专利权、专利申请权转让和专利实施许可提供的服务；

b) 为促成技术秘密和其他知识产权的转让和实施许可提供的服务，其他知识产权包括计算机软件著作权、集成电路布图设计专有权、植物新品种权等；

c) 为促成临床批件、新药证书、生产批件等的转让提供的服务；

d) 为促成技术入股所提供的服务；

e) 为促成技术进出口所提供的服务；

f) 其他服务。

7.2 服务要求

7.2.1 服务人员应具有专业技术、知识产权、法律等相关知识储备和工作能力，具有知识产权运营经验。

7.2.2 服务人员应掌握与转让技术成果所属技术领域相关的信息，包括技术成熟度、研发与生产信息、产业化或国际化条件等。

7.2.3 服务机构应在接受委托服务前，首先确定待转让技术的知识产权情况，必要时可进行实地考察。技术转让服务过程中如发生知识产权权属变更，服务机构应核实权属情况。

7.2.4　服务机构在服务全过程中，应为技术让与方和受让方提供畅通的沟通渠道，促进彼此互信并协调双方冲突。

7.2.5　服务机构可根据待转让技术的情况，对其进行技术评价、市场风险和政策风险评价，见第9章。

7.2.6　若技术受让方为国外个人或组织，服务机构应提示委托方，依法办理技术出口审批手续。

7.2.7　服务机构应提示委托方在技术转让合同中说明相关知识产权的内容，属于技术转让的，应提示受让方及时办理相关知识产权变更手续；属于实施许可的，应提示受让方注意约定实施范围和期限。

7.3　服务流程

7.3.1　流程要求技术转让服务流程见附录A。其中，委托与受理、服务总结、资料归档、跟踪服务、服务改进等要求，应执行5.2，5.6，5.7的相应条款。

7.3.2　论证与审核服务机构在论证与审核阶段，应重点确定待转让技术的知识产权类型和归属，考察相关专利或其他知识产权的有效期限是否届满、是否已宣布无效。其他内容，见5.3。

7.3.3　签订合同/协议合同/协议中应重点说明待转让技术所涉及的专利和其他知识产权的类型。其他内容，见5.4。

7.3.4　组织实施

组织实施技术转让服务应包括以下环节：

a)组成服务项目组。

b)制定服务方案，服务方案可包括：

——为技术转让各相关方提供信息，可包括诚信调查；必要时，可组织考察；

——必要时，可安排技术评价；

——协助和监督技术转让合同的履行；

——协助调解合同履行中的纠纷；

——协助技术转让的实施；

——根据委托方的要求，促进项目的后续合作。

c)实施服务方案。

d)服务验收，见5.5c)。

8　技术服务和技术咨询服务

8.1　服务内容

8.1.1　技术服务

内容服务内容主要包括：

a)有专业技术要求的工艺编制、流程改进、技术调试等服务；

b)有专业技术要求的技术成果及其性能的测试分析等，其他非标准化的测试分析等；

c)技术推广、技术指导和与之相关的技术培训服务；

d)技术项目的信息加工和分析；

e)以专业技术手段解决技术问题的服务；

f)促成委托方与第三方进行技术交易的中介服务；

g)其他服务。

8.1.2 技术咨询服务内容

服务内容主要包括：

a)就区域、产业科技开发与创新及技术项目进行的专题技术调查、分析评价等；

b)对重大工程项目、研究开发项目、技术成果推广或转化项目、重大技术改造等，进行可行性论证；

c)专业技术领域、行业、技术发展的分析预测；

d)技术产品、服务、工艺分析和技术方案的比较与选择；

e)专用设施、设备、仪器、装置及技术系统性能分析；

f)技术路线选择的研究、分析；

g)其他服务。

8.2 服务要求

8.2.1 技术服务要求

8.2.1.1 服务人员应具备专业技术领域的技术知识和服务经验。

8.2.1.2 服务人员应运用专业技术知识、经验和信息，解决技术问题。

8.2.1.3 服务机构应制定技术解决方案，明确服务成果的具体质量和数量指标。

8.2.1.4 服务机构应具备开展技术指导和专业培训的条件。

8.2.1.5 提供中介服务时，服务机构应保证委托方与第三方的信息畅通和及时准确。

8.2.2 技术咨询服务要求

8.2.2.1 服务人员应运用科学知识和技术手段，采用常规方法和工具提供咨询服务。

8.2.2.2 服务人员应具备较强的研究和统计分析能力。

8.2.2.3 服务机构应充分了解委托方对专业技术项目的咨询需求，制定咨询服务目标。

8.2.2.4 服务机构可在营业场所醒目位置，展示咨询服务人员和相关专家的简要介绍。

8.2.2.5 服务机构出向委任方提供咨询报告或意见。

8.3 服务流程

8.3.1 流程要求

技术服务和技术咨询服务流程见附录A。其中，委托与受理、服务总结、资料归档、跟踪服务、服务改进等要求，应执行5.2，5.6，5.7的相应条款。

8.3.2 论证与审核

8.3.2.1 对服务项目进行论证与审核，应包括以下方面：

a)立项的必要性；

b)政策的可行性；

c)技术的可行性；

d)经济的合理性；

e)风险；

f)其他。

8.3.2.2 其他内容，见5.3。

8.3.3 签订合同/协议

与委托方沟通，识别服务需求，签订服务合同/协议，应包括以下内容：

a)服务项目的目的、思路和预期效果；

b)服务项目的工作时限；

c)项目实施过程中，服务机构与委托方配合方式；

d)允许变通的服务内容及其范围。

8.3.4 组织实施

组织实施技术服务和技术咨询服务项目应包括以下环节：

a)成立项目组。

b)根据合同/协议，编制项目计划，包括以下方面：

——项目工作计划；

——人员投入、专家组织计划；

——资源组织计划；

——进度计划、变更控制；

——经费预算；

——应急预案；

——其他。

c)按照项目计划组织实施，可包括以下事项：

——服务机构组织项目相关方，确认服务项目和相应的计划；

——必要时，服务机构对服务项目的完成情况进行阶段检查；

——服务机构对于项目计划执行过程中出现的争议，应安排授权人员处理。

d)服务验收，见5.5c)。

9 技术评价服务

9.1 服务内容

服务内容主要包括：

a)技术转移项目的前期立项、中期实施、后期效果的评价；

b)技术成果的技术价值、经济价值、实施风险的评价；

c)技术转让、技术入股、技术并购时的价值评价；

d)技术投资行为及运营绩效的评价；

c)其他服务。

9.2 服务要求

9.2.1 服务机构应根据评价对象和评价委托目的，运用一定的评价指标体系，出具客观、真实、合理的评价报告。

9.2.2 服务机构应安排本机构专职人员担任评价项目的负责人。

9.2.3 服务机构进行评价时，应确保信息渠道可靠，信息全面和真实。

9.2.4 服务机构应当依法独立、客观、公正地开展评价工作，避免相关组织和个人的影响。

9.2.5 服务机构应确保参与技术评价的专家与评价对象、委托方或技术持有人有利害关系。

9.2.6 服务机构应有开展技术评价工作所需要的专业服务团队和专家团队。

9.2.7 服务人员应熟悉与技术评价相关的理论方法、规范标准等，能胜任专业的评价业务。

9.2.8 服务机构时根据业务需要聘请专家参与评价工作。

9.2.9 技术评价中，如需要向专家公开或部分公开技术诀窍等保密信息，服务机构应书面征得委托方和技术持有人的同意，并与专家签订保密协议。

9.3 服务流程

9.3.1 流程要求

技术评价服务流程见附录D。其中，论证与审核、服务总结、资料归销、跟踪服务、服务改进等要求，应执行5.3，5.6，5.7的相应条款。

9.3.2 委托与受理

委托与受理技术评价服务时应包括以下内容：

a)由委托方提出委托评价意向，填写技术评价信息登记表(参见附录E)。

b)服务机构提示委托方出具合法并真实的技术资料和证明材料，具体包括：

——与评价对象研发过程相关的资料，例如，技术工作总结报告、可行性报告等；

——与评价对象的获利能力相关的资料，例如，业务合同、财务证明等；

——各类检测报告、特殊行业许可证明、科技查新报告、用户使用情况报告等；

——其他。

c)委托与受理的其他内容，见5.2b)~d)。

9.3.3 签订合同/协议

服务机构与委托方达成共识后，签订合同/协议，应包括以下内容：

a)评价对象、内容以及目的；

b)评价工作时限；

c)委托方需要提交的评价材料清单；

d)评价方法、依据标准及具体程序；

e)评价专家需求；

f)评价费用及支付；

g)允许变通的评价内容及其范围；

h)评价报告的提交方式、使用范围及使用有效期；

i)相关信息和资料的保密；

j)争议的处理方式；

k)违约责任；

l)当事人提出的其他责任和义务。

9.3.4 组织实施

9.3.4.1 确定项目负责人和专家服务机构确定评价项口负责人和评价专家。根据服务项目情况，选择适宜的评价专家，组成专家组。

9.3.4.2 实施评价

9.3.4.2.1 专家组根据评价委托目的，对委托评价项口的技术价值、经济价值、实施风险等进行评价。

9.3.4.2.2 技术成果的技术价值评价应包括以下内容：

a)技术的来源、背景；

b)技术的先进性；

c)技术的创新性；

d)技术的可行性；

c)技术的成熟度；

f)技术的可替代性；

g)其他。

9.3.4.2.3 技术成果的经济价值评价应包括以下内容：

a)技术的市场容量；

b)相关产品已销售情况或销售预测情况；

c)技术实施时所需资源情况；

d)产品竞争能力；

e)价格及成本情况；

f)技术的知识产权状况；

g)其他。

9.3.4.2.4 技术成果的实施风险评价应包括以下内容：

a)技术风险；

b)政策风险；

c)市场风险；

d)法律风险；

e)资金风险；

f)环境风险；

g)其他。

9.3.4.3 形成结论

评价专家组应审查评价材料、听取情况介绍、搜集相关信息，并做出评价结论。

9.3.4.4 出具报告

服务人员应负责会议记录、起草初步评价结论和评价报告编写等工作，并在计划时间内，向委托方提交报告。报告可包括以下内容：

a)技术评价目的；

b)技术评价对象及范围；

c)技术评价基准日；

d)技术评价原则；

c)技术评价依据；

f)技术评价方法；

g)评价专家名单；

h)技术评价结论；

i)特别事项说明；

j)技术评价报告的适用范围和期限；

k)服务机构然官、服务机构负责人和评价专家签字；

l)其他重要内容。

10 技术投融资服务

10.1 服务内容

服务内容主要包括：

a)技术投资、股权融资；

b)技术并购；

c)专利、版权和商标等知识产权质押融资；

d)法规允许前提下的技术抵押融资；

c)技术种子、风投等基金的引进；

f)技术投融资风险监控咨询；

g)技术转移政策性信贷及专项补贴咨询；

h)其他服务。

10.2 服务要求

10.2.1 服务机构应具备与业务范围相应的职业能力。

10.2.2 服务机构应具有信贷、证券、担保等方面的专业人员。

10.2.3 服务人员应熟悉金融管理、技术管理业务的相关政策法规。

10.2.4 服务机构可根据服务项目情况，设立专门闭队。

10.3 服务流程

10.3.1 流程要求

技术投融资服务流程见附录A。其中，委托与受理、签订合同/协议、服务总纺、资料归档、跟踪服务、服务改进等要求．应执行5.2，5.4，5.6，5.7的相应条款。

10.3.2 论证与审核

10.3.2.1 对技术投融资项口进行审核，应包括以下内容：

a)项目发展规划；

b)资金使用规划；

c)出资方背景；

d)单轮或多轮投融资；

e)市场预测、产业化规模；

f)营销方案；
g)风险及控制；
h)其他。
10.3.2.2 对技术投融资项目进行预期收益论证，应包括以下方面：
a)技术投融资的必要性；
b)技术投融资的规模；
c)技术投融资的渠道；
d)财务预期；
c)其他。
10.3.2.3 其他内容，见5.3。
10.3.3 组织实施
组织实施技术投融资服务应包括以下环节：
a)组织专业团队。
b)根据合同/协议，制定实施方案，可包括以下方面：
——工作计划；
——人员组织计划；
——财务计划；
——进度计划；
——保障计划；
——其他。
c)方案实施：
——实施工作计划等各项计划；
——对各项计划完成情况，服务机构可进行阶段检查，并根据检查结果改进服务。
d)服务验收，见5.5c)。

11 信息网络平台服务

11.1 服务内容
服务内容主要包括：
a)利用互联网技术，搭建技术转移服务网络平台，开展以下服务：
——技术成果信息、技术需求信息、科技人才信息在线发布服务；
——技术成果挂牌交易服务；
——技术成果交易公示服务；
——技术成果在线竞价、拍卖服务；
——技术项目在线展厅服务；
——技术项目在线路演服务；
——在线咨询服务；
——在线支付服务；

——其他服务。

b)与知识产权、产业技术等专业性服务平台合作开展的信息发布、项目对接等服务；

c)与技术交易市场等综合性服务平台开展的互联互通、资源共享、技术交易等服务；

d)为扩展服务领域，集聚数据资源，开展的子网络平台建设和相关服务；

e)利用大数据技术对海量数据资源进行挖掘、分析，提供有效供给与企业需求精准对接的服务；

f)利用网络平台与传统金融机构、投融资机构开展的互联网金融服务；

g)线上线下相结合的技术转移服务。

11.2 服务要求

11.2.1 服务机构应在服务平台上公开展示服务范围、服务流程和服务标准等。

11.2.2 服务机构应具有稳定的业务合作伙伴，包括金融机构、投融资机构等。

11.2.3 服务机构应在服务平台上依法发布技术信息并及时更新。

11.2.4 服务机构发布国家限制交易的技术成果信息时，应事前获得合法的相关技术资料和证明材料。

11.2.5 服务机构在开展平台线上与线下服务时，应确定相关人员的职责和相关流程。

11.2.6 服务机构应具有稳定的大数据分析人员、技术开发人员和平台运维单位或个人。

11.2.7 服务机构应确保平台安全稳定运行，保障在线支付服务及时、安全、可靠。

11.3 服务流程

11.3.1 流程要求

信息网络平台服务流程见附录A。其中，论证与审核、签订合同/协议、服务总结、资料归档、跟踪服务、服务改进等要求，应执行5.3，5.4，5.6，5.7的相应条款。

11.3.2 委托与受理

委托与受理信息网络平台服务应包括以下内容：

a)技术持有人、技术需求方或委托方在平台注册后，提交服务申请；

b)服务机构受理服务申请。

11.3.3 组织实施

11.3.3.1 确权与审核

确权与审核环节，应考虑以下内容：

a)服务机构对技术将有人或委托方提交的电子信息或材料进行审查，确定相关技术成果的知识产权权属，必要时可进行实地考察；

b)服务机构审核技术将有人或委托方提交的资料是否符合发布要求。如符合要求，审核通过；如不符合要求，告知技术持有人或委托方进行信息处理，并备案、归档。

11.3.3.2 信息处理

服务机构进行信息处理，应包括以下内容：

a)服务机构需要对信息进行分类、整理等；必要时，可由技术持有人或委托方进行信息补充；

b)与技术持有人或委托方沟通信息展示方案等；

c)挂牌交易服务，应公告标的物名称、挂牌单位和挂牌日期等信息；

d)交易公示服务，应公示标的物名称、拟交易价格等信息；

e)竞价拍卖服务，应公告竞价拍卖的时间、地点和Ｉ标的，以及标的展示的时间和地点、参与竞价拍卖的手续等相关信息；

f)在线路演、在线展厅服务，应公告路演和展会主题、时间，发布技术持有人或委托方简介、技术或产品简介、市场预测、效益分析、联系方式等信息。

11.3.3.3　信息发布

服务机构发布信息，应考虑以下方面：

a)信息处理完成后，服务机构应通过服务平台发布信息；

b)提供竞价或拍卖服务时，服务机构应提前发布竞价或拍卖公告。

11.3.3.4　业务办理

服务机构可通过服务平台，处理技术转移服务事项，如需要线下服务，可执行本标准相应条款。

12　服务评价与改进

12.1　服务评价

12.1.1　服务机构应通过自我评价、委托方评价和社会评价对服务绩效进行评价，形成服务评价结果。

12.1.2　服务评价可采用访谈、座谈、发放调查问卷、查阅资料等多种方法，可单独使用，也可多种方法结合使用。

12.1.3　策划和实施服务评价时，服务机构应考虑以下内容：

a)服务工作总体完成情况，包括收益情况；

b)服务目标的实现程度；

c)服务机构内部反映强烈的问题；

d)顾客满意度和其他相关方反馈情况。

12.2　服务改进

12.2.1　服务机构应根据服务评价结果发现机构管理、服务质量等方面存在的问题，及时分析查找原因，提升服务质量。

12.2.2　服务机构应制定改进措施，选择改进方法，确定改进内容，减少不利影响，提升委托方满意程度。

附录A（规范性附录）　略

附录B（资料性附录）　略

附录C（资料性附录）　略

附录D（规范性附录）　略

第二十八章
《技术转移服务人员能力规范》概要

北京市地方标准《技术转移服务人员能力规范》(DB11/T 1788-2020)由北京市科学技术委员会提出并归口。

第一节
《技术转移服务人员能力规范》的制定思路

(一)严格遵守国家相关法律法规

《技术转移服务人员能力规范》严格按照国家现行法律法规和部门规章编制完成。如:《中华人民共和国科学技术进步法》《中华人民共和国民法典》《中华人民共和国促进科技成果转化法》及其若干规定、《促进科技成果转移转化行动方案》,以及地方性法规。一系列政策措施明确技术转移法律地位,为推进技术转移服务人才队伍建设提供了强有力的政策保障。标准起草工作以法律法规和政策文件为准绳,用团体标准细化重点任务和工作目标,充分体现了促进科技成果转移转化的团体意志。

(二)吸收借鉴技术转移服务人员及职业的管理经验

《技术转移服务人员能力规范》在吸收借鉴我国及团体内优质技术转移服务机构对人才体系搭建、队伍建设以及职业管理等经验基础上编制完成。截至 2019 年,北京地区国家技术转移示范机构 58 家,从事技术转移服务机构 209 家。覆盖大学、科研机构、服务机构等各类主体,综合性与专业性并存,公益性和市场化兼具,机构中技术转移服务人员知识结构、能力水平各具特色、分工明确,支撑机构运营与发展的重要力量。标准起草工作组梳理了示范机构在技术转移服务人员管理体系、对知识、能力、评价等方面的管理模式、管理特色,在团体标准中引入。引导技术转移服务人员开展专业化、高层次技术转移服务,为加快发展我国技术转移服务业储备优质资源。

(三)着重提高标准可操作性

《技术转移服务人员能力规范》从通用化和专业化两个方面入手,着重提高技术转移服务人员职业管理的可操作性。对通用化的知识要求、技能要求,在《技术转移服务人员职业规范》中给予了详细内容阐述;同样,对专业化的知识要求、技能要求、职业能力也给予明确的内容阐述。对国际技术转移服务知识需求和技能要求,也给予了明确的内容阐述。提高北京市地方标准的可操作性,可以更加有针对性地指导技术转移服务人员职业体系建设的开展,降低服务风险和服务成本,服务目标用户,使北京市地方标准真正成为技术转移服务人员职业管理的实用操作指南。

第二节 《技术转移服务人员能力规范》的作用

（一）有利于技术转移服务人员的能力提升和职业化发展

近年来，随着全国科技创新中心、“三城一区”以及京津冀协同创新建设的不断推进与实施，首都科技服务业呈现良性发展态势，但技术转移服务业发展仍然不够成熟，技术转移机构还存在诸多问题。技术转移服务人员是业态发展和机构生存的关键和重要组成部分，是区域创新和技术转移体系建设的重要发展目标之一。制定《技术转移服务人员能力规范》团体标准，契合《技术转移服务规范》国家标准，将国标范围中的内容进行细化，推动技术转移服务人员的能力提升和职业化发展。

（二）有利于行业组织更好地发挥作用

《技术转移服务人员能力规范》一方面以“点带面”，发挥行业组织行业自律功能、探索建立社会组织团体标准体系；另一方面满足北京技术市场可持续性发展的需求，以规范、高质的技术转移人员队伍为创新发展提供不竭动力。《技术转移服务人员职业规范》从技术转移服务人员的术语和定义、职业相关的特征、等级、要求、能力、评价和提升等相关内容为技术转移服务人员的职业管理引导方向。

（三）有利于国家标准《技术转移服务规范》的落实

《技术转移服务规范》（GB/T 34670）在实施过程中，也需要有配套规范的制订与实施。制定《技术转移服务人员能力规范》，营造技术转移服务人员向专业化、规范化、规模化发展的市场氛围，提升技术转移服务人员群体的社会认同感，对《技术转移服务规范》国家标准中“技术转移服务人员”方向的深耕细作。规范的贯彻与实施，是指贯彻《技术转移服务人员能力规范》，并依据这个规范，优化服务机构现有的人才体系。通过贯彻和实施规范，使用规范提供的管理模式和理念，改善技术转移服务人才培养和使用模式，增强服务机构的核心竞争力。

（四）有利于技术转移服务人员的考评

（1）提高技术转移服务人员的工作效率；

（2）规范服务机构选拔、培训和使用技术转移服务人员的过程；

（3）提升服务机构的技术转移服务人才体系标准化水平，确保服务机构管理目标的达成，管理成本的适宜。

延伸阅读二十七 《技术转移服务人员能力规范》（DB11/T 1788—2020）

1 范围

本文件规定了技术转移服务人员基本要求、能力要求和从业守则等方面的要求。

本文件适用于对技术转移服务人员知识和技能的规范活动。

2 规范性引用文件

下列文件中的内容通过文中的规范性引用而构成本文件必不可少的条款。其中，注日期的引用文件，仅该日期对应的版本适用于本文件；不注日期的引用文件，其最新版本(包括所有的修改单)适用于本文件。

GB/T 34670—2017 技术转移服务规范

3 术语和定义

下列术语和定义适用于本文件。

3.1 技术转移 technology transfer

制造某种产品、应用某种工艺或提供某种服务的系统知识，通过各种途径从技术供给方向技术需求方转移的过程。

注：技术转移的内容包括科学知识、技术成果、技术信息、技术类知识产权和研发能力等。

3.2 技术转移服务 technology transfer services

为促进科学知识、技术成果、技术信息、专利和研发能力等科技资源与生产经营活动有机融合，实现新技术、新工艺、新材料、新产品，发展新产业等所需要的专业化服务。

3.3 技术转移服务人员 technology transfer service personnel

从事技术转移服务的专业人员。

4 基本要求

4.1 特征

包括知识与技能，是指具有一定的技术需求挖掘与甄别、技术评价与评估、市场调研与分析、知识产权服务、技术投融资服务、技术交易方案策划与实施的知识与技能。

4.2 等级划分

技术转移服务人员等级分为三级，从能力低到能力高分为一级、二级、三级。

4.3 从业守则

4.3.1 遵纪守法

应以维护国家利益和社会公共利益为准绳。遵守国家、地方和行业相关法律法规和政策，遵守相关组织的各项规章制度。

4.3.2 诚实守信

应提供客观和公正的服务。保证服务的准确性、真实性和完整性，保障客户信息安全，公平竞争，实事求是，全面履行承诺。

4.3.3 勤勉尽责

应热爱事业，恪守职业操守，严谨求实，钻研业务，奋发进取，做好本职工作。

4.3.4 保守秘密

应保守委托人和相关组织的商业秘密，维护、尊重其知识产权及合法权益。

4.3.5 竞业避止

应保守所服务组织和曾经服务过组织的商业秘密，并尊重其知识产权。依据与组织订立的契约，回避同业不正当竞争。

4.3.6 廉洁自律

应公私分明，崇廉拒腐。正确处理职业权利与职业义务的关系。

5 能力要求

5.1 分类

5.1.1 能力要求分为知识要求和技能要求，按级别依次递增，高级别涵盖低级别。

5.1.2 知识要求包括通用知识要求、专业知识要求、国际技术转移服务知识要求。按级别应符合以下要求：

1——一级应熟悉表1中对应的相关知识；

2——二级应掌握一级及表1中对应的相关知识；

3——三级应能综合运用一级、二级及表1中对应的相关知识。

5.1.3 技能要求包括通用技能要求、专业技能要求、国际技术转移服务技能要求。

5.2 知识要求

5.2.1 通用知识要求

技术转移服务人员应具备的通用知识，详见表1。

表1 通用知识要求

类别	一级	二级	三级
	熟悉以下相关知识	掌握一级及以下相关知识	综合运用一级、二级及以下相关知识
信息采集分析与发布	1. 互联网相关知识； 2. 信息的获取方法； 3. 市场调查的理论、方法与工具； 4. 技术信息分类和整理方法与工具； 5. 技术经济相关知识； 6. 相关领域专业技术和行业相关知识； 7. 新闻基本理论与基本知识； 8. 互联网与新媒体信息发布方法； 9. 信息发布标准及相关要求	1. 电子商务相关知识； 2. 技术商品与技术市场知识； 3. 统计分析方法和知识； 4. 技术情报、信息资源管理、信息传播和计算机相关知识； 5. 发布内容设计与策划	1. 信息处理技术与方法； 2. 相关领域专业技术知识； 3. 项目可行性分析方法； 4. 信息发布工作的有关政策及法规

续表

类别	一级	二级	三级
	熟悉以下相关知识	掌握一级及以下相关知识	综合运用一级、二级及以下相关知识
需求获取	1. 相关领域专业技术和行业相关知识； 2. 需求信息获取、挖掘、分析和整理	1. 技术工程化与产品化知识； 2. 成本核算相关知识； 3. 项目管理相关知识	1. 技术经济相关知识； 2. 矛盾解决理论

5.2.2 专业知识要求

技术转移服务人员应符合5.2.1的要求，同时应根据工作类别符合表2对应的专业知识要求，其他类别相关专业知识也应适当了解，详见表2。

表2 专业知识要求

类别	内容	一级	二级	三级
		熟悉以下相关知识	掌握一级及以下相关知识	综合运用一级、二级及以下相关知识
技术开发	技术研发	1. 技术商品与技术市场相关知识； 2. 成本核算知识； 3. 相关领域专业技术和行业相关知识； 4. 技术创新管理知识	1. 技术工程化与产品化知识； 2. 技术评估理论与方法； 3. 项目管理相关知识	1. 挖掘核心技术秘密、知识产权分析与布局； 2. 技术应用场景设计与策划
	技术集成	1. 技术商品与技术市场相关知识； 2. 成本核算知识； 3. 相关领域专业技术和行业相关知识	1. 技术工程化与产品化知识； 2. 技术评估理论与方法； 3. 小试、中试和技术孵化相关知识； 4. 项目管理相关知识	1. 系统工程理论； 2. 技术应用场景设计与策划
技术转让	技术产权转让	1. 技术商品与技术市场相关知识； 2. 相关领域专业技术和行业相关知识	1. 知识产权与法律知识； 2. 知识产权变更相关知识； 3. 项目管理相关知识	技术评估理论与方法
	技术许可	1. 技术商品与技术市场相关知识； 2. 相关领域专业技术和行业相关知识	1. 知识产权与法律知识； 2. 项目管理相关知识	技术评估理论与方法
	技术入股	1. 技术商品与技术市场相关知识； 2. 相关领域专业技术和行业相关知识； 3. 技术评估、交易理论与方法	1. 商务谈判技巧； 2. 知识产权与法律知识； 3. 项目管理相关知识	1. 技术投融资知识； 2. 公司运营知识

续表

类别	内容	一级	二级	三级
		熟悉以下相关知识	掌握一级及以下相关知识	综合运用一级、二级及以下相关知识
技术咨询	技术项目咨询	1. 技术商品与技术市场相关知识； 2. 相关领域专业技术和行业相关知识； 3. 咨询相关知识	1. 技术产品、工艺和技术方案分析的相关知识； 2. 项目管理相关知识	技术项目可行性论证相关知识
	法律法规咨询	1. 与技术转移相关的法律法规； 2. 咨询相关知识	1. 与技术转移相关的国家和地方的科技政策； 2. 项目管理相关知识	1. 技术、法律、政策综合知识
技术服务	设计服务	1. 技术商品与技术市场相关知识； 2. 相关领域专业技术和行业相关知识	1. 工艺编制、流程改进、方案设计和技术调试等相关知识； 2. 项目管理相关知识	1. 工艺、技术相关知识； 2. 工艺验证与技术评定相关规程
	检验检测	1. 技术商品与技术市场相关知识； 2. 相关领域专业技术和行业相关知识	1. 检验检测相关方法和工具； 2. 项目管理相关知识	检验检测相关理论
	技术培训	1. 技术商品与技术市场相关知识； 2. 相关领域专业技术和行业相关知识	1. 培训相关知识与方法； 2. 项目管理相关知识	培训体系设计与策划
技术评价	技术转移项目评价	1. 技术商品与技术市场相关知识； 2. 相关领域专业技术和行业相关知识； 3. 技术评价的工具	1. 技术评价方法； 2. 技术评价指标体系设计方法； 3. 项目管理相关知识	技术评价理论
	技术交易价值评估	1. 技术商品与技术市场相关知识； 2. 相关领域专业技术和行业相关知识； 3. 技术价值评估工具	1. 技术价值评估方法； 2. 技术价值评估体系、模型、指标与方法； 3. 项目管理相关知识	技术价值评估理论
技术投融资	技术投资	1. 技术商品与技术市场相关知识； 2. 相关领域专业技术和行业相关知识； 3. 银行、担保公司、其他债券基金、股权质押等担保机构相关知识、投资策略、方法及相关流程	1. 金融、信贷、证券、担保等方面的知识； 2. 项目管理、财务管理、法律法规政策知识； 3. 投资中的金融工具； 4. 投资、风险投资（VC）私募股权投资（PE）相关知识、投资策略、方法及相关流程； 5. 尽职调查相关知识； 6. 项目管理相关知识	1. 债券基金、股权质押等相关知识； 2. 投资策略、方法及相关流程
	技术股权融资	1. 技术商品与技术市场相关知识； 2. 相关领域专业技术和行业相关知识； 3. 银行、担保公司、其他债券基金、股权质押等担保机构相关知识、投资策略、方法及相关流程	1. 技术融资方法； 2. 融资策略、方法及相关流程； 3. 与融资相关的金融工具； 4. 尽职调查相关知识； 5. 项目管理相关知识	1. 技术融资理论； 2. 融资管理、资本运作及股权退出流程； 3. 公司运作管理理论
	技术债权融资	1. 技术商品与技术市场相关知识； 2. 相关领域专业技术和行业相关知识； 3. 金融、信贷、证券、担保等方面的知识	1. 技术融资方法； 2. 融资策略、方法及相关流程； 3. 与融资相关的金融工具； 4. 尽职调查相关知识； 5. 项目管理相关知识	1. 技术融资理论； 2. 融资管理、资本运作及股权退出流程； 3. 债券基金、股权质押等相关知识

续表

类别	内容	一级	二级	三级
		熟悉以下相关知识	掌握一级及以下相关知识	综合运用一级、二级及以下相关知识
知识产权	知识产权申请及运营	1. 技术商品与技术市场相关知识； 2. 相关领域专业技术和行业相关知识； 3. 国内外专利、著作权、集成电路布图、动植物新品种等基础知识及申请流程； 4. 专利、商标检索工具及使用方法	1. 知识产权相关法律制度； 2. 尽职调查相关知识； 3. 项目管理相关知识	知识产权导航、布局、许可、转让等知识产权运营基础知识及服务流程
	知识产权保护	1. 技术商品与技术市场相关知识； 2. 相关领域专业技术和行业相关知识； 3. 专利、商标检索工具及使用方法	1. 知识产权相关法律知识； 2. 项目管理相关知识	知识产权维权、仲裁、诉讼等知识产权保护相关知识及服务流程

5.2.3　国际技术转移服务知识要求

主要从事国际技术转移服务的人员应符合5.2.1和5.2.2的要求，同时符合表3的要求，详见表3。

表3　国际技术转移服务知识要求

类别	一级	二级	三级
	熟悉以下相关知识	掌握一级及以下相关知识	综合运用一级、二级及以下相关知识
国际技术转移	1.《中华人民共和国技术进出口管理条例》等相关政策法规； 2. 国际知识产权的相关法律制度和条约	1. 国际商务知识； 2. 国际贸易、法律和财务知识； 3. 外汇管理相关知识； 4. 知识产权保护的国际法律制度； 5. 国际商务谈判相关知识； 6. 项目管理相关知识	1. 国际技术转移理论； 2. 技术评估理论与方法； 3. 国际政治、经济、文化相关知识

5.3　技能要求

5.3.1　通用技能要求

技术转移服务人员应符合以下通用技能要求，详见表4。

表4 通用技能要求

类别	一级	二级	三级
信息采集分析与发布	1. 按照调查方案利用相关方法完成信息的采集； 2. 采集用户需求信息； 3. 采集技术市场或技术商品信息； 4. 采集确定技术商品成熟度的信息； 5. 利用信息采集分析工具进行信息的筛选、校验、审核和编制； 6. 利用信息服务平台、新媒体、面谈等方式发布信息	1. 制定技术市场或技术商品调查实施工作方案； 2. 制定技术转移项目的可行性调研实施方案； 3. 制定对技术市场信息和技术商品信息分类分析方案； 4. 制定技术商品成熟度信息收集方案； 5. 撰写信息发布稿	1. 判断、制定技术商品的市场信息采集范围与策略； 2. 分析判断技术市场需求信息的准确性和有效性； 3. 拓展信息共享、交互、交易与对接的渠道
需求获取	1. 获取市场需求、分析和描述用户需求； 2. 搜集、整理技术情报分析资料	1. 对市场需求进行分析； 2. 对技术情报进行分析	把市场需求信息转化为技术需求方案

5.3.2 专业技能要求

技术转移服务人员技能应符合5.3.1的要求，同时应根据工作类别符合表5对应的专业技能要求，其他类别相关技能也应适当掌握，详见表5。

表5 专业技能要求

类别	内容	一级	二级	三级
技术开发	技术研发、集成	1. 检查研发内容与市场需求的匹配性； 2. 通过跟踪项目的进展情况，协助解决出现的问题	1. 根据客户需求，推荐适宜的协作单位和技术供方； 2. 评估和筛选技术方案，形成技术适用性报告	1. 对技术适用性做出判断，选择协作单位和技术供方； 2. 确保研发目标与技术需求的一致性； 3. 促成技术供需方的合作，签署协议，跟踪服务并协调合同履行中的纠纷
技术转让	技术产权转让	1. 为委托方提供相关业务咨询； 2. 审查待转让技术的知识产权情况； 3. 办理技术产权转让手续	1. 撰写技术产权转让方案； 2. 对交易文件进行真实性、完整性、有效性审核	1. 判断知识产权的可转让性； 2. 促成转让双方的合作，跟踪技术转让合同的履行，协调合同履行中的纠纷
	技术许可	1. 为委托方提供相关业务咨询； 2. 审查待许可技术的知识产权情况	1. 撰写技术许可方案； 2. 对交易文件进行真实性、完整性、有效性审核； 3. 策划技术许可形式	1. 判断许可行使的可行性； 2. 促成许可双方的合作，跟踪技术许可合同的履行，协调合同履行中的纠纷

续表

类别	内容	一级	二级	三级
技术转让	技术入股	1. 审查待作价入股技术的知识产权情况； 3. 协助办理相关手续	1. 撰写技术作价入股方案； 2. 对相关文件进行真实性、完整性、有效性进行审核； 3. 完成技术作价评估方案	1. 判断技术入股的可行性； 2. 制定技术作价评估方案； 3. 为委托方提供相关业务咨询； 4. 促成技术入股各方的合作，跟踪合同执行，协调合作中的纠纷
技术咨询	技术项目、法律咨询	1. 检查咨询内容与市场需求的匹配性； 2. 通过跟踪项目的进展情况，协助解决出现的问题	1. 根据客户需求，推荐适宜的协作单位和技术供方； 2. 评估和筛选技术方案，形成技术适用性报告	1. 对技术适用性做出判断，选择协作单位和技术供方； 2. 确保咨询服务方专长与技术需求一致
技术服务	技术服务	1. 检查技术服务内容与市场需求的匹配性； 2. 通过跟踪项目的进展情况，协助解决出现的问题	1. 根据客户需求，推荐适宜的协作单位和技术供方； 2. 评估和筛选技术方案，形成技术适用性报告	1. 对技术适用性做出判断，选择协作单位和技术供方； 2. 确保技术服务目标与技术需求的一致性； 3. 促成技术供需方的合作，签署协议，跟踪服务并协调合同履行中的纠纷
	技术培训	1. 检查培训内容与市场需求的匹配性； 2. 通过跟踪项目的进展情况，协助解决出现的问题	1. 根据客户需求，推荐适宜的培训单位和培训人员； 2. 评估和筛选培训方案	1. 对培训内容与方式的适用性做出判断，选择培训单位和培训人员； 2. 评估培训方法和培训质量
技术评价	技术评估、评价	1. 收集评估、评价所需资料； 2. 按评估、评价方案分析资料； 3. 收集整理评估、评价中出现的问题	1. 制定评估、评价（组织）方案； 2. 分析、选择评估、评价机构； 3. 界定评估、评价所需资料范围； 4. 组织、实施评估、评价	1. 确定评估、评价范围； 2. 选择适用的工具和方法； 3. 确保评估、评价质量； 4. 对评估、评价报告做出使用建议； 5. 促成双方合作，签署协议，跟踪服务并协调合同履行中的纠纷
技术投融资	技术投资	1. 收集技术融资信息； 2. 初评技术融资项目； 3. 按要求提供技术性文件	1. 对技术融资信息进行分类管理； 2. 进行项目评估； 3. 综合运用投资工具，提供包括财务、股权投资、风险投资等服务； 4. 初步匹配投资对象和融资形式； 5. 尽职调查	1. 出具评估意见和使用方法； 2. 拟定技术投资方案； 3. 预测项目的市场及产业化前景
	技术融资	1. 收集技术投资信息； 2. 初评技术融资项目； 3. 按要求提供技术性文件	1. 对技术投资信息进行分类管理； 2. 进行项目评估； 3. 综合运用金融工具，提出融资基本方案； 4. 初步匹配投资方和投资形式； 5. 尽职调查	1. 出具评估意见和使用方法； 2. 拟定技术融资方案； 3. 匹配投资方和投资形式

续表

类别	内容	一级	二级	三级
知识产权	知识产权申请及运营	1. 使用专利、商标检索工具； 2. 办理知识产权相关手续	1. 规划知识产权的挖掘、布局； 2. 撰写知识产权相关文件	1. 提出知识产权运营策略； 2. 构建知识产权运营方案
	知识产权保护	1. 对知识产权保护中的事项分类管理； 2. 编制知识产权的保护文档； 3. 收集相关文件和技术资料	1. 解决知识产权争端； 2. 提供法律援助和维权服务	1. 预测知识产权中的运营风险； 2. 提出知识产权保护方案； 3. 解决知识产权保护中的重大专业问题

5.3.3 国际技术转移服务技能要求

主要从事国际技术转移服务的人员应符合5.3.1和5.3.2的要求，同时符合表6的要求，详见表6。

表6 国际技术转移服务技能要求

类别	一级	二级	三级
国际技术转移	1. 对进出口的技术进行检索与调查； 2. 办理技术进出口审批手续	1. 对国际技术转移项目进行可行性研究； 2. 对技术进出口文件进行审核； 3. 国际商务谈判	1. 为客户制定国际技术转移方案； 2. 对进出口技术进行市场与政策风险评价

5.4 能力提升

技术转移服务人员应加强自我学习，积极参加相关专业培训与交流，提升专业服务能力。

附　录

附录一　科技成果处置使用、收益分配相关管理制度

<table>
<tr><th>政策法规</th><th colspan="2">具体规定</th><th>备注</th></tr>
<tr><td rowspan="2">促进科技成果转化法（2015年修订）</td><td>处置使用</td><td>国家设立的研究开发机构、高等院校对其持有的科技成果，可以自主决定转让、许可或者作价投资，但应当通过协议定价、在技术交易市场挂牌交易、拍卖等方式确定价格。通过协议定价的，应当在本单位公示科技成果名称和拟交易价格</td><td rowspan="2">由事业单位自主决定</td></tr>
<tr><td>收益分配</td><td>国家设立的研究开发机构、高等院校转化科技成果所获得的收入全部留归本单位，在对完成、转化职务科技成果做出重要贡献的人员给予奖励和报酬后，主要用于科学技术研究开发与成果转化等相关工作。
科技成果完成单位可以规定或者与科技人员约定奖励和报酬的方式、数额和时限。单位制定相关规定，应当充分听取本单位科技人员的意见，并在本单位公开相关规定。
科技成果完成单位未规定、也未与科技人员约定奖励和报酬的方式和数额的，按照下列标准对完成、转化职务科技成果做出重要贡献的人员给予奖励和报酬：
1. 将该项职务科技成果转让、许可给他人实施的，从该项科技成果转让净收入或者许可净收入中提取不低于50%的比例。
2. 利用该项职务科技成果作价投资的，从该项科技成果形成的股份或者出资比例中提取不低于50%的比例。
3. 将该项职务科技成果自行实施或者与他人合作实施的，应当在实施转化成功投产后连续3~5年，每年从实施该项科技成果的营业利润中提取不低于5%的比例。
国家设立的研究开发机构、高等院校规定或者与科技人员约定奖励和报酬的方式和数额应当符合前款第一项至第三项规定的标准。
国有企业、事业单位依照本法规定对完成、转化职务科技成果做出重要贡献的人员给予奖励和报酬的支出计入当年本单位工资总额，但不受当年本单位工资总额限制、不纳入本单位工资总额基数</td></tr>
</table>

续表

政策法规	具体规定		备注
国务院关于印发实施促进科技成果转化法若干规定的通知(国发〔2016〕16号)	使用处置	国家设立的研究开发机构、高等院校对其持有的科技成果，可以自主决定转让、许可或者作价投资，除涉及国家秘密、国家安全外，不需审批或者备案。 国家设立的研究开发机构、高等院校对其持有的科技成果，应当通过协议定价、在技术交易市场挂牌交易、拍卖等市场化方式确定价格。协议定价的，科技成果持有单位应当在本单位公示科技成果名称和拟交易价格，公示时间不少于15日。单位应当明确并公开异议处理程序和办法	
	收益分配	国家设立的研究开发机构、高等院校制定转化科技成果收益分配制度时，要按照规定充分听取本单位科技人员的意见，并在本单位公开相关制度。依法对职务科技成果完成人和为成果转化作出重要贡献的其他人员给予奖励时，按照以下规定执行： 1. 以技术转让或者许可方式转化职务科技成果的，应当从技术转让或者许可所取得的净收入中提取不低于50%的比例用于奖励。 2. 以科技成果作价投资实施转化的，应当从作价投资取得的股份或者出资比例中提取不低于50%的比例用于奖励。 3. 在研究开发和科技成果转化中做出主要贡献的人员，获得奖励的份额不低于奖励总额的50%。 4. 对科技人员在科技成果转化工作中开展技术开发、技术咨询、技术服务等活动给予的奖励，可按照促进科技成果转化法和本规定执行	由事业单位自主决定
《财政部关于修改〈事业单位国有资产管理暂行办法〉的决定》(财政部令第100号)	使用处置	事业单位有下列情形之一的，可以不进行资产评估： 1. 经批准事业单位整体或者部分资产无偿划转。 2. 行政、事业单位下属的事业单位之间的合并、资产划转、置换和转让。 3. 国家设立的研究开发机构、高等院校将其持有的科技成果转让、许可或者作价投资给国有全资企业的。 4. 发生其他不影响国有资产权益的特殊产权变动行为，报经同级财政部门确认可以不进行资产评估的。 国家设立的研究开发机构、高等院校将其持有的科技成果转让、许可或者作价投资给非国有全资企业的，由单位自主决定是否进行资产评估。 国家设立的研究开发机构、高等院校对其持有的科技成果，可以自主决定转让、许可或者作价投资，不需报主管部门、财政部门审批或者备案，并通过协议定价、在技术交易市场挂牌交易、拍卖等方式确定价格。通过协议定价的，应当在本单位公示科技成果名称和拟交易价格。国家设立的研究开发机构、高等院校转化科技成果所获得的收入全部留归本单位	

续表

政策法规	具体规定		备注
关于印发北京市属高等学校科技成果使用、处置和收入管理暂行办法的通知（京财教育2015年48号）（京校十条）	使用处置	高等学校对科技成果的转化实行自主审批，主管部门、财政部门不再审批或备案。 科技成果的转化应当遵从市场定价，遵循公开、公正、公平的原则，采取拍卖、招投标、协议转让及国家法律、行政法规规定的其他方式进行。实行协议定价的，应当在本单位公示成果名称、拟交易价格，在此基础上确定最终成交价格	由事业单位自主决定
	收益分配	高等学校科技成果转化所获收入，全部留归学校，纳入单位预算，由高等学校统一管理，处置收入不上缴国库，由高等学校统筹使用。 高等学校应当将其从科技成果转化所获收入按不少于70%的比例，用于对科技成果完成人和为科技成果转化做出重要贡献的人员进行奖励。 利用科技成果作价入股的，需按照国家促进科技成果转移转化的有关规定，由单位职工代表大会讨论决定后，按照本办法第七条相关规定，应当将科技成果转化形成的股权按不低于70%的比例对科技成果完成人和为科技成果转化做出重要贡献的人员进行奖励。 高等学校科技成果转化所获收入用于人员奖励部分可一次性计入当年单位工资总额，但不纳入工资总额基数，在工资总额内单列。当年核定工资总额时，由主管部门按照规定程序报北京市人力资源和社会保障局核定	
加快推进科研机构科技成果转化和产业化的若干意见（试行）（京政办发〔2014〕35号）（京科九条）	使用处置	除涉及国家安全、国家利益和重大社会公共利益外，科技成果的知识产权由承担单位依法取得，赋予科研机构自主处置权。试行科研机构科技成果公开交易制度，科技成果可以通过在技术市场挂牌等方式确定价格并实现交易	
	收益分配	市属科研机构可采用年薪工资、协议工资等方式聘任高层次人才，人员工资以及实施股权激励等费用可以从科技成果转化收益中开支，经批准可以一次性计入当年科研机构工资总额，但不纳入工资总额基数。 经职工代表大会同意，科研机构可提取70%及以上的转化所得收益，划归科技成果完成人以及对科技成果转化作出重要贡献的人员所有	

续表

<table>
<tr><th>政策法规</th><th colspan="2">具体规定</th><th>备注</th></tr>
<tr><td rowspan="2">关于印发市属科研机构科技成果使用、处置和收益管理暂行办法的通知(京财科文〔2015〕2456号)</td><td>使用处置</td><td>科研机构对科技成果的转移转化实行自主审批，主管部门、财政部门不再审批或备案。涉及国家安全、国家利益和重大社会公共利益的科技成果转移转化，依照相关法律规定管理和实施。
科技成果的转移转化应当遵从市场定价，遵循公开、公正、公平的原则，通过协议定价、技术市场挂牌交易、拍卖或法律法规规定的其他方式确定成果交易、作价入股的价格。实行协议定价的，应当在本单位公示科技成果名称、拟交易价格等相关信息</td><td rowspan="2">由事业单位自主决定</td></tr>
<tr><td>收益分配</td><td>科技成果转化后，科研机构对科技成果转化收入分配比例事先有规定或约定的，应当按照规定或约定进行。
没有约定和规定的，可将科技成果转移转化所获现金收入或科技成果转化形成的股权按70%及以上的比例，划归科技成果完成人以及对科技成果转化作出重要贡献的人员所有。用于奖励人员的股权超过入股时作价金额50%的，按国家促进科技成果转移转化的有关规定，由单位职工代表大会讨论决定。
科研机构科技成果转化所获收入，除划归科技成果完成人和对科技成果转化做出突出贡献的人员外，全部留归本单位，纳入单位预算，用于科技研发和成果转化工作，不再上缴国库。
科研机构科技成果转化收入用于人员奖励部分可一次性计入当年单位工资总额，但不纳入工资总额基数，在工资总额中单列。当年核定工资总额时，由主管部门按程序报市人力资源和社会保障局核定</td></tr>
<tr><td rowspan="2">事业单位国有资产管理暂行办法(财政部令2006年第36号)</td><td>使用处置</td><td>事业单位利用国有资产对外投资、出租、出借和担保等应当进行必要的可行性论证，并提出申请，经主管部门审核同意后，报同级财政部门审批。法律、行政法规另有规定的，依照其规定。
事业单位处置国有资产，应当严格履行审批手续，未经批准不得自行处置</td><td rowspan="2">纳入事业单位国有资产管理制度框架体系，履行审批或备案程序</td></tr>
<tr><td>收益分配</td><td>事业单位国有资产处置收入属于国家所有，应当按照政府非税收入管理的规定，实行“收支两条线”管理</td></tr>
</table>

续表

政策法规	具体规定		备注
中央级事业单位国有资产管理暂行办法（财教〔2008〕13号）	使用处置	中央级事业单位申报国有资产对外投资、出租、出借等事项，应当附可行性论证报告和拟签订的协议（合同）等相关材料，按以下方式履行审批手续：单项价值在800万元以下的，由财政部授权主管部门进行审批，主管部门应当于批复之日起15个工作日内将审批文件（一式三份）报财政部备案；800万元以上（含）的，经主管部门审核后报财政部审批。 中央级事业单位处置国有资产时，应根据财政部规定附相关材料，按以下方式履行审批手续：单位价值或批量价值在800万元以下的，由财政部授权主管部门审批，主管部门应当于批复之日起15个工作日内将批复文件（三份）报财政部备案；800万元以下（含）的，经主管部门审核后报财政部审批	
	收益分配	中央级事业单位对外投资收益以及利用国有资产出租、出借等取得的收入应当纳入单位预算，统一核算，统一管理。 中央级事业单位国有资产处置收入属于国家所有，应当按照政府非税收入管理和财政国库收缴管理的规定上缴中央财政，实行“收支两条线”管理	纳入事业单位国有资产管理制度框架体系，履行审批或备案程序
	使用处置	中央级事业单位国有资产处置按以下权限予以审批： 1. 中央级事业单位一次性处置单位价值或批量价值（账面原值，下同）在800万元人民币（以下简称规定限额）以上（含）的国有资产，经主管部门审核后报财政部审批。 2. 中央级事业单位一次性处置单位价值或批量价值在规定限额以下的国有资产，由财政部授权主管部门进行审批。主管部门应当于批复之日起15个工作日内，将批复文件（一式三份）报财政部备案	
中央级事业单位国有资产处置管理暂行办法（财教〔2008〕495号）	收益分配	中央级事业单位国有资产处置收入，在扣除相关税金、评估费、拍卖佣金等费用后，按照政府非税收入管理和财政国库收缴管理的规定上缴中央国库，实行“收支两条线”管理。 科技成果转化（转让）收入，按照《国务院办公厅转发科技部等部门关于促进科技成果转化若干规定的通知》（国办发〔1999〕29号）的有关规定，在扣除奖励资金后上缴中央国库。 国有另有规定的，从其规定	

续表

<table>
<tr><th>政策法规</th><th colspan="2">具体规定</th><th>备注</th></tr>
<tr><td rowspan="2">中央级事业单位国有资产使用管理暂行办法（财教〔2009〕192号）</td><td>处置使用</td><td>中央级事业单位利用国有资产对外投资，单项或批量价值（账面原值，下同）在800万元人民币以上（含）的，经主管部门审核后报财政部审批；单项或批量价值在800万元以下的，由主管部门按照有关规定进行审批，并于批复之日起15个工作日内将审批文件（一式三份）报财政部备案。
中央级事业单位国有资产出租、出借，相关审批权限和程序同上</td><td rowspan="3">纳入事业单位国有资产管理制度框架体系，履行审批或备案程序</td></tr>
<tr><td>收益分配</td><td>中央级事业单位国有资产出租、出借取得的收入，应按照预算管理及事业单位财务和会计制度的有关规定纳入单位预算，统一核算、统一管理</td></tr>
<tr><td>教育部直属高等学校国有资产管理暂行办法（教财〔2012〕6号）</td><td>使用处置</td><td>高校利用国有资产对外投资、出租、出借等事项，按以下规定权限履行审批手续：
1. 高校利用货币资金对外投资50万元（人民币，下同）以下的，由高校审批后10个工作日内将审批文件及相关资料报教育部备案，教育部审核汇总后报财政部备案；50万元以上（含50万元）至800万元以下的，由高校审核后报教育部审批，教育部审批后报财政部备案；800万元以上（含800万元）的，由高校审核后报教育部审核，教育部审核后报财政部审批。
2. 高校利用固定资产、无形资产对外投资、出租、出借，单项或批量价值（账面原值，下同）在500万元以下的，由高校审批后10个工作日内将审批文件及相关资料报教育部备案，教育部审核汇总后报财政部备案；单项或批量价值在500万元以上（含500万元）至800万元以下的，由高校审核后报教育部审批，教育部审批后报财政部备案；单项或批量价值在800万元以上（含800万元）的，由高校审核后报教育部审核，教育部审核后报财政部审批。
3. 高校处置国有资产，应按以下权限履行审批手续：货币性资产以外的其他资产处置事项，一次性处置单位价值或批量价值（账面原值，下同）在500万元以下的，由高校审批后10个工作日内将审批文件及相关资料报教育部备案，教育部审核汇总后报财政部备案；一次性处置单位价值或批量价值在500万元以上（含500万元）至800万元以下的，由高校审核后报教育部审批，教育部审批后报财政部备案；一次性处置单位价值或批量价值在800万元以上（含800万元）的，由高校审核后报教育部审核，教育部审核后报财政部审批</td></tr>
</table>

续表

政策法规	具体规定		备注
教育部直属高等学校国有资产管理暂行办法（教财〔2012〕6号）	收益分配	高校对外投资收益以及利用国有资产出租、出借和科研成果形成的无形资产等取得的收入应当纳入学校预算，统一核算，统一管理。 高校国有资产处置收入，在扣除相关税金、评估费、拍卖佣金等相关费用后，按照政府非税收入管理和财政国库收缴管理的规定上缴中央国库，实行“收支两条线”管理	纳入事业单位国有资产管理制度框架体系，履行审批或备案程序
加快推进高等学校科技成果转化和科技协同创新若干意见（试行）（京政办发〔2014〕3号）	收益分配	高等学校科技成果转化所获收益可按不少于70%的比例，用于对科技成果完成人和为科技成果转化作出重要贡献的人员进行奖励，支持高等学校科学研究、成果转化和教育教学工作。科技成果转化所获收益用于人员激励支出的部分，经批准可一次性计入当年高等学校工资总额，但不纳入工资总额基数	

附录二　各银行机构科技信贷产品模式

机构名称	产品名称	产品模式
国家开发银行股份有限公司北京分行	统贷统还平台	资金方：国家开发银行股份有限公司北京分行 借款方：北京高技术创业服务中心+科技型中小企业(企业规模参照工信部“中小企业划型标准规定”) 担保方：北京中关村科技担保有限公司、北京晨光昌盛融资担保有限公司和北京中小企业信用再担保有限公司等政策性担保公司贷款周期：1~3年期 贷款种类：以流动资金贷款为主 贷款额度：300万~3000万元/单户单笔 贷款利率：基准利率+上浮利率(上浮利率根据人总行当期利率情况施行浮动利率，优于北京地区贷款和直接从开发银行申请贷款利率)
	知识产权质押贷款	国家开发银行北京分行提供的，以知识产权作为贷款质押物，专门针对拥有合法知识产权的科技型中小企业设计的质押融资产品。作为质押物的知识产权作为发明专利权、实用新型专利权和商标专用权等--种或多种质押物，须合法有效，有较强盈利能力和良好发展前景
建设银行北京分行	成长之路	建设银行北京市分行对于信息充分、信用记录良好、持续发展能力较强的成长型小企业提供的抵(质)押或满足条件的第三方担保的情况下，按照不同行业及规模进行评级后，在信用风险额度内核定授信额度后办理的贷款业务。该业务具有以下特点：(1)专业化分工，标准化流程，零售化管理；(2)多样化产品，差别化定价；(3)审评标准贴近小企业特点；(4)贷款期限最长3年
	知识产权质押贷款	针对拥有自主知识产权的高科技企业，建设银行北京市分行可以提供“知识产权质押贷款”，该业务是指由融资需求的科技型企业将合法享有的知识产权质押给银行，由建行核实其相关条件并提供贷款服务
	助保贷	该业务是由科委各管理中心(或科委各管理处室)、企业、银行三方搭建合作平台，通过建立助保金池的方式，批量营销客户，为特定群体的中小企业发放助保金贷款
	投贷一体化	该产品是为科技型高成长企业提供“债券融资”和“股权融资”相结合的一项综合金融服务产品
交通银行北京分行	“展业通”中小企业信用贷款	交通银行北京市分行针对中关村科技园区内具有优质信誉的高新科技企业开发的无抵质押、无担保的贷款产品。该业务具有以下特点：(1)信用方式、无需担保；(2)最高1000万元贷款额；(3)贷款期限为一年；银行承担评级费用；(4)获得政府贴息支出；(5)利率上浮最高不超过30%；(6)与各项金融业务随意组合，灵活便捷
	智融通	交通银行北京市分行精心设计的适应高科技中小企业生产经营特点的金融组合产品，以中小企业或中小企业拥有的商标权与专利权为担保，向企业发放的用于满足生产经营过程中正常资金需求的贷款产品。最高5000万元贷款额，最长3年贷款期限。获得政府贴息支持，还款方式多样化
	“展业通”知识产权质押贷款	中小企业以发明专利、实用新型专利或商标专用权为质押物获得交通银行北京市分行的贷款。最高贷款金额3000万元，最长贷款期限3年

续表

机构名称	产品名称	产品模式
北京银行	软件外包贷款	北京银行与中关村科技园区管委会合作，专门为软件外包企业发放的贷款。该产品享受担保公司免初审；银行快速审批；执行基准利率；可以获得政府贴息支持
	集成电路设计贷款	北京银行与中关村科技园区管委会合作，专门针对北京集成电路设计产业企业发放的用于满足企业的正常运营的贷款。该业务具有以下特点：(1)担保公司免初审，担保费优惠收取；(2)银行快捷审批，执行基准利率；(3)中关村管委会贴息支持
	"融信宝"中小企业信用贷款	北京银行为中关村科技园区内注册、取得高新技术企业证书，并符合中关村科技园区管委会制定的申请信用贷款基本条件的中小企业发放的无担保、短期流动资金贷款。该产品具有以下特点：(1)中关村科技园区管委会按照贷款基准利率的一定比例提供贷款贴息；(2)无担保信用贷款；(3)所有在京支行均可受理
	节能服务公司贷款担保计划	以节能服务公司为融资主体，并采取"合同能源管理"方式运作，由中国投资担保有限公司提供担保以提升节能服务公司的信用，从北京银行获得贷款
北京银行	知识产权质押贷款	北京银行为推动首都地区高新技术产业科技成果转化，促进科技型中小企业发展而精心设计的特色金融产品，该产品要求借款企业以合法有效的知识产权作质押向银行申请贷款，贷款资金用于满足企业的正常营运资金需求
	"小巨人"中小企业成长融资方案之"及时予"系列	北京银行为扶持中小企业，面向经过一段时期经营正常、有良好发展前景的中小企业，特别提出的解决中小企业经营过程中流动资金短缺状况的系列融资产品。"及时予"系列除了包括抵押、质押、第三方保证、专业担保公司担保等传统担保方式业务品种外，还包括四大类融资产品，如高科技类包括瞪羚计划贷款等品种；生产制造类包括中国能效融资项目贷款等品种；流通商贸类包括小企业联保贷款等品种；国际业务类包括福费廷等品种。具有业务品种齐全、担保方式多样等特点
	"小巨人"中小企业成长融资方案之"信保贷"系列	北京银行针对在北京银行开户2年以上、资金结算量大、有一定存款规模、信用记录良好的忠诚中小企业客户而提供的综合授信业务。通过对中小企业的综合分析，可以按一定比例配套给予中小企业短期流动资金、无担保、无抵押、小额信用授信额度
	留学人员创业贷款	北京银行针对中关村科技园区内经中关村管委会留学人员创业服务总部认定的留学人员创业发放的贷款
	科技贷	北京银行为承担政府科技项目、获得政府专项资金支持的科技型中小微企业，提供流动资金贷款支持的信贷业务。该产品具有以下特点：(1)以账户质押及个人无限连带责任作为担保方式，无需提供实物资产抵押；(2)开辟绿色通道，流程简化便捷，满足条件1天放款
工商银行股份有限公司北京市分行	科技通	科技通是针对北京地区高科技企业提供的信用贷款
	网贷通	网贷通是针对用款灵活的中小企业提供的基于银行渠道的网络自助式循环贷款
	集合信托	集合信托是指中国工商银行股份有限公司北京市分行与信托公司、担保公司合作，买入由担保公司全额全程担保，由信托公司发放的集合信托贷款包的信贷资产转让业务

续表

机构名称	产品名称	产品模式
中国银行股份有限公司北京市分行	投保贷	该业务是指中国银行股份有限公司北京市分行基于帮助企业迅速发展，最终实现共赢的原则，在银行为中小企业提供授信支持的同时，利用银行的资源优势向企业推荐优质的投资机构。经过三方的共同协商，由该投资机构选择认购企业的部分股权，帮助企业实现股权融资以及上市等金融服务。产品特点：(1)在解决短期资金需求的同时加入有实力的战略投资者，帮助企业壮大资本实力，拓展业务渠道，改善财务状况，同时不影响企业的经营决策机制；(2)发挥银行和投资机构的优势，强强联合，帮助企业抓紧市场发展机遇，促进企业更快、更好的发展，更大程度地提升企业的股权价值，从而实现企业股东股权价值的最大化；(3)帮助企业打通从银行贷款、股权融资到上市融资的多种融资渠道，实现融资成本外部化，为企业的发展壮大建立起顺畅、持续的融资通道，解决后顾之忧
招商银行股份有限公司北京分行	上市贷	该产品适用于北京地区的有上市意向或已上市的创新型高成长业务，针对优质拟上市企业，适当弱化担保，采用应收账款、股权、无形资产质押及个人连带保证作为主要担保方式，给予授信额度，授信额度随着企业上市进程推进而主动调整
	新三版直通车	该产品适用于已在新三板挂牌或拟挂牌、且已聘请主承销券商，签订辅导协议的企业，有“股权质押”“PE 保购”和“股东担保”三种模式
江苏银行北京分行	未来之星信用贷	首都科技企业“未来之星”信用贷，是依托于北京市科委风险备偿金机制，由中小企业向创业中心提出专项信用贷款申请，经审查推荐和江苏银行北京分行审核通过，无需任何实物资产抵押，即可获得的流动资金贷款
杭州银行股份有限公司北京分行	企业股权质押融资	该产品是指借款企业以其自身或第三方合法持有的某企业(上市股份公司、非上市股份有限公司、有限责任公司)的股权为质押担保向本行申请融资，杭州银行股份有限公司北京分行在综合考虑借款企业经营、财务及提供质押的股权价值和流通变现能力等情况的基础上，以股权质押为主担保方式给予融资的授信业务
天津银行股份有限公司北京分行	应收账款质押贷款	适用对象：缺少实物资产抵、质押担保 额度和期限：原则上单户不超过 5000 万元贷款额，最长 1 年贷款期限
中国邮政储蓄银行股份有限公司北京分行	供应链金融	该业务是根据企业真实贸易背景和上下游客户资信实力，以大型核心客户商务履约为基础，以订单、存货、应收账款等作为担保进行融资，以企业销售收入或者贸易所产生的确定的未来现金流作为直接还款来源的融资业务。针对科技型企业“轻资产、重研发、高成长”的特点，中国邮政储蓄银行股份有限公司北京分行推出以订单融资、动产质押、保理和应收账款质押业务为主的供应链金融产品